法医损伤学

（第2版）

闵建雄 编著

中国人民公安大学出版社
·北京·

图书在版编目（CIP）数据

法医损伤学/闵建雄编著. —2版. —北京：中国人民公安大学出版社，2010.1
ISBN 978-7-81139-841-0

Ⅰ.①法… Ⅱ.①闵… Ⅲ.①损伤—法医学鉴定 Ⅳ.①D919.4

中国版本图书馆CIP数据核字（2009）第225345号

法医损伤学（第2版）
FAYI SUNSHANGXUE
闵建雄　编著

出版发行：	中国人民公安大学出版社
地　　址：	北京市西城区木樨地南里
邮政编码：	100038
经　　销：	新华书店
印　　刷：	天津盛辉印刷有限公司
版　　次：	2001年3月第1版 2010年1月第2版
印　　次：	2025年6月第6次
印　　张：	32
开　　本：	787毫米×1092毫米　1/16
字　　数：	792千字
书　　号：	ISBN 978-7-81139-841-0/D·689
定　　价：	158.00元
网　　址：	www.cppsup.com.cn　www.porclub.com.cn
电子邮箱：	zbs@cppsup.com　zbs@cppsu.edu.cn

营销中心电话：010-83903991
读者服务部电话（门市）：010-83903257
警官读者俱乐部电话（网购、邮购）：010-83901775
教材分社电话：010-83903084

本社图书出现印装质量问题，由本社负责退换
版权所有　侵权必究

第二版前言

2001年3月，我编著了《法医损伤学》一书，力图将法医学实践里最常见的机械性损伤内容从传统的法医病理学里单独提炼出来，以便能比较完整地认识和把握人体损伤的现象和本质。8年过去了，我很高兴地听到，这本书获得了不少同行的认可。近年来，在命案的检验鉴定、现场重建和现场分析等方面，应用法医损伤学的理论和观点，似乎发挥了一定的良好作用。更让我高兴的是，很多同行在阅读本书的基础上，提出了不少建设性的意见和建议，并且在实践中丰富和发展了法医损伤学的基本理论和操作技能。与此同时，我对前版的某些内容有了新的认识和总结，对前版不敢涉及的某些内容有了新的观点，在此背景下，中国人民公安大学出版社正好也有再版本书的意图，为此我在去年启动了第一版修订的工作。

法医损伤学是一门实践性很强的学科，而它所研究的对象——人体又具有难以模拟和个体差异的双重复杂性，因此虽然8年过去，这门学科的整体进展却并不明显，无论是基础理论和实践技能。因此，第一版的修订对我来说，仍然是一个不小的挑战。除了对本书进行了一些格式、文字、图片上的一般调整以外，我重点对组织损伤、颅脑损伤、钝器损伤以及锐器损伤四章的内容进行了比较大的修改和内容上的增加。例如，新增了颈部损伤和包括工具推断在内的钝器损伤的法医学鉴定两个章节，对颅骨变形的机理和刺器损伤的鉴定内容进行了较大修改，对枪弹损伤和交通工具损伤内容等也作了某些调整。考虑到在实践中引用不多且价值不大，删去了国外版的简明损伤定级全文（但仍保留了介绍部分）。另外，考虑到读者中文阅读的顺畅，将专用名词的英文对照移到书的最后，便于查阅。本次修订在图片方面也下了不小的工夫，对一些示意图进行了重新绘制，对部分照片也进行了重新改换、增添和补充。

8年前，我在本书的前言中提到，在从事法医职业的生涯中，我很幸运地遇到了吴三茂、黄光照、陈世贤三位老师。可以说，是他们牵着我踏上了法医之路，领着我完成了基础训练，带着我学会了鉴定技能。如今，他们已经相继退岗离职，但我还时时能感受到他们温暖而关注的目光。当年作为对他们的回报，我编著了本书，如今借再版之际，衷心祝愿他们健康长寿。如果说8年前的本书更多体现的是我从老师们那里传承的财富，那么今天的修订象征的则是学无止境、脚不停步。因此，我希望本书的再版是一次机会，一次为时代承上启下的机会，一次为后人筑建平台的机会。

最后我想提前道歉的是，由于本人学识水平的不足和时间精力上的局促，修订的版本仍然难以有学术上大的突破，恳请同行和读者们批评指正。另外，不少来自身边同行们在实践中有价值的图片和资料被我所引用，除了在文中尽可能予以注明外，在此不再一一指名列举，而 并致以深切的谢意。

闵建雄
2010年1月于北京

目　录

第一章　概　论 (1)

第一节　损伤在临床和法医学实践中的地位 (1)
一、损伤的定义和概念 (1)
二、临床实践中的损伤问题 (2)
三、法医学实践中的损伤问题 (4)

第二节　法医损伤学的基本特点 (6)
一、法医损伤学的历史回顾 (6)
二、法医损伤学的研究内容 (7)
三、法医损伤学的研究方法 (8)
四、法医损伤学与其他学科 (13)

第三节　有关力学的基本概念 (14)
一、力及其特征 (15)
二、物体的变形 (19)
三、物体的运动 (22)
四、功、能和动量原理 (26)
五、损伤力学的基本理论 (28)
六、生物力学的基本特点 (30)

第二章　损伤后机体的反应 (32)

第一节　损伤后机体局部反应 (32)
一、出血 (32)
二、充血 (33)
三、凝血 (33)
四、炎症 (34)
五、坏死 (35)
六、修复 (36)

第二节　损伤后机体全身反应 (38)
一、神经内分泌反应 (38)

· 1 ·

二、代谢反应 ·· (38)
　　三、循环系统的反应 ······································ (40)
　　四、免疫系统的反应 ······································ (41)
　　五、消化、泌尿系统反应 ································· (42)
第三节　损伤的合并症 ··· (42)
　　一、休克 ·· (42)
　　二、应激性溃疡 ·· (45)
　　三、成人呼吸窘迫综合征 ································· (46)
　　四、栓塞 ·· (47)
　　五、急性肾功能衰竭 ······································ (50)
　　六、挤压综合征 ·· (51)
　　七、多系统器官衰竭 ······································ (54)

第三章　人体组织损伤 ······································ (56)

第一节　皮肤软组织损伤 ······································ (56)
　　一、软组织的正常结构 ··································· (56)
　　二、软组织的生物力学特点 ····························· (59)
　　三、皮肤损伤的机制和类型 ····························· (63)
　　四、肌肉、肌腱和韧带损伤 ····························· (69)
　　五、皮肤瘢痕及其特点 ··································· (71)
第二节　骨骼损伤 ··· (73)
　　一、骨的解剖结构及生理特点 ·························· (74)
　　二、骨的生物力学特性 ··································· (77)
　　三、骨折及其发生机制 ··································· (82)
　　四、肢体骨折主要类型及其特征 ······················· (86)
　　五、关节脱位 ·· (92)
第三节　脊柱及脊髓损伤 ······································ (96)
　　一、脊柱和脊髓的解剖生理特点 ······················· (97)
　　二、脊柱和脊髓的损伤机理 ····························· (99)
　　三、脊柱损伤的类型和特点 ····························· (102)
　　四、脊髓损伤的类型和特点 ····························· (105)
第四节　颈部损伤 ··· (109)
　　一、颈部皮肤损伤 ··· (111)
　　二、颈部肌肉损伤 ··· (113)
　　三、颈部血管损伤 ··· (114)
　　四、颈部骨骼损伤 ··· (114)

第五节　胸部损伤……………………………………………………（116）
一、肋骨损伤…………………………………………………………（117）
二、胸骨损伤…………………………………………………………（118）
三、气胸………………………………………………………………（118）
四、血胸………………………………………………………………（119）
五、肺损伤……………………………………………………………（120）
六、心脏损伤…………………………………………………………（122）
七、创伤性窒息………………………………………………………（126）

第六节　腹部损伤……………………………………………………（126）
一、概述………………………………………………………………（127）
二、脾脏损伤…………………………………………………………（129）
三、肝脏损伤…………………………………………………………（129）
四、胰腺损伤…………………………………………………………（130）
五、胃肠道损伤………………………………………………………（130）
六、肾脏损伤…………………………………………………………（131）
七、腹膜后血肿………………………………………………………（132）

第四章　颅脑损伤……………………………………………………（133）

第一节　头皮损伤……………………………………………………（133）
一、头皮的组织结构…………………………………………………（133）
二、头皮损伤特点……………………………………………………（135）
三、头皮的保护功能…………………………………………………（136）

第二节　颅骨损伤……………………………………………………（137）
一、颅骨的组织构成…………………………………………………（137）
二、颅骨的生物力学性能……………………………………………（140）
三、颅骨损伤机理……………………………………………………（142）
四、颅骨损伤的主要类型……………………………………………（149）
五、影响颅骨损伤的因素……………………………………………（153）

第三节　颅内出血……………………………………………………（154）
一、脑膜及脑血循环…………………………………………………（154）
二、硬脑膜外出血……………………………………………………（157）
三、硬脑膜下出血……………………………………………………（158）
四、蛛网膜下腔出血…………………………………………………（159）
五、脑内出血…………………………………………………………（161）

第四节　脑损伤………………………………………………………（162）
一、脑的构成及生物力学性能………………………………………（162）

二、脑的损伤机理 ……………………………………………………… (165)
　　　　三、脑损伤基本类型 …………………………………………………… (169)
　　第五节　颅脑损伤的评价 …………………………………………………… (177)
　　　　一、颅脑损伤严重程度的评价 ………………………………………… (177)
　　　　二、颅脑损伤预后的判定 ……………………………………………… (180)
　　　　三、人体头部撞击的耐受性 …………………………………………… (181)

第五章　损伤的评价 …………………………………………………………… (184)
　　第一节　损伤严重程度评价 ………………………………………………… (184)
　　　　一、AIS – ISS 评分法 …………………………………………………… (184)
　　　　二、ASCOT 计量法 ……………………………………………………… (185)
　　　　三、APACHE Ⅱ 评分法 ………………………………………………… (185)
　　　　四、CRAMS 计分法 ……………………………………………………… (186)
　　　　五、TRISS 计分法 ……………………………………………………… (186)
　　　　六、AIS – ISS 评分的法医学价值 ……………………………………… (186)
　　第二节　器官损伤分级 ……………………………………………………… (187)
　　第三节　自　伤 ……………………………………………………………… (196)
　　　　一、自杀性自伤 ………………………………………………………… (196)
　　　　二、非自伤性自杀 ……………………………………………………… (197)
　　　　三、病理性自伤 ………………………………………………………… (197)
　　　　四、象征性自伤 ………………………………………………………… (199)
　　　　五、自伤的主要特征 …………………………………………………… (200)
　　第四节　致命伤后行为能力 ………………………………………………… (202)
　　　　一、致命伤及特点 ……………………………………………………… (202)
　　　　二、行为能力及其特点 ………………………………………………… (202)
　　　　三、行为能力产生的基础 ……………………………………………… (203)
　　　　四、影响致命伤后行为能力的因素 …………………………………… (203)
　　第五节　损伤、疾病与死因的关系 ………………………………………… (205)
　　　　一、死因分类及其分析 ………………………………………………… (205)
　　　　二、损伤与疾病的关系 ………………………………………………… (207)
　　　　三、损伤和疾病共存时与死因的关系 ………………………………… (208)
　　　　四、损伤评价在实践中的有关问题 …………………………………… (211)

第六章　损伤时间推断 ………………………………………………………… (215)
　　第一节　生前伤的局部征象 ………………………………………………… (215)
　　　　一、出血 ………………………………………………………………… (215)

二、创口 …………………………………………………………………（216）
　　三、酶活性 ………………………………………………………………（217）
　　四、蛋白成分 ……………………………………………………………（218）
　　五、炎症介质 ……………………………………………………………（220）
　　六、其他 …………………………………………………………………（221）
第二节　损伤经过时间 …………………………………………………………（222）
　　一、肉眼观察 ……………………………………………………………（222）
　　二、组织学检查 …………………………………………………………（226）
　　三、生化检验 ……………………………………………………………（232）
第三节　损伤时间推断的实践应用问题 ………………………………………（235）
　　一、关于出血 ……………………………………………………………（235）
　　二、关于骨折 ……………………………………………………………（236）
　　三、关于实验研究成果的评价 …………………………………………（238）

第七章　钝器损伤 …………………………………………………………（241）

第一节　棍棒类损伤 ……………………………………………………………（241）
　　一、棍棒类钝器的性状 …………………………………………………（241）
　　二、棍棒损伤的共同特点 ………………………………………………（243）
　　三、不同性状棍棒损伤特点 ……………………………………………（244）
第二节　斧锤类损伤 ……………………………………………………………（248）
　　一、斧锤类钝器的性状 …………………………………………………（248）
　　二、斧锤损伤的共同特点 ………………………………………………（250）
　　三、斧锤损伤的差异 ……………………………………………………（252）
第三节　砖石类损伤 ……………………………………………………………（254）
　　一、砖石的性状 …………………………………………………………（255）
　　二、砖石损伤的共同特点 ………………………………………………（256）
　　三、砖石损伤的差异 ……………………………………………………（258）
第四节　坠落损伤 ………………………………………………………………（259）
　　一、坠落及其损伤机理 …………………………………………………（260）
　　二、坠落损伤的特点 ……………………………………………………（261）
　　三、影响坠落损伤的因素 ………………………………………………（264）
　　四、坠落损伤分析 ………………………………………………………（265）
　　五、摔跌损伤 ……………………………………………………………（267）
第五节　徒手损伤 ………………………………………………………………（268）
　　一、手指损伤 ……………………………………………………………（268）
　　二、拳击损伤 ……………………………………………………………（270）

三、足损伤 ……………………………………………………… (272)
第六节　咬　伤 ………………………………………………………… (273)
　　一、咬痕的形成机制 …………………………………………… (273)
　　二、咬痕的形态及其变化 ……………………………………… (275)
　　三、咬痕的认定和提取 ………………………………………… (276)
　　四、咬痕的检验鉴定 …………………………………………… (277)
第七节　钝器损伤的法医学鉴定 ……………………………………… (280)
　　一、损伤着力点的判断 ………………………………………… (280)
　　二、损伤受力方向的判断 ……………………………………… (282)
　　三、损伤作用次数和顺序的判断 ……………………………… (284)
　　四、致伤工具的推断 …………………………………………… (285)

第八章　锐器损伤 …………………………………………………… (297)

第一节　刺器损伤 ……………………………………………………… (297)
　　一、刺器及其损伤方式 ………………………………………… (297)
　　二、刺创的形态学特点 ………………………………………… (299)
　　三、影响刺创形态的因素 ……………………………………… (302)
　　四、不规则刺器损伤 …………………………………………… (306)
　　五、刺器损伤的检验鉴定 ……………………………………… (308)
第二节　切割损伤 ……………………………………………………… (311)
　　一、切割损伤的特点 …………………………………………… (311)
　　二、特殊的切割损伤 …………………………………………… (312)
　　三、切割方向推断 ……………………………………………… (314)
第三节　砍器损伤 ……………………………………………………… (315)
　　一、软组织砍伤的特点 ………………………………………… (315)
　　二、骨骼砍伤的特点 …………………………………………… (317)
第四节　剪刀损伤 ……………………………………………………… (320)
　　一、夹剪创 ……………………………………………………… (320)
　　二、剪断创 ……………………………………………………… (320)
　　三、刺剪创 ……………………………………………………… (321)

第九章　枪弹损伤 …………………………………………………… (324)

第一节　枪弹的构造、分类和发射原理 ……………………………… (324)
　　一、枪械的构造 ………………………………………………… (324)
　　二、枪械的分类 ………………………………………………… (325)
　　三、枪弹的构造 ………………………………………………… (325)

四、子弹的分类 …………………………………………………………… (326)
　　五、枪弹发射的原理和过程 ……………………………………………… (327)
第二节　枪弹损伤的形成机制 ……………………………………………… (328)
　　一、弹头撞击 ……………………………………………………………… (328)
　　二、瞬时空腔效应 ………………………………………………………… (328)
　　三、压力波作用 …………………………………………………………… (329)
第三节　枪弹损伤的特征 …………………………………………………… (330)
　　一、典型枪弹损伤形态学特征 …………………………………………… (330)
　　二、枪弹损伤的形态学种类 ……………………………………………… (332)
　　三、非典型枪弹损伤 ……………………………………………………… (333)
　　四、霰弹损伤及其特征 …………………………………………………… (336)
　　五、弹头穿过中间障碍物后所致的损伤 ………………………………… (340)
　　六、跳弹损伤 ……………………………………………………………… (342)
　　七、带消音器枪弹损伤 …………………………………………………… (344)
　　八、其他特殊枪弹损伤 …………………………………………………… (347)
第四节　颅骨枪弹损伤 ……………………………………………………… (350)
　　一、颅骨枪弹损伤的类型及其形成机制 ………………………………… (350)
　　二、颅骨骨折推断射击方向 ……………………………………………… (353)
　　三、颅骨骨折推断射击顺序 ……………………………………………… (354)
　　四、颅骨骨折推断枪弹口径 ……………………………………………… (354)
第五节　枪弹损伤的法医学鉴定 …………………………………………… (355)
　　一、射击方向的推断 ……………………………………………………… (355)
　　二、射击角度的推断 ……………………………………………………… (358)
　　三、射击距离的推断 ……………………………………………………… (359)
　　四、枪弹损伤性质的判定 ………………………………………………… (367)

第十章　爆炸损伤 …………………………………………………………… (371)

第一节　爆炸类型及其原理 ………………………………………………… (371)
第二节　爆炸损伤机制 ……………………………………………………… (372)
　　一、冲击波 ………………………………………………………………… (372)
　　二、高温 …………………………………………………………………… (378)
　　三、爆炸投射物 …………………………………………………………… (378)
第三节　爆炸损伤的类型及特点 …………………………………………… (379)
　　一、爆炸损伤的一般类型 ………………………………………………… (379)
　　二、爆炸损伤的特点 ……………………………………………………… (381)
　　三、几种特殊爆炸损伤的特点 …………………………………………… (381)

第四节　爆炸损伤严重性推断…………………………………………………(384)

第十一章　交通工具和交通事故损伤………………………………………(387)

　第一节　道路交通事故损伤…………………………………………………(387)
　　一、概述………………………………………………………………………(387)
　　二、交通事故损伤机理………………………………………………………(388)
　　三、交通事故损伤的类型与特征……………………………………………(392)
　　四、交通事故鉴定中的有关问题……………………………………………(397)
　第二节　铁路列车事故损伤…………………………………………………(403)
　　一、列车事故发生的特点……………………………………………………(403)
　　二、列车事故损伤的原因……………………………………………………(403)
　　三、列车事故损伤的特点……………………………………………………(404)
　　四、列车事故的处理原则……………………………………………………(406)
　第三节　飞机失事损伤………………………………………………………(407)
　　一、概述………………………………………………………………………(407)
　　二、飞机失事的原因…………………………………………………………(407)
　　三、飞机失事损伤机制………………………………………………………(409)
　　四、飞机失事损伤特征………………………………………………………(410)
　　五、损伤分析与飞机失事重建………………………………………………(412)

第十二章　其他类型的损伤…………………………………………………(416)

　第一节　高温损伤……………………………………………………………(416)
　　一、烧伤的局部改变…………………………………………………………(416)
　　二、烧伤的全身反应…………………………………………………………(419)
　　三、生前烧伤尸体主要征象…………………………………………………(419)
　　四、烧死鉴定中的有关问题…………………………………………………(421)
　　五、特殊物质的烧伤…………………………………………………………(423)
　　六、体温过高…………………………………………………………………(424)
　第二节　低温损伤……………………………………………………………(424)
　　一、基本概念及形成机制……………………………………………………(424)
　　二、低温损伤的影响因素……………………………………………………(425)
　　三、冻死的病理生理…………………………………………………………(426)
　　四、冻死鉴定的有关问题……………………………………………………(428)
　第三节　电流损伤……………………………………………………………(431)
　　一、电流损伤的机制…………………………………………………………(431)
　　二、电击死的死亡机理………………………………………………………(435)

三、皮肤电流损伤的特征 ……………………………………………………（435）
四、心脏电流损伤 ……………………………………………………………（437）
五、高压电（雷电）损伤 ……………………………………………………（438）
六、电警棍（电击枪）电流损伤 ……………………………………………（439）
七、电流损伤的法医学鉴定 …………………………………………………（441）

第四节 辐射损伤 …………………………………………………………………（443）
一、电离辐射及其损伤机理 …………………………………………………（443）
二、影响辐射损伤的主要因素 ………………………………………………（445）
三、急性辐射损伤 ……………………………………………………………（447）
四、小剂量辐射损伤 …………………………………………………………（449）
五、慢性辐射损伤 ……………………………………………………………（450）
六、非电离辐射损伤 …………………………………………………………（451）

第五节 腐蚀性损伤 ………………………………………………………………（451）
一、腐蚀性损伤的特点 ………………………………………………………（452）
二、常见腐蚀性化学物质 ……………………………………………………（452）
三、常见腐蚀性物质及损伤特征 ……………………………………………（452）

第六节 动物损伤 …………………………………………………………………（455）
一、动物损伤的机制 …………………………………………………………（456）
二、常见动物的损伤特点 ……………………………………………………（456）
三、尸体上的动物损伤 ………………………………………………………（461）

第七节 气压损伤 …………………………………………………………………（464）
一、气压和气体 ………………………………………………………………（464）
二、气压损伤机理 ……………………………………………………………（467）
三、气压损伤的主要类型 ……………………………………………………（468）
四、气压损伤的鉴定 …………………………………………………………（472）

主要参考文献 ……………………………………………………………………（473）
附录一 部分专业词汇中英对照 ………………………………………………（483）
附录二 枪械的口径单位换算 …………………………………………………（492）
附录三 常见国产枪支性能结构诸元表 ………………………………………（493）
附录四 常见国产枪弹结构诸元表 ……………………………………………（495）

第一章 概 论

第一节 损伤在临床和法医学实践中的地位

一、损伤的定义和概念

损伤是人类社会和生活活动中最为常见的现象之一，只要生活在现实社会，人的机体一生中无一例外地将会受到损伤，只不过损伤的程度、损伤的性质以及损伤的后果各不相似而已。也许是司空见惯或熟视无睹，国内外学术界对损伤的概念和定义至今却未能得出一个清晰明了的统一结论。

《辞海》（夏征农主编，1989 年）中没有损伤的专门词条，但对"创伤"有如下定义：(1) 比喻由某种原因所造成的损伤或伤害。(2) 身体由外力作用使组织、器官遭受破坏或功能发生障碍。(3) 外力指机械性、物理性和化学性等。

卫生部高等医学院校统编教材《病理学》（武忠弼主编，1995）对损伤的定义为：各种致病因素的作用，如果超过细胞、组织的适应能力，使可引起的细胞、组织的损伤。其中致病因素包括缺氧、物理的、化学的、生物的、免疫的、遗传的、营养不良的等。而同样是卫生部高等医学院校统编教材《外科学》（裘法祖主编，1995）中对损伤的定义则为：由暴力或其他致伤因子引起的人体组织破坏。

在物理学的损伤力学中，损伤是针对物质材料而言的，其定义为：损伤是材料结构组织在外界因素作用下发生的力学性能劣化并导致体积单元破坏的现象（楼志文，1991），或者是：在外载和环境的作用下，由于细观结构的缺陷（如微裂纹、微孔洞等）引起的材料或结构的劣化过程（余寿文和冯西桥，1997），这里的外界因素指力、温度、辐射等。

即使在法医学界，对损伤的基本看法也不尽相同，主要的观点有：损伤是致伤因素作用于机体引起组织结构的破坏和功能障碍（《法医病理学》，祝家镇主编）；损伤是由生物性如遗传、免疫、营养等，物理性如机械力、电、热、冷、放射等，化学性如药物、化学物、激素等因素使正常组织结构和功能的异常改变（《实用法医学词典》，翟建安主编）；损伤是机体受到外力作用，致使组织器官的结构遭受破坏或者功能发生障碍。外力可分为物理性，如机械、温度、电、放射等；化学性，如各种有机和无机物以及生物性，如植物、动物、微生物等（《临床法医学》，朱小曼主编）。

国外表示损伤的词也较多，以英文为例，wound、injury、damage 和 trauma 等均有损伤、伤害的含义。国外法医学界对损伤的定义也有多种，例如，损伤是指使用暴力对人体任何部位的破坏（《Forensic Pathology》，Knight B）；损伤是由力作用于机体组织所引起的伤害（《Forensic Medicine》，Tedesschi LG）。

综上所述，损伤的定义实际上包括三个方面：一是损伤的来源。二是损伤的客体。三是损伤的后果。在上述的各种损伤定义中，从医学角度而言，对损伤的客体是一致的，即人体组织。对于损伤的后果，差异也不大，仅涉及结构和功能是一个方面还是两个方面。差别较大的是损伤的来源，不仅涉及损伤的范畴，而且涉及损伤的界定。

世界卫生组织（WHO）在1975年第二十届世界卫生大会上通过的第九版《国际疾病分类》（ICD）中有关死亡原因的定义是：所有直接导致或间接促进死亡的疾病、病情或损伤以及造成任何这类损伤的事故或暴力情况。由此可以认为，损伤是一种独立于疾病和病情之外的状态或因素，损伤本身也并不包含疾病和病情，虽然有时会相互转化。如果将缺氧、营养不良、微生物的侵害等因素也作为损伤原因的话，那么损伤与疾病则为一体，因为疾病的过程本质上也是人体组织结构和功能的改变的过程，显然这并不符合死因的定义。

所以，至少从法医学角度而言，损伤应来自于独立的外界因素。法医学上，损伤和窒息是两个不同的概念。例如，手扼压颈部所引起的死亡，颈部所受的是损伤，但人体死亡的原因却是窒息或称缺氧，无论机体其他组织器官内发生了多大的改变或病变，损伤的后果直接仅仅反映在颈部组织。所以，损伤因素应是直接作用而非间接的，否则将扼颈所致的脑水肿或肺水肿简单归之于损伤，显然又忽视了机体内源性因素的存在。最后一点，结构与功能本是人体组织的同一事物的两个方面，结构体现了组织以物体（质）形式存在的状态；而功能则体现了组织作为生物体活动的状态。本质上来说，是结构决定功能，结构是功能的基础。因此，绝大多数情况下，只有结构损伤才导致功能的变化，或者说结构对功能的影响是直接的，而功能对结构的影响是间接的。例如，脚踝扭伤直接影响脚的行走活动，而行走活动的长期受限将会间接导致下肢肌肉的萎缩（结构改变）。至于某些损伤如脑震荡等导致短暂的意识功能障碍而并未发生组织结构的改变只是针对宏观而言，实际上在细胞或亚细胞乃至分子结构方面目前已证实其改变的存在。

综上所述，损伤应是指外界致伤因素直接导致机体组织正常结构发生改变的状况。本书将以此为基础来讨论损伤所涉及的基本问题，重点是在法医学实践中常见的机械力、温度、电以及辐射等损伤类型。

二、临床实践中的损伤问题

随着社会的发展和科技水平的提高，许多疾病在临床上得到了有效的控制和治疗，特别是传染性疾病的发生率、死亡率和治愈率均有明显的变化。但与此同时，临床却面临着人体损伤发生和救治大幅度增加的严峻现实，其中最突出的例子是道路交通事故损伤。据国内资料报道（王正国，1995），1951年我国因道路交通事故死亡人数和受伤人数分别是852和5159人，1970年分别为9654和37128人，而到了1991年则分别为49271和155072人，40年来死亡人数增加了57倍，受伤人数则增加了30倍。

据来自权威的世界卫生组织和世界银行的一份统计资料（Meyer，1998），1990年全球因损伤共死亡人数500余万，占总死亡人数的10.1%，其中以道路交通事故、自伤、暴力以及战争损伤四大类型为主，在全球前30位死亡原因中分别占第9、12、17和21位（如表1-1-1所示），但如果将损伤单独作为一项因素统计，则占第4~5位。预计在2020年，四项损伤将分别上升1~5位序。另外，在25岁以下的年龄组死亡中，损伤居各死因分类的前3位，尤其是15~25岁的年龄组，损伤位居第一。根据美国疾病控制中心1995年的统计，在所有年龄段前10位的死因分类中，1~35岁者的首位死因均为意外损伤（还不包括自杀和他杀），35~54岁者的死因里，意外损伤位居第三（Mattox等，1998）。

表1-1-1 1990年全球前30位死亡原因及人数

死亡原因	人数（$\times 10^3$）
1. 缺血性心脏病	6260
2. 脑血管疾病	4431
3. 下呼吸道感染	4299
4. 腹泻性疾病	2946
5. 出生前后疾病	2443
6. 慢性阻塞性肺疾患	2211
7. 结核病	1960
8. 麻疹	1058
9. 道路车辆损伤	999
10. 气管、支气管、肺癌	945
11. 疟疾	856
12. 自伤	786
13. 肝硬化	779
14. 胃癌	752
15. 先天性异常	589
16. 糖尿病	571
17. 暴力	563
18. 破伤风	542
19. 肾炎和肾病	536
20. 溺死	504
21. 战争损伤	502
22. 肝癌	501
23. 炎症性心脏病	495
24. 结肠和直肠癌	472
25. 蛋白-能量代谢病	372
26. 食道癌	358
27. 百日咳	347
28. 风湿性心脏病	340
29. 乳腺癌	322
30. 人类免疫缺陷病毒	312
合计	50467

（引自Meyer，1997）

据文献报道，在我国县级医院中，治疗损伤和中毒的人数1965年为第五位（占6.13%），1978年为第三位（占11.31%），1996年为第一位（占19.47%）；在死因顺序中，损伤从1957年的第9位、1975年的第7位至1995年已上升为第4位（程天民，1999；王正国，2000）。

实际上，比损伤死亡更为严重的是伤残和潜在寿命损伤年数（YPLL）的威胁。1990年全球引起伤残的前30位原因中，损伤占据6个，分别位居第9、13、16、17、19、27位，如果将损伤单独作为一项因素统计，则占据第一位。严重伤残（ISS>15）的致残率达36.1%。由于创伤多发生于少年和青少年，使伤后YPLL显著高于其他原因，如创伤的

YLPP率为12、肿瘤为6.02、呼吸系统疾病为5.19、心血管疾病为2.33。据统计,我国每年因车祸致残者约20万余人。美国1985年用于损伤的经济开支高达1576亿美元,其中42%用于伤残的救治与恢复。

毫无疑问,损伤已成为一个全球性的健康问题,临床医学尤其是创伤外科学和急救医学的专家学者已清楚地意识到,最大限度地提高创伤治愈率,降低伤死率和伤残率,减少创伤的负面影响已是临床创伤医学追求的目标。目前,世界各国几乎都有专门的创伤医学组织,一些发达国家则有分工更细的专门性组织,如美国的汽车医学协会、德国的意外事故医学会等,提出目前损伤的研究重点是严重创伤后的早期损害的预测、评估及其救治。

三、法医学实践中的损伤问题

如果说人体损伤在临床上的重要性正日益突出,但至少目前仍尚未占主要地位的话,那么损伤在法医学实践中一直以来都占有非常重要的位置。

第一,从条件上看,法医学本身是研究人身伤亡涉及法律问题的学科,而涉及人体的违法或犯罪可以说几乎都会造成人体不同程度的损伤。只不过有些损伤是直接的,而有些损伤是间接的;有些损伤伤及肉体,有些损伤伤及精神;有些损伤是可逆的,有些损伤是不可逆的。从法医学角度而言,损伤是暴力的结果,多数是人与人之间的矛盾和冲突达到一定程度后产生的外在表现形式,甚至有时成为解决矛盾和冲突的手段。在《刑法》中,涉及人身侵害的主要方式便是损伤,这也并不以社会科技水平、文明程度的高低而转移,可以说,只要社会中人与人、人与社会的矛盾不消失,人身侵害则还会存在,所以损伤也还会存在。即使有朝一日犯罪性的人身侵害降低到了最低点甚至消失了,但另一种形式的损伤,即人在社会和生活活动中的损伤依然存在,如车祸、工伤、地震等,因此从这个意义上说,人的活动是损伤存在的根本。

第二,从数量上看,即使将间接的、轻微的以及精神的损伤忽略,损伤仍然是在法医学实践中面临的主要问题,根据我国5个地区法医学统计资料(如表1-1-2所示)显示,按照法医学对死亡的五大因素,即窒息、中毒、损伤、猝死和其他(包括高低温、电击)分类方法,损伤在法医学尸体检验中不仅在总数上位居第一,而且在凶杀和意外两大死亡性质中也占据第一,而这仅仅是损伤直接致死的数量。实际上在许多其他类型的死亡如窒息、中毒甚至猝死等中也有损伤的存在(如扼死的颈部损伤、毒物的腐蚀损伤等)。根据美国卫生部的统计资料,1995年美国非正常死亡的原因中,损伤远远高于其他的类型(如表1-1-3所示)。损伤死亡的数量比重尚且如此,损伤未死的数量更为惊人,据曾宪斌等(1992)报道,从1980年至1989年10年间,仅南昌市中级人民法院受理的伤害活体法医学检验达50299人,平均每年5000余人,约占尸体检验人数的10倍以上。实际上我国法医正式较大规模开展活体损伤检验及伤情评定是在1986年司法机关颁布了伤情评定标准之后。1990年以来,特别是1994年以来,仅有人口60余万的北京市辖的一个区,每年的人体损伤法医学检验鉴定就在1200例以上。高数量的损伤并不是我国的特色,据美国司法统计局公布的权威资料显示,文明程度已很高的美国社会每年受暴力损伤的人数达200余万,涉及凶杀、抢劫、侵害、攻击性伤害以及一般暴力等,远比交通事故意外损伤的多。

表1-1-2 国内部分地区法医尸检死因分类中的损伤比重

	例数	损伤比例（%）	损伤在不同死亡性质中比重（%）		
			他杀	自杀	意外
湖北地区（1957年至1986年）	8610	41	71	7.3	44
温州地区（1958年至1989年）	3333	46	77	6	51
广州地区（1959年至1993年）	7478	47	78	20	74
西安地区（1966年至1994年）	6353	59	85	9	78
郑州地区（1980年至1996年）	3752	63	89	15	36*

*未含交通事故死亡例

表1-1-3 1995年美国非正常死亡原因分类、数量及10万人群中的发生率

分类	数量	发生率/10万
锐器	3365	1.28
溺死	5071	1.93
高坠	11275	4.29
烧死	4345	1.65
火器	35957	13.68
机械	986	0.38
车祸	42452	16.16
疲劳	27	0.01
中毒	16307	6.21
窒息	10376	3.95
其他	11797	4.49

（引自Mattox等，1998）

第三，从内容上看，损伤在法医学实践中，甚至在法律及社会生活中涵盖面极广，无论是刑事案件（如损伤致死、人身伤害等）、民事案件（如邻里纠纷、车祸意外），还是保险赔偿行业等都涉及损伤问题。法医工作者对损伤的研究认识和检验鉴定，已不再仅仅是过去的对死亡原因的认定，或者是简单的致伤物推断，而是已直接深入到案件的审理和处理，甚至定罪量刑之中。例如，根据人体损害的严重程度的评定，《刑法》及相关法律均已明确制定了相应的条文与之对应来进行罪与非罪、量刑幅度的判定；交通事故损伤后的人体伤情评定，也直接与赔偿数额挂钩，决定着事故处理的关键。更有甚者，某些发达国家的生产制造业也将法医对损伤的研究成果作为产品安全性能的主要评价指标。例如，德国目前汽车制造业每生产一种新型的车辆均须经严格的、有时甚至反复的、有法医学专家参与的破坏性模拟试验，以获取直接的安全性能方面的数据，至于保险带、气囊的设计与生产，也经受了法医学家不惜用尸体进行模拟试验研究的严格评判。

总而言之，说损伤是在法医学实践中最受关注的焦点似不为过，这不仅是在实践中接触数量最多的结果，而且也是影响面广的结果。根据笔者对《中国法医学杂志》1986年至1997年间发表的文章内容的不完全精确的统计，以损伤为主题的文章比例从前期（1986年至1987年）的20%，中期（1991年至1992年）的37%，到最近（1996年至1997年）的44%，居猝死、窒息、人类学、物证检验以及毒化分析等各专业主题之首。

第二节 法医损伤学的基本特点

一、法医损伤学的历史回顾

回顾法医学的历史，发现法医学最早关注的问题就是损伤，国内外似无一例外。根据现存的文字记载，我国最早记载与法医学检验有关的文字出现于公元前249年至公元前237年的《礼记》和《吕氏春秋》。《礼记·月令》中记载"……命理瞻伤、察创、视折、审断，决狱讼，必端平"的描述，十分清晰地反映了人们当时对损伤及其类型（伤、创、折、断）的认识。时至今日，法医学一定程度上仍保留并沿用着这些概念。无独有偶，古代罗马的Aguillia法典（公元前572年）中明确规定：奴隶受伤，若创伤本身不致命，而由于疏忽使其死亡，则唯一可以承认的诉讼是创伤问题而非死亡。这不仅论及了人体损伤的问题，而且在某种程度上阐述了伤与死亡之间的关系。由此可见，尽管那时并未诞生系统的法医学，也无专职的法医检验人员，但人们对损伤的认识，已通过长期的社会生活实践，积累了丰富的经验。

可能世界上第一例有文字记载的命案的医学检验也与损伤有关。公元前44年，古罗马皇帝Caesar在长老会遇害，由Antistius医生负责检验尸体并作了较为详细的描述，并确认在全身所受的23处刺创中，贯穿胸部第1、2肋间的是致命伤。实际上，那次仅仅是尸体外表的初略检验，距世界上第一次出现完整的尸体解剖尚有整整1300年。

随着社会的发展和进步，法医学雏形的初现，我国两宋时期（960年至1279年）建立了官员带领仵作验尸的制度，并颁布了直观形象的《检验正背人形图》，出现"伤损之处，朱红画出，喝唱伤痕，众人同看，众无异词，然后著押"的生动而客观的损伤记录方式。在欧洲，13世纪出现了法庭聘用医生检验尸体和活体以协助处理有关案件的规范。1247年，中国刑狱官宋慈编著了《洗冤集录》，宋慈在成为我国法医学鼻祖的同时，《洗冤集录》被人公认为国际上最早的法医学专著。在这本专著内，涉及了几乎所有的损伤问题，如骨折、生前死后伤、各种工具损伤、抵抗伤、致命伤、高坠伤以及烧伤等。1598年，意大利教授Fedele发表了《医师关系论》，被认为是欧洲的第一部法医学专著，虽然在时间上比《洗冤集录》晚了350余年，但由于得益于1057年后欧洲多数国家开展了尸体解剖并随之明确了医学鉴定人参与暴力性死亡案件诉讼的法律规定，故此专著中涉及的法医学问题更加完善、系统和科学。18世纪显微镜问世，病理学从器官发展到细胞水平，法医学所涉及的相关问题研究也随之有较大的进展，但主要体现在中毒、猝死、窒息等方面。

19世纪之后，工业化革命所带来的科学技术的蓬勃发展，为法医学尤其是法医损伤学的发展提供了优越的基础和条件，如实验室技术的完善和相关学科的渗透，有助于损伤机理和损伤模型的建立；病理学染色观察技术的改进，使损伤时间的检测成为可能。另外，资本主义早期阶段社会动荡所带来的犯罪活动猖獗。第一次和第二次世界大战所带来的伤亡以及汽车工业发展引起的车祸等又为法医损伤学提供了丰富的实践素材和研究方向与动力。因此，损伤的力学机制、损伤时间、火器损伤以及交通工具（尤其是汽车）损伤等成为国外百余年法医学损伤的研究和发展重点，可以说硕果累累。

而直至20世纪中叶，我国因主客观条件的制约，法医学基本处于停滞状态，法医损伤学方面更是几乎空白。法医队伍人员匮乏，科学技术水平落后的状况直到20世纪70年代之后才逐渐改观。1979年之后，除国内出版的综合性的法医学著作中论及损伤问题外，又陆续出版了法医损伤学方面的专著，如《法医学颅脑损伤》（赵经隆，1979年）、《法医骨学》（陈世贤，1980年）、《头部钝器伤与凶器》（头部钝器损伤编写小组，1984年）、《人体损伤鉴定图谱》（才东升，1979年）、《实用眼损伤法医学鉴定》（曲振武，1996年）、《法医弹道学》（闵建雄等，1998年）、《法医颅脑损伤学》（石秋念等，2001年）、《铁道损伤图谱》（肖发民，2003年）、《颅脑损伤图谱》（姚青松，2005年）等。同时，损伤学方面问题的研究形成了颇具影响的群体，如以中山医科大学法医学系祝家镇教授等为代表的有关损伤时间方面的系列研究；以华西医科大学法医学系吴家馨教授和中国医科大学法医学系李德祥教授等为代表的有关颅脑损伤方面的专题研究；全国公安机关以赵经隆、陈世贤、翟建安等教授为代表的有关钝器和锐器损伤的专门研究；近年来，以广东省广州市公安局姚青松等为代表的有关心脏传导系统损伤和脑干损伤的研究等。1992年中国法医学会专门成立了法医损伤学专业委员会，从而将法医学所涉及的人体损伤作为专门性问题研究，为法医损伤学提供了更为宽广的交流和展现的平台。

二、法医损伤学的研究内容

概括起来，法医损伤学的研究内容主要包括损伤机制、损伤过程、损伤程度以及损伤性质四个方面，其中重点是前两个方面。

损伤机制是认识一切损伤现象的基础，也是提高与深化人们对损伤认识的前提。很难想象，脱离损伤机制而能准确鉴别同属锐器形成的砍、切、刺、剪等不同类型的损伤形式。要深刻认识了解枪弹损伤中某些特殊的类型（如跳弹、消音器枪弹、弹头穿过中间障碍物、空包弹等），离开弹道学分析、离开人体组织的物理特性的分析无疑也是徒劳的。研究损伤机制，法医学本身不能独立完成，需要相关学科的帮助。例如，研究人体组织结构损伤的问题，需要有生物力学、损伤力学、解剖学、生理学等学科知识的参与；研究气压对人体的损伤问题，则需要借鉴航空医学、航海医学等学科的知识。然而，相关学科也并不能代替法医学对损伤机制的研究，例如，军事医学研究爆炸损伤并不解决法医学根据人体损伤确定爆炸点的问题。如果离开了人体损伤的法医学检验及其评判，人体与车辆关系、车辆运动状态等的机制研究及其安全性能的评估等都将失去实际意义。

损伤过程是法医学损伤研究中最具特色也最富挑战性的内容。说它最具特色，是因为只有法医学在涉及损伤的具体案件中所关注的，它包括损伤方式（坠落、碰撞、打击）、损伤工具（包括工具种类、作用方向、角度、次数等）以及损伤时间等多个方面；说它最富挑战性，是因为损伤过程的研究本质上往往就是案件的过程重建，而仅仅凭借在特定的条件下遗留的支离零碎的信息，将静态的现场重建为动态的过程并且表述出来，这就需要法医工作者不仅要具备检验尸体、勘查现场的能力，而且也要具备去伪存真、去粗取精、由表及里的分析归纳思辨能力。因此，损伤过程的研究是综合能力的反映。

损伤程度是损伤对人体所造成影响的评价，是目前在法医学实践中涉及工作量较大的内容。根据我国目前的法律规定，损伤程度的评定直接影响甚至决定着定罪与量刑的审理，因此法医研究损伤程度是实践所需。我国目前现有的《人体重伤鉴定标准》、《人体轻伤鉴定标准（试行）》、《人体轻微伤的鉴定标准》、《道路交通事故受伤人员伤残评定标准》等均是法医研究或参与研究损伤程度的成果,也是日常实际工作的依据。绝大多数损伤程度的研究对象是活体,由于主要涉及损伤的影响及其预后的变化,故损伤程度研究的手段及基础主要来自临床医学。据笔者所知,国外除日本法医介入赔偿医学以外,国外法医界基本不涉及损伤程度的具体评定。

损伤性质与损伤过程一样是应用性极强的研究内容,同时和损伤程度相同,属于对损伤的评价范畴。要解决的问题主要包括:自伤、他伤和意外伤,抵抗、防卫和犹豫伤,伤后行为能力以及损伤与疾病的关系等。前三种多来自命案,而损伤与疾病的关系则见之于尸体和活体,因此目前日益成为法医损伤研究中的焦点问题之一。由于损伤的多样性和疾病的复杂性,目前还尚未形成较为系统的认识观点和解决的办法,因此,也使其具有深入研究的价值和意义。

三、法医损伤学的研究方法

法医损伤学的研究方法,从大的方面看,应属于法医学的范畴,即以医学方法为主。但法医损伤学与医学不尽相同,也有其较为特殊的一面。例如,医学研究的材料主要来自人体和实验动物,而法医损伤研究材料除了人体和动物外,模拟物或者模型也占有相当的位置,实际上这是由于学科的研究目的和内容的特殊性所决定的。

法医损伤学研究的方法很多,归纳起来,可从研究途径和研究手段两个方面分析。

(一) 研究途径

从研究途径和类型的角度而言,法医损伤学的研究方法主要有总结、比对和实验三大类型。

1. 实践总结。实践总结的方法是最古老也是最经典的方法。在古代,人们尚未掌握相关的科技手段之前,对事物的认识几乎都靠实践总结而来。即使在科技水平已发展到相当程度的今天,人们仍离不开这一方法,除了直观和直接的特点以外,最根本的还是这种方法也是基于客观的观察和记录,而非凭空想象得来。法医损伤学中的许多基本认识来自于实践总结,至少首先来自对实际发生的事件观察,如中空性的皮下出血、抵抗防卫和犹豫伤的特点等。另外,对经常出现的现象的总结,可使人们注意到事物的某些规律性的特征,如钝器和锐器创的区别、创口愈合的时间等。当然,实践总结最大的缺陷在于其认识事物、掌握规律的滞后性,即只有对已经发生的现象的观察后认识,无法超前预计。另外,实践总结可能仅仅了解其外在的特征,无法得知其内部的本质,即不了解其损伤机理。因此,单纯凭借实践总结的方法不可能使一门学科有较大较快的发展。较之过去,今天对同样是实践总结提出了更多和更高的要求,如观察总结的事件需要具备一定的数量、符合数理统计学原理才能有价值。许多在实践中出现的现象的最终认识,还需用其他的方法加以研究证实等。

2. 形态比对。形态比对的方法是通过实际样本或实验样本将损伤客体(人)的形态学特点和致伤因素(物)的形态学特点加以对应比较的研究方法。致伤物的推断是法医损伤学中一项重要的研究内容,而解决这一问题的最根本的方法即形态比对。应当指出的是,形态比对的方法并不是机械地将两种形态简单地拼接对应,而是建立在损伤分析基础上的，至少应具备两个条件，第一，认识损伤特征。人体不同的组织对不同的致伤物有不同的反映特征。例如，同样是凹陷性骨折，质地大于骨质的物体可形成骨折边缘的斜坡样挤压缘，而质地小于骨质的物体则不会形成。如果不认识了解挤压缘的特征，显然在鉴别致伤物时将失去一个极为关键的条件和依据。第二，理解损伤机制。损伤机理的了解是认识损伤的非常重要的因素，人体上相似的损伤常可由不同的致伤物形成。例如，在人体较平坦的部位，空心管戳击可形成类圆形挫裂创，而实心棍戳击甚至圆锤垂直打击也能造成相似的类圆形挫裂创，因类圆形创口的形成机理是人体软组织受剪切力作用所致，对实体棍或圆锤而言其边缘对人体组织正是以剪切力为主、挫压为辅的损伤，因此仅仅凭类圆形损伤的形态来进行推断常会导致错误的结果。

3. 实验模拟。实验模拟是指通过在有控制条件下复制损伤以获取认识的研究方法。较之实践总结和形态比对，实验模拟具有系统性和完整性的特点，系统性体现在它并不只针对某些具体案件，而是探求事物的全貌。例如，要了解死后损伤出血的特点，仅仅靠实践总结往往只能是支离的印象；而通过实验模拟，则可非常容易地复制出各种损伤及不同死亡时间后所引成出血的模型。完整性则体现在它不仅是静态地了解，而且也能动态地掌握损伤的规律。损伤往往是物质运动的结果，静态只反映损伤的最后结果，运动则同时又反映了损伤的过程。实验模拟对了解损伤的过程十分重要，要了解枪弹空腔效应引起的损伤，总结和比对的方法只能观察其损伤的形态，而通过实验并借助先进的手段（如高速摄影机）则可动态地观察到空腔效应形成的全过程及其特征，有助于更深刻地了解形态学上的损伤。用于实验模拟的对象很多，根据需要及可行性，既可以是动物，也可以是模型物，甚至在条件允许范围内还可以是尸体或活体。比较起来，在法医损伤学中，静止的、动物的或模拟的局部实验开展较多也较容易，而动态的和全身性的实验难度较大。

（二）研究手段

研究手段也称研究技术，是指用于研究的具体措施。这些具体措施是公共的、共享的或者说是通用的。例如，力学测量技术不仅可用于物体（如建筑等），也可用于人体（如损伤等）；又如，形态比对的方法需要病理学技术，而实践总结和实验模拟也需要病理学技术。从损伤研究手段来讲，主要有以下四种技术。

1. 病理观察技术。病理观察技术主要用于损伤形态学的观察，分宏观和微观两个方面。宏观是指运用肉眼或辅之以放大镜、量尺、各种衡器等工具，对研究对象进行观察和检测。在法医学实践中对损伤的观察多数以宏观为主。微观是指用显微镜等高分辨的仪器将研究对象进行各种针对性的染色后对局部组织结构进行观察和检测。法医损伤学中人体损伤的损伤时间反应及其呈现的改变常用此技术。

2. 力学测量技术。力学测量技术主要用于损伤受力机制和损伤过程的研究。力学测量技术有很多，有些是无损性的，如剪切速度仪用于测量皮肤愈合过程中的生物力学特性等；有些是有损性的，如撞击机用于测量组织的力学强度等。近年来，传感技术、计算机技术和逼真模拟人的引入，使力学测量技术在动态、精确方面跨上了新台阶。在道路交通事故损伤研究中，过去只能凭借对人们局部组织受力的情况，进行静态的分析，如今可采用带有压力传感装置的模拟人复制真实的事故过程，全面了解人体各部位的活动及受力情况，借以分析损伤形成的机制、过程及其程度（如图 1-2-1 所示）。

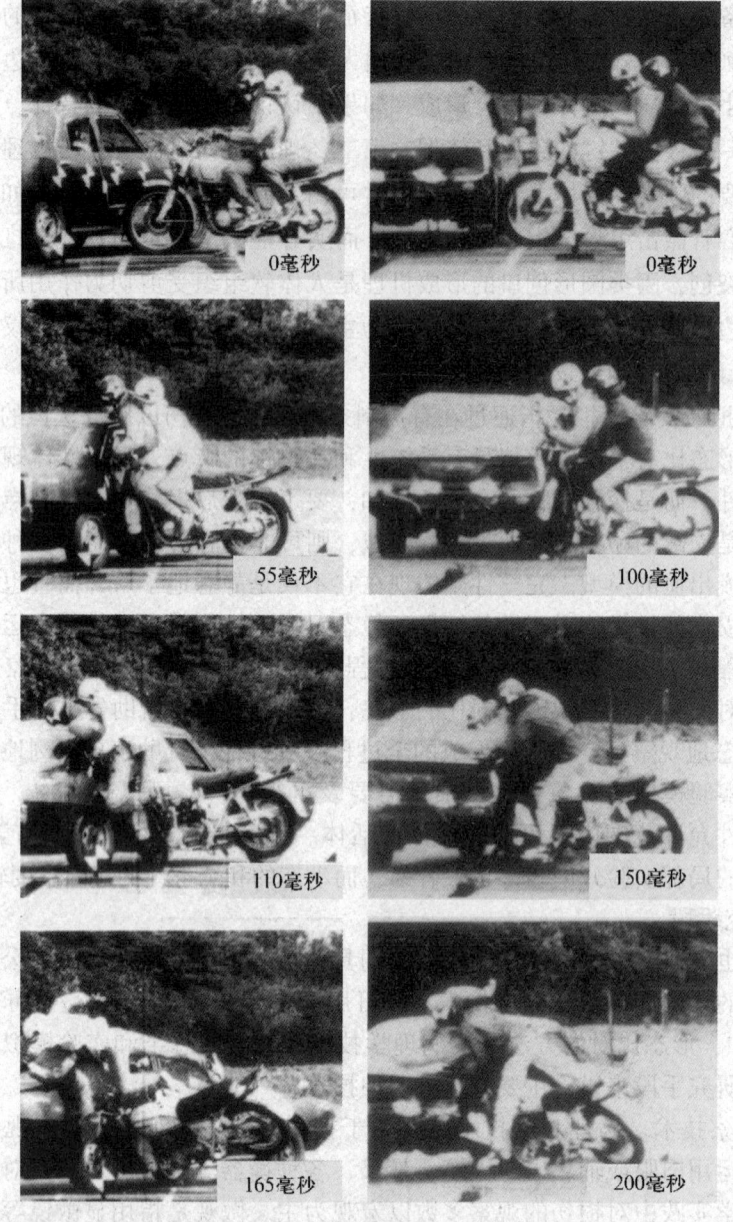

图1-2-1 摩托车与汽车侧面相撞模拟试验高速摄影图（引自 Ueyama，1990）

3. 影像显示技术。损伤形态的精确显示，是法医损伤学研究和鉴定的极为重要的基础条件，这方面医学临床使用的各种影像学诊断技术都可被法医学所利用。过去，影像显示技术主要用于活体损伤的检测。例如，X线摄影检测骨骼的损伤，带有光晕灯的透视显微镜检测肉眼看不出的皮下出血等。而X线计算机断层扫描（CT）、核磁共振（MRI）以及计算机图像处理等技术的问世，不仅给活体内部损伤的观察提供了更为精确直观的工具，而且也为法医学尸体检验提供了有力的直观手段。例如，利用CT三维重构技术，我们不仅可以完整地观察活体上颌骨骨折的整体情况（如图1-2-2所示），而且可以发现尸体检验也可能难以观察到的骨骼的微小损伤（如图1-2-3所示）。进入21世纪，瑞士的学者将 CT 和 MRI 技术引入到尸体检验，并赋予此技术为虚拟解剖的定义，以解决尸体解剖中某些不易操作、不宜顾及或不易察觉的问题（如图1-2-4所示）。

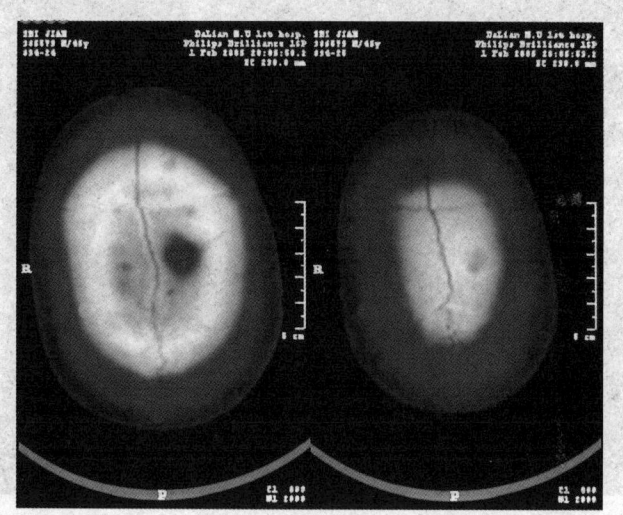

图1-2-2　CT三维重构显示的颅盖骨骨折线

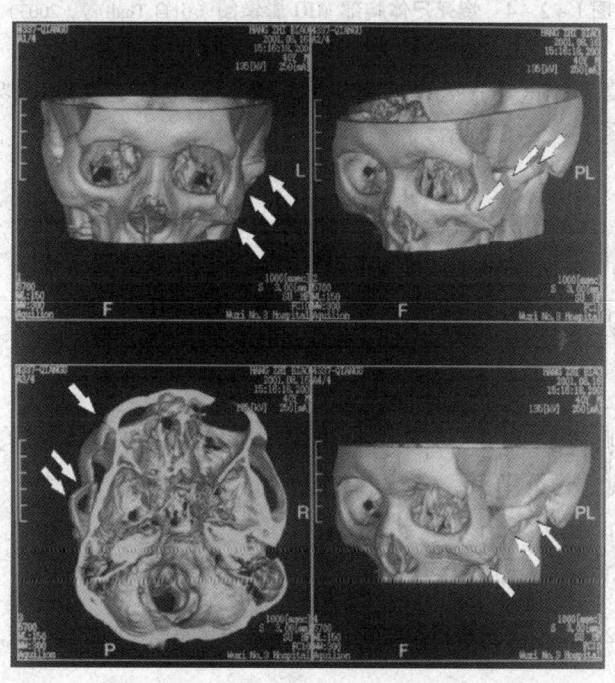

图1-2-3　螺旋CT三维重构显示的颧骨骨折（箭头）

4. 计算机模拟技术。计算机模拟技术主要用于对损伤过程的模拟。计算机技术的诞生可以说是迄今人类科技史上最重要的发明之一，而且其优越性将在各个领域得到越来越多的充分展现，早已远远超过了当初作为计算工具的范畴。在法医损伤的研究领域内，除前述的各种技术和方法离不开计算机协助之外，计算机作为数字模型的图像及动态显示已成为损伤机理和过程研究的重要手段。在许多发达国家，技术人员利用计算机可将人的各种

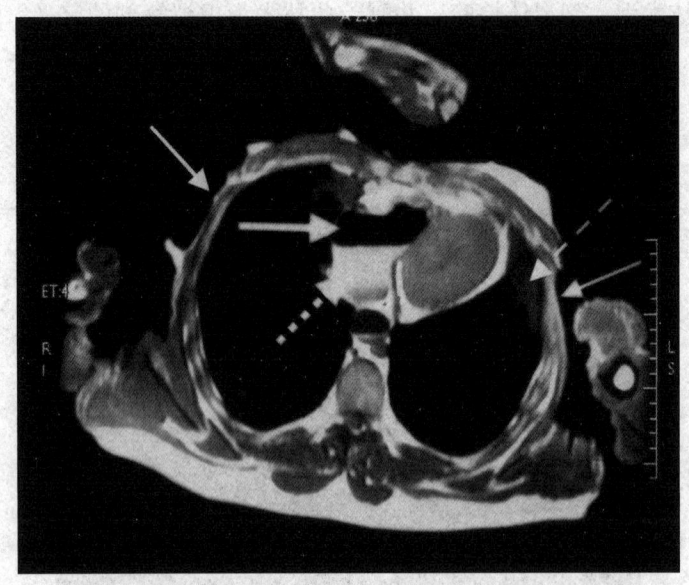

皮下脂肪失去（细箭头）　　心腔内空气栓塞（粗箭头）　　左肺挫伤（虚细箭头）
心腔内血液层状沉淀（虚粗箭头）

图 1-2-4　烧死尸体胸部 MRI 影像图（引自 Thali 等，2003）

参数（如重心、身高、体重等）处理后将人的运动状态十分逼真地模拟出来，甚至可直接代替实验模拟（如图 1-2-5 所示）。

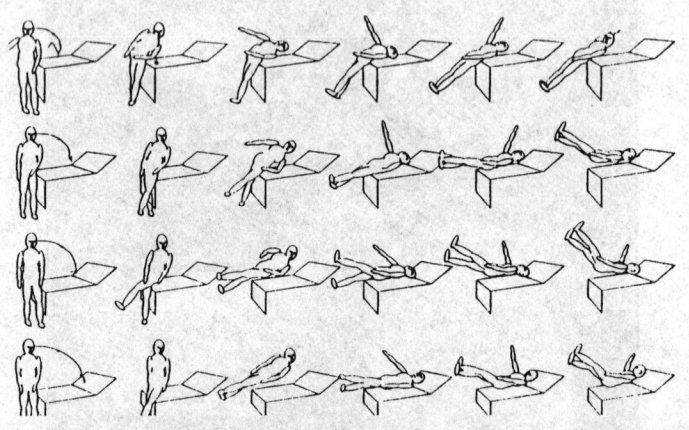

图 1-2-5　计算机模拟人体与车辆接触过程示意图（引自 Niederer，1994）

更有甚者，已有利用计算机模拟技术应用于法庭的实例。据报道，位于美国阿拉斯加的油井某日发生爆炸起火，人们从平台楼梯跑出，有个电焊工手提工具箱从 6 级楼梯上坠落损伤。事后，伤者向法院提出控诉，说是楼梯设计的不合理使他仅跨出了第一步身体便失去平衡而直接踩到了最后一节楼梯。但因当时无目击者，法庭无法确认其陈述的真实性。根据现场勘查的结果，诉方代理人认为楼梯窄小且无扶手和防滑设施是可能造成坠落的原因；而辩方提出人从楼梯上摔下，其膝盖等突出部位应当有与金属梯接触形成的损伤，而伤者恰恰无此损伤，故不能证实伤者的陈述是真实的。鉴于意见分歧，法庭委托专家进行计算机模拟，专家们利用二维人体模型和GEOBOD/MAC软件模拟重建了坠落的经过（如图1-2-6所示），模拟显示：事故发生时，只要伤者的鞋底与楼梯相接触，那么坠落时其躯干和四肢有可能与楼梯不发生接触。

图1-2-6　计算机模拟人体从楼梯坠落的步态变化（引自Sloan和Talbott，1996）

四、法医损伤学与其他学科

简单而论，法医损伤学是研究以外力为主的致伤因素对人的损伤效应，以解决涉及法律专门问题的学科，更简单地概括可看做研究人体、物体和外力三者之间的关系。实际上，类似的研究涉及的学科很多，既有相似性，又有独特性，相互包容，各有所长。

物理学尤其是力学的分支学科如生物力学、损伤力学、运动力学等也同样研究包括人体在内的人体、物体和外力三者的关系，因而法医损伤学将其作为学科的基础，引用或借鉴其知识或手段构成自身的体系或标准。例如，生物力学中有关活组织的力学特性是法医损伤学的重要分析基础，损伤力学中关于物体微裂纹和微孔隙损伤的理论同样适用于人体骨组织等。但是，力学研究的角度显然与法医学不同，同样研究颅脑损伤中的颅骨骨折，力学是研究多大的作用力能形成，而法医学更关注的是怎么样的受力方式才能形成（包括作用物体的大小，人体作用部位以及骨折的形态等）。又如，运动力学中的自由落体研究的是落体（物）的状态，而法医学借助自由落体的规律研究人体在不同的高度和体位下坠落后的损伤结果。

包括解剖学在内的基础医学同样是法医损伤研究的基础，没有正常解剖学的知识，研究人体损伤是空中楼阁，而没有病理学的参与，研究损伤的外在形式和表现则失去依附。

例如，病理学研究的是人体组织结构的异常改变，而人体损伤本身就是一种异常改变，因此两者之间是相通而包容的，甚至研究手段也是相似的。但其不同之处在于基础医学研究的主要是人体，而法医损伤研究的除人体外，还有物以及人和物的关系。例如，针对局部组织水肿，病理学关注的是组织水肿将如何演变及其对组织局部的影响；而法医损伤则更重视水肿的起因要素，是扭伤形成还是打击形成，如果是打击形成，那么是由何工具打击形成等。

临床医学尤其是外科学、骨科学等和法医损伤关系极为密切，它们有着共同的研究基础，共同的研究范畴以及共同的研究手段（如 X 线、CT、MRI 等影像学技术），甚至在对损伤的表述方面也基本相同。外科医生因此在我国许多地区的早期承担着兼职法医的工作以至后期成为法医工作者。然而事实上，医生和法医仍然是两回事。临床医学和法医损伤学的最大差别在于工作重心。简言之，临床医学关注的是损伤之后（即预后），而法医损伤却注意的是损伤之中（即损伤过程）。最简单的例子是表皮剥脱和皮下出血，临床医学关心的是如何使皮肤尽快愈合以及避免感染；而法医损伤学则在观察损伤形态特征的基础上来分析形成的时间、形成的方式（打击或磕碰）、形成的工具等。实际上，这种差别是由于两者的目的不同所决定的，临床医学的目的是救死扶伤，而法医学的目的则是弄清（损伤）真相。

法医损伤学与法医学的其他分支学科的关系较为复杂。毫无疑问，作为一门分支学科的法医损伤学，其母体是法医学，但它与法医学的分支学科，特别是法医病理学和法医临床学之间是什么样的关系，国内外学术界似乎没有专门讨论，所以尽管中国法医学会下属有专门的法医损伤学术专业委员会，但在学术界并未得到基本的认可。原国家教委法医专业指导委员会正式认可的法医学教材中并未将法医损伤学作为一门分支学科。但学术观点总是而且也应当是可以讨论的。从专业内容角度而言，法医损伤学研究的内容及其重点已离纯粹意义上的病理学越来越远，病理学技术甚至是最新的技术（如免疫杂交技术、单克隆技术等）对解决法医损伤如枪弹损伤、交通事故损伤等的问题似乎作用不大；损伤机制和损伤过程的研究常常不单纯是医学问题，其本身就有足够多的交叉学科。另外，法医病理学研究的重点内容——暴力性死亡（又称非自然死亡）及其相关因素也已不是法医损伤研究的重点。尽管损伤是致死的一大因素。至于法医临床学，似乎临床医学的比重很大，只不过不是用于治疗的目的。因此，从专业设置角度而言，如果仅仅是由于法医损伤学研究的内容仍属于法医病理学范畴的话，那么中毒可以从法医病理学中分出而成为单独的法医毒理学，人类学可以从以往的法医物证学中分而成为单独的法医人类学，甚至临床法医学可以不包括司法精神病学而独立分支其理论依据似乎同样有悖，至少似乎缺少专业分支学科的标准与规范。当然，本书的目的旨在较为系统地讨论在法医学实践中的损伤问题，并不在于以此建立一门分支学科，而且法医学的发展也并不会由于它的分支学科的多寡而受影响。

第三节　有关力学的基本概念

前已述及，法医损伤学研究的重点内容包括损伤机制和损伤过程。作为法医损伤学最基础的两大学科，病理学主要探讨机体损伤后的外部表现（或称形态学表现）；而力学则被用于研究外力对机体损伤内在影响的规律。因此，法医损伤学的研究离不开力学知识。作为一门古老的学科，力学是研究物体在外力作用下运动、变形以及破损规律的学科。随着社会的进步，人们不断地向力学提供了新的发展途径，由此力学中出现了许多分支学科，其中和法医损伤学关系较为密切的有：研究各种材料及构件在外力作用下力学性能的材料力学，研究物体损伤过程的损伤力学，研究生物物体运动、生理和病理之间关系的生物力学以及研究运动中人体机械运动规律的运动生物力学等。运用和借鉴这些分支学科的基本理论和手段，才能使法医损伤学的研究和发展得以实现。

本节仅对有关力学的基本观点和基础知识作一介绍，涉及人体组织损伤具体的相关力学和病理学内容将在以后各个章节中叙及。

一、力及其特征

力是指任何使物体保持或改变位置或使物体变形的作用，也是指一个物体对另一个物体的作用，简言之，力是物体间的相互作用。力使物体运动状态发生变化的称力的外效应，使物体形态发生变化的称力的内效应。例如，用手提起重物时，手的作用力在产生使重物从静止变为运动的外效应的同时，手臂肌肉的收缩也使肌肉的形态发生改变而产生力的内效应。

（一）力的特征

力具有三个最基本特征，即力是矢量、力的合成和力的分解。

1. 力是矢量。相对于仅仅用大小即可表示的标量（如温度、时间、长度等）来说，力是既有大小又有方向的矢量。力的矢量特征表明力对物体的效应取决于力的大小、力的方向和力的作用点三要素。例如，手持弹簧并使之伸长这一典型的力效应，手持弹簧意味着力的作用点，使弹簧伸长意味着力的方向（如相反方向则可使弹簧缩短），而弹簧伸长的距离意味着力的大小。

2. 力的合成。如果一个物体上受几个力的作用，但可能仅产生一种力的效应，那么可将几个力合成一种，称为合力。力的合成有三种基本状况：（1）如果两个或两个以上的力在同一直线上且方向相同，那么合力应是两个或两个以上力的相加。（2）如果两个或两个以上的力在同一直线上且方向相反，那么合力应是两个或两个以上力的相减，合力方向与较大的力的方向相同。（3）如果两个或两个以上的力不在同一直线上，力的合成遵从平行四边形法则，即用两个或两个以上的分力为邻边所组成的平行四边形的对角线来表示合力的大小（如图1-3-1所示）。除极个别情况（如方向相反）外，多数情况下合力较单个力为大。

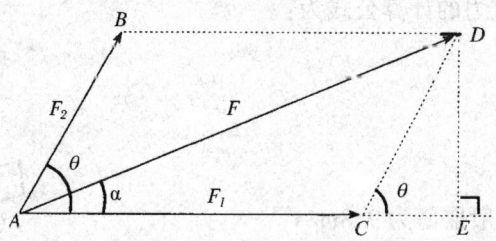

图1-3-1 合力（F）计算的平行四边形法则示意图

3. 力的分解。与力的合成相反，力的分解是将一个力化解为与之等效的多个分力。力的分解也遵从平行四边形法则（如图1-3-2所示）。如果力的分解在同一直线上且方向相反、大小相同，则称为二力平衡，属于力的分解一种特殊类型。

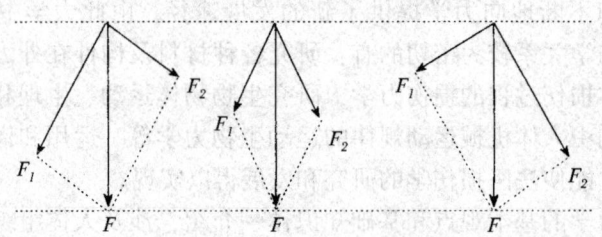

图 1-3-2 分力 (F_1, F_2) 计算的平行四边形法则示意图

(二) 力的类型

按照材料力学的观点,力可分为外力和内力两大类。外力是指一个物体受到另一个物体的作用力,如跑动的人体至少会受到重力(体重)、空气的阻力(或迎面风力)以及地面的反作用力的作用。内力是指物体内部某一部分与其他部分之间相互作用的力,如用手拉弹簧时,会感到弹簧也在拉我们的手,其本质是物体内部分子之间的保持原有状态的力。实际上按照生物力学的观点,外力和内力是相对于物体而言的。例如,研究人体作为对象时,那么外力是指人体以外的力,内力则包括人体各部分相互作用的力,如肌力、韧带张力、组织粘滞力等。但当人体某一部位(如前臂关节)作为研究对象时,那么肱肌、前臂某些肌群的拉力则可作为外力看待。为此,有的学者将能使物体发生运动改变的称为外力,而能使物体形态发生改变的称为内力。然而在实际中,特别是对于生物体而言,情况要复杂得多。

力的表现形式按不同的分类有多种。按照现代物理学的观点,自然界存在四种基本的力,即物质相互作用的万有引力,带电物体或载流导体之间的电磁力,存在于质子、介子、重子等之间的强核力以及存在于中子、电子、中微子等之间的弱核力。由于这些基本的力表现在微观上,在实践中难以测算且不易表达。以宏观形式表现且易于测算的常见的力主要包括:

1. 重力。重力是指地球吸引物体的力。重力的方向垂直向下,指向地心。重力的计算公式为:

$W = mg$

式中:

W 为重力;

m 为物体的质量;

g 为重力加速度,一般取值为 $9.8 m/s^2$。

2. 弹性力。弹性力是指物体间的相互接触,使物体发生形态改变后使物体恢复的力。如图 1-3-3 所示,人体站在木板上,人体重力(P)竖直向下作用,使木板向下弯曲变形,但木板在未弯曲断裂前为承受人体对木板压力(N')而产生方向相反的弹性力(N),以支撑人体不再向下运动。由于弹性力

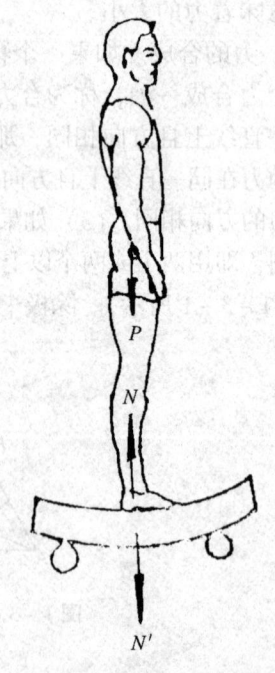

图 1-3-3 弹性力 (N) 示意图

发生在物体接触并引起变形时，因此在法医损伤学中最为多见。任何物体的结构性损伤均可视为弹性力超过极限的结果。压缩、伸展、剪切等是弹性力不同表现形式而已。弹性力的计算较为复杂，最典型的弹性力指弹簧伸长或压缩后产生。在弹性极限内，弹性力（N）的大小与弹簧的变形（X）成正比，即用公式表示为：

$N = KX$

式中：

K 为弹簧的弹性系数。

3. 摩擦力。摩擦力是指阻碍两接触物体间的移动或移动趋势的力。如图1-3-4所示，一个物体在水平桌面上具有重力（W）和桌面对物体的法向反力（N），如对物体施加水平力（P），那么物体在有移动趋势而并未移动的摩擦力（F）称静摩擦力，而当物体产生移动时的摩擦力则称动摩擦力。由此可见，摩擦力（F）的方向与物体移动方向相反，其大小与法向反力（N）成正比，公式为：

$F = fN$

式中：

f 为摩擦系数。

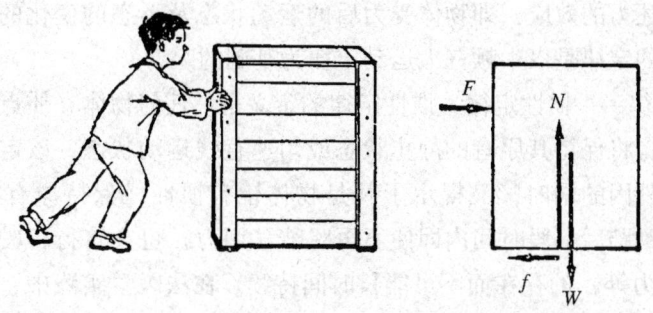

图1-3-4 摩擦力（F）形成示意图

4. 向心力和离心力。向心力和离心力是指物体做匀速圆周运动时存在的一对作用力和反作用力（如图1-3-5所示），向心力是作用在链球上的力，而离心力则是作用在人体上的力。向心力（F）的计算公式为：

$F = mv^2/R$

式中：

m 为运动物体的质量；

v 为运动物体的线速度；

R 为绕轴转动物体的半径。

在实践中，向心力是为获得平衡的多个力的合力（如图1-3-6所示），人和车向圆心一侧斜倾，此时人和车重力（P）与地面的法向反力（N）不在一条直线上，其合力便是向心力（F）。

5. 约束反力。约束反力是指对物体运动具有约束限制的力，如绳索对于重物、轴承对于轴来说都是约束，人体上更为常见，例如，韧带、肌腱等只能承受张力，而不能承受压力和弯曲力，人体各大关节的结构限制了关节的无限运动等。约束反力在某种程度上是内力,其计算以外力大小来平衡。

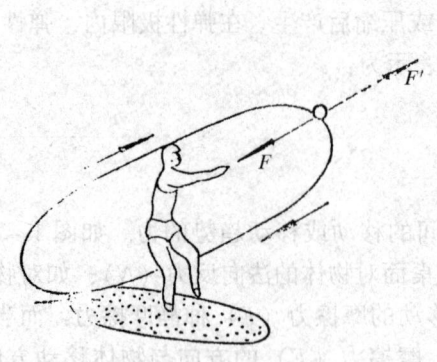 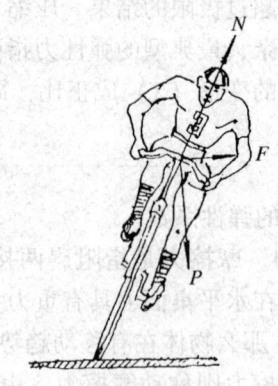

图1-3-5 向心力(F)和离心力(F')形成示意图

图1-3-6 由重力(P)和反作用力(N)的合力构成的向心力(F)示意图

(三) 力的定律

力的定律是描述力的效应,即物体受力后的运动状态及形态的变化的基本法则。在机械力学范畴内,力的定律是以牛顿三大运动定律为基础的。

1. 牛顿第一定律——惯性定律。惯性定律的定义是:任何物体(质点)在不受外力或所受合外力为零时,将保持其原有的静止状态或匀速直线运动状态。该定律在指出力是物体运动状态改变的外因的同时,又揭示了凡是物体皆有惯性(保持原有状态)的客观规律。例如,自行车蹬踏后一段时间内即使不再蹬踏(用力)也会自行行驶,只不过由于外力(如重力、摩擦力等)的存在而不可能长时间持续。在法医学实践中,惯性问题既常见又富有价值。例如,直线运动的车内人体即处于惯性状态中,突然的刹车易使人体以惯性仍向前运动,形成撞击性损伤;而人体由高处坠落后突然静止,体内脏器却可能仍以惯性向下运动而形成更严重的损伤。物体的惯性除与其运动状态(如速度)有关以外,与物体的质量直接有关,如汽车刹车后的惯性可使其继续行驶数米至数十米,而质量远大于汽车的火车刹车后,其惯性可使其继续行驶达数百米之遥。

2. 牛顿第二定律——加速度定律。加速度定律的定义是:当物体受到力的作用时,物体加速度的大小与力的大小成正比,与物体的质量成反比。可用公式表示为:

$$F = ma \text{ 或 } a = F/m$$

式中:

F 为合力;

m 为物体质量;

a 为物体的加速度。

需要指出的是,此处的加速度仅仅代表物体运动的状况,而非单纯指物体运动速度的增加。当力的方向与物体运动方向一致或物体由静止转变为运动时,则运动速度便增加;反之,当力的方向与物体运动方向相反时,物体的运动速度却会减小直至静止。加速度定律实质上反映了物体运动速度和质量的关系,在物体质量一定时,速度越快,力量越大。

在法医学实践中，损伤机制的分析常会涉及力量、速度和损伤的关系，如锤类钝器打击头部时，速度的快慢可导致颅骨出现无骨折、线性骨折、凹陷骨折以及洞状骨折等多种不同形态损伤的结果。

3. 牛顿第三定律——作用与反作用定律。作用与反作用定律的定义为：作用力和反作用力同时存在，同时消失；它们的大小相等，方向相反，作用在同一条直线上。用公式表示为：$F = -F'$（如图1-3-7所示）。离心力和向心力是一对作用力与反作用力的典型体现。需要指出的是，作用力与反作用力分别作用在两个物体上而非同一个物体，是属于同一性质的力而非两种力。在实践中，作用力与反作用力的现象随处可见，法医损伤学中也常应用这一定律进行相关分析，如致伤物的质地常决定着是否在人体上留下痕迹，枪弹在射入人体前如穿过质硬的中间障碍物则会因反作用力引起弹头不同程度的损坏，从而使射入口特征也发生改变等。

4. 万有引力定律。万有引力定律的定义是：任何两个质点都在相互吸引，其引力的大小与两质点的质量乘积成正比，与它们之间的距离的平方成反比，因此也称平方反比定律。用公式表示为：

$$F = Gm_1m_2/r^2$$

式中：

m_1 和 m_2 为两质点的质量；

r 为两质点之间的距离；

G 为万有引力常数。

图1-3-7 蹬地时的作用力（F）和反作用力（F'）

万有引力并不是在物体接触时发生，所以有人将其称为是牛顿第三定律的推广和补充。

（四）力的度量

力是一种既有大小又有方向的矢量，力的大小以国际上由铂铱合金制成的千克原器在纬度45°海平面上所受到的重力作为标准力来度量。按目前国际单位制中，力的单位用牛顿（N）表示，1N就是使1kg质量的物体获得 $1m/s^2$ 的加速度的力；如质量单位为克（g），加速度单位为 cm/s^2，那么力的单位为达因（dyn），$1N = 10^5 dyn$。在工程单位制中，力的单位是公斤力（也称千克力，kgf），其与国际单位力的换算为：1kgf = 9.8N。

二、物体的变形

物体受力作用的外在效应是物体运动状态的改变，而内在效应则是物体的形态上的改变，即物体的变形。物体受力后的变形是绝对的，但其变形是否能在宏观上体现，则是相对的。在机械力学中，物体的损伤（无论是可逆的或是不可逆的）都是物体变形的结果，在生物体也同样如此。因此，熟悉物体的变形是了解损伤机制和形成的基础。

（一）变形的基本概念

再小的物体，其内部原子间存在着相互作用的力称为内力，当外力作用于物体时，在物体内部又引起新的内力，物理学上称新的内力为附加内力，内力和附加内力共同构成抵御外力使之不发生变形或消除变形的内力的集度称为应力。应力可随着外力的增加而增大，但也有一定的限度，超过这一限度，物体原有的形态就会破坏，也就是损伤的发生。这一限度就称为物体的强度。由于物体的破坏都发生在一个面而非一个点上，因此应力的大小实际上为单位面积上内力的大小，用公式表示为：应力＝内力/截面积，应力＝外力/截面积（因外力和内力此时是等值的）。物理上应力以 δ 表示，应力的国际单位为牛顿每平方米（N/m^2），也称为帕斯卡（简称帕，Pa）。因实际计算时帕的单位太小，故常用千帕（kPa）、兆帕（MPa）或千兆帕（GPa）表示。

外力作用于物体后在受到应力的阻抗的同时，物体本身内部结构也发生了改变，表现为点、面位置的移动，点的移动形成了线位移，而面的移动构成了角位移，这种位移称为应变。应变本质上体现为物体长度或角度的改变，而形态学上表现为物体原有形态的改变。虽然这种改变与应力（也即外力）的大小有关，但应变本身是一个前后长度或角度的比值，而没有量纲（单位）。应变以符号 ε 表示。

当应变沿物体的纵轴发生（如物体被牵拉或压缩），而未发生物体的破坏时，应变与应力成正比，其比值称为弹性模量（E），用公式表示为：

$$\delta = E\varepsilon$$

弹性模量代表物体对纵向变形的抵抗能力，其单位与应力相同。也有人将弹性模量称为杨氏模量。当物体受拉或压发生纵向变形时，往往也伴有物体的横向变形，在物体不发生破坏的范围内，纵向变形（ε）和横向变形（ε_1）之间存在着正比关系，用公式表示为：

$$\varepsilon_1 = -\mu\varepsilon$$

式中：

μ 为一常数，称为泊松比。

泊松比也是一个无量纲的量，称为横向变形系数。弹性模量和泊松比是体现物体弹性性能最重要的指标，一般可通过实验获得。

（二）物体变形的过程

物体变形的过程无法肉眼直观，但人们可通过实验方法和应力－应变曲线来间接了解。经典的应力－应变曲线是金属物体被拉伸时所呈现的曲线（如图 1－3－8 所示），在比例界线以下时，应变与应力成正比，物体无明显变形（弹性点）；继续加大应力，则物体开始变形，但如解除应力，物体仍可恢复而无持久性变形（变形点）；如果仍加大应力，则物体由变形达到极限而发生破坏（断裂点）。在整个过程中，物体经历了不变形、可复性变形、持久性变形以及破坏断裂四个阶段。不同的物体其应力－应变曲线是有差异的（如图 1－3－9 所示），橡胶与软组织的应力－应变曲线与金属明显不同之处在于可复性变形早但持续长，而且与应力不成正比，显示出这类物体良好的弹性。

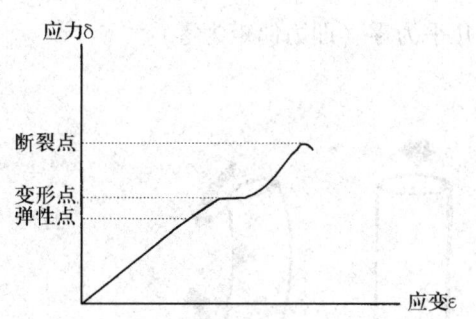
图1-3-8 金属的典型应力-应变曲线

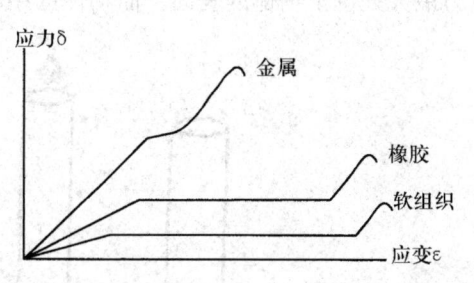
图1-3-9 三种不同性质物体的应力-应变曲线

在实践中，最能反映并体会应力-应变关系的例子是手弯竹竿，当人们用手施力将竹竿弯曲时，可明显感觉到竹竿中产生的抵抗弯曲的应力，同时竹竿受力处发生弯曲变形（应变），此时如果解除外力（松手），竹竿仍可恢复原形，但如继续施力，则在应力集中处因超出竹竿的应力极限（强度）而发生竹竿破裂。实际上，人体组织的损伤多数都不同程度地体现这一过程。

（三）变形的基本类型

物体受力后变形的基本类型有拉伸、压缩、剪切、弯曲和扭转五种（如图1-3-10所示）。然而在实际生活中，物体的变形往往不是单纯的某种变形，而是两种或更多的变形形式的组合，称为组合变形。

1. 拉伸变形。拉伸变形是指截面对称的物体两端沿对称轴受到两个大小相等、方向相反的外力作用导致的变形，其结果是引起物体的伸长。物体几乎都有一定的伸长能力，称为伸长率，力学上将伸长率 >5% 的材料称为塑性材料，而 <5% 的材料称为脆性材料。自然界中，金属、砖石等为脆性材料，橡胶等则为塑性材料，而人体组织中除骨骼等为脆性材料外，多数组织为塑性材料。

2. 压缩变形。压缩变形是指截面对称的物体两端沿对称轴受到两个大小相同、方向相对的外力作用所引起的变形，其结果是使物体的长度变短。物体的拉伸和压缩变形是除力的方向外，作用形式完全相同的受力变形，因此物体的拉伸能力与抗压缩能力往往是相对应的，即抗拉伸能力强的抗压缩能力也较强，但就力学强度而言，脆性材料的抗压缩能力远大于抗拉伸能力。

3. 剪切变形。剪切变形是指物体受到大小相等、方向相反而且不在同一平面上的两个外力作用引起的变形，其结果是使物体的截面发生相对滑动错位。剪切变形时，往往伴有其他形式（如弯曲、拉伸等），只有当两个外力的作用线十分相近、相距又远小于作用物体的横径时，才会出现较单一的剪切变形。一般来说，脆性材料的抗剪切能力较塑性材料弱。

4. 弯曲变形。弯曲变形是指物体截面两端各受一对大小相等、方向相同又在同一平面上的力偶作用，或物体两端固定时其轴线上受到与轴线垂直的力偶作用所引起的变形，其后果是导致物体横截面的弯曲。物体弯曲变形时，弯曲的程度与其物体中心（线）的距离成反比，即与物体的中心（线）越近，横截面变形越小。

5. 扭转变形。扭转变形是指物体的两端横截面上分别作用着大小相等而方向相反的力偶时发生的变形，其结果是使两个横截面绕物体的轴线发生相对转动。扭转变形时，扭转应力最大处位于物体的表面，而物体的中心应力几乎为零（即力偶矩为零）。

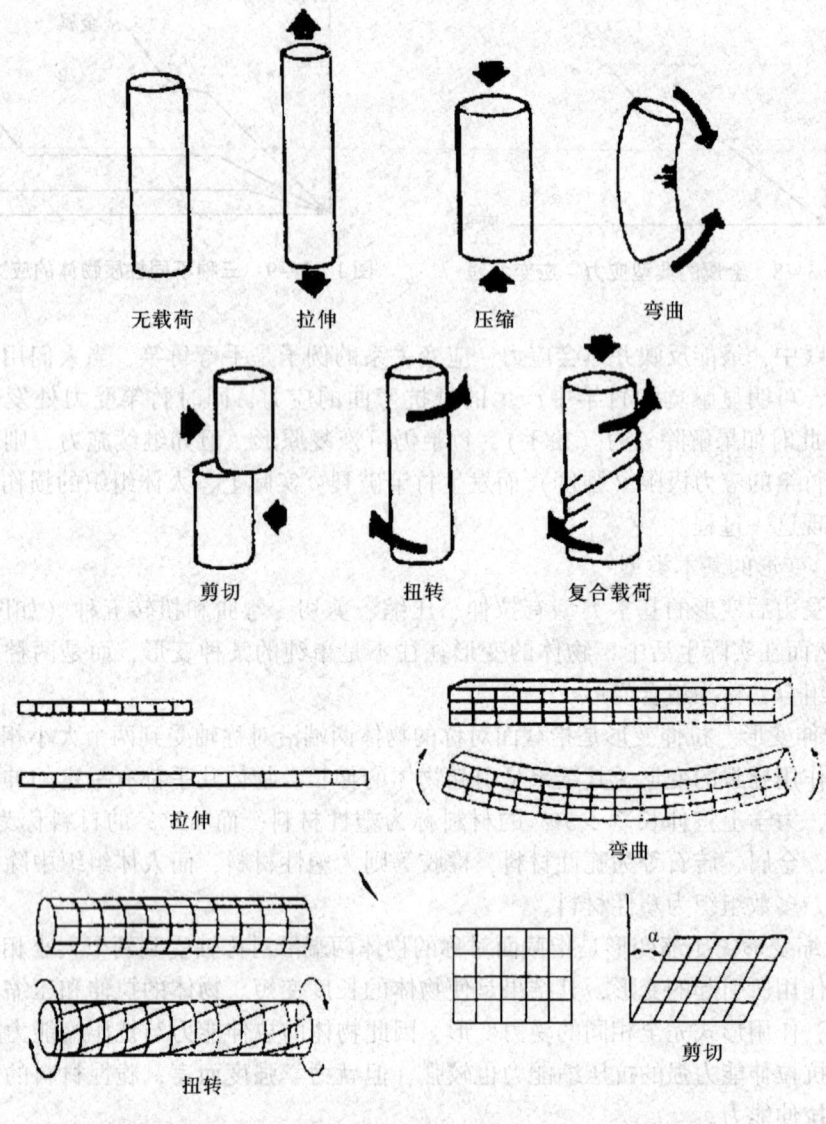

图1-3-10 物体的受力方式（上）和基本变形方式（下）

在法医学实践中，人体组织的单一变形多见于骨组织，如椎骨的压缩骨折、股骨颈的剪切骨折等。而其他多数组织的损伤变形往往是组合变形的结果。即使是骨组织，组合变形也很常见。以颅盖骨凹陷性骨折为例，从整体而言，颅骨呈弯曲变形，从局部看，颅骨外板和板障主要发生压缩变形，颅骨内板则发生拉伸变形，而在骨折凹陷的边缘，颅骨又属于剪切变形。

三、物体的运动

运动是指物体相对于另一个物体而发生的空间位置的变化，也是力作用物体的外部效应。正如拳击头部，在引起头部局部组织变形（如骨折等）的同时，也会引起头部发生运动，甚至整个人体发生运动（如摔跌等）。所以，损伤与运动关系极为密切。此外，运动实质上是物体存在的方式，自然界所有的现象都是物质运动的结果，大到星球、天体的运动，小到电子、质子的运动，都是时刻存在着的。这里主要叙及有关人体运动的基本概念和情况。

（一）有关运动的基本概念

1. 质点运动与人体运动。从物理学和运动学观点看，质点是具有一定的质量而没有大小和形状的物体。质点是一个为研究而设立的理想模型，事实上任何物体都有其大小和形状，只不过在研究物体运动时是以质点运动为基础的。一个物体能否作为质点来考虑，要视具体问题来定。例如，在马拉松跑步时，可将整个人体视为质点来研究其全过程中有关问题；而在举重运动时，却要以肢体作为质点来研究运动规律。通常人体的运动是以重心视为质点，也就是重心的运动轨迹代表着整个人体的运动轨迹。

2. 参照系和坐标系。物体运动的定义已表明运动是相对于另一个物体而言的，这另一个物体就称为参照系。例如，人坐在行驶着的车内，如果以车为参照系，那么人是静止的；而如果以地面为参照系，那么人是运动的。参照系在力学中分惯性参照系和非惯性参照系，前者是指以地球上的物体作为参照系（如地面），而后者是指相对于地球做变速运动的物体作参照系（如车厢）。所以确定一个物体是静止还是运动，首先应指出是相对于哪一个参照系而言。坐标系是为精确描述物体相对于参照系的位置变化而设立的数学方法。在惯性参照系中，一般将坐标系分为三种，即一、二、三维坐标，分别代表三种基本的运动方式。简单而论，物体沿一个方向运动属一维坐标，如人体在泳池中做50m游泳等；物体沿两个方向运动属二维坐标，也称平面坐标，如人体跳远运动等，人体重心不仅有前后位置的移动，而且有上下距离的移动；物体沿三个方向运动属三维坐标，也称立体坐标，如投掷物体的运动，人体重心将有前后、上下以及左右三个方向的变化。实际上，人体的运动多属复合型运动或立体运动，极少有纯粹的一维或二维运动方式。

3. 路程和位移。路程是指物体从一个位置移到另一个位置时运动的实际路线的长度，位移则是指物体在整个运动过程中位置总的变化，是运动的直线量度。因此，路程是标量，只表明大小（距离的长短）、不表明方向；而位移则是矢量，既有大小又有方向。以400m跑道上的跑步为例，物体在直线运动中位移和路程是相等的，如100m跑；物体在曲线运动时（如200m跑），位移按平行四边形法则计算，因此与路线不相符；物体做圆周或环形运动时（如400m跑），因物体的运动起点和终点一致，故位移为零，即各个方向上物体移动的距离相等。

4. 时刻和时间。时刻即物体位置的时间量度，是指物体运动的开始、结束以及运动过程中的瞬时状况。例如，自由落体在下落过程中的某个时间点物体的位置和状况等。时间则是指物体运动持续的时间量度，即物体从某时刻到另一时刻所经过的时间间隔。时间是两个特定时刻的差值。例如，自由落体时物体坠落开始与接触地面（或任一平面）时刻之间的间隔。

5. 速度和速率。速度即物体运动的时空量度，指物体位置改变快慢的程度。速度有大小，也有方向。速率是指物体运动通过的路线与所需时间的比例，速率是标量，只有大小，没有方向。因此，可以说速度是指位移而言，速率是指路程而言。例如，400m跑时，假设所需时间为50秒，由于位移为0，则平均速度等于0，但路程为400m，则速率为8m/s；而用25秒跑完200m时，速率仍为8m/s。由于位移是起点至终点的直线量度，故其速度则为 4.48m/s。由此可见，只有在直线运动时，物体的速度和速率相等。在实践中，人们常习惯于用速度来代替速率。

6. 平均速度和瞬时速度。平均速度是指物体的位移与位移所用的时间之比，瞬时速度则是指物体在某一时刻或通过运动轨迹的某一点的速度。平均速度和瞬时速度都是指变速直线运动而言的。例如，枪弹射中 100m 远处的靶物时，弹头在离开枪管口的速度为 345m/s，而到达靶物时的速度因空气阻力等因素已降为 325m/s，这些均为瞬时速度，而平均速度则要根据射击后弹头飞行的时间与飞行路程之比来表示。

（二）人体运动的形式

研究人体的运动形式，一般从两个角度，其一是质点运动，即运动中各点的轨迹；其二是刚体的运动，即运动物体的整体轨迹。在实践中，我们常根据需要将人体既视为质点，也视为刚体。

1. 质点运动。质点运动分直线运动和曲线运动。直线运动是指质点始终在一直线上的运动。直线运动可分为：(1) 匀速直线运动，是指质点不仅始终在一条直线上运动，而且在任何相等的时间内通过的路程相等。(2) 变速直线运动，是指质点在直线运动时任意相等的时间内通过的路程不相等。(3) 匀变速直线运动，是指在任意相等的时间内速度变化量都相等。真正意义上的人体匀变速直线运动不存在，但物理学上常将自由落体视为初速度为零的匀加速直线运动；将竖直上抛视为末速度为零的匀减速直线运动。曲线运动是指质点运动的轨迹是一条曲线，包含有速度大小的变化和速度的方向的变化。因直线运动可理解为曲率半径很大的曲线运动，故广义的曲线运动也包括直线运动，而狭义的曲线运动（每个瞬时间内走的曲线）主要有斜抛物体运动和圆周运动两种形式（如图 1-3-11 所示）。

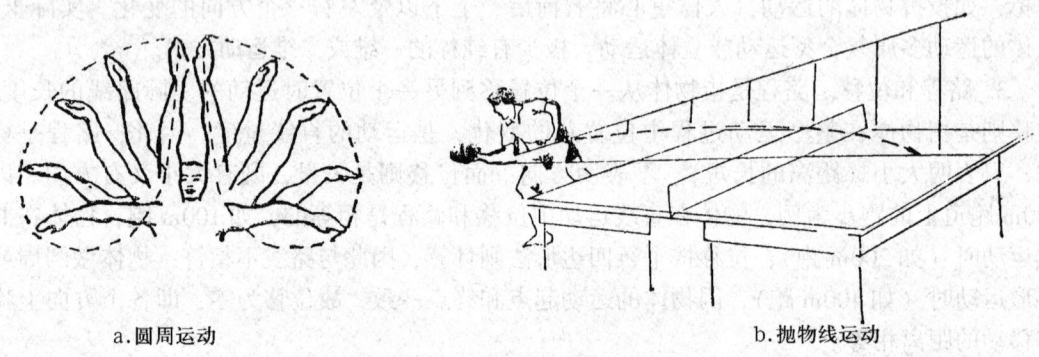

a. 圆周运动　　　　　　　　b. 抛物线运动

图 1-3-11　曲线运动示意图

2. 刚体运动。刚体运动是指将物体视为均匀同步的整体所产生的运动，涉及人体的主要有三种形式：

(1) 平动，是指人体上各任意两点的连线在运动中保持平行而且长度不变，在任何一点瞬时运动都具有相同的速度或加速度。平动有直线和曲线之分（如图 1-3-12 所示）。(2) 转动，是指物体运动时有一条直线的位置保持不变，而其他各点均以此直线为轴线做圆周运动，如人体进行单杠大回环时的运动（如图 1-3-13 所示）以及人体许多关节（如肘关节等）内的运动均为转动。(3) 平面运动，是平动和转动构成的复合性运动。例如，跳水（如图 1-3-14 所示）时人在自由落体过程中处于直线平动状态，而其间又多次有转动,从而构成了复合性的平面运动。

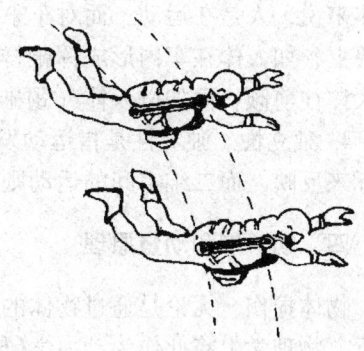

图1-3-12 直线平动(左)和曲线平动(右)示意图

图1-3-13 绕固定轴的转动

图1-3-14 跳水过程中多次的平面运动

(三)人体运动的特点

从运动学角度分析,人体运动具有瞬时性、矢量性、相对性和独立性的特点。

1. 瞬时性。瞬时性是指运动瞬间的速度变化。物体运动真正意义上的匀速是极少的,大多数都属于变速运动,而这种运动速度在某时刻的变化常十分重要。例如,在体育运动中,跳远助跑速度十分重要,但踏跳时的瞬时速度则更重要。在法医损伤学中,瞬时速度的重要性常体现在物体与人体相接触时,离开枪口的弹头速度再快,如果有各种因素(如射击距离、穿过中间障碍物等)引起弹头飞行速度的下降,那么造成人体损伤的特点及其严重程度也将发生改变。

2. 矢量性。矢量性是指运动速度不仅在于它的大小,而且在于它的方向性。例如,体育运动中投掷距离的远近除了与出手时的速度和力量相关以外,还取决于投掷的角度。在法医学实践中,物体运动的方向除了影响损伤的严重性外,还影响着损伤的形态,如方形物体不同的打击方向，可造成方形、矩形以及三角形等各种形态的损伤。

3. 相对性。相对性是指运动的参照系决定着运动的性质。例如，人坐在车中，对路旁物体来说，人是在运动，而对车来说，人却是静止的。运动的相对性还反映在具体的研究对象上，如人体在车内形成挥鞭样损伤时，如以地面为研究对象（参照系），那么反映的是人体往前倾；而如以人体（颈椎）作为研究对象（参照系），那么则反映头部往后倾。

4. 独立性。独立性是指运动发生在特定的坐标系中。例如，三维空间运动可采用立体坐标来反映，而二维空间的运动则可采用平面坐标来反映。

四、功、能和动量原理

物体损伤，无论是通过物体的变形，还是通过物体的运动，均以能及其能的转化方式进行。物理学上将此作为动力学研究的内容，主要涉及功、能、动量、冲量等。

（一）功和能的基本概念

功是力作用于物体上使物体在力的方向上移动一定的距离，也就是一个物体在力的作用下移动，叫做力对物体做功。其表达式为：功（W）= 力（F）× 力方向上移动距离（S）。功是只有大小，没有方向的标量。功的单位为：牛顿·米，写做 $N \cdot m$，但国际上统一称为焦耳（J），如果力的单位用千克力，那么可依 $1kg \cdot m = 9.8$ 焦耳（J）换算。能是物质运动的一般度量，是能量的简称，是表示"运动的多少"的物理量。不同的运动形态有不同的能的名称，如机械运动称机械能、热运动称热能、电流运动称电能及人体运动称生物能等。能的计算单位与功相同，以焦耳为基本单位。能和功的关系可表示为：功是能变化的量度；能是表示物体做功本领的物理量。不同的能之间的相互转化是通过做功来实现的。例如，枪弹在沙袋中穿行，弹头的机械能因受到沙粒的阻力而转为热能，也就是枪弹克服阻力而做功；又如蒸汽机在工作时，其活塞始终受气体的压力，通过蒸汽压力对活塞的做功，蒸汽机将热能转化为机械能（如牵引火车等）。

（二）动能和势能

机械能主要包括动能和势能。

1. 动能。动能（E_k）是物体由于有速度而具有的能量，或者说凡由运动物体的速度决定的能量统称动能。

直线运动时动能的表达公式为：

$$E_k = 1/2 \cdot mv^2$$

式中：

m 为物体质量；

v 为物体的速度。

转动时动能的表达公式则为：

$$E_k = 1/2 mR^2 \omega^2$$

式中：

R 为转动半径；

ω 为角速度。

动能与功的关系可表述为：物体动能的变化在数值上等于合力对物体所做的功，此即动能定理，用公式表达为：

$$E_{k2} - E_{k1} = W$$

由公式得知：如 $W>0$，则 $E_{k2}>E_{k1}$，表明作用在物体上的合力做正功，物体的动能增加；如 $W=0$，则 $E_{k2}=E_{k1}$，表明合力做功为零，物体的动能不变；如 $W<0$，则 $E_{k2}<E_{k1}$，表示合力做负功，物体的动能减少。

2. 势能。势能（E_p）是指有关物体的相对位置所决定的能量，也称位能。势能分重力势能和弹性势能两种类型。

（1）重力势能（E_g）是指因地球引力和物体与地球的相对位置所决定的能量，如自由落体在某一高度位置时所具的潜在能量。其表达式为：

$$E_g = mgh$$

式中：
g 为重力加速度；
h 为高度。

（2）弹性势能（E_e）是指由于弹性系统的形变而具有的能量，如撑杆的弹性变形恢复时对人体做功，而将人体弹起。其表达式为：

$$E_e = 1/2 \cdot Ks^2$$

式中：
K 为弹性体刚度系数；
s 为弹性体变形的长度。

（三）能的转化与守恒

从一种形式的能变为另一种形式的能，称为能的转化。能既不能创造，也不能消灭，只能相互转换，但总和是恒量，称为能的守恒。两者合一即为能量守恒和转化定律。以机械能为例，说明动能和势能的相互转化及守恒的原理，最好的例子当数人体在单杠上做大回环运动时（如图 1-3-15 所示）。人体从 A 点向下摆，A 点处 $E_k=0$，而 $E_g=mgh$（h 为人体握杆高度距人体悬垂时重心的铅直高度），当摆到 C 点时，E_g 逐渐变小，E_k 逐渐增大，到达 A' 时，全部 E_k 又转化为 E_g，而从 A' 到 C 点又将全部 E_g 转化成 E_k，如果没有空气阻力和摩擦阻力的存在，那么这种 E_k 和 E_g 之间的转化会永久持续下去。

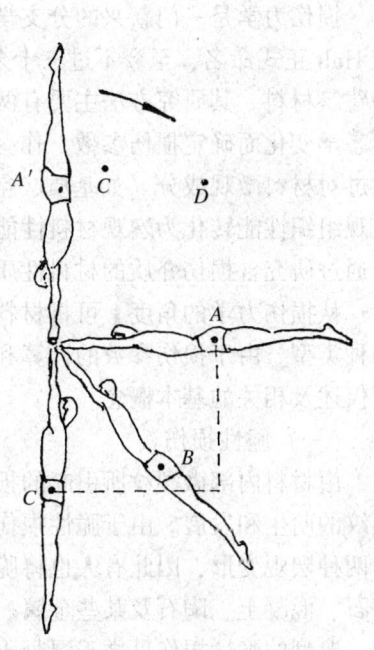

图 1-3-15 人体做大回环运动时能量转化示意图

（四）动量、冲量及其及其动量定理

动量和冲量是人们为研究物体运动中碰撞问题而设置的物理量。动量是质点的质量（m）和质点的速度（v）的乘积，公式表示为 $P=mv$。动量是与其速度方向相同的矢量。在牛顿经典物理学中，质点的质量是常量（也称重量），因此质点的动量对时间的变化率等于质点所受的合力，也就是牛顿第二定律。动量的单位常用 kg·m/s 表示。冲量是力（f）和时间变化（Δt）的乘积，表示力在时间间隔内的累积效应，用公式表示为：$S=f\Delta t\ (t_1-t_0)$，冲量的单位通常为 N·s。冲量也是矢量，方向与力的方向相同。由于冲量常发生于物体的碰撞时，因此而发生物体间力的作用，这种力称冲力，与一般的力不同的是，冲力是随着时间的变化而变化的，其表达式为：$F = mdv/dt$。

动量与冲量的关系可用动量定理反映，即物体（质点）的动量差（从 t_0 到 t_1）等于它所受的合外力的冲量，方程表达式为：$mv_1 - mv_0 = f(t_1 - t_0)$（以外力不变为条件）。动量原理在冲击与碰撞研究中十分重要，如人体在摔倒时，人体所受的冲力 $[f(t_1 - t_0)]$ 即等于人体的重量与速度前后变化差值 $[m(v_1 - v_2)]$，如其中有一速度为零（如着地减速运动）那么其冲力值最大。

实例计算：假设一体重 50kg 的人体从 3m 高处下坠，足接触地面的时间为 0.1 秒，求人体所受的合冲量 S 和平均冲力 F 的值。解：动量变化 $= m(v_2 - v_1)$，v_2 示碰撞后的速度，其值为零，故动量变化为：$S = mv_1 = m\sqrt{2gh} = 50 \times \sqrt{2 \times 9.8 \times 3} = 383.405 \text{kg} \cdot \text{m}^{-1} \text{s}^{-1}$。根据人和地面接触，人体重力（$P$）向下，平均冲力（$F$）向上，故合力的冲量 $s = (P - F)\triangle t$，即 $F = S/\triangle t + P$，由于冲量等于动量变化量，因此将 $S = m\sqrt{2gh}$ 代入得 $F = 383.405/0.1 + 50 \times 9.8 = 4324$（N）。

五、损伤力学的基本理论

损伤力学是力学的一门分支学科，是研究在各种加载和环境条件下，物体中损伤随着变形或时间的发展并导致破坏的规律的学科。

损伤力学是一门新兴的分支学科，1958 年由前苏联学者 Kachanov 提出，1977 年 Janson 与 Hult 正式命名，至今不过三十余年。损伤力学的研究对象主要是固体材料，尤其是工业和建筑材料。其研究方法主要有两类：一是宏观方法。通过材料的实验研究，根据材料的形态学变化而确定损伤参数，作为损伤与变形（破坏）之间方程的变量。二是微观方法。通过对材料微观成分（如基质、空洞等）的力学行为的确定，采用损伤模型，将非均质的微观组织性能转化为宏观材料性能，借以建立计算分析体系。总而言之，损伤力学的重点是通过研究含损伤介质的材料性质，建立含损伤材料的本构理论和演化方程。

从损伤力学的角度，可将材料损伤分为脆性损伤、韧性损伤、蠕变损伤以及疲劳损伤四种类型。由于损伤参数的计算和方程设立极为复杂，也难以直接应用于人体组织，故下面仅述及相关的基本概念。

（一）脆性损伤

由材料内部微裂纹所引起的损伤形式称脆性损伤，脆性损伤的基本特征是材料内部微裂纹的萌生和发展。由于脆性损伤，特别是对于多孔体材料，同时具有弹性变形和永久变形两种宏观变形，因此有人也将脆性损伤称为脆弹性或脆塑性损伤。脆性损伤模型适用于岩石、混凝土、陶石及某些金属。

典型的脆性损伤见之于混凝土。混凝土是由水泥、骨料（卵石、沙）等加水后组成的多孔材料，由于骨料的强度明显高于水泥，因此受力后开始损伤变形的部位最常见于骨料和由水泥为主构成的基体之间的界面上，出现典型的拉伸受力时与受力方向相垂直的裂纹以及压缩受力时环绕骨料的裂纹（如图 1-3-16 所示）。

（二）韧性损伤

材料因较大弹性变形和能量耗散所引起的损伤称韧性损伤。韧性损伤的特征是空洞的萌生、生长和聚合，也易发生在材料内部不同的成分交界处。例如，大部分未经纯化处理的金属材料中，存在着二相粒子、非金属杂质等，受力后在这些区域易形起杂质与基体的分离或杂质自身的开裂而形成空洞，因空洞的变形和能量吸收扩展演变，最终导致材料的破坏。金属焊接区的损伤是最为典型的韧性损伤模型。

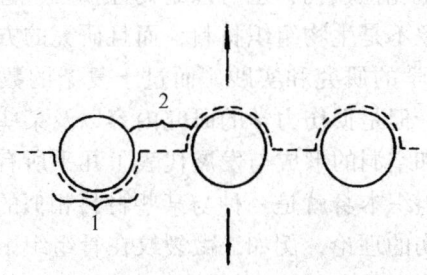 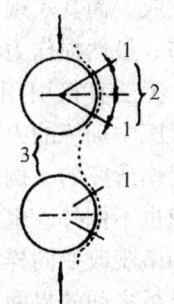

1. 损伤先在界面发生　2. 损伤的进一步发展　　1. 损伤在界面发生　2. 损伤的稳定扩展
　　　　　　　　　　　　　　　　　　　　　　　3. 损伤非稳定扩展
　　　　a. 拉伸应力　　　　　　　　　　　　　　　　b. 压缩应力

图 1-3-16　物体脆性损伤裂纹形成示意图（引自楼志文，1991）

（三）蠕变损伤

材料因恒应力的作用而依赖于时间（或与时间有关）的变形称蠕变，由蠕变引起的材料破坏称蠕变损伤。金属构件引起蠕变的条件是温度。当环境温度超过材料熔化湿度的40%时，材料就会发生恒应力下依赖于时间而变化的变化。例如，钢在500℃以上，铝合金在260℃以上时，就会发生蠕变效应。蠕变效应可分为三个阶段，用单向应力状态实验曲线分析，如图1-3-17所示，AB 为初始阶段，特点是变形率由较大的起始值逐渐减缓并趋向稳定；BC 是稳定阶段，此时应变率接近常数；CD 为加速阶段，此时变形加速增长直至破坏。在温度一定时，蠕变的效应及其破坏机制与应力大小有关。在高应力下，蠕变快速，破坏时间较短，变形较大，通常是因材料内部晶体滑移而产生韧性损伤（断裂）；在低应力下，蠕变缓慢，破坏时间较长，变形较小，通常是因材料内部晶体之间裂纹或空洞形成而导致脆性损伤（断裂）。蠕变损伤的典型实例如航空或航天器材经飞行中高温而产生的蠕变破坏。

（四）疲劳损伤

材料在交变应力作用下的损伤破坏称疲劳损伤。疲劳损伤的特征是损伤由微观裂纹的萌生、生长逐渐发展到宏观裂纹的形成和扩展，直至最后断裂。所谓交变应力实际上是指应力以周期性的方式发生而非持续存在。

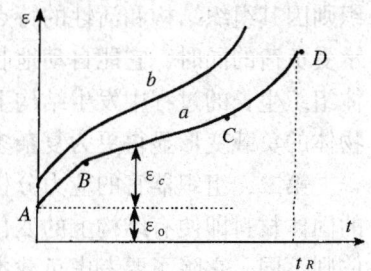

a、b示两种不同的应力状态，ε_0 为加载时发生的瞬时弹塑性应变

图 1-3-17　金属的蠕变曲线

各种材料都有自己特有的疲劳周期，而且与应力水平的高低有关。损伤力学中将应力水平较高，材料在应力循环数（周期数）低于 10^4 就发生的破坏，称为有明显塑性变形的低周疲劳；而将应力水平较低、应力循环数大于 10^5 时才发生的无明显塑性变形的损伤，称为高周疲劳。材料的疲劳损伤也与本身的性质有关，带有初始损伤或有缺陷的材料，其裂纹萌生期较短，甚至不存在；而对于均质良好的材料，由于应力无法集中而裂纹形成的时间很长。

尽管材料的损伤有多种类型，但在实践中很少遇到单独某一类型出现，而更为多见的是几种类型的组合。例如，高温环境中的金属，在较大应力作用下，将会发生蠕变和疲劳的双重损伤效应，而其表现形式既可以是脆性损伤，也可以是韧性损伤，甚至是混合式的韧-脆性损伤。虽然损伤力学的研究对象不是生物组织材料，而且研究的方法和结果主要是计算方程，无法直接引用于法医损伤学的研究和实践。而过于复杂的数学推导及其计算，也让从事医学训练的人员望而生畏，但是损伤力学的研究内容以及某些研究方法却是有助于人体损伤研究的。例如，微裂纹和空洞的形成与发展代表了几乎所有物体损伤的基础，生物组织也不例外。事实上人体骨组织本身就是一种与某些材料相似的脆性物质，其损伤的过程和微观改变同样符合脆性损伤的理论，例如，微裂纹在骨组织中同样首先产生于骨基质和骨板之间的界面上。另外，蠕变是生物软组织的重要特征之一等，这些都反映法医损伤学的研究同样需要损伤力学的基础。

六、生物力学的基本特点

生物力学是力学与生物学、生理学、解剖学等医学学科相结合的一门新兴学科，它既属于力学，又属于生命科学。生物力学的研究领域非常广泛，诸如动物体的运动、植物体营养的传输、人体组织器官的损伤效应、气体和液体的流动及扩散等。

从物质损伤的角度而言，生物力学同样涉及力、运动、应力、应变等固体力学基础的力学原理，这些在前面已经述及。但与固体力学所不同的是，生物力学还要考虑生物的特殊性，即生物组织是活的组织，是具有更大的系统关联性的特性。物体变形是人体损伤的最基础的机理，但同样是研究物体变形，生物体的变形较之其他固体材料的变形，有其自身的特点，主要体现在以下三个方面：

第一，一般的固体材料在研究负载变形特点时，只需考虑材料的承载结构，而人体组织则因其组织结构和活性的特点，需要考虑的因素更为复杂。例如，人体的肌肉组织，在承受负荷的同时，它能自动地收缩而产生力，并且把化学能直接转化成机械能。另外，人体组织生长的过程中发生结构上的变化，这些变化在不同的组织中并非同步相似，因此生物体的负载变形显得更为复杂多变。

第二，组织器官的应力分析都是以组织所承受的外在负载为已知条件下进行的，一般的固体材料即便有结构上的变化，但这些变化都是在稳定和特定的状态下完成的。而生物体则不同，它除了要考虑负载本身组织结构的问题，还要考虑不同的生理条件、不同的关联结构的因素的影响，因为人体本身就是一个系统，是一个由皮肤-肌肉-肌腱-骨骼-关节构成的系统，当人体某一部位受到负载，牵动的是整个系统的响应。而这种响应又是随着不同的状态而发生变化。例如，人体处于不同的体位和活动状态下，第3腰椎椎间盘所受到的力是完全不同的（如图1-3-18所示）。

第三，就生物体而言，其内部的应力和生命活动（如生长等）密切相关，这是生物力学最核心最具特征性的特点。研究结果表明，组织内的应力和组织的生长是动态平衡的一对互相影响的关联体，一方面，生物组织内部的应力状态对组织的生长有某种控制作用。例如，骨骼骨折后的重建修复基本能够按照应力分布的结构恢复。另一方面，组织的生长必将导致组织内部应力场的变化。例如，骨折修复后的地方由于其零应力发生了改变，其应变的能力将受到不同程度的影响。

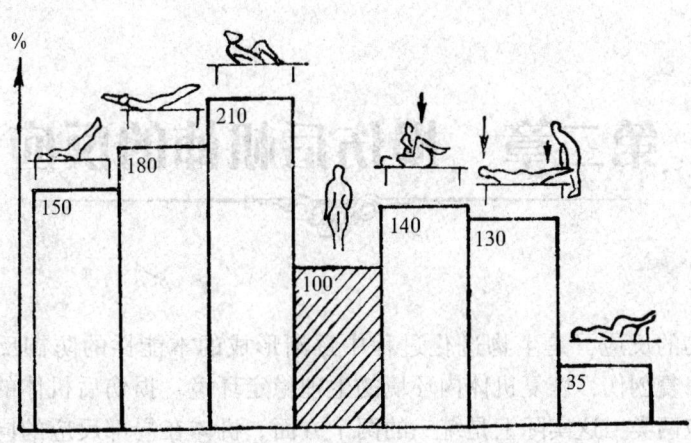

图1-3-18 不同状态下人体第3腰椎椎间盘承受压力值（N）示意图（引自杨桂通，1994）

第二章 损伤后机体的反应

机体对损伤的反应，是生物进化过程中逐渐形成的本能性的防御反应，通过这种反应，机体借以修复创伤，恢复机体内环境的生理稳定环境。损伤后机体的反应可分为局部反应和全身反应两类，这实际上是统一的两个方面。机体在局部反应的同时往往也伴随着全身反应，而机体的全身反应又往往对局部产生影响。例如，外伤造成局部组织出血，机体会启动内、外凝血机制，来达到局部止血、维持全身血容量的目的。作为法医工作者，认识了解损伤后机体反应的现象和本质，不仅仅是为了解损伤造成机体的严重后果，更重要的是应用于实践，如分析损伤与死亡（死因）的关系、识别损伤的性质、推断损伤的时间等。

第一节 损伤后机体局部反应

损伤后机体局部反应是指各种损伤因素直接作用在机体致伤后，损伤处所发生的改变。这种改变既可以是对机体有利的，如炎症、修复等，也可以是有害的，如出血、坏死等。有些改变可能具有利弊的双重效应，如凝血，一方面可使出血得到制止，保证维持人体正常的血容量，另一方面也可能会发生血栓，进而阻塞血管并使组织因缺血而坏死。所以，我们应辩证地看待损伤后机体的局部反应。在法医学实践中，机体的局部反应具有重要的价值，如对生前死后伤的鉴别、致伤原因或损伤时间的推断以及损伤程度的评价等。损伤后机体局部反应有很多，本节重点讨论其中在法医学检验鉴定工作中关系最为密切的类型及其发生发展规律，而其法医学的应用将在以后有关章节中另行讨论。

一、出血

血液（主要指红细胞）从血管或心脏到达组织间隙、体腔或身体表面的现象称出血。出血是损伤局部最直接、最客观、最明显的反应之一。因出血部位、大小和形态的不同，出血可有多种类型和称谓。例如，凡血液流出体表者称外出血，流入体腔或组织内者称内出血。鼻出血称衄血，肺出血咳出称咯血，胃出血吐出称呕血，尿内有血细胞称尿血，子宫大出血称血崩，脑组织内出血称脑溢血等。

出血的原因有两类，第一类是破裂性出血，是指血管破裂引起的出血；第二类是透过性出血，是指因血管壁内皮细胞受损或血液性质改变（如血小板量减少，凝血障碍等）引起的管壁通透性增高而导致红细胞出现在血管外。例如，长时间充血可引起透过性出血，但一般发生在毛细血管或小静脉。破裂性出血往往伴有皮肤或脏器组织的形态改变，出血量一般较大，往往是外界损伤暴力直接作用的结果。而透过性出血一般肉眼难以察觉，在外力作用的周边或远离外力作用处均可行成。另外，因血液所有成分的流出，破裂性出血易产生凝血反应并形成凝血块，而透过性出血仅仅红细胞外出而一般不形成凝血现象。

总的来说，出血对人体有害，当一次出血量达到人体总血量的1/3（1500~2000ml）时就会发生休克危及生命。在生命重要脏器如脑、心等出血时，常常几十毫升的出血即可危及生命，而在某些特殊位置如脑干、心脏传导系统等处，不足1ml的血量也足以致人死亡。

二、充血

局部组织器官的血管内血液含量比正常增多的现象称充血，一般指动脉流入某局部血液过多所致。静脉的充血称淤血，是指血液淤积于小静脉和毛细血管的现象。充血的机理主要有三种：一是局部组织损伤使神经支配功能产生血管舒张神经兴奋而血管收缩神经兴奋减弱，从而使血管扩张。二是局部组织损伤处发生炎症反应，释放血管扩张活性物质（如组胺、激肽等）导致小动脉扩张。三是组织的损伤缺氧引起组织代谢产物（如乳酸、肌酐等）易使血管发生痉挛及以后的扩张。淤血常常是血液回流障碍的结果，如静脉受压或受阻塞，或心功能障碍，排血量减少而导致静脉血回流受阻引起。

充血导致局部组织形态学改变主要包括因局部血量增多、血液速度快、含氧量高而使局部组织呈红色，皮肤组织因局部代谢旺盛，功能增强而产生热感。较长时间的充血可一方面引起静脉的淤血，另一方面使血管壁通透性增高而产生透过性出血。

三、凝血

凝血是一种局部组织损伤伤及血管后的一种止血反应。其止血是通过在活体的心血管内，血液成分发生析出、粘集或凝固形成固体质块的过程来实现的，也称为血栓形成，而与血管壁本身有无破裂出血无关。

（一）凝血机理

在生理状态下，心脏和血管内血液之所以能保持流动状态，是血液内抗凝血与凝血互相制约形成的动态平衡的结果。损伤后，局部血管及血液状态发生改变，便产生了凝血为主的过程。目前，较为公认的凝血机理为三阶段学说（如图2-1-1所示），简言之，第一阶段是内源性凝血系统（血液）和外源性凝血系统（组织）形成具有高度活性的凝血酶原激活酶，第二阶段是凝血酶原转化为凝血酶，第三阶段是纤维蛋白原转化为纤维蛋白。另外，血小板、凝血因子等也参与了凝血过程。

（二）血栓形成的条件

血栓形成一般要有三个条件：（1）心血管内膜损伤致使内膜粗糙以利于血小板粘集，并释放二磷酸腺苷等，使血小板越聚越多。同时，内膜下胶原纤维暴露又可启动内外源凝血系统。（2）血流状态改变，包括血液流速缓慢、旋涡形成和血流停止致使血栓在血管壁上固定并不断扩大。（3）血液成分的改变，如血小板和凝血因子量的增高，血浆流失等，使血液凝固性增高而易于形成血栓。

（三）血栓形成的过程

血栓形成的过程及其形态学表现如图2-1-2所示。血栓形成后，其发展和结局常见有四种：（1）血栓溶解吸收或软化。（2）血栓机化。（3）血栓钙化。（4）血栓脱落。前三者均可使血流恢复再通，而脱落的血栓则可随血流运行，在管径小于血栓直径处的血管内造成栓塞。

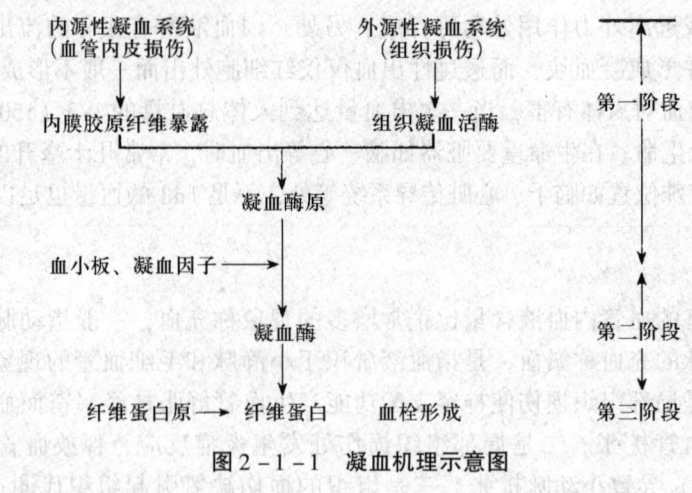

图2-1-1 凝血机理示意图

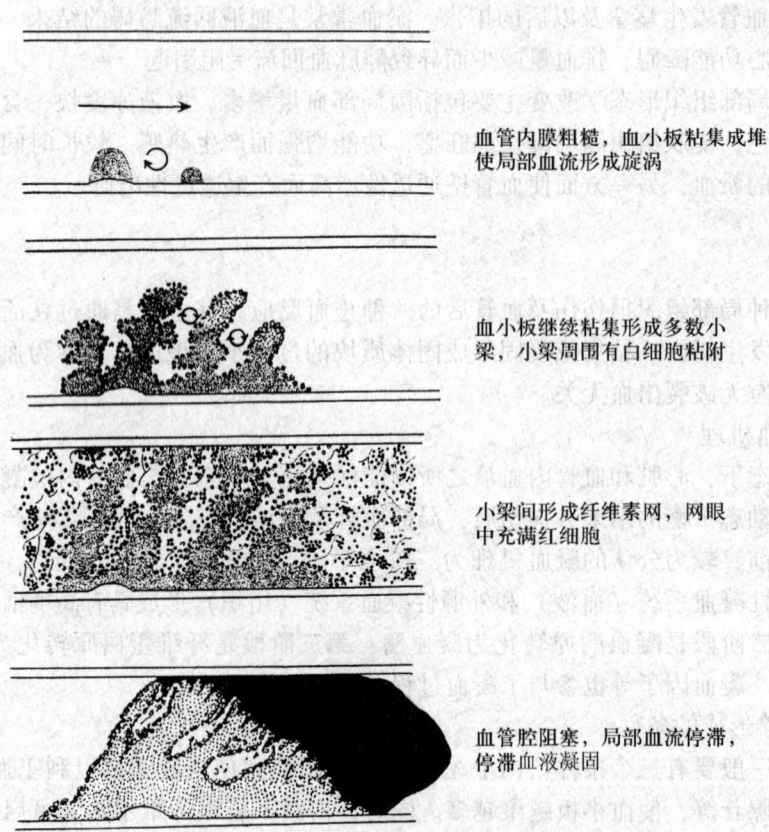

图2-1-2 血栓形成过程示意图（引自童郡，1999）

四、炎症

炎症是一种极为常见而重要的机体局部反应，也是生前反应的重要标志。炎症基本的病理过程表现为变质、渗出和增生三种形式。

（一）变质

变质是指机体局部组织细胞在形态学、代谢及其功能三方面发生改变的状况。形态学上，组织细胞出现变性肿胀，严重时引起坏死的发生。分解代谢强于合成代谢是局部炎症组织的特点，这与局部组织耗氧量增加和氧化过程增强有关。在功能方面，则表现为组织细胞中血液循环和酶系统障碍，导致代谢产物的堆积、局部组织中毒。因此，变质是一种于机体不利的过程。

（二）渗出

渗出是指炎症局部组织中血管内的液体成分和细胞成分通过管壁进入组织内的状况。液体成分的渗出与血管壁通透性增高、微循环血管内流体静压升高以及组织渗透压升高有关。渗出液表现为比重高、蛋白含量多、易凝固、细胞数多的特点，与一般水肿的漏出液正相反。渗出液具有稀释毒素、带走代谢产物、消灭病原微生物、阻遏细菌的扩散以及将损伤局限化等的作用，故对机体有重要的防御功能。细胞成分的渗出也称为炎症细胞浸润，是血液中白细胞受炎症灶内产物的刺激主动游走的结果。白细胞到达炎症灶后能吞噬、消化、处理对人体有害的物质。白细胞主要包括中性粒细胞、嗜酸性粒细胞、嗜碱性粒细胞、单核细胞、淋巴细胞以及浆细胞等，根据不同的炎症特点其游走时间有一定的差异。例如，在急性炎症多以中性粒细胞和单核细胞浸润为主；嗜酸性粒细胞的出现多提示寄生虫性、过敏性炎症或者炎症正趋于消退痊愈，而嗜碱性粒细胞则扮演释放炎症介质刺激血管，吸引其他白细胞等的角色。

（三）增生

增生是指局部炎症灶内组织细胞成分（如网状内皮细胞、纤维母细胞、血管内皮细胞以及上皮细胞等）的增多和分化。增生是致炎因子和组织崩解产物刺激的结果，因此一般出现在炎症的后期。增生可以限制炎症的蔓延，使受损组织再生修复，因此增生是一种防御反应。但过度的增生有时可使原有的组织发生改变，如心肌炎症后因增生导致的心肌硬化等。

综上所述，作为机体局部致伤后反应之一的炎症都有变质、渗与、增生三种基本的改变和经过，它们之间互相依赖又互相制约。而且因人体的反应性和抵抗力差异又显现不同的种类特点。如同样是肝炎，在年轻人中多以变质性炎症为主，而在老年人中则以增生性炎症为主。按照渗出液成分和病变部位的不同，渗出性炎症可分为浆液性炎、纤维素性炎、化脓性炎、出血性炎以及卡他性炎等种类。

五、坏死

机体的局部组织细胞的新陈代谢停止、功能完全丧失的状态称坏死。坏死或因外界因素如缺血、缺氧、中毒等引起，或因内部因素如细胞内溶酶体膜破裂、水解酶的释放等引起。一般来说，坏死组织具有缺乏光泽、失去弹性、颜色浑浊、温度下降以及感觉运动功能丧失的特点。根据坏死机制和形态学特点的不同，可将坏死分成以下三种类型：

（一）凝固性坏死

坏死组织呈灰白色凝固干燥坚实的状态称凝固性坏死。凝固性坏死的本质是蛋白质变性的结果。皮肤软组织的凝固性坏死常见于烧伤、电击伤等，内脏器官的凝固性坏死常见于脾、肾等缺血所致。此外，结核菌感染引起的干酪样坏死和胰腺炎等引起脂肪坏死也属于较特殊的凝固性坏死。

（二）液化性坏死

组织坏死分解呈液化的状态称液化性坏死，如化脓性炎症时的脓肿。液化性坏死主要是细胞内（如炎症细胞）蛋白溶解酶和水解酶的多量释放所致。此外，脑组织因脂质多而蛋白质少故不易凝固，所以脑的坏死常也表现为液化性坏死，或称脑软化。

（三）坏疽

组织坏死后继发腐败菌感染而形成的污黑色、常伴恶臭味等特殊形态变化称坏疽。常见的腐败菌有梭形杆菌、产气荚膜杆菌、奋森氏螺旋体等。根据坏疽的特点不同，一般可分为三种类型：（1）动脉堵塞而静脉畅通的干性坏疽，多见于体表四肢。（2）动脉和静脉均堵塞并伴有水肿的湿性坏疽，多见于与外界相通的内脏。（3）湿性坏疽的基础上又伴有产气厌氧菌的感染，产生大量气体于坏死组织的气性坏疽，多见于皮下深部组织。

六、修复

修复是坏死的继续，是指局部组织损伤后由周围健康组织通过细胞分裂增殖以完成组织修复的过程。这种通过细胞分裂增殖完成修复的现象称再生，其典型的例子即创口愈合。另外，将完全断离的组织或肢体再行原位连接的再植和用手术切取同体或异体相同组织进行修补的移植本质上也属修复范畴，但再植和移植介入了医疗行为，已不属于局部组织反应，故此处不再讨论。

（一）再生

再生可分为两类：一是完全性再生，是指再生的组织结构和功能与原来组织完全相同。二是不完全性再生，也称瘢痕修复，是指由肉芽组织来代替原来组织的过程。根据再生程度的不同，可将人体组织分为三种类型：（1）再生能力强，主要是指能完全再生的组织，如结缔组织细胞、小血管、表皮、粘膜、骨骼、周围神经、肝细胞、腺上皮等。（2）再生能力弱，主要是指瘢痕修复的组织，如平滑肌、横纹肌、心肌等。（3）无再生能力，主要是指神经细胞，缺损后由神经胶质修补。需要指出的是，所谓再生能力的强弱，仅仅是对一般程度的损伤而言，如果损伤很严重，则大部分组织细胞均以瘢痕修复的方式完成再生。

（二）创口愈合

1. 创口愈合的过程。皮肤和软组织创口愈合一般分为五个基本过程：（1）创口的早期改变，包括出血、坏死、凝血、炎症、渗出、干燥等。（2）创口收缩。伤后 2~3 天，创口边缘的整层皮肤及皮下组织向中心移动，缩小创面而引起创口收缩。（3）肉芽组织生长。伤后第三天开始，从创口底部和创口边缘长出由新生的毛细血管和纤维母细胞等构成的肉芽组织，并向创口内伸入直到填平创口。（4）瘢痕形成。伤后 5~6 天，肉芽组织中纤维母细胞产生胶原纤维，在 2~3 周之后，胶原纤维增多，毛细血管闭合，肉芽组织逐渐转化为由胶原纤维为主构成的灰白色坚韧瘢痕。（5）表皮及其他组织再生。表皮再生开始于肉芽组织填平创口之时，当肉芽组织或瘢痕明显高于皮肤时，表皮再生极缓慢，当创口直径大于 2cm 时，表皮则难以覆盖整个创口。

2. 创口愈合的类型。根据创口的性质及其有无感染发生，可将创口愈合分为一期愈合和二期愈合。

一期愈合见于组织缺损少、创缘平整、无感染以及对位好的创口，如手术创口、无明显污染的锐器创等。一期愈合过程中，表皮再生在 24~48 小时内可将创口覆盖，第三天肉芽组织即可长出并填平创口，5~6 天胶原纤维形成，2~3 周内可完全愈合，仅留下一条线状瘢痕（如图 2-1-3 所示）。

二期愈合见于组织缺损大，创缘不齐，对位较差或伴有感染的创口，如钝器创、火器创等。二期愈合常表现为炎症反应明显，愈合时间长，瘢痕大等特征（如图2-1-4所示）。

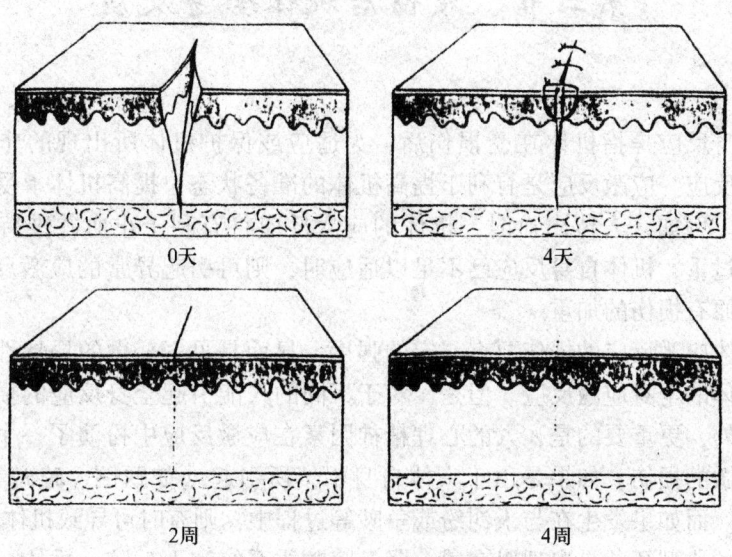

图2-1-3 创口一期愈合示意图

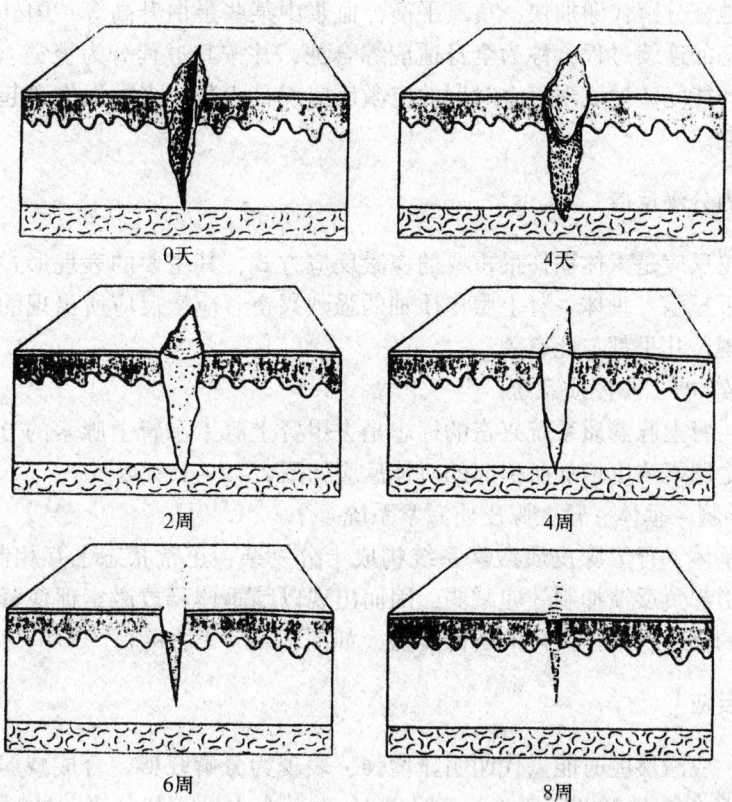

图2-1-4 创口二期愈合示意图

第二节 损伤后机体全身反应

损伤后全身反应是指机体在受损伤后，为适应或保护机体所出现的非特异性全身反应，也称应激反应。应激反应是有利于提高机体的准备状态、提高机体承受损伤的能力的一种生理反应。例如，人体出血时，机体的应激反应将有利于止血并维持血液循环的正常。但如损伤过重，机体自身反应已不足以适应时，则可引起异常的应激反应，也可导致疾病的发生或原有损伤的加重。

能引起机体应激反应的损伤要有一定的强度，显而易见，轻微的局灶性的表皮剥脱一般不会引起机体的全身应激反应。但是，对于不同的人能引起全身反应的损伤的强度可能有所差异。另外，更重要的是，人的心理精神因素在应激反应中扮演了一个重要角色。例如，即使是轻微的损伤，如果是由于人体自身不慎所引起（如跌倒、磕碰等），一般不会引起应激反应。而如果发生在与人纠纷或争吵等过程中，则有时可导致机体的应激反应。

应激反应的典型征象是出现以交感－肾上腺髓质系统和下丘脑－垂体－肾上腺皮质轴兴奋为主的神经内分泌反应及一系列伴随的功能代谢改变，如心跳加快，血压升高，肌肉紧张，胃肠松弛，分解代谢加快，负氮平衡，血浆中某些蛋白升高等。国外有人将应激反应视为一个动态的连续过程，称为全身适应综合征，并按其过程分为警觉、抵抗、衰竭三个时期。当然，能完整地表现三个时期的应激反应仅是少数，多数损伤引起的应激反应只限于第一、二期。

一、神经内分泌反应

神经内分泌反应是人体损伤最重要的应激反应方式，其主要的表现形式是交感－肾上腺髓质系统和下丘脑－垂体－肾上腺皮质轴的强烈兴奋。应激反应所出现的机体生理生化改变与外部表现，几乎都与此有关。

（一）交感－肾上腺髓质系统

交感神经－肾上腺髓质系统兴奋的标志是去甲肾上腺素和肾上腺素的分泌增加，去甲肾上腺素和肾上腺素浓度增加所引起的机体反应如图2－2－1所示。

（二）下丘脑－垂体－肾上腺皮质激素系统

下丘脑－垂体－肾上腺皮质激素系统构成十分复杂，正常状态下互相制约保持平衡，在应激反应时引起负反馈抑制效应减弱，因而出现以脑垂体释放激素促使肾上腺皮质激素分泌增强为主的反应，增强机体的防御能力（如图2－2－2所示）。

二、代谢反应

总体而言，应激反应时能量代谢明显增强，表现为分解旺盛，合成减弱。正常成人安静状态下每日需能量约2000kcal（千卡路里），而一个大面积烧伤者，能量可能需每日高达5000kcal，所以，应激时的高代谢率本质上是能量供给的需要。机体能量来源主要取自糖、脂肪和蛋白质，此外，水、电解质及纤维素的代谢也与之密切相关。

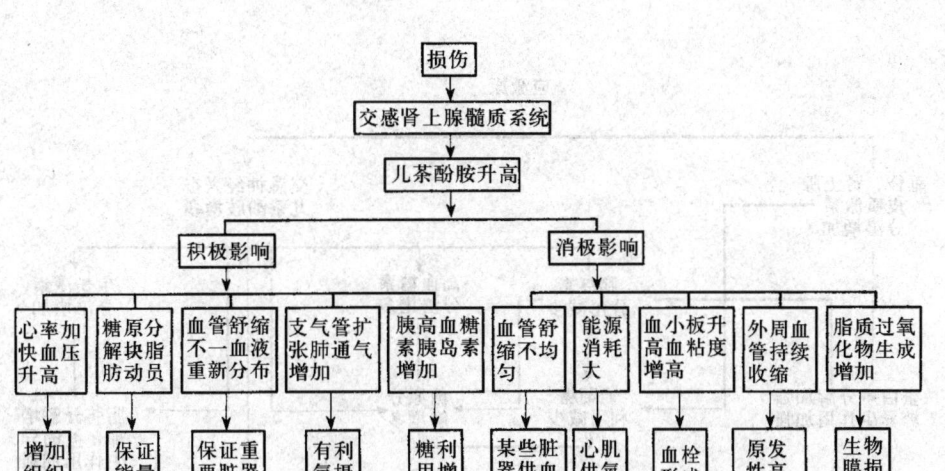

图2-2-1 应激反应时人体交感-肾上腺髓质系统反应示意图

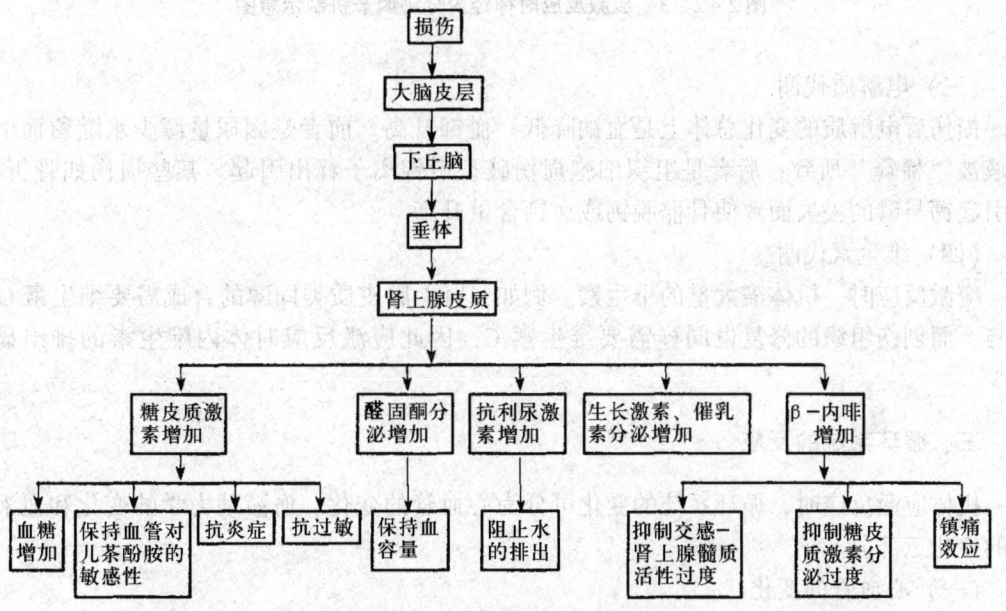

图2-2-2 应激反应时人体下丘脑-垂体-肾上腺皮质系统反应示意图

(一) 糖、脂肪、蛋白质代谢

应激反应的糖、脂肪、蛋白质分解代谢的增强总体上引起血糖升高、血中游离脂肪酸增多和血氨基酸浓度升高。其三者的变化以及内分泌激素的影响关系如图2-2-3所示。

(二) 水代谢

应激反应时，总体上表现为体温升高、呼吸增强，水分从皮肤和呼吸道排出增加，而尿量减少。据实验结果，每公斤脂肪在氧化过程中将释出1L水，每公斤肌肉组织可产生730ml细胞水和约250ml蛋白质的水。因此，创伤后即使不由外界输入水分，机体也可暂时凭借代谢生成释出的水和减少尿量来维持水的平衡。

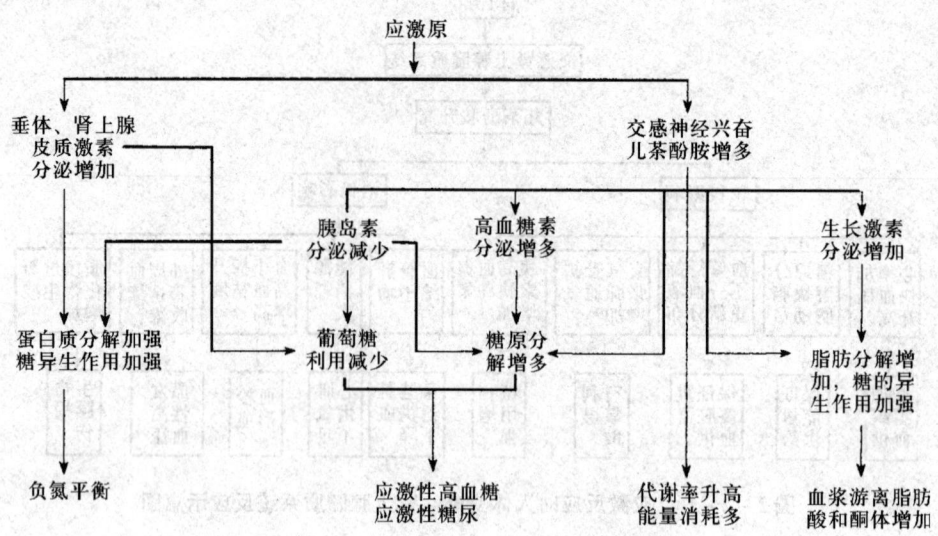

图 2-2-3　应激反应时神经内分泌调节机制示意图

(三) 电解质代谢

损伤后电解质的变化总体上是血钠降低，血钾升高。前者是因尿量减少水潴留而引起血液被"稀释"所致；后者是组织细胞损伤破裂后钾离子释出引起。某些损伤如骨折等，将引起钙与磷的丢失而致使骨骼脱钙或血钙含量升高。

(四) 维生素代谢

应激反应时，机体需大量的维生素。例如，肾上腺皮质类固醇的合成需要维生素 C 的参与，而创伤组织的修复也同样需要维生素 C，因此应激反应时体内维生素的排出显著减少。

三、循环系统的反应

机体应激反应时，循环系统的变化可分为心血管的变化、血液动力学的变化和血液成分的变化三部分。

(一) 心血管的变化

心血管系统在应激时的变化表现为：(1) 心率增快，心肌收缩力增强，心输出量增加。(2) 血压升高。(3) 外周阻力视损伤情况而增加或下降，如在运动状态下，外周阻力下降，而在失血休克时外周阻力高。(4) 冠状动脉血流量增加。

(二) 血液动力学的变化

应激性反应所呈现的血液动力变化总体是保持心、脑脏器的血供而降低其他部位的血供，尤其在因创伤而有较多失血时。在安静状态下，正常人心输出量约 5.6L/min，在五个主要血管床即脑、肾、肝与内脏区、皮肤以及肌肉中的分布为：脑 1.4L/min，肾 1.4L/min，肝与内脏区 1.4L/min，皮肤 0.8L/min，肌肉 0.8L/min，心肌约 0.1L/min，其他部位 0.1L/min。如果心输出量减至 2.8L/min，那么为保证心脑器官的血供仅有 1.2L/min 供给肾、肝与内脏、皮肤、肌肉。

（三）血液成分的改变

在应激性反应时，血液成分的改变主要表现为白细胞数量增多，血小板数量增多且粘附性强，纤维蛋白原浓度升高，凝血因子、血浆纤维酶原、抗凝血酶等浓度升高。这些改变既有抗感染、止血的作用，也有促进血栓形成，甚至发展为弥漫性血管内凝血（DIC）的不良影响。目前国内外学术界对应激反应时血浆和组织中的蛋白质分子水平的变化极为关注，其中特别是急性期反应蛋白和热休克蛋白。

1. 急性期反应蛋白。急性期反应蛋白（AP）是由肝细胞合成为主的蛋白质，正常状态下血浆中含量较少，而在炎症、感染、发热等时明显增加，包括凝血蛋白、蛋白酶抑制剂、运输蛋白、补体以及其他（如C反应蛋白，纤维连接蛋白等）。某些重要的AP血含量以及炎症时含量变化如表2-1-1所示。血浆中少数在应激反应急性期减少的蛋白质如白蛋白、前白蛋白、运铁蛋白等称为负急性期反应蛋白（NAP）。AP的生物学功能主要表现在：(1) 创伤、感染时体内蛋白分解酶增多，AP中的蛋白酶抑制剂避免蛋白分解酶对组织的过度损伤。(2) 清除异物和坏死组织。AP通过与细菌细胞壁结合促进吞噬细胞功能、抑制血小板磷脂酶以及减少炎症介质的释放等途径发挥清除异物和坏死组织的功能，其中最典型、最明显的是C反应蛋白。(3) 通过清除自由基（铜蓝蛋白）保护生物膜，通过补体增多加强抗感染能力，通过凝血蛋白增强抗出血能力。

表2-1-1 重要的急性期反应蛋白

成分	分子量	正常血浆浓度（mg/ml）	急性炎症时增加
C-反应蛋白	105000	<0.5	>1000倍
血清淀粉样A蛋白	160000	<10	>1000倍
α_1-酸性糖蛋白	40000	55~140	2~3倍
α_1蛋白酶抑制剂	54000	200~400	2~3倍
α_1-抗糜蛋白酶	68000	30~60	2~3倍
α_2-巨球蛋白	1000000	150~420	
结合珠蛋白	100000	40~180	2~3倍
纤维蛋白原	340000	200~450	2~3倍
铜蓝蛋白	151000	15~60	50%
C_S	180000	80~120	50%

2. 热休克蛋白。热休克蛋白（HPS）是1962年被发现，1974年被命名的组织细胞内的结构蛋白。最初是在蝇类唾液腺中发现并认识，后来在人体上也得到印证。目前研究结果表明，任何原因引起的应激反应均可引起HSP的合成增多，人类HSP分子量为70kD，一部分由应激反应时产生，另一部分存在于原核细胞和真核细胞内组成结构蛋白。HSP的生物学功能目前了解不多，可能主要与蛋白质代谢有关。例如，应激时受损蛋白质的修复与清除，还可增强机体对多种损伤因素的耐受能力。总之，HSP的功能主要体现在蛋白质分子水平。

四、免疫系统的反应

机体应激反应时，免疫系统的变化可有增强与抑制两个方面的表现。免疫系统增强主要表现在急性期，如周围血中吞噬细胞增多，活性增强，补体、C反应蛋白等急性期反应蛋白升高等。但由于应激时变化最为明显的神经内分泌改变是糖皮质激素和儿茶酚胺，人体胸腺、淋巴结、脾脏等免疫器官含有丰富的交感神经末梢，淋巴细胞和吞噬细胞表面也含有儿茶酚胺、糖皮质激素、内啡肽等多种激素的受体，因此其对免疫功能主要显示抑制效应。所以，应激状态时免疫系统的变化极为复杂，总体而言，持续的应激反应会造成机体免疫功能的下降甚至功能障碍。

五、消化、泌尿系统反应

应激状态对消化系统和泌尿系统均以负面影响为主。由于交感－肾上腺髓质的兴奋，胃肠血管收缩以保证心脑器官的供血，造成胃肠粘膜的缺血，之后引起一系列的不良反应，如粘膜糜烂、溃疡、出血等。另外，应激状态可发生胃肠运动的持续性增强，造成平滑肌痉挛而发生腹痛、腹泻等病变。同样，交感－肾上腺髓质的兴奋将导致肾小血管的收缩，肾小球滤过率的降低，尿量减少；另外，肾上腺皮质的释放又促使水分泌排出减少，吸收增加，导致少尿，水钠潴留的现象。

第三节　损伤的合并症

损伤的合并症是指机体损伤后局部与全身在防御反应过程中受内外因素的影响所伴随的一系列病症。损伤的合并症很多，本节主要根据法医学实践常遇到的病症进行简要的论述，包括休克、应激性溃疡、成人呼吸窘迫综合征、栓塞、急性肾功能衰竭、挤压综合征以及多系统器官衰竭七种。这些合并症有些是互相独立无关的，如应激性溃疡和栓塞，但大多数是互相联系、互相影响的，如挤压综合征、休克、多系统器官衰竭之间可以认作一个过程中的三个阶段，至于休克与肾功能衰竭，休克与成人呼吸窘迫综合征更是有直接的因果关系，所以整体地、动态地认识掌握这些合并症的发生机理、特点及其互相之间的关系，有助于加深对损伤及其损伤后机体反应的认识。

一、休克

休克是英语"shock"的音译，原意是震荡或打击。1731年法国人Le Dran首次将"休克"一词应用于医学，并将休克定义为中枢神经系统功能严重紊乱而导致循环及其他器官功能衰竭的一种危重状态。第一次和第二次世界大战中许多因休克死亡的现象使人们又开始进行较系统的研究，并已认识到休克是急性循环系统紊乱所致。直到1965年Lillehei提出休克的微循环学说，才真正找到了确立休克的发病机制，临床开始对休克有了较为准确的诊断和有效的治疗。今天学术界一致公认休克是人体对有效循环血量锐减的反应，是组织血液灌流不足所引起的代谢障碍和细胞受损的病理过程。

休克的种类很多，目前尚无公认的分类方法，常见的有按病因分类：（1）失血与失液性休克。（2）烧伤性休克。（3）感染性休克。（4）创伤性休克。（5）过敏性休克。（6）心源性休克。（7）神经源性休克。但目前临床上更多的将休克分成低血容量性休克、感染性休克、心源性休克、过敏性休克和神经源性休克五种类型。在法医学实践中因与损伤有关的休克主要涉及低血容量性休克、创伤性休克和神经源性休克，故此处也主要讨论这三种休克的情况。

(一) 休克的发生机理

虽然休克原始病因各有不同，但其有一共同的基础——循环有效灌流量减少。而要实现有效灌流，则有三个根本的条件：(1) 足够的血容量。(2) 正常的血管舒缩功能。(3) 正常的心泵功能。任何一种条件的严重丧失都将导致休克的发生。休克是全身多系统多组织参与的极为复杂的病理过程，一般将其分为三个时期，但不同的角度有不同的命名方式，表2-3-1列举了目前常见的各种分期方法和特征性标志。休克的发生机理本质上是微循环，即微动脉与微静脉之间微血管（包括毛细血管）的血液循环发生缺血、淤血及凝血的过程。图2-3-1是各种原因引起休克的机制和过程。

表2-3-1 休克分期名称及特征性标志

分期角度	分期名称		
微循环变化	微循环收缩期	微循环扩张期	微循环衰竭期
发病机制	缺血性缺氧期	淤血性缺氧期	血管内凝血期
休克过程	休克代偿期	休克抑制期	休克失偿期
临床	休克早期	休克期	休克晚期
特征性标志	缺血	淤血	凝血

(二) 休克的临床表现

休克的临床表现分为早期（休克代偿期）和晚期（休克抑制期）两类。表2-3-2列举了各期休克主要的临床表现及其程度，图2-3-2反映休克早期临床表现及其反生机理。

表2-3-2 各期休克主要临床表现及其程度

分期	程度	临床表现								估计失血量约占全身血容量的%（成人）
		神志	口渴	皮肤粘膜		脉搏	血压	周围循环	尿量	
				色泽	温度					
休克代偿期	轻度	神志清楚,伴有痛苦的表现,精神紧张	口渴	开始苍白	正常,发凉	100次以下,有力	收缩压正常或稍升高,舒张压增高,脉压缩小	正常	正常	20%以下（800ml以下）
休克抑制期	中度	神志尚清楚,表情淡漠	很口渴	苍白	发冷	100～120次	收缩压为12～9.33kPa（90～70mmHg）脉压小	表浅脉塌陷,毛细血管充盈迟缓	尿少	40%以上（1600ml以上）
	重度	意识模糊,甚至昏迷	非常口渴,但可能无主诉	显著苍白,肢端青紫	冰冷（肢端更明显）	速而细弱,或摸不清	收缩压在9.33kPa以下或测不到	毛细血管充盈非常迟缓,表浅静脉塌陷	尿少或无尿	20%～40%（800～1600ml）

(引自孟承伟,1995)

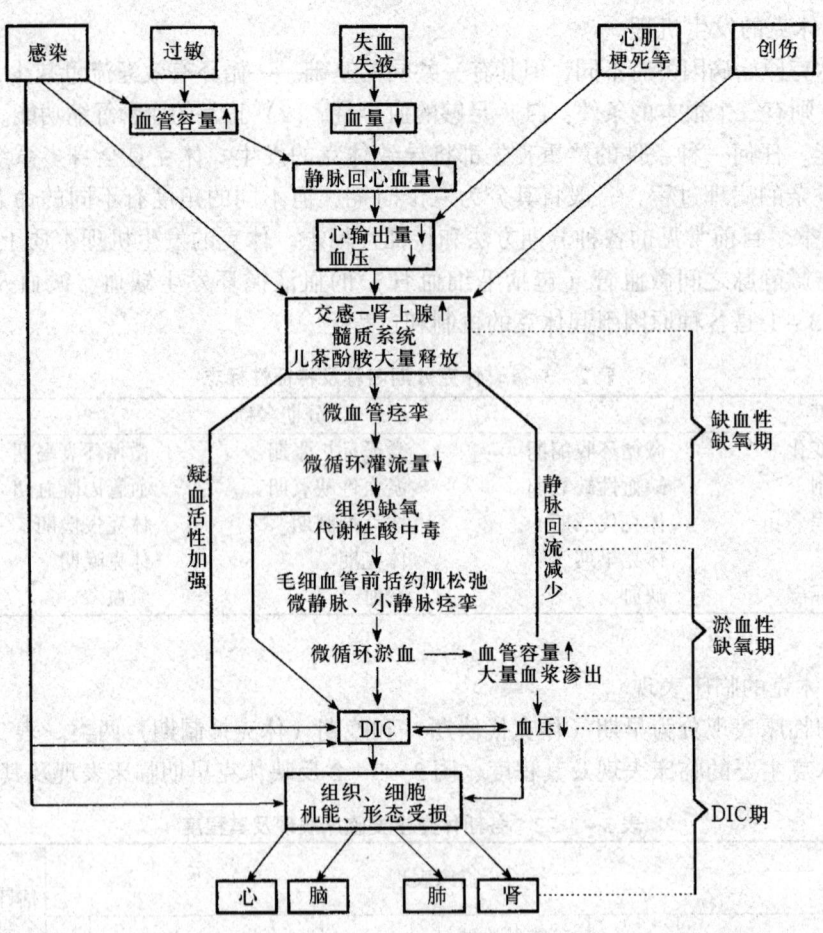

图 2-3-1 休克发病机制示意图（引自尤家禄，1997）

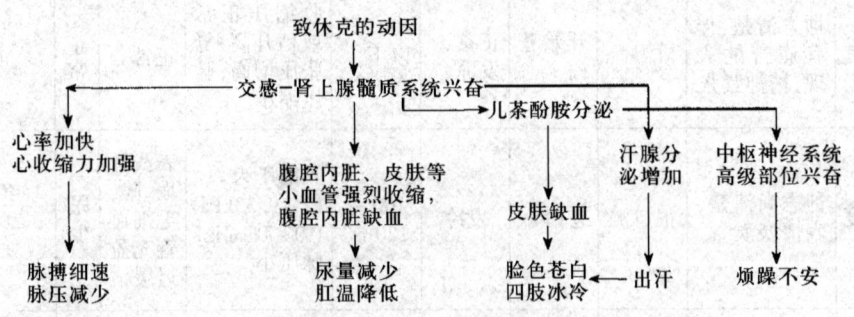

图 2-3-2 休克早期临床表现示意图（引自尤家禄，1997）

（三）休克的诊断

休克的诊断，尤其是低血容量休克一般不难，难的是早期诊断。待到血压已明显下降，临床救治可能为时已晚。有人根据收缩压、脉搏、尿量、意识状态等指标，提出休克的诊断标准及评分判定法（如表 2-3-3 所示）。总分之和 0~4 时，为非休克病人；5~10 时，为轻度或中度休克；11~15 时，则为重度休克。

表2-3-3 休克诊断标准及评分判定法

指征 \ 分值	0	1	2	3
收缩压（BP）（mmHg）	100≤BP	80≤BP≤100	60≤BP≤80	BP<60
脉搏（P）（次/分）	P≤100	100≤P≤120	120≤P≤140	P>140
碱余（BE）（mE/L）	-5≤BE≤+5	±5≤BE≤±10	±10≤BE≤±15	BE≥±15
尿量（UV）（ml/h）	UV=50	25≤UV≤50	0<UV<25	0
意识	清醒	兴奋	迟缓	昏睡

临床上的早期诊断是指对可能发生休克的病人作出预告性诊断或刚发生的休克作出诊断，常见的早期休克征象有：(1) 神志恍惚或兴奋。(2) 过度换气。(3) 脉搏≥100次/分或异常缓慢。(4) 脉压差≤30mmHg。(5) 毛细血管再充盈时间延迟。(6) 尿量≤30ml/h。(7) 直肠温度与皮肤温度相差3℃以上。(8) 出冷汗。(9) 中心静脉压<0.49kPa。(10) 肺动脉楔压>2.0kPa。死于休克的病人尸体上难以发现典型特异性的病理改变，弥漫性血管内凝血的表现可提示休克晚期的可能，但也非休克的唯一指征。

（四）各型休克的特点

1. 低血容量性休克。低血容量性休克最为常见，大失血、烧伤以及长期腹泻呕吐等均可造成血液或水分的丢失，引起功能性细胞外液减少，有效循环血量下降，回心血量不足，进而引起心输出量和动脉血压下降等。病人的典型表现为：面色苍白、四肢湿冷、心动过速、脉压差小、少尿、血压下降等。

2. 创伤性休克。创伤性休克常见于严重颅脑损伤、脊髓损伤、多发性骨折、胸腹腔脏器破裂、挤压伤等。一般认为创伤性休克的机理是创伤引起人体的应激反应直接刺激交感神经-肾上腺髓系统分泌儿茶酚胺增加所致。临床上有人认为创伤性休克本质上也有失血失液的特点应属低血容量休克范围，但实际上并非如此。动物实验证明，创伤性休克既有出血的特点，也有溶血的特点，而溶血在受损的组织中可促进弥漫性血管内凝血。溶血后的血红蛋白及其破损组织的碎块自体吸收后对机体是一种毒素。另外，创伤所引起的剧烈疼痛也将继发性地通过中枢神经反射性地产生抑制交感神经作用。因此，创伤性休克形成的机理远较一般失血性休克复杂。

3. 神经源性休克。神经源性休克本质上是血管运动张力所致。常见于脑损伤、缺血、深度麻醉、脊髓高位损伤或麻醉等后使脊髓交感神经传出通路被阻断，导致小血管张力丧失、血管扩张、外周阻力降低、大量血液淤积在血管床，导致回心血量减少、血压下降。有人认为这种休克无典型的微循环分期障碍，不能算做休克，只能称为低血压状态。

二、应激性溃疡

应激性溃疡是指病人在严重损伤、重症疾病等情况下出现的胃、十二指肠粘膜急性病变的机体反应。主要表现为胃、十二指肠糜烂、浅表溃疡、渗血出血等，少数溃疡可穿孔引起大出血。据资料报道，应激性溃疡的发病率高达75%以上，应激性溃疡死亡率在50%以上，应激性溃疡并发大出血也可达5%。临床上有人根据应激性溃疡的病因不同而将其分为合并在严重创伤、烧伤之后的创伤性应激性溃疡；在休克、肺功能不全、多脏器衰竭等之后的重病性应激性溃疡；服用非类固醇抗炎药（如阿斯匹林、消炎痛等）、酒精以及肾上腺皮质激素之后的药物性应激性溃疡。

（一）发生机制

应激性溃疡的发病机制尚未完全明了，目前多认为最基本的条件是胃肠粘膜缺血和胃腔内 H^+ 向粘膜内的反向扩散。机体在应激状态下儿茶酚胺增多致使内脏血流量减少，胃肠粘膜因此缺血，胃肠粘膜缺血的结果引起由碳酸氢盐-粘液层所组成的胃粘膜屏障受破坏，胃腔内 H^+ 因浓度差而进入粘膜，积聚而造成损伤。其他一些因素如酸中毒时血流对粘膜内内 H^+ 缓冲能力降低、胆汁逆流损伤胃肠粘膜屏障等也可能与应激性溃疡的发病有关。

（二）临床特点

应激性溃疡典型的病理改变是累及胃肠粘膜的糜烂和肌层的溃疡。不同的病因有时可引起不同的溃疡特点，如继发于创伤、大手术以及慢性疾病之后的应激性溃疡多发生于胃体和胃底部，继发于脑外伤的应激性溃疡可涉及食道、胃、十二指肠任何部位；继发于大面积烧伤的应激性溃疡则在胃十二指肠有多个溃疡灶；继发于药物服用后的应激性溃疡多见于胃小弯。应激性溃疡灶直径一般 <1cm，多数溃疡出血少，不穿孔，故不为人知。在原发病因消除后应激性溃疡能自愈。少数病人则表现为突发性消化道出血或穿孔，提示应激性溃疡的发生。纤维胃镜检查是目前最好的临床诊断方法。

三、成人呼吸窘迫综合征

成人呼吸窘迫综合征，简称 ARDS，是一种由各种因素累及呼吸系统而造成的以低氧血症为特征的急性呼吸衰竭。ARDS 最基本的病理学特征是肺血管内皮和肺泡的损伤、肺间质水肿以及肺透明膜的形成。ARDS 可由损伤与疾病多种因素所引起，损伤如四肢骨折、颅脑损伤、广泛软组织损伤、烧伤等。临床上有许多与 ARDS 相近的名字，如休克肺、伤后肺功能不全、急性进行性呼吸功能不全、呼吸机肺、泵肺等，但目前多以 ARDS 作为代表性的病名。

（一）ARDS 的发生机制

ARDS 的发生机制目前尚未明了，研究结果提示任何导致肺泡或肺血管内皮损害的因素，通过肺微循环的变化均可造成肺组织细胞和结构的变化，进而导致肺通气功能的障碍。图 2-3-3 以损伤为例展示了 ARDS 发生过程的模式。

（二）ARDS 的特点

1. 病理学特点。无论何种原因所引起，ARDS 的基本病理改变均可表现为：（1）肺血管内皮和肺泡壁通透性增加，肺间质水肿。（2）肺泡表面活性物质减少，肺透明膜形成。（3）肺小动脉微血栓形成，包含有细胞碎片、白细胞、血小板等。（4）肺泡腔内血性液充盈。电子显微镜观察可见到肺毛细血管内皮间隙及其与上皮间连接部位明显扩大。

2. 临床特点。根据病理发展，临床上将 ARDS 分初期、进展期和末期三个阶段，其主要表现为：（1）初期：呼吸加快（30~40 次/分），有窘迫感，但无明显紫绀，X 线胸片一般无明显异常，听诊也无罗音等存在。（2）进展期：有明显的呼吸困难和紫绀，呼吸道分泌物增多，听诊有罗音。X 线胸片可见广泛性点片状或絮状阴影，出现烦躁、谵妄、昏迷等意识障碍。（3）末期：呼吸功能基本丧失，深度昏迷，心脏功能障碍直至死亡。

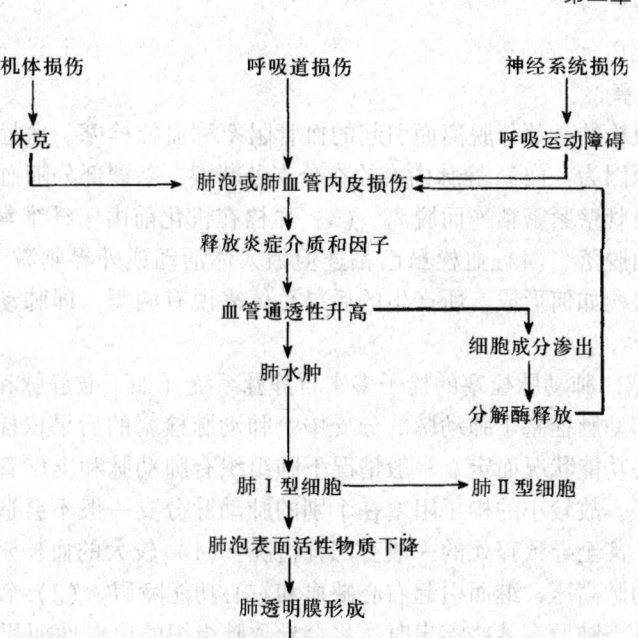

图 2-3-3 损伤所致的 ARDS 发生机制示意图

（三）ARDS 的检测诊断

临床上除观察病人的症状与体征外，常采用血气分析和呼吸功能检测的方法诊断 ARDS 或判断 ARDS 的程度及其进展。主要涉及的指标有：(1) 动脉血氧分压，正常值 12kPa，当 <8kPa 时，提示 ARDS 初期。(2) 二氧化碳分压，正常值为 5.3kPa，当 <4.8kPa 时，提示 ARDS 加重。(3) 反映肺泡功能的肺泡动脉血氧梯度，正常值 0.6~1.3kPa，ARDS 时增加。(4) 反映肺排出 CO_2 能力的死腔/潮气量之比，正常值 0.3，ARDS 时增加。(5) 反映肺血管变化对换气影响的肺分流率，正常值 5%，ARDS 时增加。(6) 有效动态顺应性（EDC），正常值 100ml/100Pa，ARDS 时下降。(7) 功能性残气量（FRC），正常时 30~40ml/kg 体重，ARDS 时下降。

四、栓塞

循环血液中有异常物质随血流运行至相应大小的血管而无法通过，导致血管腔阻塞的过程称栓塞，引起栓塞的异常物质称栓子。栓子可以是固体、液体或气体，外伤后最常见的栓子是血栓、脂栓以及气栓。栓子一般随正常血流方向运行，但有时也发生例外，根据栓子运行途径的差异可将栓塞分为：(1) 动脉性栓塞，是指来自左心或主动脉系统的栓子随体循环从大动脉到小动脉血流运行而栓塞，常见于脑、脾、肾、下肢等。(2) 静脉性栓塞，是指来自右心或腔静脉系统的栓子随血流阻塞于肺动脉的大小分支或来自心静脉系统的栓子多随血流进入肝脏而阻塞于门静脉的分支。(3) 交叉性栓塞，是指右心或腔静脉系统的栓子经开放的卵圆孔或缺损的房间隔，进入体循环而引起动脉栓塞，也称反常性栓塞。(4) 逆行性栓塞，是指右心或腔静脉的栓子因重力、压力（如咳嗽或深呼吸时引起的胸内压升高）的改变而逆血液而下、阻塞于肝、肾、股静脉等处。病理学上，栓塞的直接结果是引起血管所支配的组织发生梗死，在法医学实践中，常可遇到栓塞引起重要脏器的功能障碍而发生死亡。

（一）血栓栓塞

由于血栓或血栓的一部分脱离而引起的血管阻塞称血栓栓塞。血栓栓塞是栓塞中最为常见的类型。其原因为：（1）静脉内血栓在分支处断裂，断裂部分随血流运行。（2）新发生的血栓尚未与血管壁紧密粘连而脱离。（3）血栓在机化前由于纤维素溶解和血栓收缩致使其附着处松软而脱落。（4）血栓虽已粘连但因人体活动或外界刺激（如打击、按摩等）而脱落等。无论血栓如何形成，所产生的后果总体来说有两类，即肺动脉栓塞和动脉系统栓塞。

1. 肺动脉栓塞。肺动脉栓塞的栓子多来自静脉系统（如下肢静脉和盆腔静脉）随血流到达右心，再经肺动脉栓塞于肺动脉的分支中。肺动脉栓塞的后果依栓子的大小，肺组织的功能状态以及心功能状况而定。一般情况下肺组织有肺动脉和支气管动脉的双重循环且有丰富的侧支循环，故较小的栓子阻塞在个别的肺动脉分支一般不会造成严重后果。肺动脉栓塞危及生命，甚至导致猝死的一般有四种情况：（1）较大的血栓阻塞较大的肺动脉分支，将会导致肺动脉高压，继而引起右心缺血和右心功能障碍。（2）较多的血栓栓塞于肺动脉分支，尤其是当肺原有某些疾患时，将会导致肺组织的出血性梗死。（3）较小的血栓阻塞肺动脉分支后引起血小板聚集，释放5-羟色胺等炎症介质，从而引起肺血管广泛性的收缩痉挛，最后导致肺动脉高压和右心衰竭。（4）血栓栓塞肺动脉分支后直接刺激血管产生迷走神经兴奋，反射性地引起肺动脉和冠状动脉痉挛以及心功能障碍。

2. 动脉系统栓塞。动脉系统栓塞是由于左心腔或主动脉的栓子脱落后，随血流到达较小的动脉分支所造成器官的栓塞，常见的有脾、肾、脑和心脏等。栓塞的后果取决于栓塞部位动脉的大小及其局部侧支循环是否丰富。栓塞心脏冠状动脉和脑血管常导致严重的后果；栓塞大血管可导致血管反射性痉挛而产生缺血性梗死；脾、肾等器官和下肢因血管吻合分支不尚丰富，不易建立侧支循环而易发生梗死。

如遇血管内栓塞，应注意鉴别是它处而来的血栓栓塞还是血管本身的血栓形成。重点应掌握两条，一是血栓附着处血管有无病变；二是附着于血管壁处的血栓性状，如为白色血栓则应系血栓形成所致，而混合血栓或红色血栓则多为来自别处的血栓。

（二）脂肪栓塞

脂肪栓塞是指循环血液中出现脂肪球并导致阻塞血管的征象。需要指出的是，第一，栓子是脂肪球而非脂肪组织碎片，脂肪球是以脂肪滴为主混合有血液其他成分如血小板、凝血蛋白等构成，而脂肪组织碎片是脂肪细胞为主构成的组织。第二，脂肪球的形成既可来自血管外（外源性）的脂滴，也可来自血液内（内源性）的脂质去分散相后形成。第三，由于脂肪滴的大小和形态可改变，故脂肪栓塞易引起机体多脏器多系统栓塞，所以目前有人更倾向于用脂肪栓塞综合征来代替脂肪栓塞。脂肪栓塞最常见的原因是骨折，尤其是富含骨髓的长骨如股骨、胫骨等骨折，少数也可见于软组织严重挫伤、烧伤等，内源性的脂肪栓塞多见于糖尿病、酒精中毒、长期的糖皮质激素治疗、磷中毒等。

1. 脂肪栓塞的形成机理。脂肪栓塞的形成机理目前尚未完全明了，目前较为一致的看法是，外源性脂肪栓子形成需三个必要条件：（1）液体脂肪（脂肪滴）从破裂的组织中释出。（2）损伤后有开放的静脉。（3）局部组织压力增高，促使脂肪进入血液。内源性脂肪栓子形成多倾向于微循环障碍导致血浆脂质的聚集或酯酶活性的增强，使散在分布的血浆脂质层去分散相而形成脂滴。图2-3-4显示了脂肪栓塞形成及过程。一般创伤后24小时之内可发生肺脂肪栓塞，6天内脂肪球可破裂消失但可随血液循环到达其他脏器发生栓塞。

2. 病理改变。脂肪栓塞引起组织脏器的损伤以肺、肾、心、脑为主。脂肪栓塞引起肺的病理改变主要有肺严重出血、水肿，严重时在切面可见微小的脂肪球，显微镜下可见肺细动脉和毛细血管内有脂肪遗留的空泡，肺泡腔出血，间质有纤维素渗出和脂肪滴浸润等。肺细动脉或毛细血管中有巨核细胞伴有脂肪空泡是外伤性脂肪栓塞的良好依据。脑脂肪栓塞时可在伤后数分钟或数天出现神经症状，尤其是严重的外伤（如交通事故）数日后突然出现偏瘫、意识障碍等症状和体征时，应想到有脂肪栓塞的可能。脑脂肪栓塞

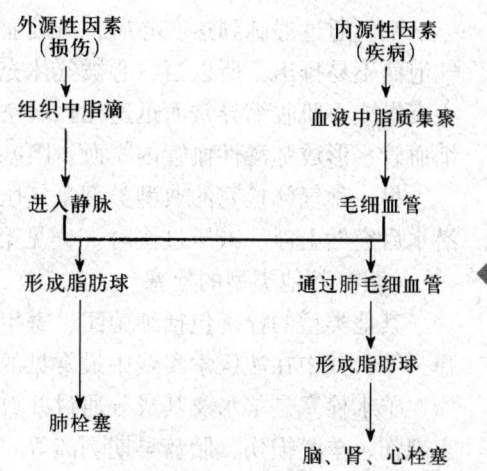

图2-3-4 脂肪栓塞发生机制示意图

常可在中脑、桥脑和延髓髓质中见到广泛点状出血，脂肪染色有助于脂肪栓塞的诊断。心的脂肪栓塞多见于心肌毛细血管和冠状动脉的细小动脉内，心肌脂肪栓塞主要引起左心功能障碍及其肺水肿。肾的脂肪栓塞多限于肾小球毛细血管内，临床上常表现为蛋白尿、管型尿和血尿。皮肤、粘膜不明原因的点状出血也是脂肪栓塞的一大特点。表2-3-4列举了血循环中脂肪含量对机体的影响。

表2-3-4 血液中脂肪含量及机体反应

脂肪量（g）	机体反应
4	病理组织学可见
8	临床诊断可能
9	可致生命危险
10~20	循环功能障碍
>20	致命

（引自来茂德，1996）

3. 脂肪栓塞的诊断。诊断脂肪栓塞的方法主要有病理诊断和临床诊断两种。(1) 病理诊断。脂肪染色是脂肪栓塞最好的诊断方法，据文献报道，阳性率可达92%以上。目前脂肪染色的方法很多，主要有：苏丹Ⅲ、苏丹黑、猩红、锇酸染色等，也有用Nile蓝染色后用紫外灯观察强金黄色荧光的方法。普通HE染色也可发现血管内脂肪溶解后遗留的空泡，但宜排除其他原因后才可考虑为脂肪栓子。(2) 临床诊断。脂肪栓塞临床上无特异性的表现，一般多结合外伤史，多脏器功能的异常以及血、尿、痰中检见脂肪滴作出诊断。

（三）气体栓塞

空气或其他气体在循环血液中形成气泡并阻塞血管的现象称气体栓塞。空气栓塞多发生在静脉破裂后空气凭借压力差进入血液循环。颈静脉和胸内大静脉因负压环境，故破裂后可"吸收"外界空气进入血管。子宫静脉窦破裂开放后，宫腔内高压环境可将气体"推入"血管。空气从动脉系统进入常发生于心脏和大动脉手术、胸腔穿刺、气胸等时。少量空气进入循环可即被吸收不会产生后果。一般造成个体死亡的空气进入量需100~150ml，但文献中也有超过300ml才致死或低于40ml也死亡的报道。尤其是冠状动脉和脑动脉的空气栓塞致死量较小。

空气通过静脉到达右心后，可因血流冲击及心脏舒缩运动形成无数体积变化不定的小气泡而不易排出，所以当右心被气体充盈严重影响血液回流和向肺动脉输出时，多发生右心衰竭或心肌收缩异常而迅速死亡。空气栓塞也可以通过进入肺动脉阻塞肺部小血管和毛细血管、形成弥漫性血管内凝血、阻塞冠状动脉和脑血管等途径导致死亡。

另一种气体栓塞的典型类型是气压改变所引起的血中氮气的游离析出所致，多发生于潜水后突然上浮，减压过快时（详见第十二章第七节）。

（四）其他类型的栓塞

其他类型的栓塞包括细菌团、寄生虫、虫卵、瘤细胞、羊水以及来自体外的异物，如弹头等，其中在法医学实践中最常见的是羊水栓塞。

羊水栓塞是羊水及其成分通过开放的子宫静脉（窦）进入血液循环的状况，多见于子宫裂伤、羊膜损伤、胎盘早期剥离等。羊水栓塞最典型的征象是肺栓塞，病理组织学切片检查可在肺血管内发现胎粪、胎毛、胎脂、蜕膜、表皮细胞等羊水成分，Papanieolao 氏染色是较为特异性的方法。羊水栓塞发生率不高，但死亡率高达 86% 以上，多在伤后或产后数小时内发生并迅速发展，其典型临床表现为呼吸困难、紫绀以及意识障碍等。

五、急性肾功能衰竭

急性肾功能衰竭简称 ARF，是一种因肾排泄功能（肾小球滤过率）在短时间内急剧降低引起的症候群。ARF 临床标志是少尿（<400ml/d）、进行性氮质血症、高血钾以及代谢性酸中毒。ARF 有很多同义词如休克肾、下肾单位性肾病、急性肾小管坏死等。

（一）病因和发生机理

ARF 的病因按照影响肾的结构位置不同分为肾前性（如低血容量性、心衰、败血性等）、肾性（如长期肾缺血、毒素、急性肾小球肾炎等）以及肾后性（如尿路栓塞、膀胱出口阻塞等）三种。损伤引起的 ARF 多属于肾前性因素。ARF 的发生是一个极为复杂的过程，许多方面目前尚未清楚，但最基本的条件是肾血管收缩缺血和肾小管上皮细胞变性坏死，图 2-3-5 以损伤所致的 ARF 为例显示 ARF 的发病机理。

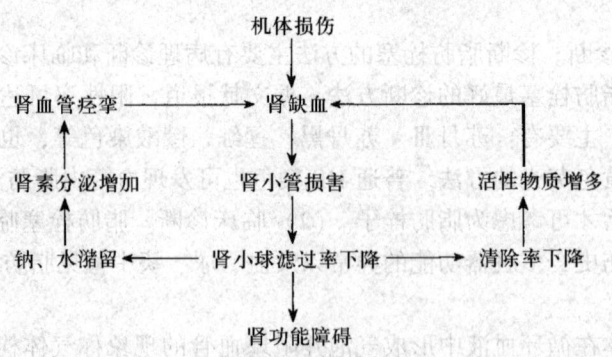

图 2-3-5　急性肾功能衰竭发生机制示意图

（二）ARF 的临床特点

与心、肺、肝等器官衰竭不同，ARF 是一种可逆转的器官衰竭。临床上根据病理学肾小管坏死和修复两个阶段，将 ARF 分为少尿（无尿）和多尿两个时期。少尿或无尿期一般 7~14 天，其主要表现为因水、电解质和酸碱平衡失调所致的水中毒、高血钾、高血镁、高血磷、低钠、低钙、低氯以及酸中毒等；多尿期以尿量>400ml/d为标志开始，持续约14天，临床表现主要是以病人体质虚弱、贫血、无力、消瘦为特点，常见的并发症有低血钾和感染。准确地鉴别ARF少尿期和血容量不足、功能性肾衰（肾前性肾衰）和器质性肾衰（急性肾小管坏死）是临床上极为关键的治疗前提。例如，是否补液，补多少等均需在鉴别之后才能决定。表2-3-5和表2-3-6分别列举了鉴别要点。

表2-3-5 肾功能衰竭与血容量不足的鉴别

	肾功能衰竭少尿期	血容量不足
补液后尿量	不增加	增加
尿比重	1.010	>1.020
尿沉淀	肾小管上皮细胞和管型	阴性
尿钠浓度（mmol/L）	>40	<20
尿尿素与血浆尿素比率	<10:1	>10:1
尿肌酐与血浆肌酐比率	<20:1	>30:1
血钾	直线上升	轻度缓慢上升
红细胞压积、血浆蛋白	下降	上升

（引自江鱼，1995）

表2-3-6 急性肾功能衰竭鉴别

尿指标	功能性肾衰	器质性肾衰
尿比重	>1.020	<1.015
尿渗透压	>500mmol/L	<400mmol/L
尿钠	<20mmol/L	>40mmol/L
尿肌酐/血肌酐	>40	<20
肾衰指数	<1	>2
钠排泄分数	<1	>2
尿常规	正常	蛋白尿、颗粒和细胞管型上皮细胞和红、白细胞

（引自尤家禄，1997） 肾衰脂数（RFI）= $\dfrac{尿钠}{尿肌酐/血肌酐}$；钠排泄分数（FENa）= $\dfrac{尿钠/血钠}{尿肌酐/血肌酐}\times 100$

六、挤压综合征

挤压综合征是指人体骨骼肌因各种机械性损伤原因导致缺血、变性、坏死，进而出现肌红蛋白血症、高血钾症、一过性肌红蛋白尿、急性肾功能衰竭为主要特征的临床症候群。挤压综合征的命名源于1944年英国的Bywaters和Beall。他们根据伦敦受空袭、房屋倒塌而损伤存活的病人出现肢体肿胀、全身循环衰竭、深褐色尿以及肾功能衰竭等表现，证实骨骼肌损伤是导致深褐色肌红蛋白尿及其肾脏损伤、肾功能衰竭的根本原因。由于肌组织损伤因房屋倒塌砸压所致，故冠以挤压。由于挤压综合征的病理生理本质上是尿中非生理性的肌红蛋白异常增高，所以任何导致骨骼肌组织损伤释放肌红蛋白的原因均可引起挤压综合征，而非仅限于重物挤压，故近年来逐渐将当初命名的概念外涵有所扩展，如在法医学实践中常见的软组织大面积挫伤等。

（一）挤压综合征的原因

1. 肢体受压。肢体受压常见于工程塌方、建筑物倒塌、矿井崩塌、交通事故等致使肢体被重物长时间挤压或掩埋等。

2. 肢体损伤。肢体损伤是指肢体受钝性物体反复作用（如打击）或暴力引起肢体发生骨折、肌腱撕脱伤等闭合性损伤。

3. 肢体缺血。供应肢体主要血管因各种原因（如断裂、阻塞等）导致肌组织缺血缺氧变性坏死，或经修复导致的肌组织再灌流损伤。

4. 烧伤。烧伤导致肌组织直接损伤，或因较大面积修复过程中无弹性焦痂降低肌筋膜间室容积，或因水肿致使肌组织压力升高等。

5. 身体自压。人体在较长时间内保持一种体位，导致自身重量对肢体的压迫挤压。这种情况多见于手术过程较长时，或因中毒（如 CO、酒精等）、电击导致意识丧失较久时。

（二）挤压综合征发生机理

前已论及，挤压综合征产生的本质是骨骼肌组织的损伤坏死和肌红蛋白的释放。挤压综合征的发生机理和过程如图 2-3-6 所示。

实验研究表明，肌筋膜间隙压力的变化对肌组织缺血挤压综合征的发生机理和过程具有十分重要的影响。一般当肌筋膜间隙压较动脉舒张压小 10~30mmHg 时，肌组织小动脉将闭合。有人提出，当前臂肌筋膜间隙压力为 64mmHg（8.53kPa）、小腿后侧为 35mmHg（4.67kPa）时，肢体组织血流灌注完全停止。

肢体缺血时间与肢体组织损害密切相关，一般认为缺血 30 分钟即可有肢体感觉和运动的功能障碍；缺血 2~4 小时组织发生明显肿胀；缺血 4~6 小时，肌肉坏死并出现肌红蛋白尿，当循环恢复后 3 小时明显升高，肌红蛋白可持续 12 小时；缺血 12 小时以上，肢体发生不可逆的损伤。

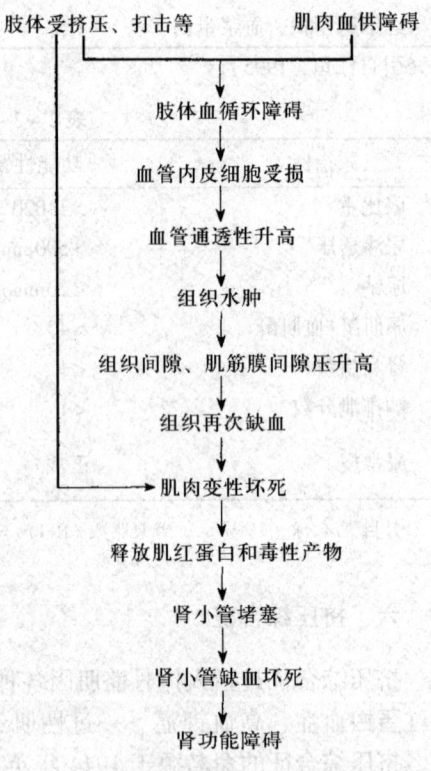

图 2-3-6 挤压综合征发生机制示意图

（三）挤压综合征主要病理学特征

1. 皮肤。皮肤肿胀、紧张、发亮，可见红斑、水疱及挫伤等痕迹，往往能反映作用物的损伤形态特点，如条形、不规则形挫伤等。

2. 肌肉。挫伤、出血、坏死，呈弹性丧失的鱼肉状，往往深层较浅层更明显。显微镜下肌纤维肿胀，横纹不清，严重者呈溶解、固缩坏死，肌核消失，间质水肿、出血以及不同程度的炎细胞浸润。

3. 神经。外观神经变细、变扁，呈带状，神经束与周围组织粘连，镜下可见神经鞘断裂，神经纤维变性，轴索断裂等。

4. 肾脏。肉眼观肾肿大，皮质切面苍白、潮湿、发亮，髓质呈暗红色。镜下观部分肾小球明显缩小，肾小球囊壁红色均质物沉着，肾小管上皮变性坏死，透明管型、肌红蛋白管型、颗粒色素管型存在，间质有炎性反应，肌红蛋白免疫染色阳性。肾髓质充血、水肿，也可见肌红蛋白管型阳性。

5. 其他脏器。主要表现为组织细胞间质水肿、弥散性出血灶、淤血及营养不良性改变。

（四）挤压综合征的诊断

挤压综合征不仅在临床上，而且在法医学实践中也经常遇到，对于挤压综合征的诊断，学术界尤其是法医学界尚无统一的标准，有时争议较大。根据挤压综合征的发生原因、机制以及临床经过特点，诊断挤压综合征宜同时具备以下三个方面（如图2-3-7所示）：

1. 有严重而广泛的软组织损伤。挤压综合征的最显著的特点是软组织，尤其是骨骼肌组织严重损伤，在伴有血容量丢失的同时肌红蛋白释放进入血液，损伤肾脏的结果。这种严重的损伤既要考虑它的广度，也要考虑它的深度。广度表示软组织损伤后体液丢失的存在，深度则表示伤及骨骼肌。只有广度没有深度不会造成肌红蛋白的释放；只有深度没有广度则无法形成休克的全身反应。

2. 外伤4小时后才会产生挤压综合征。根据临床研究，尿中开始出现肌红蛋白多在外伤4小时以后，8小时左右达到高峰，持续48小时后开始减少。因此，挤压综合征具有时间的关联性，伤后4小时之内死亡者因不符合肌红蛋白作用的产生机制，可考虑创伤性休克等，而不宜诊断为挤压综合征。

3. 尿中或肾脏中有肌红蛋白的检出。正常人体血和尿中也有极微量的肌红蛋白（血中约35ng/ml，尿中约<375ng/ml），非肌肉组织中出现肌红蛋白的异常增多是挤压综合性的特征之一，因此临床上常以尿中检出肌红蛋白，在法医学实践中常以肾脏病理切片肌红蛋白染色阳性作为一项重要的指标。需要指出的是，根据目前研究结果和文献报道，非肌肉组织中出现肌红蛋白并非是挤压综合征所独有。许多因素均可引起非创伤性的肌红蛋白异常增多，如心肌梗死、电击、海洛因和一氧化碳中毒等以及变态过敏反应等。任何有可能导致富含肌红蛋白的组织变性坏死的因素，均有可能释放肌红蛋白进入血液而到达肾脏。因此，仅仅凭借肌红蛋白尿或肾脏组织病理等检验肌红蛋白管型阳性的结果而诊断挤压综合征，显然是缺乏足够根据的。

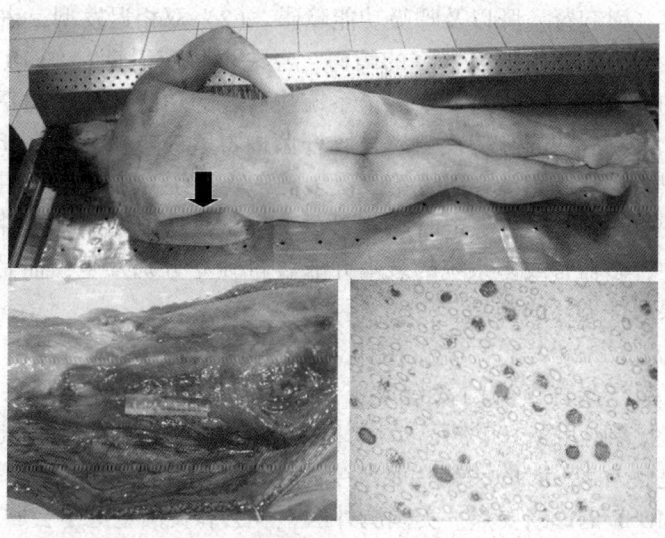

图2-3-7　全身软组织挫伤（上）伴肌肉出血（下左）和肾组织肌红蛋白染色阳性（下右）

七、多系统器官衰竭

多系统器官衰竭简称 MSOF,是指急性疾病过程中并发一个以上系统和器官的急性功能障碍,如休克后产生 ARDS、ARF、应激性溃疡、急性肝功能衰竭等。MSOF 是 1973 年由 Tilney 分析 1 例胸外大手术后的病情时首次提出的,近年来受到各方面的广泛关注。据文献报道(杨京诚,1998),MSOF 是目前创伤的主要死亡原因之一。例如,在烧伤救治后死亡者中,MSOF 占 50% 以上。

(一)病因及发生机理

引起 MSOF 的病因很多,但最常见的有三类:(1)严重创伤或大手术后。(2)败血症或严重感染。(3)休克。据文献报道,感染占 70% 左右,休克占 80% 左右。

MSOF 的发生机制至今尚未完全弄清,但总体上认为是机体应激反应后的不利影响因素(如活性物质增多,脏器供血不足等)在伴有感染基础上所引发(如图 2-3-8 所示)。1985 年 Goris 等提出失控性炎症反应假说,1991 年美国胸外科医生学会和重危学会联合对 MSOF 提出统一的定义,形成全身炎症性反应综合征(SIRS)假说,认为 SIRS 进一步发展就并发脏器功能障碍和脏器功能衰竭。

(二)临床特点

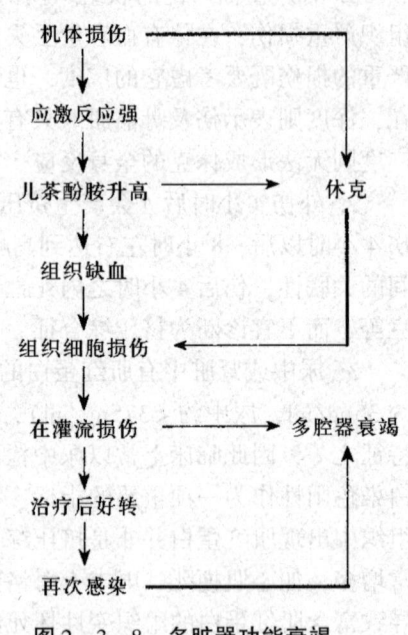

图 2-3-8 多脏器功能衰竭发生机制示意图

从 MSOF 的发生形式看,临床将其分为两种类型。(1)单相速发型,占 10%~20%,是指在原发性病因(如创伤或休克)24 小时后迅速发生多器官衰竭,并在短时间内恢复或复苏失败死亡。这种类型多见于失血过多,引起肾、肝以及呼吸功能障碍。(2)双相迟发型,占 70%~80%。其典型特征为先发生某个重要系统或器官的障碍,经一段稳定时期(约 10 天)后因继发感染或毒素和抗原的持续存在,突然发生多个系统或器官的功能障碍。胡森等(1996)在山羊身上采用创伤性休克后的静脉持续输入大肠杆菌内毒素的方法,复制出 MSOF 的动物模型,研究结果突出了炎症和感染在引发第二次多器官(系统)衰竭的作用。

总体而言,MSOF 是一个有一定时相经过的,以代谢进行性障碍为特点的病理过程。在整个病程过程中,多器官或多系统的衰竭并非各自独立分别发生,而是互相影响、互相作用甚至互为因果恶性循环的结果。

(三)诊断要点

MSOF 的死亡率与器官衰竭的数量成正比。据报道,3 个器官衰竭者的死亡率可达 80%,4 个器官以上者则几乎 100% 死亡。所以,准确地判断病情,尽早地作出诊断,及时有效地采取预防是救治 MSOF 的关键。但至今尚未出现一个统一的鉴别诊断标准,表 2-3-7 列举了某些 MOSF 的诊断要点。美国胸外医生学会和美国重危学会联合提出 SIRS 诊断标准(如表 2-3-8 所示),认为只要有两项或以上表现者,即表示发生 SIRS,此时应密切注意进一步发展为 MSOF 的可能。

表2-3-7 MSOF的诊断指标

器官	病症	临床表现	检验所见
心血管	休克、急性心力衰竭，心肌梗死	收缩压<10.6kPa或低于平素血压2/3，需输液用药支持	心电图明显失常，监测CVP、MAP、PAWP、CI等失常
肺	ARDS	呼吸率>30、窘迫、发绀、困难、烦躁，需呼吸机支持≥5天，进展后肺呼吸音失常	血气PaO_2或$PaCO_2$失常，监测PAP、$A-aDO_2$、Q_S/Q_T、EDC、吸气力、FRC失常
肾	ATN	每小时平均尿量<20ml，或尿量持续增多（非少尿型肾衰）	尿比重持续在1.010左右，血肌酐>177μmol/L
胃肠	应激性溃疡	不耐饮食、进展后胃肠出血或呈腹膜炎	内镜窥见胃粘膜病变
肝	急性肝衰竭	进展后呈黄疸、神志失常	血胆红质>34.2μmol/L，SGPT等超正常一倍
血液	DIC	进展后呈皮肤出血斑点，胃肠出血、咯血等	血小板<$50×10^9$/L，凝血酶原时、部分凝血活酶时延长，进展后纤维蛋白原减少
脑	中枢神经功能衰竭	意识障碍（Glasgow评分<7）、瞳孔反应等失常	

（引自叶舜宾，1995）

表2-3-8 SIRS诊断指标

项目	指标
体温	>38℃或<36℃
心率	>90次/分
呼吸	>20次/分或$PaCO_2$<43kPa
白细胞	>$12×10^9$/L或<$4×10^9$/L或>10%幼稚细胞

（引自王京诚，1998）

第三章 人体组织损伤

第一节 皮肤软组织损伤

人体软组织包括皮肤、肌肉、韧带、肌腱、血管及其各种内脏。软组织损伤在实践中极为常见又极其复杂,与骨组织损伤需要较大的外力不同,软组织损伤有时仅需极轻微的外力作用即可产生,如表皮剥脱等。法医学研究软组织损伤除了解损伤对人体生命的危害性之外,更重要的是分析损伤的机制和致伤物体。鉴于皮肤在软组织损伤中的特殊地位,本节将重点讨论皮肤损伤。

一、软组织的正常结构

(一) 皮肤

皮肤是位于人体表面、覆盖整个机体的柔韧组织。在人体开口部位如口腔、鼻腔、肛门、尿道、阴道等处,皮肤与粘膜相延续。就重量和面积而言,皮肤是人体最大的器官,其总重量占体重的16%,面积在成年人约$1.5\sim1.8m^2$,在新生儿约$0.21m^2$。皮肤的厚度因人体部位而异,不算皮下脂肪层,手掌、足部、背部的皮肤最厚,可达6mm;而眼睑、腋窝、外阴等处的皮肤最薄,仅0.5mm。人体皮肤平均厚度为$1\sim2mm$。皮肤具有保护机体、调节体温、吸收营养、排泄废物等重要功能。正常皮肤由表皮、真皮、皮下组织以及皮肤附件四部分构成(如图3-1-1所示)。

1. 表皮。表皮组织为复层鳞状上皮,平均厚度0.8mm($0.2\sim1.4mm$),无血管,但有痛觉神经末梢、淋巴管以及汗腺等导管。表皮组织由外向内分为5层。(1)角质层,由扁平无细胞核、内含角蛋白的角质板融合而成。(2)透明层,由数层鳞状、透明、折光、充满角母蛋白的细胞构成。(3)颗粒层,由$1\sim3$层扁平或梭形、内含角质透明颗粒的细胞构成。(4)棘层,由$4\sim8$层多角形、胞浆突起的细胞构成。(5)基底层,由一层矮柱状呈栅栏状排列的基底细胞构成,此层细胞分化能力强,表皮其他四层细胞皆由此而来。基底细胞藉基底膜与真皮分界。

2. 真皮。真皮由多种组织成分构成,包括胶原、弹性、网状三种纤维,以内含透明质酸盐、硫酸软素、粘多糖以及糖蛋白构成的无定形透明状基质,成纤维细胞、组织细胞和肥大细胞为主的细胞及其皮肤附件。真皮本质上属于致密结缔组织,平均厚度$0.6\sim3mm$。

形态学上可将真皮分为伸入表皮基底膜下的乳头层和纤维束粗大且交织成网的网状层两层。网状层与皮下组织无明显分界。

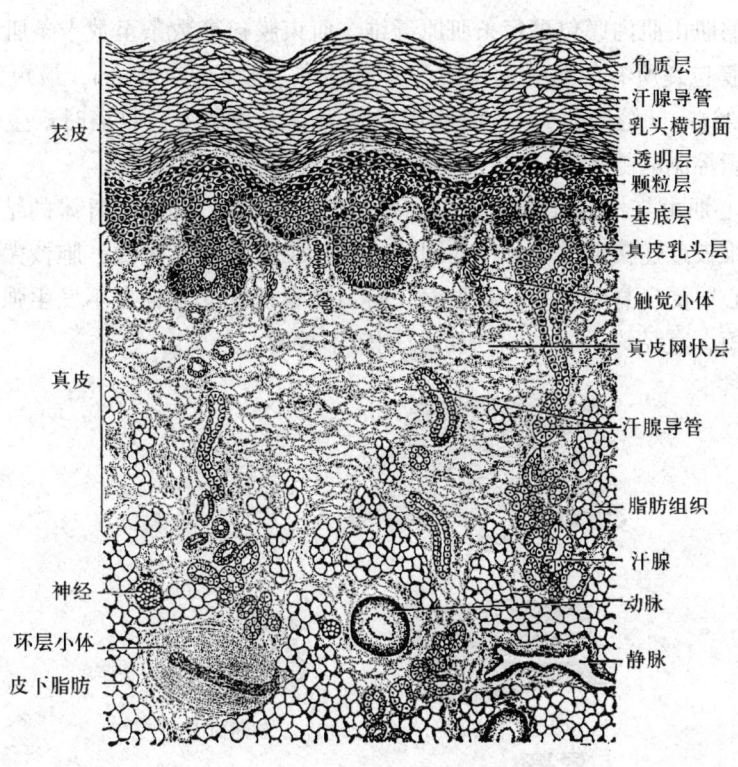

图3-1-1　皮肤与皮下组织构成

3. 皮下组织。皮下组织为真皮的延续，主要由疏松结缔组织构成。因皮下组织层多有小叶状脂肪组织，故又称皮下脂肪层。皮下组织较表皮、真皮厚，除了含有与真皮相似的组织成分外，皮肤层的肌肉也分布于此，如见于颈部的颈阔肌、面部表情肌的横纹肌（随意肌）和汗腺、毛囊、乳晕、阴囊肉膜等处的平滑肌（不随意肌）。

4. 皮肤附件。皮肤附件也称皮肤附属器，主要包括除掌、跖、指趾末节背面、唇红、龟头、包皮内侧、小阴唇外广泛分布的毛发；除掌跖外分布的皮脂腺；成人期仅见于腋窝、乳晕、乳头、外生殖器、会阴及肛门等处的大汗腺；人体除口唇、龟头、包皮内侧、小阴唇及阴蒂外广泛分布的小汗腺；指趾末节背侧由数层密集角化细胞构成的甲板等。

（二）肌肉组织

肌肉组织是位于人体内部的软组织。构成肌肉组织的基本成分是特殊分化的肌细胞，因肌细胞呈细长状故也称为肌纤维。肌肉组织的主要功能是收缩。人体的各种动作、内脏的活动等几乎均通过肌肉组织收缩来完成。根据肌肉组织的分布、结构及其功能方面的差异，可将人体肌肉组织分为平滑肌、心肌和骨骼肌三种类型（如图3-1-2所示）。

1. 平滑肌。平滑肌由成束的平滑肌纤维组成，排列较规则。平滑肌纤维为长梭形，长度短则仅20μm（如小血管壁），长则可达0.6 mm（如妊娠子宫）。平滑肌主要构成消化道和呼吸道的脏器、男女生殖管道以及脉管和淋巴管的管壁。平滑肌受植物神经控制，属非随意肌。

2. 骨骼肌。骨骼肌由成束的、明暗相间的横纹肌纤维构成，分布于人体四肢及躯干的骨骼周围。骨骼肌由肌内膜包裹每条肌原纤维、肌束膜包裹数条至数十条肌纤维（形成肌束）以及肌外膜包裹所有的肌束而构成，其肌纤维一般长 3～40mm，最短为 1mm（镫骨肌），最长为 125mm（缝匠肌）。骨骼肌借肌腱附着于骨骼上，收缩时产生人体的各种运动，属于受意识控制的随意肌。

3. 心肌。心肌由与骨骼肌结构相似的横纹肌纤维构成，但心肌纤维的结构有其自身的特点。如肌纤维彼此连接形成有分枝的网状；肌纤维连接面有闰板；胞核大且位于肌纤维中央。另外，心肌受自身节律的控制收缩，而不受意识的支配，也不发生强直性收缩。单一心肌纤维粗短，直径约 14μm。心肌的排列较不规则。

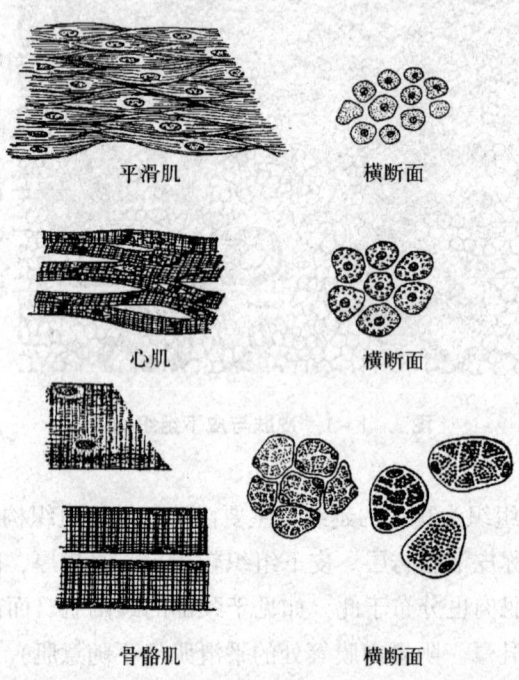

图 3-1-2　人体三种肌肉组织纵横断面模式图

（三）肌腱和韧带

肌腱和韧带同属致密结缔组织，其结构特点是由排列整齐而密集的粗大胶原纤维束构成，细胞成分较少，仅有少量成纤维细胞夹在纤维束之间，这些纤维束彼此扭绕成绳状。肌腱主要附着于关节骨骼上，当肌肉收缩时牵引骨关节而发生运动；韧带除了附着于关节骨构成关节囊或作为骨与关节之间的静力支撑外，还有固定内脏（如肝圆韧带、屈氏韧带等）的功能。

人体上也有部分韧带由弹性纤维束构成，如颈韧带和黄韧带，其排列方式与胶原纤维类似，主要维护脊柱关节的活动度。表 3-1-1 列举了人体部分组织的构成成分。

表 3-1-1 人体部分组织的构成成分

名称	水（占总重量%）	胶原纤维（干重%）	弹性纤维（%）	蛋白多糖（%）
皮肤	60~65	65~70	5~10	1.5~2.0
主动脉	60~70	25~30	40~50	2.0~2.5
肌腱	65~70	75~80	<3	1.0~1.5
韧带	65~70	75~80	<5	1.5~2.5

二、软组织的生物力学特点

（一）共同特征

人体软组织与其他生物体一样，具有柔软易变形但富于弹性，有不同程度的抗拉强度，但不耐抗压和抗弯等特点。从生物力学角度分析，人体软组织具有以下共同特征：

1. 非线性。生物软组织的应力-应变关系一般不遵从胡克定律而呈非线性（如图 3-1-3 所示）。以兔肌腱为例，在单向拉伸载荷下，其应力与应变的关系分为三个阶段：（1）开始加载时，应力与应变向呈指数系数，相当于正常生理状态下受力。（2）加强载荷时，应力与应变向呈线性关系，相当于正常的强度贮备。（3）最后，应力与应变呈非线性关系，到达一定程度时材料（肌腱）断裂。

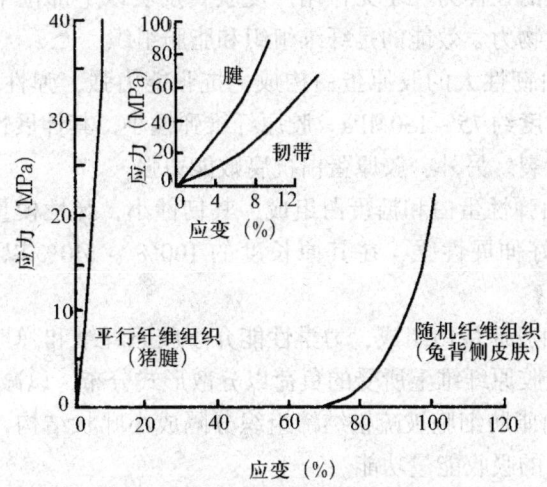

图 3-1-3 肌腱和韧带等软组织的应力-应变曲线

2. 粘弹性。软组织的粘弹性特征表现为应力-应变曲线滞后、应力松弛和蠕变三个特点。（1）应力应变曲线滞后（如图 3-1-4 所示），是指在同样的载荷下，卸载时应力-应变曲线与加卸载时并不重合，而是发生弹性滞后，即只有在卸掉比加载时多的载荷时，才能恢复到原有载荷状态下。（2）应力松弛，是指将软组织突然固定在一定的变形状态时，开始材料内应力上升，但随时间的延长，应力逐渐减小。（3）蠕变，是指将软组织突然加载后保持不变，则软组织的变形会随着时间的延长而增加。

3. 各向异性。软组织的各向异性，是指软组织的力学特性在不同的方向上，是各不相同的。例如，在腹部的同一部位提取与腹壁长轴相平行的皮肤和与腹壁长轴相垂直时的皮肤，其力学性能有明显的差异。实验发现，皮肤抗剪切强度在 30°时为 23~45MPa，而在大于60°时为37～73MPa。

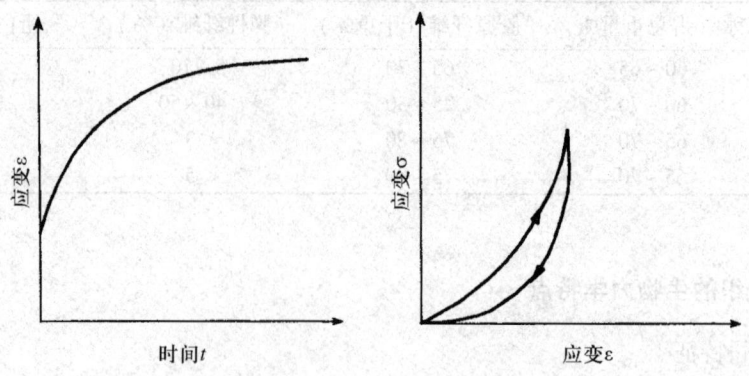

图3-1-4 反映生物材料应力-应变关系的蠕变（左）和滞后（右）曲线

4. 非均质性。软组织的非均质性，是指软组织的力学特性在各个不同点上，是不相同的，如头部的皮肤和腹部的皮肤力学性能有明确的差别。

（二）皮肤的力学性能

1. 皮肤构成组织的力学性能。皮肤的表皮由细胞和角化蛋白构成，主要起屏障作用和产生摩擦阻力，对皮肤的拉伸力几乎无作用。皮肤真皮层以下部位中以纤维、基质和脂肪构成为主，其中具有生物力学效能的是纤维组织和脂肪组织。

（1）胶原纤维，由韧性大的胶原蛋白构成，抗张能力强，弹性模量100MPa，抗拉强度3000MPa，抗剪切强度约75～150MPa。胶原纤维弹性小，其伸展性差，伸展到其长度的2%～3%以上时发生断裂。另外，胶原蛋白抗腐败能力强。

（2）弹性纤维，由弹性蛋白和糖蛋白组成，其韧性小，弹性模量0.3～0.6MPa，抗拉强度1MPa，但其弹性好伸展性强，在其原长度的100%～140%以内伸长一般不会发生断裂。

（3）网状纤维，由胶原蛋白组成，力学性能介于胶原纤维和弹性纤维之间，但因含量少，故其作用主要是使胶原纤维上所受的负荷以分散形式分布，以减少局部受力。

（4）脂肪组织，由脂肪细胞被疏松结缔组织分隔成小叶状结构，具有抗压的功能。另外，脂肪组织具有较强的吸收能量功能。

当外力作用于皮肤时，胶原纤维适应拉力而改变原有的波浪形移动位置，弹性纤维也随之紧张从而将胶原纤维柔和地约束起来，网状纤维则分散外力，而脂肪组织将外力以能的形式吸收，由此皮肤构成了抵御外力的协调系统。

2. 皮肤的张力与Langer线。在体皮肤在正常状态下保持一定的张力状态（单位长度上的力），是皮肤最重要的力学特征之一。这种张力值在0～20N/m范围内，而且随身体的部位、方向及其姿势的不同而有差异。实验显示，皮肤离体后将回缩其在体长度的5%～30%。在实践中，观察当皮肤上有圆形穿孔时，其原有圆形会变成椭圆形或孔裂缝，这些均反映了皮肤张力的客观存在。许多研究已证实，具有方向性的皮肤的张力构成了皮肤的纹线，其外在形式为皮肤上可见的皱褶及皱纹，这一现象是由19世纪奥地利解剖学家Langer所提出的，故被人们称为Langer线。

目前已弄清，Langer线主要是皮肤真皮胶原纤维排列所构成的，存在于人体上除手掌、足底及四肢某些部位外的绝大多数部位，但不同的部位其方向有明显差异（如图3-1-5所示）。实验研究表明，沿 Langer 线方向皮肤的延伸性最差而皮肤的刚度却最大（应力及应变值最大），所以形成了与 Langer 线相垂直的线性创口比与 Langer 线相平行的线性创口大。这一特征至今仍被广泛用于临床手术切口方向的选择，用与 Langer 线相一致的切口，可使缝合线的张力最小，从而保证手术瘢痕不明显。

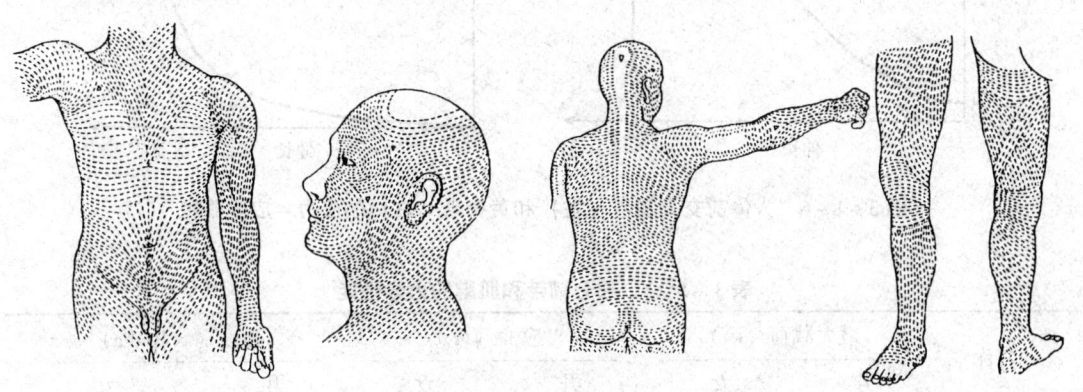

图 3-1-5　人体皮肤纹线（langer 线）

在法医学中，对皮肤 Langer 线及其力学特点的了解也有助于对创口形成及其致伤物推断分析，如伸展创的形成与 Langer 线直接相关等。需要指出的是，Langer 线只代表了皮肤组织的某种特性，较深的创口常常还要受肌肉收缩的影响；Langer 线也仅代表皮肤的静态性质，当人体处于运动而牵动皮肤时，有时会使 Langer 线发生变化（如面部）。

3. 皮肤的扩张。皮肤的扩张是指皮肤组织的伸展性在一定条件下具有"重构"皮肤（或者说"增大"皮肤）的特性。其基本原理是：当皮肤软组织受到内部或外部作用力时可随之产生变形（扩张），当这种力作用保持不变并持续一定时间后，变形（扩张）的皮肤产生面积（体积）的增大并达到适应，即保持原有皮肤的力学性能相似性。皮肤的扩张特性本质上是皮肤粘弹性，尤其是应力松弛和蠕变的反映。临床上常利用皮肤扩张来获取多余的正常皮肤用以修复缺损，而隆胸增乳术也是利用皮肤扩张的特性达到美容的效果。

（三）肌腱和韧带的力学性能

因肌腱和韧带的组织构成相似，故其生物力学特性也基本接近。绝大多数肌腱和韧带由胶原纤维构成，少数韧带则由弹性纤维组成，两者力学性能则有较大的差异（如图3-1-6所示）。以膝关节前交叉韧带为例，反映胶原纤维的载荷-变形曲线有五个明显的区域：（1）当波浪形纤维被拉直时，组织在低载荷下产生伸长变形。（2）纤维被完全伸直后，韧带刚性明显增加，开始变形并与载荷成线性关系（软组织已有微破坏）。（3）变形超过6%~8%（屈服点）后胶原纤维破坏进一步发展，但外观仍正常。（4）载荷达到韧带所能承受的最大值，韧带出现拉伸破坏和纤维之间的剪切破坏。（5）韧带伸长8%后不再承受载荷但仍可保持其连续性。而黄韧带的载荷-变形曲线则显示在其刚性增加之前，伸长变形就已达50%，在变形达到50%以后，刚性迅速增加并使韧带突然破坏。

人体肌腱和韧带的力学性能如表3-1-2和表3-1-3所示，总的来说，韧带和肌腱的力学性能无明显性别差异，也无内外侧分布的差异，但有较明显的部位差异和年龄差异。

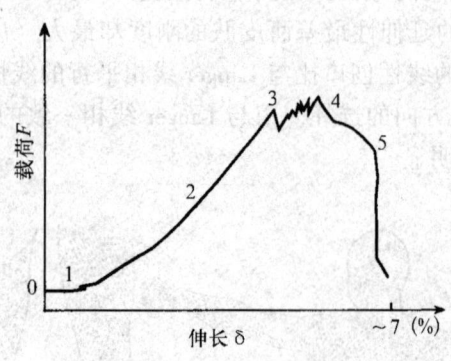 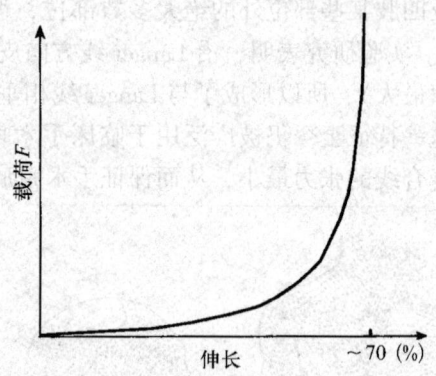

图 3-1-6　人体前交叉韧带（左）和黄韧带（右）的应力-应变曲线

表 3-1-2　部分韧带和肌腱的力学性能

名称	最大载荷（kg）		应变（%）		强度（×10⁴Pa）	
	男	女	男	女	男	女
髌骨诸韧带	52~239	42~142	113	160	4.02~23.8	3.53~13.7
胫侧副韧带	32~88	33~76	113~115	113~138	6.0~41.2	10.8~26.5
腓侧副韧带	8~80	9~50	113~115	110~160	5.8~30.4	3.9~20.6
三角肌腱	2~16	1~4	105~166	113	0.2~0.6	0.2~0.5
尺骨弓状韧带	2~8	0.3~2.5	106~145	101~163	0.5~4.8	0.2~4.9
桡侧副韧带	15~52	2.5~42	120~170	114~144	1.2~4.7	0.6~3.9

表 3-1-3　男性下肢韧带力学性能

年龄（岁）	髌韧带		腓侧韧带		胫侧韧带		三角韧带	
	应变(%)	强度	应变(%)	强度	应变(%)	强度	应变(%)	强度
15~20	124	21.4	138	12.5	132	22.5		
21~40	135	11.0	128	11.8	135	16.9	128	0.39
41~60	129	7.55	124	13.4	130	10.0	113	0.39

强度单位 ×10⁴Pa

（四）影响软组织力学性能的因素

影响软组织力学性能的因素很多，而且不同的类型之间有所差别，但其共同的、影响最大的因素有三种，即温度、年龄和机械应力。

1. 温度的影响。软组织的粘性特点导致了对温度的敏感性。实验表明，不同的环境温度下会导致同一标本产生不同的力学性能，总体上表现为随着温度的升高，软组织刚度（弹性模量）下降而变形能力（弹性）增加。郑秀瑗等（1998）认为：在低温时，软组织可以是玻璃态的，其刚度较大（弹性模量为 $10^9 \sim 10^{10}$ Pa）而脆性也大，当应变大于5%时即会破裂；在高温时，软组织又可以是橡胶态的，表现为刚度较小（弹性模量为 $10^6 \sim 10^7$ Pa）而弹性也大，能经受住大的伸长（接近100%）而无永久性变形；当温度更高时，软组织又可能似高粘度的液体，在载荷的作用下发生永久性变形。

2. 年龄的影响。年龄对软组织力学性能的总体影响是：随着年龄的增长，软组织由软变硬，其强度和弹性明显下降，脆性则明显增加。这些改变由诸多原因引起，包括随年龄的增长，软组织能量耗散数增加，阻尼增大；胶原纤维的老化；软组织细胞脱水等变性以及活动量减少所致的废用或其他附加疾病等。

3. 机械应力的刺激。软组织，特别是肌腱和韧带的力学性能与机械应力的刺激密切相关，由于软组织具有较强的功能适应性，因而强化机械刺激如剧烈活动等会使软组织的机械应力增加，甚至使软组织结构发生改变（如肥大等）。Noyes（1977）曾将灵长类动物的身体用石膏固定8周后，检测动物的前交叉韧带的拉伸强度，发现与未固定组相比，固定后的韧带最大破坏载荷下降40%，刚度也明显下降。之后解除固定进行恢复性训练5个月，结果表明韧带只是部分恢复了其强度和刚度（比对照组仍低20%），恢复性训练12个月后才与对照组基本接近。胡流源（1992）对兔子膝关节、猪指趾腱以及Tipton等（1970）对狗的内侧副韧带等的实验也有相似的结果，表明生物软组织的力学性能有动态变化的特征。

三、皮肤损伤的机制和类型

（一）表皮剥脱

表皮剥脱是指皮肤组织受外力作用而引起的皮肤表皮层或表皮层与部分真皮层的缺损，俗称擦伤。形成表皮剥脱的损伤机制是物体与皮肤组织接触后以一定的方向移动的结果。由于皮肤表皮层中无血管，所以真正意义上的单纯表皮剥脱无出血现象，但在实践中却常见到伴有出血（渗血）的表皮剥脱，实际上是累及真皮乳头层的结果。

表皮剥脱生前死后均能形成，一般生前表皮剥脱伤面常呈棕褐色或暗红色，而死后表皮剥脱呈蜡黄色。根据形成的方式及特点的不同，可将表皮剥脱分为四种类型（如图3-1-7所示）：

1. 擦痕。擦痕多由较大面积的钝性物体与皮肤摩擦所形成，如摔倒、拖拉等，也称滑擦性表皮剥脱。这种表皮剥脱通常面积较大，擦痕排列规则似梳子状，方向性极强，常反映物体表面粗糙。

2. 抓痕。抓痕多由指甲、别针等有尖锐缘的物体掠过皮肤并使皮肤表层移位的结果，也称刮擦性表皮剥脱。抓痕常见于扼痕或搏斗时的抓伤。抓痕多呈线性或短弧形，有时不易辨别方向性。当与手指扼压共同出现时，常在抓痕的一侧伴有皮下出血。

3. 撞痕。撞痕是指钝性物体以近似垂直的方向作用于皮肤所引起的表皮剥脱，也称撞擦性表皮剥脱。引起撞痕的物体一般有一定面积且作用速度较快，尽管以垂直作用为主，但仍有不同程度的侧向滑动，如挫裂创边缘的表皮剥脱等。撞痕的另一个特点是常能反映物体接触面的形态特征，如脚踹引起的鞋底花纹状、车撞引起的栅栏状等。撞痕除表皮剥脱外几乎都伴有皮下出血。

4. 压擦痕。表面粗糙的钝性物体较持久地挤压皮肤，同时伴有轻微移动时引起的损伤称压擦痕，也称压擦性表皮剥脱。最典型的是绳索在颈部所形成的索沟，除了反映绳索构成的花纹状表皮剥脱（伴有皮下出血）外，其边缘常可见到细条状的表皮剥脱。此外，车辆轮胎碾轧也常形成伴有特征性皮下出血的压擦性表皮剥脱。

虽然表皮剥脱是人体结构性损伤中最轻微的一种，常常不被人们所重视，临床上也常以"皮肤擦伤"一词带过。但对法医来说，表皮剥脱作为体表损伤的客观反映隐含着极大的损伤信息，其价值丝毫不亚于甚至优于其他类型的损伤。表皮剥脱的法医学实践意义有：表皮剥脱的部位是外力直接作用的部位；表皮剥脱能反映外力作用的方向；表皮剥脱的形态特征能反映作用物体表面的形态；表皮剥脱不易继发感染，故可根据其愈合程度推断损伤时间。

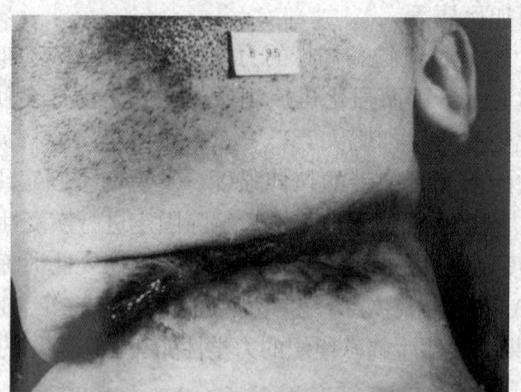
a.压擦性表皮剥脱

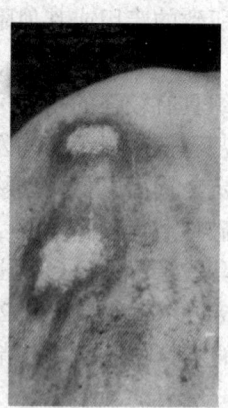
b.滑擦性表皮剥脱

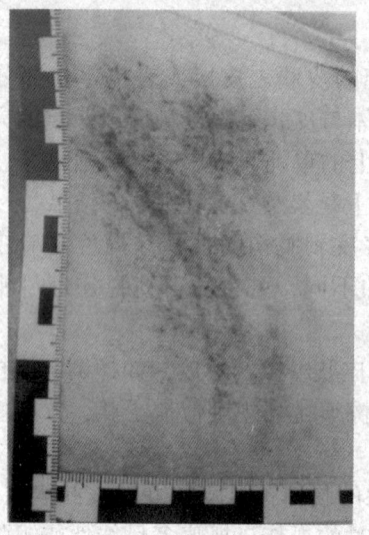
c.刮擦性表皮剥脱

d.撞擦性表皮剥脱

图 3-1-7 表皮剥脱的四种类型

（二）挫伤

挫伤是钝性外力作用于组织器官所引起的组织结构无明显破坏而小血管破裂出血的现象。皮肤挫伤是指皮肤受损后其完整性仍保存，但皮肤及皮下组织内血管破坏出血的现象，俗称皮下出血。本处讨论的挫伤均指皮肤组织。挫伤形成的机制是外力，通常以包括挤压、牵拉、剪切等多种力混合的形式作用于皮肤软组织的结果。其本质是皮肤或皮下组织内小血管受力后破裂，导致血液向皮下组织浸润，形成体表局部的青紫（如图 3-1-8 所示）。虽然总体上挫伤是指表皮层以下的出血，但根据出血的不同位置及特点，可分成两种类型：

1. 皮内出血。皮内出血是指表皮与真皮之间，通常指真皮乳头层的出血。在头部则指帽状腱膜以内的出血。由于真皮组织结构较为致密，血液不易扩散浸润，故皮内出血常局限于直接受力处，其形态常直接反映作用物体的接触面特征，许多富有比对价值的损伤特征如皮肤上的轮胎印迹、鞋底花纹等均可能是皮内出血所致。

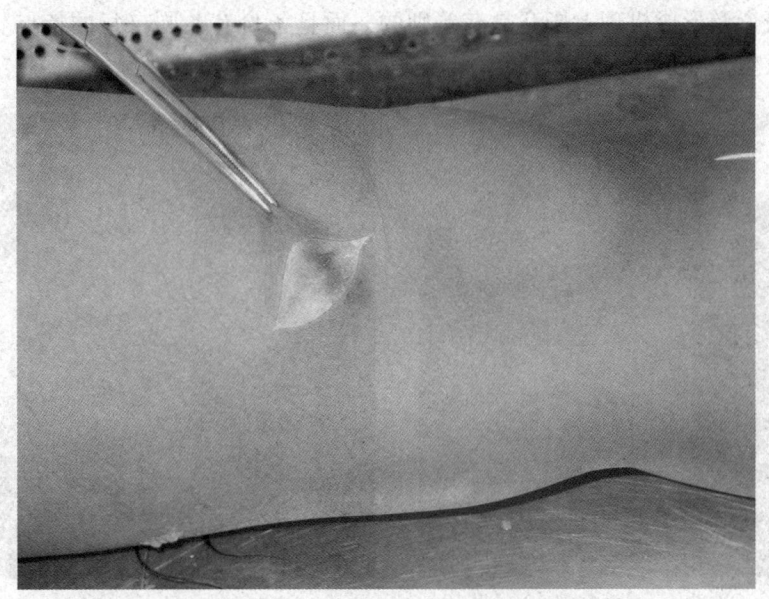

图 3-1-8　人体皮肤组织上的典型挫伤

2. 皮下出血。皮下出血是指真皮层以下的组织间出血。由于真皮层以下的组织较疏松，故出血易向组织间扩散浸润，有时可积聚形成血肿。一般来说，人体软组织丰富的部位（如臀、下肢等）、血管丰富的部位（如眼眶部等）以及皮肤层较薄的部位（如颈部、腹股沟部等）的皮下出血因易扩散而不易保留损伤物体的形态特征；人体肩胛部、胸部及其背部等因皮肤结构较致密，皮下组织较少而血液不易浸润扩散，故易保留损伤物体接触面的形态特征。

需要指出的是，与皮内出血不同，皮下出血有时并不表明是外力作用的受力点。例如，腹腔脏器破裂所引起的腹膜后出血或血肿，有时会引起腰部皮肤皮下出血现象，而实际上腹腔脏器的破裂并非腰部受力所致；头皮下出血可能是由颅骨骨折等所引起而非一定是局部头皮受力所致。所以检验过程中见到皮下出血时应仔细排除出血是来自内部组织或器官损伤的可能性。

"竹打中空"是一种较为特殊的皮下出血，形态学上表现为体表两条平等的线条状皮下出血（如图 3-1-9 所示）。国外称为"轨线"状损伤。过去人们认为这种皮下出血是由圆形棍棒类物体作用于人体皮下组织丰满的部位而引起，但现在看来"竹打中空"既可由方形棍棒所致，也可出现于人体皮下组织并不丰满的局部（如胸背部）。其形成机理有两种学说，第一，认为当钝性物体作用时，皮下组织中的毛细血管突然受压而闭合，血液瞬间流向两侧，使闭合两端的毛细血管内压骤然升高而破裂出血。第二，认为当钝性物体作用于皮肤组织时，物体两侧对皮肤组织产生剪切力，从而使两侧毛细血管在瞬间因错位而撕裂出血。实际上这两种机理可能都构成"竹打中空"的形成因素，前者可用于说明在皮下组织不丰满部位的皮下出血，而后者有利于说明在皮下组织丰满部位形成这种特征性皮下出血。

在法医学实践中，人们常将伴有表皮剥脱的皮下（皮内）出血也统称为挫伤，确实，绝大多数的皮下（皮内）出血都伴有不同程度的表皮剥脱，反之亦然。但是，应当说明这两者在基本概念及形成机理上毕竟是有差别的，而且各自有共同自身的特点。另外，皮下出血同样可发生于死后短时间内。

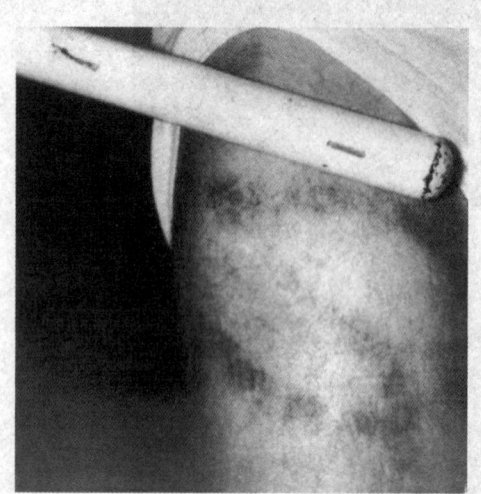
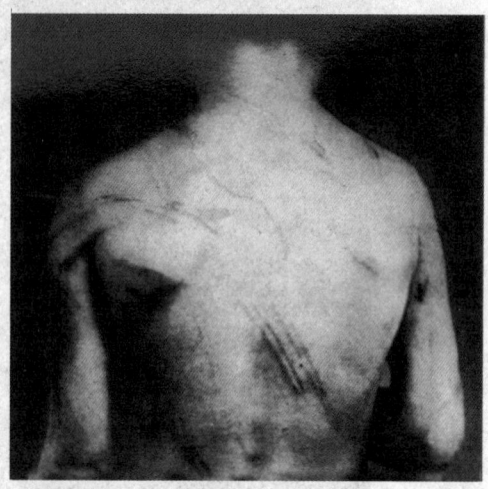

图 3-1-9　圆形棍棒（左）和竹片（右）形成的"竹打中空"皮下出血

（三）创

创是致伤物或外力作用于皮肤组织造成皮肤真皮及以下组织解剖学结构完整性受破坏的结果。其表现形式为皮肤全层开裂。从力学角度而言，创是作用力超过皮肤组织的强度极限而引起的后果。

1. 创的构成。如图 3-1-10 所示，无论何种原因引起的创均由五个部分组成，即创口、创缘、创角、创壁以及创腔。这五个部分构成了创的主要特征。不同类型以及不同损伤机理所引起的创几乎均可在这五个部分找到其特点并借以区别。

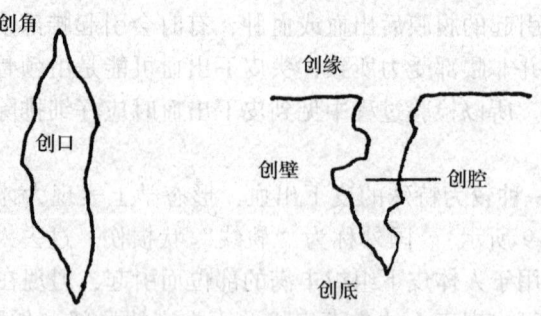

图 3-1-10　创及其构成示意图

2. 创的类型。创的分类方法很多，根据不同的角度可有不同的分类方法，一般从大的方面而言，比较一致的看法是根据形成创的作用物种类的不同分钝器创、锐器创和枪弹创三大类型。

(1) 钝器创。钝器创是指钝性物体通过挤压、牵拉和剪切等方式单独或混合作用于皮肤组织并使之解剖学结构的完整性破坏。钝器创总的形态学特点是：创口形态不规则，创角钝，创缘伴有表皮剥脱和皮下出血，创壁不整齐，创腔内有组织间桥。按照作用方式及机理的不同，可将钝器创分为：

①挫裂创。如图3-1-11所示，挫裂创实质上是由钝器以挫压为主形成的挫创和钝器在挫压同时滑动牵拉为主形成的（撕）裂创两部分构成。形态学上除具有一般钝器创的特点外，挫裂创主要在创角表现为较细而尖（撕裂而成），可在两侧创角同时存在，但多数情况下只出现在一侧。

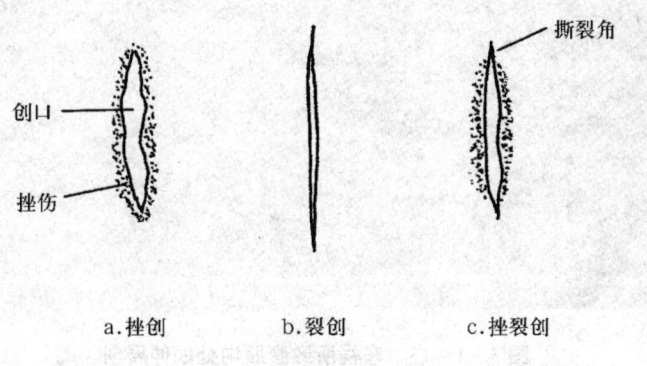

图3-1-11 挫裂创及其构成示意图

②捅创。捅创是指带有钝性端头的物体（如伞头、木棍、树桩等）"刺入"皮肤组织形成的创。捅创与刺创的最大区别在于捅创创缘伴有较明显的表皮剥脱和/或皮下出血（如图3-1-12所示）。

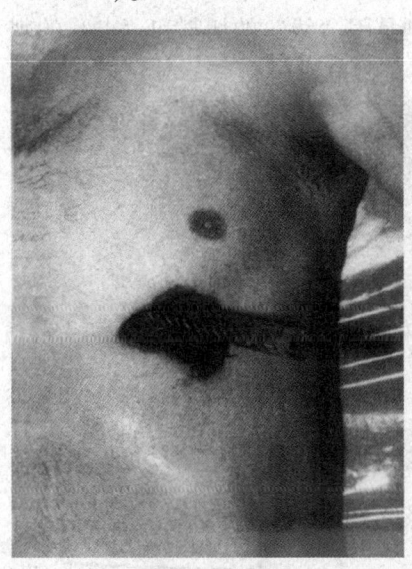 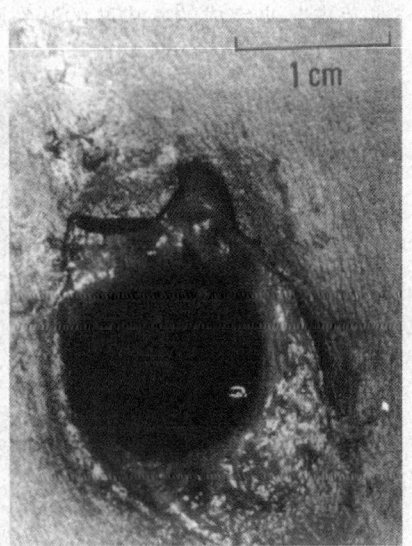

图3-1-12 金属棒捅创的形态

③伸展创。伸展创是钝器创中一种较为特殊的损伤，主要表现在：伸展创在非直接受力处发生；其形成机理是因皮肤组织受强大的外力牵拉（如碾轧、坠落等）引起皮肤的不

全裂开；好发于腹股沟、腋窝、颈部等皮肤组织较薄处；伸展创多短小、平行，其方向多与皮肤 Langer 线相一致（如图 3-1-13 所示）。

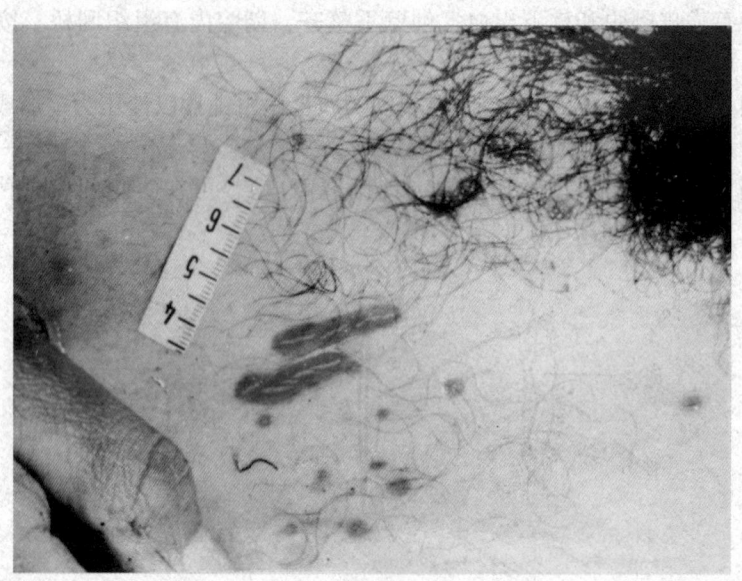

图 3-1-13　车祸所致腹股沟处的伸展创

（2）锐器创。具有刃缘或尖端的物体如匕首、剪等所形成的创称锐器创（如图 3-1-14 所示）。锐器创的基本特征是：创口较规则、创角锐、创壁平整、创缘无表皮剥脱和皮下出血、创腔内无组织间桥。锐器创的形成机理与钝器截然不同，简言之，钝器形成创口是通过"面"来实现的，皮肤的开裂是因"面"的挫压与牵拉所致；而锐器形成的创是通过"线"或"点"来完成的，皮肤的开裂则是因"线"的切割和"点"的刺入所致。

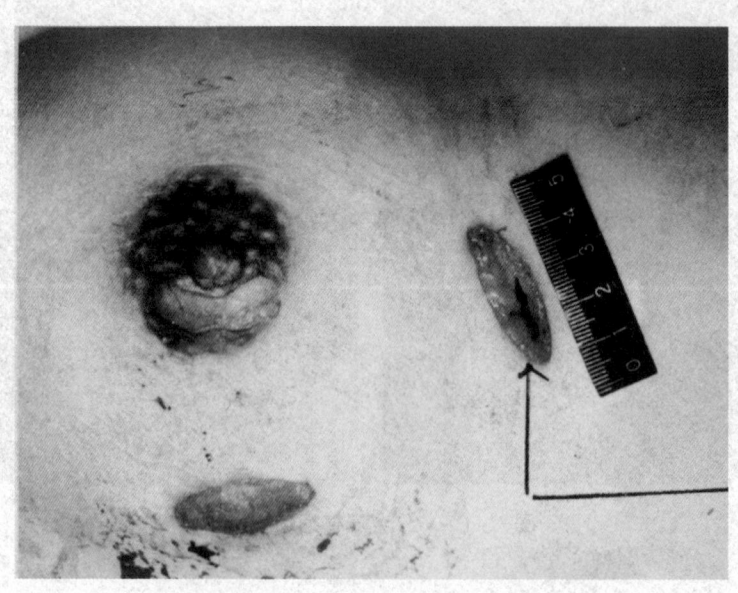

图 3-1-14　锐器创（刺创）的形态

(3) 枪弹创。从枪管中经火药燃烧发射飞行的投射物（弹头或弹丸）所造成的皮肤创伤称枪弹创。因弹头（弹丸）属于钝性物体，故枪弹创本质上也属于钝器创类。但与一般钝器创比较，枪弹创有以下不同特点：第一，枪弹的损伤能量（或作用力）是火药赋予的而非一般钝器由人体赋予。第二，枪弹的损伤机理是弹头（弹丸）挫压与剪切（因旋转）共同作用的结果。第三，枪弹创尤其是射入口常常有创口中央皮肤的缺损而其他钝器创无此特点。因此，可以认为枪弹创是一种特殊的钝器创。

（四）皮下组织挫碎

皮下组织挫碎是指钝性外力作用使皮下组织，包括皮下结缔组织、脂肪组织以及肌肉组织等的形态结构发生破坏而碎裂、坏死的状况。一般导致皮下组织挫碎的主要为挫压力，产生于力量不大时的反复作用（如反复打击）或力量较大时持续作用（如挤压等）时。形态学上则表现为皮肤损伤轻微，无皮肤全层的破裂，而皮下组织较大面积出血坏死，组织结构失去正常状态（如图 3-1-15 所示）。在法医学实践中，皮下组织挫碎常见于头皮层脂肪组织的挫碎以及全身体表广泛性软组织损伤。

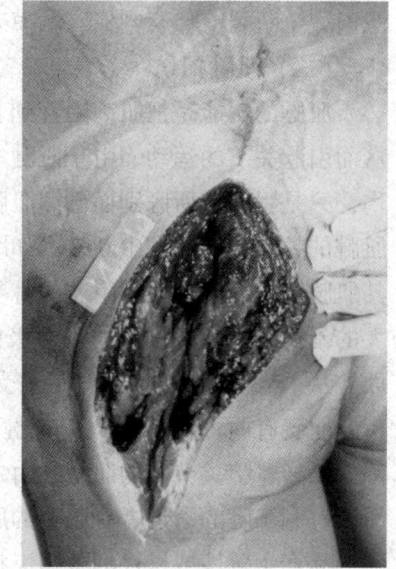

图 3-1-15　钝器反复打击形成皮下组织挫碎

四、肌肉、肌腱和韧带损伤

（一）肌肉损伤

虽然单纯肌肉损伤在法医学实践中涉及鉴定的很少见，但了解肌肉损伤，尤其是闭合性肌肉损伤的机制及特点能加深对人体运动方面的了解和认识。另外，有时肌肉损伤会涉及骨的损伤，如撕脱性骨折往往会伴有肌肉损伤，有时肌肉的损伤也会导致严重并发症的出现。

闭合性肌肉损伤一般有两种类型，即肌肉挫伤和肌肉拉伤。

1. 肌肉挫伤。肌肉挫伤多见于外力作用于局部软组织而引起。一般肌肉挫伤均伴有皮肤及皮下结缔组织的损伤，形态学和病理学早期表现为肌肉组织水肿、血肿以及炎症反应，后期可发生灶性肌纤维坏死由瘢痕组织取代。肌肉组织中的血肿也常由致密结缔组织取代，影响肌肉的正常功能，但合适的活动可使肌张力得到恢复。由于骨骼肌纤维及肌束外均由筋膜包裹并形成间隔，有时肌肉挫伤水肿会导致筋膜间隔区内压力增高，引起血液循环障碍（特别当肌组织内压力与动脉舒张压相等时），最后导致肌肉坏死及神经麻痹，临床上称为筋膜间隔区综合征。当肌肉坏死范围较大时，则会导致肌红蛋白大量释放出进入血液循环，产生更严重的挤压综合征。

2. 肌肉拉伤。肌肉拉伤是肌肉主动收缩所产生的张力、重力或对抗造成的肌肉过度牵拉引起。简言之，是人体运动过度的结果。肌肉拉伤好发于跨越两个关节的肌群，如股四头肌、腘绳肌、腓肠肌等。病理形态学上肌肉拉伤类似肌肉挫伤而无特异表现，轻则水肿、炎症反应；重则出血和肌纤维断裂。肌肉拉伤一般都伴有肌腱的不同程度损伤。根据其严重程度，临床上将肌肉拉伤分为三级：一级，仅有少量肌纤维挤压或撕裂，周围的筋膜完好。二级，有较多的肌纤维断裂并多涉及筋膜，肌与肌腱相连部分多有断裂。三级，肌肉完全断裂，伴有剧痛，触摸有明显的局部缺失，损伤的肌肉功能丧失。

（二）肌腱损伤

肌腱的功能是把肌肉附着到骨或筋膜并把外力（拉伸载荷）从肌肉传递到骨或筋膜，从而引起关节的运动。由于肌腱本质上是肌肉的延续，因此一般出现肌肉和肌腱的同时损伤，只是程度有所区别而已。肌腱损伤的机制有两种：一是肌肉的强烈收缩，突然加大了肌腱的拉伸应力而发生断裂，如踝快速背伸时，腓肠肌和比目鱼肌未能反射性松弛而引起其肌腱断裂。二是肌腱附着的骨受力后引起的损伤，如高坠时足跟着地，跟骨瞬间受到巨大的暴力，当超过跟腱的张力极限时将导致跟腱的断裂。一般跟腱的断裂值约为2744N，而人从1m高处跳下时瞬间足跟受力即可达1960N左右。

肌腱有两种构造形式，有腱鞘肌腱和无腱鞘肌腱。摩擦力特别大的部位，如手掌背侧、手指、腕关节等的肌腱被由一层纤维层和滑膜壁层构成的腱鞘包裹，滑膜细胞产生的滑液有利于腱的滑动。有腱鞘的肌腱一般较少发生张力性断裂，但因其活动频繁，摩擦性强，易产生急性或慢性的腱鞘炎症。

（三）韧带损伤

韧带附着在邻近骨端上，其深面与骨端间附有滑膜组织，大多数韧带具有较强的抗张能力，主要是保护关节在正常范围内活动并限制其异常活动；少数韧带则具有较强的弹性，如黄韧带、项韧带等，主要是保护脊椎的稳定性并防止神经根受机械冲击。韧带损伤，除少数因直接外力作用，如膝关节外侧受到冲撞或打击所致的外侧副韧带损伤外，大多数是因关节活动超过正常范围，韧带被过度牵拉而产生损伤。例如，膝关节在完全伸直的情况下无内外翻活动，当膝部受外翻应力时，可使内侧副韧带因过度伸展而损伤。人体上最易发生韧带损伤的为踝关节，其中以外侧韧带损伤最多见，其次为指间关节、膝关节和肘关节。

临床上根据损伤的严重程度，一般将韧带损伤分成三度（如图3-1-16所示）。

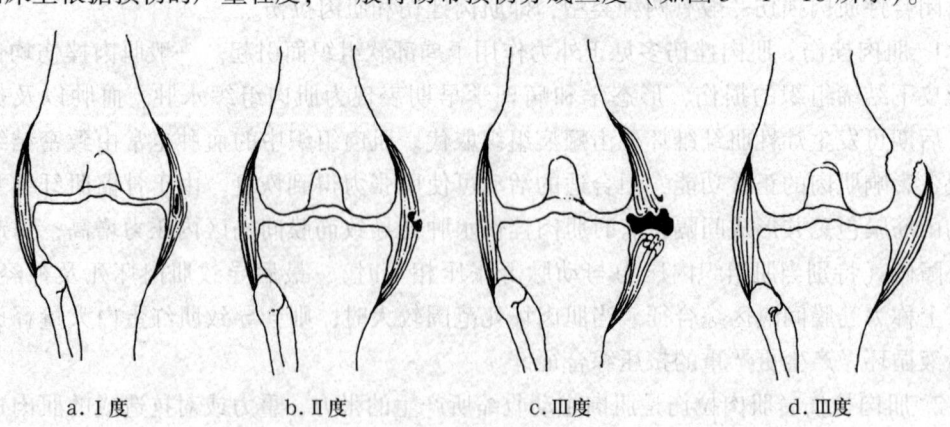

a. Ⅰ度　　　b. Ⅱ度　　　c. Ⅲ度　　　d. Ⅲ度

图3-1-16　韧带损伤程度分级示意图

Ⅰ度（轻度）损伤：韧带仅部分纤维被拉断，局部可有轻度出血，症状轻微，关节功能及韧带功能均未明显异常，无须临床特殊治疗。

Ⅱ度（中度）损伤：韧带部分断裂，其强度减少50%以上，功能部分丧失。检查关节已有明显的不稳定，常采用固定患肢的方式使韧带处于松弛位，或行手术修补。

Ⅲ度（重度）损伤：韧带完全断裂并丧失全部功能，关节已完全不稳定，常伴有韧带撕脱性骨折，只能用手术修复方法，使断离的韧带对接复位。

五、皮肤瘢痕及其特点

瘢痕是人体组织连续性遭破坏后被修复而留下的永久性痕迹。按出现的部位不同，可将瘢痕分为脏器瘢痕和皮肤瘢痕。脏器瘢痕如心肌炎后形成的心肌瘢痕等，皮肤瘢痕指伤及皮肤真皮层以下组织后遗留的体表痕迹。

（一）皮肤瘢痕的类型及特点

按形成皮肤瘢痕的原因不同，可分为疾病性瘢痕、医源性瘢痕和创伤性瘢痕三种类型。

1. 疾病性瘢痕。疾病性瘢痕是指由某种全身性或局灶性病变所遗留，如天花病在面部等留下的瘢痕，痈、溃疡等炎症留下的瘢痕等。

2. 医源性瘢痕。医源性瘢痕是指从治疗、免疫为目的活动和损伤所产生的瘢痕，如手术、接种疫苗等留下的瘢痕。

3. 创伤性瘢痕。创伤性瘢痕是指人们在生活和工作中因伤而遗留的瘢痕，如机械性损伤、烧烫伤、冻伤以及化学品腐蚀伤等。

按皮肤瘢痕形态的差异，又可将皮肤瘢痕分为增生瘢痕、瘢痕疙瘩、萎缩瘢痕、凹陷瘢痕、蹼状瘢痕、桥状瘢痕、赘状瘢痕以及挛缩瘢痕等八种类型。这些瘢痕的特征如表3-1-5所示。

表3-1-5　八种不同形态瘢痕的特征

名称	形成原因	形态特点	好发部位
增生瘢痕	体质性	突出、不平、质实韧	不定
瘢痕疙瘩	胶原合成亢进	突出、不平、质硬、状似肿瘤	胸骨柄、肩、耳廓、下颌、背部
萎缩瘢痕	浅表烧伤	平坦或低于表面、质软	面部、背部
凹陷瘢痕	深部组织缺损或严重感染	面积大与基底粘连，易破溃	躯干或四肢
蹼状瘢痕	严重烧伤	鸭蹼状存在于关节两侧	颈前、腋窝、腘窝、肘窝、指掌
桥状瘢痕	多处切口引流	两端以蒂与组织粘连	眼睑、颞部、下颌、颈前
赘状瘢痕	严重化脓感染	重赘样，与桥状同处	眼睑、颞部、下颌、颈前
挛缩瘢痕	创口大与皮肤纹线垂直	凹陷呈皱褶状	躯干、四肢

(二) 创伤性瘢痕的种类及鉴别（如图3-1-17所示）

1. 锐器创瘢痕。一般多为线状或条状，边缘整齐光滑，两端逐渐变细窄。二期愈合的则多呈不平整的线条状。刺创瘢痕多系圆点状或特殊形状，与刺器截面形态有关。剪创瘢痕可因剪的方式不同而有V字形、S字形以及两个相对的感叹号形等。

2. 钝器创瘢痕。多呈角形、条形或不规则形，瘢痕边缘不整齐，肉芽组织多明显外露并与皮下组织相连。位于头皮上的挫裂创瘢痕，除边缘不整齐外，在瘢痕的一侧或两侧易出现脱发现象。

3. 火器创瘢痕。射入口瘢痕多圆形，常有色素沉着，瘢痕中央常低于皮肤表面。射出口处瘢痕多呈星芒状。霰弹创瘢痕呈圆形散点分布，如未经清创，常可在瘢痕处触摸到小弹丸颗粒。

4. 烧冻伤瘢痕。多呈片状或地图形，易出现瘢痕挛缩或瘢痕疙瘩。烫伤的瘢痕常为流注状或片状。冻伤的瘢痕多位于肢端，以圆形或椭圆形多见。

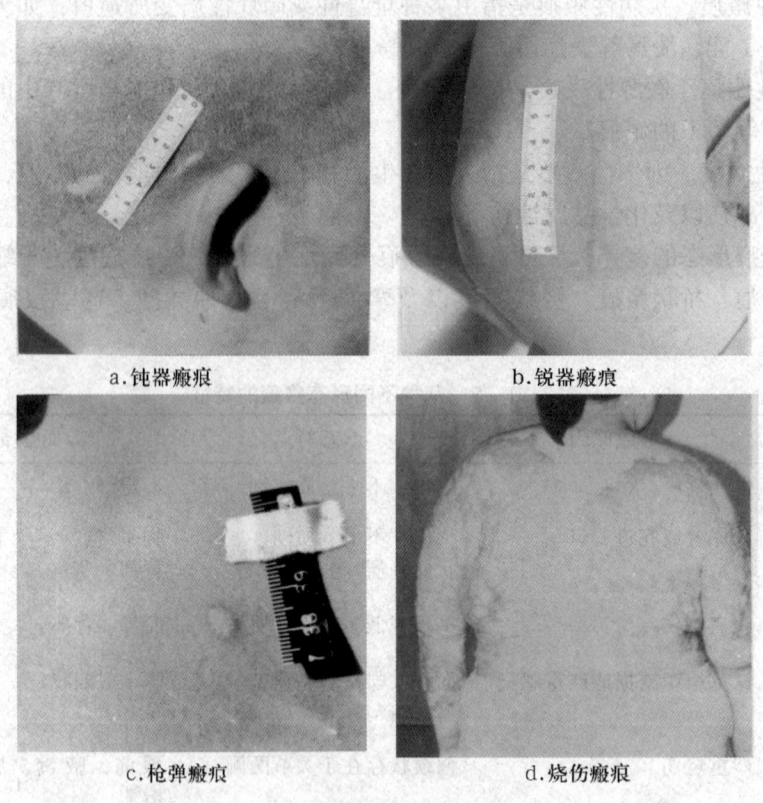

a. 钝器瘢痕　　b. 锐器瘢痕
c. 枪弹瘢痕　　d. 烧伤瘢痕

图3-1-17　损伤性瘢痕的类型及形态特点

第二节 骨骼损伤

骨是人体一大重要器官,约占体重的 15%~20%。骨具有新陈代谢、生长发育的特点,又有创伤修复愈合的能力。人体全身骨由骨连结(骨与骨之间借纤维结缔组织、软骨或骨组织相连)构成骨骼系统(如图 3-2-1 所示)。骨骼在维持体形,保护脏器和支持体重等方面起重要作用。另外,由骨、骨连结以及骨骼肌构成的运动系统,在神经系统的调节和其他系统的配合下,对身体的机械运动起关键性的作用。

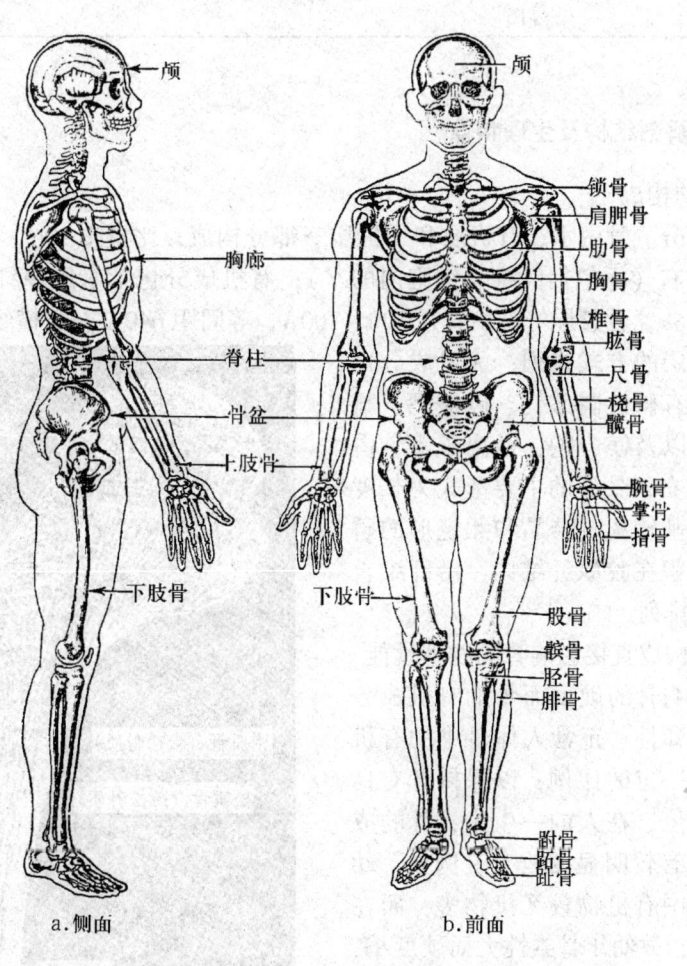

图 3-2-1 人体骨骼系统

成人体内共有 206 块骨,分成躯干骨、颅骨和四肢骨三部分(如表 3-2-1 所示)。因人体骨位于皮肤和肌肉深层内,并且广泛分布,因此,在实践中骨的损伤十分常见,而且具有一定的特点。本节在讨论骨的一般性状的同时,主要论述四肢骨的损伤,躯干骨和颅骨损伤将在以后的专门章节中介绍。

表 3-2-1　人体骨的名称及数量

名称	数量	名称	数量
脑颅骨	8	掌骨	10
面颅骨	21	指骨	28
椎骨	26	下肢带骨	2
胸骨	1	大腿骨	4
肋骨	24	小腿骨	4
上肢带骨	4	跗骨	14
上臂骨	2	跖骨	10
前臂骨	4	趾骨	28
腕骨	16		

一、骨的解剖结构及生理特点

(一) 骨的构成

1. 骨的成分。骨由水、有机质和无机质三部分构成，比重 1.936。成人新鲜骨中水占骨重的 20% 左右（不包括纤维、细胞内的水）；有机成分包括骨胶原纤维和粘多糖蛋白，约占骨重的 35%，骨胶原纤维由直径 500~700Å，等间距 640Å 左右横纹的胶原纤维组成，并在骨板中以层的方式排列；无机成分也称骨盐，主要有碱性磷酸钙、碳酸钙、氟化钙、氯化钙以及镁、钠、铅离子等，占骨重的 45% 左右，骨盐的主要形式为长度 50~100Å 的羟基磷灰石结晶和无定形的磷酸钙混合物沉积在胶原纤维内，沿纤维长轴规则地平行排列。

骨的化学构成直接影响骨的物理性能，骨的无机盐影响骨的硬度而骨的有机成分则决定着骨的弹性。正常人体骨中的有机及无机成分有一定的比例，以保持骨有良好的弹性和硬度。在人的一生中，骨的成分及构成比例有较明显的改变。例如，幼年时，骨组织中有机物较无机物多，而在老年时则相反，故幼年骨柔性大而硬度小，易受压变形，而老年骨则硬度大而脆性也大，故易折裂。

2. 骨的大体形态。从骨的大体结构看，以长骨为例，可将其分成骨质、骨膜、骨髓以及关节软骨四个部分（如图 3-2-2 所示）。

骨质是骨的主要成分，可分骨密质和骨松质。骨密质也称皮质骨或骨皮质，分

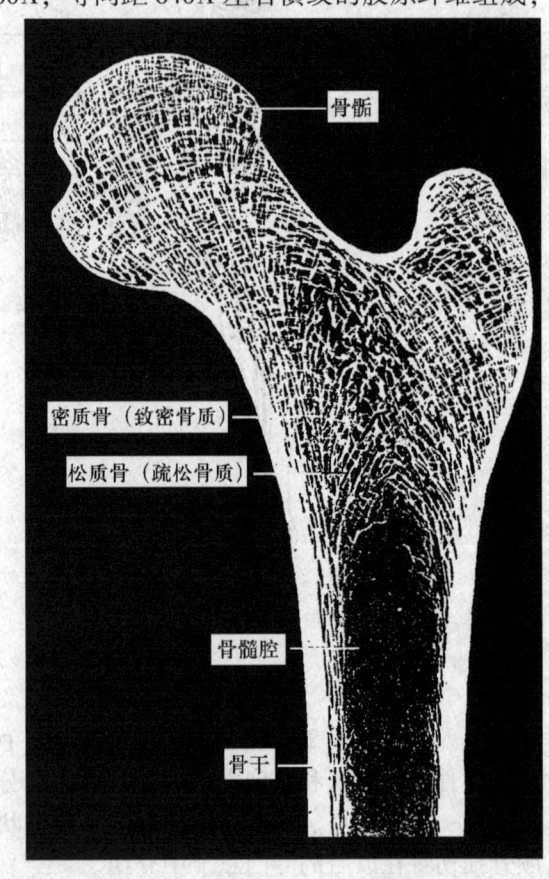

图 3-2-2　长管骨的基本构造

布于骨的表层，在长骨是骨干的主要层，厚而致密，在骨骺仅为一薄层；骨松质分布于骨的内部，由许多交织成网的杆状或片状骨小梁构成。骨膜是致密结缔组织构成的纤维膜，有被覆在骨表面的骨外膜和衬在骨髓腔内面的骨内膜两种。但在扁平骨、不规则骨和短骨中无骨内膜，骨外膜上有血管、淋巴管和神经，起营养骨骼作用，骨内膜的内层细胞具有分化功能，直接参与骨损伤后的愈合过程。骨髓充填于骨髓腔和骨松质网眼内，主要由多种类型细胞和网状结缔组织构成，骨髓是人体造血的重要组织。关节软骨为紧贴在骨骺端关节面上的具有特殊分化功能的结缔组织，由软骨细胞、成固体凝胶状态的细胞间质以及纤维组织构成。按照纤维构成的差异，软骨又可分透明软骨、弹力软骨和纤维软骨三种。透明软骨含极少量胶原纤维成分，主要分布于肋、喉、气管、长骨关节面；弹力软骨含多量弹力纤维，主要见于耳廓、咽鼓管、会厌等处；纤维软骨含大量胶质纤维而细胞间质少，主要分布于椎间盘、耻骨联合、关节盂、关节盘等处。

3. 骨的组织结构。从微观组织结构学上看，骨是由不同排列方式的骨板所构成，而骨板又由骨细胞、骨纤维及骨基质三种结构构成。以长骨骨干密质骨为例（如图3-2-3所示），骨板有三种不同的排列方式。

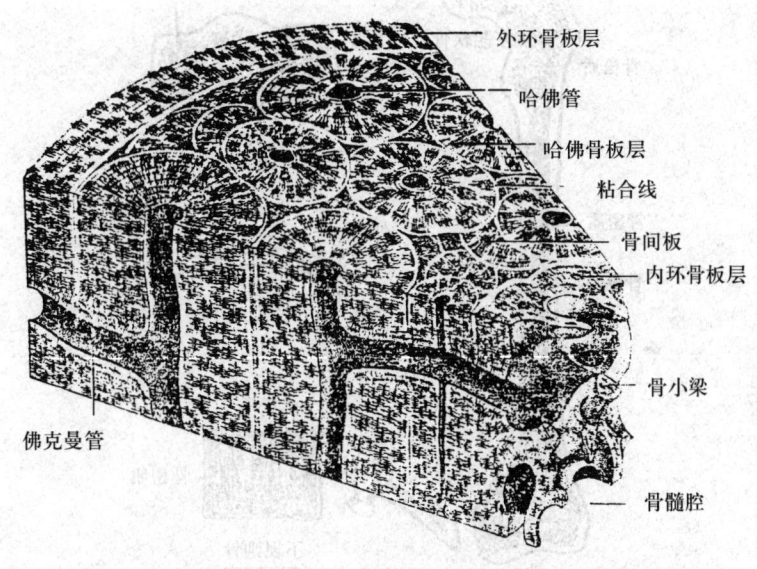

图3-2-3 骨的立体显微构造

外环骨板层表面的骨板层环绕骨干排列，其外与骨外膜相接。其中有与骨干呈垂直的孔道，骨外膜的小血管由此孔道进入骨内，称佛克曼管。内环骨板层是靠近骨髓腔面的数层骨板环形排列而成，骨板的最内层衬有骨内膜，也可见垂直平行的佛克曼管。在内外环骨板层之间有5~20层骨板与骨干长轴平行，围绕直径20~100nm的哈佛氏管排列，称骨单位，是密质骨的主要成分。哈佛氏管与佛克曼管互相垂直，其内有小血管和神经通过。松质骨的骨小梁也由骨板构成，但结构简单，一般不显示骨单位。骨板层之间无血管，骨细胞的营养依靠骨小梁表面的骨髓腔血管供给。

骨组织内有三种细胞，即包埋于坚硬细胞间质腔隙（骨陷窝）的骨细胞，见于生长期骨组织表面的成骨细胞以及见于损伤骨质被吸收后的凹陷内的破骨细胞。

(二) 骨的种类

按人体骨形态的差异，可将骨分为以下四种类型（如图3-2-4所示）。

1. 长骨。长骨呈圆柱形或梭形，多见于四肢。长骨中间稍细的部分称骨干，两端膨大的部分称骨骺。骨骺有一光滑面（关节面）与相邻的骨关节面构成关节，骨骺与骨干相连的部分称干骺端。干骺端在幼年时以软骨相隔，成年后愈合骨化，故在法医人类学上有推断年龄的价值。

2. 短骨。短骨一般呈立方形，纵、横、高大致相等，除表面为密质骨外，内部为松质骨，短骨多见于结合坚固并有一定灵活性的部位如腕部和跗部。

3. 扁骨。扁骨多呈板状，宽扁，长径及横径大而厚度小，多位于人体中轴或四肢肢带部如肋骨、肩胛骨、颅盖骨等。

4. 不规则骨。形态不规则或部位特殊或功能特殊的骨称不规则骨，如形态不规则的椎骨、某些颅底骨；部位特殊的位于手掌面和足跖面肌腱中的子骨，功能特殊的手足骨发育中额外骨化点出现所致的付骨以及含气空隙的含气骨（如鼻旁窦等）。

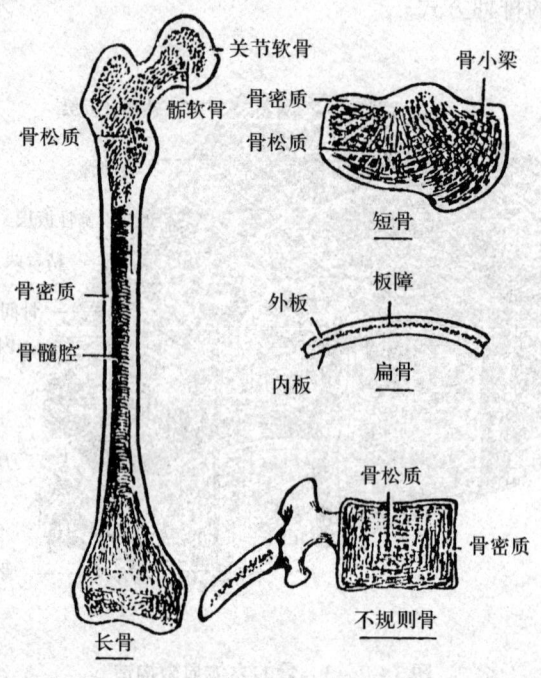

图3-2-4 人体骨的基本类型和截面观

(三) 骨的生长发育

骨非原生组织，而是由原有组织"转变"的产物。骨在中胚层发育，是由矿物质在结缔组织中沉积或矿物质在已形成的软骨中沉积而成。如果原有组织是纤维结缔组织，称为膜内化骨，如额骨、顶骨等扁平骨以及锁骨等不规则骨；而如果原有组织是由软骨形成，则称为软骨化骨，如四肢长骨、肋骨等。一般将这作为成骨的两种方式，但也有人提出这两个名词只是指骨作为一种器官的形成而言，软骨并不都能直接形成骨，而且部分软骨化骨过程中，也是由外部结缔组织生长占据软骨的空隙后形成。无论是膜内化骨还是软骨化骨，成骨细胞的发育和活动是骨化及骨生长的关键。

1. 膜内化骨。由胚胎期或简单胶原纤维和早期成纤维细胞开始。最初由一中心开始骨化，然后向外周伸展，同时由胚胎结缔组织细胞转变为成骨细胞。之后透明胶质状类骨基质包围成骨细胞，在基质内有不规则排列的细胶原纤维形成骨胶原或成骨纤维。钙盐在基质中成骨细胞周围沉积，或在纤维间沉积，使基质坚韧。而成骨细胞停留在一定位置，此时则称为初级骨。随后初级骨的长突起形成骨小刺，之后骨小刺不断加粗成骨小梁，结缔组织空隙减小，血管进入骨小梁之间的空隙，骨质愈沉积多，空隙愈小只剩下微血管在内，骨质更致密。在膜内骨化后，新骨继续形成。这种初级骨及其不规则沉积以后被再吸收，由整齐的含有典型哈佛氏系统的板层骨所代替，周围的结缔组织紧缩成为一层限制的骨膜。

2. 软骨化骨。这是最常见的成骨方式。主要的成骨过程为：初期在软骨上形成钙化的骨化中心，中期血管生长和基质沉积将骨分为硬骨和骺软骨两部分，后期骺板消失、血管相连以及骨腔沟通。软骨化骨不仅发生在软骨中心以及长骨的骨干，也可能在长骨两端出现分散的骨化中心。因此，在骨干和骨端有成行的软骨叫骺软骨板，在其两端均可骨化使骨伸长。到 18 岁时，骺软骨板一般为骨所代替不会再继续生长。原骺软骨处留有条形痕迹，称骺线。骺端关节而所保留的一层软骨终生不骨化，成为关节软骨。

二、骨的生物力学特性

骨是一种复合材料，主要由抗压强度高、抗拉强度低的矿物质（羟基磷灰石）和抗压强度低、抗拉强度高的蛋白（胶原纤维）组合而成，具有较优异的力学性能。例如，羟基磷灰石沿轴向的弹性模量为 265GPa，低于钢（200GPa）但高于合金铝（70GPa）。骨的弹性模量为 18.7GPa，低于合金铝（70GPa），但高于花岗岩（9GPa）、砖（3GPa）等。

（一）骨组织的力学特点

1. 应力刺激的适应性。骨在其极限强度的范围内，对外界力的作用反应是由应力值所决定的，而且往往与骨的生理结构相对应。应力越大，骨的增生和密度增强也越明显，这种因外界作用而导致内部组织结构的相应改变是骨对应力刺激的适应性的反应。例如，人体的股骨，因人体的活动与体重负荷长期的刺激，股骨皮质和松质的结构均以承受人体的负荷而改变，有人根据对股骨的力学性能分析，构造出股骨的三维应力桁架结构（如图 3-2-5 所示），清晰地反映了股骨强大的抵抗纵向压缩负荷的基础。又如，人的椎体，由于长期主要受轴向应力的影响，其骨小梁呈柱状对称性排列，保证其垂直力向骨小梁具有较高的刚度和强度。这种骨的结构与力学性能之间高度的适应性，被认为是正常骨组织存在着力学应变阈值，低于或高于这个阈值的应变都将诱发骨改建，其结果使骨结构和骨强度在新的水平上达到平衡。

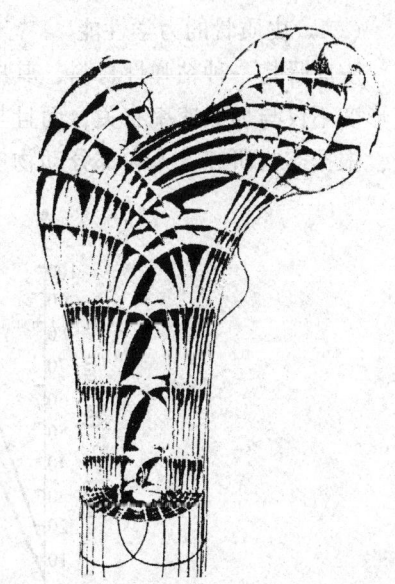

图 3-2-5　股骨三维应力结构模式图

2. 应变能力的差异性。由于组织结构及生理负荷状态等诸方面的差异，导致人体各骨之间应变能力的差异也很明显。例如，抗压缩强度，人体腰椎为 6.4GPa，股骨为 170GPa，而抗拉伸强度，腰椎为 4.0GPa，股骨为 124GPa，肱骨为 125GPa。即使是同一骨，对不同的载荷方式也反映出不同的应变能力。例如，股骨皮质的抗拉伸强度约为 124GPa，抗压缩强度约为 170GPa，抗剪切强度约为 54GPa，反映骨是具有较强的抗压和抗拉能力的脆性组织，因而其抗剪切（和扭转）能力较差。

3. 应力强度的方向性。由于骨的结构为中间多孔介质的夹层结构材料，因而造成了不同方向的力学性质不同，物理学上将这种现象称为各向异性。据实验研究，这种各向异性与骨的显微结构定向排列有密切关系。例如，沿与骨长轴或骨单位突出部相平行的力学性能较相垂直的大，无论是抗压、抗拉强度，但抗剪切强度却相反。牛胫骨力学实验表明，抗弯曲强度纵向大于切线向，切线向大于放射向。与此相似的是，骨的结构差异同样造成同一骨不同部位的力学性能差异，以股骨为例，其抗拉强度以中 1/3 处最高，上 1/3 处最低，抗剪切强度以中 1/3 处和上 1/3 处高而下 1/3 处低。

4. 应力速度的敏感性。骨力学性能的速度敏感性表明负荷的速度与其力学反应成正比，即负荷作用速度越快，骨的应力越大，应变也越明显。骨的这一特点反映骨吸收能量的能力较弱，骨对冲击力的抵抗能力较小。例如，导致颅骨骨折，当作用时间为 0.005 秒时，仅需 63.3MPa 作用力，而当作用时间为 150 秒时，则需 98.4MPa 作用力。与骨的速度敏感性相应的另一特性是骨的疲劳性能，与其他材料相比，骨组织的疲劳耐受性较差，如受载时骨的应力较大，反复受载次数较多时可引起疲劳性骨折。研究认为，骨受到超过限度的疲劳载荷后可使骨的刚度和强度逐渐丧失，导致骨显微结构的破坏和骨单位的分离，如果这种损伤的增加超过修复的速度，即会发生疲劳骨折。

（二）皮质骨的力学性能

皮质骨是一种粘弹性材料，其应力-应变曲线不服从胡克定律（如图 3-2-6 所示），其形变不仅与加载速率有关，而且与加载持续时间、加载方式等有关，具备前述的各个特点，根据实验研究，人和部分动物皮质骨的部分力学性能如表 3-2-2 所示。

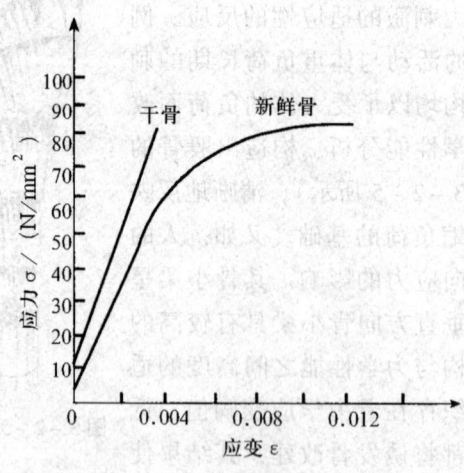

图 3-2-6 皮质骨的应力-应变曲线

表 3-2-2　新鲜皮质骨的力学性能

骨	马	牛	猪	人（20~39 岁）
拉伸强度极限（MPa）				
股骨	121	113 ± 2.1	88 ± 1.5	124 ± 1.1
胫骨	113	132 ± 2.8	108 ± 3.9	174 ± 1.2
肱骨	102	101 ± 0.7	88 ± 7.3	125 ± 0.8
桡骨	120	135 ± 1.6	100 ± 3.4	152 ± 1.4
最大伸长百分比				
股骨	0.75	0.88 ± 0.020	0.68 ± 0.010	1.41
胫骨	0.70	0.78 ± 0.008	0.76 ± 0.028	1.50
肱骨	0.65	0.76 ± 0.006	0.70 ± 0.033	1.43
桡骨	0.71	0.79 ± 0.009	0.73 ± 0.032	1.50
拉伸弹性模量（GPa）				
股骨	25.5	25.0	14.9	17.6
胫骨	23.8	24.5	17.2	18.4
肱骨	17.8	18.3	14.6	17.5
桡骨	22.8	25.9	15.8	18.9
压缩强度极限（MPa）				
股骨	145	147 ± 1.1	100 ± 0.7	170 ± 4.3
胫骨	163	159 ± 1.4	106 ± 1.1	
肱骨	154	144 ± 1.3	102 ± 1.6	
桡骨	156	152 ± 1.5	107 ± 1.6	
最大压缩百分比				
股骨	2.4	1.7 ± 0.02	1.9 ± 0.02	1.85 ± 0.04
胫骨	2.2	1.8 ± 0.02	1.9 ± 0.02	
肱骨	2.0	1.8 ± 0.02	1.9 ± 0.02	
桡骨	2.3	1.8 ± 0.02	1.9 ± 0.02	
压缩弹性模量（GPa）				
股骨	9.4	8.7	4.9	
胫骨	8.5		5.1	
肱骨	9.0		5.0	
桡骨	8.4		5.3	
拉伸时剪切强度极限（MPa）				
股骨	99 ± 1.5	91 ± 1.6	65 ± 1.9	54 ± 0.6
胫骨	89 ± 2.7	95 ± 2.0	71 ± 2.8	
肱骨	90 ± 1.7	86 ± 1.1	59 ± 2.0	
桡骨	94 ± 3.3	93 ± 1.8	64 ± 3.2	
扭转弹性模量（GPa）				
股骨	16.3	16.8	13.5	3.2
胫骨	19.1	17.1	15.7	
肱骨	23.5	14.9	15.0	
桡骨	15.8	14.3	8.4	

（引自 Yamada，1970）

（三）松质骨的力学性能

松质骨与充盈流体的多孔材料类似，主要存在于人体长骨骺端、脊柱以及颅骨板障层。以前对松质骨研究较少，近年来研究表明，松质骨在人体骨骼系统中对应力的传递及其分布上有极为重要作用。

1. 松质骨的压缩性能。松质骨在受压载荷时的应力 – 应变曲线有三个不同于皮质骨的特点（如图 3 – 2 – 7 所示），即初始阶段线性上升，随后呈现一段几乎平等曲线，最后又出现上升曲线。这是由于初始阶段弹性期后骨小梁因断裂发生屈服，随着越来越多的骨小梁断裂直至充盈骨髓腔且应变达 0.5 时，继续加载使其弹性模量进一步增高。另外，松质骨较皮质骨能量吸收能力更强，对骨和关节软骨面起良好的缓冲和保护作用。但松质骨的压缩强度约为皮质骨的 1/5~1/10。

2. 松质骨的拉伸和剪切性能。对松质骨的拉伸强度研究较少，一般认为稍小于压缩强度；松质骨的剪切强度实验研究结果示：颅骨板障约 20.7MPa，股骨近端和远端约 1~17MPa，表 3 – 2 – 3 列举了人体脊柱骨的各种力学性能。

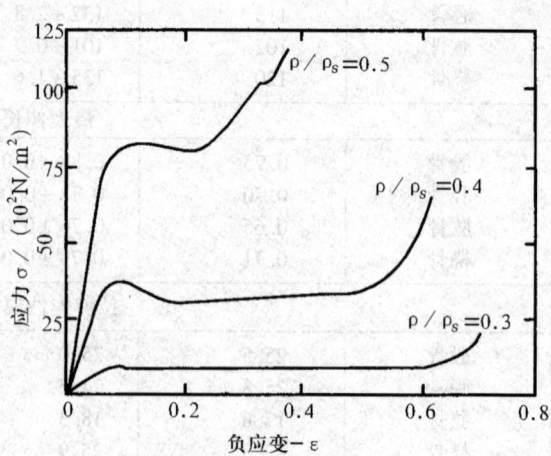

P 骨松质密度　Ps 骨小梁密度

图 3 – 2 – 7　松质骨的应力 – 应变曲线

表 3 – 2 – 3　人体脊柱的力学性能

强度		颈椎	胸椎			腰椎	年龄
			上	中	下		
压缩强度	压缩破坏荷重（kg）	418±6 320	370±9 450	413±5 –	644±24 1150	730±13.7 150	20~30 岁 40~50 椎间盘
	压缩强度（kgf/mm²）	1.27±0.02 1.08	0.88±0.02 1.02	0.78±0.01 –	0.73±0.01 1.08	0.64±0.01 1.12	20~30 岁 40~50 椎间盘
	最大压缩变形（%）	8.1±0.08 35.2	7.4±0.15 28.6	6.6±0.11 –	5.6±0.09 31.4	5.6±0.08 35.5	20~30 岁 40~50 椎间盘
拉伸强度	拉伸破坏荷重（kg）	105±14.5	173±18.9 142±16.3	–	336±13.2 291±21.5	464±16.7 394±24.6	20~30 岁 20~30 椎间盘
	拉伸强度（kgf/mm²）	– 0.33±0.02	0.37±0.01 0.24±0.01	–	0.38±0.03 0.26±0.02	0.40±0.03 0.30±0.01	20~30 岁 20~30 椎间盘
	最大拉伸变形（%）	– 89±4.2	0.86±0.11 55±3.8	–	0.87±0.07 576±6.3	0.91±0.13 68±7.1	20~30 岁 20~30 椎间盘
扭转强度	破坏扭矩（kg-cm）	56±2.5	60±5.4 87±3.1	108±7.3 177±6	165±10.2 273±9.8	255±18.4 463±8.9	20~30 岁 20~30 椎间盘
	扭转强度（kgf/mm²）	– 0.52±0.07	0.37±0.04 0.46±0.03	0.35±0.01 0.47±0.03	0.34±0.02 0.48±0.02	0.32±0.02 0.51±0.03	20~30 岁 20~30 椎间盘
	最大扭角（度）	– 38±5.4	13±0.7 29±2	10±0.8 24±1.3	8±0.4 18±1	5±0.6 15±0.9	20~30 岁 20~30 椎间盘

3. 松质骨的疲劳性能。研究表明，松质骨的疲劳强度和弹性模量明显低于皮质骨，而且其疲劳骨折的机理也不相似，虽然两者在疲劳负载下所发生疲劳裂纹都始于粘合线，但组成皮质骨的板层骨通常呈同心圆排列，位于每个骨单位之间的粘合线可以有效阻止或延缓疲劳裂纹的延伸，从而使皮质骨具有一定的抗疲劳性能，其断裂按"骨－粘合线－骨－粘合线"途径扩展；而组成松质骨的杆状或板状骨小梁的板层骨一般平行分布，通常只有数条粘合线，其疲劳断裂按"骨－粘合线－骨"途径扩展。

（四）影响骨力学性能的因素

影响骨力学性能的因素主要可分成三个方面：骨成分因素、骨结构因素以及年龄因素。

1. 骨成分因素。

（1）孔隙率。孔隙是指骨组织中软组织所填充的"腔隙"部分，一般认为，孔隙率大则意味着骨强度的下降，但实验研究表明，骨的弹性模量与孔隙率的关系十分复杂，孔隙率并非是影响骨的弹性模量的唯一因素。

（2）矿化。矿化是指骨基质中无机盐的所占比例。一般来说，矿化程度大提示骨刚度增加，但对骨强度却无直接关系，有的研究甚至发现骨的强度与矿化之间呈负相关。

（3）密度。密度是指单位体积骨的质量，用 g/cm^3 表示。密度实际上综合反映了骨的孔隙与矿化程度。人皮质骨的密度约 $1.8g/cm^3$，松质骨的密度为 $0.1\sim1.0g/cm^3$，密度为 $0.2g/cm^3$ 的松质骨其孔隙率约90%，密度对皮质骨的力学强度影响不大，但对松质骨的力学强度，尤其是压缩特性相关性较强。研究结果表明，松质骨的压缩强度与密度的平方成正比。

2. 骨结构因素。

（1）骨小梁结构，实验结果表明，骨小梁的数目、粗细、排列和分隔状况等主要影响松质骨的力学能力特别是与松质骨的弹性模量、断裂应力以及各向异性等特性直接相关。例如，对松质骨的刚度来说，骨小梁的结构比孔隙更重要。

（2）皮质骨结构，皮质骨结构影响骨力学性能的主要指标是原始骨单位与继发骨单位的比例，继发骨单位形成越多，其粘合线也越多，而粘合线恰恰是骨疲劳折断的主要途径，因此继发骨单位的存在使骨的强度减弱。发生继发骨单位取代原始骨单位的因素，一是疲劳性损伤，二是外力损伤，三是年龄的增长。骨单位的排列方向决定着皮质骨各向异性特征，如长骨骨单位通常与骨纵轴平行，故长骨皮质骨的轴向（拉伸与压缩）强度大于横向（剪切）强度。

（3）胶原纤维定向排列，胶原纤维的定向排列方式是影响骨强度的重要因素，有时甚至是决定性的因素。Martin and Ishida（1989）用牛皮质骨进行拉伸实验时，发现在包括孔隙率、密度、矿化、胶原纤维排列等在内的8个相关因素中，以胶原纤维排列影响最大。胶原纤维的优势排列常直接影响骨抵御特定荷载能力，如纵向的排列常提高骨的抗拉伸强度，横向排列则提高骨的抗压缩强度等。人体在生长过程中，能通过受力方式的变化或局部应力环境的改变而对胶原纤维排列进行动态调整以获最佳的强度。

3. 年龄的因素。随着年龄的增加，骨的力学特性也发生变化。表3－2－4列举了各年龄段人股骨皮质抗张强度的变化。随着年龄的增长，松质骨除了骨强度和刚度下降外，其各向异性特性也发生变化。例如，腰椎由于年龄衰老使横向压缩强度的下降更为明显，故轴向强度与横向强度的比值从正常时2～3增至4，女性更为明显。有人研究股骨近端松质骨也有类似现象，提示老年人腰椎和股骨头的骨折好发性。大量的研究结果表明，衰老使骨力学特性变化的原因是皮质骨继发骨单位增加，胶原纤维老化以及骨成分因素，如孔隙率增加和矿化增大。松质骨则表现为骨小梁减少和断裂增加。所有这些均使骨的刚性增加，但脆性也增加，而骨的吸收能量能力和骨的强度都随之明显下降。

表 3-2-4　人体股骨张力特性的年龄变化

年龄（岁）	最大应力（MPa）	弹性模量（GPa）	最大应变	能量（MN/m²）
20~29	140 ± 10.0	17.0 ± 2.2	0.034	3.85 ± 1.1
30~39	136 ± 3.5	17.6 ± 0.3	0.032	3.55 ± 0.9
40~49	139 ± 10.7	17.7 ± 4.4	0.030	3.19 ± 0.5
50~59	131 ± 12.6	16.6 ± 1.7	0.028	2.84 ± 0.6
60~69	129 ± 6.4	17.1 ± 2.2	0.025	2.65 ± 0.8
70~79	129 ± 5.5	16.3 ± 1.8	0.025	2.57 ± 0.7
80~89	120 ± 7.1	15.6 ± 0.7	0.024	2.73 ± 0.1

（引自 Carter 和 Spengler，1978）

三、骨折及其发生机制

骨的解剖学结构完整性或连续性中断的状态称骨折。从生物力学角度而言，骨折是骨的力学强度不足以抵消（承受）外力作用的结果，或者说是骨的应变尚不足以抵御外力作用的反应。

（一）骨折分类

根据不同的角度，可有不同的骨折分类方法及其骨折类型。

1. 骨折原因。暴力因素来源不同，可将骨折分成四种：（1）直接暴力性骨折，是指骨折因直接暴力所致，且发生在暴力作用处，如打击、车辆撞击等。（2）间接暴力性骨折，是指暴力通过传导、杠杆或人体旋转等方式和途径所引起的骨折，其特点是骨折并不发生在直接暴力处，如摔倒支撑时形成的传导扭转性上下肢骨折等。（3）肌肉收缩性骨折，是指肌肉突然而强烈地收缩而引起附着骨质的牵拉撕脱，如股四头肌收缩所致的髌骨骨折，胸大肌和三角肌收缩所致的肱骨骨折等。（4）积累疲劳性骨折，是指长时间反复，集中而轻微地受力所形成的骨折，如远距离行走时第 2、3 跖骨及腓骨干下 1/3 处的骨折等。

2. 骨折程度。根据骨折后形态学改变，可分为完全性骨折和不完全性骨折。完全性骨折是指骨的解剖学完整性或连续性全部中断，如管状骨骨折后形成两个或两个以上的骨段等。不完全性骨折是指骨的解剖学完整性或连续性部分中断，如颅骨内板骨折而外板完好，管状骨一侧骨折以及儿童的青枝状骨折等。

3. 骨折方式。根据骨受力方式不同，可分为八种类型（如图 3-2-8 所示）。（1）弯曲骨折，是指骨因过度弯曲而发生的骨折。（2）屈折骨折，是指骨一端固定，另一端弯曲而发生的骨折。（3）位移骨折，是指骨一端固定，另一端沿受力方向移动所致的骨折。（4）旋转骨折，是指骨两端沿不同方向旋转所致的骨折。（5）轴压骨折，是指骨两侧受挤压使中部膨隆所致的骨折。（6）压缩骨折，是指骨两侧受挤压后横经或纵经变短所致的骨折。（7）压入骨折，是指受力骨质发生塌陷，而两侧骨质保持完好的骨折。（8）撕脱骨折，是指粘附在骨质上的肌（腱）组织因猛力收缩所形成骨质块状缺损。

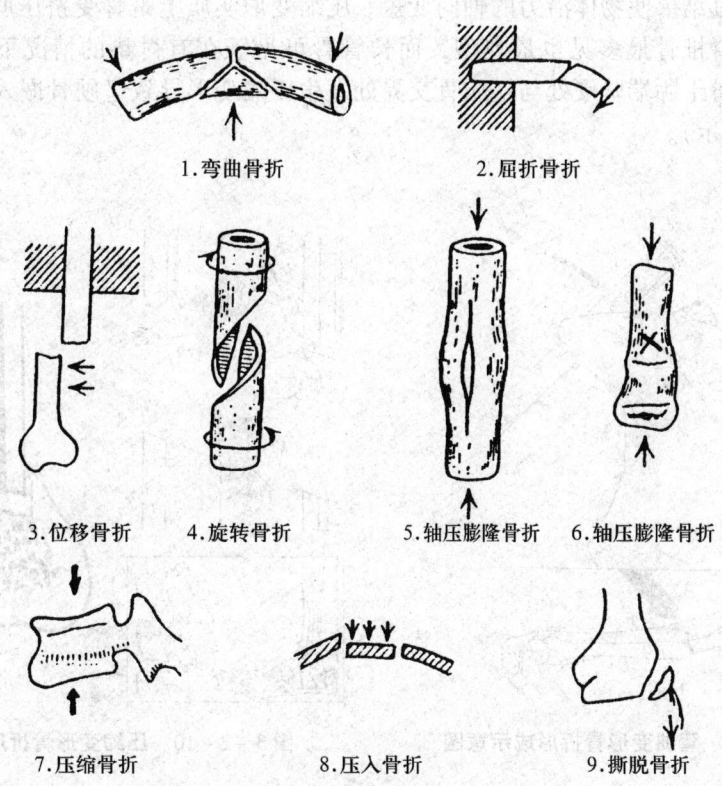

图 3-2-8 各种骨折与受力方式关系示意图

4. 骨折形态。根据骨折形态特点可分为五种类型,以颅骨上发生最为典型。(1)骨质缺损,是指骨质表面骨组织的部分缺失,多系致伤物沿切线方向与骨组织发生擦蹭或撞击和撕脱性骨折。(2)线状骨折,是指骨组织受力后出现线条状裂纹,在颅骨则需同时具备无骨板错位和塌陷者。(3)塌陷骨折,是指骨质骨折后部分骨折区伴凹陷者。(4)洞状骨折,是指骨折区内骨片完全断裂脱落而洞穿者,多见于扁平骨。(5)粉碎性骨折,是指骨质碎裂形成两块以上的游离碎片的骨折。

(二)骨折机理

从生物力学角度来说,分析骨折的机制是以骨的变形为基础的,以长骨为例,除了撕脱性骨折较为特殊外,其基本的变形可分为弯曲、压缩、剪切、扭转四种方式。因此,骨折的机理也不外乎以下四种:

1. 弯曲变形。弯曲变形是指在物体截面两端各受一对大小相等作用相反又在同一平面上的力偶作用,或者物体两端固定时其轴线上受垂直外力作用而引起的变形,其结果引起物体的弯曲。以后者为例,在骨干上受力骨干弯曲时,受力侧主要受压应力而对侧受拉应力,由于骨抗拉强度小于抗压强度,所以首先在拉应力集中部位(弯曲度最大处)发生骨折。另外,因受力的分解作用,受拉一侧骨质强度小于受压一侧,因而在理想状态下,骨折线呈扇形分叉向受力侧行走,形成特有的三角形骨折线(如图 3-2-9 所示)。弯曲变形是长管骨折最主要的机制。

2. 压缩变形。压缩变形是指截面对称的物体两端沿对称轴受到两个大小相等,方向相对外力作用,其结果使物体沿力的轴向变短。压缩变形实质上是骨受挤压所产生的形态学改变,一般以脊椎骨最多见也最典型,而长管骨可见于在有衬垫的情况下受压砸式碾轧后,或在长管骨干骺端坚硬处与松质骨交界处发生压缩变形导致坚硬骨嵌入松质骨内(如图3-2-10所示)。

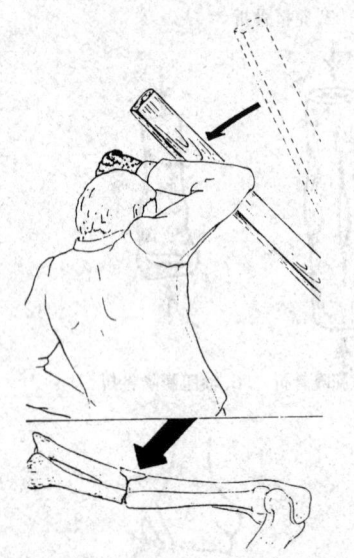

图3-2-9 弯曲变形骨折形成示意图

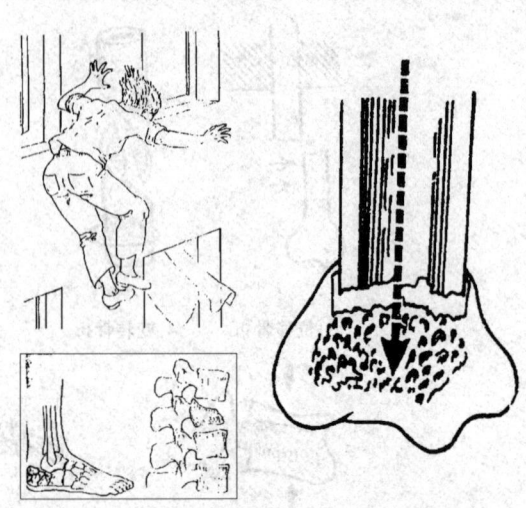

图3-2-10 压缩变形骨折形成示意图

3. 剪切变形。剪切变形是指物体受到大小相等、方向相反且不在同一平面上的两个外力作用,使物体的截面发生相对滑动所引起的变形。在实践中,因剪切变形导致的骨折常见于年老人因臀部着地所致的股骨头骨折,当人体摔倒时,重力方向向下,而臀部着地瞬向股骨头却受到向上的反作用力,惯性向下与撞击向上的力相互作用,引起股骨的移位而骨折(如图3-2-11所示)。

4. 扭转变形。扭转变形是指物体两截面上分别作用着大小相等、方向相反的力偶时发生的变形。其实质是各截面的大小及形态均未发生改变而是围绕中心旋转了一个角度,因此扭转变形也可以看做剪切变形的一种特殊形式。因拉力、压力和剪切力都参与了扭转骨折的过程,故其机制较为复杂。在骨的两端扭矩作用下,骨干横截面上由于相对旋转使之受剪切变形;在骨表面任一菱形平面上既产生拉应力,也产生压应力,其最大值在与柱体轴线呈45°的方向上,往往扭转骨折的螺旋形骨折线也符合此走向。扭转变形所引起的骨折多见于剧烈运动状态下的肢体突然被某种障碍物所阻挡而产生的扭转运动所致,如滑雪、溜冰等(如图3-2-12所示)。

需要指出的是,虽然上述四种不同的变形构成了骨折的基础,但并非截然分开的,在实践中所发生的骨折,往往是多种变形联合作用的结果,尤其是压缩与弯曲变形常以混合形式出现,只是某一类型的骨折以某种变形为主而已。一般来说,骨的弯曲变形和剪切变形往往是直接受力所致,而压缩变形和扭转变形既可直接受力所致,也可由间接受力所引起。

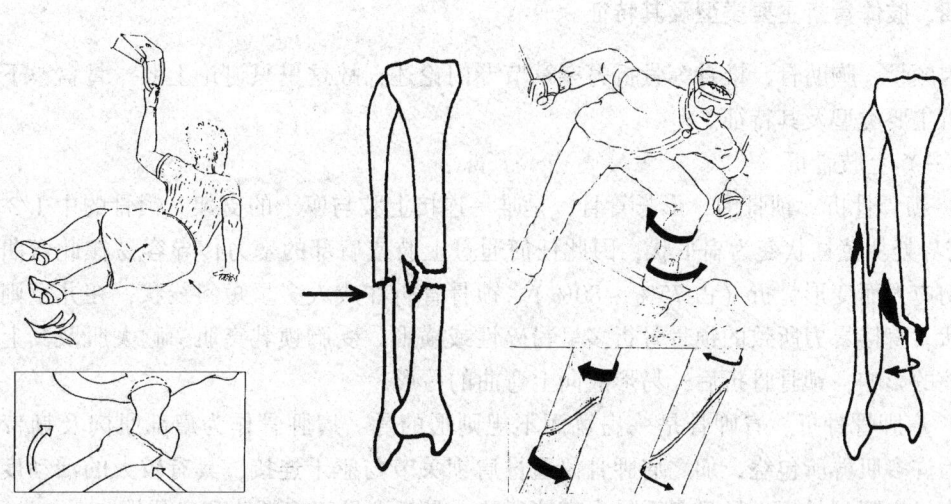

图 3-2-11 剪切变形骨折形成示意图　　图 3-2-12 扭转变形骨折形成示意图

(三) 骨折移位

骨折后发生断端骨位置的变化，称移位。骨折移位部分是由引起骨折的外力作用形成，部分是由骨折处的自体因素如肌收缩作用、肢体重力作用以及人为外来因素如固定不佳等因素所致。按照骨折断端位置变化的形态，可将骨折位移分为五种类型（如图 3-2-13 所示）。(1) 侧移，是指两骨折端之间接触程度的改变，即所谓对位。如侧移 1/3，是指断端间接触面相当骨径的 2/3，或称对位 2/3。(2) 成角，是指骨折上、下段纵轴线形成的角度，即所谓对线。如向外成角 30°，是指两骨折段纵轴线形成 30°夹角，角顶向外。(3) 旋转，是指上下骨段沿其纵轴线的相互扭转状态，或是撕脱骨折片与主骨在某个面上的旋转状态，如肱骨外髁骨折片在冠状面、矢状面及水平面三个面上的旋转。(4) 短缩，是指骨折骨长度的缩短。短缩必然同时存在着侧移或成角，但少数粉碎骨折可以只有短缩，而无明显的侧移或成角。有侧移情况下的短缩即所谓重叠。(5) 分离，是指两骨折端完全脱离接触。

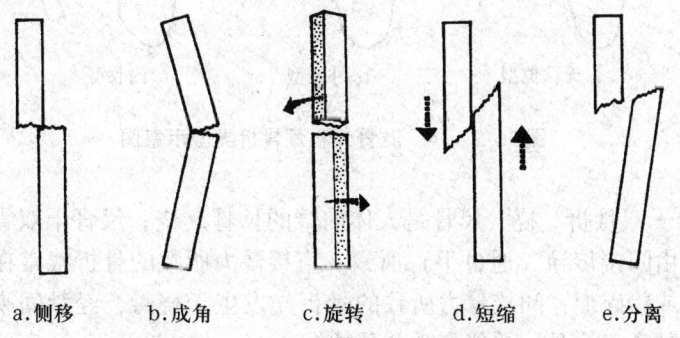

a.侧移　　b.成角　　c.旋转　　d.短缩　　e.分离

图 3-2-13 骨折移位类型示意图

在某些特殊部位骨折的移位，临床上有其特殊的命名方式，如克雷氏骨折、史密斯骨折等。在实际工作中上述移位多呈混合状态，如旋转移位又伴有侧移或成角移位等。

四、肢体骨折主要类型及其特征

因颅骨、胸肋骨、椎骨等骨折另有章节专门论述,故这里只讨论上肢、骨盆、下肢骨的骨折主要类型及其特征。

(一)上肢骨折

1. 锁骨骨折。锁骨为 S 形长管骨,是唯一连接上肢与躯干的支架。锁骨的中 1/3 与外 1/3 交界处从棱柱状变为扁平状,因此任何通过上肢或肩部的暴力传导容易在此弯曲处形成剪切应力而变形骨折(占 75%~80%)。锁骨骨折在成人多呈短斜线状,在儿童则多呈青枝状。直接暴力所致的锁骨骨折多呈粉碎性或横形。受胸锁乳突肌、胸大肌及其上臂肌肉收缩的影响,锁骨骨折后,易形成向上弯曲的弓形。

2. 肩胛骨骨折。肩胛骨是一扁宽而不规则形的骨,肩胛骨作为肩部肌肉及韧带的起点,为许多肌群所包绕,加之肩胛骨仅通过肩锁关节与躯干连接,具有较大的活动度。在实践中,肩胛骨骨折少见且多系暴力直接所致,骨折多见于肩胛体和肩胛颈。

3. 肱骨骨折。肱骨系人体主要长管骨之一,因其骨折与解剖结构有较大关系,故临床上常以肱骨的解剖学位置命名骨折,主要有三种类型:(1)肱骨外科颈骨折,多为间接暴力所致,如跌倒后手撑地时力的传导。根据骨折时上臂的状态可分为无移位型、外展型、内收型以及伴肩关节脱位四种形式(如图 3-2-14 所示)。(2)肱骨干骨折,肱骨干系指外科颈以下 1cm 至髁上 2cm 之间。肱骨干骨折多系直接暴力所致,其下段可由暴力传导间接引起。多为线形或粉碎性骨折。因骨折处位于肌止点不同位置,骨折后因肌收缩而断端发生不同方向的移位(如图 3-2-15 所示)。(3)肱骨下端骨折,包括肱骨髁上、肱骨外髁、肱骨端髁以及肱骨内上、外上髁等类型。肱骨下端骨折多与肘部直接受力有关,少数可由前臂骨传导引起。

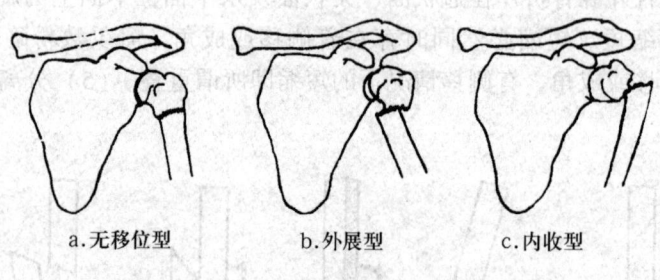

a.无移位型　　b.外展型　　c.内收型

图 3-2-14　肱骨外科颈骨折类型示意图

4. 桡、尺骨干双骨折。桡、尺骨是人体前臂的长骨。桡、尺骨干双骨折可因暴力直接作用所致,也可由间接传导(通过手)所致。直接暴力所致的骨折线常在同一水平,骨折多为横形、蝶形或粉碎形;间接暴力所致的骨折先发生于桡骨,经骨间膜传至尺骨,骨折线常为斜行,桡骨高于尺骨,并伴有重叠移位。

5. 尺骨骨折。单独尺骨骨折可分成:(1)尺骨干骨折,多系直接打击所致。骨折多成为横形和蝶形,因桡骨的支撑,一般无明显重叠,但可有侧方或成角移位。(2)孟氏(Montegia)骨折,是指尺骨近侧 1/3 骨折合并桡骨头脱位。分 Ⅰ~Ⅳ 型(如图 3-2-16 所示),孟氏骨折多系跌倒时前臂极度旋前或直接打击所致。

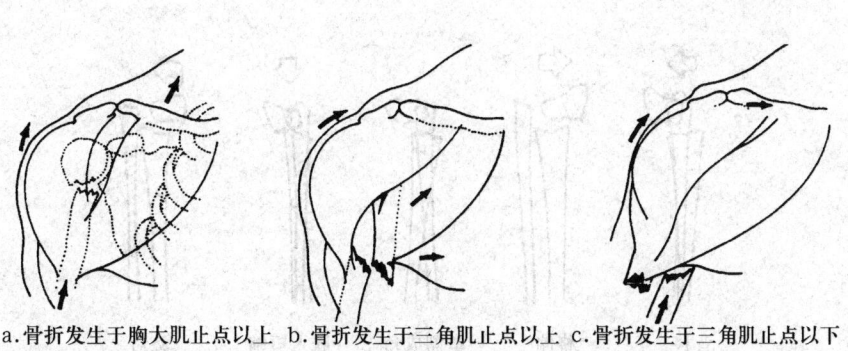

a.骨折发生于胸大肌止点以上　b.骨折发生于三角肌止点以上　c.骨折发生于三角肌止点以下

图3－2－15　肱骨干骨折及移位示意图

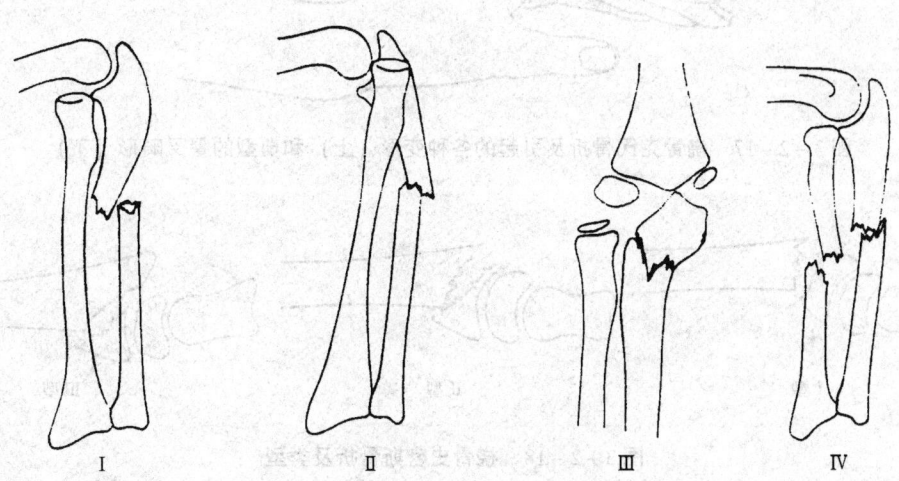

图3－2－16　尺骨孟氏骨折及类型

6. 桡骨骨折。桡骨骨折是人体上肢骨中最常见的骨折，临床上常以国外发现人的名字命名，主要有以下四种类型：

（1）盖氏（Galeazzi）骨折，骨折发生于桡骨中下1/3处，可因直接打击所致，亦可因间接暴力传导所致。骨折线多为横形或短斜形，有时伴有尺桡关节脱位。

（2）克雷斯（Colles）骨折，指发生于桡骨远端松质骨骨折并伴有背侧移位者。多系跌倒时肘部伸展，前臂旋前，腕关节背伸，手掌触地所致。力学研究发现在腕背伸40°～90°时最易发生。克雷斯骨折常引起错位造成畸形（如图3－2－17所示），严重时形成典型的餐叉畸形。

（3）史密斯（Smith）骨折，指桡骨远端骨折，断端向掌侧移位，合并下尺桡关节脱位。多为跌倒腕背着地及急剧屈掌或手掌展开旋后位所致。也有直接作用形成的报道。因其畸形特点与克氏骨折正相反，故有人称为反克氏骨折。根据骨折位置及骨折线的特点有人将其分为三种类型（如图3－2－18所示）。

（4）巴顿（Baton）骨折，指桡骨远端背侧、掌侧缘骨折合并腕半脱位。其背侧缘骨折多系跌倒时腕背伸而前臂旋前，腕骨冲击桡骨远端关节所致；而掌侧缘骨折则系跌倒时手背着地，应力沿腕骨冲击桡骨远端掌侧缘所致。

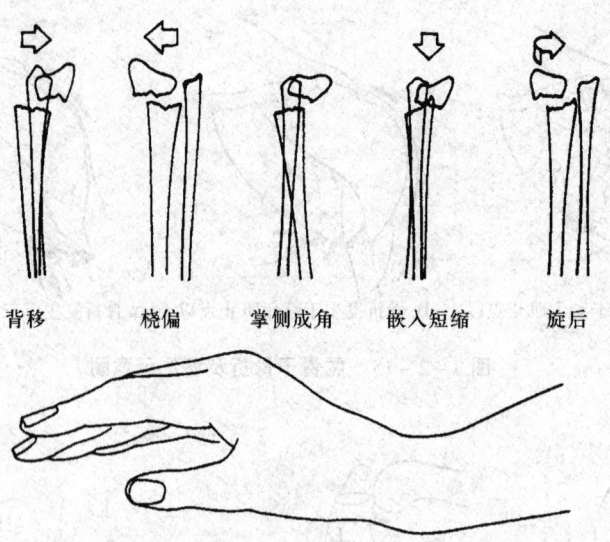

图3-2-17 桡骨克氏骨折及引起的各种变形（上）和典型的餐叉畸形（下）

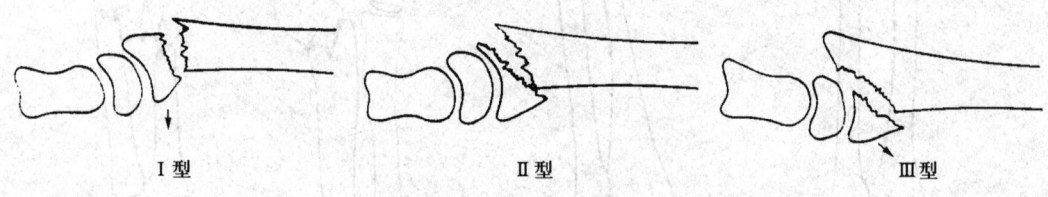

图3-2-18 桡骨史密斯骨折及类型

（二）骨盆骨折

成年人的骨盆由左右各一的髋骨（髂骨、坐骨、耻骨三合一）和后部的骶骨所构成。骨盆是一坚固的结构，一般不易发生骨折，因此骨盆骨折常提示强大的暴力。根据骨盆环是否受损以及骨盆骨折的严重程度，临床上常将骨盆骨折分为四种类型。

1. 稳定性骨盆骨折。稳定性骨盆骨折是指尽管骨盆某处发生骨折，但骨盆结构及功能的完整性未受影响，骨盆环的连续性未受破坏。稳定性骨盆骨折常可见三种情况（如图3-2-19所示）：（1）髂骨翼骨折，多系直接暴力所致，线性或粉碎性。（2）撕脱性骨折，指附着于骨盆上肌肉强烈收缩使附着点的骨质脱落，如缝匠肌收缩引起髂前上棘撕脱，股直肌收缩致髂前下棘撕脱，腘绳肌（股二头、半腱、半膜肌）收缩致坐骨结节撕脱。（3）一侧或两侧单一耻骨枝或坐骨枝骨折，多系侧方挤压和骨盆整体变形所致，骨折端可有轻度移位，但不影响骨盆的稳定性与负重功能。

2. 较稳定性骨盆骨折。较稳定性骨盆骨折指骨折仅在骨盆一处或一侧存在，未发生骨盆的明显移位，骨盆结构及功能仍较稳定正常。常见有三种类型：（1）一侧耻骨上下枝骨折，侧方挤压所致，无明显移位。（2）耻骨联合轻度分离，耻骨联合间隙>6mm，可能同时伴有骶髂关节损伤。（3）骶髂关节半脱位，可影响骨盆的负重功能。

3. 不稳定性骨盆骨折。不稳定性骨盆骨折多系较大的暴力导致骨盆较大的变形，骨盆功能基本丧失。此类骨折多涉及骨盆主弓（如图3-2-20所示）。不稳定性骨盆骨折的常见类型有：(1) 双侧耻骨上下枝骨折，侧方挤压所致，骨折端多有重叠移位，多伴有尿道损伤。(2) 骨盆环前后联合损伤，分骨盆前后方向挤压所致的分离型、骨盆受侧方挤压的压缩型以及因坠落所致的由下至上传导形成的垂直型三种。

4. 髋臼骨折。髋臼骨折由直接暴力的挤压或打击（少见）和下肢传导暴力均可形成，既可由于骨盆骨折时波及，也可因髋关节脱位时股骨头撞击所致。髋臼骨折可分无移位型和移位型二种，前者指髋臼骨折无移位或轻度移位，不影响髋臼和股骨头正常解剖关系；后者包括单纯髋臼壁骨折、单纯髋臼柱骨折以及髋臼横断骨折合并髋关节中心脱位三种类型。

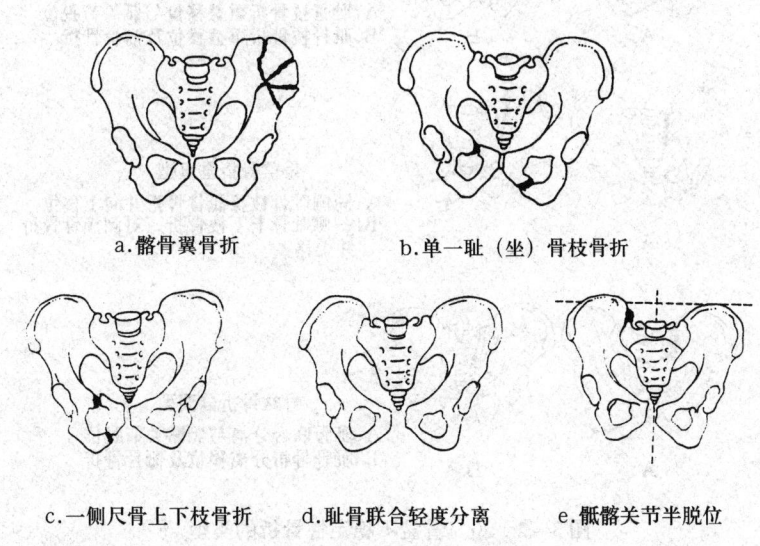

图 3-2-19　骨盆稳定性骨折类型示意图

（三）下肢损伤

1. 股骨骨折。股骨是下肢的重要长骨，又是构成髋关节的重要组成部分，股骨骨折可分为以下四种类型：

（1）股骨颈骨折，是指由股骨头下至股骨颈基底部之间的骨折。又称股骨颈囊内骨折。其主要特点：一是多见于 60 岁以上老年人。二是多系坠落或摔跌所致。三是预后欠佳。按骨折部位可分为股骨头下骨折、经股骨颈骨折、基底骨折三种；按骨折段之间的关系（远端骨折线与两髂嵴连线所形成角度）可分为外展型（$<30°$）、内收型（$>50°$）以及中间型（$30°\sim50°$）。

（2）股骨转子骨折，是指由股骨颈基底至小粗隆水平以上部位的骨折，又称股骨粗隆间骨折。股骨转子骨折包括粗隆间骨折，大粗隆骨折，小粗隆骨折。其中以粗隆间骨折较常见，老年人居多。根据骨折线走行分由大粗隆斜向内下的顺粗隆间线型（Ⅰ型）和由大粗隆上斜向内上的逆粗隆间线型（Ⅱ型）（如图 3-2-21 所示）。Ⅰ型也称稳定型，Ⅱ型也称不稳定型。单独的大、小粗隆骨折极少见。根据研究观察，粗隆间骨折系由直接外力作用或沿股骨干长轴作用于股骨粗隆，间接外力则系粗隆部因股骨头内翻及向前成角时所致。大粗隆骨折可因外力直接作用或因臀中小肌收缩撕脱所引起；小粗隆骨折则可因髂腰肌收缩撕脱所致。

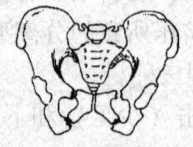
双侧耻骨上下枝骨折

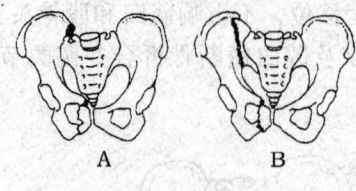
骨盆骨折压缩型
A. 耻骨枝骨折重叠移位与骶关节脱位
B. 耻骨枝骨折重叠移位及髂骨骨折

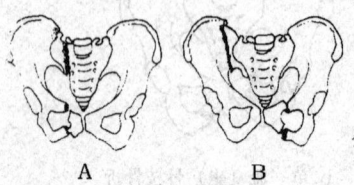
骨盆骨折垂直型
A. 同侧耻骨枝及骶骨骨折并向上移位
B. 一侧耻骨上下枝骨折，对侧髂骨骨折并上移

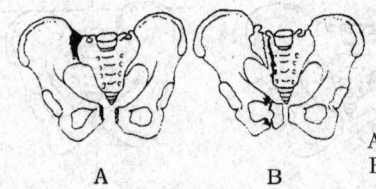
骨盆骨折分离型
A. 耻骨联合分离与骶髂关节脱位
B. 耻骨骨折分离移位及骶骨骨折

图 3-2-20 骨盆不稳定性骨折的类型

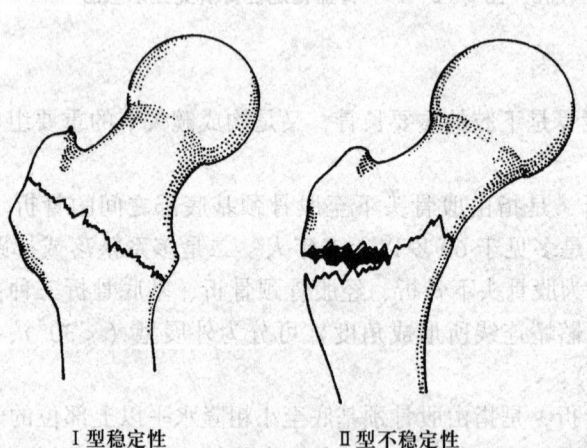

Ⅰ型稳定性　　　　Ⅱ型不稳定性

图 3-2-21 股骨转子骨折示意图

（3）股骨干骨折：股骨干指股骨小粗隆至股骨髁以上部位。股骨干骨折以中1/3段最多见，以儿童及青少年居多。直接暴力如撞击、挤压等多形成横断型或粉碎型骨折；间接暴力如高坠、扭转等多形成斜行或螺旋形骨折；儿童则可形成一侧骨密质完整的青枝状骨折。因股骨四周由丰富的肌群包绕，故骨折后易因肌群的牵拉而移位。按骨折部位的不

同，股骨干骨折可分为股骨干上1/3骨折（骨折近端因受髂腰肌，臀中小肌及外旋肌群牵拉而屈曲、外展、外旋，远端则受内收肌群牵拉向上、向内、向后移位）、股骨干中1/3骨折（有重叠畸形，一般远端受内收肌牵拉而向外成角）以及股骨干下1/3骨折（近端内收、向前移位、远端因腓肠肌牵拉向后屈曲）（如图3-2-22所示）。

a.股骨干上1/3骨折典型移位　　b.股骨干中1/3骨折典型移位　　c.股骨干1/3骨折典型移位

图3-2-22　股骨干骨折伴移位示意图

（4）股骨下端骨折。股骨下端骨折包括髁上骨折，髁间骨折，骨骺分离以及单髁（内、外髁）骨折等。既可由外力直接作用于股骨髁或经髌骨将应力传至髁间的楔形力引起，也可由膝关节的屈曲伴外翻（外髁骨折）和内翻（内髁骨折）等间接暴力所致。

2. 髌骨骨折。髌骨是全身骨骼中最大的类三角形籽骨，具有传导并增强股四头肌力、维护膝关节稳定以及保护股骨髁的功能。髌骨骨折分横断、粉碎、纵裂和撕脱四种基本类型（如图3-2-23所示）。横断型骨折多因股四头肌强烈收缩所致，如高处跳下两足着地弯膝时；粉碎型骨折主要为直接暴力所致；纵型骨折少见，多系屈膝位伴外翻时，髌骨因被拉向外侧而形成；撕脱型骨折也少见，多位于髌骨下极。

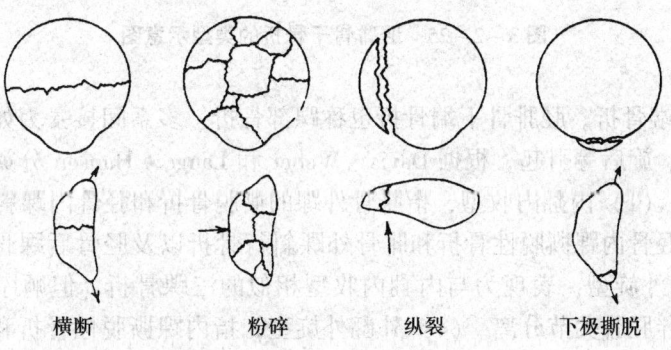

横断　　　　粉碎　　　　纵裂　　　下极撕脱

图3-2-23　髌骨骨折类型正面（上）和侧面（下）观

3. 胫骨髁骨折。胫骨髁为胫骨上端，呈两个微凹面，中央为胫骨隆突，与股骨髁互相构成关节，胫骨髁骨折又称胫骨平台骨折。其形成机理分直接暴力（如摔跌、撞击等）和间接暴力（如通过足骨垂直传导压缩受力以及膝关节伸直位时的内翻、外翻或扭转等），其骨折一般分成六种类型（如图3-2-24所示）：（1）单纯外髁劈裂骨折，膝外翻所致。（2）外髁劈裂加凹陷骨折，膝外翻所致。（3）单纯中央型骨折，垂直压缩受力所致。（4）胫骨内髁骨折，膝关节内翻所致。（5）单纯双髁骨折或倒Y形骨折，膝在伸直位时垂直压缩受力所致。（6）胫骨上端骨折伴干骺端和骨干骨折，多由直接受力所致。胫骨髁骨折常伴有膝部韧带、半月板等的损伤。

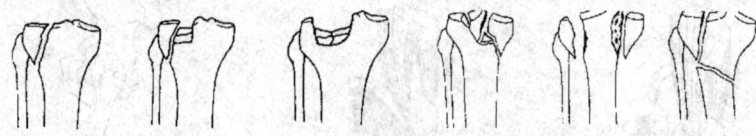

图3-2-24　胫骨髁骨折六种类型示意图

4. 胫腓骨干骨折。胫腓骨通过上下端关节联接和骨间膜结构连成一个整体，因此常发生同时骨折。胫骨上、中1/3段呈棱形，而下1/3段呈四方形，故骨折易在中、下1/3处发生。直接暴力如最典型的小车保险杠撞击，可引起胫腓骨横形、短斜形或粉碎性骨折；而间接暴力通过力的传导或下肢扭转等方式，可引起胫腓骨的长斜行或螺旋形骨折。后者腓骨骨折面高于胫骨（如图3-2-25所示）。临床上常根据骨折后移位的程度分：（1）轻度，是指无粉碎性骨折，移位程度小于骨干横截面的1/5。（2）中度，是指骨折粉碎但骨片较小，移位程度在骨干横截面的1/5～2/5。（3）重度，是指骨折粉碎严重，移位程度大于骨干横截面3/5，常伴有皮肤缺损或软组织损伤严重的开放性损伤。

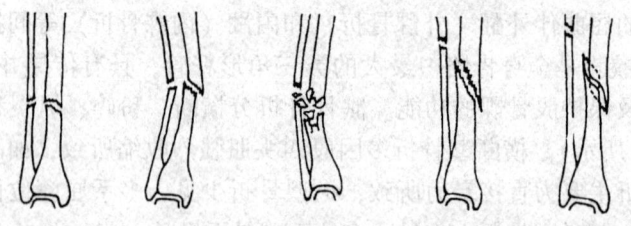

1. 横形骨折　2. 短斜骨折　3. 粉碎骨折　4. 长斜骨折　5. 螺旋骨折

图3-2-25　胫腓骨干骨折的类型示意图

5. 胫腓骨下端骨折。胫腓骨下端骨折也称踝部骨折，多系间接暴力如踝关节和足的外翻、外旋、内翻、旋后等引起。根据Davis-Weber和Lauge-Hansen分类方法，可将胫腓骨下端骨折分为：（1）内翻内收型，指腓骨外踝的撕脱骨折和胫骨内踝斜骨折。（2）外翻外展型，表现为胫骨内踝撕脱性骨折和腓骨外踝斜行骨折以及胫骨后踝骨折，故也称三踝骨折。（3）内翻外旋型，表现为与内翻内收型相似的三踝骨折，但顺序则先外踝，再后踝，再内踝且不伴胫腓关节分离。（4）外翻外旋型，指内踝撕脱性骨折和腓骨韧带联合水平以上的骨折。

五、关节脱位

两块或以上的相邻骨间的连结称关节。人体关节有许多类型，按其活动度大小分三种基本类型（如图3-2-26所示）：（1）不动关节，是指由软骨或纤维组织连结，骨与骨之间直接接触而无活动余地，如颅盖骨之间的骨缝连结等。（2）微动关节，是指由纤维软骨盘连接（如椎间关节）或由纤维性骨间韧带连结（如胫腓或桡尺骨下端的关节），只能产生局限性的运动。(3) 动关节，是指能自由活动，有滑液膜衬里，有充满滑液的关节腔隙的关节，如肩关节、膝关节等。

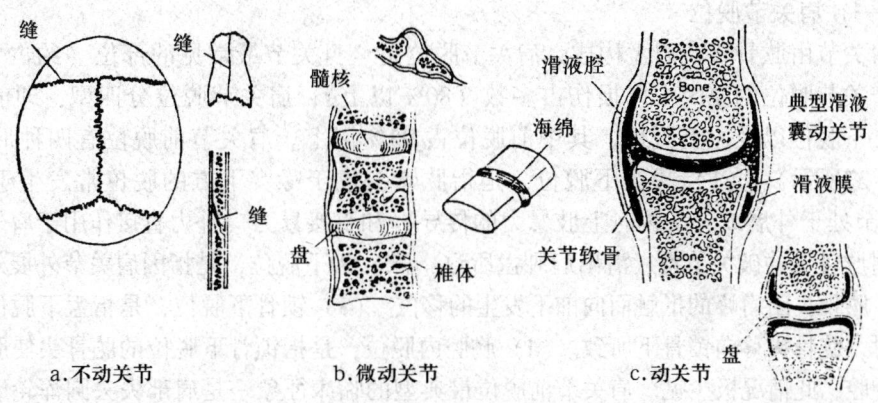

图 3-2-26 人体三类关节示意图

根据关节面的形状可将动关节分成平面关节（仅限于一个方向滑动，如腕、跗关节）、球状关节（任何方向的运动如肩、髋关节）、椭圆关节（除旋转外的所有运动，如指掌、桡腕关节）、铰链关节[只能在一个平面上弯曲或伸张，如指（趾）间关节、肘关节]、髁状关节（除旋转运动外的运动，如膝关节和下颌关节）、车轴关节（仅限于旋转运动，如近侧桡尺关节、寰枢关节）以及鞍状关节（可做除旋转外的所有运动，如拇指的腕掌关节）。人体各关节正常宽度如表 3-2-6 所示。

表 3-2-6 X 线显示各关节的正常宽度

关节名称	宽度（mm）
下颌关节	2
胸锁关节	3~5
椎关节	2
椎间盘	5
肩关节	4
肘关节	3
腕桡关节	2 2.5
腕骨间关节	1.5~2
髋关节	4~5
膝关节	3~5
掌指关节	1.5
骶髂关节	3
耻骨联合	4~6
距骨关节	3~4
跖趾关节	2~2.5
趾跗关节	2~2.5

（引自 Cocchi 和 Thurn，1986）

关节脱位是指关节而失去正常的对合关系。关节脱位也称脱臼。关节面部分失去正常对合关系称关节半脱位,关节脱位是以脱位方向而命名的,其原则是以关节远侧骨端的移位方向而定,如肘关节后脱位是指尺骨端移至肱骨髁的后方。本篇仅讨论人体最重要的肩、肘、腕、髋、膝、踝六大关节脱位的机制及其特点。

(一) 肩关节脱位

肩关节由肱骨头及肩盂构成。肩关节脱位是全身关节最常见的部位(约占50%),而引起肩关节脱位的原因中以损伤占多数(80%以上),肩关节脱位分四型,即前脱位,后脱位,下脱位以及盂上脱位,其中前脱位占95%以上。肩关节前脱位有四种形式(如图3-2-27所示):(1)喙突下脱位,是指肱骨头位于喙突下方的脱位常发生于间接暴力(肩关节处于外展或外旋位时上肢暴力的传导)和直接暴力(外力直接作用于肩外侧或后外侧)时肱骨头冲破关节囊、滑出肩胛盂所致。(2)盂下脱位,是指因肩关节外展外旋伴有后伸时,肱骨头因肩峰的抵触而向前下发生的移位。(3)锁骨下脱位,是指盂下脱位伴有侧方外力时,肱骨头移向锁骨下所致。(4)胸腔内脱位,是指锁骨下脱位的肱骨头使肋骨断离而进入胸腔,此情况极少见。肩关节前脱位最典型的临床征象一是肩部失去圆浑轮廓而出现方肩畸形,二是患侧肘在紧贴胸壁的同时无法搭手于对侧肩部(称Dugas征阳性)。

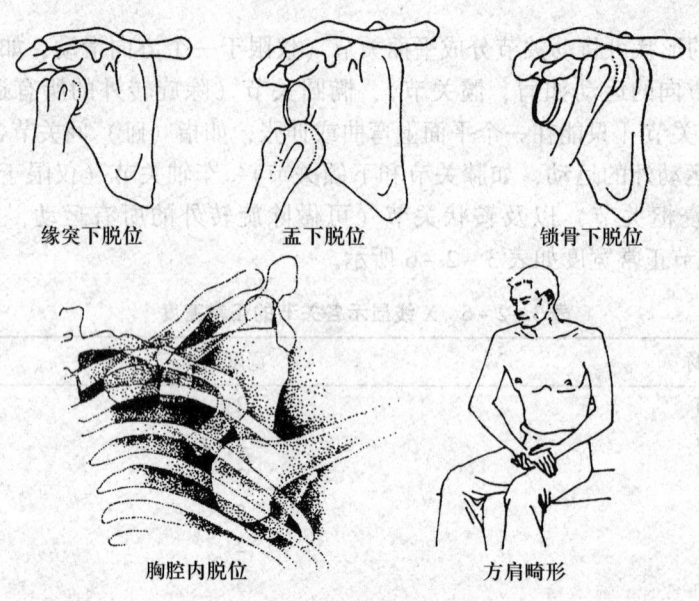

图3-2-27 **肩关节前脱位的四种类型以及方肩畸形**(引自翟桂华,1990)

(二) 肘关节脱位

肘关节由肱骨下端和尺桡骨的上端构成,是一复合关节,即由肱尺、肱桡、桡尺三组关节包在一个关节囊内构成。肘关节脱位也十分常见,一般可分为四种类型:(1)后脱位,多在前臂旋后位时手掌撑地传导所致,为最常见类型(如图3-2-28所示)。肘关节后脱位时,尺骨鹰嘴移位于肱骨髁之后,常伴有内侧副韧带损伤和肱桡关节脱位。(2)前脱位,少见。多系前臂固定时肘部旋转致使尺桡骨脱位移至肱骨髁前方。(3)内脱位,系因肘内翻受力所致,关节囊内侧及由侧副韧带损伤轻而对侧损伤重(如图3-2-29所示)。(4)外脱位,系因肘外翻受力所致,特点与内脱位相似。

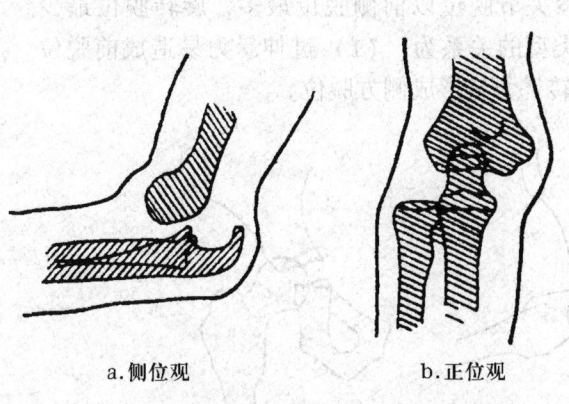

a. 侧位观　　　b. 正位观

图3-2-28　肘关节后脱位合并桡侧脱位畸形

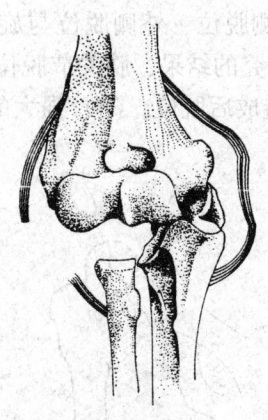

图3-2-29　肘关节内脱位伴
外侧关节囊及韧带损伤

（三）腕关节脱位

腕关节包括桡骨远端、下尺桡关节、腕骨以及丰富的韧带。腕关节因构成骨较多，其脱位类型也较多，但均以半脱位为主。腕关节脱位的产生机理多由直接外力所致，以下尺桡关节脱位为例，当跌倒扭伤或突然提重物时，腕关节桡偏、背屈或旋转时均可致尺桡关节脱位，或引起尺骨小头向背侧或向掌侧的脱位。腕关节脱位多伴有骨折发生，如下尺桡关节脱位多在克雷斯骨折、史密斯骨折、盖氏骨折发生时，腕掌关节脱位常伴有掌骨、头状骨、钩骨等骨折。

（四）髋关节脱位

髋关节是人体上最大的关节，且由对位紧密的杵臼结构以及强大的肌肉和韧带所构成。因此，只有异常强大的暴力（如车祸）、伴有骨盆骨折以及年老人关节结构退化时才易发生脱位。按股骨头脱位后与髂前上棘和坐骨结节的联线的位置关系，可将髋关节脱位分为前脱位、后脱位以及中心脱位三种类型（如图3-2-30所示）。（1）后脱位，占髋关节脱位的80%以上。易发生于屈膝和髋关节屈曲内收、股骨有轻度内旋时，当膝部受暴力作用，力可传导使股骨头从髋关节囊后下部较薄弱区脱出，多见于车内乘客因突然刹车导致的膝部受力以及屈髋弯腰时骨盆受由后向前方向的暴力作用。临床上根据是否伴有骨折将后脱位分成五个类型。后脱位后患肢缩短、髋关节呈屈曲、内收、内旋状的典型畸形。（2）前脱位，较少见，易发生于屈膝、髋关节外展、股骨外旋、膝部受力以及外力由体侧向内下方直接作用于大腿近端时，其结果使股骨头穿破关节囊，从髂股韧带与耻股韧带之间的薄弱区脱出。前脱位后典型征象为患肢外展，外旋和屈曲畸形。（3）中心脱位。系侧方暴力直接作用于股骨粗隆区伴有髋臼骨折的髋关节脱位。根据产生时状态不同可分为股骨水平移动，穿过髋臼内侧壁进入骨盆腔累及耻骨部分（Ⅰ型）；股骨头向后方移动，导致髋臼后部骨折（Ⅱ型）；股骨头向上方移动，导致髋臼顶部骨折（Ⅲ型）或髋臼粉碎性骨折（Ⅳ型）。

（五）膝关节脱位

膝关节是全身结构最复杂的关节，由胫股关节、髌股关节、半月板、众多的韧带及其强大的肌群所构成，主要做伸屈运动，在屈曲位时兼有旋转运动功能。因其接触面广而韧带坚固，一般外力极难使其脱位，只有当发生骨折和韧带损伤存在时才可能发生脱位。膝关节脱位根据胫骨移动的方向可分成五种类型，即前侧脱位、后侧脱位（如图3-2-31

所示）、内侧脱位、外侧脱位与旋转脱位。膝关节脱位以前侧脱位最多，旋转脱位最少。根据实验研究的结果，膝关节脱位的机理和类型的关系为：（1）过伸暴力易造成前脱位。（2）碾轧造成后脱位。（3）强大的侧翻和扭转暴力易形成侧方脱位。

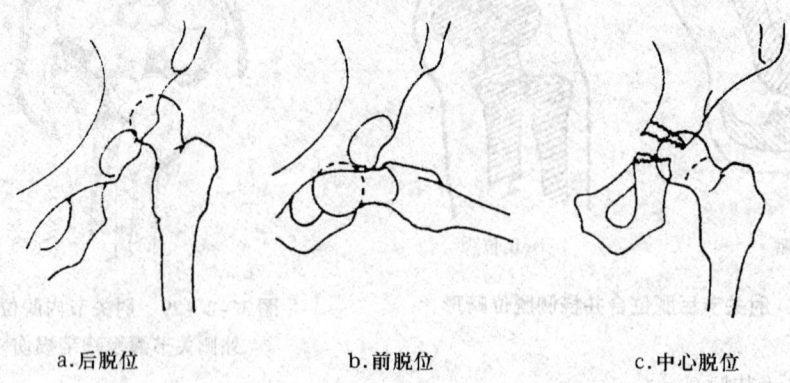

a.后脱位　　　　　　b.前脱位　　　　　　c.中心脱位

图3-2-30　髋关节脱位类型示意图

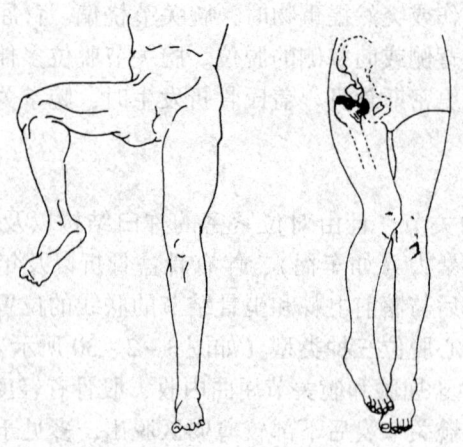

图3-2-31　膝关节前侧脱位（左）和后侧脱位（右）引起的畸形

（六）踝关节脱位

踝关节由胫腓骨下端、距骨滑车以及胫腓横韧带和侧副韧带所构成，又称距骨小腿关节。踝关节主要做背屈和跖屈运动，跖屈时可有轻微的侧方运动。与膝关节相似，踝关节极少发生单纯脱位，脱位多在伴有韧带和骨折时发生。踝关节脱位多发生于足跖曲内翻时受力。外侧副韧带过度牵拉而断裂时，可引起半脱位。当伴有胫骨踝部骨折时，引起旋前和旋后为主的脱位。

第三节　脊柱及脊髓损伤

人类对脊柱及脊髓损伤的认识始于截瘫。约5000年前，古埃及医生Breasted曾对完性截瘫作了清晰的文字描述：四肢完全瘫痪，感觉丧失，排尿失去控制，阴茎异常勃起以及不自主地射精等。公元前5世纪，古希腊人Hippocrates发明了治疗脊椎损伤的牵引法，成为至今仍在沿用的经典方法。脊髓损伤一直是医学领域中的一个难点，至今尚未取得重大突破。在法医学实践中，脊柱和脊髓损伤是机械性损伤中的一个常见类型，法医学关注的重点是损伤的机制，损伤的类型以及损伤的后果。因脊柱损伤常伴有或引起脊髓损伤，故本节将两者合为一体加以讨论。

一、脊柱和脊髓的解剖生理特点

（一）脊柱的解剖结构特点

脊柱是人体躯干的中轴，位于背部中央，上接颅骨，下连髋骨。胸部有肋骨附着，前面构成胸腔，腹腔和盆腔的后壁（如图3-3-1所示）。脊柱中央形成椎管，内有脊髓。脊柱由椎骨、椎间盘以及韧带连接构成，成年人共有椎骨26节，包括7节颈椎、12节胸椎、5节腰椎、1块骶骨（儿童期为5节）和1块尾骨（儿童期为4节）。各椎骨之间以关节和韧带连接，除颈部的寰椎和枢椎外，各椎骨间有椎间盘相隔。成人脊柱总长度约70cm，呈类S形。其中椎间盘占骶骨以上总长的1/4，在长时间静卧或站立时，脊柱长度可因椎间盘水分含量变化及椎间盘的变形而有1~3cm的差异。

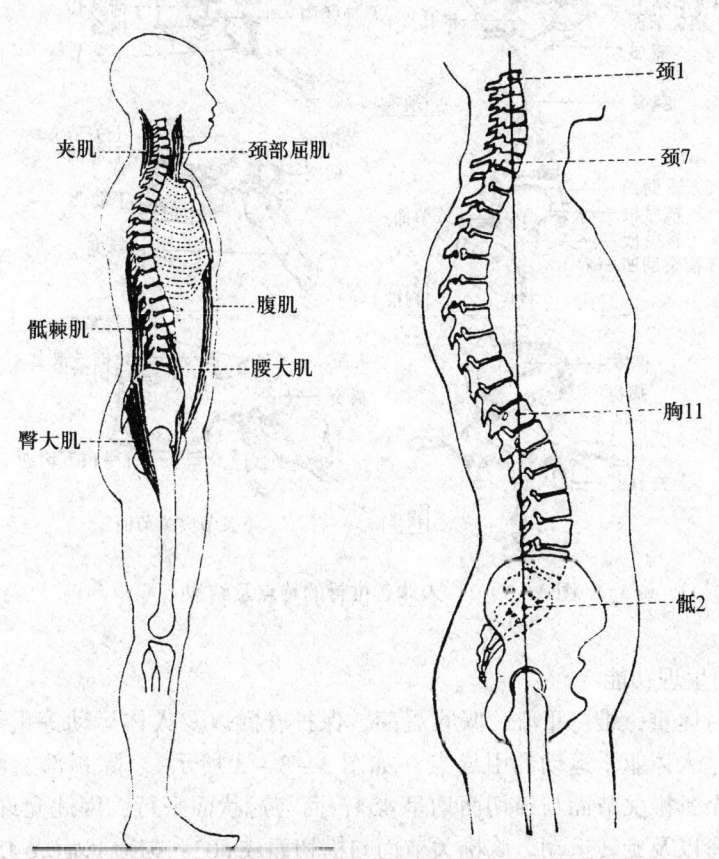

图3-3-1 人体脊柱的动力平衡（左）和脊柱曲线与重力线关系（右）示意图

除第1、第2颈椎和骶骨、尾骨外，椎骨的结构大同小异，由椎体、椎弓以及突起三部分组成，每节椎骨有7个突起，包括棘突、左右横突、左右上关节突和左右下关节突（如图3-3-2所示）。关节突是构成椎骨连接（椎间关节）的重要部分。由无数层纤维软骨环及其胶样物质构成的椎间盘共23个，位于第2颈椎至骶骨的各椎体之间。连接各椎骨的韧带主要有椎体前的前纵韧带，椎体后的后纵韧带，椎弓板之间的黄韧带，棘突之间的棘间韧带以及横突之间的横突间韧带等。

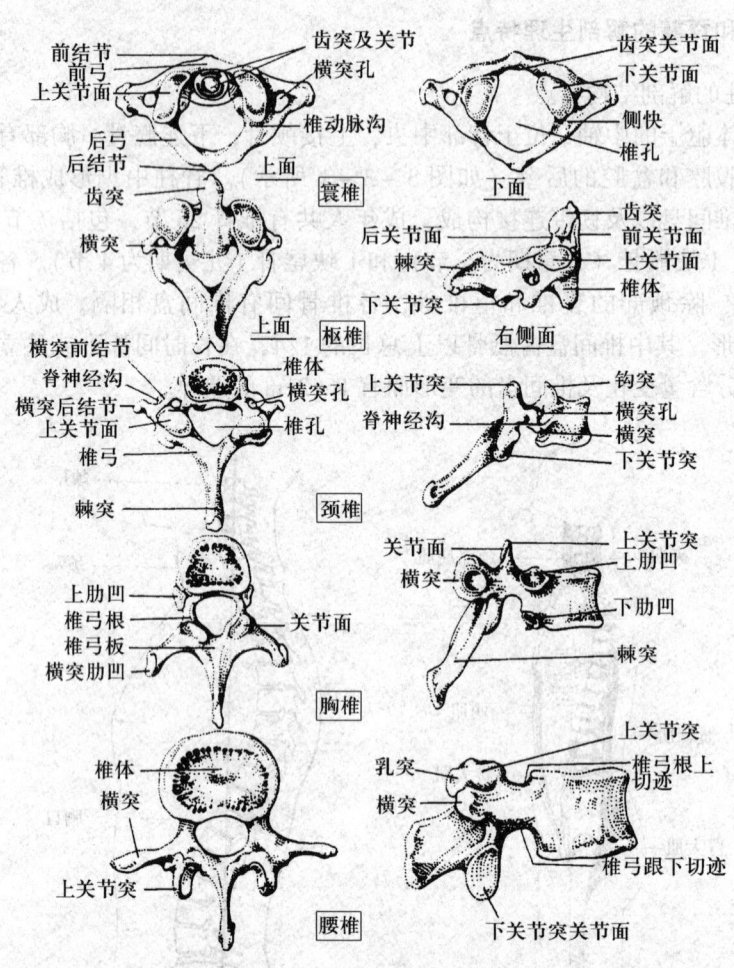

图3-3-2 人体各椎骨的特点及结构

（二）脊柱的生理功能

脊柱具有支持体重，维持重心，吸收震荡，保护脊髓以及人体运动等重要功能。脊柱后方的椎间关节是人体躯干运动的引导点（如图3-3-3所示）。除颈部上面椎骨关节面呈水平之外，其余颈椎关节面与横切面均呈45°，而与冠状面平行，因此允许颈3～颈7做屈曲、伸展、侧弯以及旋转运动。胸椎关节面与横切面成60°，与冠状面成45°，故只能做屈曲、伸展和侧弯。腰椎是躯干的主要负重区，据测量，体重70kg的人第3腰椎椎间盘的内压力也是70kg，当身体前屈时，椎间盘的负荷更大。人体姿势与腰部负荷直接有关，依次负荷大小为序：坐位＞直立＞卧位。实验结果表明，成人腰椎抗压极限可达500～

800kg，椎间盘强度则更大，故临床上常可见到椎体骨折而椎间盘完好。当人提重80kg物体时，腰椎间盘所受重力可达1000kg。而举重运动员之所以能举起数倍于体重的物体而不损伤椎骨，除了因胸腹肌肉收缩产生的腹内压膨胀支撑作用外，椎体及椎间盘强大的生物力学特性也引起了重要作用。

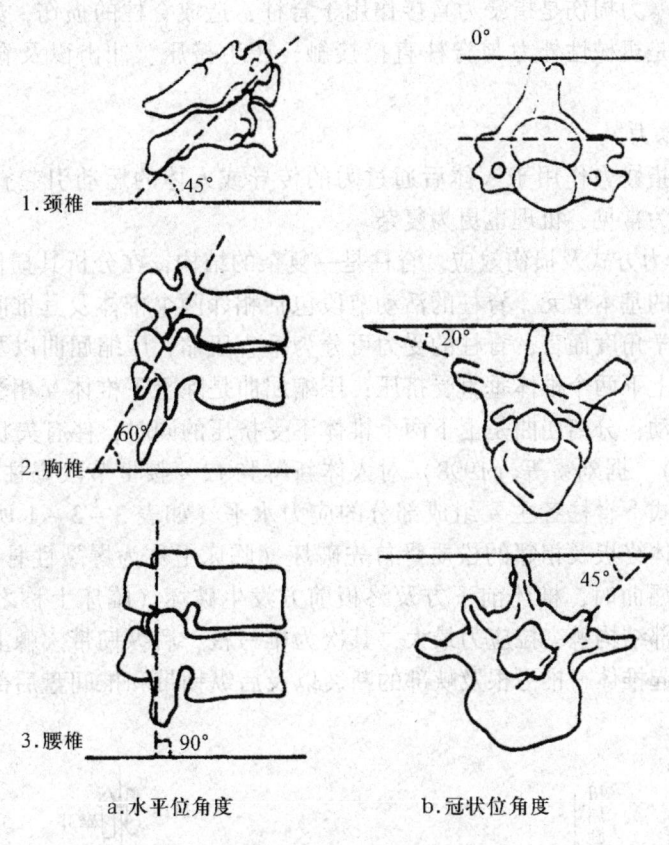

a. 水平位角度　　　　　　b. 冠状位角度

图3-3-3　脊柱椎间关节及其活动度示意图

（三）脊髓的结构和功能

脊髓是延髓向下的延续，由寰椎上缘起，至第2腰椎上缘终于圆锥，分颈髓、胸髓、腰髓三段。脊髓位于椎管内，呈前后稍扁的圆柱体，借前后两个纵沟分为对称的两半，成年人总长约45cm。与脑组织一样，脊髓也有三层膜性组织所保护，由外向内依次为硬脊膜、蛛网膜和软脊膜。脊髓发出前后根神经索构成31对脊神经根，包括颈节8、胸节12、腰节5、骶节5、尾节1。因脊柱生长速度较脊髓快，故成年人除颈段神经根接近水平进入相关颈椎椎间孔外，其他神经根逐渐向下斜行，至腰椎则形成马尾几乎呈垂直状。所以颈1髓节位于第1颈椎平面，胸1髓节位于第6颈椎平面，腰1髓节位于第12胸椎平面。

脊髓不仅是担负传递大脑神经冲动信号到机体各部的桥梁，也是自主控制运动、平衡、排尿、排便以及性功能的中枢，同时对机体呼吸、体温和血液循环也有调节功能。

二、脊柱和脊髓的损伤机理

因脊髓受到脊柱的良好保护，故绝大多数脊髓的损伤伴有脊柱损伤，或者说是由脊柱的损伤所引起。所以,这里主要讨论脊柱损伤的机理。除因枪弹、爆炸等少数开放性损伤外,脊柱的损伤多呈闭合性损伤。按损伤形式的不同,可将闭合性脊柱损伤分为直接暴力和间接暴力两种。

(一) 直接暴力

脊柱的直接暴力损伤是指暴力直接作用于脊柱,造成脊柱的损伤,如工具打击、车辆撞击、碾轧等,是机械性外力与脊柱直接接触,产生挤压、冲击以及脊柱的异常运动的结果。

(二) 间接暴力

间接暴力是指暴力作用于人体后通过力的传导或人体的运动引起脊柱异常运动的结果,在实践中较为常见,机理也更为复杂。

1. 脊柱的受力方式及损伤效应。脊柱是一复杂的结构,在分析其损伤机理时,常将活动节段作为分析的基本单元。脊柱的活动节段包括相邻两个椎体及其椎间盘、小关节和韧带等。从生物力学角度而言,脊柱的受力可分为垂直压缩、压缩屈曲以及分离屈曲三种方式。垂直压缩是上下两个椎体垂直受挤压;压缩屈曲是除上下椎体互相受挤压的同时,伴有矢状方向的运动;分离屈曲是上下两个椎体不受挤压的同时,伴有矢状方向的运动(如图3-3-4所示)。据刘雷等(1998)对人体新鲜胸12~腰1节段脊柱力学实验的结果,得到三种受力方式下脊柱各主要组成部分的应力水平(如表3-3-1所示)。他们认为:垂直压缩时,椎体终板及相邻的松质骨首先破坏(临床上称为爆裂性骨折),之后是椎间盘的损伤;压缩屈曲时,椎体前下方及终板前方发生破坏(临床上称之为压缩性骨折);分离屈曲时,后部结构棘突拉应力最大,其次为椎弓根、后纵韧带、棘上和棘间韧带以及椎间盘后部,引起椎体、椎弓根及峡部的断裂以及后纵韧带和椎间盘后部的撕裂,椎体的分离。

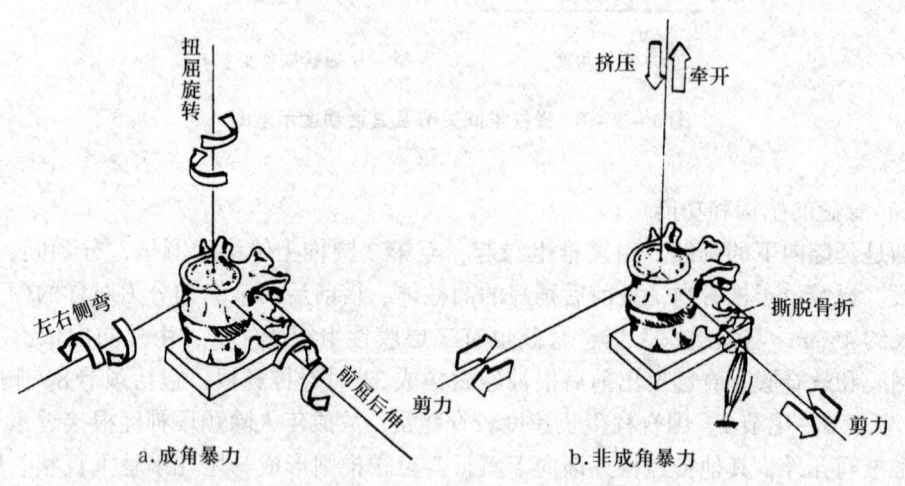

图3-3-4 脊椎的受力方式示意图

2. 脊柱间接暴力的基本类型。按在实践中发生间接暴力的形式可分为三种基本类型:(1) 力的传导。见于人体坠落后头、肩、足、臀部位着地,人体的重力沿着脊柱传导,产生局部的损伤。此类型与前述的垂直压缩相似,常在脊柱稳定和活动的交界处(如胸12~腰1)引起损伤。(2) 脊柱的屈曲。当人体受力后,身体猛烈屈曲(如高坠、交通意外等),当超过脊柱的曲度范围时发生损伤,此类型似压缩屈曲受力,好发于胸、腰段交界处和颈椎的上段。(3) 脊柱的伸展。人体因后背着力(如高坠时背部遇障碍物或刹车时车内人体突然后仰等)而过度伸展时,超出脊柱的正常伸展极限而发生牵拉损伤。此类型似前述的分离屈曲,常见于颈椎的中下段。

表 3-3-1　三种受力方式下脊柱各组成部分的应力 (MPa)

	垂直压缩	压缩屈曲	分离屈曲
椎体皮质骨	43.25 ± 32	49.19 ± 32	38.61 ± 20*
椎体松质骨	5.14 ± 1.86	4.96 ± 2.8	2.89 ± 1.3*
终板	45.38 ± 30*	41.56 ± 38*	11.45 ± 5.5*
纤维环	5.21 ± 2.8	5.54 ± 2.5	3.25 ± 0.4*
后部结构	7.64 ± 6.9	6.84 ± 5.0	50.45 ± 45*

(引自刘雷等,1998)　　*拉应力

间接暴力所致的脊柱损伤与暴力的方向有密切关系,暴力在脊柱上的分解形式简单而论可视为垂直和水平两种。垂直分力主要产生上下椎体间的压缩,而水平分力主要产生椎体的前后移位。所以,前者产生压缩性骨折,后者则易引起椎体脱位(如图 3-3-5 所示)。当然,在实践中并非如此简单,往往一次暴力可同时引起程度不同的受力方式和混合类型,引起多种损伤(如骨折伴脱位等)的后果。

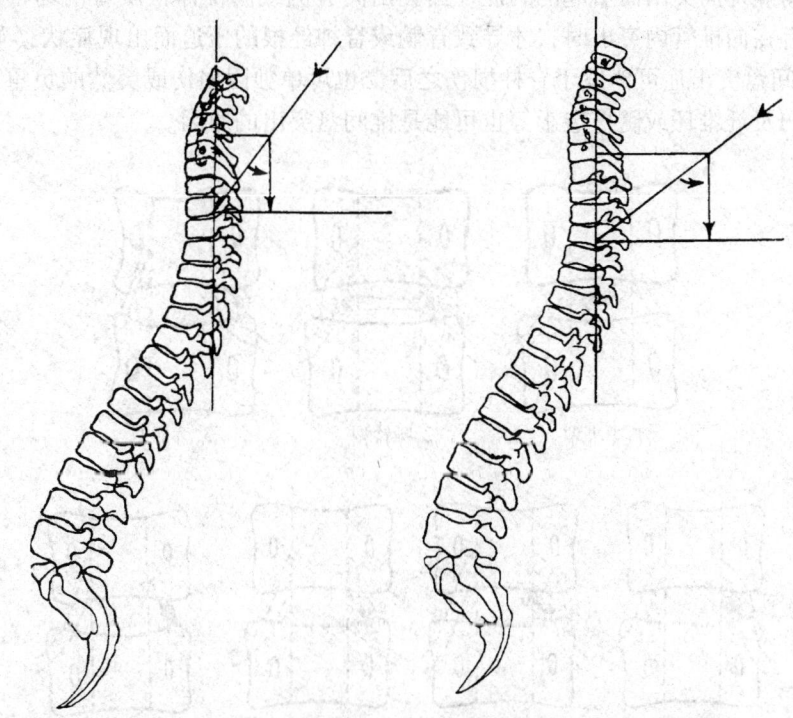

a. 垂直分力较大时容易发生压缩骨折　　b. 水平分力较大时容易发生脱位

图 3-3-5　暴力在脊柱上的分解及其导致的后果示意图

三、脊柱损伤的类型和特点

脊柱损伤占骨骼损伤发生率的5%左右。胸腰椎损伤多于颈椎损伤。按解剖学结构不同可将脊柱损伤分成韧带损伤、椎间盘损伤以及椎骨损伤三大常见类型。

（一）韧带损伤

脊柱的韧带除黄韧带由弹性纤维构成为主外，多数由胶原纤维构成，承担脊柱的大部分张力载荷，保持脊柱的稳定。据实验研究，前纵韧带的拉伸应力极限为21MPa，后纵韧带为20MPa，棘间韧带为15MPa。脊柱直接受力或突然扭转、屈曲、侧弯等时常发生脊柱周围韧带损伤，导致椎间盘移位而造成椎体的不稳。另外，韧带损伤后因疼痛引起肌肉收缩痉挛可致局部软组织循环障碍，形成肿胀、出血等，可刺激脊神经根发生炎症等病变。

（二）椎间盘损伤

椎间盘由髓核、纤维环和软骨板构成。髓核位于椎间盘中部，由含80%水分的粘弹性凝胶组成；纤维环由十二层互相呈交叉走行的胶原纤维包绕髓核而成；软骨板分上下两层与椎体连为一体。椎间盘的力学性能主要是承受载荷、吸收震荡、减缓冲击以及传导应力。根据实验研究，胸腰段椎间盘压缩强度为10.8～11.2MPa，拉伸强度为2.6～3.0MPa；其承载能力由上至下递增。椎间盘纤维环前后部位强度比两侧高，髓核最低，沿纤维环走行方向的强度是水平方向的3倍。

因损伤而引起的椎间盘病变主要是椎间盘突出症，是指椎间盘髓核或部分软骨板通过纤维环的薄弱点外向突出而引起的病症。当突出向旁侧或向椎体松质骨内均不会形成特殊症状，而只有在向椎管内突出时，才导致脊髓或脊神经根的压迫而出现症状（如图3-3-6所示）。椎间盘突出症可伴发于脊柱损伤之后，也可单独因损伤或突然的负重而产生。此外腰椎穿刺伤及纤维环或髓核造影等也可能是椎间盘突出的原因。

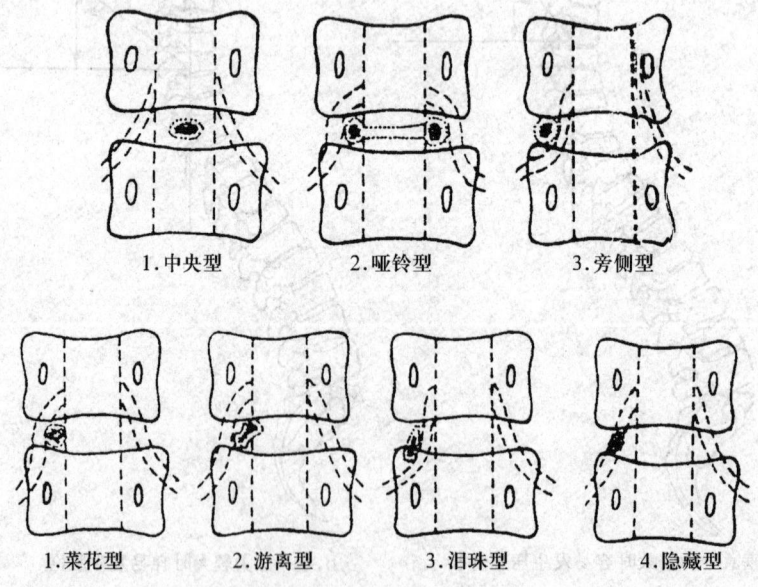

图3-3-6 椎间盘突出症隆起型（上）和破裂型（下）分类示意图

椎间盘突出症最常见的位置为腰椎段，其次为颈椎段，胸椎段较少见。多数出现于椎骨无后纵韧带覆盖的后外侧。根据临床统计，椎间盘突出症发生的频率在腰椎段依次为：腰5～骶1、腰4～腰5、腰3～腰4；颈椎段依次为：颈5～颈6、颈6～颈7、颈4～颈5；胸椎段以胸9～胸12居多。临床上根据椎间盘突出的形态学特点将其分为隆起型和破裂型两大类型。隆起型又可分为中央型、哑铃型、旁侧型三个亚型，破裂型又可分为菜花型、游离型、泪珠型和隐蔽型四个亚型。腰椎间盘突出症和颈椎间盘突出症的部位及其临床表现分别如表3-3-2和表3-3-3所示。胸椎间盘突出症的主要表现为：（1）神经根疾病。（2）下肢痉挛性瘫痪伴广泛的感觉，运动及括约肌功能障碍。（3）病变的椎间隙内常可见钙化点。

表3-3-2 腰椎间盘突出的部位及其表现

	腰3～腰4	腰4～腰5	腰5～骶1
压痛点	腰3腰椎棘突	腰4腰椎棘突	腰5腰椎棘突
放射性叩痛	腰3腰椎棘突旁	腰4腰椎棘突旁	腰5腰椎棘突旁
压颈试验引起的痛区	足及小腿内侧	大趾及足内侧	足背外侧三足趾
反射改变	膝反射消失，踝反射正常	膝踝反射正常，胫后肌反射消失	膝反射正常，踝反射消失或减退
感觉过敏或感觉异常	腰4神经分布区	腰5神经分布区	骶1神经分布区

（引自史玉泉，1994）

表3-3-3 颈椎间盘突出的部位及其表现

	颈4～颈5	颈5～颈6	颈6～颈7	颈7～胸1	胸1～胸2
疼痛分布范围	颈、肩胛、肩、前胸及上臂	颈、肩胛、肩、前胸上臂外侧及前臂背部	颈、肩胛、肩、前胸上臂及前臂背侧	颈、肩、前胸、上臂与前臂的内侧	颈、肩胛、前胸、上肢及前肢内侧
麻木及感觉异常区域	上臂及三角肌区的外侧	拇指与食指，有时没有	食指及中指	小指及无名指，有时涉及中指	前臂的尺侧
肌力减弱的肌肉	冈上、冈下、三角肌、肱二头及肱桡肌	肱二头、桡侧伸腕肌	肱三头肌	伸腕肌群，除桡侧屈腕肌以外的所有屈腕肌及手内小肌	手内小肌都受影响而减退
反射改变	肱二头肌及肱桡肌反射消失	肱二头肌反射消失	肱三头肌反射消失	肱三头肌腱反射消失	无，有颈交感神经麻痹综合征

（引自史玉泉，1994）

（三）脊椎损伤

尽管脊柱是一个整体，但因脊柱各个运动节段的解剖学构造及其连接方式的差异，脊柱损伤后会出现许多不同的损伤类型及特点。例如，颈椎与颅骨连接较紧密，常是整体移动，故颈椎损伤多发生在颈1和颈2之间以及颈7和胸1之间；胸椎因有肋骨附着构成筒形，故不易造成屈曲或过伸型的损伤，而易发生旋转扭曲损伤；腰椎波动度大，也是人体负重的中心，损伤易发于胸1和腰2之间的以及腰3、4之间。形态学上脊椎的损伤主要有两类：一是脱位，是指椎间关节的移动使椎体发生位置改变。二是骨折，是指脊柱结构完整性的改变。脊椎的骨折形式主要有线性、粉碎性（压缩性）以及撕脱性三种（如图

3-3-7所示)。其中粉碎性最为多见。临床上根据脊椎损伤的程度确定了分级标准(如表3-3-4所示),认为骨折移位在椎体前后径1/3以内的称稳定型,超过1/3的称不稳定型。

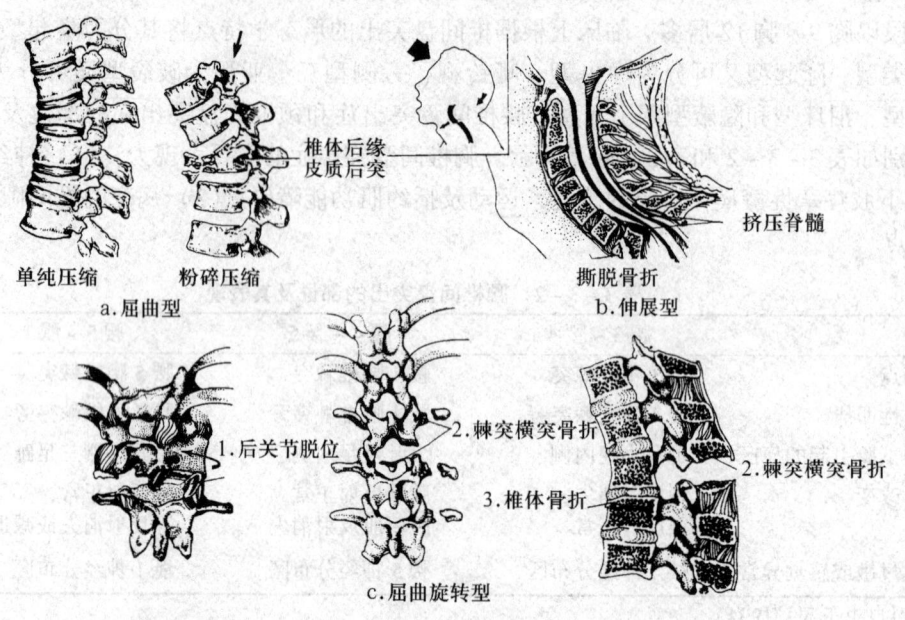

图3-3-7 脊柱骨折的主要类型及其后果示意图

表3-3-4 椎骨骨折脱位及压缩性骨折分级标准

级别	椎骨脱位分级	椎体压缩性骨折分级
一级	移位＜椎体前后径的1/4	椎体前方仅有小块三角形骨质撕脱
二级	移位约椎体前后径的1/4～2/4	骨折累及椎体上半部,下缘完好
三级	移位约椎体前后径的2/4～3/4	骨折涉及椎体下缘并有骨碎片后移
四级	移位约椎体前后径的＞3/4	整个椎体碎裂并有碎骨片突入椎管

1. 颈椎损伤。根据受外力后颈椎运动方式的不同,可将颈椎损伤分为:(1)屈曲型损伤,包括向前脱位、椎体楔形压缩骨折、泪滴型骨折(多指椎体软骨板的撕脱性骨折)以及侧压关节突骨折。(2)屈曲旋转型损伤,主要为关节突骨折,同时伴有韧带椎间盘损伤。(3)伸展型损伤,包括泪滴型骨折、前向性脱位、寰椎后弓骨折、枢椎椎弓根骨折(也称绞刑骨折)。(4)伸展旋转型损伤,指暴力集中在椎体中下部和下部的关节上发生的关节柱骨折。(5)垂直压缩骨折,包括寰椎挤压分离骨折和椎体爆裂形骨折。上述各种颈椎的损伤位置、类型及其形成机理如表3-3-5所示。

2. 胸腰椎损伤。胸腰椎因其解剖学特点,与颈椎相比较少发生单纯性脱位和旋转性损伤,表3-3-6列举了胸腰椎损伤的主要类型、部位、机制及其特点。

3. 骶尾骨骨折。骶尾骨骨折常与骨盆骨折合并发生,多系摔伤,臀部着地直接受力所致。因骶尾骨在成人已融合且无脊髓结构附着,故一般骨折后不会发生脊髓压迫,但仍可压迫脊神经根或其分支。骶尾骨骨折后症状以锐痛为主,偶有鞍区麻木及坐骨神经部分损伤的征象。

表3-3-5 颈椎骨折脱位的类型及其机理

颈椎损伤部位		损伤机理
颈1	寰椎侧块分离及椎弓骨折	轴位垂直撞击或伸展挤压
颈1~颈2	①寰椎前脱位	屈曲、寰椎横韧带断裂
	②齿状突骨折脱位	头颈屈曲或伸展
	③寰椎后脱位	过伸、寰椎自齿突上方滑脱后脱位
	④寰椎旋转脱位	头顶左右猛力扭转、损伤关节韧带
颈2	椎弓根骨折、椎体前脱位	过伸挤压、加速减速损伤、绞刑
颈3~7	①颈椎后关节脱位	屈曲、旋转
	②椎间盘损害、椎体向前半脱位	屈曲或水平剪力
	③椎楔裂压缩或泪滴型骨折	屈曲挤压
	④爆裂型骨折椎体粉碎移位	轴位垂直挤压、跳水撞击头顶
	⑤单发或多发关节柱骨折	伸展合并侧屈及扭转挤压
	⑥椎板骨折、椎体前下方撕脱骨折	过伸挤压、前方撕脱
	⑦棘突骨折,包括铲土骨折	屈曲扭转、肌肉韧带牵拉
	无固定损伤部位,如火器伤	冲击贯通、弹片爆炸

(引自冯雨亭,1990)

表3-3-6 胸腰椎损伤的类型及其特点

骨折类型	常见部位	成伤机制	特点
椎体楔形压缩骨折	胸腰段	屈曲	椎体前方压缩,椎弓棘突或有轻度骨折,后部稳定,结构基本完整
椎体侧方楔形压缩	中腰段	侧屈	侧压,可伤及后部小关节
椎体前缘撕脱骨折或峡部断裂	下腰部	伸展	椎间盘、椎体牵拉破裂,椎弓、关节突可受压骨折,前方后方稳定结构部分破坏
椎体楔形变,椎体前下方骨质撕脱,向前侧方旋转移位	胸12腰1	屈曲或伸展合并旋转	椎间盘破裂,椎体前下方三角形骨片移位,后方小关节骨折、单侧或双侧脱位,前后部稳定结构均受破坏
椎弓根,椎板骨折或平行移位	胸腰段	剪切	轻者前部稳定结构及椎间盘破坏,重者前后部均破坏,椎板、椎弓根及后关节骨折脱位
椎体粉碎性骨折	中腰及下腰段	垂直挤压	前后方稳定结构破坏轻,爆裂形骨折者椎体后缘可有骨块挤入椎管
坐位束缚带骨折(Chance骨折)	中腰及下腰段	牵拉	移位通过骨质者破坏轻,通过韧带者破坏重,椎体、椎弓根均可有骨折或椎体轻度压缩
横突、棘突、关节突及痉挛性骨折	腰、胸及颈胸段	肌肉收缩韧带牵拉	椎体挤压骨折,附件撕脱骨折,前后部稳定结构无损伤破坏

四、脊髓损伤的类型和特点

脊髓属于中枢神经系统的一部分,具有重要的生命功能。脊髓损伤后缺乏完全再生能力,也无法恢复全部功能,所以对人体而言,脊髓损伤的后果是重大而又深远的。据临床资料统计,脊髓损伤的原因约80%来自脊柱的损伤,约10%来自颅脑损伤,约10%来自开放性的枪弹、爆炸、锐器等损伤。在法医学实践中,脊髓损伤是一个易被忽略的方面,

许多命案常规尸检后无法找到确切死因时，脊髓（尤其是颈髓）的检查往往能有所新的发现。在交通事故损伤评定以及活体损伤程度鉴定中，脊柱及脊髓的损伤常相伴出现。

（一）脊髓损伤的类型及特点

前已述及，脊髓的损伤大多是伴随脊柱的损伤而发生。在椎管外，椎板、椎体、碎骨片、椎间盘、韧带等的移位或变形可直接造成脊髓的冲击性或压迫性损伤。而椎管内，各种损伤原因所致的出血、水肿、感染等也同样会造成脊髓的压迫性损伤。根据脊髓损伤的程度不同，可分为脊髓震荡、脊髓挫伤以及脊髓横断三种基本类型。

1. 脊髓震荡。脊髓震荡是脊髓损伤中最轻的类型。损伤机理主要是脊髓受一过性的冲击（如椎体移位压迫后又迅速复位等）所致，表现为一种可逆性脊髓功能紊乱的特征。脊髓震荡又有生理性脊髓横断，脊髓休克征等多种称谓，临床上表现为损伤平面以下运动、感觉以及植物神经支配器官功能丧失，但在24小时之内开始逐渐恢复，在3~6周内可完全恢复而不留任何神经系统的后遗症。病理学上肉眼及常规切片检查脊髓无明显的实质性损伤改变，但近年来有人提出有脊髓灰质细胞性损伤的看法。脊髓震荡的发生机制目前仍未明了，有人研究脊髓细胞间化学传递物质的变化，提出神经细胞分子紊乱可能是脊髓震荡发生的原因。

2. 脊髓挫伤。脊髓挫伤也称脊髓不全性损伤。脊髓挫伤是指脊髓的实质性损伤，其发生机理是各种暴力通过冲击、压迫等方式造成脊髓轴索、实质、脊膜以及血液循环等方面的结构性改变。脊髓挫伤最常见的原因仍是脊柱损伤的影响结果，如骨折脱位时椎体后缘的顶压，黄韧带皱折的挤压，齿状关节突移位以及椎间盘髓核突出进入椎管等。病理形态学上，脊髓挫伤肉眼可见脊髓紫红色肿胀，点片状出血或血肿以及脊髓组织的软化。镜下可见脊髓神经元的变性坏死、出血，纤维髓鞘脱落坏死，轴索碎裂崩解以及炎性细胞浸润等。临床表现为损伤平面以下（有时可在损伤平面以上1~2个节段）的不完全性截瘫，如会阴区感觉存在或足趾运动存在而其他感觉、运动及植物神经支配的功能皆丧失。经治疗后24~48小时内部分功能可开始恢复，在6周内可多数功能恢复，但大多留有终生的神经系统后遗症。一般来说，下位脊髓（如腰髓、马尾等）损伤较上位脊髓（颈、胸髓）损伤恢复要好。根据脊髓挫伤位置的不同，临床上尚有以下几种特殊类型的损伤：（1）脊髓半侧损伤综合征，是指脊髓一侧损伤，多见于脊椎单侧脱位所致，其特点是损伤侧运动瘫痪，而健侧感觉障碍。（2）中央型脊髓损伤综合征，是指脊髓中央部分损伤，多见于颈椎后伸及爆裂性骨折所致。其特点为上肢截瘫重于下肢，感觉不全丧失。（3）前脊髓损伤综合征，是指脊髓前部损伤，多见于脊椎的伸展性屈曲引起的骨折，其特点为截瘫平面以下的深感觉存在，而运动丧失。（4）后脊髓损伤综合征，是指脊髓后部的损伤，其特点是损伤平面以下深感觉丧失，而浅感觉与运动瘫痪程度不等。

3. 脊髓横断。脊髓横断，也称脊髓完全损伤，是指脊髓的实质，包括神经纤维束和神经细胞的严重破坏。多见于椎体脱位、后关节骨折脱位以及骨片、椎间盘等直接侵入椎管并较长时间压迫脊髓所致，少数见于弹枪、爆炸物、锐器等的开放性损伤。病理学上表现为早期仅累及灰质，6小时后侵及白质，造成脊髓中央进行性出血坏死，血管痉挛，轴浆外溢，溶酶体释放，24~48小时内可致损伤节段脊髓完全性坏死。临床上表现为损伤平面以下深浅感觉完全丧失，运动完全瘫痪，浅反射消失，大小便失禁等。脊髓横断后数小时，各类反射开始出现，其次序一般从下向上，先从肛门反射、球海绵体肌反射和跖反射开始；开始为弛缓性瘫痪，后则表现为痉挛性瘫痪，并出现病理性反射，这是脊髓横断的重要特征。脊髓横断一般都将留有终生性的后遗症。

4. 神经根及马尾损伤。在胸10至腰1椎体之间，腰、骶段脊髓与腰、骶神经根相邻，该处骨折可致脊髓和神经根分别或联合性损伤。脊髓损伤后，功能难以恢复，而若神经根损伤不严重，经神经的再生修复，功能可有恢复。第2腰椎以下骨折或移位可引起马尾损伤，导致损伤平面以下感觉、运动、反射消失，膀胱无张力。若马尾未完全断裂或断裂后经人工缝合，神经可经再生修复而恢复部分功能。

分析脊髓损伤后的症状与体征时，应特别注意以下几点：（1）损伤平面。损伤平面直接关系到脊髓及脊神经所支配的范围，因脊柱与脊髓节段的不同步，故损伤脊柱的位置并不代表脊髓的位置。（2）损伤平面位置越高，对人体的危害越大，如胸、腰、骶椎的损伤一般造成下肢瘫痪，而颈椎的损伤不仅导致四肢的瘫痪，甚至可引起呼吸肌功能障碍。（3）脊髓损伤往往不限于一个髓节，因出血、水肿及牵拉的作用，上、下数个髓节常可表现为同时受累。（4）瘫痪的类型和时间。伤后立即发生截瘫提示脊髓的横断，功能性脊髓横断也称脊髓震荡，多为弛缓性瘫痪且恢复较快，而器质性脊髓横断则除反射可恢复外，其余功能基本终身丧失，反射的恢复也由下至上，由深至浅，由弛缓性瘫至痉挛性瘫。（5）脊椎移位距离与截瘫有密切相关性，如脊椎突入椎管 < 1cm 者，多系不全性瘫，而 > 1cm 者，则多为完全性瘫。

（二）脊髓损伤的严重性评价

脊髓损伤严重程度的评价，关系到临床的救治、预后的判断以及损伤的分析。在法医学实践中也有利于伤情程度的判断和损伤状况的分析。目前评价脊髓损伤程度主要依靠神经功能的检查，主要有以下几种方法：

1. 截瘫指数法。截瘫指数法由天津医院最早提出，评定指标包括感觉、运动、括约肌功能三项，每一项又分成0、1、2三级分数，0分示正常，2分示三项功能完全丧失，1分则示介于 0 ~ 2 分之间。累计后即成截瘫指数，0 为正常，6 为完全性瘫，1 ~ 5 为不全性瘫。因该方法过于简单粗糙，目前已少被使用。

2. Frankel 法。由 Frankel 1969 年提出而命名。Frankel 法将损伤平面以下感觉和运动存留的情况分为五个级别（如表 3 - 3 - 7 所示）。但 Frankel 法未包括脊髓圆锥和马尾损伤，也无反射和括约肌功能指标，因此目前多由临床修订后使用。

表 3 - 3 - 7　Frankel 脊髓损伤分级法

等级	功能状况
A	损伤平面以下深浅感觉完全消失，肌肉功能完全消失
B	损伤平面以下运动功能完全消失，仅存某些包括骶区感觉
C	损伤平面以下仅有某些肌肉运动功能，无有用功能存在
D	损伤平面以下肌肉功能不完全，可扶拐行走
E	深浅感觉肌肉运动及大小便功能良好，可有病理反射

3. ASIA 法。ASIA 是美国脊髓损伤协会的英文缩写，1982 年，ASIA 根据 Frankel 法重新修订了一种脊髓损伤分级法（如表 3 - 3 - 8 所示）。但此方法也仍是在半定量基础上而成，而且各级损伤间的界限也较模糊。

表3-3-8 ASIA脊髓损伤分级

等级	功能状况
A	完全性损害在骶段（S_{45}），无任何感觉、运动功能保留
B	不完全性损害在神经平面以下包括骶段（S_{45}）存在感觉功能，但无运动功能
C	不完全性损害在神经平面以下存在运动功能，大部分肌的肌力小于3级
D	不完全性损害在神经平面以下存在运动功能，大部分肌的肌力大于或等于3级
E	正常感觉和运动功能正常

4. 国际脊髓损伤评分标准。国际脊髓损伤评分标准是1990年由美国急性脊髓损伤研究会、国际截瘫医学学会等专业组织提出的一种用积分方法表述脊髓损伤严重度的方法。因其能使损伤程度定量化而便于统计和比较，是目前最好的脊髓损伤评分方法，1992年开始在世界各国广泛推广应用。这一分类标准基本方法是：（1）挑选感觉神经检查28个皮区关键点（如表3-3-9所示）和运动神经检查10个关键肌肉（如表3-3-10所示）。

表3-3-9 感觉检查的关键点（双侧）

神经节段	检查部位	神经节段	检查部位
颈2	枕骨粗隆	胸8	第8肋间*
颈3	锁骨上窝	胸9	第9肋间*
颈4	肩锁关节的顶部	胸10	第10肋间*
颈5	肘前窝的外侧面	胸11	第11肋间*
颈6	拇趾	胸12	腹股沟韧带中部
颈7	中指	腰1	胸12与腰2间上1/2处
颈8	小指	腰2	大腿前中部
胸1	肘前窝的尺侧面	腰3	股骨内踝
胸2	腋窝	腰4	内踝
胸3	第3肋间*	腰5	足背第三跖趾关节
胸4	第4肋间（乳线）*	骶1	足跟外侧
胸5	第5肋间*	骶2	腘中点
胸6	第6肋间（剑突水平）*	骶3	坐骨结节
胸7	第7肋间*	骶4~5	肛门周围（作为一个平面）

*代表位于锁骨中线上的关键点

表3-3-10 运动检查的关键肌（双侧）

神经节段	相应的检查肌群
颈5	屈肘肌（肱二头肌，肱肌）
颈6	伸腕肌（桡侧腕长、短伸肌）
颈7	伸肘肌（肱三头肌）
颈8	中指屈指肌（固有指屈肌）
胸1	小指外展肌（小指展肌）
腰1	屈髋肌（髂腰肌）
腰2	伸膝肌（股四头肌）
腰3	踝背伸肌（胫前肌）
腰4	长伸趾肌（拇长伸肌）
骶1	踝跖屈肌（腓肠肌、比目鱼肌）

(2) 在感觉检查的每个关键点上检查2种感觉，即针刺觉和轻触觉并按3个等级打分(0为缺乏；1为障碍；2为正常)，结果每个皮区感觉有左右侧针刺觉和轻触觉四种，最后将每侧皮区评分相加，即产生针刺觉评分和轻触觉评分两个总评分。(3) 运动检查从下向上，各肌力均用临床0~5级分级法，最后得到两侧肌节的总评分。(4) 除上述检查外，还要求检查肛门外括约肌的感觉和运动，如均存在，脊髓损伤是不完全性的，如均消失则是完全性的。

（三）儿童脊柱和脊髓损伤

比较而言，儿童脊柱和脊髓损伤发生率仅占成人的1%~10%，但其死亡率却较成人高4~5倍（Hamilton等，1992），特别是完全性脊髓损伤（脊髓横断）的预后极差。

1. 儿童脊柱的解剖学特点。儿童脊柱的发育尚不成熟，柔韧性强而稳定性差，其脊柱和脊髓损伤的解剖学特点有：(1) 儿童的头部较大，头－身比例与成人不同，颈椎易受各方向惯性力量的损伤。(2) 儿童脊椎小关节面角度小且呈水平位，椎体呈楔形而脊柱活动度大，故易形成脱位。(3) 儿童颈部运动的支点在颈2和颈3节段，较成人（颈5和颈6）高，所以易导致高位颈椎损伤。(4) 棘间韧带与关节囊松弛，前后纵韧带的弹性大，故暴力易使椎体脱位。(5) 儿童脊椎弹性大，新生儿的脊柱沿纵轴可拉伸约5cm无损伤，但脊髓却仅可拉伸约0.6cm，所以过度的牵拉可致脊髓损伤而无脊柱损伤。

2. 儿童脊柱、脊髓损伤特点。由于儿童脊柱的解剖学独特性，所以与成人相比，儿童脊柱和脊髓损伤有以下特点：(1) 上颈椎和上胸椎损伤发生多。(2) 上颈椎损伤（颈1和颈2）、单纯性脊椎半脱位且放射学检查脊柱无异常的脊髓损伤发生率高。尤其0~8岁年龄组多见。(3) 椎体骨折和撕脱性骨折较少见，而软骨板损伤多见。(4) 迟发性脊髓损伤和完全性脊髓损伤的发生率高。(5) 9~14岁年龄组脊柱与脊髓损伤的特点趋于接近成人组。实际上，最有特征性的儿童脊髓、脊柱损伤是脊柱与脊髓损伤的不同步性。在成人，一般脊髓损伤多伴有脊柱的骨折脱位，而在儿童，常可表现为脊髓损伤但无明显的脊柱损伤。

第四节 颈部损伤

颈以斜方肌前缘为界分前后两部，即前面的颈部和后面的项部。颈的上界为下颌骨的下缘、外耳道和乳突，颈的下缘为胸骨的颈静脉切迹、锁骨和肩峰。颈部是人体头颅与躯干的连接部位，也是人体呼吸系统和消化系统的起始位置（如图3-4-1所示）。本节讨论的主要是狭义的颈部，即颈前部，而不包括项部。

颈部组织器官的功能直接与人体的生命功能相连。在法医学实践中，颈部可能是仅次于头部的最常见的致命性损伤的发生部位，其中主要的致命机理有两个：一是颈部的血管闭合，导致脑组织供血和供氧中断。二是呼吸道的闭合或堵塞，导致人体与外界空气交换的中断。因此，研究颈部损伤的法医学主要目的，就在于研究颈部组织的损伤与人体死亡发生之间的关系。

按照解剖学组织结构和常见损伤发生的位置差异，可将颈部损伤分为皮肤损伤、肌肉损伤、血管损伤以及骨骼损伤四种类型。

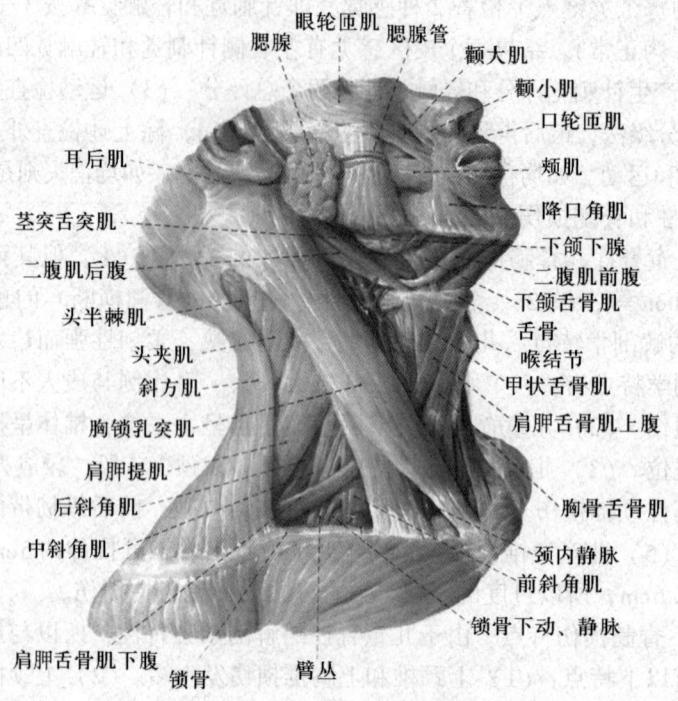

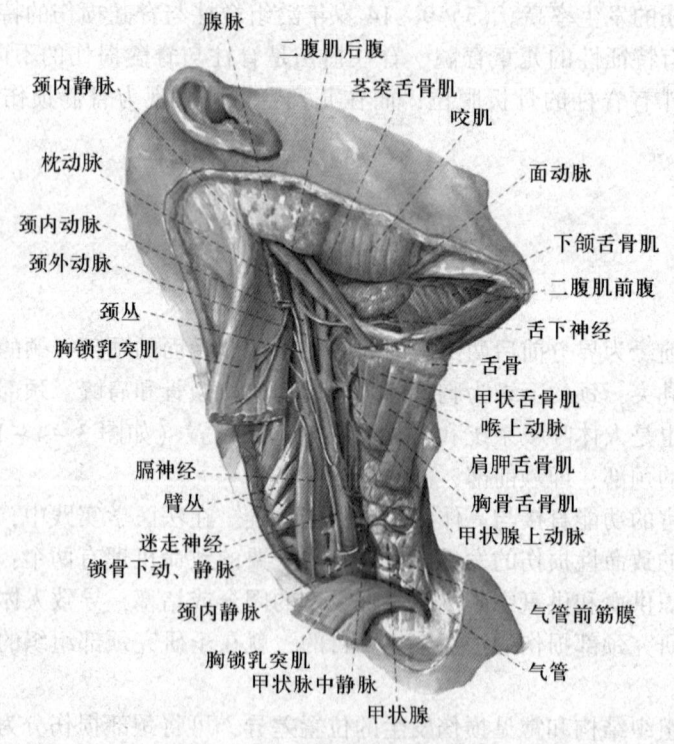

图 3-4-1 颈部解剖结构图

一、颈部皮肤损伤

颈部皮肤的特点是角化层薄,皮下组织菲薄,但血液循环丰富,而且伸展性好。故颈部皮肤受损伤后容易发生表皮剥脱和皮下出血,但不容易形成挫裂创。在法医学实践中,涉及颈部皮肤损伤的主要有三类方式,即徒手、绳索和锐器。

徒手形成的皮肤损伤多由手指的挫压所致,表现为表皮剥脱和皮下出血,在实践中常称为颈部扼痕。颈部扼痕的形态根据手指作用的方式不同而变化很大,如指甲形成的扼痕多呈弧形、新月形;指腹形成的扼痕多为点状和片状;虎口形成的扼痕则多为条状和不规则等(如图3-4-2所示)。

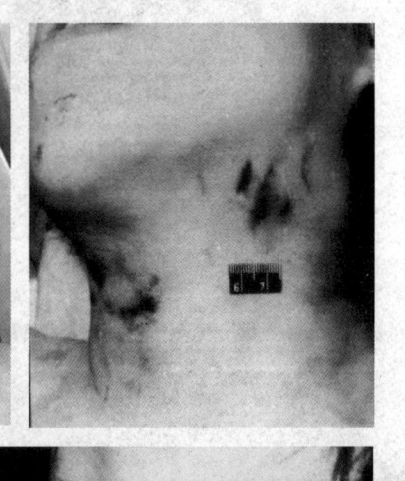
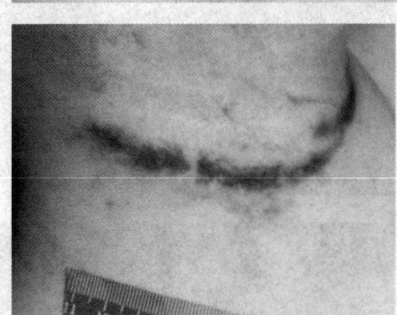
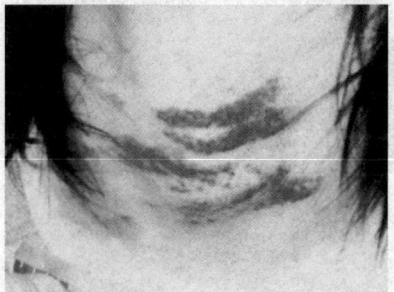

图3-4-2 各种形态的扼痕

绳索形成的颈部皮肤损伤称索沟,由绳索挫压和擦滑的方式形成。在实践中,最常见的颈部索沟是缢沟和勒沟两种,但这两种索沟只是存在作用方式上的差异,索沟本身形态并没有明显的区别。索沟形态的特征主要取决于绳索的性状,其中最重要的因素是绳索的硬度。一般来说,硬质的绳索不仅容易在颈部形成索沟,而且可以在索沟内留下绳索表面的印痕(如图3-4-3所示)。而软质的绳索(如布条、围巾等),非但难以形成颈部皮肤的表皮剥脱,而且往往连皮下出血也很不明显,这是由于绳索因其柔软和光滑对皮肤局部的挫压不足所致(如图3-4-4所示)。第二个影响索沟形态特征的因素是绳索下有无衬垫的物质,即便是比较硬质的绳索,如果被其他的柔软物质所衬垫,那么颈部皮肤的索沟同样得不到良好的反映(如图3-4-5所示)。另外,绳索压迫颈部的持续时间也是影响颈部索沟明显程度的重要因素之一。

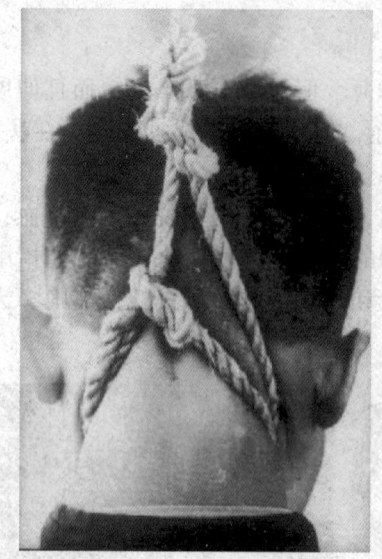
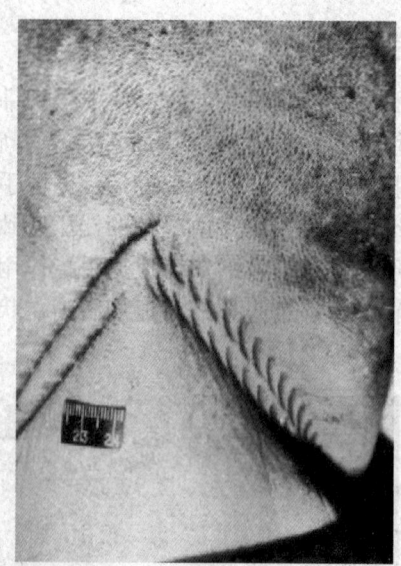

图 3-4-3 硬质绳索索沟

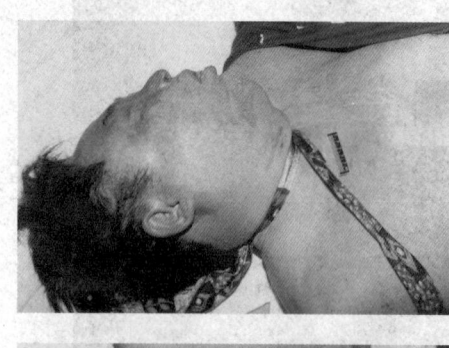
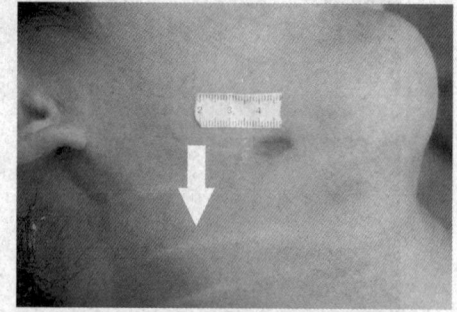
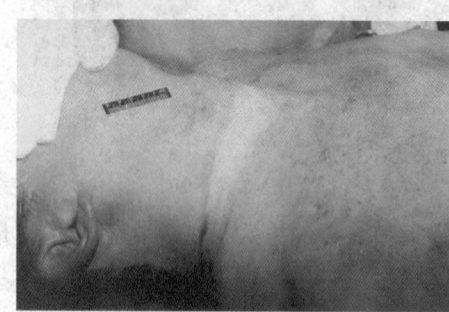

图 3-4-4 软质绳索（领带）索沟　　图 3-4-5 受毛毯衬垫绳索索沟

锐器对颈部的损伤多系切割形成，少数为刺切（如图 3-4-6 所示）。锐器在颈部反复切割易形成多皮瓣的创口，可离断颈内的组织器官。另外，由于颈部皮肤菲薄、伸展性好等的结构特点，在横行切割颈部皮肤时，如果锐器不很锋利，容易推挤皮肤向一侧偏移，从而形成创角与创腔不对应的特点，有利于切割起始位置的判断（详见第八章第二节相关内容）。

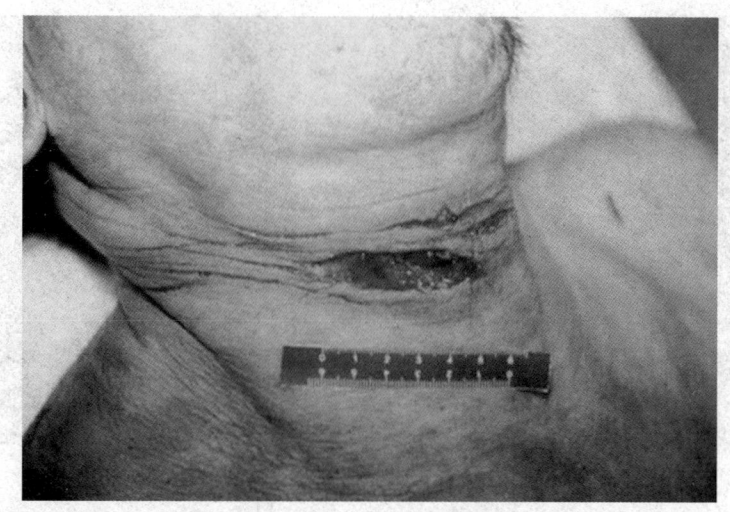

图 3-4-6 颈部锐器创

二、颈部肌肉损伤

颈肌依其所在的位置，由外至内通常分为三层，即由颈阔肌和胸锁乳突肌构成的颈浅肌群、舌骨上下肌群构成的颈中肌群以及由斜角肌、头长肌和颈长肌构成的颈深肌群。在法医实践中涉及颈部肌肉损伤的，以颈浅层和中层的最为常见。

钝性外力损伤颈部肌肉的主要形式是局部出血，但多是肌索间的出血而非肌筋膜下的出血。导致颈部肌肉的出血损伤主要有两种机理：一是直接压迫，尤其是有脊柱抵衬时，受压的肌群受到强烈的挤压而损伤出血（如图 3-4-7 所示），因此有时颈部浅层肌群没有损伤出血而可以在深层出现。二是间接牵拉，各种可以使颈部肌肉发生强烈收缩的原因均可能使肌纤维受到牵拉而出血。因为牵拉是一种间接的损伤，所以出血的位置多在非着力点。在实践中，最常见也最容易发现的牵拉性出血是胸锁乳突肌，一般见之于胸锁乳突肌的乳突端被固定而牵拉后，在胸骨端或者接近胸骨端的肌索间发生出血（如图 3-4-8 所示）。

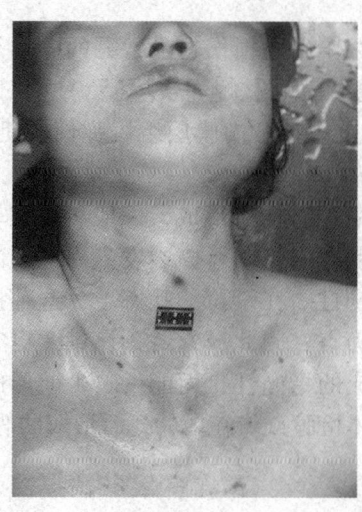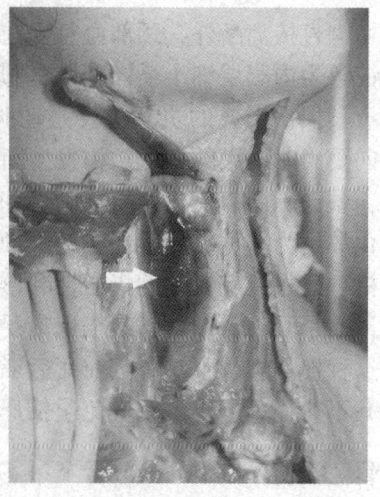

图 3-4-7 扼颈后颈部肌肉受压迫导致的出血

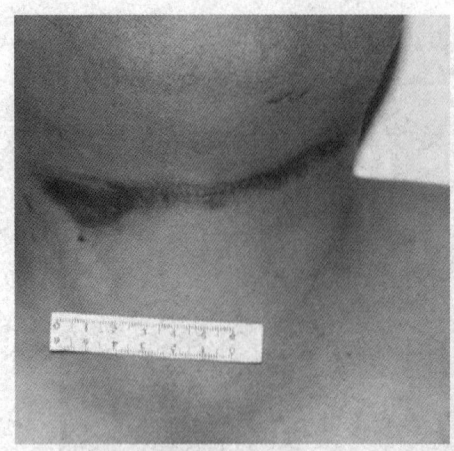
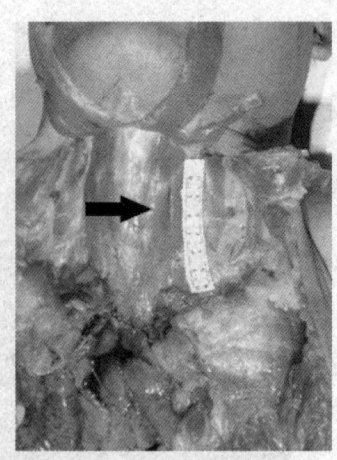

图 3-4-8　缢颈后颈部肌肉受牵拉导致的出血

在法医学实践中，有时凭借颈部肌肉牵拉性出血的特点来鉴别勒颈和缢颈。因为根据勒颈时用手环形施压和缢颈时悬吊上下施压的差异，扼颈和勒颈时肌肉的出血多位于直接受力位置，而在缢颈时颈部肌群更容易受到牵拉，因此也更容易发生远离着力点（索沟）的肌肉牵拉性的出血。当然，勒颈时人体如果有明显的挣扎，或者勒颈时勒索有明显的"提空"上移时，同样也可以发生肌群的受牵拉出血现象。甚至我们有时还可以见到水中溺死的尸体颈部，同样也可以因水的刺激（寒冷季节）或者人体的明显挣扎，颈部肌肉将发生局灶性的牵拉性出血。

三、颈部血管损伤

在实践中，颈部血管损伤主要见之于颈总动脉和颈内静脉，前者起源于主动脉经胸锁关节后方，沿食管和气管的外侧上行，至甲状软骨上缘高度分为颈外动脉和颈内动脉；后者作为头颈部静脉血液回流的主干与颈总动脉并行，下行至胸锁关节后方与锁骨下静脉汇合成头臂静脉。

除了锐器切割直接离断外，颈部血管受钝性作用而损伤的最常见的方式是大动脉内膜的损伤，典型征象为内膜层细小横向环状的撕裂（如图3-4-9所示），并且常伴有一定的内膜下出血。其损伤形成的机理主要是动脉受牵拉，内膜层组织弹性较肌层相对较差，故而在动脉轴向受力时内膜的环形结构发生断裂和分离。

在实践中，颈动脉内膜横行撕裂在勒颈和缢颈时均可形成，一般出现在单侧多见，老年人因动脉硬化故更为多见。尽管在实践中颈动脉内膜横行撕裂发生率并不高，但因其比较特殊的形成机理，故具有较好的指向性和鉴别性。在牵拉的状态下，这种损伤不是发生在直接受力处，而是受力点以外，甚至远离受力点，因此通常缢颈比勒颈更容易发生。应当注意的是，这种损伤本身不具有生前死后形成的指向性，而能反映生前形成的内膜下出血的征象常常并不典型，应当注意避免包括尸体检验操作在内的死后形成的假阳性的误导。

四、颈部骨骼损伤

颈部的骨骼主要由属于面颅骨的舌骨和属于喉的软骨（主要包括甲状软骨、环状软骨、会厌软骨等）两部分所构成。在法医学实践中，颈部骨骼损伤最常见的首先是舌骨，

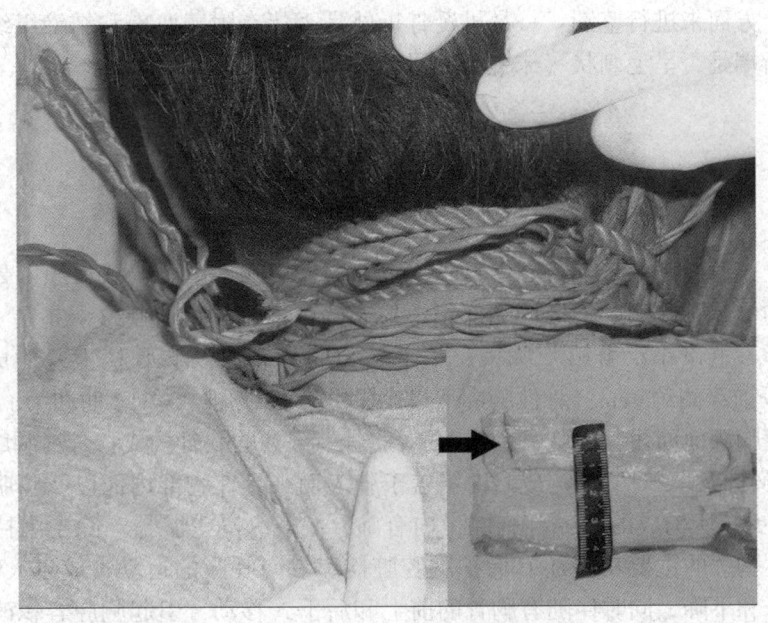

图3-4-9 勒颈合并缢颈后颈动脉内膜横裂（箭头）

其次是甲状软骨，其他骨骼的损伤发生相对较少。

舌骨和甲状软骨损伤的主要形式是骨折，舌骨骨折最常见的部位是舌骨大角，其次是舌骨小角（如图3-4-10所示），甲状软骨骨折最多见之于甲状软骨上角（如图3-4-11所示）。其形成的机理主要有两种：一是侧向对合弯曲受力，多见于手指对向性扼压形成，此时形成的骨折端向外，而外侧的骨膜发生撕裂。二是向后挤压抵触脊柱或者肌肉收缩牵引形成，此时形成的骨折端向内，内侧的骨膜同时发生撕裂。因此，从原理上分析，无论是直接的扼、勒、缢颈，还是高坠等任何可能间接导致颈部肌群剧烈活动的方式均可形成骨折。

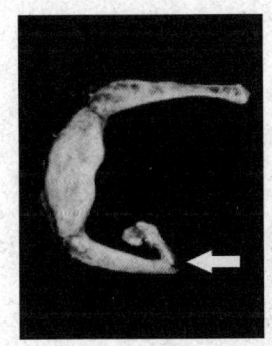 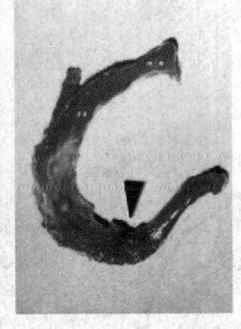 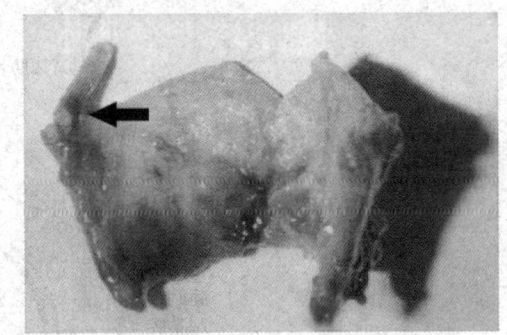

图3-4-10 舌骨大角（左）和小角（右）骨折　　图3-4-11 甲状软骨上角骨折

总体来说，除了锐器损伤常累及颈部软骨外，由于舌骨角与舌骨体之间的软骨连接以及喉软骨的弹性强，颈部骨骼损伤骨折的发生率并不高。在实践中，舌骨骨折较常见于扼颈，其次是勒颈，而缢颈较少见。应当注意的是，我们经常会遇到舌骨角呈弯曲状松动，其实可能是软骨连接处未愈合所致，而非骨折，这在小于40岁的年龄段比较常见。一般我们可以从两个方面来进行鉴别：一是可疑骨折处是否伴有附着肌肉和结缔组织的出血。二是可疑骨折断端是否呈毛刺状（未愈合面呈光滑状）。

第五节　胸部损伤

胸部位于人体躯干的上部，凭借膈肌与腹部相连。胸部由胸壁软组织、骨性胸廓以及胸腔内器官构成。骨性胸廓是保持胸部正常形态的主要结构（如图3-5-1所示）。骨性胸廓呈卵圆形，上口小，由第1胸椎、第1肋与肋软骨以及胸骨柄上缘构成，横径5~10cm，后缘较前缘高约4cm；骨性胸廓下口大，由第12胸椎、第12肋和第11肋软骨及肋弓构成；骨性胸廓前面短，由胸骨和头10对肋骨前部和肋软骨构成；骨性胸廓后面和侧面长，由12个胸椎及12对肋骨构成。由覆盖于肺表面、骨性胸部内面以及膈肌上面的脊膜（胸膜）反折更续所构成的腔隙称胸腔，内有肺、心、纵隔等脏器。除了维持胸部的正常形态外，骨性胸廓的主要功能还有保护胸腔脏器和参与呼吸的运动。成年人呼吸运动时，肋骨产生上升和下降，同时伴随有胸骨的前上和后下式移动，引起胸腔容积改变，促成肺膨胀和收缩。据研究，呼吸运动时，胸腔容积变化可达约700ml，压力差可达约20kPa。

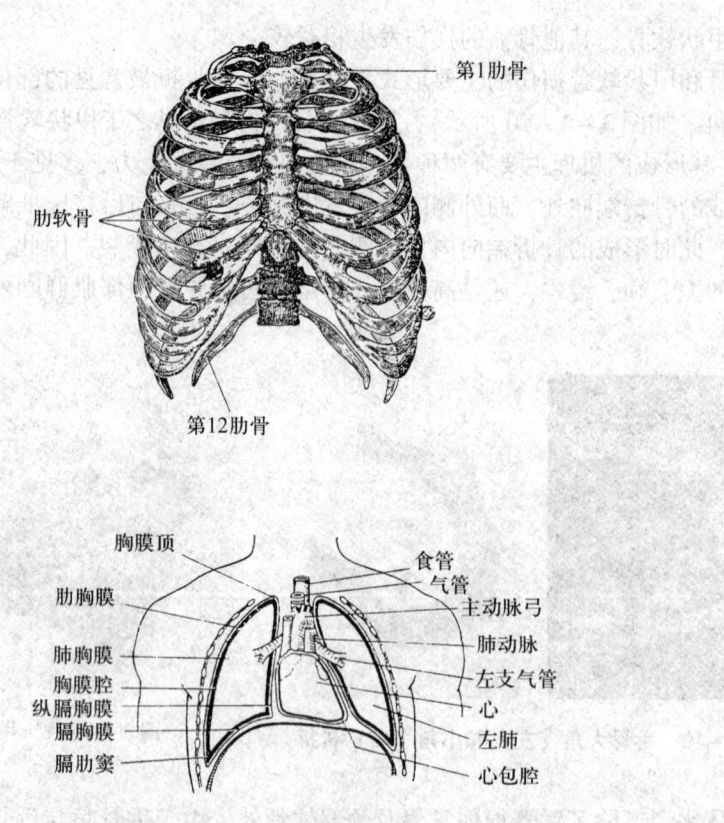

图3-5-1　骨性胸廓（上）和胸腔及脏器（下）的构成

胸部损伤根据是否穿破壁层胸膜并造成胸腔与外界相通可分为开放性和闭合性两大类。开放性胸部损伤多见于锐器和枪弹损伤；闭合性胸部损伤则多见于交通事故、高坠等。胸部损伤多见于外力直接作用于胸部，少数也可因外力作用于人体其他部位（如腹部等）间接引起，本节重点论述闭合性胸部损伤。

一、肋骨损伤

肋骨是构成骨性胸廓的主要组织器官，因此胸部损伤常首先累及肋骨。

（一）肋骨的正常结构

肋骨为扁骨，长条形，共有12对，呈系列斜行骨弓排列，在前面通过肋软骨与胸骨衔接，后面与胸椎构成胸肋关节。其长度由第1肋到第7肋递增，而从第8肋至第12肋又递减。头7肋与胸骨直接相连称真肋（也称胸骨肋），后5肋不与胸骨直接相连称假肋（也称弓肋）。其中第11、12肋因末端游离又称浮肋。连接肋骨与胸骨的透明软骨称肋软骨，其中第1肋软骨与胸骨柄形成终生不骨化的软骨结合，其他肋软骨随年龄增长逐渐骨化。由于第1~3肋短小且受锁骨、肩胛骨以及肩部肌群的保护，第8~10肋于前肋形成软骨连接弹性较好，第11~12肋游离性大，故均不易发生骨折，而第4~7肋长且固定，又无良好的保护，故是最常见的易骨折位置。

（二）损伤机理

肋骨受力后超过肋骨的弹性强度极限便发生骨折，肋骨骨折多系弯曲变形所致。按受力方式不同，可将肋骨骨折分为打击性骨折和挤压性骨折两种，按受力条件不同又可分为直接骨折和间接骨折两类。如图3-5-2所示，肋骨直接骨折多系致伤物打击所致，在受力处肋骨向内弯曲而发生骨折，此时断端内侧肋骨骨膜受牵拉而破裂，而肋骨外侧骨膜完

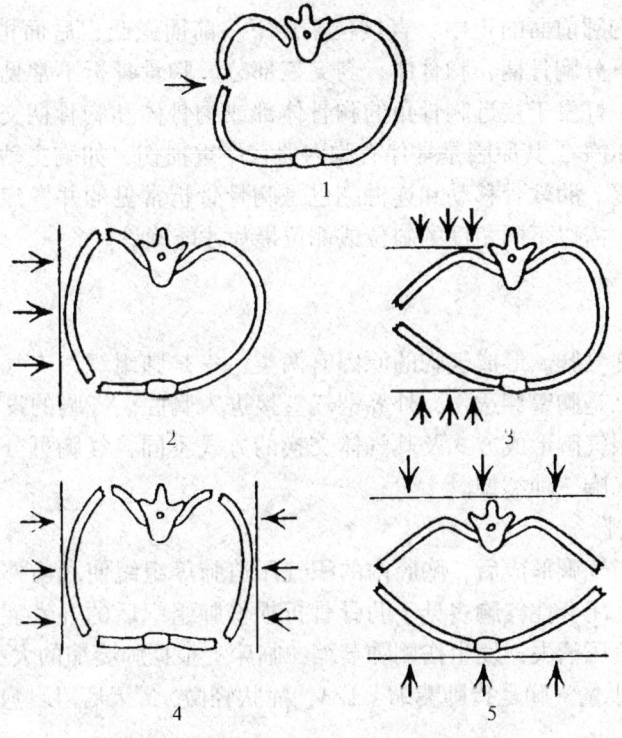

1. 直接外力作用　2~5. 间接外力作用

图3-5-2　肋骨骨折发生示意图

好，故又称内向性骨折。间接骨折多在胸部受较大面积挤压致胸部变形，后在非受力处的肋骨因向外"膨出"变形而引起骨折，此时骨折断端肋骨外侧骨膜受牵拉而破裂，而内侧骨膜可完好，故又称外向性骨折。

（三）损伤特点

1. 一般单纯性肋骨骨折因有上、下完整肋骨和内外肋间肌交叉连接保护，故很少引起错位，多发性肋骨骨折则有可能发生错位，但程度一般较轻，因此肋骨骨折大多能自行愈合。

2. 直接骨折一般单纯性多见，因其断端向内，易刺破胸膜甚至累及胸腔内脏器，产生气胸、血胸、肺心损伤等；间接骨折单纯性和多发性均可发生。一般3根以上的多发性肋骨骨折且骨折线基本在一条直线上的，应首先考虑间接骨折。

3. 胸壁相邻3根以上肋骨多处骨折或同时有肋骨、肋软骨关节脱位时，易导致胸壁失去完整性和肋骨的支持，出现反常呼吸运动。即吸气时，软化区的胸廓内陷，呼气时向外膨出，临床上将此称为连枷胸。连枷胸易引起支气管下段内分泌物积聚，通气阻力增加，两侧胸腔压力不均以及纵隔移位等，导致体内缺氧和CO_2潴留，严重者发生呼吸循环衰竭。

4. 肋软骨骨折可见于任何部位，肋软骨滑脱则多见于第2、3、4肋骨软骨交界处，肋软骨血液供应较肋骨差，故愈合时间较肋骨长，且因X线不显影（老年钙化者除外），故常给诊断和定位带来困难。

二、胸骨损伤

胸骨位于骨性胸廓前面的正中，直接位于皮下，前面微凸，后面稍凹，两侧接上位7对肋软骨，由上至下分胸骨柄、胸骨体、剑突三部分。胸骨骨折不常见，一般多系较大直接外力作用所引起。好发于接近胸骨角的胸骨体部或胸骨体和胸骨柄交界处。据报道，胸骨骨折的死亡率约30%，其原因是常伴有胸内器官严重损伤，如胸主动脉撕裂、气管或食管破裂、心肺挫伤等。肋软骨移动和连枷胸也是胸骨骨折常见的并发症。胸骨骨折一般后前位摄片难以观察，需以不同角度的斜位或侧位摄片才能确诊。

三、气胸

胸膜腔内积气称气胸。形成气胸的原因有两类：一是肺组织、支气管破裂，空气通过呼吸道逸入胸腔。二是胸壁穿透伤，外界空气直接进入胸腔。气胸的发生率仅次于肋骨骨折，故很常见。按照气胸形成方式及其气体交换的方式不同，气胸可分为闭合性气胸、开放性气胸、张力性气胸三种类型。

（一）闭合性气胸

闭合性气胸是指气胸形成后，胸腔内的积气压迫肺等组织使之与外界的通道闭塞，不再有空气进入胸腔。闭合性气胸多见于肋骨骨折损伤肺组织后的并发症。多为一侧性，因空气存在，胸腔内负压消失，发生伤侧肺萎缩，临床上根据肺萎缩的大小分为三类：

1. 小量气胸。小量气胸是指肺萎缩<1/3，症状轻微，7天后可自愈吸收，也称为边缘性气胸。

2. 中量气胸。中量气胸是指肺萎缩达1/3~2/3，有疼痛、呼吸不适等症状，一般无法自行吸收。

3. 大量气胸。大量气胸是指肺萎缩 2/3 以上，此时症状明显，体检可叩及鼓音，呼吸音减弱甚至消失，气管向健侧移位，胸部 X 线摄片可见肺边缘消失等。此时如不及时有效引流处理，可转化为张力性气胸。

（二）开放性气胸

开放性气胸常是胸部锐器或枪弹损伤所致，引起胸腔与外界直接相通，空气随呼吸进入胸腔的结果，其严重性与开放性创口大小直接有关。一般来说，创口小于气管内径（2.7cm 左右）时，空气进入量少，伤侧肺尚有一定的呼吸功能；当创口大于气管内径时，则空气进入多直至与外界完全相通，此时伤侧肺将完全萎陷，而两侧的压力差促进纵隔向健侧移动，当人体呼吸运动存在时，则因呼吸运动造成胸腔压力的变化而使纵隔左右移位，形成纵隔扑动（如图 3-5-3 所示）。纵隔扑动阻碍静脉回流，刺激纵隔和肺门神经，故易引起休克。

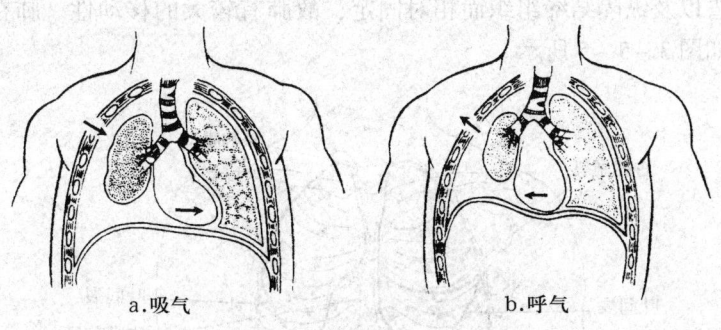

图 3-5-3 开放性气胸示意图

（三）张力性气胸

张力性气胸是指肺泡或肺组织裂伤，其裂口处与胸腹腔相通且形成活瓣，吸气时空气从裂口进入胸腔，呼气时活瓣关闭，胸腔内气体无法返回气道排出，因而胸腔内空气不断增多，压力不断升高，故又称高压性气胸。胸腔内的高压气体压迫肺使之萎缩，并将纵隔推向健侧，引起伤侧肺功能消失和健侧肺受压，呼吸和循环功能明显受影响。当胸腔内空气压力达一定程度并伴有壁层胸膜撕裂时，空气被挤入纵隔，并扩散至皮下组织，形成颈部、面部、胸部等多处皮下气肿（如图 3-5-4 所示）。

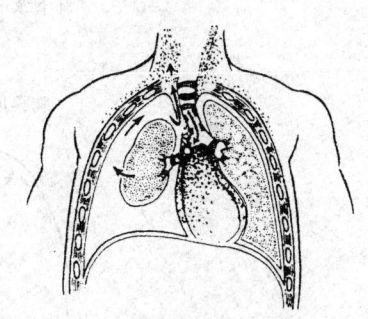

图 3-5-4 张力性气胸及其纵隔和皮下气肿形成示意图

四、血胸

胸膜腔内的积血称血胸。其血液主要来自肺组织破裂、肋间血管破裂以及心脏和大血管破裂出血。前两种出血形成的血胸易与气胸合并存在形成血气胸。临床上按照积血量的不同将血胸分为三种类型：(1) 少量血胸，积血 100~500ml 或肋膈角消失。(2) 中量血胸积血 500~1000ml 或液平面平肩胛骨中部。(3) 大量血胸。积血 >1000ml 或液平面超过肩胛骨中部。胸腔最大可容纳 5000~6000ml 血。一般小量血胸可无明显症状，中量和大量血胸可出现脉速、气促等症状，如不及时处置，有休克征象出现。血胸较之气胸对人体危害更大，除了血胸本身影响肺的呼吸功能和人体失血所致的影响之外，较长时间的胸腔内积血可使血液形成凝血块，机化后形成纤维组织束缚肺和胸廓，称纤维胸，导致长期限制呼吸运动。另外，血液是微生物良好的培养基，故易发生感染形成脓胸。

五、肺损伤

肺是呼吸系统中最重要的气体交换器官，也有一定的内分泌功能。

（一）肺的正常解剖结构

肺位于胸腔内，纵隔两侧。比较而言，左肺因心脏存在而偏左，窄而长，右肺因膈下肝脏存在短而宽。形态学上肺呈圆锥形，但可因空气的充盈程度和胸廓的形状而有变化。每侧肺分上部的肺尖、下部的肺底（又称膈面），外侧的肋面，内侧的纵隔面以及与三个面交界的前、后、下三个缘。左肺借肺门叶间裂将其分为上下两叶；右肺借叶间裂和副裂将其分为上、中、下三叶。大部分肺在胸腔内呈游离状，仅在肺门（肺根）处凭借血管、支气管、淋巴管以及纵隔结缔组织而相对固定，故肺有较大的移动性。肺在胸廓与胸腔内的位量及形态如图3-5-5所示。

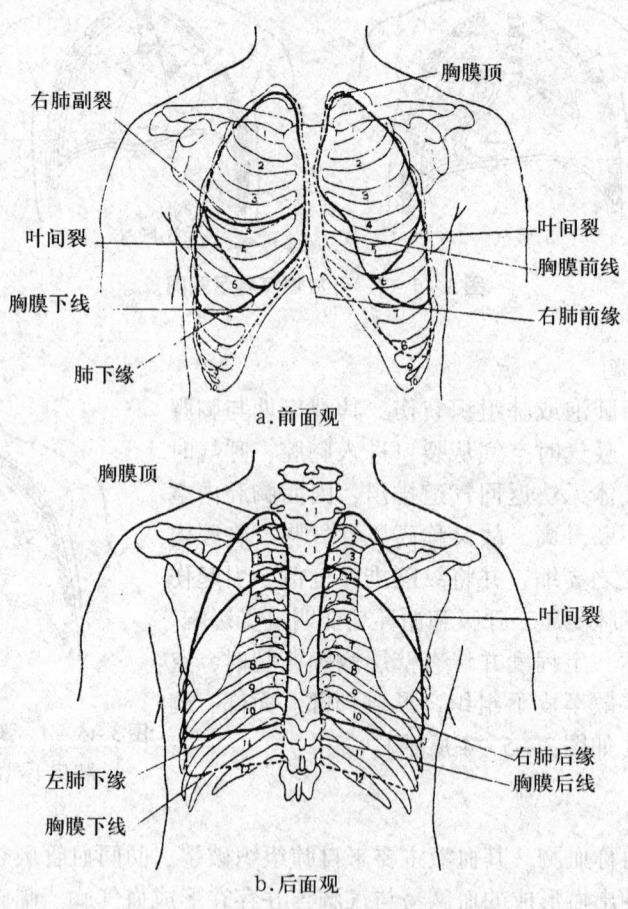

图3-5-5　肺及胸膜的结构和位置

（二）肺损伤机制

在开放性胸部损伤时，肺损伤主要是因致伤物（如锐器、弹头、弹片等）直接作用于肺组织所引起；而在闭合性损伤时，由于肺受胸壁软组织、骨性胸廓的保护，一般不易受损伤，但当外力作用达到一定程度时，引起肺的不同程度的损伤。闭合性胸部钝性损伤后形成肺挫伤的机理主要有以下三种类型：

1. 挤压效应。挤压效应是指胸廓受钝性物体作用后，前后径或左右径变短，骨性胸廓的前后骨组织挤压肺组织所致。挤压效应多发生于大面积胸背部受挤压而且常伴有骨性胸部的变形和骨折，甚至塌陷，故损伤往往涉及全肺，程度较重。

2. 惯性效应。惯性效应是指胸部受外力后引起胸腔内器官不同步运动所导致的肺组织损伤，常发生于撞击速度较低时，胸内压力波强度和传播速度较低，肺叶的位移较小，但肺门处因支气管和血管的存在密度较肺叶大故位移大，组织受牵拉引起损伤或胸腔内脏器发生撞击性损伤。因此，惯性效应所导致的肺损伤主要位于肺门区域。

3. 内爆效应。内爆效应是指肺泡受压缩后迅速扩张引起的扩张性微血管损伤和破裂的现象。内爆效应发生在外力作用速度较高时，由于撞击速度大于组织中的压力波传播速度，受撞击组织不能迅速将获取的能量传递给邻近组织，造成能量的输入大于输出而形成能量的积聚，造成肺泡的压缩和某些气道的塌陷，但周围肺泡处于开放状态，气体滞留于肺泡内，压力波通过后导致这些气体的膨胀而产生肺泡及微血管的张力性破损。

许多研究表明，在诸多影响肺组织损伤的因素中，作用速度与胸廓的压缩位移程度关系最密切，而作用能量本身并非是决定性的因素。由于肺组织含气及粘弹性的特点，其损伤机制目前研究多证明本质上是压缩响应和粘性响应两种，前者是指外力通过肺组织压缩变形，后者是通过肺组织内能量耗散超过其变形速度所致。在实践中，常常可根据肺组织损伤的部位和程度分析推断外力作用的方式。

（三）肺损伤的特点

1. 根据动物实验结果，外力作用方式（压缩程度和速度）与损伤部位和严重性的关系有以下特点：（1）高速低位移，损伤主要局限于肺泡区。（2）高速高位移，损伤可见于所有部位。（3）低速高位移，损伤主要集中于肺门区。例如，当速度＜10m/s 时，一般以肺门区损伤为重；当速度＞14m/s 时，肺泡区损伤为重。

2. 肺组织的损伤程度与胸壁软组织及骨性胸廓的损伤是否有直接关系目前仍有争议，但多数学者认为有关。例如，肋骨骨折的数量直接影响到肺组织出血的面积等，表 3-5-1 列举了肺组织损伤的评分标准及其相关的损伤表现。

3. 肺组织损伤的严重性与胸部软组织和肋骨等损伤严重性有时并不成正比，特别是当作用面积较大时。在实践中常可遇到高坠或交通事故致人摔跌后，胸部受强烈变形，一方面可引起骨性胸廓直接挤压肺组织，另一方面因肺组织受强烈的震荡而导致严重的损伤，而此时常常并不发生肋骨骨折，甚至有时体表软组织损伤也并不十分显著。

表 3-5-1 肺损伤评分标准

损伤分数	肺组织表现	胸壁组织表现
1	充血，点状出血	出血斑
2	灶状出血面积＜20%	软组织挫伤
3	出血面积＞20%/中度水肿	肋骨骨折 1 根
4	出血面积＞40%/重度水肿	肋骨骨折 2~3 根
5	出血面积＞60%/表浅撕裂	肋骨骨折≥4 根
6	深度和/广泛撕裂	多处骨折，连枷胸

六、心脏损伤

心脏是人体重要生命器官,心脏损伤的结果常导致危及生命。在法医学实践中,因损伤死亡的案例中,心脏损伤约占15%~20%。按心脏损伤方式不同可将心脏损伤分为穿透性心脏损伤和钝性心脏损伤两大类型。

穿透性心脏损伤是以胸壁和心脏的解剖结构完整性受暴力直接作用损伤为特征,如锐器刺入、钝器捅入、弹头(片)射入等伴有胸部开放性损伤,或者由于胸廓损伤、肋骨骨折后骨折断端刺入心脏等所致。穿透性心脏损伤好发于心室(占75%左右),右心室因其位置占心前区大部故较左心室更易受损。心房受穿透性损伤后因壁薄、收缩力弱而大量出血,不易自止。而心室则因壁厚收缩力强,创口小则有自发性闭合的可能。心脏穿透性损伤后最多见的后果是血胸、心包填塞以及心功能障碍,其中最多见的为心包填塞。一般认为心包腔内积血超过200ml,即可发生心源性休克或心脏停搏。非穿透性心脏损伤也称钝性心脏损伤,是指胸壁完好而心脏受损的状况。钝性心脏损伤的损伤机理、损伤特点等远较穿透性心脏损伤复杂,有时鉴定难度很大,因此本处将重点讨论钝性心脏损伤的有关问题。

(一)心脏正常解剖结构

如图3-5-6所示,心脏位于胸腔中纵隔内,胸骨体和左侧第2~6肋软骨后方,第5~8胸椎前方。心脏2/3居人体左侧,1/3居人体右侧。心脏外裹以心包,前面大部分被肺和胸膜掩盖,仅在胸骨体下部右半和右第4~5肋软骨处与胸壁直接相邻。心脏整体呈前后略扁的圆锥体,长轴与人体正中线约成45°角。心脏借上、下腔静脉、肺动脉、主动脉等脉管作为位置固定的"支架",但主要靠主动脉悬挂维系,因此有较大的移动性。

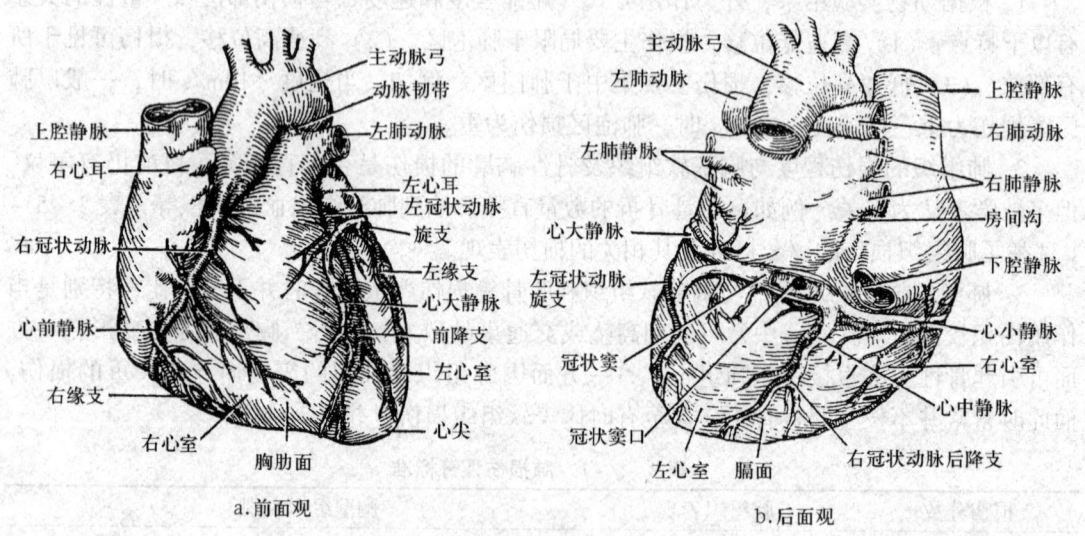

图3-5-6 心脏正常结构

心脏为中空的肌性器官,凭借强有力的心肌舒张和收缩以及各瓣膜的开闭进行血液回收及泵出。心房肌分浅深两层,浅层为环绕左右心房横行肌束,深层为呈袢状前后向的纤维束。心室肌分浅、中、深三层,浅层和深层为纵行纤维,浅层心肌在心尖捻转形成心涡状后进入深部,中层为环行纤维(如图3-5-7所示)。当心室收缩时,心室肌向心底运动,将血液挤向主动脉。因部分心肌呈螺旋状排列,故心尖在收缩时同时也向顺时针方向旋转。

心脏有节律的收缩和舒张是由较完整的特殊分化心肌细胞所构成的心脏神经(也称传导系统)所控制,主要包括窦房结、房室结、房室束及其浦金氏纤维(如图3-5-8所示)。心脏传导系统通过产生神经心电激动来协调控制心脏的搏动。

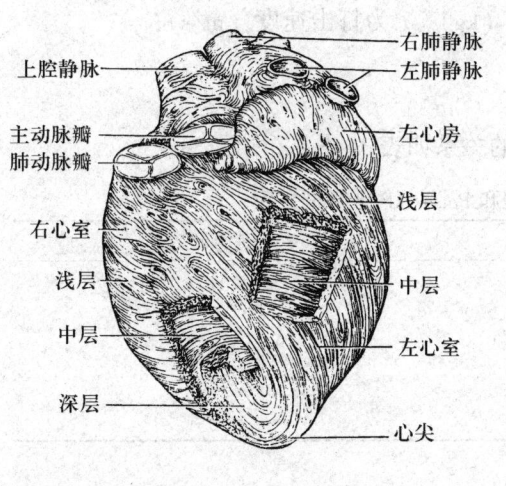

图3-5-7 心肌及其结构

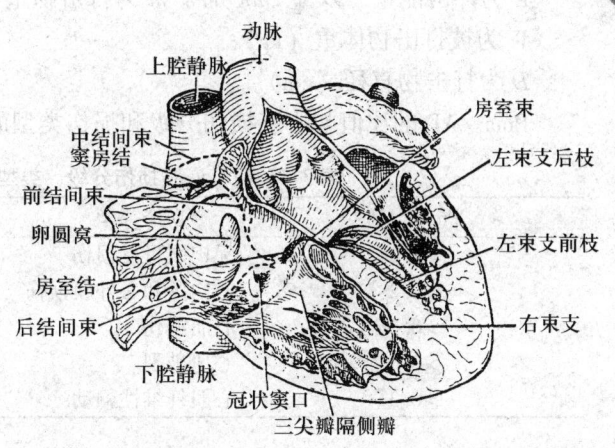

图3-5-8 心脏传导系统

(二)钝性心脏损伤的机制

钝性心脏损伤的机制除少数因肋骨、胸骨骨折,其断端直接作用于心脏引起外,多数与外力的作用和心脏本身的位置和状态发生变化有关,从损伤方式来看,可有以下几种:

1. 冲击性损伤。冲击性效应产生于外力的传导及能量在心脏积聚所引起。这种损伤通常位于心前区,暴力较大,外力作用较为集中。心脏组织既可因组织结构不同而产生的不同步运动发生剪切力作用而损伤(如大血管与心房之间等),也可因心脏组织受力后广泛性震荡而损伤。

2. 移位性损伤。移位性损伤通常发生于心脏在胸腔内位置突然发生变化而产生的损伤,如人体的突然加速或减速,可使心脏悬垂部位发生牵拉或扭转造成损伤,或者可因胸腔内压力的突然变化,致使心脏发生摆动而损伤。

3. 压力性损伤。压力性损伤是指胸腔内压力或心内压力的骤变所导致的心脏损伤,前者多发生于胸廓变形时,后者发生于腹腔甚至下肢受力后压力通过静脉血液传导而使心腔内压骤然升高。

4. 挤压性损伤。挤压性损伤是指外力作用引起弹性胸廓瞬间变形内移,致使心脏组织直接受胸骨和脊柱的夹挤而损伤,这种损伤多发生于外力作用面积较大,力量也较大时。刘宝松等(1999)动物实验研究结果表明,当心脏受挤时,急剧变形,其两侧曲率明显增大,并引起该部位表面张力增大,应力集中而发生破裂。

在实践中,多数情况下是上述多种机制联合作用的结果。如高坠或交通事故时,人体既可有胸部的冲击性损伤,挤压性损伤,也可因腹腔受挤或下肢受力传导而发生压力性损伤，而心脏组织的移位始终可出现在外力作用的任何时候。根据动物实验研究的结果，国外有人提出可用胸壁位移最大值（Pmax）与胸廓深度（AP）的比值计算公式来反映心脏损伤的严重程度，公式为：

$$P_{max}/AP = 0.4\left[1 - e^{-0.95(E/WD)}\right]$$

式中：

e 为自然对数值；

E 为冲击能量，以 $1/2mv^2$ 计，m 为打击物重（kg），v 为打击速度（m/s）；

W 为被打击物体重（kg）；

D 为打击物直径（cm）。

Pmax/AP 的比值与心脏损伤分级和损伤类型的关系如表 3-5-2 所示。

表 3-5-2　心脏损伤分级、类型和 Pmax/AP 比值的关系

Pmax/AP	损伤类型	损伤分级
<0.2	无肉眼可见损伤	1
<0.2	心内膜和心外膜损伤	2
>0.3	心肌挫伤	3
>0.3	心肌破裂	4
>0.3	心肌纤维性颤动	5

（三）钝性心脏损伤的类型

1. 心脏震荡。心脏震荡一般是指无心脏结构破坏的心脏功能性损伤，常以心电紊乱为主，多系心前区受相对较小的外力冲击作用，使心脏发生动态移位所致。近年来，许多动物实验结果表明：心脏震荡有以下几方面的损伤结果：（1）心电图显示心脏传导系统严重障碍，表现为房室传导阻滞，室性心动过速以及心室纤维性颤动。（2）心血管系统表现为静脉压升高、动脉压降低以及心脏扩张（尤以右心室明显）。（3）血清磷酸肌酸激酶同功酶与磷酸肌酸激酶的活性比值一过性升高（>5%），但二维超声心动图正常。（4）超微结构（硝酸镧示踪电镜技术）研究显示，心肌细胞的肌膜破裂或其通透性增高。尽管近年来有的学者提出心脏震荡也可有病理组织形态学的改变，如心外膜和心肌内点状出血，微血栓形成以及心脏传导系统损伤等，但由于易和心肌损伤相混淆而难以界定，故笔者认为心脏震荡的定义仍应以功能性障碍为宜，当然并不排除存在超微结构下的某些形态学改变。

因心脏震荡致命在法医学实践中偶有所见，其死亡机制可能有几种途径：（1）心电紊乱，如室颤等。（2）急性心力衰竭。（3）冠状动脉反射性痉挛所致的心肌缺血等。心脏震荡引起的死亡极为迅速，多表现为即时死。因心脏震荡无特殊形态学征象，其死亡过程与钝力打击心前区所致的神经反射抑制死亡极相似，所以有时在实际检案中难以鉴别。目前认为：心前区明确的钝力外力冲击（非挤压）史和胸壁局限的软组织和肋骨损伤，是鉴别心脏震荡和神经反射性抑制死的主要依据，后者一般可不伴有胸壁软组织和肋骨的损伤，也不局限于心前区。另外，排除心脏本身的病变及其他死因也是鉴定心脏震荡死亡的必要条件。

2. 心脏挫伤。心脏挫伤是指以心脏组织出血为形态学特征的一种非穿透性心脏损伤。心脏挫伤可累及心内外膜、心肌和心脏传导系统，但以心肌挫伤出血最常见，故也有人将心脏挫伤简称为心肌挫伤。

心肌挫伤的形成机理，既可因钝性暴力通过胸壁的直接传导作用和通过胸壁与脊柱的直接挤压作用，亦可因钝性暴力引起心脏震荡和心内或大血管内压改变所致的间接作用。1984年，Copper等人对心肌挫伤的力学机制作了较为深入的探讨，他们将猪的心脏及主动脉表面12个部位用银颗粒球进行定位标记，通过高速X线照相摄影技术，观察胸部受力后心脏位移改变。结果发现：心前壁较后壁位移和变形快而明显，导致心脏的前后径和上下径均发生明显改变；心脏各部位的运动不一致性，使心脏有变形扭曲，以致引起心内压力的改变和心肌纤维间剪切力的产生而导致心肌挫伤。在产生心肌挫伤的打击力量方面，Roberts等人（1967）用5.4kg，直径7.2cm的钝性物体以5.5~6.7m/s速度复制出了狗的心肌挫伤模型。官大威等（1995）用面积为15.9cm^2的物体，以9.1~10m/s的速度产生67.1~89.4J的冲击能量也复制出了心肌挫伤模型。

根据动物实验结果，心肌挫伤的特征主要有：(1) 持续性的心电图改变，包括不同程度的房室传导阻滞、ST段提高、T波倒置、Q-T间期延长、室性早搏二、三联律，以及阵发性心动过速等。(2) 血清谷草转氨酶、乳酸脱氢酶含量升高。(3) 超声心动图异常，主要表现为心包腔积液及其心外膜结构的改变。(4) 病理形态学特征主要包括：大多数胸壁软组织和/或骨骼有损伤改变；部分有心包损伤；心脏各部位均可累及，但以右心室最常见，其次为室间隔和左心室；根据损伤后存活时间的长短，可见心肌组织出血、炎症、坏死、修复的改变；应用免疫组织化方法，心肌挫伤早期（2~5分钟）的重要改变有心肌肌红蛋白的脱失和磷酸激酶的脱失。

因心肌挫伤导致死亡的机理，一是心律失常，二是心力衰竭。需要指出的是，尽管一般面积小的心肌挫伤死亡过程相对较慢，但由于心肌挫伤常伴有心脏震荡，所以即时死也常发生。

3. 外伤性心肌梗死。外伤性心肌梗死是指冠状动脉受钝性外力作用损伤，继发冠状动脉痉挛或血栓形成而导致心肌缺血坏死。外伤性心肌梗死的形成机理可能有两种：(1) 外力直接作用于冠状动脉所造成的后果，如内膜破裂、内膜下出血、血栓形成以及冠状动脉痉挛等。(2) 外力间接作用所致，主要包括：冠状动脉内压突然升高，导致内皮细胞和内膜损伤继发血栓形成；心肌挫伤出血、水肿、压迫冠状动脉。

外伤性心肌梗死的病理形态学改变与疾病性心肌梗死无明显差异。可伴有或不伴有心肌挫伤。在实践中，法医学鉴定时应注意以下几种情况：(1) 钝性外力是直接导致还是诱发引起。如胸部外伤后，心肌梗死死亡者中，如存在原有冠状动脉病变，那么应界定外力的影响。一般来说，有无粥样斑块的新鲜出血或冠状动脉的损伤破裂，是认定外力直接导致的关键。(2) 新鲜血栓形成。除少数因外力致冠状动脉痉挛所致外，多数外伤性心肌梗死是建立在冠状动脉内新鲜血栓形成阻塞管腔基础上的，因此找到并认定新鲜血栓将关系到鉴定能否成立的主要依据之一。(3) 死亡发生的时间。从外伤性心肌梗死形成机理分析，从内膜损伤继发血栓形成阻塞管腔，最后形成心肌梗死直至死亡，应有一段时间，一般认为3~24小时多见。在此时间内应有临床症状或体征（如心绞痛、心电图）的支持。如果冠状动脉原有病变，则死亡很快发生。

综上所述，按照现有的技术手段，认定外伤性心肌梗死的依据应包括：(1) 明确的胸部钝性外伤史。(2) 伤后数小时（或一段时间）后出现症状和体征。(3) 冠状动脉内膜损伤和/或新鲜血栓形成并阻塞血管。

4. 心脏破裂。心脏破裂指心脏受钝性外力后心壁全层结构的破坏，故有人称心肌挫裂，是闭合性胸部损伤中最严重的类型（如图3-5-9所示）。

心脏破裂形成的机理尚未完全明了，根据目前研究结果来看，认为主要系心脏受挤压后心内压力突然改变所致。蔡建辉等（1995）经家兔实验发现受力后心脏破裂与下列因素有关：（1）当撞击速度为6.5m/s时，心脏破裂多发生于舒张末期，当撞击速度>8m/s时，无论舒张期或收缩期均可发生。（2）撞击物质量越大，心脏破裂发生率越高。（3）撞击面积越小（2.83～0.64cm²），心脏破裂发生率越高。（4）心脏被挤压前后径变小幅度越大（20～40mm），心脏破裂的概率明显增加。心脏舒张末期易发生破裂的原因可能与下列因素有关：心室硬度舒张末期仅为收缩末期的1/4，撞击后易吸收能量；舒张末期心室压力低（<0.67kPa），撞击后易变形；舒张末期血流量增大，使心肌离开撞击介面的加速度下降，有效打击力增加；舒张期心室壁厚度仅为收缩期的1/3，故撞击后易破裂。

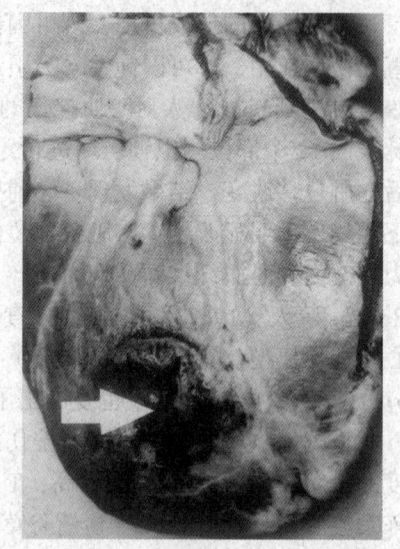

图3-5-9 心脏钝性损伤导致的破裂

根据动物实验和尸体检验结果，心脏破裂最好发生于右心室，其次分别为左心室、左心房，右心房较少见。除心房室壁心肌组织破裂外，心内结构如乳头肌、腱索、室间隔甚至瓣膜等也可同时伴有明显损伤。心脏破裂除损伤当时发生急性破裂外，应当注意的是外伤性迟发性心脏破裂。根据Pollak等（1991）报道1例7岁儿童由2.5m处坠落，当时无明显不适，伤后第8天突然死亡。李德祥（1995）报道1例66岁男性心前区外伤后第11天突发胸痛死亡。Arcudi和Marchetti（1996）报道1例19岁男性因车祸除偶有胸部不适外其余无明显异常，9个月后突发心绞痛死亡。三例最后均尸检证实心外伤后室壁瘤形成或外膜下血肿形成后突然再次破裂出血死亡。此类迟发性破裂与急性原发性破裂相比，以左心室多见，可能与左心室内压高有关。

七、创伤性窒息

创伤性窒息是胸部（有时是胸腹部）突然受压（如车辆碾轧、房屋倒塌、人群踩踏等）引起声门突然紧闭，气道和肺内空气不能外通，致使胸腔内压力骤然升高，右心受压，迫使静脉血液回流受阻，从而造成上胸部、颈部、面部皮肤粘膜血管破裂出血以及脑组织缺氧血症。严重者可引起颅内静脉出血、脑水肿而导致昏迷、心脏骤停死亡。创伤性窒息者多伴有胸部损伤的特点，如多发性肋骨骨折、气胸、血胸、心脏挫伤等。

第六节 腹部损伤

在法医学实践中，腹部损伤死亡率不高，据资料统计，在因损伤死亡者中，腹部损伤占约7%。但腹部损伤的发生率并不低，特别是腹部器官种类多，结构各异，所以形成的损伤也较复杂。腹部损伤依据腹腔是否与外界相通也分为开放性和闭合性两大类。开放性腹部损伤多见于锐器和枪弹损伤,其形成方式、损伤特征比较明确;闭合性腹部损伤多见于钝性物体作用,有时甚至是间接作用,因此情况比较复杂而更具有实践意义,故本节主要论述闭合性腹部损伤。

一、概述

(一) 腹部的解剖学结构

根据解剖学定义,腹部的体表范围为:上界由剑突、肋弓、第 11~12 肋游离缘构成。下界为耻骨联合、腹股沟韧带以及髂嵴。临床上习惯以两条水平线和两条垂直线将腹部划为九个区域(如图 3-6-1 所示)。两条水平线分别是经过两侧肋弓下缘最低点的连线(上水平线)和经过两侧髂嵴最高点的连线(下水平线);左右两垂直线分别为锁骨中点至腹股沟韧带中点的连线。腹腔内脏器官在腹前壁的体表投影如表 3-6-1 所示。

表 3-6-1 腹腔内脏的体表投影

腹前壁分区	腹腔内脏
右季肋区	右肝、胆囊、结肠肝区、右肾上极
左季肋区	左肝部分、胃、胰尾、结肠脾区、脾、左肾上极
腹上区	左肝部分、右肝部分、胆囊、胃体、十二指肠
右腰区	升结肠、右肾、回肠
左腰区	降结肠、空肠部分、左肾
脐区	胃大弯、横结肠、十二指肠、空肠、回肠
右髂区	盲肠、阑尾、回肠末端
左髂区	乙状结肠
腹下区	小肠、膀胱、子宫(女)

腹前壁由浅至深分六层,依次为皮肤、浅筋膜、肌层、腹横筋膜、腹膜前脂肪以及腹膜。腹膜系由内皮细胞和弹性纤维构成的浆膜,分壁、脏两层,壁层遮盖腹壁及盆腔壁的内面,脏层包裹腹腔内各脏器。腹膜两层之间的空隙称腹腔。腹腔的上壁为向上隆起的膈肌,后壁为腰椎及躯干肌,前壁为腹前壁各层组织,下界为小骨盆腔。由于两侧膈肌顶部可达第 4、5 肋间水平,小肠等脏器常位于小骨盆腔内,故腹腔的实际范围远较体表界限为大。腹腔与内脏的关系,可依腹膜包绕情况分三种类型(如图 3-6-2 所示):(1)脏器被腹膜全部包裹,如胃、脾、小肠、横结肠、乙状结肠等,称腹膜内器官。(2)三面被包裹的如肝、部分十二指肠、升结肠、降结肠等,称腹膜间器官。(3)仅有一面为腹膜覆盖的,如肾、胰等,称腹膜外器官。

(二) 腹部损伤机制

闭合性腹部损伤的形成有以下几种机制:

1. **挤压性损伤**。外力直接作用于腹前壁后将腹内脏器向脊柱挤压,而形成脏器的损伤。此类型多见之于较大的物体的压砸,如塌方、车碾等,损伤多累及实质性脏器。

2. **冲击性损伤**。外力直接作用于腹前壁后,能量通过传导至腹内固定脏器引起直接损伤,或引起腹内脏器的移位牵拉,形成腹内可移动脏器的根部受损(进而可使脏器受损),如肠系膜、空肠起始部、肝门等。

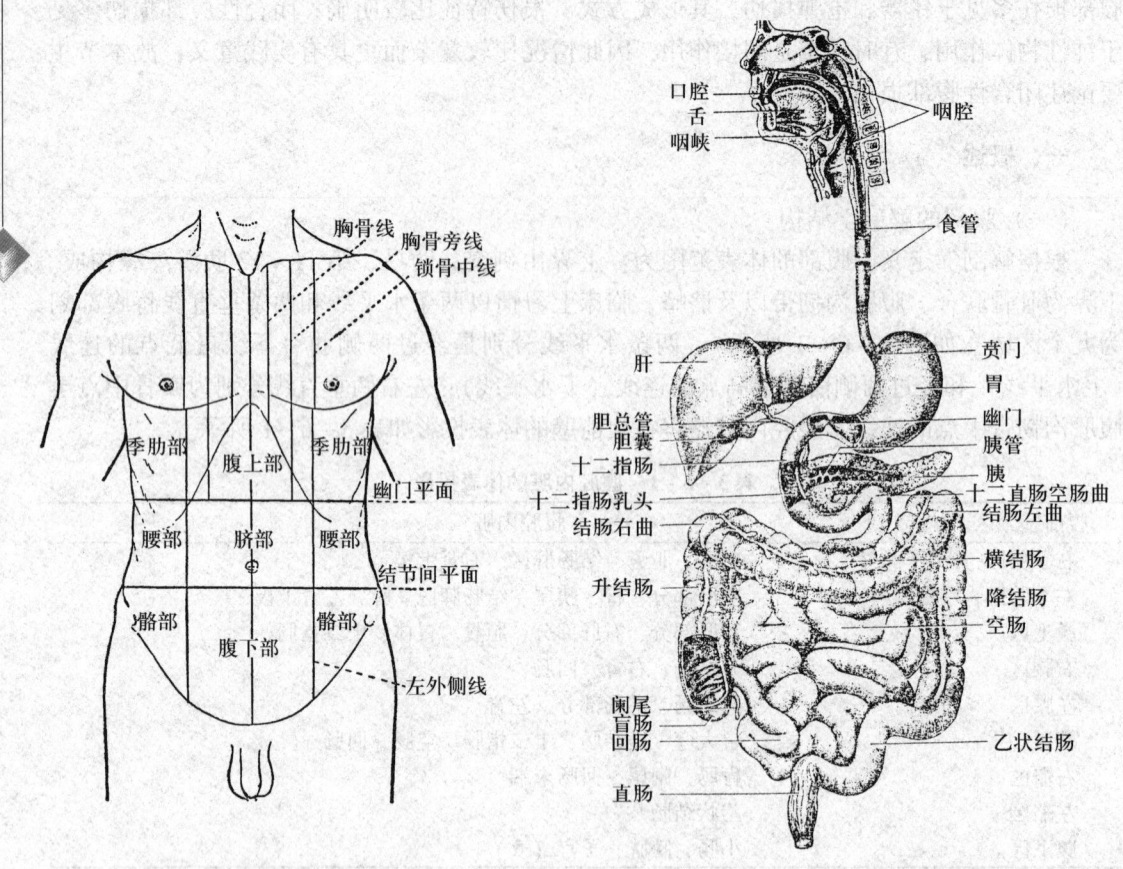

图 3-6-1 腹部分区示意图　　图 3-6-2 消化器官的位置模式图

3. 压力性损伤。当腹腔因外力作用（如高坠）变形，体积瞬时明显缩小时，腹腔内压力骤然升高，继发引起空腔脏器以及血管内压力升高，而发生膨胀破裂（如胃肠），或实质性脏器的爆裂（如肝等）。安波等（1995）利用微型压力传感器在狗活体做撞击实验，发现以速度 7.67m/s 和 210J 能量撞击后压力最大峰值在胃内达 28.5kPa ± 6.3kPa，颈动脉达 81.4kPa ± 8.4kPa，门静脉达 77.8kPa ± 8.1kPa，分别比正常状态下高 1.5 倍、5 倍和 3 倍。

4. 骨折性损伤。腹部相邻骨骼骨折后，其断端可继发性移位，刺戳伤及腹腔内脏器，如季肋部肋骨骨折可伤及肝、脾等；骨折变形挤压伤及腹内器官，如骨盆骨折伤及膀胱、尿道、直肠甚至腹腔内大血管。

(三) 腹部损伤的特点

腹部损伤一般主要有以下特点：

1. 外轻内重。由于腹壁柔软，弹性好，不易撕裂，腹壁脂肪厚易吸收能量。故腹部损伤常表现为体表不明显而腹内损伤重，甚至有时可遇见尸体检验腹部体表无肉眼可辨的损伤，而肝、脾等脏器却发生破裂。

2. 实质性脏器易受损。与空腔脏器相比，实质性脏器吸收能量多而缓冲能力差，所以闭合性腹部损伤中，肝、脾、肾是最易受损的脏器。同理，对于空腔脏器而言，充盈的空腔脏器如饱餐后的胃，未排空的膀胱较之未充盈时更易受损。

3. 固定脏器易受损。脏器的固定状态与缓冲能量大小直接有关，所以相对固定的脏器损伤较之易游走的脏器更重；即使是空腔脏器，较为固定的肠段，如上段空肠、末段回肠、粘连的肠管等，比其他部位的空肠和回肠更易受损。

4. 合并性损伤多。因腹壁弹性好且腹内脏器较多、互相毗邻，闭合性损伤致伤面积一般又较大，故腹部损伤多容易引起多脏器的损伤。

二、脾脏损伤

脾脏是腹部内脏中最易受损的器官。据临床统计资料报道，脾脏受损率约占腹部脏器损伤的40%~50%。脾脏损伤多系暴力直接作用所致。

（一）脾脏的正常解剖结构

脾脏是一暗红色、质软而脆、形似蚕豆的实质性脏器，位于左季肋部深处，与胃底、左肾、横结肠相邻，又被第9~11肋所遮盖，其长轴自左后向右前斜行，与第10肋大致平行。正常成年人脾脏体积约为12cm（长）×7cm（宽）×4cm（厚），重150~200g。

（二）脾脏损伤类型

临床上根据脾脏损伤范围的不同将其分为三种类型：（1）中央型破裂，是指脾脏实质深部的破裂，可发生局限性出血或形成血肿，如果出血少可自行吸收，可无明显症状。（2）被膜下破裂，是指脾脏实质周边部位破裂，由于被膜完整，出血积于被膜下形成张力性血肿，如果血肿较小可无临床表现。（3）真性破裂，是指脾脏实质和被膜同时破裂出血，轻者呈线条状破裂，出血较慢，常见于脾上极膈面；重者粉碎性破裂，出血较多，如位于脾门者可即发生大出血休克。三种类型的脾脏损伤在一定条件下可相互转化，尤其是中央型破裂发展可成被膜下破裂，而被膜下破裂发展可成真性破裂，后者常发生于伤后1~2周后，临床上又称延迟性或迟发性脾破裂。腹腔穿刺和超声波检查是临床诊断脾损伤的主要手段。

三、肝脏损伤

闭合性肝脏损伤常表现为肝破裂，约占腹部损伤的15%~20%。肝脏破裂既可因直接外力作用所致，如挤压、冲击、骨折后损伤，也可因腹腔内压骤变而间接引起。

（一）肝脏正常位置结构

肝脏是人体最大的实质性脏器，红褐色，质软。肝脏大部分位于右上腹部，前有第6~9肋所遮掩，小部分位于左上腹部，肝的脏面与后缘与结肠肝曲、右肾、十二指肠、胃小弯等相邻。成人正常肝脏左右径约25cm，前后径约15cm，上下径约6cm，重约1200~1500g。

（二）肝脏损伤类型

闭合性肝脏损伤的特点与类型与脾脏损伤极为相似，可分为被膜下破裂和真性破裂两种。

1. 被膜下破裂。被膜下破裂是指肝实质破裂而被膜完好。根据肝实质破裂的部位和深度，可分为：（1）表浅的肝实质破裂，称被膜下肝破裂，出血在被膜下可形成血肿，达到一定量时或压迫肝组织造成坏死，或继发感染形成肝脓肿，或被膜破裂转为真性破裂。（2）肝实质中央部位的破裂，称中央破裂。一般易形成巨大血肿而压迫肝组织造成广泛肝坏死，也易继发感染形成肝脓肿。

2. 真性破裂。真性破裂是指肝实质和被膜均发生破裂，此时视破裂的程度和位置引起出血和急腹症，由于肝破裂后常伴有胆汁流出，故腹痛和腹膜刺激征经常较脾破裂更为明显。另外，肝破裂血液侵入胆道及胃肠者，可出现呕血或便血。

四、胰腺损伤

胰腺是人体仅次于肝脏的大腺体，其损伤发生率约占腹部损伤的1%~2%。因胰腺位置深而隐蔽，易误诊和漏诊。胰液具有很强的刺激性，可刺激腹腔神经丛引起反射性休克或刺激腹膜引起中毒性休克，故胰腺严重损伤的死亡率高达20%。

（一）胰腺的正常位置结构

胰腺呈带状，位于上腹正中和左上腹深处，横跨第1、2腰椎，与胃、十二指肠、脾以及腹部大血管相邻。正常成年人胰腺长约12~15cm，宽约3~4cm，厚约1.5~3cm，重约60~120g。胰腺分头、颈、体、尾四个部分，头部与十二指肠相接，尾部与脾门相接。

（二）胰腺损伤特点

1. 因胰腺体积较小且固定在腹膜后，背靠脊柱，故在实践中闭合性损伤伤及胰腺者并不多见，一般系巨大暴力作用挤压所致。胰腺颈和体部受损常反映暴力作用于上腹中线，而胰尾部受损则多提示脊柱左侧受力。

2. 按损伤程度不同，可以将胰腺损伤分为：(1) 轻度挫伤，是指仅引起胰腺组织的水肿和少量出血，多能自愈而不引起严重后果。(2) 严重挫伤，是指部分胰腺组织挫灭，漏出的胰液可引起胰腺组织进一步的损伤甚至形成胰腺炎。(3) 胰腺破裂，是指胰腺组织破裂，胰管断裂，大量胰液外溢的情况，极易造成腹膜炎而导致休克等严重后果。

五、胃肠道损伤

胃肠道是人体的最大空脏器官，一方面因其游离性而不易受损，另一方面因其占整个腹部的体积大（4/5左右），而受损机会多，因此在实践中常可遇到。

（一）胃肠道的正常位置结构

1. 胃。胃是人体消化道中最宽大的部分，上接食管（贲门），下连十二指肠（幽门）。胃前壁右侧与肝左叶相邻，左侧与膈相邻，前方有横结肠，后方有脾、肾、胰等器官。胃体前壁的一部门与腹前壁直接相贴称胃区。胃的形态随其充盈程度和体位有所变化，但胃底（贲门左侧）、胃窦（幽门窦）和胃体（胃底与胃窦之间）是胃的三个主要部分。

2. 小肠。小肠起始于胃的幽门，止于盲肠的回盲瓣，成年人总长约3~5m，包括十二指肠、空肠和回肠三部分。十二指肠与空肠的分界标志是屈氏韧带，约位于第2腰椎左侧，空肠与回肠无明显标志。小肠均位于腹腔内，仅通过小肠系膜附着于腹后壁，故活动性极大。

3. 大肠。大肠起自回肠止于肛门，在成年人总长为1.5~2.0m，分结肠和直肠两部分。结肠总长1.5~1.7m，分盲肠、升结肠、横结肠、降结肠和乙状结肠五部分。在回肠末端进入盲肠处有粘膜和环肌折叠形成的回盲瓣，能防止大肠内容物返流小肠，并控制食糜残渣不会过快进入大肠。盲肠、横结肠和乙状结肠具有系膜，活动性较大。直肠上接乙状结肠，下连肛管，全长约15cm，大肠上中1/3段属腹膜间器官，下1/3段属腹膜外器官。

（二）胃肠道损伤特点

1. 胃损伤。由于胃壁的弹性和柔软性均较好，一般腹部闭合性损伤较少引起正常空腔胃的损伤，胃的损伤在充盈（饱食后）的生理条件下或胃壁原有疾病（如炎症、溃疡等）或胃扩张状态下易发生。钝性外力可引起胃壁挫伤，胃壁部分撕裂伤和胃壁全层的裂伤，前两种损伤可无临床症状而易漏诊，一旦损伤继发感染、坏死等情况发生引起胃壁全层破裂，可迅速引起弥漫性腹膜炎，导致出血性或中毒性休克而危及生命。

2. 小肠损伤。十二指肠因较短且位置较深，一般较少发生损伤。十二指肠前壁损伤多伴有相邻器官如胃等的损伤，因十二指肠内容物刺激性极强，故破裂后易迅速发生急腹症和腹膜炎；十二指肠后壁位于腹膜后，可因外力作用于腰椎体而累及；十二指肠空肠曲因角度较锐形成肠管内压力过高而引起损伤，表现为下腹部、背部、肾区甚至盆腔内的疼痛，有时易漏诊。空、回肠在腹腔内占据较大面积，且无相应别的脏器遮盖，故损伤机会较多，但另一方面因肠壁柔软，游走性好因而闭合性损伤少。损伤形态表现为程度不等的肠壁损伤，单纯性粘膜裂伤，单纯性浆膜裂伤以及肠壁全层裂伤。前三种若范围不大，多可自行修复愈合，但可留有肠粘连、瘢痕性肠管狭窄等后遗症。如果发展恶化导致全层破裂，可出现局灶性或弥漫性腹膜炎，如伴有肠系膜损伤，易导致缺血性肠坏死。

3. 大肠损伤。结肠损伤基本特点与小肠相似，但也有其差异点：一是某些肠段如升结肠、降结肠于腹膜后，损伤后易引起腹膜后感染扩散。二是结肠壁较小肠薄而血供差，故自愈力较弱，损伤后易恶化坏死。三是结肠内容物较小肠干结，刺激性小但含菌量大，所以结肠被裂后，腹膜刺激征象不明显，但易感染。

直肠主要位于盆腔内，故一般因骨盆骨折伤及直肠。因直肠内充满含菌量极大的粪便，破裂后易引起严重的直肠周围感染，并导致直肠外瘘、直肠膀胱瘘或女性直肠阴道瘘等并发症和后遗症。

六、肾脏损伤

（一）肾的正常位置结构

肾脏是成对的腹膜后实质性器官。肾脏位置较深，于第1～2腰椎前面，受脊柱及腰部肌群保护，前面有腹腔内脏器的遮掩，此外，肾脏本身也有多层膜的包裹，最内面由平滑肌纤维与结缔组织构成的肾肌膜，之后是薄而坚固的肾纤维膜，再外为肾周脂肪，最外面的为肾筋膜。肾脏色红棕色，质地软易脆，成年人每侧肾长约10～12cm，宽约6cm，厚约2.5cm，重约125g，体表投影腹前相当于脐上第11、12肋，右肾因肝的位置而比左稍低，腰部投影相当于骶棘肌外侧缘与第12肋所形成的夹角，临床上称为肾区。

（二）肾损伤的特点

尽管肾脏位置深受保护好，但因肾实质较脆弱，包膜薄，故受打击、挤压等后仍较易发生损伤。肾靠肾蒂维系在脂肪囊内，有一定的活动度，因此受力后牵拉肾蒂也会造成肾实质或血管的损伤。肾脏损伤一般由轻到重可有以下几种类型（如图3-6-4所示）：

1. 肾挫伤。肾挫伤是指肾包膜损伤或肾实质浅表性损伤。前者多形成肾包膜下出血或血肿，后者轻则形成包膜下血肿，重则可引起肾周血肿，肾包膜完整是此类损伤的特点。

2. 肾囊破裂。肾囊破裂是指肾包膜及肾实质的损伤破裂，形成广泛性的肾血肿。但如不涉及肾盂，则出血沿较大血管和输尿管之间分布，尿液外漏和血尿均不出现。

3. 肾盂破裂。肾盂破裂是指肾实质损伤累及肾盂所致，或因肾门处受强烈牵拉导致肾盂和输尿管的撕裂。此时血尿、尿外流的情况可同时发生，也可单独发生。

4. 肾血管损伤。肾血管损伤是指肾蒂血管因受牵拉所引起的损伤。根据肾血管壁部分或全层撕裂的不同，可导致血栓形成、肾功能障碍等后果，极少数可形成动静脉瘘或假性肾动脉瘤。

1. 肾包膜下血肿　2. 肾皮质裂伤及肾周血肿　3. 肾实质全层裂伤、血肿及尿外渗

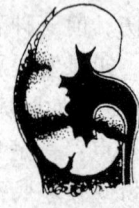 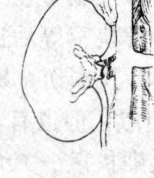 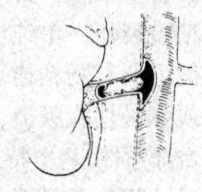

4. 肾横断　　　　5. 肾蒂血管断裂　　　6. 肾动脉内膜断裂及血栓形成

图 3-6-3　肾损伤的类型（引自梅骅，1995）

七、腹膜后血肿

腹膜后血肿是指血液在腹膜后间隙积聚扩散形成血肿的状态。腹膜后间隙是一由疏松结缔组织构成的潜在腔隙，上起膈肌，下至盆腔，前有腹腔，后有腰椎及其所属肌群。损伤所致的腹膜后血肿多系闭合性腹部、胸部或背部损伤引起，如腹膜后脏器（胰、肾、十二指肠等）、血管（腹主动脉、下腔静脉、髂动静脉等）损伤以及骨盆或脊柱骨折后出血是形成腹膜后血肿的原因，其中最多见的为骨盆骨折。由于腹膜后为疏松组织，出血后易蔓延扩散，形成巨大血肿，据文献报道，最大可达 4000ml。腹膜后血肿的临床表现因出血程度和范围而异，常见的有内出血征象，如腰背疼痛、肠麻痹、腰肋淤斑等。血肿伴尿路损伤者可有血尿，进入盆腔者可有里急后重感，腹膜后血肿常发生血液渗至腹腔内，因此腹腔穿刺阳性时极易误诊为腹腔内出血。

第四章 颅脑损伤

颅脑损伤，实质上也是头部损伤，是在法医学实践中极为常见的类型。就人体损伤部位而言，颅脑损伤无论是作为损伤类型还是死亡原因，在凶杀案件和道路交通事故中均占首位；而钝器和枪弹损伤所涉及的人体部位，也以头部最为常见。据文献报道，湖北地区 3558 例机械性损伤案例中，头面部约占 40%，四肢约占 20%，躯干部约占 14%。根据笔者对德国海德堡大学法医研究所 1992 年全年尸检 600 例左右的不完全统计，至少有 30% 死于颅脑损伤，而道路交通事故死亡者中，约 80% 死于颅脑损伤。马国燕（1998）统计 365 例凶杀案件，发现致命性的损伤部位中，头部几乎占据 50%，这还未包括约 5% 的复合性损伤。由此可见，颅脑损伤在法医学，尤其是法医损伤学中的特殊地位及其重要价值，因此有必要将颅脑损伤专门作为一章讨论。

按损伤的组织结构不同，可将颅脑损伤分为开放性和闭合性两大类。开放性颅脑损伤是指损伤后脑组织与外界环境相通，通常伤及头皮、颅骨以及硬脑膜的破损，一般见于枪弹、爆炸、打击等损伤形式；而闭合性颅脑损伤是指脑组织与外界环境不相通的情况，最主要的是以硬脑膜未发生破裂为特征，多见于钝性物体的损伤。由于闭合性颅脑损伤在实践中发生率较高，而且损伤机理复杂、损伤类型多，故本章主要论述闭合性颅脑损伤。

第一节 头皮损伤

头皮是指颅骨外面覆盖于头颅穹窿部的柔软而富有弹性的组织。其前方与面部皮肤相接，后方与后颈部皮肤及皮下组织相连，头皮外又有毛发生长覆盖。头皮是脑组织第一层保护结构，可以说绝大多数的颅骨与脑损伤均涉及头皮。因此，了解熟悉头皮及其损伤特点对颅脑损伤分析具有重要意义。

一、头皮的组织结构

与人体其他部位的皮肤一样，头皮总体上也可分为表皮、真皮和皮下组织。但由于头皮的特殊性，解剖学上一般将头皮分成皮肤、皮下组织、帽状腱膜、帽状腱膜下蜂窝组织以及颅骨骨膜五层（如图 4-1-1 所示）。头皮厚度成人为 0.2~1cm，婴幼儿则 < 3mm。就部位来说，枕顶部头皮较厚而颞部头皮较薄。

（一）皮肤层

头皮皮肤层是头皮的最外层，内含大量毛囊、皮脂腺和汗腺，其角质层薄而真皮层厚而致密，血管和淋巴管丰富。皮肤层力学强度不高，但损伤后愈合能力强。

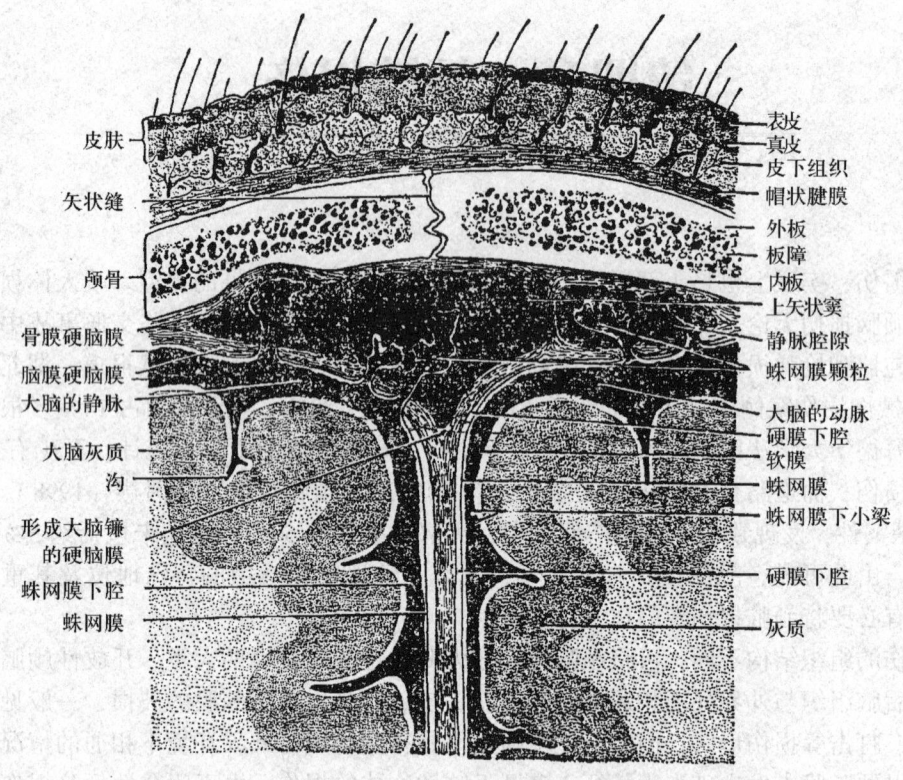

图4-1-1 头皮、颅骨和脑的冠状切面观

(二) 皮下组织层

头皮的皮下组织层,又称浅筋膜层,由短小纵行的纤维结缔组织束和纤维间脂肪粒所构成,向上与皮肤层相连,向下与帽状腱相接而不易分离。此层内含头皮中的主要血管和神经组织。

(三) 帽状腱膜层

帽状腱膜系坚韧的胶原纤维,向前与额肌、向后与枕肌相连,向两侧在颧骨弓上方与颞筋膜融合。帽状腱膜上面与皮下组织层连接,下面与颅骨骨膜疏松连接。在头皮各层中,帽状腱膜的强度最大,张力最高。

(四) 帽状腱膜下蜂窝组织层

帽状腱膜下蜂窝组织层,简称帽状腱膜下层,由疏松结缔组织构成,故又称蜂窝组织层。帽状腱膜下层与帽状腱膜和颅骨骨膜联系不牢固,使上三层与颅骨之间保持一定的移动性。此层中有许多直接与颅内静脉窦相通的导血管。

(五) 颅骨骨膜层

颅骨骨膜层也称颅骨外衣,由胶原纤维构成,与颅骨相贴。除在颅骨骨缝处紧密附着外,其余与颅骨粘附较松而易剥离。颅骨骨膜的强度在头皮各层中仅次于帽状腱膜。

需要指出的是,头部不同的位置,其头皮的结构可略有差异,如颞部头皮分为皮肤、皮下组织、颞浅筋膜、颞深筋膜、颞肌和颅骨骨膜六层。颞筋膜坚韧，上附于颞上线，下附于颧弓，颞肌较额肌和枕肌发达。另外，根据头皮结构的特殊性，人们习惯以帽状腱膜为界，将帽状腱膜至头皮表皮范围称头皮内，而将帽状腱膜至骨膜范围称头皮下。这种分界和命名在法医学实践中常具有重要意义。

二、头皮损伤特点

根据头皮的组织结构特性，归纳起来头皮损伤有以下特点：

1. 容易出血。由于头皮皮肤角质层薄，真皮层厚而富含血管，加上头皮有颞肌、额肌和枕肌牵连而张力较高，故损伤极易出血，如伤及皮下组织层则更甚。

2. 帽状腱膜内出血局限。帽状腱膜内出血也称头皮内出血。由于头皮皮下组织脂肪层由纤维束呈纵性分割状，故损伤后尽管血管不易收缩而出血多，但也不易扩散，故有时反映致伤物接触面较好（如图4-1-2所示）。帽状腱膜内出血是着力点的良好指向。

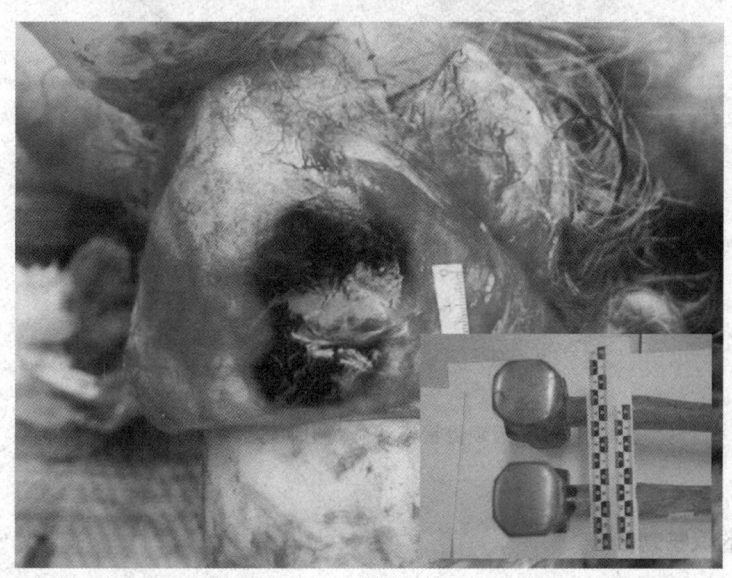

图4-1-2　较好反映致伤工具（右下图）的头皮内出血

3. 帽状腱膜下出血广泛。帽状腱膜下出血也称头皮下出血。如损伤累及帽状腱膜下，则因蜂窝组织疏松多孔，故血液极易扩散，充血量最高可达数百毫升并覆盖整个颅盖骨表面。应当注意的是，帽状腱膜下出血不是着力点的唯一指向，因为帽状腱膜下出血并非一定是头皮受损的反映，例如，颅内出血同样可通过破碎的颅骨渗出到帽状腱膜下形成大面积的出血（如图4-1-3所示）。

4. 创口开裂大。因头皮较致密且有颅骨肌群的附着，故头皮无论左右侧还是前后侧张力均较大，因此一旦形成创口，则开裂较大；而如果张力最大的帽状腱膜破裂，则创口更为明显。

5. 骨膜下出血局限。因骨膜在骨缝处与颅骨粘连紧密，故骨膜下出血一般容易局限在一块颅骨表面的范围之内。

6. 反映致伤物不佳。由于头颅的球体结构，致伤物作用于头部接触的往往是曲面，因此除了颞部相对较平坦以外，其他位置难以充分反映致伤物的完整接触面。因此，头皮层的损伤多数情况下反映致伤物形态不佳。另外，由于帽状腱膜下出血的扩散性，往往出血范围较致伤物接触面积大得多而不能真实反映致伤物的形态特点。

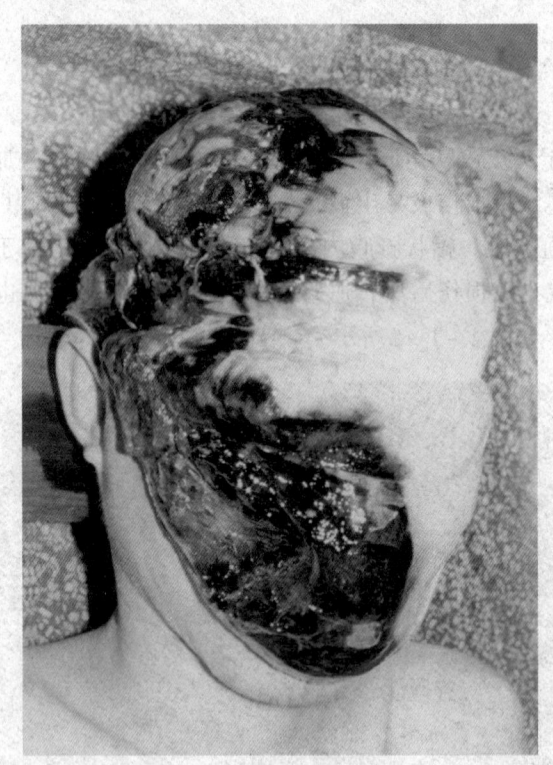

图 4-1-3　因颅骨骨折和颅内出血导致的头皮下出血

三、头皮的保护功能

头皮对颅骨和脑组织具有十分重要的保护功能，这种功能通过三条途径实现：（1）吸收一部分冲击能量。（2）增大颅骨的承受面积。（3）延长作用时间。

实验表明，在载荷（外力）与头皮相垂直时，头皮吸收约10%的冲击能量；如不相垂直，则吸收能量更大。头皮这种减载能力尤其在冲击速度中等时最为显著。焦大宾等（1994）通过模拟实验的方法，测量了有无头皮对模拟颅脑的影响，发现头皮对减缓头颅受撞击时颅内压的变化起重要作用。在硬质（钢铁）锤击时，颅内压力峰值可降低50%左右；在软质（尼龙）锤击时，颅内压峰值可降低17%~32%。尤其对锤击对冲点处的最大负压值有大幅度的降低。头皮的这种作用是通过阻尼并衰减颅脑的自由振动而实现的。早年有实验证实，如果没有头皮，引起颅骨骨折的外力仅需约 $8kg/cm^2$，而在头皮存在时则需 $80~160kg/cm^2$，其差异达 10~20 倍。

在头皮上生长的毛发（头发）主要对头皮表层的损伤有一定的保护作用，如不易出现表皮剥脱等，但头发对颅骨和脑组织的保护作用极小。

第二节 颅骨损伤

颅骨损伤是在法医学实践中常遇到的损伤类型,通常是以颅骨骨折形式出现。根据临床资料统计,尽管在所有的颅脑损伤中,颅骨损伤的发生率仅约15%~20%,但在严重的颅脑损伤中,尤其是致命性的颅脑损伤中,颅骨损伤的发生率却高达60%~70%。因此可以认为,多数致命性的颅脑损伤伴有颅骨损伤。

一、颅骨的组织构成

(一)颅骨骨块构成

颅骨是由28块、部分成对、形态大小不同的骨构成的类球体结构(如表4-2-1所示),除下颌骨构成活动关节外,其余各骨均凭借骨缝或软骨相连。颅骨分脑颅骨和面颅骨两部分,前者位于颅的后上部,构成容纳脑的颅腔;后者为颅的前下部分,包含眼、鼻、口等结构(如图4-2-1所示)。因致命性的颅脑损伤多涉及脑颅骨,人们习惯也将脑颅骨称为颅骨,所以本节重点讨论脑颅骨,如无特别指出,以下也将脑颅骨简称为颅骨。

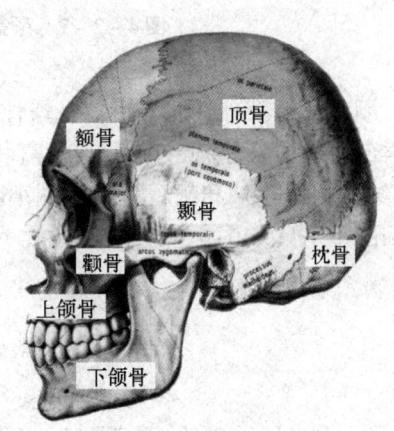

图4-2-1 主要颅面骨及构成示意图

表4-2-1 颅骨的构成骨块

脑颅骨(14块)		面颅骨(12块)	
成对	颞骨	成对	上颌骨
	顶骨		颧骨
	锤骨		鼻骨
	砧骨		泪骨
	镫骨		腭骨
不成对	额骨	不成对	下颌骨
	枕骨		梨骨
	筛骨		
	蝶骨		

(二)颅盖与颅底

解剖学上将颅骨分成颅盖与颅底两部分,其分界线是沿枕外隆突、乳突底、外耳门上缘、额骨泪突、眶上缘以及额骨鼻缘标志点构成的连线。也有人以枕外隆突、上项线、乳突根部、颞下嵴、眶上缘以及眉弓的连线作为分界,其实本质上大同小异(如图4-2-2所示)。

颅盖由额骨鳞部、顶骨、颞骨鳞部和蝶骨大翼一部分以及枕骨鳞部构成,并由冠状缝、矢状缝、人字缝相互连接。颅盖骨外由头皮及肌肉（颞肌）覆盖，内面由硬脑膜相贴，颅盖骨内板上有脑回、脑血管、蛛网膜颗粒以及静脉窦等形成的压迹，但总体上较光滑。

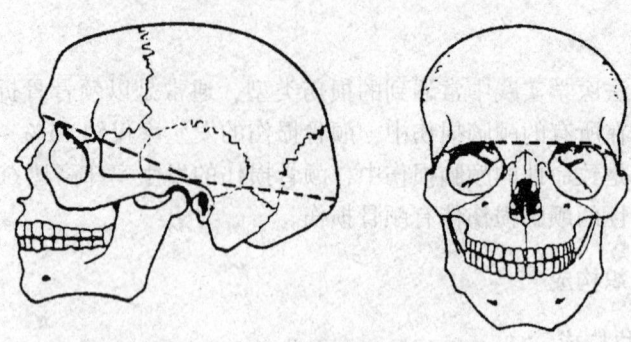

图4-2-2　颅盖与颅底解剖学分界（虚线）示意图

颅底部由额骨眶部、筛骨、蝶骨、颞骨岩部以及枕骨等构成。颅底内面借蝶骨嵴和颞骨岩部嵴分为阶梯状、前后向的窝状的结构，分别称颅前窝（容纳大脑额叶）、颅中窝（容纳大脑颞叶）和颅后窝（容纳小脑等）。与颅盖骨相比，颅底部内面因沟嵴和孔隙较多而凹凸不平（如图4-2-3所示）。颅底各骨的连接多为软骨骨化而成的骨性连接。

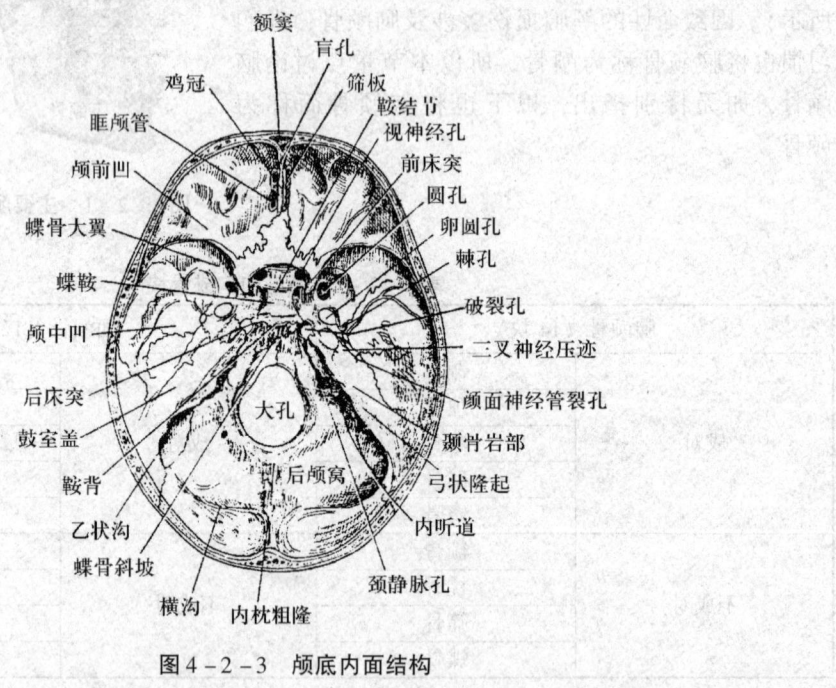

图4-2-3　颅底内面结构

（三）颅骨骨块结构

颅骨各构成骨块中除筛骨、蝶骨、听小骨等以外，大多数属扁平骨，其剖面上分三层，外层为骨外板，中层为板障，内层为骨内板（如图4-2-4所示）。内外两层为密质骨，中间为松质骨。

图4-2-4 颅骨截面分层结构

颅骨的起源较为复杂，既有膜内成骨（如顶骨等），软骨内成骨（如筛骨等），也有两种方式混合而成的复合骨，如颞骨和蝶骨。颅骨是一非同源性的组织，所以引起组织结构甚至力学性能上较大的差异。以厚度为例，颅盖部分最厚可达0.7cm（额顶结节处），最薄的仅0.1~0.2cm（颞鳞处）。颅底部分差异则更大，枕骨基底部厚度可达1.2cm，而额骨眶板、筛板处厚度还不足0.1cm。

关于正常人群颅骨的厚度，骨密度及其构成成分等测量数据报道还不多，闵建雄等1993年测量了高加索人种颅顶骨214例，得到了不同年龄和性别的数据（如表4-2-2所示）。

表4-2-2 颅顶骨的性别各年龄段测量数据（n=214）

年龄(岁)	女性				男性			
	18~45	46~60	>60	合计	18~45	46~60	>60	合计
全层厚(mm)	6.38±1.2	6.22±0.9	6.37±1.3	6.32±1.1	6.10±1.0	5.91±1.1	5.56±1.1	5.94±1.1
外板厚(mm)	1.71±0.5	1.55±0.4	1.29±0.6	1.49±0.5	1.64±0.4	1.57±0.4	1.56±0.4	1.61±0.4
板障厚(mm)	2.77±0.9	3.27±1.3	4.01±1.3	3.44±1.3	2.93±1.0	3.13±1.3	2.76±1.1	2.95±1.1
内板厚(mm)	1.89±0.6	1.40±0.5	1.06±0.6	1.40±0.7	1.51±0.3	1.27±0.5	1.24±0.5	1.39±0.4
骨密度(mm)	1.71±0.1	1.69±0.1	1.56±0.1	1.64±0.1	1.66±0.1	1.63±0.1	1.61±0.1	1.64±0.1
水分(%)								
皮质骨	12.5±1.0	12.3±1.2	13.2±2.2	12.7±1.6	12.6±0.9	12.4±1.3	12.4±1.3	12.5±1.1
松质骨	18.4±3.6	17.6±5.2	18.6±5.5	18.2±4.9	18.5±3.8	16.5±4.0	15.9±4.9	17.4±4.3
有机质(%)								
皮质骨	30.5±0.9	30.5±1.2	32.4±2.2	31.3±1.9	31.1±1.4	31.3±1.3	31.2±1.8	31.3±1.5
松质骨	32.8±1.4	33.8±3.0	36.6±4.4	34.6±3.2	36.5±3.4	38.7±5.4	37.7±4.3	37.4±4.3
无机盐(%)								
皮质骨	56.4±1.7	57.2±1.9	54.5±3.6	56.0±2.9	56.3±1.7	56.4±2.0	55.7±2.3	56.2±1.9
松质骨	48.8±3.9	48.4±5.8	44.9±6.9	47.1±6.1	44.9±4.2	44.8±5.3	46.4±4.9	45.2±4.7

二、颅骨的生物力学性能

前已述及,由于构成成分等方面的差异,骨骼的物理特性尤其是力学性能比软组织强得多。所以,颅骨与头皮、脑膜等相比,其保护脑的重要性是不言而喻的。研究脑组织损伤往往离不开对颅骨的研究。人的颅骨的发育及结构特点与动物有较大差异,而且整体研究和动态受力研究在方法学上尚有不少难点,因此至今对颅骨的生物力学特性的研究仍多停留在局部、静态和模拟方面。

根据马中和(1986)报道,人颅骨在静力学中的性能如表4-2-3所示。闵建雄1993年利用高加索人种的颅骨进行了较为系统的实验研究,特别是对顶骨进行了在半静态(0.9mm/s)下最大抗弯力、抗弯强度、抗压强度以及压缩弹性模量等实验测定(如表4-2-4所示),并且还与额骨及颞骨进行了比较(如表4-2-5所示)。结果显示,与人体其他骨相似,颅骨的抗压缩强度高于抗弯、抗拉伸强度,而抗剪切强度最低。性别对颅骨力学性能的影响有差异的显著性,与男性相比,女性的颅骨具有较强的耐拉伸性和较弱的耐压缩性,提示女性颅骨的弹性较好。年龄也是影响颅骨力学性能的重要因素,总体上说,随着年龄的增长,颅骨的抗弯强度和抗压强度均呈下降趋势,特别是引起颅骨弯曲碎裂的应力改变具有明显的年龄差异性,反映颅骨弹性及刚度的下降。颅骨的非同源性提示不同颅骨的力学性能有差异,实验结果也证实,不同部位的力学性能差异,就抵抗外力的能力而言,顶骨强于额骨,而额骨强于颞骨。但颞骨耐受压缩的能力较强于顶骨和额骨,这可能与颞骨的板障层较薄有关。

表 4-2-3 人颅骨的静力学性能

项目	平均值
颅骨全层厚(cm)	0.69 ± 0.119
板障厚度(cm)	0.27 ± 0.107
干燥颅骨密度(g/cm^2)	1.30 ± 0.48
压缩弹性模量(GPa)	
切向	2.40 ± 1.45
径向	5.60 ± 3.04
压缩泊松比	
切向	0.19 ± 0.08
径向	0.22 ± 0.11
压缩极限强度(MPa)	
切向	73.7 ± 35.1
径向	96.5 ± 35.9
切向拉伸模量(GPa)	5.39 ± 2.94
切向拉伸强度(MPa)	43.4 ± 18.6
板障扭转模量(GPa)	1.38 ± 0.96
板障扭转强度(MPa)	22.1 ± 5.50
板障剪切强度(MPa)	21.4 ± 3.40

(引自马中和,1996)

表4-2-4 颅顶骨的生物力学特性

	年龄（岁）	最大抗弯应力（kg/mm）	抗弯强度（MPa）	抗压强度（MPa）	压缩模量（MPa）
女性	18~45	76.58±30	105.8±26	143.8±29	330.9±150
	46~60	65.88±18	102.1±18	127.2±29	343.1±230
	>60	50.99±27	79.9±18	100.2±24	228.2±110
合计		62.56±28	93.8±24	122.6±32	292.2±173
男性	18~45	56.96±17	84.7±17	140.8±26	355.4±110
	46~60	43.56±21	73.7±23	127.8±25	324.4±120
	>60	37.66±25	74.4±24	125.5±34	274.3±140
合计		47.67±22	78.6±21	132.9±28	323.1±131

表4-2-5 额骨、顶骨、颞骨的力学性能

	额骨	顶骨	颞骨
全层厚（mm）	7.01±1.5	5.98±1.2	4.92±0.9
外板厚（mm）	1.79±0.5	1.63±0.4	1.57±0.4
板障厚（mm）	3.27±1.5	2.71±1.1	1.96±1.3
内板厚（mm）	1.96±0.9	1.60±0.6	1.40±0.4
密度（g/mm^3）	1.70±0.1	1.66±0.1	1.75±0.1
抗弯应力（kg/mm）	42±29	60±27	38±37
抗弯强度（MPa）	67.5±22	95.5±27	99.1±31
抗压强度（MPa）	129.3±34	135.5±29	156.9±37

上述有关颅骨生物力学的数据虽然有助于我们对颅骨受力及其变化有所了解，但远远不够，因为局部颅骨的性能与整体颅骨尚有较大的差异，况且从损伤学角度而言，整体颅骨的受力及损伤特点更具有实际意义。另外，静态与半静态受力的实验研究结果，与实践中动态受力也有较大的差异，很难直接引用。因此，国内外不少学者一直致力于从整体和动态来研究颅骨的生物力学特性，不幸的是由于实验材料来源、实验条件及其模拟物相似性等多方面受很大的限制，要取得突破性的进展十分困难。根据目前的研究结果，人体颅骨力学性能从整体而言具有以下特点：

1. 颅骨的球体结构，尤其是颅盖骨的拱形结构以及内外骨板加板障的结构对于分解和缓冲外力作用有极重要的意义。如拱形结构可使作用力向四周传递，散布在四周颅腔壁上；板障不仅缓冲了外力作用的时间和面积，而且能吸收部分能量。有人估算如果颅盖骨均匀受力，能承受两吨的静负荷。

2. 颅骨作为球体结构，有一定的伸展性，颅缝的存在也为这种伸展性提供了基础。据研究，当头颅两颞部结构均匀加压到强度极限而不发生骨折时，额枕径（矢径）平均伸长1cm；当额枕部受力时，两侧颞间（横径）平均伸长1.17cm。所以，颅骨在受到外力作用时，其伸展性有较强的缓冲能力，保护颅骨局部和整体的完整性。颅骨的这种伸展性随着年龄的增加和骨缝愈合的完全而减小。

3. 颅骨受动态外力作用后，力的传导和颅骨的应力应变具有一定的规律性。王守森等（1991）和朱青安等（1992）采用经防腐固定的人体头颅表面粘贴"应变花"后以冲击速

度 < 4m/s，冲击力平均1500N的标准对头颅进行了正面均匀冲击、正面下颏冲击以及侧面均匀冲击实验，结果发现：（1）正面均匀冲击的力可从三条途径传播，即通过额骨沿上矢状方向、通过两侧颧骨、颞骨沿水平方向以及通过上下颌骨沿颅底方向传播（如图4-2-5所示）；沿冲击方向的颅骨以压应变为主，而垂直于冲击方向的颅骨以拉应变为主；在所有8个测点中，以额结节、翼点和颞骨的拉应变值最大。（2）下颏部正面冲击力通过颞下颌关节传播到两侧颞骨后再分散到颅骨其他部位；其中以颞骨受到（拉）应变最大。（3）侧面均匀冲击力则在翼点和颞骨上产生了较正面均匀冲击更大的应变。该实验结果强烈提示颅骨颞部是颅骨整体受力的特殊敏感位置。

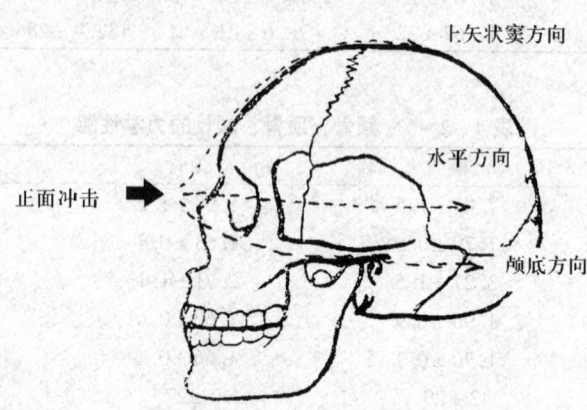

图4-2-5 颅骨正面受冲击后力的传导（虚线）示意图（引自朱青安等，1992）

三、颅骨损伤机理

前已述及，任何物体的损伤都是变形的结果，颅骨损伤也同样是颅骨变形的结果。颅骨是一球形且有一定弹性的物体，因此当外力作用于颅骨时，颅骨会发生不同程度的变形，当外力不足以使颅骨的应变超过它的强度极限之前，颅骨的变形是可复性的。临床和法医实际工作中常可见到一些颅骨外伤者并未发生颅骨骨折，但脑组织却发生损伤的现象，这种损伤至少有部分很可能来自颅骨的可复性变形。这种现象尤其多见于颅骨弹性好但基质成分少的青少年，如少儿的颅骨"乒乓球样凹陷"损伤。颅骨的不可复变形导致的结果就是我们常见的颅骨骨折。按照变形的方式和发生机理的不同，可将颅骨的不可复性变形分为三种类型：

（一）颅骨局部变形

颅骨的局部变形，是指外力作用于颅骨后使受力部位遭到超过其强度极限的力而引起颅骨局部发生不可复性变形。以颅盖骨为例，图4-2-6模拟显示了局部变形（线状和凹陷状两种类型为主）的基本过程，大致可分成四个阶段：

1. 外力作用于局部颅骨，受力部位开始发生弯曲变形，中心区向颅腔凹入呈锥形，变形区内骨外板受挤压，骨内板则因曲度变大而被拉伸。

2. 由于颅骨抗压能力大于抗拉能力的特性，因此使处于锥尖部位的骨内板因拉应力最大而最先超过其抵抗极限，出现十字形或放射形骨裂。但此时如果力量减弱或者消除，颅骨外板仍可因可复性变形而恢复正常，仅颅骨内板发生骨折。

3. 如果外力作用持续，颅骨外板同样也因受压的曲度增大而发生破裂。至此涉及颅骨内外板的线状骨折已经形成。如果作用物体有一定的面积，那么物体的周边将迫使颅骨外板同时向外展开使之直径增长，圆周扩大，沿周围切线方向出现拉应力，向中心集中，故外板骨裂线呈放射状。

4. 如果力量仍持续或加大，锥底部骨质也向四周排挤使外围骨板隆起呈盆形变形，处于波峰部外板（隆起处）再次受伸拉和剪切而出现环形骨折，而相应处内板本已变形，加上压缩而失却支持，向下呈漏斗状塌陷甚至碎裂脱落呈洞状。

实验结果表明，从头皮受载荷到颅骨变形骨折全过程仅需1毫秒多，而真正颅骨局部变形的时间仅 0.6 毫秒，反映变形过程的瞬间性。颅骨局部变形所产生的颅骨骨折类型根据作用力和作用物形态而异，几乎可包括所有类型。颅骨局部变形所引起的骨折常常并不仅仅局限于作用物相接触处，而在中心区环形凹陷的同时，外侧区受辐射向推挤和环向拉伸产生辐射向骨折，其骨折线沿最大拉伸主应变的垂直方向扩展（如图4-2-7所示）并常见于颅骨薄弱区和应力集中区（如颞骨、翼点等）。由于内板所受的拉应力较外板早而明显，故通常内板骨折较外板骨折更明显，在凹陷性骨折通常表现为内板骨折线数量多而长（如图4-2-8所示）。而当颅骨出现碎裂缺损（如洞状骨折）时，一般缺损处内板面积比外板大而呈喇叭口形（如图4-2-9所示）。

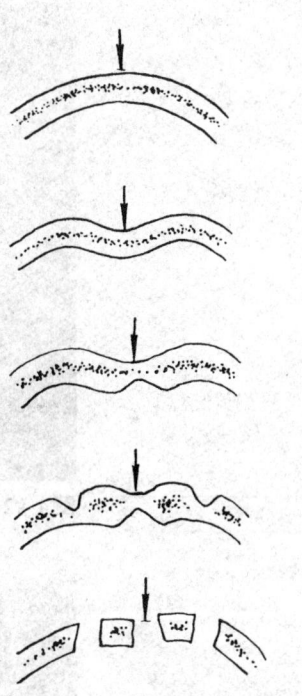

图 4-2-6　颅骨局部变形过程示意图

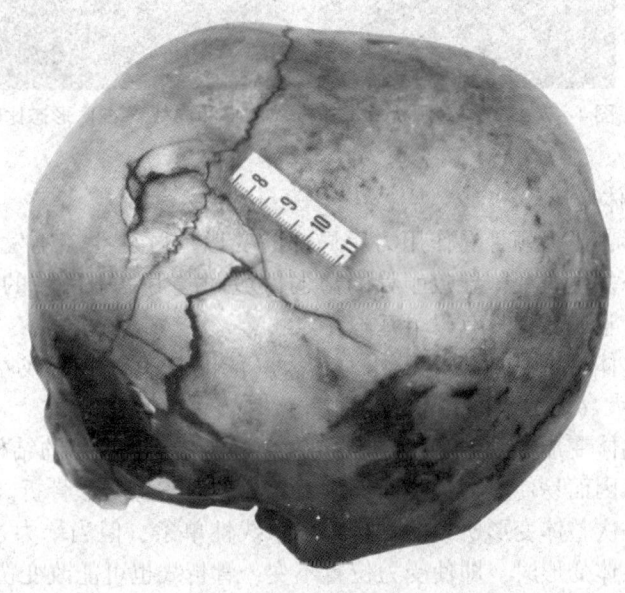

图 4-2-7　颅骨凹陷性骨折伴放射状骨折线

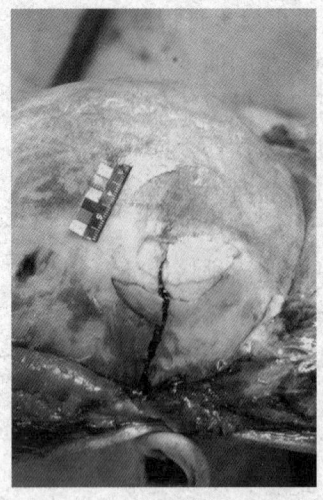
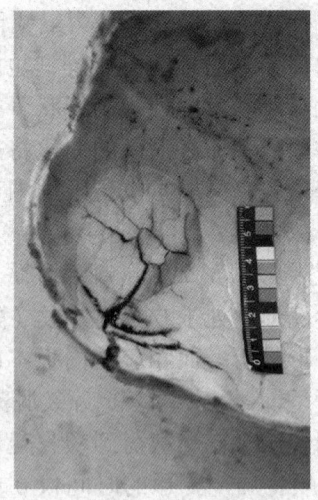

图4-2-8 颅骨凹陷骨折外板（左）和内板（右）形态比较

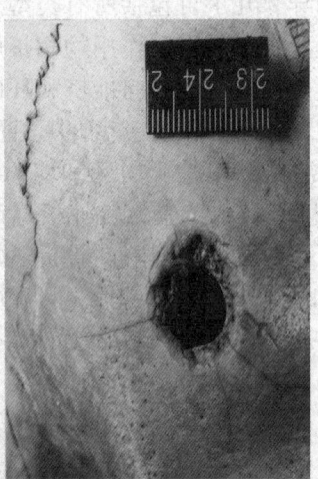

图4-2-9 颅骨洞状骨折外板（左）和内板（右）形态比较

（二）颅骨整体变形

颅骨整体变形，是指颅骨受作用力后局部的变形是可复性（不发生骨折），但引起颅骨整个球体的形态发生改变，导致颅骨的薄弱区域和应力集中区域的颅骨发生变形骨折。根据此定义，颅骨整体变形具有以下基本特点：

第一，颅骨整体变形一般发生于外力较大（能引起颅骨前后或左右周径发生明显改变），接触面也较大（受力局部并不发生骨折）时。

第二，颅骨整体变形在颅盖和颅底均可发生，但由于颅底骨的结构复杂、弹性差，连接疏松且不规则，因而易使应力集中而比颅盖骨更容易发生变形骨折。

第三，颅骨一次整体变形所致的骨折一般系线性单条，但当暴力过于巨大时可发生全颅崩裂。当多次整体变形时，即使受力位置不变，骨折线也可能改变位置。

颅骨发生整体变形的基本原理和过程为（如图4-2-10所示）：当颅骨前后或左右向受面积和力量较大的外力作用时，颅骨的前后径或左右径发生弹性变形，这种弹性变形本质上就是通过沿外力线的中点（A点）颅骨外向膨出，以保持颅内空间的恒定。当外力超出了颅骨的弹性极限，也就是在最大张应力的膨出颅骨位置（A 点）首先发生骨折，之后骨折线沿张应力的大小位置行走。一般情况下呈现以 A 点为起点沿作用力的方向向两侧延伸，如果作用力大而持续时间长，那么近着力一侧的骨折线可延伸到着力位置；如果作用力小或持续时间短，那么骨折线可终止于着力位置以外。

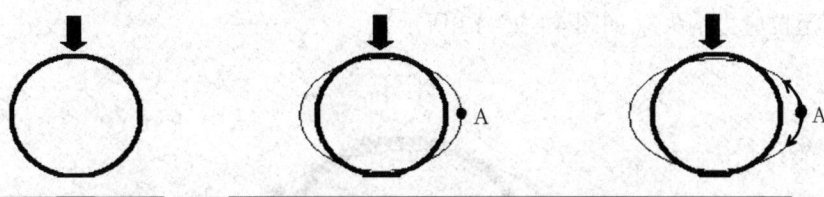

图 4-2-10　颅骨整体变形形成过程示意图

需要指出的是，上述只是基于理想条件下的颅骨整体变形原理和过程的模拟，在实际工作中，由于个体差异以及个体上颅骨结构对称性的差异，上述提到的外力线的 A 点只是一种大概的描述，而非真正尺度上的中点。同样由于各颅骨间的差异，沿外力方向上骨折线的行走既非直线状，也非完全对称。另外，尽管颅骨是一球体，但非均质等距的球体，故一次颅骨整体变形通常只发生在一侧。

根据人体（头部）的状态，颅骨整体变形既可以发生在静止状态，也可以发生在运动状态。从本质上来说，除了需要足够的作用力外，颅骨整体变形最关键的因素是颅骨周径的改变。在实践中，颅骨整体变形常见于以下四种情况：

1. 当颅骨处于静止状态，一侧受硬质物体衬垫固定，另一侧受物体静态或动态挤压时，或受两个相反的外力挤压（如两颞或额枕受力）时，两个受挤压部分之间的距离缩短，而非受挤压部分间距增加膨出，使颅骨膨出部位骨板受较大的拉应力，一旦超过颅骨的弹性限度，则在该处首先出现与拉应力线相垂直的骨折线。当两侧颞部受挤压时，颅底的横径缩短而矢径增加，使颅底中部受到较大的矢状向的拉应力，从而导致与颅骨矢径相垂直的横行骨折线；而当额枕部受力时则正相反，故引起与颅骨横径相垂直的纵行骨折线（如图 4-2-11 所示）。

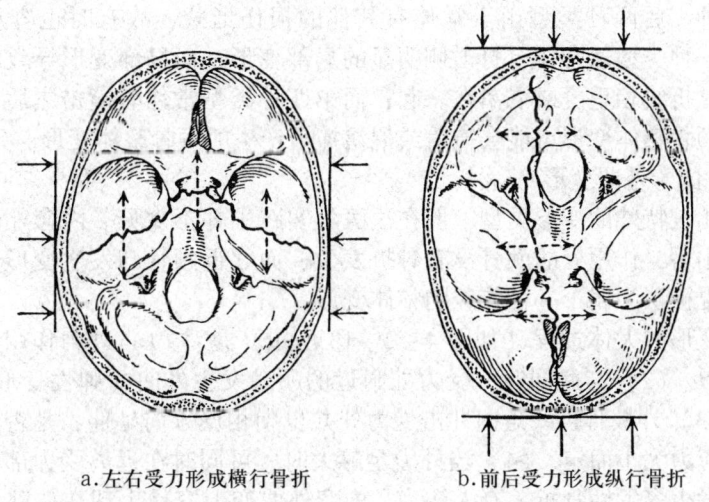

a. 左右受力形成横行骨折　　b. 前后受力形成纵行骨折

图 4-2-11　颅骨双向挤压受力整体变形引起颅底骨折示意图

2. 当颅骨处于减速运动状态,如高坠、摔跌等头部与大平面物体如地面等相接触时,虽然颅骨仅一侧受力,但因颅脑减速运动具有确定的方向性,在颅骨一侧受力的瞬间,对侧仍在做惯性运动,因此瞬间整体上仍可视做两侧受力,此时远离受力轴线的远端颅骨因为球性膨出受到最大的拉应力(A点)而发生骨折,之后骨折线沿着受力轴线方向向两侧延伸,直至拉应力消失(如图4-2-12所示)。

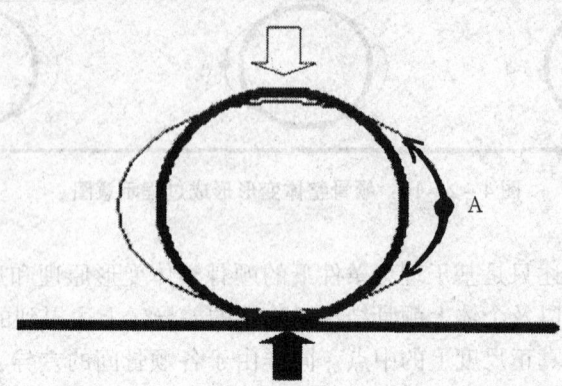

图 4-2-12　颅骨减速运动发生整体变形示意图

3. 当颅骨处于静止状态,一侧受硬质衬垫固定,另一侧受物体动态反复打击时,同样如上述的原理,有时非衬垫和非打击侧颅骨由于要通过增加颅径来缓解受外力导致的变形,一旦增加的颅径超出了颅骨的弹性极限,颅骨就会在颅径变化最大的地方,即膨出最大(拉应力最大)处发生骨折,之后骨折线沿着受力轴线方向向两侧延伸,直至拉应力消失。在实践中,这种类型常见于人体倒地,头部等体位被固定后,他人持工具反复打击而形成。

4. 当颅骨处于相对静止状态,受到运动的物体作用而发生加速运动时,如果运动的物体接触面较大、作用时间迅速而且作用力巨大,那么颅骨在受力侧发生局部变形的同时,也会使颅骨周径发生瞬间的改变。如果颅径的改变超出了颅骨弹性的极限,那么同样的原理,颅骨将发生整体变形。在实践中,这种类型常见于道路交通事故中运动的车辆撞击路人头部。

综上所述,颅骨整体变形几乎可发生于所有的头部损伤状况。但在法医学实践中,最常见的是前两种。后两种类型由于常伴有其他的损伤形式,故有时也容易被忽视或者忽略。例如,第三种类型通常伴有打击侧明显的局部变形,而局部变形导致的骨折线易与整体变形引起的骨折线相重叠或混淆在一起;而第四种类型常伴有撞击之后人体的摔跌,此时摔跌导致的颅骨整体变形可能会掩盖或混淆撞击产生的颅骨整体变形。

(三) 颅骨内弯外曲变形

这是一种比较特殊的变形类型,但在法医学实践中并不少见。内弯外曲变形就是颅骨遭外力局部作用后,作用处的颅骨没有骨折发生,而邻近颅骨却发生变形骨折。故实际上内弯外曲变形也被认为属于一种特殊的整体变形。

内弯外曲变形的大体过程(如图4-2-13所示)是:(1) 外力作用处颅骨内弯,但尚未超过其极限。(2) 与此同时,受力处附近的颅骨发生外曲(弹性变形),致使外板发生线性骨折。(3) 外板骨折线走向冲击受力处并也朝相反方向延伸,是否可以到达受力处视引起骨折的应力大小而定。(4) 当外力足够大时,可同时在远离受力部位的颅骨上形成多个应力区而发生多发性骨折。有人认为,内弯外曲变形容易出现在枕部低位受力引起的颅前窝筛板的骨折(也有人称为对冲性骨折)。在实践中,比较常见的是外力作用于顶部而相邻的颞骨发生骨折（如图 4-2-14 所示）。

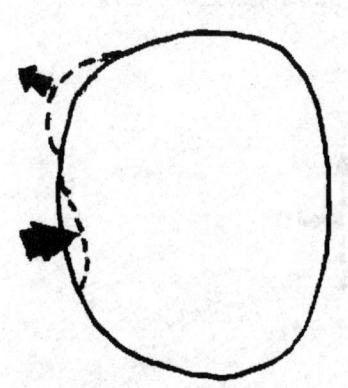

图 4-2-13 颅骨内弯
外曲变形示意图

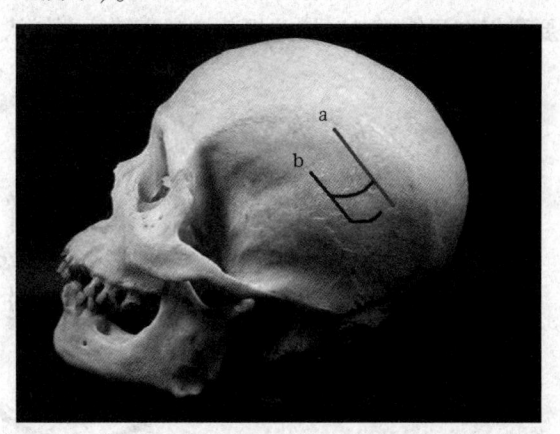

图 4-2-14 颅骨内弯外曲变形着力区（a）
和相邻骨折区（b）示意图

（四）颅骨局部变形和整体变形的特点

1. 颅骨局部变形和整体变形的鉴别。由于引起颅骨局部变形和整体变形的机理不同，颅骨损伤的特点也必然有差异。在实践中，我们将工具打击作为颅骨局部变形的经典形式，而将摔跌作为颅骨整体变形的经典形式，这两种方式恰恰对损伤形成和损伤方式的判断乃至定罪量刑至关重要。因此，在前面已经论述了颅骨变形机理基础上，表 4-2-6 对颅骨局部变形和整体变形的特点和差异点进行归纳。从表中可以明显看到，在七个特点要素中，除了骨折线沿受力方向走向一致以外，其他六个均不相同，这就为我们鉴别颅骨局部变形和整体变形提供了参考依据。

表 4-2-6 颅骨局部变形和整体变形形成的骨折的特点

	局部变形	整体变形
引起骨折的方式	小平面，直接作用	大平面，间接作用
骨折起点的位置	着力点处	非着力点处
骨折的基本类型	所有类型	线状骨折
骨折线与受力点	连接	可不连接
内板与外板长度	内板等于或长于外板	外板等于或长于内板
骨折线的最宽处	着力处	非着力处
骨折线的走向	沿受力方向	沿受力方向

需要指出的是，颅骨整体变形引起的骨折线与颅骨局部变形不同，它往往是从骨折线的中部（即颅骨膨出最大处）开始向前后或两侧延伸，而并非由受力处开始（如图 4-2-15 所示）。因此，骨折线的宽度及其着力所在位置是在实践中鉴别局部变形和整体变形最常用的指标。例如，打击形成的颅骨局部变形，骨折线的起点是着力位置的中心，骨折线的宽度在着力点最宽，而随着放射距离的延长逐渐变细；而摔跌形成的颅骨整体变形，骨折线的起点是在非着力点的颅骨周径变化最大处，骨折线在非着力点的起点处最宽，即使骨折线可能延伸到着力点，但同样呈现逐渐变细的特征（如图 4-2-16 所示）。

2. 颅骨局部变形和整体变形共存。虽然在理论上我们可以将颅骨局部变形和整体变形人为地分隔，并从形成的机理和表现的特点方面加以区别。但是在实践中，颅骨局部变形和整体变形常可能以混合的方式存在,由此两种变形的特点互相交错混杂在一起,辨别并不容易。这就需要我们在尸体检验时按照规范,观察特征更加认真细致,寻找特点更加小心谨慎。

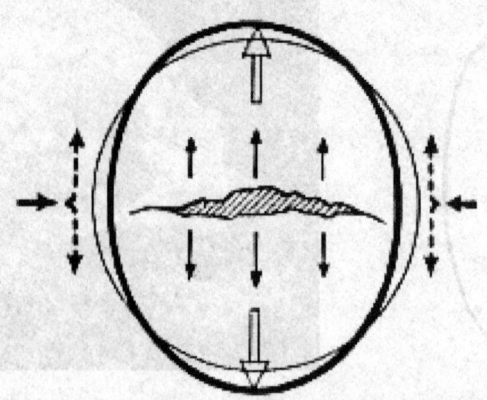

图4-2-15 颅骨整体变形形成骨折线宽窄示意图

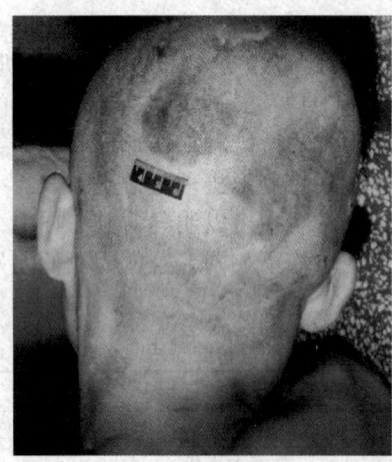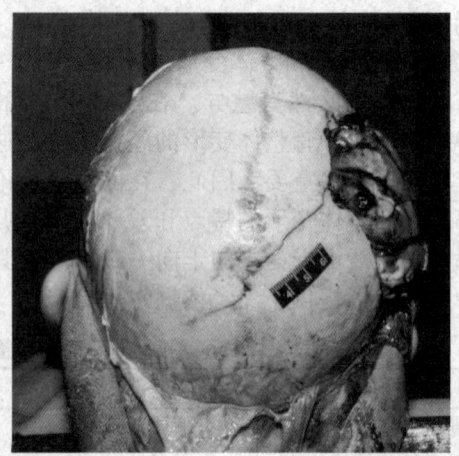

图4-2-16 摔跌致左枕部受力导致颅骨整体变形,引起右侧颞顶枕骨折线,
骨折线向着力点延伸,其宽度逐渐变细

按照共存的方式不同,我们可以将颅骨局部变形和整体变形共存分为两种情况,即分离共存和混合共存。

颅骨局部变形和整体变形分离共存,是指局部变形引起的骨折和整体变形引起的骨折互不交错重叠,而且受力方式比较简单明了。例如,高坠死亡者的头部既可能存在着力点的颅骨局部变形(塌陷骨折或线状骨折),也可能存在远离着力点的颅骨整体变形形成的骨折(如图4-2-17所示)。对此我们通过关注骨折线的宽度和颅骨内外板骨折线的长度等情况,判定骨折线的不同起源可能相对比较容易。

颅骨局部变形和整体变形混合共存,是指局部变形引起的骨折和整体变形引起的骨折互相交错重叠,而且受力方式比较复杂。例如,头部受打击或撞击引起颅骨在着力点的局部变形之后,人体进而发生摔跌引起颅骨整体变形。此时由于颅骨受力的轴向一致,局部变形和整体变形形成的骨折线可能发生交错或者重叠(如图4-2-18所示)。更加复杂的情况是,当人体在被固定衬垫状态下反复打击时,颅骨局部变形和整体变形的受力位置和发生时间几乎是同时同步的,此时要准确地鉴别骨折线的起源和形成机理,将可能很困难。

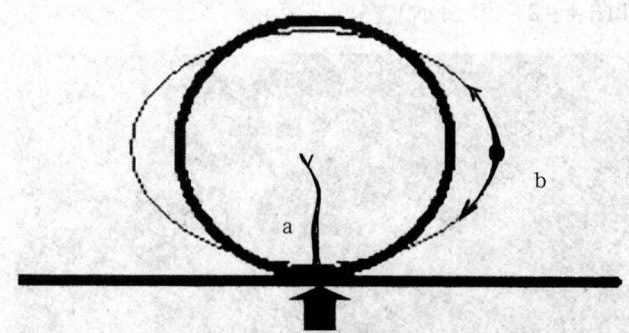

图4-2-17 局部变形(a)和整体变形(b)分离共存示意图

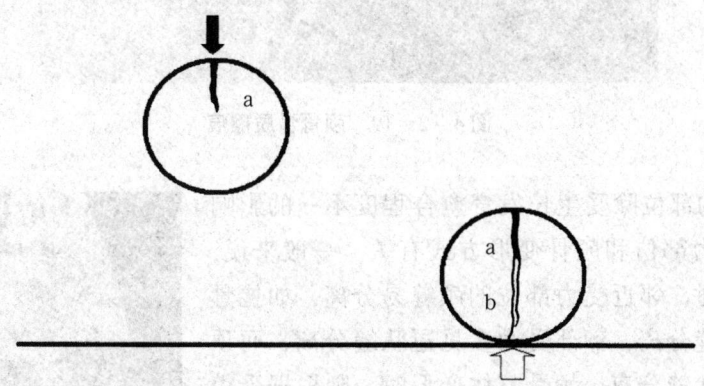

图4-2-18 局部变形(a)和整体变形(b)混合共存示意图

四、颅骨损伤的主要类型

颅骨和人体其他骨骼一样,损伤最常见的形式也是骨折。但颅骨由于特殊的三层结构和各骨块间的骨缝连接,其损伤类型更多也更典型。按照颅骨损伤的形态和形成机理的不同,一般可将颅骨损伤分为骨质擦痕、骨缝分离、线状骨折、塌陷骨折、洞状骨折以及粉碎骨折六种类型。这些类型主要见之于钝性物体损伤,但也包括了锐器和枪弹损伤的常见类型。某些较为特殊的颅骨损伤,如枪弹引起的颅骨锁孔状骨折,砍器引起的颅骨条块状缺损等,将在以后专门的章节中论及。

(一)骨质擦痕

骨质擦痕是指钝性物体以切线方向与颅骨发生擦蹭,或物体的突出部分按法线向撞击颅骨形成的颅骨外板骨质的缺损。轻度的骨质擦痕仅累及骨质表面,表现为颅骨外板上部分坑凹(如图4-2-19所示);严重的骨质擦痕则累及颅骨外板全层,甚至深及板障,造成范围和深度较大的骨质缺损。

(二)颅缝分离

颅缝分离是指人体颅缝因受力后失去原有状态而裂开的现象。因颅缝随年龄的增加而逐渐愈合,所以不同的年龄颅缝分离有不同的标准。一般临床上以成年人颅缝增宽1~1.5mm、3岁以上儿童颅缝增宽超过2mm(可在X线片上测得)来诊断。正常颅缝间主要靠胶原纤维连接,随年龄增长而逐渐骨化愈合,所以与骨组织相比,缝间的胶原纤维是颅骨上的相对薄弱区，颅骨受力后变形尚未达骨折时，颅缝则可能已经分离，因此颅缝分离可单独存在（如图 4-2-20 所示）。

图 4-2-19　颅骨骨质擦痕

颅缝分离的部位除受生长发育愈合程度不一的影响外，主要与受力部位和颅骨变形方式有关。一般来说，颅骨局部变形时，邻近受力部位的颅缝易分离，如枕骨受力多见人字缝分离，额部受力多见冠状缝分离，而顶部受力多见矢状缝分离。颅骨整体变形时，则根据受力变形的方向，易在颅缝受最大拉应力处发生颅骨缝分离，如枕额部受力导致的颅骨整体变形易使矢状缝分离，而颅两侧受力所致的整体变形则易使冠状缝分离。另外，局部变形引起某一颅缝分离多也是局部（反复作用除外），而整体变形常引起某一颅缝大部或全部分离。

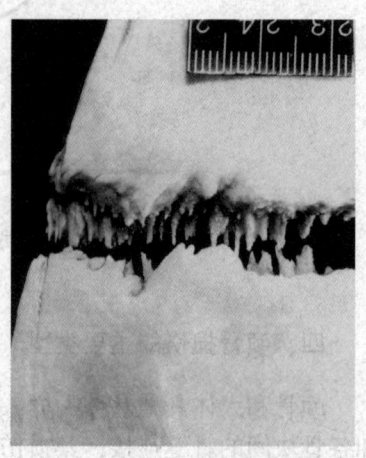

图 4-2-20　颅骨骨缝分离

（三）线状骨折

线状骨折是指颅骨受力后出现长线状骨板裂开而无骨板错位和塌陷的状况。线状骨折的裂隙粗细不一，一般在 3mm 以内，罕见超过 5mm；其形态可有多种，如直线状、环状、星芒状以及曲线状等。其长短也各异，短则数毫米，长则十几厘米（如图 4-2-21 所示）。有时多条线状骨折相互交接形成龟背花纹状者称为龟裂样骨折。

颅骨线状骨折多因颅骨板层受拉伸变形所致，在颅骨局部变形和整体变形时均可发生。一般局部变形时骨折线与受力部位相一致或骨折线沿着力处延伸；而整体变形时骨折线与头颅着力点往往相分离，有时甚至远离着力点，如一侧后枕部大平面着力引起颅骨整体变形时可引起一侧颞部发生线状骨折。

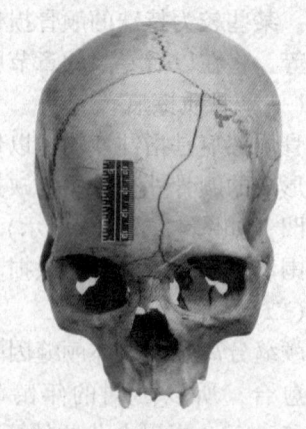

图 4-2-21　颅骨线状骨折

一般情况下，一次外力作用时线状骨折骨板裂开最宽处即表明受力最大处，在局部变形时则指示头颅受力点；在整体变形时，则指示骨板"外膨"最突出、受张力最大处。而无论何种变形，颅骨裂开最宽处即是骨折发生的起点。

临床上常借助X线摄片等方法诊断颅骨线状骨折，但由于颅缝、血管沟、血管压迹等特殊结构存在，有时不易区别。表4-2-7列举了线状骨折与颅骨正常结构的部分鉴别要点。

表4-2-7　线形骨折与颅骨X线正常结构的鉴别表

	线形骨折	脑膜中动脉沟	板障静脉沟	静脉窦压沟	颅缝
位置	不固定	固定	额顶部较多	固定	固定
曲度	锐利曲折	柔和	柔和	柔和	齿状，可因外伤分离
相邻边缘	密度不变	轻微硬化	轻微硬化	硬化呈致密线	周围可有骨质硬化
透明度	较透明	稍透明	稍透明	稍透明	因年龄不同
形态	直线形	分支由粗变细	成网状星状	宽带状	外板齿状，内板线状

颅骨线状骨折中有一种特殊形式称生长性骨折，也称进行性骨折，是指乳幼儿（多指2岁以内）发生颅骨线状骨折后如未能按期愈合，导致颅内病变（如脑膜囊肿、肉芽组织）侵蚀或脑组织发育的压迫，致使骨折线逐渐加宽、头皮隆起和骨质吸收。部分可在成年时形成交通性骨性囊肿。Cohen（1998）曾报道1例18个月龄时后枕部意外摔伤，伤后1个月时感到伤处头皮膨大，直至49岁时出现明显听觉障碍、一侧面部感觉障碍以及耳鸣等症状和体征，入院检查后，结果显示顶枕部颅后窝形成了充满脑脊液的骨性囊肿。

（四）塌陷骨折

颅骨塌陷骨折是指钝性致伤物的突出部分进入骨质面造成骨板单层或全层的骨折错位，并伴有向颅腔凹陷的现象，故也称凹陷性骨折。典型的塌陷骨折呈锥形，其锥形头部伸向颅腔，锥底部朝外，周围有环形骨折，锥形体部（即凹陷部分）骨外板呈星状骨裂，可有部分脱落（如图4-2-22所示）。颅骨轻度塌陷骨折只能使颅骨的球面外形改变为平坦面，并不向内凹入，这多见于较大平面物体接触板障发达部位的颅骨所引起的单层骨外板塌陷骨折。

在法医学实践中，有时单层骨板的塌陷骨折也可见于颅骨内板，这是由于颅骨内板受拉力大于压力，而且外力作用后快速消除所致。所以在同时有颅骨内、外板塌陷骨折时，其内板的塌陷范围往往大于外板。

塌陷骨折多由圆形或类圆形致伤物作用引起颅骨局部变形所致。根据其形态特征不同，可分为不同名称的塌陷骨折，如舟状、阶梯状、角（方）状、同心圆（套环或套弧状）等。不同形态的塌陷骨折形成与致伤物的形状、打击部位、用力大小以及打击角度等有关。例如，棍棒类钝器在相对较平坦的颅骨上可形成舟状塌陷骨折；在颅骨较厚的部位，圆形钝器打击可形成同心圆性塌陷骨折。

儿童颅骨的塌陷骨折较为特殊，因儿童骨质发育不完全，板障缺乏而骨板薄，含骨胶多而含钙少，表现出硬度小而弹性大的生物力学特点，故外力作用时容易造成塌陷但一般不出现骨裂，状如乒乓球样凹陷，也称"软性骨折"。

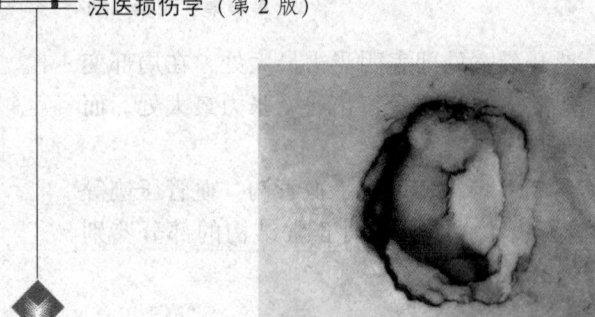

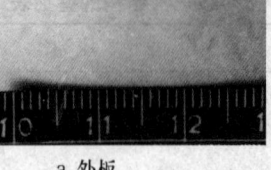

图 4-2-22 颅骨塌陷性骨折

塌陷骨折当塌陷深度超过 0.5cm 时，将压迫损伤脑组织。塌陷形态特征（以外板为主要依据）对法医检案推断凶器具有特殊意义。因受颅骨曲率及弹性强度的影响，一般打击物打击面直径约 3cm 的金属类所造成的颅骨塌陷骨折范围一般与打击面直径相符或稍大。打击面直径在 5cm 以上的，则一般塌陷范围小于其直径。另外，根据较完整的圆形或弧形的骨折区一侧弧长，也可用于推断致伤物的直径。

（五）孔状骨折

颅骨孔状骨折是指骨折区内骨片完全断裂、脱落而洞穿的状况，故也称洞状骨折、穿透性骨折。孔状骨折均发生于颅骨局部变形，多见于致伤物作用面小、质硬、便于挥动、打击力集中的钝器或作用面小而速度快的枪弹等损伤时，且作用方向多与颅骨面相垂直。孔状骨折有时也见于尖刀类锐器刺入或头尖的钉子砸入头部时。

由于引起孔状骨折的力量均较大而集中，所以在孔状骨折周围一般都有不同程度的放射状线状骨折或环形线状骨折，其骨折线的长短和方向与受力大小和方向有关（如图 4-2-23 所示）。

（六）粉碎性骨折

颅骨粉碎性骨折是指在较大的暴力作用下，引起局部骨质粉碎而成两块或两块以上游离骨片的状况。粉碎性骨折的骨碎片的大小、数量和形状不一，可一次形成，亦可多次作用所致。一次形成多见于接触面较大的钝性物体，打击速度较塌陷骨折与孔状骨折稍慢。粉碎性骨折的骨碎片有时脱落于颅内，有时也并不移位，其骨折线呈网状不规则形（如图 4-2-24 所示）。颅骨粉碎性骨折也可见于枪弹、爆炸物作用。

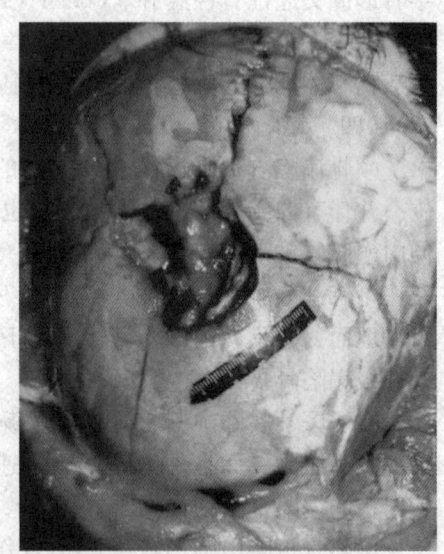

图 4-2-23 颅骨洞状骨折

当巨大的暴力作用于头部致使颅骨广泛性破裂变形则称为全颅崩裂。全颅崩裂的特点是颅骨显著变形和骨折遍布全颅,常在交通事故与高坠落时形成。另外,多次反复打击颅骨不同的部位有时亦可形成全颅崩裂,特别当头颅被固定于硬质物上时更易发生。

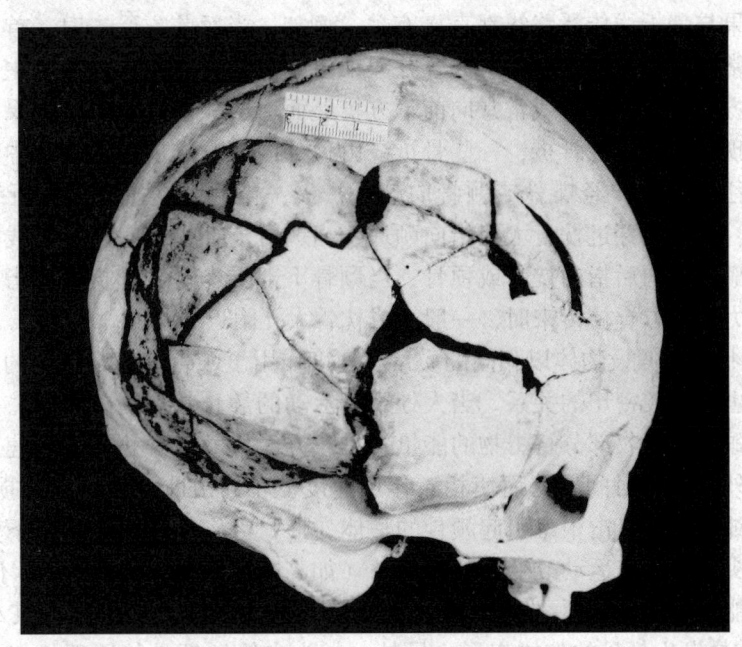

图 4-2-24　颅骨粉碎性骨折

五、影响颅骨损伤的因素

影响颅骨变形损伤的因素很多,除了作用力以外,主要涉及作用方式和颅骨状况两个方面。

1. 作用速度和时间。作用速度和时间影响着动量大小,从外力公式 $F=ma$ 和能量公式 $E=1/2 \cdot mv^2$ 来看,表明在质量一定时,作用速度对外力和能量大小起决定性作用。实验证实,用直径 1.8cm 钢珠打击干燥颅骨,当速度为 150m/s 时出现线性骨折,而速度为 270m/s 时则出现穿洞状骨折。即使质量不同,速度仍是关键的影响因素,如有人用 5.2kg 的物体以 2.43m/s 速度打击颅骨,无骨折发生;而用 1.3kg 的物体以 4.95m/s 速度打击,则半数以上发生颅骨骨折。由于骨组织具有速度和时间的敏感性,骨组织在外力缓慢作用时所能承受的载荷,要比迅速作用时大得多。有人实验观察,一个 686g 的物体在 9 毫秒时间内作用于颅骨,颅骨不发生变形骨折,而一个 343g 的物体在 4 毫秒时间内作用颅骨,却可引起颅骨骨折发生。

2. 作用面积。作用面积常决定颅骨变形的形式和颅骨损伤的类型。前已述及,较大面积的物体作用易使颅骨周径发生改变而引起颅骨整体变形,而较小面积物体作用,易导致颅骨的局部变形。不难理解,根据物理学压强公式 $P=F/S$ 可看出,当外力 (F) 一定时,面积 (S) 越小,局部压强 (P) 越大。因此,在总载荷不变的条件下,载荷作用面积越小,局部受力就越大,就越易在局部发生骨折。塌陷骨折和孔状骨折就多来源于接触面小的物体所致。另外,有实验证明,如颅骨均匀受压,100MPa 的载荷能使颅骨直径缩短 1cm,但可不发生骨折。

3. 作用位置。由于颅骨毕竟不是一个真正的球体，其结构复杂性和特殊性（如厚薄、大小、连接方式等）使其在受力后表现各不相似，尤其是颅底，当外力作用在不同位置对颅底损伤的效果与骨折线传播路线都直接有关。例如，当额前方受击时，首先造成眼眶骨折，这种骨折常常是双侧性的，并可能合并起来由中线经筛骨再穿过蝶骨中部直至枕骨大孔；当顶骨前方受击时，骨折线常常向前下方扩展而造成颞前区骨折；如果冲击物动量较大，也可能出现多发性线性骨折，一些骨折线由顶部向后方扩展；当颅顶中部与后部受击时，骨折线往往向下延伸经蝶骨或颞骨向颅底扩展；当枕骨受击时，骨折线既可能向顶骨、颞骨扩展，也可能穿过枕骨大孔指向颅底；当颞骨上部受击时，骨折线往往横穿颅盖骨，向前指向额骨，向后指向枕骨或顶骨；当颞骨下部受击时，骨折线多指向颅底蝶骨中部附近；当外力由下方脊柱传来时，一般造成枕骨大孔附近的骨折。

4. 头颅的状态。假设物体以相同的质量和速度作用于颅骨，那么所致的颅骨损伤程度与头颅的状况也有比较密切的关系。当人处于能活动的静止状态受外力时，一方面作为连接头部的人体颈部能吸收部分打击物的能量，另一方面头颅由静止转为加速度的状态，头部摆动延长了外力作用时间，从而使相对作用速度变小，由此颅骨所变的损伤能量减弱。这也说明了单纯对头部打击很难引起颅骨的整体变形。当头部在固定状态下受到外来物的打击时，或者头部由加速运动改变为减速运动（如高坠摔跌等），由于头部不能持续运动，绝大部分作用能量将集中于头部，此时颅骨不仅容易发生局部变形（尤其小面积物体作用），而且也容易发生颅骨的整体变形。另外，与头皮保护颅骨的原理相似，头颅上的衬垫物（如帽子、头巾等）均通过缓冲能量和延长作用时间而减轻颅脑的损伤。

第三节　颅内出血

颅内出血是指位于颅骨以内的血管破裂引起出血的征象。引起颅内血管破裂的因素很多，本节仅讨论损伤引起的颅内出血，即外伤性颅内出血。因外伤性颅内出血通常发生于颅脑损伤之后，故外伤性颅内出血也属于颅脑损伤的继发性病变。根据不同的角度，颅内出血有许多分类方法，如依据解剖位置的不同分颅后窝出血、额顶部出血、基底节出血等。依据发生时间的不同分急性（伤后1~3天内发生）、亚急性（伤后3~21天）、慢性（伤后3周以上发生）以及迟发性（伤后当时不发生、时隔较长时间后才发生）等。但最常见的是依据出血的解剖层次由外至内分为硬脑膜外出血、硬脑膜下出血、蛛网膜下腔出血以及脑内出血。

颅内出血是颅脑损伤最常见的类型之一，据临床统计，颅脑损伤者中约有15%发生颅内出血；而在致命性的颅脑损伤中，颅内出血者占70%以上；颅内出血的死亡率约20%。颅内出血如在颅腔内某一部位积聚并达到一定体积，形成局部占位性病变时称为颅内血肿。一般临床上将这一体积定为达到或超过30ml。由于硬脑膜外和硬脑膜下以及脑内出血常易形成血肿，故临床上有时以硬脑膜外血肿来代替硬脑膜外出血等的命名。

一、脑膜及脑血循环

脑被覆三层膜性结构，由外向内分别为硬脑膜、蛛网膜和软脑膜。

（一）硬脑膜

硬脑膜是由两层坚韧而致密的胶原结缔组织所构成，其外层较粗糙，紧贴于颅骨内面成为颅骨内衣，其内层较光滑与蛛网膜相贴。在脑表面位置，硬脑膜两层一般相互紧贴。但在某些部位则内层与外层分离，形成突起，构成如矢状位由颅顶向下伸入两大脑半球间的大脑镰、横位于小脑上面及两大脑枕叶基底之间的小脑幕以及折叠成两层形成腔隙（内含静脉血的脑膜静脉窦）等特殊结构（如图4-3-1所示）。

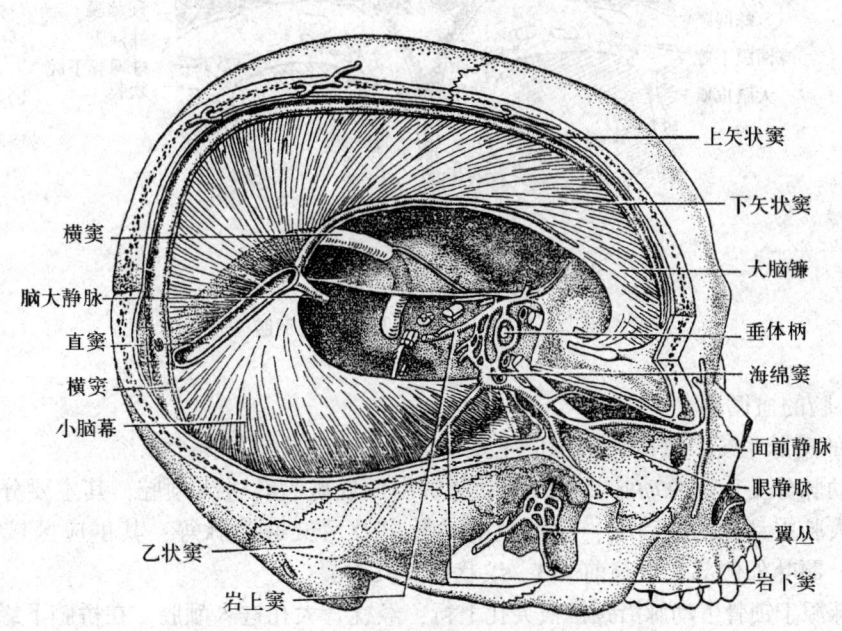

图4-3-1　颅内硬脑膜镰、幕及其静脉窦

硬脑膜在颅骨顶部与颅骨附着较疏松，形成一潜在的硬膜外腔；在颅底部硬脑膜与颅腔粘连紧密，故颅底骨折时易引起硬脑膜撕裂，如同时累及蛛网膜，则易产生通过鼻、耳的脑脊液漏。

硬脑膜的血管主要为来自上颌动脉的脑膜中动脉，其他有筛前动脉的分支脑膜前动脉（颅前凹）、咽外动脉的分支脑膜后动脉（颅后凹）以及椎动脉和枕动脉的脑膜支等。

（二）蛛网膜

蛛网膜位于硬脑膜和软脑膜之间，为一层质软而透明、无血管和神经支配的薄膜。蛛网膜与硬脑膜之间为硬脑膜下腔，内含少许淋巴液，使脑搏动时稍可滑动。蛛网膜与软脑膜之间为蛛网膜下腔，内有许多细小的连接两层膜的蛛网膜小梁（如图4-3-2所示）。蛛网膜下腔内容纳脑脊液。由于蛛网膜贴近硬脑膜，而软脑膜贴近脑表面且伸入脑沟列之中，故某些部位蛛网膜下腔较大，称为脑池，如小脑延髓池、桥池等。

（三）软脑膜

软脑膜紧贴于脑的表面，在脑沟裂处伸入其中不易分离，为一层薄而透明的膜。软脑膜含有丰富的营养脑的血管和神经，并参与构成血脑屏障。即使是供应脑组织的血管，也要在软脑膜中分支后穿入脑实质中。此外，软脑膜形成的皱襞突入脑室内，构成分泌脑脊液的脉络丛。

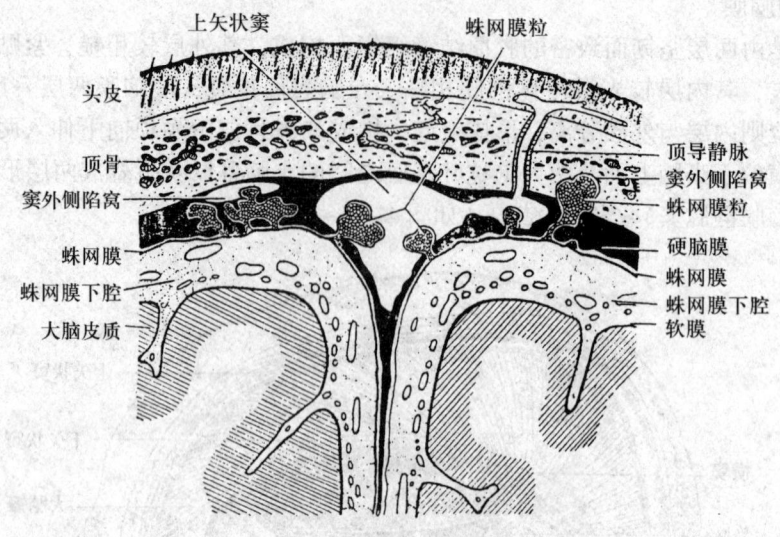

图4-3-2 蛛网膜及蛛网膜下腔

（四）脑的血循环

1. 脑的动脉系统。脑的血液供应主要来自颈动脉和椎动脉两个系统。

颈内动脉分支于颈总动脉并经颈内动脉管由颅底破裂孔进入颅腔，其主要分支有大脑前动脉、大脑中动脉、眼动脉、脉络膜前动脉以及后交通动脉等；其供应区域为大脑额叶、顶叶、颞叶外侧部、丘脑前2/3、纹状体及其内囊。

椎动脉源于锁骨下动脉沿颈椎横突孔上行，经枕骨大孔进入颅腔。在桥脑下缘两侧椎动脉合成一条基底动脉，然后分出左右两侧大脑后动脉，分别与颈内动脉的分支后交通动脉吻合，构成脑底部环绕视交叉及乳头体的基底动脉环，也称Willis环（如图4-3-3所示）。

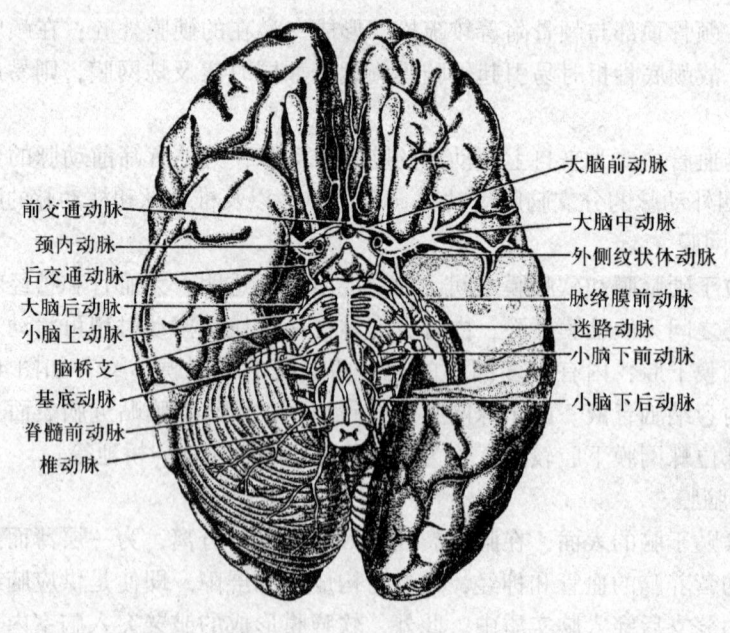

图4-3-3 脑底的动脉

属于椎动脉（基底动脉）的其他主要分支是大脑后动脉、小脑上中下动脉、内听动脉以及桥动脉等；椎动脉供应区域为脑干、小脑、大脑枕叶及颞叶底部以及丘脑后1/3。

总的来说，脑的动脉壁较薄，除内弹力膜外少有其他弹性组织，平滑肌纤维也较少。脑毛细血管在灰质中最多，其次是网状结构，在白质最少。

2. 脑的静脉系统。脑的静脉与动脉并不伴行且无瓣膜。脑静脉因壁薄、无肌层，故易受压而塌陷。静脉血液借脑的搏动而流动，并受胸腔负压、极低的静脉窦压的影响回流。脑静脉血主要通过硬脑膜静脉窦经颈内静脉回流至心脏，但约20%的静脉血可通过静脉窦、导静脉、颅骨板障静脉等与颅外头皮静脉沟通而回流至心脏。

脑的静脉分深浅两群：大脑浅静脉位于大脑皮质表面，汇集脑皮质及髓质浅层的静脉血，主要属支有大脑上、中、下静脉；大脑深静脉位于脑深部，引流脉络丛、髓质深部、基底节、丘脑及中脑的血液，其主要属支有大脑大静脉、大脑内静脉、脉络膜静脉、丘纹静脉等。

3. 脑血循环供应。脑的血液供应非常丰富。虽然脑的重量仅占体重的2%左右，但动脉血的15%~17%通过脑组织。脑的耗氧量约占全身耗氧量的20%~50%，故成人脑血流量平均每分钟750~850ml。脑内血流量灰质是白质的3~4倍。因颅腔容积相当固定，正常颅内压为15mmHg（1.95kPa）以内，各种原因导致颅内压升高超过30mmHg（4kPa）时，脑血流阻力即明显增加，引起血流量的下降。而当人体动脉平均血压低于50~70mmHg（6.7~9.3kPa）时，脑组织则缺氧，发生酸中毒，脑血管麻痹，失去自动调节功能。当脑血流量减少至正常以下时，脑功能即降低；当减到正常的15%以下时，意识发生障碍，神经细胞将发生不可修复性的永久损伤。

二、硬脑膜外出血

硬脑膜外出血是指位于颅骨与硬脑膜之间的出血，其破裂血管多系脑膜中动脉、脑膜中静脉、硬脑膜静脉窦以及板障静脉等。由于硬脑膜在颅缝处（尤其是矢状缝）与颅骨粘连紧密，故硬脑膜外出血易固定形成血肿（如图4-3-4所示）。

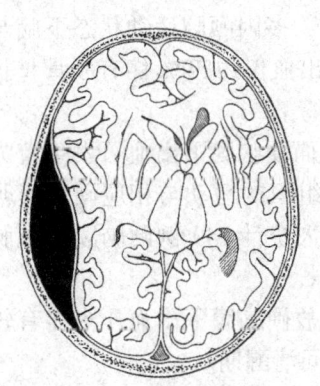
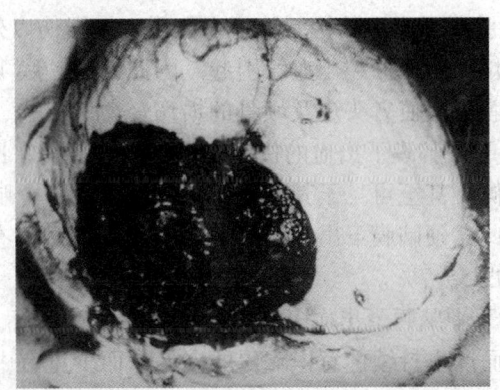

图4-3-4　硬脑膜外出血及血肿形成

硬脑膜外出血几乎都由损伤所致，其原因与硬脑膜自身的结构及其与颅骨的关系有很大相关性。根据临床资料统计，90%的硬脑膜外出血与颅骨线状骨折有关。其形成机制主要包括：（1）颅骨骨折直接损伤硬脑膜血管。（2）颅骨整体变形时硬脑膜与颅骨内发生剥离而撕裂血管。因此，硬脑膜外出血即可发生于颅骨的局部变形（直接着力处），也可发生于颅骨的整体变形（远离着力处，但与骨折有关）。另外，刘强（1994）报道3例对冲性硬脑膜外血肿，认为是因脑与颅骨的不同步运动所引起的着力点对侧颅骨与硬脑膜相剥离所致。

硬脑膜外出血最常见的部位是颞部（80%左右），并且出血部位与其破裂血管密切相关。例如，颞部的硬脑膜外出血主要伤及脑膜中动脉和脑膜中静脉；额部的硬脑膜外出血主要伤及脑膜前后动脉；顶枕部的硬脑膜外出血主要伤及静脉窦（如矢状窦、横窦）；颞后部及颅后窝的硬脑膜外出血主要伤及板障静脉；而颅后窝的硬脑膜外出血主要起始于颈内动脉颅内段的损伤。单纯的硬脑膜外出血常表明硬脑膜本身损伤是部分的或者无明显损伤，如果硬脑脑膜全层破裂，血液更易流向间隙较宽的硬脑膜下腔而形成硬脑膜下出血或血肿。

据临床统计，硬脑膜外出血80%以上为急性。硬脑膜外出血如达70ml时则将发生明显的颅内高压症状，而出血量在小脑幕上达30ml或者在小脑幕下达10ml则有明显的脑压迫征象。典型的硬脑膜外出血的临床表现是具有昏迷-清醒-昏迷的中间清醒期过程，中间清醒期多为15分钟至1天，与伴有的脑损伤严重程度和出血速度有关。如果脑损伤重者可因深度昏迷而无清醒期，出血迅速者则清醒期很短。慢性硬脑膜外出血以额部多见，其特点是病程缓慢而中间清醒期长，一般在头部外伤1周甚至1个月后才出现第二次昏迷。CT扫描是目前最有价值的诊断硬脑膜外出血的手段。临床上一般对硬脑膜外出血量小于30ml、中线结构移位小于1cm以及意识清醒者作为保守治疗的三项指征。

三、硬脑膜下出血

硬脑膜下出血是指出血发生于硬脑膜与蛛网膜之间（如图4-2-5所示）。其破裂血管多系连接硬脑膜与蛛网膜之间的静脉，但也有脑挫伤后出血，甚至脑皮质下出血扩展到硬脑膜下。由于硬脑膜与蛛网膜之间间隙较大以及血管分布等特点，因此与硬脑膜外出血相比，硬脑膜下出血具有以下特点：

1. 硬脑膜下出血的机制除了少数系直接损伤以外，多因颅脑运动状态下脑与硬脑膜之间发生错位而牵拉撕裂小血管引起。因此，硬脑膜下出血仅约50%伴有颅骨骨折，或者说许多硬脑膜下出血者头皮及颅骨的损伤轻微。

2. 鉴于硬脑膜下出血的机制多数是间接性的，因而硬脑膜下出血可发生着力处及其着力点的对侧，甚至可见于其他任何部位，只要符合脑组织的运动与相应硬脑膜明显错位的条件。因此，硬脑膜下出血更多地见于非受力侧，有人统计149例硬脑膜下血肿，位于受力对侧的占55.7%。

3. 由于硬脑膜下出血多易累及脑皮质及其血管，故硬脑膜下出血压多伴有较明显的脑挫伤，因而产生持续性意识障碍的多见，而少见有中间清醒期。

4. 硬脑膜下出血可发生于颅腔任何部位，但以额、颞、顶区的凸面多见，而颅后窝少见。约有20%者出现双侧硬脑膜下出血。由于硬脑膜下腔间隙较大，一方面出血易扩散形成较大血肿（最大可覆盖整个大脑半球），另一方面则应注意血肿有时不在着力侧（或着力对侧），是因人体体位的原因引起。

5. 慢性硬脑膜下出血常因脑皮质通向静脉窦的桥静脉撕裂所致，早期出血量少而不发生症状，常在伤后三周以上由于血肿血液量的增加达一定量后才出现明显的症状与体征，因此诊断慢性硬脑膜下出血的关键是血肿包膜的存在。

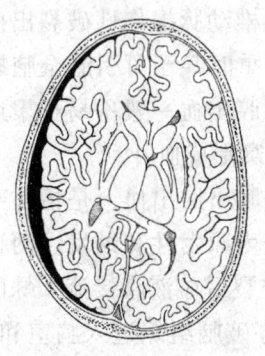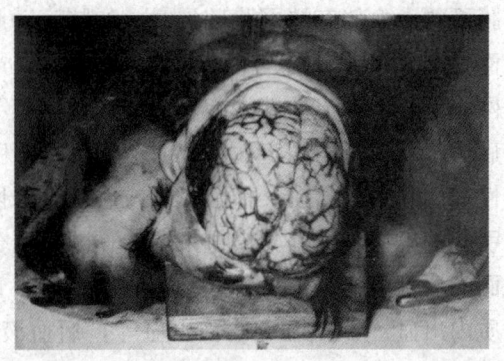

图4-3-5　硬脑膜下出血

CT仍是诊断硬脑膜下出血的最好方法，临床上对硬脑膜下出血的非手术三项指征主要是：脑挫伤合并脑内多发性小血肿而不宜手术、颅内压小于20mmHg、伤后经一段时间才作出颅内出血诊断且病情一直尚稳定的。

近年来，国内外均有人提出有"硬脑膜内出血"存在的观点，并且有个案的报道。认为硬脑膜的结构本身有两层，而且在某些地方硬脑膜的两层结构相分离且无其他组织包裹，易引起血液的积聚。临床上可凭借CT影像中明显的硬脑膜"下"出血（或血肿）而蛛网膜或蛛网膜下腔完好无损的征象来诊断。但是，尽管理论上可以成立，在实践中却难以认定：一是迄今为止尚未见到有颅脑损伤后很快死亡，尸检发现有完整的硬脑膜内包裹血液或血肿的报道。二是凭借CT影像无法判断硬脑膜内或硬脑膜下出血，也难以准确判断蛛网膜或蛛网膜下腔是否完好无损，况且硬脑膜内出血的机理还未弄明。因此，目前学术界还尚未对硬脑膜内出血取得共识和认同。

四、蛛网膜下腔出血

蛛网膜下腔出血是指颅内血管破裂后，血液流入蛛网膜下腔的征象。与硬脑膜外和硬脑膜下出血多因外伤所致不同，从出血机制上蛛网膜下腔出血则可分为损伤性和非损伤性两大类。从出血分布上，蛛网膜下腔出血可分为局灶性和弥漫性两种类型（如图4-3-6所示）。

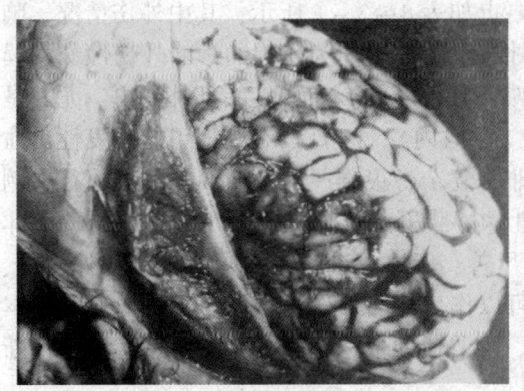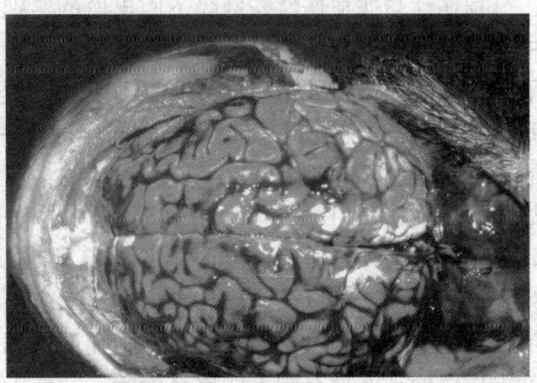

a.局灶性　　　　　　　　　　　　　　b.弥漫性

图4-3-6　蛛网膜下腔出血

损伤性蛛网膜下腔出血通常称外伤性蛛网膜下腔出血,其原因主要来自脑挫伤时皮质静脉和软脑膜血管的破裂,这种出血一般比较局限,可发生于着力部位和非着力部位,其次来自硬脑膜下的出血伴有蛛网膜破裂时,如脑底动脉椎动脉损伤性破裂出血,这种出血一般量较大而弥漫分布在蛛网膜下腔如整个脑底部,严重时甚至可引起全脑蛛网膜下腔出血。由于蛛网膜下腔中有流动性的脑脊液,故蛛网膜下腔出血一般不易积聚形成血肿。但有时可因伤后体位较长时间固定而引起血液积沉于颅后窝形成血肿。

非损伤性蛛网膜下腔出血又称自发性或病理性蛛网膜下腔出血,是指脑部自身的病变或疾病状态引起的出血。根据其出血来源的不同又可分为原发性和继发性两种,前者指脑底部或脑表面的血管病变(如动脉瘤、血管畸形等)破裂后血液直接流入蛛网膜下腔;后者则指脑实质内出血(如高血压性脑出血等)后血液穿破脑组织进入脑室和蛛网膜下腔。非损伤性蛛网膜下腔出血一般量大而弥散,有时可形成薄层血凝块,甚至可穿破蛛网膜形成硬脑膜下出血或形成血肿(如图4-3-7所示)。

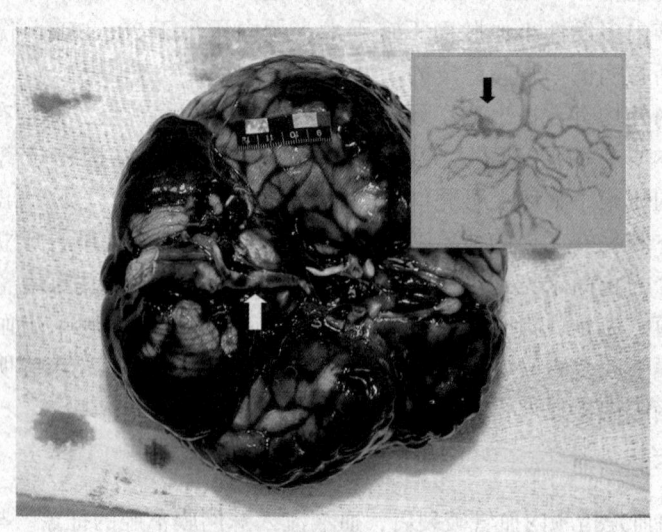

图4-3-7 病理性蛛网膜下腔出血(箭头指血管畸形处)

损伤性与非损伤性蛛网膜下腔出血的鉴别要点如表4-3-1所示,其中外伤情况、脑皮质浅层挫伤以及病变血管的确诊是关键。国外有学者提出作为死因的诊断外伤性蛛网膜下腔出血的四条标准:(1)蛛网膜下腔出血是唯一死因。(2)有中度头部外伤史,尤其是眼耳平面。(3)损伤和死亡间隔时间合理(约1小时内)。(4)没有其他引起自发性出血的血管病变。但笔者认为,由于实践中的情况非常复杂,很难严格按照四条标准执行。例如,"中度头部外伤史"不好把握,很多外伤性蛛网膜下腔出血发生于下颌部损伤,而非耳眼平面。另外,血管病变的检验排除常难以尽善。所以笔者认为,有明确头部外伤史、死亡过程快而连续以及排除异常病理因素应当可以作为诊断外伤性蛛网膜下腔出血的基本依据,而脑挫伤和血管畸形可以作为辅助依据。所谓辅助依据,其实是指一旦存在则诊断就可以明确,而没有则不能放弃诊断。

表4-3-1 损伤性与非损伤性蛛网膜下腔出血鉴别要点

	损伤性	非损伤性
颅脑损伤	明显	无或极轻微
出血部位	任何部位	脑底多,顶部少
出血范围	大小不一	多较大
脑皮质挫伤	多有	多无
血管病变	多无	多有
脑实质深部出血	少见	多见,血管畸形者较多

需要特别指出的是,酒精对损伤性蛛网膜下腔出血的影响不容忽视。在实践中常可遇到酒后受轻微的头部损伤引起广泛性蛛网膜下腔出血,而脑血管本身又无明显病变的情况。根据研究报道(于晓军、吴家 ,1995),酒精具有直接扩张血管、间接增加血管内血液充盈度(如增加心搏出量和搏出次数)和抑制凝血机制等作用。酒后脑血管被视为一种非正常的临界状态,一旦有即使很轻微的外力作用也易发生破裂出血。因此,法医在分析鉴定此类情况时,应充分考虑酒精影响出血的作用。在实际工作中,遇到头部损伤轻微而蛛网膜下腔出血明显时,应考虑酒精的问题,要提取心血测定酒精含量。一旦超过正常,那么可将醉酒作为轻微外伤后蛛网膜下腔出血的条件。

五、脑内出血

脑内出血也称脑出血,是指脑实质内血管破裂出血的征象。脑内出血易形成血肿。与蛛网膜下腔出血相似,脑内出血也有损伤性和非损伤性两大类。

损伤性脑内出血的机制是外伤引起脑挫伤或脑挫裂伤后累及血管出血所致。根据损伤部位和机制的不同,可发生于脑实质任何部位,如打击颅盖骨局部变形引起大脑穹窿部出血,颅骨整体变形引起的额极、颞极出血等。损伤性脑内出血形态学上常表现为楔形(尖端向内)的挫伤灶及其脑实质内(白质多见)的血性囊肿。这种挫伤灶和血肿可呈多发性分布(如图4-3-8所示)。损伤性脑内出血一般都伴有头部其他结构的明显损伤。

非损伤性的脑出血的机制是脑实质内血管在原有病变的基础上因某些因素诱发破裂出血。最常见的为高血压性脑

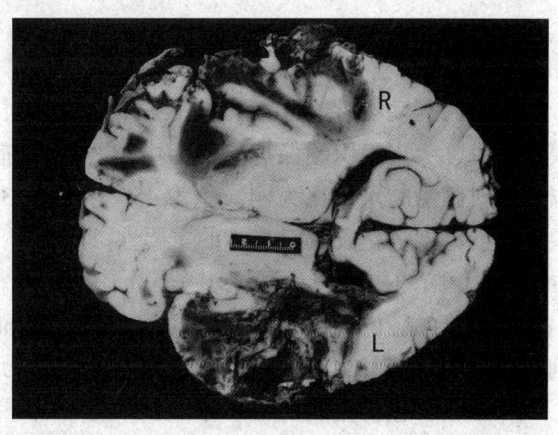

图4-3-8 损伤性脑实质出血(引自姚青松,2005)

出血,其诱因多系血压骤高。高血压性脑出血常见于中年以上有高血压病史者,出血部位约2/3位于大脑基底节,其他见之于丘脑、桥脑及小脑。形态学上出血处脑组织呈一不规则的腔,充满冻状液化血,其周围为脑组织软化带并伴有斑点状出血。有时出血直接破入脑室或脑表面的蛛网膜下腔(如图4-2-9所示)。

损伤性脑内出血有一种较特殊的类型,称为迟发性外伤性脑出血,是指头部外伤后症状不明显,或有所缓解,或持续加重,经数小时或更长时间突然发生脑内出血。过去认为

迟发性脑出血多为外伤后3周左右发生，但根据近年来临床报道的情况看，多数在3天以内，最早的为7小时。目前诊断迟发性外伤性脑出血的依据有：（1）有明显的头部外伤史。（2）经重复CT扫描或手术证实，原无血肿的部位出现脑内出血。（3）无原发脑血管疾病。（4）距受伤时间少于2周，以48～72小时多见。据资料统计，迟发性外伤性脑出血好发于头部着力点的对侧，其发生机理目前尚未弄清，可能与脑挫伤导致血管壁的不全损伤、血管壁的麻痹性坏死、清除颅内血肿后突然减压而伤及原已脆弱的血管以及低血氧和凝血机制障碍等因素有关。

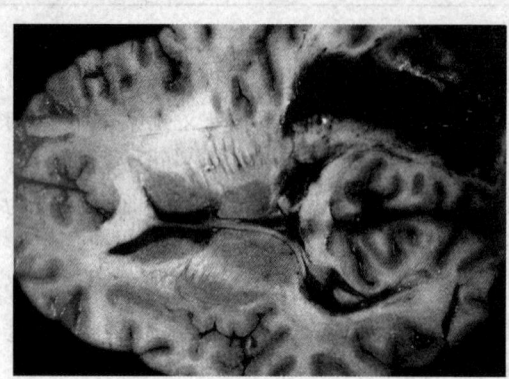
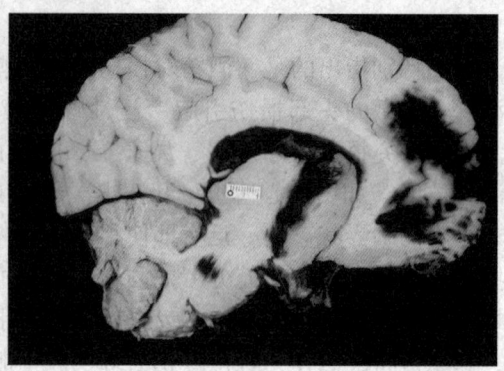

图4-3-9 病理性脑内出血并向皮质破溃

第四节 脑损伤

一、脑的构成及生物力学性能

脑是高等动物神经系统最重要的组成部分，是颅脑结构中最深部的组织器官，受脑膜、颅骨、头皮组织的保护。作为中枢神经系统的主要组成部分，人体达到了高度脑化，以脊髓对脑髓的重量比为例，兔为45%，猫为32%，类人猿为6%，而人为2%以下，反映人脑的高度进化及其对人体的重要性。

（一）脑的构成

脑位于颅腔内，由大脑、间桥、中脑、脑桥、延髓和小脑六部分构成，但通常将中脑、脑桥和延髓（也有人将间脑也列入）合称为脑干（如图4-4-1所示）。

大脑主要包括左右两个半球，半球之间以纤维束板构成的胼胝体相连，大脑和小脑间隔以大脑小脑裂。一侧大脑半球的测量正常值为：长159mm±6.41mm、宽64.5mm±2.85mm、高104.3mm±4.65mm。大脑表面呈沟、回状，其皮质厚度平均2.34mm±0.15mm。机体各种功能的最高中枢在大脑皮质上均有较为严格精确的定位关系，形成包括运动、感觉等在内的重要中枢。

间脑位于中脑和大脑半球之间，被两侧大脑半球所掩盖。形态学上将间脑分为丘脑、丘脑上部、丘脑后部、丘脑下部以及丘脑底部等部分。间脑体积约5～7cm³。间脑的功能主要是作为通向大脑的接力站，整合内脏和躯体的传入冲动。另外，间脑也是人体内分泌调节、体温调节以及代谢调节等的高级中枢所在地。

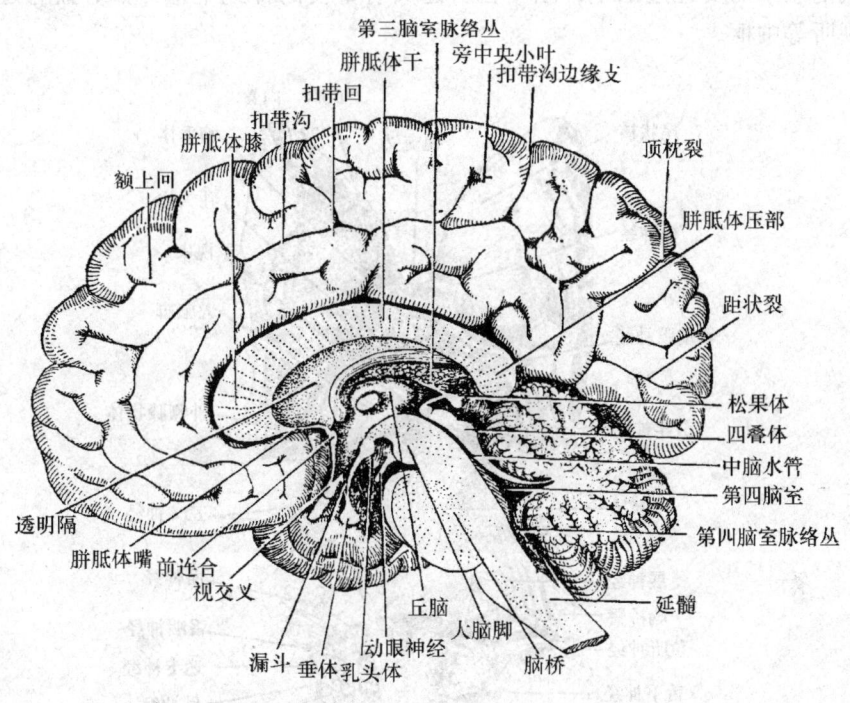

图4-4-1 脑内侧面结构

小脑位于颅后窝、上面平坦,被大脑半球遮盖,下面中间部位凹陷,容纳延髓。小脑两侧膨隆部称小脑半球,中间缩窄部分称蚓部,小脑半球下面前内侧有一突出部分称小脑扁桃体(如图4-4-2所示)。因其位置邻近枕骨大孔,故易因颅内高压而嵌入形成小脑扁桃体疝(也称枕大孔疝)。小脑借结合臂、脑桥臂以及绳状体三条纤维带分别与中脑、脑桥和延髓相连。小脑具有协调躯体运动、调节肌紧张、维持平衡等功能。

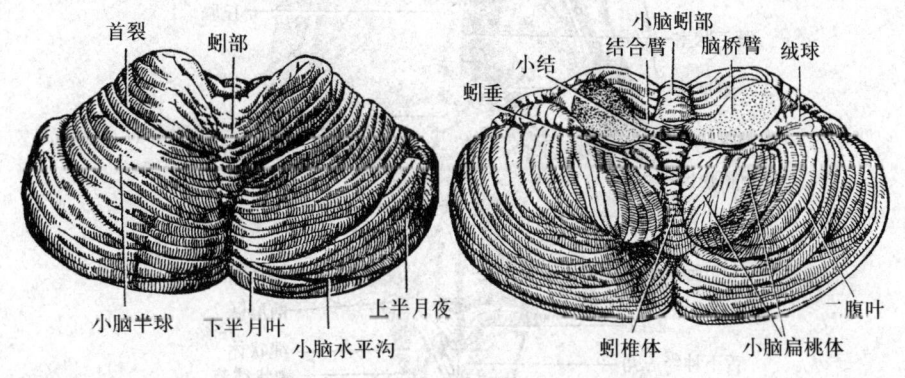

图4-4-2 小脑背侧和腹侧结构

脑干由延髓、脑桥和中脑三部分构成,中脑较为缩窄,向上延续为间脑;延髓向下经枕骨大孔与脊髓相连,脑桥位于延髓和中脑之间、小脑的腹侧。脑干的总长约60~80mm。

脑干从上向下依次与第3至第12对脑神经相连（如图4-4-3所示）。大脑皮质、小脑、脊髓之间的联系均要经过脑干，脑干自身还具有重要的神经中枢，如心血管运动、呼吸、吞咽、视听等中枢。

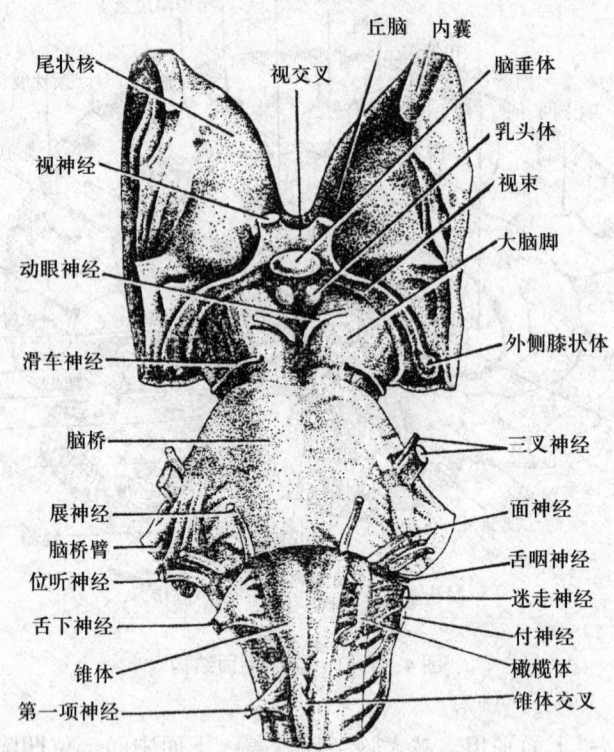

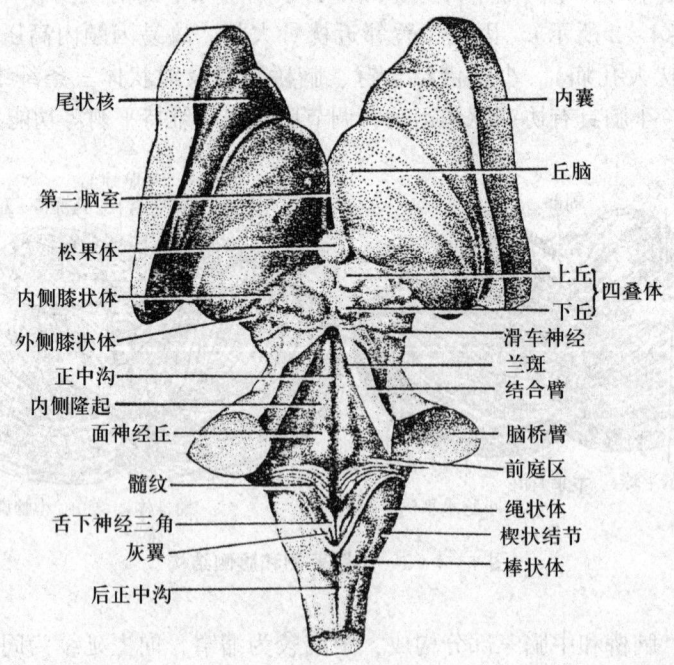

图4-4-3 脑干腹侧（上）和背侧（下）结构

(二) 脑的力学性能

脑组织为粘性的液态组织，平均重1300g左右，约含78%的水，10%~12%的磷脂，8%的蛋白质，此外有少量的碳水化合物、无机盐和可溶性有机物。脑组织的比重和粘度都稍大于水，在无约束的情况下可因自身重量向四周流散，难以保持其结构的完整性，因此脑组织被视为不可压缩的流体。由于其液态性状，脑组织的力学性能十分特殊。据动力扭转实验的结果发现，脑组织在10Hz及角应变为0.035弧度下即发生破坏。在50Hz频率下动剪切模量仅60kPa。脑组织体积模量为 $2.1 \times 10^5 N/cm^3$，与蒸馏水相似（$2.2 \times 10^5 N/cm^3$）。表4-4-1列举了脑及其他部分组织的某些力学性能。

表4-4-1 脑及部分组织的力学性能

材料	密度（g/ml）	弹性模量（kPa）	泊松比
脑组织	1.04	70	0.50
软组织	1.08	140	0.49
硬脑膜	1.13	41400	0.45
椎间盘	1.06	7585	0.50
颅骨	1.61	4.46×10^5	0.21

二、脑的损伤机理

脑损伤机理可分为直接损伤和间接损伤两大类型，前者是指作用物直接与脑组织相接触而致伤，如枪弹等引起的开放性损伤和各种原因引起的颅骨骨折后，骨碎片作用于脑组织引起的损伤；后者是指颅脑的闭合性损伤，特别是外力作用于颅脑后因脑的运动而引起间接的损伤。本处重点讨论闭合性颅脑间接损伤的机理。

由于颅内组织的结构十分复杂，而且人与动物的颅脑组织结构差异较大，因此难以从实验直接获得客观而准确的人体脑损伤的相关资料，许多数据和原理来自模拟物实验和有关的尸检材料，许多观点可能仅仅是理论性的、实验性的甚至是分析性的。

(一) 受力后脑的运动方式

由于颅腔的容积（约1500ml）大于脑体积（1300ml左右），而且颅内组织间（如硬脑膜和脑、脑和蛛网膜等）有一定的空隙，所以颅脑受外力后往往会引起颅内组织尤其是脑组织的运动。脑组织在颅内运动有两种方式，即直线运动和旋转运动。

1. 直线运动。由于脑与脊髓相连，故脑在颅腔内的直线运动实际上是指脑的横向直线运动。使脑在颅腔内做直线运动的必要条件是外力通过脑的重心或枕寰关节。根据实验测定，人体脑的重心大约处于口唇中心至顶端连线的中点。

直线运动又可分为两种不同的形式，即直线加速运动和直线减速运动。脑的直线加速运动见于静止的头颅受力后沿外力方向由慢至快地运动，或运动的头颅受与运动同方向的外力作用后运动速度加快。因此，直线加速运动的特点是脑的运动方向与外力方向相同且保持一定的自由加速状态。

脑的直线减速运动是指运动的头颅与静止的物体相碰撞而产生头颅急速停止运动的状态，或者静止的头颅受外力后运动时碰到阻碍物而急速停止运动的状态。直线减速运动的特点是脑的运动方向与最后作用力方向相反，从而导致了脑运动的停止。

2. 旋转运动。前已述及，只有通过脑的重心或枕寰关节的作用力才能使脑产生直线运动,所以凡不符合这一条件的,均可导致脑发生旋转运动。根据物理学原理,外力离重心越远,旋转就越明显。图4-4-4显示了头部不同部位受力后,头颅与脑组织的旋转运动。从图中可以看出,脑组织的旋转运动方式与整个头颅的旋转方式并不完全一致,这是旋转运动与直线运动所不同的特点,其原因与颅内组织结构的复杂性和脑组织形态位置的不均匀性有关。图中1~3显示脑组织损伤随其深度而递减,4~7显示头部不同位置受力后,脑的运动状态。

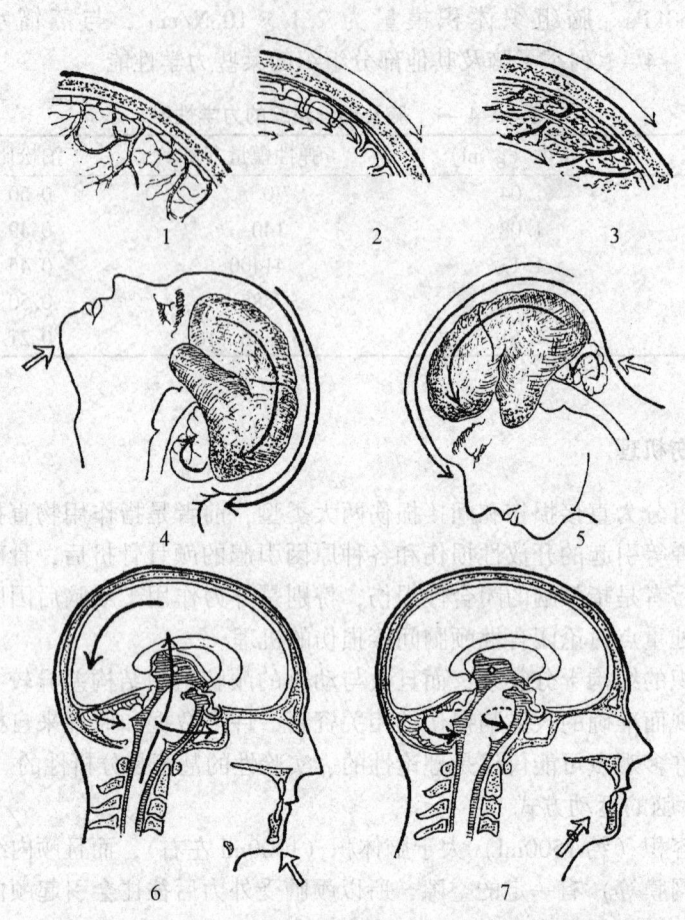

图4-4-4 颅脑旋转运动以及脑损伤机理示意图

应当注意的是,引起头颅与脑旋转运动的不仅仅只是作用头部的外力,人体其他部位受力（如车辆撞击肢体等）同样可造成头部的旋转运动。

(二) 脑损伤的机理

由于研究方法和角度的不同,提出脑损伤的机理有多种假说,其中包括旋转剪切力学说、压力梯度学说、振动学说、脑移位学说等。归纳起来,可以认为颅骨变形、颅内压改变以及脑的运动是引起脑损伤的三个主要因素。

1. 颅骨变形。当物体作用于颅骨,无论面积的大小,都可能引起颅骨局部变形,表现为颅骨沿作用力的轴线发生瞬时的内凹。无论这种变形是否产生骨折,这种内凹可使颅骨直接作用于脑组织而发生损伤,此时脑组织受到挤压力的作用。另外,当颅骨凹陷挤压脑组织的同时，外部的冲击力通过颅骨传导给脑组织，形成由外向内逐渐减小的压力梯度，从而引起脑组织深部的损伤（如图4-4-5所示）。所以颅骨变形引起的脑损伤在着力点的位置，称为冲击伤，形态学上呈头内底外的楔形挫伤。

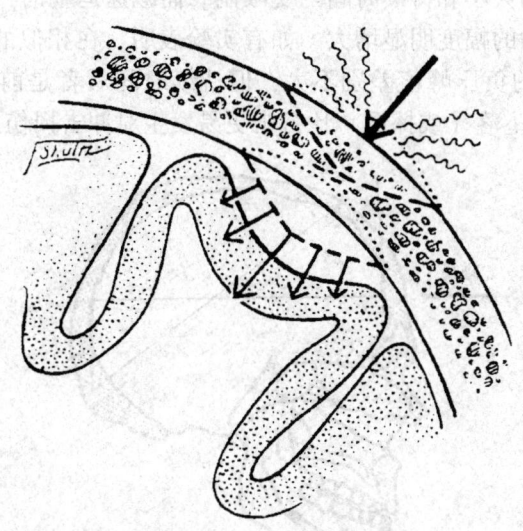

图4-4-5　颅骨局部变形引起脑挫伤示意图（引自 Fujiwara, 1993）

2. 颅内压的改变。物体作用于头颅后，颅内压发生了瞬时的改变，这种改变经历两个过程，即冲击压力波的正负变化和颅内压的明显升高。图4-4-6显示了撞击模拟头颅后压力波在脑中传播改变以及模拟过程的实验数据。结果表明：撞击后0.1毫秒时，脑区中的压力波已传到对侧区；0.9毫秒时，正压值达最大；1.2毫秒时，对侧区的负压值达到最大，而此时反射的压力波已回到冲击区，正压值已减小，虽然负压值是最大正压值的一半，但脑组织对负压的耐受力比正压小，因而产生对冲伤。此类实验还发现有两个特点：第一，最大正负压冲击区和最大负压对冲区并不准确地一定位于对称轴线上。第二，当打击前额部时，在枕部产生的负压值比打击枕部时在前额产生的负压值小。根据对罗猴活体冲击实验的结果（王以进等，1992，1994），颅内压力响应曲线与冲击载荷动响应曲线基本一致。头部在速度1140km/h，冲击载荷2490N作用下，60毫秒时达到峰值，其中额部压力为49.2mmHg，枕部压力为52.8mmHg，脑干附近压力为52.1mmHg。实验结果表明，头部撞击后颅内压力的变化（表现为明显增高）引起了脑损伤的发生，同时因颅内压力波的变化（表现为正负压差）又反映了对冲部位损伤的形成机理。

3. 脑的运动。前已述及，脑在受力后将发生直线运动和旋转运动。因脑的运动引起脑损伤是通过脑与颅骨的直接碰撞、局部负压对脑的作用以及剪切力形成等途径完成的。脑在做直线运动时（无论是加速或减速），受力瞬间都会发生脑与颅骨因质量、位置等原因而产生不同步。如图4-4-7所示，直线加速运动时，脑的运动落后于颅骨的运动，导致受力部位脑与颅骨的接触而损伤；直线减速运动时，在颅骨停止运动时脑因惯性仍在运动，也同样引起了受力部位与颅骨的直接碰撞而损伤，脑在做旋转运动时，颅盖骨内面与颅底骨内面结构上的差异，导致了易在颅底部形成因接触而引起的损伤。

实验已证实，颅内在受力点的对侧出现负压，有人称为空穴效应。负压通过吸吮作用损伤脑膜及脑组织发生撕裂出血。实际上负压的产生是脑移位的结果,而脑移位的主要原因可能是脑与颅骨的不同步运动引起。尽管加速运动和减速运动均可引起脑的移位,但程度上有明显差异:加速运动时因头部能做相对运动,故延缓了作用时间,从而减小了头颅运动的幅度,因此负压的大小和持续时间均受限制。而减速运动时,由于人体惯性力的影响,脑与颅骨不同步运动的幅度明显增大。如有实验表明,在相似的撞击力下,加速和减速(打击和坠落)形成的负压峰值差别不大,但持续时间后者是前者的5倍(Yanagida, 1988),这似乎可以解释坠落(或摔倒)比打击更易发生对冲击损伤。

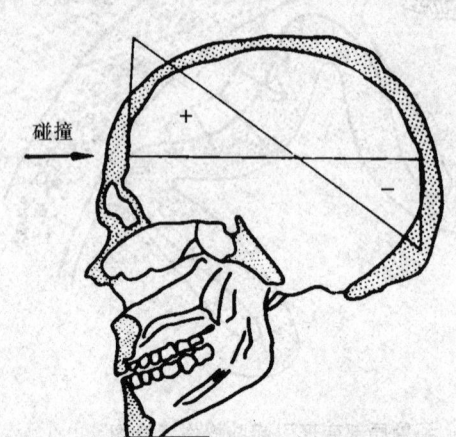

图 4-4-6 撞击颅骨后颅内压的改变分布

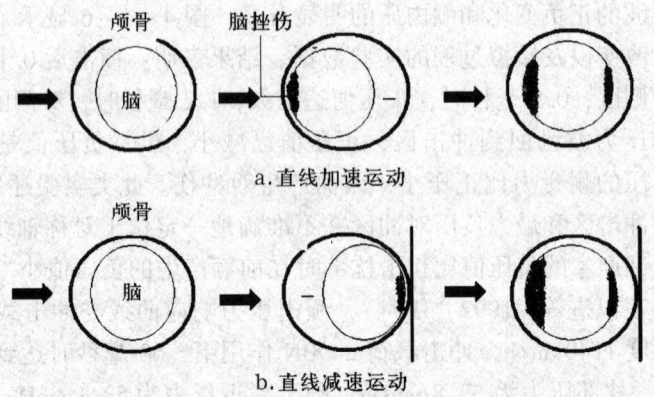

图 4-4-7 直线运动脑损伤机制示意图

实际上,由于直线运动条件的限制,颅脑受力后旋转运动更为常见,或者说脑的运动多数应属直线和旋转混合性的运动。由于脑在颅内受脑膜和延髓等组织的限制以及脑的各部分形态、质量及固定状况的差异。因此,脑在做旋转运动时也发生了各个位置的不同步,导致产生剪切力的后果(如图4-4-8所示)。旋转幅度越大,旋转阻力越大,剪切力也越大。由于脑组织为一胶冻样物质,具有不耐压缩、易于扭曲的特性,其剪切模量及强度又极低,所以很容易在大脑镰、小脑幕游离缘处形成损伤。

综上所述,尽管脑损伤的机理有多种,但任何单独一种机理似乎难以解释所有的脑损伤类型。例如,颅骨变形之说不能解释脑组织的一次受力多发性损伤;颅内压的改变也难以解释对冲击性损伤为何好发于额（颞）部而少见于枕部；至于脑的运动，虽然相对较全面，但也无法代替颅骨变形，甚至颅骨本身结构的作用因素。因此，脑损伤的机理更多的可能也是属于混合性的。

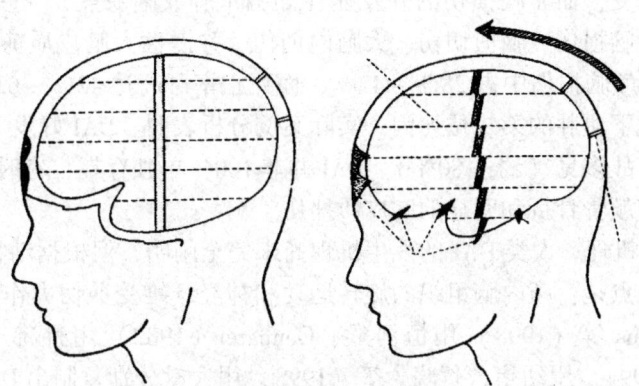

图 4-4-8　颅脑运动前后引起的剪切损伤示意图

三、脑损伤基本类型

脑损伤的基本类型，以传统和经典的观点看，主要包括脑震荡、弥漫性轴索损伤、脑挫伤以及脑挫裂伤四种。

（一）脑震荡

脑震荡，有人也称为脑性休克，是指头部损伤后即刻发生短暂的脑功能障碍但不久可自行恢复的状况。脑震荡是脑损伤中程度最轻的一种，脑功能的障碍主要表现为一过性的意识丧失和短期记忆障碍（或称近事遗忘）。因此，在法医学实践中将头部外伤史、短暂意识丧失和近事遗忘作为诊断脑震荡的三大指针。

传统的观点认为脑震荡是脑干网状结构功能受损，上行激活系统向脑皮质传导兴奋机制暂时中断，故导致脑意识障碍。脑组织病理解剖形态学上无明显变化，神经系统检查也无器质性损伤体征。但随着研究的深入和检测手段的提高，近年来人们对脑震荡的机理及其脑组织结构的改变进行了许多研究，结果显示：脑震荡的机理可能既有功能性的，如外伤超强刺激引起脑皮质阻抑、脑神经细胞分子紊乱引起传导阻滞等；但也有器质性的，如脑脊液对脑组织的物理冲击，脑中间神经元的受损等，所以临床上才会出现许多脑震荡后仍留有一定的神经精神方面的症状。有人经动物实验发现，病理形态学的主要改变是胼胝体、脑干、第三和第四脑室、中脑导水管周围白质区域呈弥漫性的出血点和小灶性坏死以及纤维髓鞘损伤等，为此有人还将脑震荡分成轻、中、重三型，认为重型脑震荡可能出现较明显的器质性损伤，甚至导致死亡。

笔者认为，"脑震荡"一词本身就含只针对功能产生损伤作用，正如脊髓震荡、心脏震荡的概念一样，否则可能不应称为脑震荡。至于实验模型中受打击后出现短暂意识障碍，而后又恢复的动物的脑组织出现的病理改变，一是不能证明这是脑震荡的动物，二是其他类型的脑损伤也可能具有恢复的能力。况且国内外针对脑震荡的争议，找到了解释所谓脑震荡中脑白质损伤的另一条途径——将其命名为另一种脑损伤的类型，即弥漫性轴索损伤。

(二) 弥漫性轴索损伤

弥漫性轴索损伤 (DAI) 是指头部受钝性暴力作用所引起的脑白质多发性损伤。DAI 由 Strich 于 1956 年首次提出，1982 年由 Adams 正式命名。DAI 是一具有自身特点、与外伤直接相关的独立病变，而非脑损伤的并发症（如脑水肿或脑缺氧）。过去有关 DAI 的同义词有：冲击型弥漫脑损伤、脑剪切伤、大脑内创伤、弥漫性大脑皮质剪切伤等。根据资料统计，DAI 在重型颅脑损伤中占 28%～42%，而死亡率可高达 42%～62%。DAI 是颅脑损伤中仅次于硬脑膜下血肿的第二位死因。实际案例分析表明：DAI 好发于交通事故、坠落、打击，尤以交通事故多见（约占 80%）。DAI 并非 100% 单独存在，有时伴有蛛网膜下腔出血，但一般不伴有颅骨骨折和明显的脑皮质挫伤。

1. DAI 的损伤机理。人类 DAI 的发生机理尚未完全阐明，但根据动物实验研究的结果，目前较为公认的观点是：颅内脑组织的旋转运动和神经纤维受剪切力作用是导致 DAI 发生的主要因素。Adams 等（1998）用恒河猴、Gennarel（1982）用狒狒、Polishock（1985）用猫、Ross 等（1994）用幼猪、贺晓生等（1998）用大鼠分别复制出 DAI 的损伤模型，认为头颅瞬间旋转使脑在惯性驱动下做非线性的加－减速度运动，其间产生与旋转轴相垂直的剪切力，这一剪切力作用于脑白质内微血管可导致破裂出血，作用于神经纤维则可引起轴索牵拉变形。实际中所遇到的 DAI 多见于交通事故和坠落损伤正符合这一弥漫受力、瞬间作用、旋转效应的发生机理。

应当注意的是，根据损伤机理，DAI 并非一定发生于头部直接受力时，任何能导致颅脑发生瞬间旋转运动的方式均可能发生 DAI。Gilliland 和 Folberg（1996）和 Pounder（1997）分别报道了婴幼儿和成人被猛力摇晃双肩引发 DAI，分别将其命名为婴幼儿摇晃综合征和成人摇晃综合征。另外，对于 DAI 是否仅仅与颅脑损伤有关，也有人提出疑义。Oehmichen 等（1998）通过对 252 例死于颅脑不同情况（部分损伤、部分疾病）的脑组织检查，发现类似 DAI 的改变也同样出现在脑缺血、脑缺氧甚至脑死亡时。

2. DAI 的病理特征。DAI 的病理特征肉眼观察主要有：脑组织白质区的点片状出血（如图 4-4-9 所示），但多数并不明显。伤后较长时间死亡的，则可在白质部位见因含铁血黄素颗粒沉着而呈现的黄褐色颜色改变区。经神经组织特殊染色（如 Bieschowsky 改良法、Gless-Marsland 镀银染色法、Bodian 染色法等）镜下观察，可见到的主要特征有：(1) 轴索肿胀。动物实验表明：伤后 2 小时左右，脑组织嗜银染色可见神经纤维轴索变粗，轴索之间空隙增宽，轴索行走迂曲，甚至呈节段性局部扩大膨出。(2) 轴缩球出现。轴缩球是轴索受牵拉变性断裂后，轴浆聚集于远侧断端膨出而形成。因其状如球体而得名（如图 4-4-9 中的小图所示）。轴缩球大小为 10～40μm 不等。动物实验表明，轴缩球一般在伤后 6 小时左右才出现，伤后 72 小时左右最明显。但 Oehmichen 等（1998）用 β 淀粉前体蛋白 (β-APP) 免疫组化染色，发现伤后 3 小时死亡的标本中也可检见明显的轴索球。轴索球的出现是 DAI 最有特征的诊断依据。(3) 小胶质细胞簇形成。DAI 发生数周时，脑白质内可见散在分布的、由增生的小胶质细胞构成的簇状结节，亦可见非特异性的星形胶质细胞弥漫性增生。有微血管破裂者，则可见到有灶性巨噬细胞吞噬的含铁血黄素颗粒。(4) 白质变性。DAI 形成后数月至数年时，脑白质出现变性，也称 Wallerian 型变性，常表现为脑干皮质脊髓束髓鞘崩解成脂滴，神经纤维之间有多量吞噬脂质颗粒的泡沫细胞，脑白质体积缩小，胼胝体变薄以及脑室扩大等。

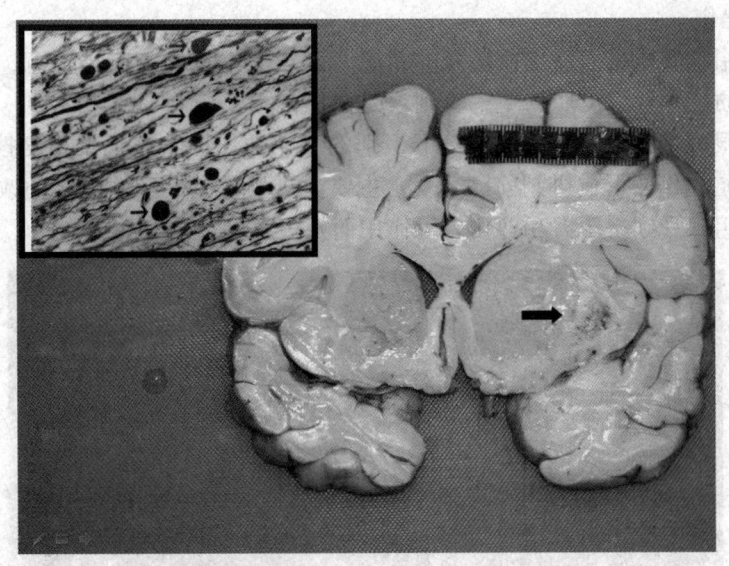

图4-4-9 脑白质弥漫性损伤出血（大图）及轴索球出现（小图）

3. DAI 的部位及其分级。根据动物活体实验和尸体检材观察，DAI 在较大型动物（如灵长类、猪等）中多见于大脑白质和脑干上部，小型动物（如猫、鼠等）则多见于中脑、桥脑等脑干部位，而人体则主要集中于胼胝体和桥脑。引起这种差异的原因尚不清楚，分析可能与大脑镰的结构有关。为对 DAI 的预后有更客观的估计，Adams 等（1984）将 DAI 的病变情况分成三个等级。Ⅰ级：肉眼无出血及软化等现象，镜下可见轴索有弥漫性损伤，分布于大脑、胼胝体、脑干及小脑。Ⅱ级：镜下可见轴索有弥漫性损伤，胼胝体有小灶性出血、软化或撕裂等征象。Ⅲ级：肉眼有时可见微小出血，镜下可见轴索弥漫性损伤，胼胝体和脑干有小灶性出血、撕裂或脑软化征象。

4. DAI 的诊断。临床上诊断主要根据有：（1）头部运动损伤，特别是在伴有加/减速运动（如坠落、车祸等）时。（2）伤后多立即昏迷，无中间清醒期。（3）无明显的神经系统定位体征。（4）CT 摄片颅内无明显血肿及脑挫伤等占位性病变，表现为脑肿胀和灰质界限不清。因 DAI 死亡的尸体检验鉴定一般应结合临床特征进行系统的脑组织病理学检查，如有典型的轴索损伤、轴缩球等征象而无脑挫伤则判断 DAI。需要指出的是，轴缩球的出现一般至少在伤后3小时以上，在法医学实践中则多遇到伤后不久即死亡，典型的轴缩球甚至轴索损伤可能见不到，但也不能因此而放弃对脑的检查。另外，轴缩球是 DAI 的典型特征，但非特有，脑挫裂伤和血肿周围只要有轴索断裂，同样也会出现轴索球。

DAI 的法医学意义在于脑干损伤。动物实验也表明，轴索球的密度在延髓、中脑、胼胝体呈递减趋势，提示 DAI 在脑干下部更为常见，Adams 等（1984）经122例尸体检验也表明Ⅲ级 DAI 在全部 DAI 中占60%以上。有人将 DAI 视为过去脑震荡中最重的一种，也有人提出 DAI 是原发性脑干损伤的真正病因，即原发性脑干损伤仅仅是 DAI 的一种临床表现，只不过很少有人同时对脑白质广泛性损伤做系统检验罢了。无论如何，从损伤机理上来看，外力作用所引起的原发性脑干损伤与 DAI 是相似的，而病理改变也类似，所以这种观点有一定道理，但在法医学鉴定中，如果没有神经纤维的染色检查，而仅凭脑干灶性出血就认定 DAI 似欠妥当。

(三) 脑挫伤

脑挫伤是指脑实质受力后出血坏死的状况。此定义中有两点应当注意，一是脑实质既指皮质也指白质，一般以皮质为主，否则仅是白质的损伤应与 DAI 相鉴别。二是出血坏死一般应达到肉眼可见的程度，仅仅有镜下识别的微小的灶性出血则慎用脑挫伤（如图 4-4-10 所示）。脑挫伤的形成机制前已述及，主要通过颅骨变形、颅内压的改变以及脑的运动等途径使脑组织受到挤压力和剪切力等作用而发生解剖结构上的损伤。

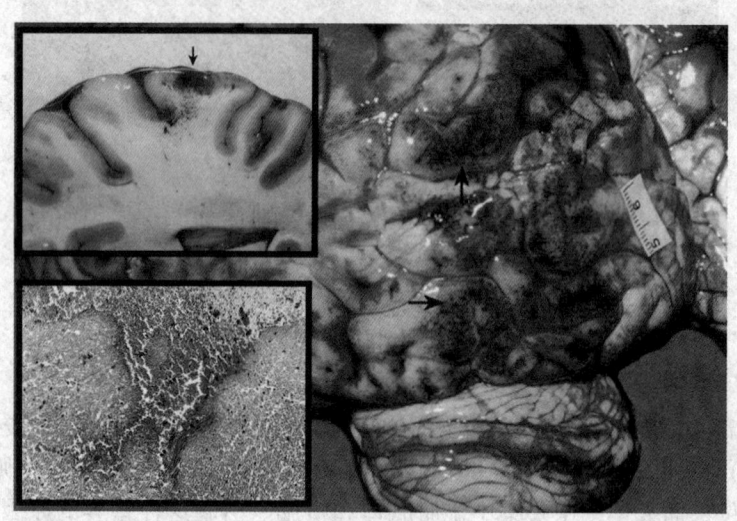

图 4-4-10 脑挫伤大体观（右）、切面观（左上）和镜下观（左下）

从不同的角度，可将脑挫伤分成以下多种类型：

1. 根据病理形态学特点分类。病理形态学上将脑挫伤分为三种类型：(1) 表浅性脑挫伤，指挫伤表浅，通常不累及脑白质的点状或小灶状红色或褐色的脑皮质损伤，多见于脑回顶部。(2) 楔形脑挫伤，指挫伤形态呈锥子形，其锥尖深达脑白质，而锥底位于脑皮质，多系颅骨局部变形所致的冲击伤。(3) 弥漫性脑挫伤，指挫伤灶广泛分布，多数较浅表，常伴有蛛网膜下腔出血，多见于脑在颅内的旋转运动所致。

2. 根据挫伤形成机制分类。国外以 Lindenberg (1960, 1980) 为代表的学者提出根据脑挫伤发生机制的不同可分成六种类型，即冲击性脑挫伤、对冲性脑挫伤、中间性脑挫伤、滑动性脑挫伤、脑疝性脑挫伤以及骨折性脑挫伤。前四种系原发性脑挫伤，而后两种系继发性脑挫伤。(1) 冲击性脑挫伤，简称冲击伤，是指脑挫伤系因外力冲击引起，常发生于着力点位置，多因颅骨局部变形或脑在颅内直线加速运动时产生，其典型的挫伤形态为楔形（如图 4-4-11 所示）。(2) 对冲性脑挫伤，简称对冲伤，是指脑挫伤位于着力点的对侧（如图 4-4-12 所示）。目前认为对冲性脑挫伤主要与颅内负压作用有关。对冲性脑挫伤多见于脑在减速运动时，日本 Fujiwara (1986) 曾报道 105 例脑挫伤，发现损伤方式的不同直接影响着对冲击伤的形成（如表 4-4-2 所示）。另据 Sitz (1987) 统计，打击枕部、颞部和额部后引起对侧脑挫伤的可能性分别是 96%、60% 和 5%。(3) 中间性脑挫伤，是指在冲击点和对冲点之间发生的脑挫伤。形成机理多因减速运动伴有头部旋转时，脑组织因脑膜等结构限制而受剪切力作用所致。因此，中间性脑挫伤常发生于大脑纵裂、胼胝体以及脑干附近（如图 4-4-13 所示）。姚青松等 (1993) 报道 22 例中间性脑挫伤，除1例外均因坠跌所致,其中有着力点冲击伤18例,对冲伤22例,中间性脑挫伤多数位于基底核、胼胝体以及脑干。(4)滑动性脑挫伤,是指脑受力后在颅内的运动中形成的损伤。例如,沿矢状方向前后滑动时引起大脑半球上矢状窦旁额上回脑白质区出血,沿底部滑动时则与颅底结构碰撞而发生额叶底和颞极的出血等(如图4-4-14、图4-4-15所示)。滑动性脑损伤的特点:一是常发生于着力点的对侧。二是减速运动时多见且伴有一定程度的头部旋转。三是常伴有着力侧的硬脑膜下或蛛网膜下腔出血(徐华等,1996)。(5)脑疝性脑挫伤,是指脑挫伤系因脑疝的挤压所致。根据脑疝的形成部位和方式,此类的脑挫伤常见于大脑镰、小脑幕以及枕骨大孔周围,易伤及大脑的额底和颞极、小脑以及延髓(如图4-4-16所示)。(6)骨折性脑挫伤,是指颅骨骨折后骨碎片直接损伤脑组织而形成,多见于塌陷性骨折和粉碎性骨折(如图4-4-17所示)。单纯骨折性脑挫伤较少见,因骨碎片的直接作用更多地引起脑挫裂伤。

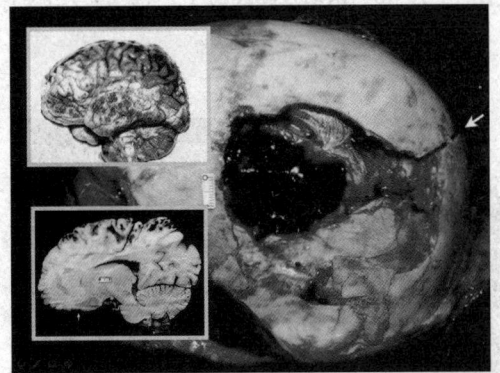

图4-4-11 **冲击性脑挫伤**(引自姚青松,2005)

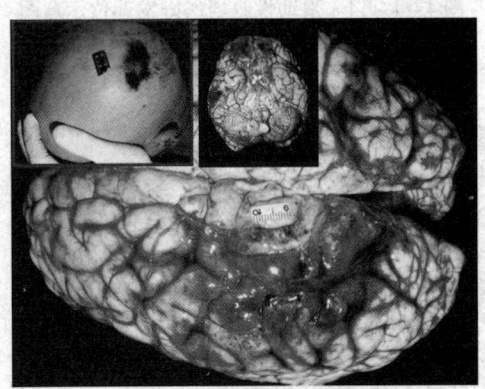

图4-4-12 **对冲性脑挫伤**(引自姚青松,2005)

表4-4-2 不同状态的头部损伤引起脑挫伤的差别

	打击	高坠	摔倒
前额	仅冲击伤	冲击伤>对冲伤	-
侧面	冲击伤>对冲伤	冲击伤>对冲伤	仅冲击伤
枕部	冲击伤>对冲伤	冲击伤>对冲伤	仅冲击伤

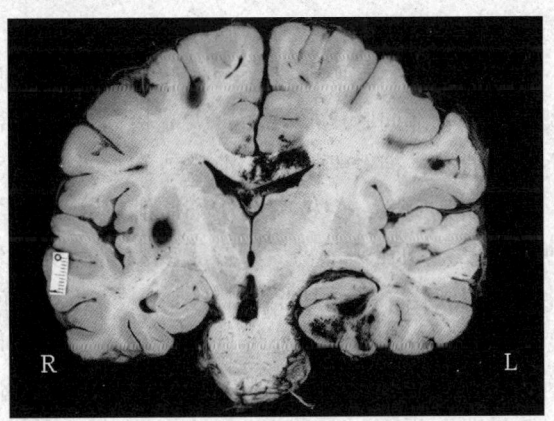

图4-4-13 **中间性脑挫伤**(引自姚青松,2005)

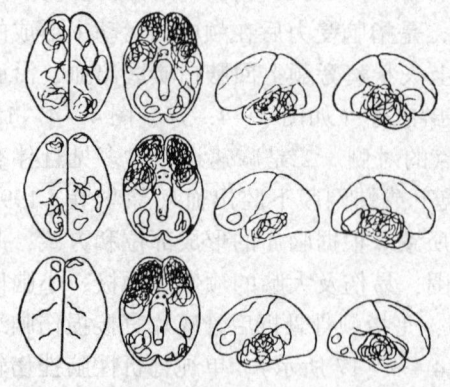

图4-4-14 滑动性脑挫伤好发部位示意图

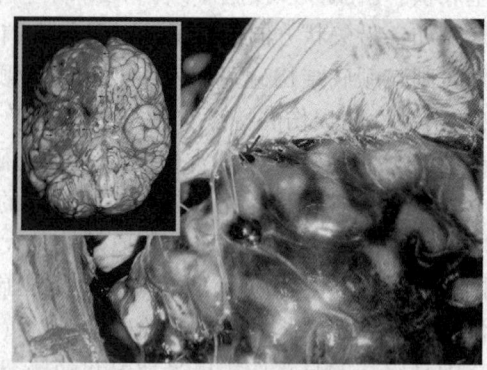

图4-4-15 滑动性脑挫伤（引自姚青松，2005）

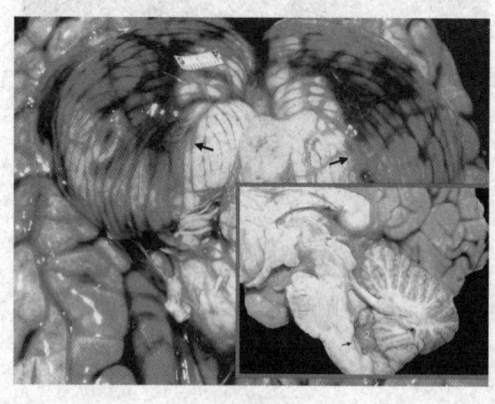

图4-4-16 脑疝性脑挫伤（引自姚青松，2005）

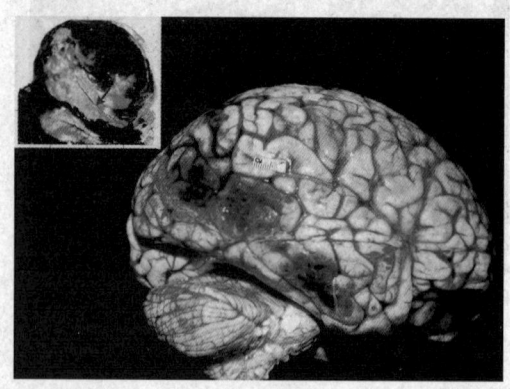

图4-4-17 骨折性脑挫伤（引自姚青松，2005）

3. 根据脑挫伤时期分类。脑挫伤（或脑挫裂伤）后不同的存活时间可有不同的病理变化，据此可将脑挫伤分成脑挫伤早期、脑挫伤中期和脑挫伤晚期三类。（1）脑挫伤早期。在伤后数天，脑组织病理变化以出血、脑水肿、脑坏死为主要变化。肉眼可见脑回突起顶端有点状或片状出血，受伤部位的软脑膜破坏、脑血管出血或血栓形成。脑组织出血、脑水肿和脑坏死变化呈楔形，基底部向脑皮质表面，尖端指向白质深部。显微镜下可见脑组织出血，脑皮质分层不清或消失；神经细胞大片消失或缺血性；神经轴索肿胀、断裂，崩解为粒状，髓鞘脱失；星形细胞变性，少枝突胶质细胞肿胀；血管充血、水肿，血管周围间隙扩大等。（2）中期脑挫伤。约在头部伤后十数天或数周，损伤部位逐渐可见修复性病理变化。肉眼见损伤灶脑组织液化，出血灶呈紫黑色，周围组织内有小出血点，因血红蛋白分解，含铁血黄色变为铁锈红斑。脑水肿处可见液化及坏死区，由瘢痕组织修复；蛛网膜因出血增厚，并与脑组织粘连。在显微镜下显示：皮质内有大小不等的出血，损伤区皮质结构消失，在坏死或退行性变的神经细胞周围出现卫星现象；损伤灶渐次出现小胶质细胞增生，形成格子细胞，吞噬崩解的髓鞘细胞碎片；星形细胞增生肥大，少枝突胶质细胞亦增生肿胀。血管旁常有中性多形核细胞渗出及小圆细胞浸润。较大挫伤灶则由肉芽组织参与修复过程。(3) 晚期脑挫伤。脑挫伤经数月或数年，挫伤灶陈旧，但部分可转变较好或萎缩。挫伤灶吸收不良者，偶可形成囊肿；亦可从表面的脑膜开始，与脑组织粘连，影响脑脊液循环及吸收，也可刺激脑皮质发生外伤性癫痫。

（四）脑挫裂伤

脑挫裂伤，是脑损伤中最为严重的类型，多见于枪弹等开放性损伤或导致颅骨严重的凹陷性或粉碎性骨折的闭合性损伤。形态学上，脑挫裂伤多表现为各层脑膜结构的破坏以及脑组织结构形态上的整体或局部明显变形、出血和破裂（如图 4-4-18 所示）。

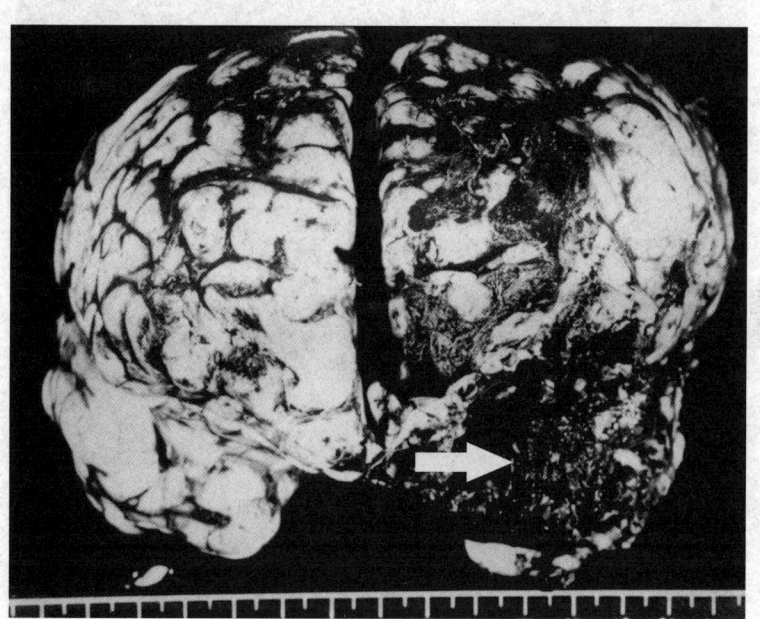

图 4-4-18　脑挫裂伤

（五）脑干损伤

脑干损伤是颅脑损伤中重要的损伤表现和最易于引起死亡的原因之一，这是因为脑干存在着控制和调节人体呼吸和心跳等基本生命活动的中枢，与脑别的部分显著不同的是，脑干轻微的损伤就可以致人死亡。脑干损伤最常见的征象是脑干组织的灶性出血（如图 4-4-19 所示）。除了脑干损伤程度即使轻微也可致命之外，脑干损伤的第二大特点是引起脑干损伤的外力通常可能是间接而非直接的，头部旋转（脑干是支点）和减速运动是导致脑干损伤的主要因素。脑干损伤的第三个特点是，继发性脑干损伤比原发性更明显。在实践中，我们常碰到颅脑损伤后死亡者，大体解剖观察缺乏明显的阳性征象，或者在脑干部位仅在显微镜下观察到的少量出血或水肿等改变。因此，脑干细微结构和成分损伤的研究，对诊断脑干损伤就十分重要。近年来，国内外学者在脑干损伤动物模型的建立、脑干损伤后的组织病理形态学改变以及推断脑干损伤时间等方面取得了不少较重要的研究进展，国内姚青松和闵建雄等（2007，2008）应用 30 例原发性脑干损伤尸体样本，采用常规组织病理、免疫组织化学、TUNEL 荧光染色等分子生物学技术，选取以脑干区域调控呼吸和心血管运动的中枢神经核团为研究对象，对 HSP70（热休克蛋白）、Caspase-3（凋亡执行因子）、HIF（缺氧诱导因子）、Tau 蛋白、NMDAR1（离子型谷氨酸受体）、NF（神经纤维丝）等指标进行观测，探讨脑干损伤部位、损伤类型、损伤程度以及损伤时间与单纯性脑干损伤致死之间的关系。研究结果发现，凋亡执行因子（Caspase-3）和神经纤维丝（NF）对于脑干损伤的诊断具有重要价值（如图 4-4-20 所示）。由于脑干的结构和功能十分复杂，目前对脑干的研究和认识仍有待于进一步深入。因此，对脑干组织显微水平的损伤及异常迹象能否作为死因，学术界尚有争议，故在法医学实践中还应谨慎把握。

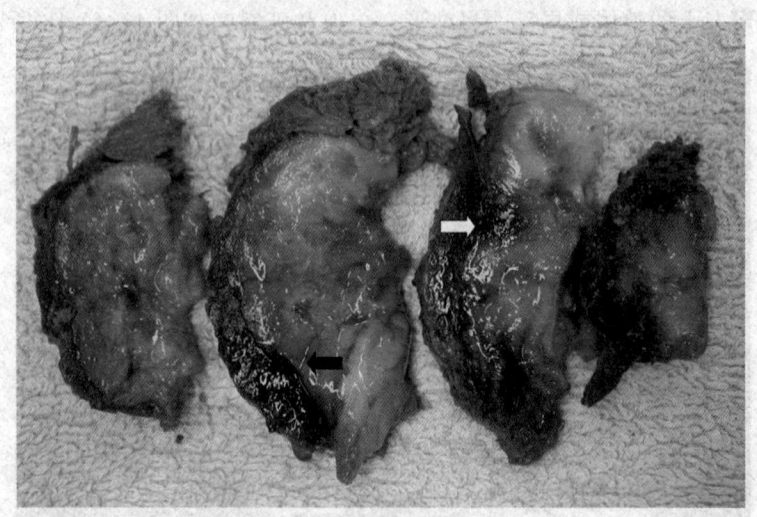

图 4-4-19　脑干损伤出血

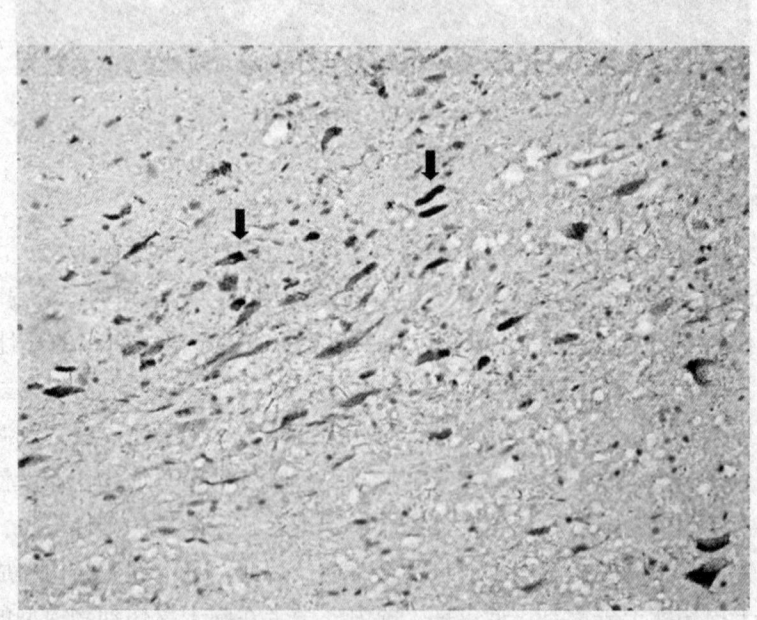

图 4-4-20　原发性脑干损伤者脑干疑核凋亡因子表达（TUNEL 荧光染色 ×200）

第五节 颅脑损伤的评价

前已述及，损伤的评价涉及损伤性质、损伤方式及其行为能力等多方面。颅脑作为法医学实践中最常遇到的人体组织器官损伤的类型之一，对颅脑损伤的准确评价，将有利于分析损伤的形成机理和严重程度，有利于解决与案件有关的问题。本节重点介绍临床和相关行业目前对颅脑损伤评价方面的内容，包括损伤严重性、损伤预后及人体耐受性三个方面。

一、颅脑损伤严重程度的评价

目前临床上评价颅脑损伤严重程度主要有以下几种方法：

（一）临床分型法

临床分型法是我国医学专家于1960年首次提出，后经几次修改而确定的评价闭合性颅脑损伤严重性的方法，主要按照意识障碍时间以及神经系统症状和体征分四种类型。

1. 轻型。
(1) 昏迷时间0~0.5小时。
(2) 有轻度的头痛、头晕等症状。
(3) 神经系统和脑脊液检查无明显改变。

2. 中型。
(1) 昏迷在12小时以内。
(2) 有轻度的神经系统阳性体征。
(3) 体温、呼吸、脉搏、血压有轻度改变。
此型主要指轻度脑挫裂伤，有或无颅骨骨折及蛛网膜下腔出血，无脑受压者。

3. 重型。
(1) 深昏迷，昏迷在12小时以上，意识障碍逐渐加重或出现再昏迷。
(2) 有明显的神经系统阳性体征。
(3) 体温、呼吸、脉搏、血压有显著改变。

4. 特重型。
(1) 脑原发损伤重，伤后深昏迷，出现去大脑强直或伴有其他脏器损伤及休克等。
(2) 已有晚期脑疝征象，包括双瞳散大，生命体征严重紊乱或呼吸已近停止。

（二）格拉斯哥昏迷分级

格拉斯哥昏迷分级（GCS）是英国学者Teasdale和Jennett 1974年提出，1976年在英国格拉斯哥市修订而确立的方法，主要根据昏迷病人对睁眼刺激、言语应答以及肢体运动的三种反应程度进行综合评分来判断颅脑损伤的严重程度（如表4-5-1所示）。

GCS总计15分（三项最高分累计值），临床一般判断的标准是：

轻型：GCS评分13~15分，伤后昏迷20分钟以内。
中型：GCS评分9~12分，伤后昏迷20分钟~6小时。
重型：GCS评分3~8分，伤后昏迷6小时以上。

表 4-5-1 格拉斯哥 (GCS) 昏迷分级

睁眼反应	计分	言语反应	计分	运动反应	计分
自动睁眼	4	回答切题	5	按吩咐动作	6
呼唤睁眼	3	回答错误	4	刺痛能定位	5
刺痛睁眼	2	乱说乱讲	3	刺痛能躲避	4
不能睁眼	1	只能发音	2	刺痛肢体屈曲	3
		不能言语	1	刺痛肢体过伸	2
				不能运动	1

由于 GCS 是以昏迷病人为基础的，故 GCS 同时对判定昏迷统一标准，必须同时符合三项条件：(1) 不能睁眼。(2) 不能说出可以理解的语言。(3) 不能按吩咐动作。另外，应除外醉酒、服用大量镇静剂以及癫痫连续状态等非颅脑损伤性昏迷。

由于 GCS 方法量化，指标明确且又操作方便，故目前是国际上公认的评价颅脑损伤程度的参考标准。

(三) 日本昏迷分级

日本昏迷分级 (JCS) 是日本学者 1974 年提出的颅脑损伤轻 (Ⅰ)、中 (Ⅱ)、重 (Ⅲ) 三型，各有三项指标的检验定级方法，简称 3、3、3 级法，其具体方法如下：

1. 轻型 (Ⅰ)：不加刺激病人呈清醒状态。
(1) 意识大体清醒，但不完全正常。
(2) 不能判断时间、人物和地点。
(3) 问姓名和出生年月日，不能回答。

2. 中型 (Ⅱ)：刺激时清醒，刺激后入睡。
(1) 一般呼唤可睁眼。
(2) 大声呼唤或摇动其身体可睁眼。
(3) 痛刺激和反复呼唤勉强睁眼。

3. 重型 (Ⅲ)：刺激也不睁眼。
(1) 刺激时有推开动作。
(2) 刺痛时手足稍动和皱眉。
(3) 刺痛时完全无反应。

JCS 虽简单方便，但指标过于局限 (仅依靠刺激反应)，故未被国际社会公认。

(四) 格拉斯哥-里吉昏迷分级

格拉斯哥-里吉昏迷分级 (GLCS) 是 1985 年比利时里吉 (Liege) 大学 Born 等人在参照 GCS 基础上，提出增加脑干反射 6 项检查以判别脑干神经通路的方法 (如表 4-5-2 所示)。GLCS 法最高计分 20，低于 12 分者将表示颅脑损伤属重型。

(五) 脑干反射检查法

脑干反射检查法是我国张天锡 (1994) 提出的根据脑干功能情况反映颅脑损伤程度的一种方法。他将脑干人为分成自上而下 6 个不同的平面 (如图 4-5-1 所示)，并选用 10 种脑干反射 (8 种生理性，2 种病理性) 作为反映相应平面功能的指标，根据脑干损伤平面所出现的脑干反射差异 (如表 4-5-3 所示) 来确定脑干损伤的大体位置及其严重性。

第四章 颅脑损伤

表4-5-2 格拉斯哥—里吉（GLCS）昏迷分级

睁眼反应	计分	言语反应	计分	运动反应	计分	脑干反应	计分
自动睁眼	4	回答正确	5	按吩咐动作	6	额眶反射存在	5
呼唤睁眼	3	回答错误	4	刺痛能定位	5	垂直性眼前庭反射存在	4
刺痛睁眼	2	乱说乱讲	3	刺痛能躲避	4	瞳孔光反射存在	3
不能睁眼	1	只能发音	2	刺痛肢体屈曲	3	水平性眼前庭反射存在	2
		不能言语	1	刺痛肢体过伸	2	眼心反射存在	1
				不能运动	1	无反射	0

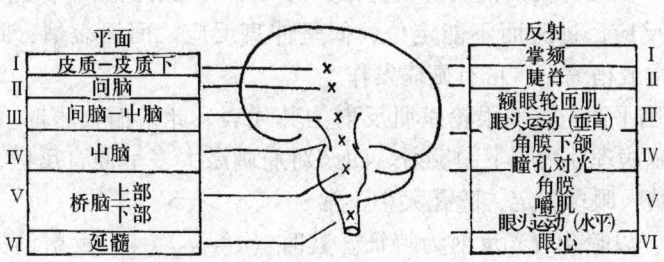

图4-5-1 脑干损害平面和脑干反射对应示意图（引自张天锡，1994）

表4-5-3 颅脑损伤昏迷者脑干损害平面的不同表现特点

表现特点	障碍平面						
	Ⅰ	Ⅱ	Ⅲ	Ⅳ	Ⅴ上部	Ⅴ下部	Ⅵ
生理性反射							
睫脊反射（CS）	+	−	−	−	−	−	−
额眼轮匝肌反射（FO）	+	+	−	−	−	−	−
垂直性眼头运动反射（VOC）	+	+	−	−	−	−	−
瞳孔对光反射（L）	+	+	+	−	−	−	−
角膜反射（C）	+	+	+	+	−	−	−
嚼肌反射（M）	+	+	+	+	+	−	−
水平性眼运动反射（HOC）	+	+	+	+	+	−	−
眼心反射（OC）	+	+	+	+	+	+	−
病理性反射							
掌颏反射（PM）	+	−	−	−	−	−	−
角膜下颌反射（CM）	−	−	+	+	−	−	−

10种脑干反射的检查方法与征象是：（1）睫脊反射：刺激锁骨上区引起同侧瞳孔扩大。（2）额眼轮匝肌反射：术者用手指向外上方牵拉病人眉梢外侧皮肤并固定之，然后用叩诊锤轻叩其手指，引起同侧眼轮匝肌收缩闭目。（3）垂直性眼前庭反射或垂直性眼头运动反射：病人头俯、仰时双眼球与头的动作呈反方向上下垂直移动。（4）瞳孔对光反射：光刺激引起瞳孔缩小。（5）角膜反射：轻触角膜引起双眼轮匝肌收缩闭目。（6）嚼肌反

射：叩击颏部引起嚼肌收缩。(7) 水平性眼前庭反射或水平眼头运动反射：头左右转动时双眼球呈反方向水平运动。(8) 眼心反射：压迫眼球引起心率减慢。(9) 掌颏反射：轻划手掌大鱼际区引起同侧颏肌收缩。(10) 角膜下颌反射：轻触角膜引起眼轮匝肌收缩闭目，而且反射性地引起翼外肌收缩使下颌向对侧移动。

6个脑干平面损伤后脑干反射和临床症状体征的关系可归纳为以下六个方面：

1. 皮质-皮质下平面：以病理性掌颏反射的出现为其特征。此时8种生理性反射均保存。病人一般呈朦胧状态或浅昏迷。肢体对痛刺激能定位，可伴醒觉反应或痛苦表情和自发性眼球游动。瞳孔正常或稍大。可伴癫痫发作和神经功能障碍。

2. 间脑平面：以睫脊反射消失为其特征，同时掌颏反射消失。昏迷加深，肢体对痛刺激呈刻板型屈曲反应，逃避而不能定位，偶呈伸直反应。面无表情，眼球移动。瞳孔游动。瞳孔直径正常或稍缩小。可有癫痫发作。

3. 间脑-中脑平面：以额眼轮匝肌反射为其代表。此平面损害时（1）~（2）反射都消失，同时出现病理性角膜下颌反射。四肢对痛刺激大多呈伸直反应、肌张力增高、牙关紧闭。面无表情，眼球固定，瞳孔大小正常。

4. 中脑平面：以瞳孔对光反射为特征。其时（1）~（4）反射消失。角膜下颌反射仍存在。深昏迷，去大脑强直。面无表情，眼球固定，牙关紧闭，瞳孔轻度扩大。

5. 桥脑平面：以角膜反射为代表。功能障碍达上桥脑平面时（1）~（6）反射消失；下桥脑平面时（1）~（7）反射消失。病理性反射均不出现。深昏迷，四肢松弛，运动反应消失，下颌松弛下坠、流涎、伸吞。

6. 延脑平面：以眼心反射为特征。10种反射全部消失。深昏迷，呼吸停止，双瞳散大。

根据临床统计资料显示，脑干反射的存在与否能反映脑干损害平面的动态变化，具有较为可靠的预后判别价值。需要指出的是，以上方法大多数是以意识障碍来反映颅脑损伤严重程度的，但在实践中，有时脑损伤的严重性并不与意识障碍成正比，文献曾有多次报道，明显的脑挫伤甚至脑挫裂伤后无明显的意识障碍，分析原因可能与大脑组织存在功能"哑区"的可能。另外，脑干网状结构是否受累可能对意识障碍的影响更大。

二、颅脑损伤预后的判定

颅脑损伤预后的判定是建立在颅脑损伤严重程度基础上的，并通过综合分析得到的总体印象。对临床研究颅脑损伤后病理生理过程、拟订合理有效的治疗方案等具有重要的意义。在法医学实践中，对于研究人体颅脑损伤对机体的影响、判定颅脑损伤后行为能力等同样具有价值。临床上目前主要有以下八个方面来判断严重颅脑损伤的预后。

（一）年龄

一般来说，年龄与颅脑损伤预后有较强的相关性。许多统计资料表明，严重颅脑损伤的死亡率随着年龄的增长而增加；青少年和儿童颅脑损伤的死亡率和后遗症发生率均较成年人低。

（二）意识障碍程度

总体上意识障碍越重，其预后也越差，这方面以睁眼、言语和运动三项反应计分来判断意识障碍程度的 GCS 法是目前国际上广为运用的标准方法，GCS 计分越低，预后越差。

(三) 脑干反射功能

前述的脑干六个层面 10 种反射直接反映了脑损伤的范围和程度，其中头眼垂直运动反射是否存在（Ⅲ层面）直接关系到有无存活可能，即Ⅲ层面以下的反射如不存在，则基本难以救治。

(四) CT 扫描

CT 扫描的价值不仅在于早期诊断颅内出血和脑组织损伤的变化，更重要还在于采用动态（连续）CT 扫描来早期发现迟发性脑内出血，特别是基底池闭塞的状态。许多资料表明，基底池完全闭塞者预后极差。

(五) 颅内压监测

颅内压监测对了解颅内组织病理生理变化具有重要意义，控制颅内压可明显降低死亡率，颅内压持续超过 40mmHg 者预后不佳。一般颅脑损伤后颅内压越高，其死亡率和致残率也越高。

(六) 诱发电位检测

电生理诱发电位对定位了解脑的机能具有重要价值。如体感诱发电位异常，而视觉诱发电位正常者，提示脑干损伤；如听觉诱发电位和短潜伏期体感诱发电位正常者，提示为大脑半球损伤；如果体感、视觉和听觉诱发电位均异常者，提示为全脑损伤。临床认为，伤后连续 14 天检测诱发电位，对判断预后的价值很大。

(七) 垂体激素检查

垂体激素的检查直接反映了视丘下部和垂体的功能状态。特别是催乳素、生长激素以及促甲状腺激素在血中浓度明显升高时，预示损伤严重，提示临床应及时补充激素以改善伤者的预后。

(八) 血清酶检查

血清酶，特别是肌酸磷酸激酶（CPK）及其脑型同功酶（CPK－BB）是从代谢角度反映颅脑损伤严重性的良好指标。研究结果表明，CPK－BB 与 GCS 计分值呈负相关，即意识障碍越严重，则 CPK－BB 值越大。另外，CPK－BB 值对脑基底节和脑干损伤也具有一定的指向性。

上述八项检测指标从各个不同角度提示颅脑损伤的严重程度和预后状况，虽然每一种都有一定的价值，但多项目的综合分析肯定优于单项。在无条件进行多项检查或急性期无法进行全面检测时，宜首先考虑进行较为简便易行的前三项检查，即年龄、GCS 计分和脑干反射三项指标。据文献报道，其预后判断的正确率可达 80% 以上。

三、人体头部撞击的耐受性

人体头部撞击的耐受性，即究竟受多大的力量或冲击动能会引起明显的或致命性的颅脑损伤，是在法医学实践中经常会面临的问题。有时法医在分析解释某些具体案例时需要有一个较为肯定而相对精确的量化指标（值）。这方面国内外许多学者进行了不少研究，虽然由于人体结构的复杂性、运动状态的多样性以及实验样本的难觅性等因素限制了成果的实践引用价值，但仍有不少研究数据和结论值得借鉴或参考。

(一) 脑震荡的耐受极限

美国韦恩州州立大学 Gurdjian 等（1955）和 Lissner 等（1960）分别用不同的实验对象（模型、尸体、动物及活体志愿者）测定得到了人体颅脑损伤脑震荡的耐受极限（即以出现轻微脑震荡为限）曲线，表明作用时间（脉冲区）与头部中心的加速度成反比，即作用时间越短，产生脑震荡所需的加速度越大。

（二）伽德严重性指标

伽德严重性指标（GSI）是 Gadd 1966 年实验提出的判定头部伤势的指数，用公式表示为：

$$\int_0^\infty [a(t)^{2.5}]dt = 常数（伤势指数）$$

若 a 以地球重力加速度 g（$9.8m/s^2$）计，t 以秒来计，那么，伤势指数为 1000 作为正面碰撞时人头部发生损伤的阈值。此值实际上相当于加速度（a）= $100g$、延续时间 t = 0.01 秒时的状况。

（三）头部损伤标准

头部损伤标准（HIC）是 Versace 1971 年根据伽德的公式作修正后得出的头部损伤判别公式，表达为：

$$HIC = \left(\frac{\int_{t_1}^{t_2} adt}{t_2 - t_1}\right)^{2.5}(t_2 - t_1)$$

式中：

t_1 为脉冲延续过程中某个确定时间；

t_2 为以 t_1 为起始时刻达到 HIC 最大值的时刻（$t_2 - t_1$ 实际上是指撞击时间）；

a 为重力加速度，以 g 为单位。

根据公式，HIC = 1000 是引起颅脑损伤的界限。

举例：一辆以 30km/h（8.3m/s）行驶的车正面撞击人体，设碰撞时间 0.01 秒，则估算（不考虑其他因素）：HIC =（8.3/0.01）$^{2.5}$ × 0.01 ≈ 6500。结果表明足以造成人体头部的严重损伤。

（四）旋转致伤标准

实验研究表明，头部正面撞击直线运动致伤的耐受力要大于头部旋转时，而在实践中发生的更多的可能有头部的旋转而非标准直线。实验发现，当头部以 1800 弧度/秒^2、旋转速度为 50 弧度/秒或 480 转/分速度旋转时，将有 50% 者发生脑震荡。

（五）G 力致伤数据

G 为重力加速度的缩写。由于 HIC 等计算方法过于复杂，在实践中人们将其简化成 G 力致伤的数据，具体方法是如果导致脑震荡的加速度为 $200G$，那么只要根据 $F = ma$ 公式，乘以受撞击物体的重量，便得到了所需的力，如设头重 10kg，那么导致脑震荡的力是 200 × 10 = 2000kg 力。

实验模拟计算表明，碰撞引起人体组织尤其头部损伤所需的 G 力分别为：

鼻	$30G$ 力
颌骨	$40G$ 力
颧弓	$50G$ 力
前齿	$100G$ 力
颞顶骨	$20 \sim 40G$ 力/cm^2
额骨	$40 \sim 80G$ 力/cm^2

第四章 颅脑损伤

颅骨骨折   300~400G力

事实上，除了G力之外，还应考虑时间因素。例如，同样引起脑震荡，作用时间小于2毫秒时需要200~300G力，而作用时间为4毫秒时，仅需150G力。颅骨骨折也是如此，作用时间如小于1毫秒，引起颅骨骨折300~400G力，而作用时间如30~40秒时，颅骨仅能耐受70~80G力。比较而言，减速性损伤之所以严重，实际上作用时间的延长是重要因素。王以进等（1992）用猕猴进行了头部冲击实验并经解剖证实，当以326m/s速度冲击头部时：196kg力，无损伤发生；226kg力，有轻度损伤（轻度脑震荡，意识丧失）；249kg力，有中度损伤（脑震荡出现）；272kg力，有重度损伤（颅骨骨折，脑挫伤）；286kg力，有致命损伤（脑大面积出血伴延髓损伤）。

第五章 损伤的评价

第一节 损伤严重程度评价

损伤发生后，如何对损伤有一个系统完整的了解与评价，一直是医学界关注的重点。客观地对损伤作出统一评价，不仅有利于准确认识损伤，提高临床的救治质量，而且有利于同一单位的前后时期、各单位之间甚至各国之间有关损伤病例及救治水平的比较，从而促进医学的发展。在法医学实践中，涉及人身伤害的伤情程度和残疾程度评定等鉴定及法律处理，也同样需要有一个客观统一的评价标准和体系。目前国际上对损伤严重程度的评价普遍采用简明损伤定级（AIS）和损伤严重程度计分（ISS）两种标准（简称 AIS-ISS 法），国内医疗部门从 20 世纪 80 年代中期开始也逐渐普及应用这一 AIS-ISS 法。据笔者所知，至今为止，中国是国际上唯一为法庭刑事诉讼而开展受伤活体进行损伤程度和残疾程度评定的国家，但目前依据的是国内法医界制定的《人体重伤鉴定标准》、《人体轻伤鉴定标准（试行）》和《人体轻微伤的鉴定标准》。在此对 AIS-ISS 以及其他方法作一个简要的介绍，以利于在实践中参照。

一、AIS-ISS 评分法

1952 年，针对交通事业的飞速发展和交通事故损伤的日益增多，美国 Cornell 大学的 De Haven 首次提出将损伤进行分类评分以有利于医疗部门对损伤的救治及其预后的评价。经过大量的临床观察与实验研究，De Haven 及其同事提出了评分的初步方法成为 AIS 的雏形。1965 年前后，美国三个学会联合并邀请了 35 位解剖学、生理学、临床医学、机械工程学及撞击伤研究专家对 De Haven 的方法进行了详细研究修改，于 1969 年制定了首部 AIS，并于 1971 年在美国医学会的刊物上正式发表。1976 年，以解剖损伤为依据，用于机动车所致的闭合性损伤的 AIS 和 ISS 方法正式以手册形式出版，并在美国、欧洲以及澳大利亚等国家被广泛使用。在随后的二十余年里，AIS 和 ISS 方法先后被 4 次修改颁布，其分类条文从原来的 500 余种增加到 2100 余种；损伤类型从原来仅限于闭合性损伤发展到包括开放性损伤；编码从原来的六位数增加到七位数。目前正式出版的是 1990 年修订版，称为 AIS-90，得到包括我国在内世界各国的公认和广泛应用。

概括而论，AIS 法以解剖学部位作为依据，将人体分为头部或颈部、面部、胸部、腹部或盆腔、肢体或骨盆以及体表六大部分，每一部分及其所属的损伤类型和结果都有独立的编码，在损伤评估后都有一个独立的 AIS 评分，最高为 6 分。每一部分选定其中一处创伤最重的 AIS 值，然后选定六大部分中三个损伤最严重部分的 AIS 值，各自平方后累加得到的便是 ISS 值。举例：设某人车祸后损伤分布和程度评估后情况如表 5 – 1 – 1 所示。由此得出 AIS – ISS 的总分值，即 AIS – ISS = 16 + 9 + 9 = 34。

表 5 – 1 – 1 AIS – ISS 评分计数表

ISS 区域	损伤	AIS 编码	AIS 最高值	AIS^2
头/颈	脑挫伤	140602.3	3	
	颈内动脉完全横断	320212.4	4	16
面部	耳挫伤	210600.1	1	
胸部	左侧 3～4 肋骨骨折	450420.2	2	
腹部	腹膜后血肿	543800.3	3	9
肢体	股骨骨折	851800.3	3	9
体表	广泛擦伤	910200.1	1	

AIS – ISS 分值在临床上主要用于损伤严重度的定量评估及其死亡率的预测。国内文献报告多倾向于：当 AIS – ISS 总分值 ≥ 20 时，预示损伤严重，死亡率约 20%；AIS – ISS 总分值 ≤ 20 时，则示损伤较轻，死亡率约 1% 左右。国外评价则以分值 16 为界限，即 AIS – ISS 总分值 ≥ 16 时示损伤严重。国内还有人将 AIS – ISS 与半数致死量（LD_{50}）相结合用以死亡率的估算，使不同的年龄因素与 AIS – ISS 值和死亡率相联系。据陈学桂等（1994）报道，年龄为 15～44 岁时，其 LD_{50} 的 AIS – ISS 值为 40；45～64 岁时，LD_{50} AIS – ISS 值为 29；>64 岁时，LD_{50} 的 AIS – ISS 值为 20。另外，临床上有时也将 AIS – ISS 值作为采取何种医治手段的依据，如 AIS – ISS 值为 <16 时，伤者可在观察室作诊疗；如 AIS – ISS 值 ≥ 16 而 <30 时，应入院治疗；如 AIS – ISS 值 ≥ 30 时，应在重症监护室（ICU）或相应专科重症监护室救治。

二、ASCOT 计量法

ASCOT 是创伤严重度的英文简称，是一种多因素评估伤情和预测生存可能性的院内评分法。ASCOT 法是以改良损伤记分（RTS）和解剖学分区（AP）伤型以及年龄为基础，通过加权数学模型求出伤者的存活概率（Ps）。公式表示为：

$$Ps = 1/(1 + e^{-K})$$

式中：

e 为自然对数，取 2.7182；

$K = K_1 + K_2 G + K_3 S + K_4 R + K_5 A + K_6 B + K_7 C + K_8$；

$K_1 \sim K_8$ 可从表中根据伤情查得；

G 为 Glasgow 昏迷分级；

S 收缩压；

R 是呼吸频率；

A 为所有颅脑脊髓损伤中 AIS > 2 的 AIS 分值平方的平方根值；

B 为按上法计算的所有胸、颈部 AIS > 2 的损伤；

C 为按上法计算的所有除 A、B 以外区域 AIS > 2 的损伤。

三、APACHE Ⅱ 评分法

APACHE Ⅱ 是急性生理和慢性健康状态评价的英文简称，是目前国际上用于评定重症监护室（ICU）病人的病情，并预测预后的一种方法。其基本原理是：将伤者进入 ICU 后 24 小时以内最差一次的 12 项生理参数（体温、动脉压、心率、呼吸频率、动脉血氧分区、pH 值、血钾浓度、血钠浓度、血肌酐浓度、血球压积、血细胞计数以及 Glasgow 昏迷分级）和年龄、慢性健康状态取值后得到 APACHE Ⅱ 分值，将 APACHE Ⅱ ≥15 作为 ICU 收治标准；APPCHE Ⅱ ≥20 作为重型损伤。

四、CRAMS 计分法

CRAMS 是循环、呼吸、胸腹、运动、语言的英文简称，是一种入院前伤情评估的方法，目的是为加强创伤现场和初期的伤情评估和救治水平，合理将伤者分类输送的方法。同时也是早期监测复苏急救是否有效的指标。CRAMS 计分法的基本原理是用循环、呼吸、胸腹、运动和语言五个指标参数（每个又分轻重三个不同等级）记分，五项计分之和即为 CRAMS 记分。临床判断的总原则为：总积分 9~10 分为轻度；8~7 分为重度，≤6 分为极重度。另外，CRAMS ≤8 分可作为向有急救条件的医院运送伤者的界限值。

五、TRISS 计分法

TRISS 是损伤严重度记分的英文简称，TRISS 计分法与 ASCOT 方法类似，是通过对 Glasgow 昏迷分级（G）、收缩压（S）、呼吸频率（R）三项生理指标以及年龄和 ISS 值计算伤者的存活概率 Ps，其基本公式为：

$Ps = 1/(1 + e^{-b})$

式中：

e 为自然对数，取 2.7182；

$b = -1.3054 + 0.9756（RTS）- 0.0807（ISS）- 1.9829（年龄）$；

$RTS = 0.9368（G）+ 0.7326（S）+ 0.2908（R）$；

ISS 即以 AIS 为标准所计的 3 个分区中最大 AIS 值的平方和；

年龄为两种：<55 岁为 0，≥55 岁为 1。

六、AIS-ISS 评分的法医学价值

由于 AIS-ISS 评分法是目前世界上应用最广，也是最基础的方法，故我们学习、借鉴和参照该方法，在法医学实践中同样具有重要意义。首先，AIS-ISS 评分系统为法医学开展活体伤情鉴定提供了十分有用的参考标准。我国现行的人体轻重伤鉴定标准分类简单、界定欠准且定性偏多，在实际评定过程中易发生歧义。例如，对颅内血肿，只有定性而无定量的考虑；对两种以上轻伤评为重伤也仅仅是"视情况"而定，随意性极大。即使是定量程度较高的道路交通事故伤残评定标准也未能对损伤当时的严重程度予以重点考虑，而偏重于治疗后的情况。因此，借助于 AIS-ISS 评分系统，可将在我国法医学实践中目前采用的伤情鉴定标准修改，向定量化、标准化方向发展。其次，即使是对死亡的案件，损伤严重程度的评价也有利于死因竞争时的判断、损伤后行为能力的分析以及损伤过程甚至犯罪经过的重建等。最后，人体损伤在法医学实践中是遇到最多的内容，因此如何规范人体损伤各种界定，统一法医学界对人体损伤的认识以及掌握人体损伤的评估标准等，AIS-ISS 评分系统也不失为一个良好的参照蓝本。

第二节 器官损伤分级

美国创伤学会下属的脏器损伤分级委员会和损伤评估与预后委员会从 1987 年起制定了人体主要器官损伤的分级标准,直至 1995 年完成了全部三十二类器官损伤的解剖形态学描述,并与前述的 AIS 评分相对应,从而使应用者可更迅速地了解器官损伤的严重程度及其预后,对法医学评价损伤的严重性也有很大的参考价值,表 5-2-1~表 5-2-32 是引自 1998 年孙海晨和朱佩芳的编译材料。

表 5-2-1 胸壁损伤分级

级别		伤情	AIS
Ⅰ	挫伤	任何大小	1
	撕裂	皮肤及皮下	1
	骨折	肋骨,<3 条,闭合性	1~2
		锁骨,无移位	2
Ⅱ	撕裂	皮肤、皮下、肌层	1
	骨折	肋骨,相邻≥3 条,闭合性	2~3
		锁骨,移位或开放性	2
		胸骨,无移位,闭合性	2
		肩胛骨体,开放性或闭合性	2
Ⅲ	撕裂	全层,累及胸膜	2
	骨折	胸骨,开放性或闭合性,浮动胸骨	2
		单侧浮动胸壁(<3 肋)	3~4
Ⅳ	撕裂	大量胸壁组织撕脱,合并深部肋骨骨折	4
	骨折	单侧浮动胸壁(≥3 肋)	3~4
Ⅴ	骨折	双侧浮动胸壁(两侧均≥3 肋)	5

双侧损伤分级增加一级

表 5-2-2 肺损伤分级

级别		伤情	AIS
Ⅰ	挫伤	单侧,<1 叶	3
Ⅱ	挫伤	单侧,1 叶	3
	撕裂	单纯气胸	3
Ⅲ	挫伤	单侧,>1 叶	3
	撕裂	肺撕裂远端漏气>72 小时	3~4
	血肿	实质内,无扩展	
Ⅳ	撕裂	大气道(段或叶支气管)漏气	4~5
	血肿	实质内,扩展性	
	血管	肺内血管一级分支	3~5
Ⅴ	血管	肺门血管	4
Ⅵ		全肺门断裂	4

双侧损伤分级增加一级,血胸见胸腔血管

表 5-2-3 心脏损伤分级

级别	伤情	AIS
I	钝性伤致轻度 ECG 改变（非特异性 ST 或 T 改变，房性或室性早搏，持续窦性心动过速）	3
	钝性或穿透性心包伤，无心肌受累、心包压塞或疝	3
II	钝性伤致心脏阻滞（右或左束支，左前束支或房室束）或缺血性改变（ST 降低或 T 波倒置），无心功能异常	3
	穿透性心肌切线伤，达心内膜但未穿透，无心包压塞	3
III	钝性伤致连续（≥5 次/分）或多灶性室性早搏	3~4
	钝性或穿透性损伤致室间隔破裂，肺动脉瓣或三尖瓣功能不全，乳头肌功能不全或远端冠状动脉阻塞，无心功能衰竭	3~4
	钝性心包撕裂致心脏疝	3~4
	钝性心脏伤伴心功能衰竭	3~4
	穿透性心肌切线伤，达心内膜但未穿透，伴心包压塞	3
IV	钝性或穿透性心脏伤致室间隔破裂，肺动脉瓣或三尖瓣功能不全，乳头肌功能不全或远端冠状动脉阻塞，伴心功能衰竭	3
	钝性或穿透性心脏伤致主动脉瓣或二尖瓣功能不全	
	钝性或穿透性心脏伤累及右室、右房或左房	5
V	钝性或穿透性心脏伤致近端冠状动脉阻塞	
	钝性或穿透性伤致左室穿孔	5
	星状伤致右室、右房或左房组织缺失<50%	5
VI	钝性伤致全心脏撕脱	6
	穿透伤致一心室或心房组织缺失>50%	6

穿透伤累及一心室或心房的多处伤或多个心室或心房受累分级增加一级

表 5-2-4 胸腔血管损伤分级

级别	伤情	AIS
I	肋间动静脉	2~3
	内乳动静脉	2~3
	支气管动静脉	2~3
	食道动静脉	2~3
	半奇静脉	2~3
	无名的动静脉	2~3
II	奇静脉	2~3
	颈内静脉	2~3
	锁骨下静脉	3~4
	无名静脉	3~4
III	颈动脉	3~5
	无名动脉	3~4
	锁骨下动脉	3~4
IV	降主动脉	4~5
	胸内下腔静脉	3~4
	肺静脉，一级分支	3
V	升主动脉或主动脉弓	5
	上腔静脉	3~4
	肺动静脉主干	4
VI	主动脉完全离断	5
	肺门完全离断	4

III、IV 级损伤如累及血管周径 50% 以上分级增加一级
IV、V 级损伤如累及血管周径 25% 以下分级减少一级

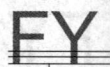

表 5-2-5 脾脏损伤分级

级别		伤情	AIS
Ⅰ	血肿	包膜下,表面积<10%	2
	撕裂	包膜撕裂,深度<1cm	2
Ⅱ	血肿	包膜下,表面积为10%~50%	2
	撕裂	实质内,直径<5cm	2
		深入实质1~3cm,未累及小梁血管	2
Ⅲ	血肿	包膜下,表面积>50%或扩展性	3
	撕裂	包膜下或实质内血肿破裂	3
		实质内血肿直径>5cm或扩展性	3
		深入实质>3cm或累及小梁血管	3
Ⅳ	撕裂	累及脾段或脾门血管,导致脾失血供>25%	4
Ⅴ	撕裂	脾脏完全碎裂	5
	血管	脾门血管断裂致全脾无血供	5

Ⅲ级以下多处伤分级增加一级

表 5-2-6 肝脏损伤分级

级别		伤情	AIS
Ⅰ	血肿	包膜下,表面积<10%	2
	撕裂	包膜撕裂,深度<1cm	2
Ⅱ	血肿	包膜下,表面积为10%~50%	2
	撕裂	实质内,直径<10cm	2
		深1~3cm,长<10cm	2
Ⅲ	血肿	包膜下,表面积>50%或扩展性	3
	撕裂	包膜下或实质内血肿破裂	3
		实质内,直径>10cm或扩展性	3
		深>3cm	3
Ⅳ	撕裂	实质撕裂累及一叶的25%~75%或局限于一叶内的1~3段	4
Ⅴ	撕裂	实质撕裂累及一叶的75%或一叶内多于3段	5
	血管	肝后静脉(如肝后下腔静脉,肝中央主静脉)	5
Ⅵ	血管	肝脏完全撕脱	6

Ⅲ级以下多处伤分级增加一级

表 5-2-7 肝外胆管损伤分级

级别	伤情	AIS
Ⅰ	胆囊挫伤,肝门三角挫伤	2
Ⅱ	胆囊部分撕脱,未累及胆囊管	2
	胆囊撕裂或穿孔	2
Ⅲ	胆囊完全撕脱	3
	胆囊管撕裂或横断	3
Ⅳ	左右肝管部分或完全撕裂	3
	肝总管、胆总管部分撕裂(≤50%)	3
Ⅴ	肝总管或胆总管横断(>50%)	3~4
	左右肝管联合损伤	3~4
	十二指肠或胰腺内胆管损伤	3~4

Ⅲ级以下多处伤分级增加一级

表 5-2-8　胰腺损伤分级

级别		伤情	AIS
Ⅰ	血肿	无胰管损伤的浅表挫伤	2
	撕裂	无胰管损伤的浅表撕裂伤	2
Ⅱ	血肿	无胰管损伤或组织丢失的较重挫伤	2
	撕裂	无胰管损伤或组织丢失的较重撕裂	3
Ⅲ	撕裂	远端横断或有胰管损伤的实质挫伤	3
Ⅳ	撕裂	近端横断（肠系膜上静脉以右）	4
		累及壶腹的实质撕裂	4
Ⅴ	撕裂	胰头严重毁损	5

表 5-2-9　食管损伤分级

级别	伤情	AIS
Ⅰ	挫伤或血肿	2
	部分撕裂	3
Ⅱ	撕裂，≤1/2 周径	4
Ⅲ	撕裂，>1/2 周径	4
Ⅳ	组织丧失或失血供≤2cm	5
Ⅴ	组织丧失或失血供>2cm	5

Ⅲ级以下多处伤分级增加一级

表 5-2-10　胃损伤分级

级别	伤情	AIS
Ⅰ	挫伤或血肿，部分撕裂	2
Ⅱ	贲门或幽门部撕裂≤2cm	3
	胃近端 1/3 撕裂≤5cm	3
	胃远端 2/3 撕裂≤10cm	3
Ⅲ	贲门或幽门部撕裂>2cm	3
	胃近端 1/3 撕裂>5cm	3
	胃远端 2/3 撕裂>10cm	3
Ⅳ	组织缺失或失血供≤2/3 胃	4
Ⅴ	组织缺失或失血供>2/3 胃	4

Ⅲ级以下多处伤分级增加一级

表 5-2-11　十二指肠损伤分级

级别		伤情	AIS
Ⅰ	血肿	限于一段	2
	撕裂	无穿孔的肠壁部分撕裂	2
Ⅱ	血肿	大于一段	2
	撕裂	全层，<1/2 周径	4
Ⅲ	撕裂	全层，1/2~3/4 周径（第 2 段）	4
		>1/2 周径（第 1、3、4 段）	4
Ⅳ	撕裂	第 2 段，>3/4 周径，累及壶腹或胆总管下段	5
Ⅴ	撕裂	十二指肠胰头毁损	5
	血管	十二指肠完全失血供	5

多处伤分级增加一级

表 5-2-12 小肠损伤分级

级别		伤情	AIS
Ⅰ	血肿	不影响血供的挫伤或血肿	2
	撕裂	肠壁部分撕裂,无穿孔	2
Ⅱ	撕裂	全层,<1/2 周径	3
Ⅲ	撕裂	全层,>1/2 周径,但未横断	3
Ⅳ	撕裂	横断	4
Ⅴ	撕裂	横断伴组织缺损	4
	血管	系膜血管损伤,肠管失血供	4

多处伤分级增加一级

表 5-2-13 结肠损伤分级

级别		伤情	AIS
Ⅰ	血肿	不影响血供的挫伤或血肿	2
	撕裂	肠壁部分撕裂,无穿孔	2
Ⅱ	撕裂	全层,<1/2 周径	3
Ⅲ	撕裂	全层,>1/2 周径,但未横断	3
Ⅳ	撕裂	横断	4
Ⅴ	撕裂	横断伴组织缺损	4
	血管	系膜血管损伤致肠管失血供	4

多处伤分级增加一级

表 5-2-14 直肠损伤分级

级别		伤情	AIS
Ⅰ	血肿	不影响血供的挫伤或血肿	2
	撕裂	肠壁部分撕裂	2
Ⅱ	撕裂	全层,<1/2 周径	3
Ⅲ	撕裂	全层,>1/2 周径	4
Ⅳ	撕裂	全层,累及会阴	5
Ⅴ	血管	血管损伤致肠管失血供	5

多处伤分级增加一级

表 5-2-15 膈肌损伤分级

级别		伤情	AIS
Ⅰ	挫伤		2
Ⅱ	撕裂	≤2cm	3
Ⅲ	撕裂	2-10cm	3
Ⅳ	撕裂	>10cm,致组织缺失≤25cm²	3
Ⅴ	撕裂	致组织缺失>25cm²	3

双侧损伤分级增加一级

表 5-2-16 肾脏损伤分级

级别		伤情	AIS
Ⅰ	挫伤	显微或肉眼血尿，无 X 线检查异常	2
	血肿	包膜下，无扩展，无实质撕裂	2
Ⅱ	血肿	无扩展的肾周血肿，限于腹膜后	2
	撕裂	皮质撕裂，深 <1.0cm，无尿外渗	2
Ⅲ	撕裂	皮质撕裂，深 >1.0cm，无集合管破裂及尿外渗	3
Ⅳ	撕裂	实质撕裂，累及皮质、髓质和集合管	4
	血管	主肾动静脉伤伴局限性血肿	4
Ⅴ	撕裂	肾脏完全撕脱	5
	血管	肾门断裂致全肾无血供	5

多处伤分级增加一级

表 5-2-17 肾上腺损伤分级

级别	伤情	AIS
Ⅰ	挫伤	1
Ⅱ	皮质撕裂（≤2cm）	1
Ⅲ	撕裂累及髓质（≥2cm）	2
Ⅳ	实质毁损 >50%	2
Ⅴ	完全实质毁损，完全撕脱（包括实质内大出血）	3

双侧损伤分级增加一级

表 5-2-18 输尿管损伤分级

级别		伤情	AIS
Ⅰ	血肿	挫伤，不影响血供	2
Ⅱ	撕裂	<1/2 周径	2
Ⅲ	撕裂	>1/2 周径	3
Ⅳ	撕裂	横断，失血供 <2cm	3
Ⅴ	撕裂	横断，失血供 >2cm	3

多处伤分级增加一级

表 5-2-19 膀胱损伤分级

级别		伤情	AIS
Ⅰ	血肿	挫伤，壁内血肿	2
	撕裂	部分撕裂	3
Ⅱ	撕裂	腹膜外 <2cm	4
Ⅲ	撕裂	腹膜外 >2cm，腹膜内 <2cm	4
Ⅳ	撕裂	腹膜内膀胱撕裂 >2cm	4
Ⅴ	撕裂	腹膜内外膀胱撕裂累及颈部或尿道	4

表 5-2-20　尿道损伤分级

级别	伤情		AIS
Ⅰ	挫伤	尿道口出血，尿道造影正常	2
Ⅱ	牵拉	尿道延长，但尿道造影无渗漏	2
Ⅲ	部分撕裂	尿道造影时有外渗，膀胱显影	2
Ⅳ	完全断裂	尿道造影时有外渗，膀胱不显影	3
		尿道缺损	3
Ⅴ	完全断裂	>2cm，或累及前列腺或阴道	4

多处伤分级增加一级

表 5-2-21　卵巢损伤分级

级别	伤情	AIS
Ⅰ	挫伤或血肿	1
Ⅱ	浅表撕裂（深≤0.5cm）	2
Ⅲ	深层撕裂（深>0.5cm）	3
Ⅳ	部分失血供	3
Ⅴ	完全撕脱或实质毁损	3

Ⅲ级以下多处伤分级增加一级

表 5-2-22　输卵管损伤分级

级别	伤情	AIS
Ⅰ	挫伤或血肿	2
Ⅱ	撕裂，≤1/2周径	2
Ⅲ	撕裂，>1/2周径	2
Ⅳ	横断	2
Ⅴ	节段性失血供	2

Ⅲ级以下多处伤分级增加一级

表 5-2-23　子宫（未孕）损伤分级

级别	伤情	AIS
Ⅰ	挫伤或血肿	2
Ⅱ	浅表撕裂（≤1cm）	2
Ⅲ	深层撕裂（>1cm）	3
Ⅳ	撕裂伤累及子宫动脉	3
Ⅴ	全子宫撕脱或失血供	3

Ⅲ级以下多处伤分级增加一级

表 5-2-24　子宫（妊娠）损伤分级

级别	伤情	AIS
Ⅰ	挫伤或血肿（无胎盘剥离）	2
Ⅱ	浅表撕裂（≤1cm）或胎盘部分剥离（<25%）	3
Ⅲ	深层撕裂（>1cm，妊娠中3个月）或胎盘剥离25%~50%	3
Ⅳ	撕裂累及子宫动脉	4
	深层撕裂（>1cm）伴胎盘剥离（>50%）	4
Ⅴ	子宫穿孔（妊娠中、后3个月）	4~5
	完全胎盘剥离	4~5

Ⅲ级以下多处伤分级增加一级

表 5-2-25 阴道损伤分级

级别	伤情	AIS
Ⅰ	挫伤或血肿	1
Ⅱ	浅表撕裂（粘膜）	1
Ⅲ	深层撕裂（脂肪、肌肉）	2
Ⅳ	复杂撕裂（累及宫颈或腹膜）	3
Ⅴ	累及邻近脏器（肛门、直肠、尿道、膀胱）	3

Ⅲ级以下多处伤分级增加一级

表 5-2-26 外阴损伤分级

级别	伤情	AIS
Ⅰ	挫伤或血肿	1
Ⅱ	浅层撕裂（限于皮肤）	1
Ⅲ	深层撕裂（脂肪肌肉）	2
Ⅳ	皮肤、脂肪、肌肉撕脱	3
Ⅴ	累及邻近脏器（肛门、直肠、尿道、膀胱）	3

Ⅲ级以下多处伤分级增加一级

表 5-2-27 阴囊损伤分级

级别	伤情		AIS
Ⅰ	挫伤		1
Ⅱ	撕裂	<阴囊直径25%	1
Ⅲ	撕裂	≥阴囊直径25%或星状	2
Ⅳ	撕脱	<50%	2
Ⅴ	撕脱	≥50%	2

Ⅲ级以下多处伤分级增加一级

表 5-2-28 阴茎损伤分级

级别	伤情	AIS
Ⅰ	皮肤撕裂、挫伤	1
Ⅱ	海绵体撕裂，无组织缺失	1
Ⅲ	皮肤撕脱，阴茎头、尿道口撕裂，海绵体或尿道缺失<2cm	3
Ⅳ	部分离断，海绵体或尿道缺失≥2cm	3
Ⅴ	完全离断	3

Ⅲ级以下多处伤分级增加一级

表 5-2-29 睾丸损伤分级

级别	伤情	AIS
Ⅰ	挫伤/血肿	1
Ⅱ	白膜亚临床撕裂	1
Ⅲ	白膜亚临床撕裂伴组织缺失<50%	2
Ⅳ	白膜严重撕裂伴组织缺失≥50%	2
Ⅴ	全睾丸毁损或撕裂	2

多处伤分级增加一级

表 5-2-30 颈部血管损伤分级

级别	伤情	AIS
Ⅰ	甲状腺静脉,面总静脉,颈外静脉,无名的动静脉分支	1~3
Ⅱ	颈外动脉分支(咽升动脉,甲状腺上动脉,舌动脉,面动脉,腮腺动脉,枕动脉,耳后动脉)	1~3
	甲状颈干及其一级分支	1~3
	颈内静脉	1~3
Ⅲ	颈外动脉	2~3
	锁骨下静脉	3~4
	椎动脉	2~4
Ⅳ	颈总动脉	3~5
	锁骨下动脉	3~4
Ⅴ	颈内动脉(颅外)	3~5

Ⅲ、Ⅳ级损伤如累及血管周径 50% 以上分级增加一级
Ⅳ、Ⅴ级损伤如累及血管周径 25% 以下分级减少一级

表 5-2-31 腹腔血管损伤分级

级别	伤情	AIS
Ⅰ	肠系膜上、下动静脉无名分支	1~3
	膈动静脉	1~3
	腰动静脉	1~3
	生殖腺静脉	1~3
	卵巢静脉	1~3
	其他无名小动静脉	1~3
Ⅱ	左、右肝总动脉	3
	脾动静脉	3
	胃左、右动脉	3
	胃十二指肠动脉	3
	肠系膜下动静脉主干	3
	肠系膜动静脉一级分支(如回结肠动脉)	3
	其他有名血管(需修补或结扎)	3
Ⅲ	肠系膜上静脉主干	3
	肾动静脉	3
	髂动静脉	3
	髂内动静脉	3
	肾下下腔静脉	3
Ⅳ	肠系膜上动脉主干	3
	腹腔动脉干	3
	肾上肝下下腔静脉	3
	肾下主动脉	4
Ⅴ	门静脉	3
	肝外肝静脉	3~5
	肝后或肝上下腔静脉	5
	肾上、膈下主动脉	4

Ⅲ、Ⅳ级损伤如累及血管周径 50% 以上分级增加一级
Ⅳ、Ⅴ级损伤如累及血管周径 25% 以下分级减少一级

表 5-2-32 四肢血管损伤分级

级别	伤情	AIS
I	指动静脉,掌动静脉、掌深动静脉,足背动脉,跖动静脉,其他无名分支	1~3
II	贵要静脉,头静脉,隐静脉,尺桡动脉	1~3
III	腋静脉,股浅、深静脉,腘静脉,肱动脉	2~3
	胫前/后动脉,腓动脉	1~3
	胫腓干	2~3
IV	股浅/深动脉	3~4
	腘动脉	2~3
V	腋动脉	2~3
	股动脉	3~4

III、IV级损伤如累及血管周径 50% 以上分级增加一级
IV、V级损伤如累及血管周径 25% 以下分级减少一级

第三节 自 伤

自伤是指人体利用各种方式损害自身机体或授意他人代做而导致的机体损伤的行为。自伤的手段有物理的、化学的和生物的等,本节仅讨论在实践中最为常见的物理的即机械因素导致的自伤。按照损伤的程度和方式不同,国外曾使用不同的术语来表示:(1)自虐,是指利用所有的方式(不仅仅限于机械性损伤)来达到自伤的目的,如人为感染等。(2)自残,是指自伤导致人体四肢部分的缺失。(3)自伤,是指引起体表损伤而未达到残疾的程度。目前,一般将上述三种视为同义,且用自伤来代表所有的损伤自身机体的行为。

历史上,自伤最早出现于希腊神话中的亚玛逊族女战士,她们身材魁梧剽悍,为了有利于战斗,不惜以割去自己的乳房为荣。以至于后来 Amazon 专指没有乳房的女战士。而在今天的社会中,除个别宗教仍保留自伤的某些习俗(如日本武士道等)外,绝大多数自伤都出自某种直接相关的、世俗的原因。根据自伤的目的及原因不同,可将自伤分为自杀性自伤、非自杀性自伤、病理性自伤以及象征性自伤四种类型。

一、自杀性自伤

自杀性自伤是指采用某种自伤的手段或通过自伤的方式来达到自杀身亡的目的。自杀性自伤的后果是人体的死亡,因此这种自伤往往程度十分严重。绝大多数自杀性自伤者使用锐器(如刺胸、割颈、切腕等)或枪弹射击等手段直接伤及人体重要生命器官。对多数人而言,自杀性自伤的背后必然有其动机或目的,但在实践中有时并不一定能发现。应当注意的是,少数无动机的自杀性自伤者系精神病患者,所表现的损伤程度之重让人难以想象系自己所为。例如,有一男性精神病患者用锤子打击头部后,又用刀片切割手腕及其外生殖器,最后自缢身亡。现场凌乱的血迹及不止一处的致命性损伤使人高度怀疑为凶杀。因此,自伤动机的调查以及对自伤者健康状态的了解常有助于自伤性质的判断。

二、非自杀性自伤

非自杀性自伤是指带有某种特定目的和动机的主观故意性自伤，而不产生死亡的后果。这类自伤常表现为损伤程度轻、针对非致命性器官多的特点，因此有人也称其为造作伤。按照非自杀性自伤动机的不同，可将此类自伤分为犯罪性自伤、欺骗性自伤和躲避性自伤三种类型。

（一）犯罪性自伤

犯罪性自伤是指为掩盖犯罪而故意形成的自伤。在实践中，犯罪性自伤多见于利用职业之便监守自盗后自伤、杀害家人或亲朋好友后自伤等，自伤者往往深知案发后自己必首先受注意，故以自伤来摆脱嫌疑。另外，社会保险制度的建立及其较优厚的赔偿，也使人不惜以自伤肢体的方式来骗取赔偿金。国外曾报道 1 例合伙精心策划以自伤骗取保险金的典型案例：一个 25 岁的卡车司机，离婚后酗酒，经济极为拮据，某日与他人合伙精心策划了一场受种族分子袭击的骗局。他先给邻居写了一封仇视外国人的匿名信，之后与同伙一起捣毁了自己的家具，在墙上涂写了右翼标语，让同伙在自己脸上涂抹清漆并用记号笔在前额上画纳粹标志，再用刀在右前臂切开两条 5cm 长的口子，之后他跑到附近公路上用砖石砸击面部，损伤右眼睑并在脸上喷催泪瓦斯，最后又用砖石在下肢和左前臂制作面积分别为 12cm×5cm 和 10cm×4cm 的皮下出血。结束一切后跑去报案，谎称在家门口遭三个手持匕首、棒球棍、催泪瓦斯的人攻击并毁坏了住所，要求警方破案和保险公司赔偿。

（二）欺骗性自伤

欺骗性自伤是指为了达到非犯罪的某种目的而采取的自伤行为。欺骗性自伤往往比犯罪性自伤的损伤更轻。欺骗性自伤者欺骗的目的多种多样，笔者曾遇到 2 例：一是为了保外就医。二是为了立功受奖。前 1 例发生在服刑在押人员用砖石故意损伤皮肤使之破溃感染，数日后因全身感染而达到离开服刑地的目的；后 1 例是一位部队战士，因服役多年无机会表现自己，故某日夜间用钢锯条锯开仓库铁窗棱并自伤自己的前胸（未进胸腔）后再去报告，称与盗贼搏斗受伤，以取得立功受奖的机会。

（三）躲避性自伤

躲避性自伤是指为躲避某种不良状况而采取的自伤行为。躲避性自伤常也有较明显的动机。例如，为躲避服兵役而毁去自身肢体某一部分；为避免被人识别而用切割、酸蚀或烙烫等方式除去指纹；孕妇为避免被人察觉而暴露隐私，不惜以自伤来堕胎等。除了较明显的自伤动机外，躲避性自伤还具有很强的突发性和针对性，自伤的手段及其程度有时大大出乎人们的意料。

三、病理性自伤

病理性自伤是指具有精神疾患或病态者自伤的行为。简言之，是疾病或心理异常引起自伤的行为。所以，病理性自伤常无明确的动机，甚至也非主观故意。另外，自伤的方式也十分怪异、令人费解且反复发生。从精神病学角度分析，病理性自伤属于强迫症的一种行为。常见的病理性自伤有以下几种类型：

（一）神经过敏性皮肤损伤

神经过敏性皮肤损伤常表现为不由自主地抓搔自身的皮肤直至皮肤破损。此症多见于女性，常在生活中因某些变故（如生育等）之后发生。损伤多涉及脸部、胸部、背部、四肢等（如图5-3-1所示）。如果自伤者被强行阻止其自伤行为，则会表现精神紧张和焦虑，而一旦任其抓扯痂皮则明显感到放松。

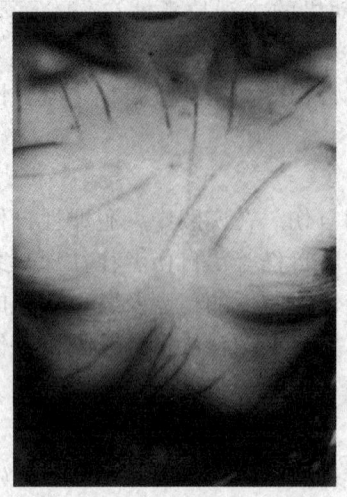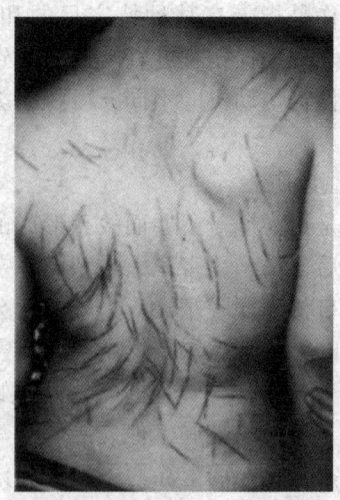

图5-3-1 神经过敏性（幻想型）皮肤指甲抓伤

（二）寄生虫病幻想

某些精神紊乱患者因具有寄生虫感染的幻想，因而不停地用手指甲抓搔胸部、大腿内侧、前臂等，形成深浅、大小不一的抓痕。除寄生虫病幻想外，某些患者对某种特定的动物种类产生恐怖性幻觉，如羞虫恐怖、疥虫恐怖、寄生虫恐怖以及昆虫恐怖等。

（三）人为性皮炎

患者自觉皮肤有蚁行感，无法自禁地用手抠挖、用粗糙物体擦蹭，甚至用烟头烫灼皮肤，以致引起皮肤感染和炎症发生。此症也多见于女性。

（四）强迫冲动症

患此症者常认为某种外界因素严重影响了自己，应采取措施来改变。而一旦这种措施被确定，则过分地、反复地和强迫性地进行。典型的例子如患者感到自己的手上污染了脏物，从此每天至少花数小时以上的时间不停顿地清洗手，直至皮肤病变发生。此症多见于未成年人，有时可持续数年之久。

（五）咬甲癖

此类患者强迫性地咬嚼手指，尤其是指甲，以至于形成反复的指甲炎症，常伴有指甲周围皮肤的破损。此类征象多见于儿童，成人也有发生且常伴有洁癖。

（六）Lesch-Nyhan综合征

Lesch-Nyhan综合征患者表现为不断地咬损口唇，因无法自控而成为一种病态征象，从而导致口唇发生溃烂甚至缺损（如图5-3-2所示），常见于

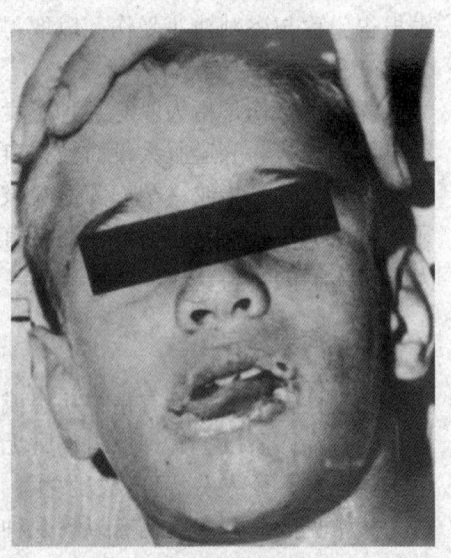

图5-3-2 自咬口唇损伤
（Lesch-Nyhan综合征）

儿童。

（七）拔毛癖

拔毛癖者无来由地反复而持续地拔去自己的毛发，多数拔除头发，此外眼睫毛、眉毛、阴毛也常受累。拔下的毛发常被患者咀咽吞食。此症多见于女性，常在无人时进行。

（八）嗜热癖

患者喜好将身体直接与高温物体，甚至火焰接触或接近，以至于造成体表不同程度地烧伤。

（九）Weber – Christian 综合征

Weber – Christian 综合征是因脂肪组织代谢疾病所导致的神经精神行为紊乱，表现为在自己皮下注射牛奶、空气等。

（十）Munchausen 综合征

Munchausen 综合征的病症原因至今不清，其特征为患者常伪装病史或病情，如发热、恶心呕吐、肾结石、出血、急腹症，甚至昏迷等迫使医院进行外科手术探查，但往往缺乏阳性发现。创口愈合后，患者又到另一家医院同样以十分危急的假病史和假病情而入院治疗，如此周而复始地以医疗手段自伤。

四、象征性自伤

象征性自伤，是指自伤带有特定的象征目的和意义，或者为了表达某种特定的含意或象征而采取的自伤。这种自伤一般不会危及生命，既可自己所为，亦可授意他人完成。最典型的象征性自伤见于日本有个称 Yakuza 的黑社会组织，其成员为表示对首领的忠诚及相互间的团结，采取了文身（如图 5 – 3 – 3 所示）、截指以及阴茎皮下植入球三种自伤方式。在阴茎皮下植入球状物者用纸张或锐器划开阴茎皮肤，将直径多小于 1cm 的球状物（如玻璃、塑料、石蜡，甚至珍珠等）植入阴茎皮下组织中（如图 5 – 3 – 4 所示），有时同时植入多颗。据文献报道，阴茎皮下植入球的方式如今已被人用于增强性交时性快感等目的，已不再独有象征意义了。

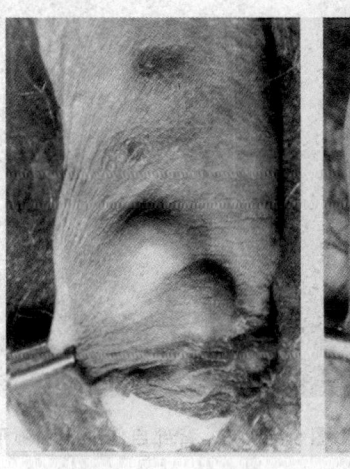
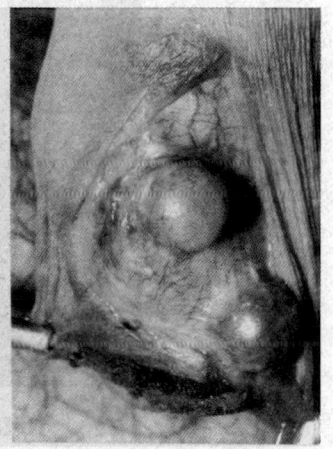

图 5 – 3 – 3　象征性自伤——文身　　　　图 5 – 3 – 4　象征性自伤——阴茎皮下植入球状物

五、自伤的主要特征

在法医学实践中，自伤的鉴定并不常见，但却常常是案件的关键。例如，杀人后自杀的认定，杀人后自伤伪装他伤的识别等。在许多疑难重大案件中，自伤的认定往往直接宣告了案件的真相大白。在实际工作中，涉及自伤鉴定最多的是自杀性自伤，非自杀性自伤次之，而病理性自伤和象征性自伤少见。故这里主要讨论自杀性自伤的特征。实际上，非自杀性自伤也有相似的特征。

（一）自伤的部位

自伤者选择的部位多为优势手能及的位置，即行使自伤较为顺手的部位（如图5-3-5所示）。应当注意的是，自伤者常还会在人体敏感的部位，如唇、眼、生殖器、乳头等处自伤。有时在并不顺手但尚能及的部位自伤，如背部等，则往往会反映出因手臂运动受限所形成的弓形或曲线形损伤（如图5-3-6所示）。

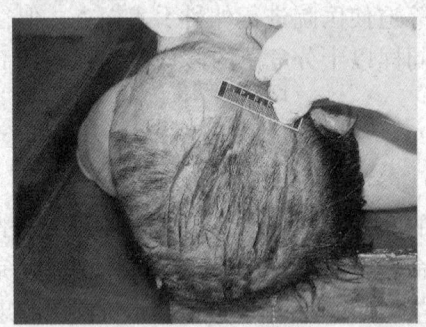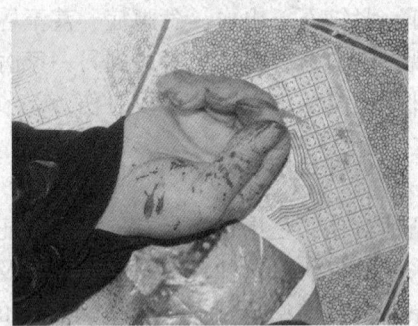

图5-3-5 使用菜刀自杀的头部损伤位置（左）和利手上的血迹（右）（引自李铁英，2007）

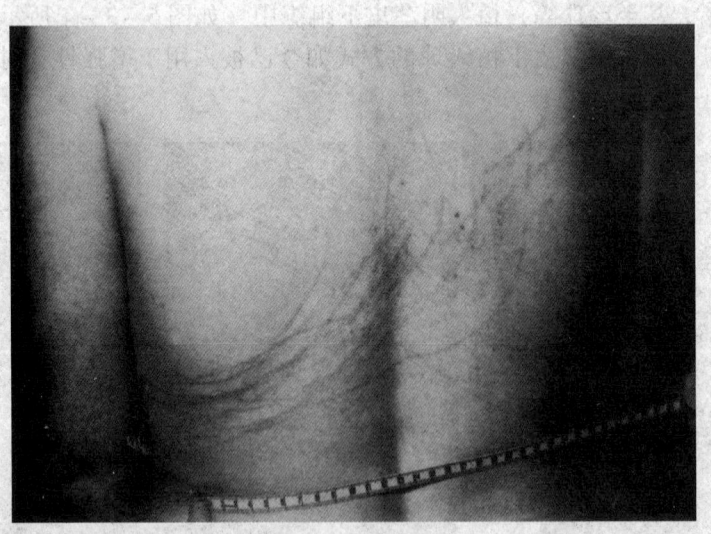

图5-3-6 背部自伤形成的弧形表皮剥脱

（二）自伤的程度

即使是自杀性自伤，一般仅有一次严重的致命伤，其他的损伤程度均较轻。至于造作伤，绝大多数在轻伤以下，或者说不构成生命危险。自伤的另一特点是在同一部位多次损伤，损伤多呈平行排列和深浅相似的规律（如图 5-3-5 所示）；使用锐器自伤者，在身体多处部位的自伤往往也符合此规律。

（三）犹豫创或试切创

使用锐器自伤，特别是自杀性自伤时，常可见到犹豫创或试切创，反映自伤者在自伤初始存在心理矛盾或疼痛恐惧感。试切创表现为开始切割表浅而逐渐加重，从而在主创口周围可见与之平行的表浅创（如图 5-3-7 所示），或者切割多次而方向有所改变，形成主创口边缘上小且其尖端指向切割起始处的瓣状创。

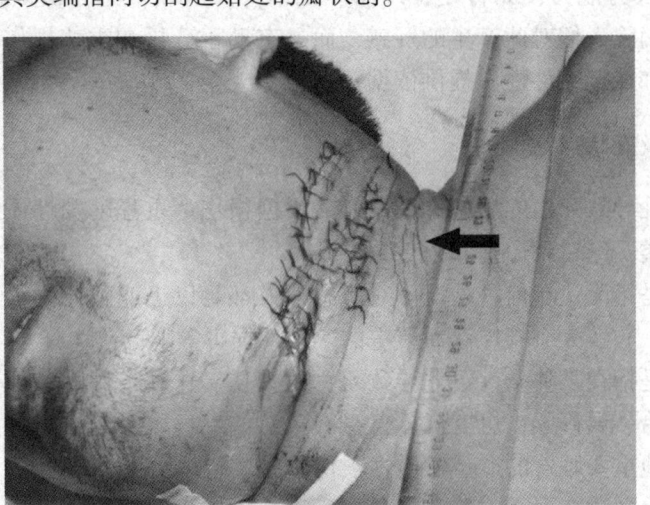

图 5-3-7 颈部创口起始位置的试切创（箭头）

（四）避免破损衣着

使用锐器或枪械自伤，当选择胸腹部自伤时，常常具有将衣着卷起或退下（如图 5-3-8 所示）而衣着上无破损的特点。有人分析此举可能是自伤者恐惧心理所致。也有人认为这是自伤者为了更好地识别自己部位所为。也有自伤者（特别是造作伤者）在自伤后重新在衣着上形成损伤，但多数与人体损伤部位不相吻合对应，或者与损伤的形态有较大差别。

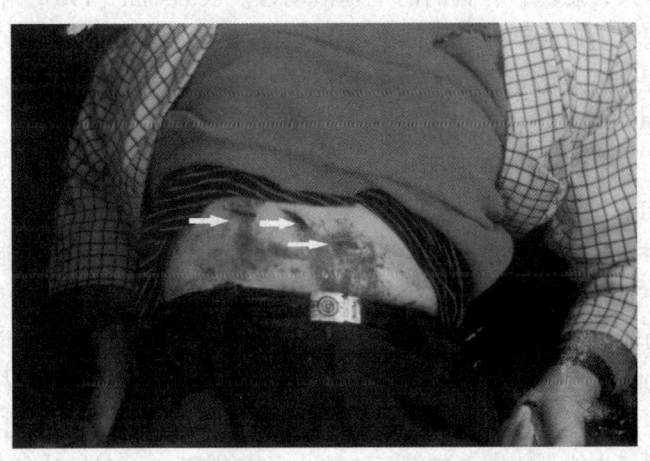

图 5-3-8 腹部多处创口而衣着完好的自杀者

第四节 致命伤后行为能力

在因损伤而死亡的命案中,有时会见到人体在遭受了包括颅脑、心脏在内严重损伤后,仍具有某些行为能力,如行走、驾车、说话等。所以,充分认识致命伤后的行为能力,不仅有利于消除人们对此产生的疑惑,而且有助于分析和重建损伤发生的过程,为准确推断事实真相和认定案件性质提供依据。

一、致命伤及其特点

简单而论,凡导致死亡的损伤称致命伤。根据损伤严重程度及性质的不同,人们一般将致命伤分成两类:绝对致命伤和条件致命伤。

绝对致命伤是指无论在何种情况下对所有的人都足以迅速致死的损伤。其类型主要包括首体分离,脑、心及大血管广泛而严重的实质性损害等。

条件致命伤是指在某种条件下才导致死亡的损伤。这种条件既有外界客观因素,如伤后得不到及时救治、误诊等;也有机体自身因素,如疾病、年老体弱等。这类损伤多指人体除心、脑外其他重要脏器的严重实质性损伤。

从维持人体生命功能而言,绝对致命伤意味着人体生命功能的迅速丧失,即伤后很快死亡;而条件致命伤意味着人体生命功能不仅不会迅速丧失,而且如条件得当可免于死亡。但实际上,随着科学技术的发展和医疗水平的提高,绝对致命伤和条件致命伤之间已不存在如此明确的分界,只要救治及时,现代的医学技术(如心脏移植等)已可使许多绝对致命伤患者避免死亡。但考虑到命案现场的特殊以及论述方便,本节重点仍沿用过去绝对致命伤的概念讨论伤后行为能力。

二、行为能力及其特点

行为能力是指人有意识、有目的的生理活动性。Petersohn(1967)根据人的意识程度和神经生理学过程将生理活动性分成四个等级:

1. 反应性,是指对外界的刺激有所生理反应。
2. 自发性,是指在意识丧失之前能持续某种动作。
3. 本能反应,是指对外界刺激做出对应的反应,如防护等。
4. 有意识和有目的行为。

国外学者认为,只有第3和第4等级的生理活动才真正称得上行为能力,而第1和第2等级的生理活动并非有意识和有意义的行为。因此,他们将自杀者射击后将武器塞入兜内的动作排除在行为能力之外,因该行为非特定是有意行为。甚至有人认为在短时间内连续在同一部位自伤的行为(尤其是射击)也不应属于行为能力之列,因扣动扳机的动作简单,可以是自发性的。尽管学术上有争议,在未取得更为客观的结论且为大家所接受之前,本节所讨论的行为能力原则上遵循行为能力的基本概念,有目的的行为就应认为是有行为能力。

三、行为能力产生的基础

任何行为能力的产生都有两个最根本的基础条件,即脑的功能和存活时间。

（一）脑的功能

前已述及,行为能力是来自有意识的生理活动。而意识的存在依赖于脑组织功能的存在,因此只要损伤未达到人的意识丧失的程度,那么人的行为能力的基础条件之一即已具备。另外,同样人的行为活动受脑的支配,尤其是有目的的活动。所以脑组织保持一定的正常功能也是保证行为能力产生的基础条件之一。这里提到的脑组织保持一定的功能,意味着并非全部功能,因脑组织是按一定的区域分管控制人的行为能力,某一部位区域的损伤和功能丧失也仅使人的某一部分行为能力丧失,而其他的行为能力仍可以存在。例如,额下回的损伤仅使人失去说话能力,并不影响其肢体的运动；中央前回的损伤使人失去运动功能,但并不影响其听、看、说的行为能力。当然这里为清楚阐述而将损伤孤立起来分析,未涉及损伤的波及性及脑组织本身的相互联系等问题。总之,某种行为能力的出现必定说明控制这种行为能力的中枢功能还未完全丧失。

（二）存活时间

不难理解,完成任何行为能力均需要有一定的时间保证。实际上,除了极少数像首体分离、全颅崩裂等损伤之外,绝大多数从损伤到死亡必定有一个过程。实验证明,在心脏完全停止搏动之后,中枢神经系统中贮存的氧含量足够维持行为能力的正常功能至少有 10 秒。Levy 和 Rao（1980）统计了 215 例死于火器或刺器损伤的案例,发现伤后存活时间大于 5 分钟的占约 46%,其中因刺器损伤致死者中 71% 的人存活时间超过 5 分钟。他们的资料经严格审查并符合三个条件：(1) 损伤是唯一的死因。(2) 无论是损伤还是死亡,时间都有人目击证实。(3) 伤后在医院仅做复苏抢救。所以具有较高的可信度。应当指出的是,存活时间仅仅是行为能力的基础条件,而并非代表行为能力,就是说有存活时间并不都有行为能力。在 Levy 和 Rao 的资料中,尽管因刺创死亡者中 71% 的人存活时间超过 5 分钟,但具有并发生行为能力的,尚不到 15%。

四、影响致命伤后行为能力的因素

在具备了脑组织保持一定的功能和存活时间两大基础条件后,也并不意味着完全具备了行为能力。影响致命伤后的行为能力的因素很多也极为复杂,下面仍以人体最重要的生命脏器心和脑为例,讨论主要的几大影响因素。

（一）损伤的部位

不难理解,能够在极短时间内致人死亡的损伤,绝大多数属于心脏和脑组织的实质性损伤。即使是心脏和脑组织,其致命伤后行为能力的发生也不尽相似,因有意识的行为更多地、更直接地受中枢神经系统的控制。根据文献资料报道,头部致命伤后行为能力的发生率 0.2%~0.8%,而心脏致命伤后行为能力的发生率 2%~20%（因致伤机理、致伤物不同而异）,可见脑组织损伤比心脏损伤更少见到行为能力的出现。

根据实际案例观察,心脏受损伤的部位与行为能力产生之间无明显关系,无论是左右心房和心室。但对脑组织而言,则明显有其部位的特征性。据 Karger（1995）分析 53 例颅脑枪弹损伤后具有行为能力者中,70% 以上损伤位于颅前窝和脑额叶,无 1 例伴有脑干、间脑或小脑的实质性损伤。究其缘由,本质上是损伤并未使人意识完全丧失的同时,还保持人体某一部位的运动功能。相对而言额叶是脑组织功能的"哑区",加上颅前窝的保护,使脑干、小脑等更重要的部位避免即刻严重受损。Weimann曾报道1例25岁男子用勃朗宁6.35mm口径手枪自杀,枪弹从右颞部进入,由左颞部出,尽管无法言语,仍自行走了约6km后死亡。

(二) 损伤机制及致命伤

Karger在分析53例颅脑枪弹损伤后具有行为能力的案例时注意到,不同的损伤机理与行为能力密切相关。如具有明显空腔效应的颅脑枪弹损伤几乎无1例具有行为能力,原因是缺乏粘弹性的脑组织无法适应伸展的负荷。另外,颅内压明显升高情况下,如果出现非枪弹创道上的脑皮质挫伤区和颅底或颅盖间接骨折,也几乎无人具有行为能力。由此他推论,颅脑受口径等于或超过9mm手枪以及任何制式步枪损伤,或者颅脑枪弹伤后有明确颅内高压征象的,一般不会具有行为能力。

至于枪弹与锐器对心脏损伤严重性差异,也与其损伤机制有关。在实践中极少有心脏受枪弹损伤后出现行为能力的现象,而大量报道的是锐器损伤后心脏具有行为能力的案例。迄今文献报道枪弹与锐器损伤心脏最严重,但仍具有行为能力的状况分别是:自杀者用手枪射击自己胸部5次,其中有2次射中心脏;另一自杀者用锐器刺击自己胸部11次,其中有5次伤及心脏。

(三) 损伤的次数

一般来说,能出现行为能力的致命伤多数仅一处,或者说一处绝对致命伤。换句话说,有二处以上绝对致命伤后仍有行为能力的可能性远较一处要小。张蕴成(1991)总结了27例心脏刺创死亡案例后发现,心脏有两处以上刺创者均无行为能力。不仅如此,与单纯心脏一处刺创相比,伴有其他内脏刺创的一处心脏刺创者伤后出现行为能力的可能性小于20%。但是,应当注意的是,有时致命伤的次数恰恰是行为能力的依据,如自杀案件,解决并认识了致命伤的次数往往也就确定了案件的性质。

(四) 机体的代偿

机体的代偿作用有时对致命伤后行为能力起重要作用,尤其是心脏的损伤。国内许多案例报道表明,心脏受刺创后通过创口收缩变小、创口处凝血以及血液流出心包外达到减压等途径的代偿作用,能保持机体的生存时间延长并具备不同的行为能力。有报道1例心脏刺创经临床简单体表处理后仍与往常一样生活了15天,后因凝血块脱落而死亡。心肌纤维排列层数多而方向不一,如心室的心肌有斜形、涡形以及纵形三层,所以创伤后因心肌各层收缩的不同步和不同面引起心肌纤维交错,从而导致创口小,创腔不规则,创壁不平的特点,而创口的缩小又为血液的凝固提供了条件,引起心脏破裂出血的暂时中止。另外,心脏等受伤后,机体全身性代偿作用如血管收缩以维持有效循环,造血组织增生活跃以促进造血的速度等均对延长生存时间和行为能力有一定影响。

另一影响机体代偿作用的方面是精神心理因素。机体在遇到紧急状态时,会产生强有力的应激反应,医学已从神经和内分泌调节方面证实了这一点。而心理学也告诉我们人在应激状态下,各种情感将会聚在一起高度集中,人的潜能如机体的耐受能力和感受能力将会充分发挥。所以人处于意外状况时的生存欲望、格斗中的拼搏欲望以及自杀者的绝望等心理状态下,常会发生异乎寻常的行为。在实践中,遇到的格斗中心脏被刺后仍坚持奔跑数十米的例子,似乎可以说明心理的作用。应当注意的是,处于高度亢奋状态下的心理到底是正常的还是异常的未得到充分研究,而现实生活中恰恰最让人惊异的致命伤后的行为能力往往发生在精神病患者中。据报道,德国有一妄想狂并幻觉症者持匕首自刺胸部竟达120次之多,实在超出了常人所能想象的范围。

（五）个体差异

遗传学已证明,人是唯一的个体。人与人之间的差异常被称为个体差异。尽管目前对人的个体差异性的原因、机理及其特征了解还不全面,但这客观存在的事实可能有助于我们理解并解释为何在相似的致命伤后,有人具有行为能力,有人却没有;有人能存活数小时甚至数天,有人却只有数分钟。所以,个体差异的存在也是影响致命伤后行为能力的一大不可忽略的因素。

第五节 损伤、疾病与死因的关系

在法医学实践中,经常会遇到损伤与疾病共存的情况,法医鉴定则面临损伤与疾病有无关系、是损伤导致死亡还是疾病导致死亡等诸多问题。因此,准确地理解、正确地评价损伤、疾病和死因之间的关系,对于非正常死亡事件划分刑事责任、处理民事纠纷均具有十分重要的意义。

损伤、疾病与死因的概念在不同的时期和场合不尽相同。本节所将讨论的损伤是指以机械性物理因素为主的外界因子引起人体组织结构和功能破坏的状况;疾病是指以生物性因素（包括人体自身）为主引起的人体组织结构和功能的病理状态,即自然疾病;死因则是指一切能引起人体生命功能不可逆转停止的因素。

尽管对损伤、疾病和死因的界定并不难,但真正要准确地区分常常并不容易,特别是在这三者之间互有影响时,而且人体是一有机生物体,其精神、意识等方面的影响更不易为人所辨明,许多问题还有待于检验技术的发展而弄清阐明。据此,本节将讨论目前较为成熟的、较能把握的、实际工作中又常遇到的有关问题。

一、死因分类及其分析

（一）死因的定义

目前为全世界所公认的死因的概念是1967年第二十次世界卫生大会所确定的:所有直接导致或间接促进的疾病、病情或损伤以及造成这类损伤的事故或暴力的情况。这一定义包含三个重要信息:第一,死因是由许多因素造成的,至少包括疾病、病情、损伤以及损伤引起的条件四项。所以死亡可能涉及一种以上的原因。例如,烧伤者死亡,其原因既可能符合着火－烧伤－感染－败血症的过程,也可能符合开水烫－烧伤－脱水－休克的过程。这两个过程内所有的构成条件如着火、开水烫、烧伤、感染、败血症以及休克等均符合死因的定义,故均可作为死因。而有时死因则较单一如车祸所致的颅脑损伤,甚至更单一如肿瘤等。第二,死因不应包括临死的状态如心力衰竭、呼吸衰竭、全身衰竭等,因几乎任何原因导致的死亡,其临终几乎都通过重要生命器官的衰竭而实现的。所以,这些仅仅是属于死亡机理而非死因。第三,死因的定义中并未特指新近发生的疾病、病情、损伤,故体内原有的疾病或损伤状态只要直接导致或间接促进死亡的作用,也应被列入死因的范畴。例如,慢性肾炎患者对烧伤并发症（如休克）的发生乃至死亡至少是有促进作用的。

（二）死因的分类

既然死因可能包含多种，区分和界定这些不同的死因很有必要，特别在法医学上有极重要意义。世界卫生组织提出用根本死因表示在诸多死因中最重要的一个，并将其定义为引起直接导致死亡的一系列病态事件的那些疾病或损伤，或者造成致命损伤的事故或暴力的情况。根本死因又可分成互有关联的根本前因、中间前因、直接原因三种。例如，慢性肾炎（根本前因）导致高血压（中间前因）导致脑出血（直接原因）。虽然上述区分也一定程度上将多种死因做了排列归类，但似乎无法适用于情况更为复杂的法医学实践，特别当损伤作为一项因素与疾病共同参与死亡的发生与发展时。如一儿童因受惊吓失足坠落死亡，按照根本死因的分类应是坠落是根本前因，颅脑损伤是中间前因，颅内出血是直接原因。那么在医学疾病损伤分类中未列入的惊吓在死因中占什么位置无法确定，而在实际工作中法律处理时又不可能不考虑惊吓对死亡的作用和影响。所以，尽管近年来许多专著及教科书都采纳了根本死因等概念，笔者却认为传统的法医学分类更为直观和确切。传统法医学上按照在死亡中作用的不同，一般将死因作以下分类：

1. 主要死因。主要死因是指引起死亡的原发性疾病、外伤、化学中毒、窒息等。这里应特别注意原发性的含义，如死者有肺结核病、慢性肺气肿、肺心病等多种疾病共存时，主要死因是肺结核病，因它的存在才导致后者的疾病发生。损伤也同样，高坠导致颅脑损伤时，高坠为主要死因，而颅脑损伤只是高坠的后果或继发征象。所以，原发性实际上指启动死亡发生的独立性的因素。

2. 直接死因。直接死因是指主要死亡原因的致命性的并发症，而非独立发生的疾病或外伤等。这种并发症最常见的是感染（如损伤后破伤风等）、出血（如高坠导致的颅内出血）、栓塞（如冠心病引起的心肌梗死等）以及休克等。所以，直接死因常表现为一种病理状态，可在某种死亡中出现不止一种，如损伤可同时引起出血、感染、休克甚至栓塞的发生。当然，直接死因也可以是一种疾病，如腹部外伤后的肠梗阻等。

3. 辅助死因。辅助死因是指主要死因以外的独立性疾病或外伤等，但在死亡过程中仅起辅助加重或加速作用。例如，血友病患者受损伤后因出血不止死亡，营养不良者因低温冻死，肾慢性疾病患者因挤压综合征死亡等，由此可见，辅助死因大多数时候影响的是直接死因而非主要死因。

4. 合并死因。合并死因是指与主要死因共同存在而难分主次的独立的疾病或损伤等因素。多发生在较严重的外伤与较严重的疾病同时存在，各自单独又可构成主要死因时。例如，骑车人突然脑溢血发作坠落又造成严重颅脑损伤死亡，高血压病和坠落很可能符合合并死因。合并死因确定的前提是互有关联而分别发生，否则不能确定的两种以上死因应称为死因竞争。

5. 死亡的诱因。死亡的诱因是指引起机体原有的或潜在的病变发作或恶化而死亡的因素，诱因也可被视为启动主要死因发生的因素。严格地说，诱因与死亡无直接关系，而且只有在原有病变存在的条件下产生影响。常见的诱因有情绪激动、过度劳累、轻微外伤、不良嗜好如饮酒、吸烟等。在实践中，最易引起纷争的是轻微外伤，因轻微外伤可诱发高血压病患者出血、心脏病患者心律失常等，而此种轻微损伤对正常人却无严重后果。另外，诱因既可是身体刺激（如外伤），也可是精神性的（如受惊吓等情绪变化），常不易为人所理解。

（三）死因分析

在实际工作中，有些案例的死因分析较为明确，各死因类型也较易定位，例如，患血友病少儿在木梯上玩耍，突然受惊吓坠落，引起硬脑膜下出血死亡。死因种类在此例中的定位分别是：惊吓是诱因，坠落是主要死因，硬脑膜下出血是直接死因，而血友病是辅助死因。然而，许多案例却并不如此简单明了，例如，两成年人互殴，死者被拳击后立即倒地，迅速死亡。尸检可见胸前壁有轻度挫伤，心肌有灶性出血、冠状动脉前降支有II级粥样硬化阻塞。在此例中，是外伤直接导致心脏受损死亡，还是外伤导致迷走神经反射性抑制、心跳骤停死亡，回答起来并不容易，即分析外伤、心血管病变、心肌病变各占什么位置不那么明确，需要进一步结合其他情况，或者进一步进行特殊检查。

死因分析除应了解掌握各类死因的基本概念和特征外，在具体案件分析时应注意以下几个方面：

1. 完整客观的原始资料。原始资料主要包括死者生前的资料和尸体检验的资料，前者包括病历、住院录、既往史以及临床的各种检验资料。原始材料的完整性应体现全面，不了解全部情况往往易产生虚假的判断。例如，仅凭病历记载而不仔细检验尸体即得出工具打击致颅脑损伤死亡而头皮可无损伤的结论，显然很难成立。因为头皮表层无损伤并不等于头皮深层和头皮下无损伤。又如，仅见耳道或鼻腔出血就认为颅底骨折所致，殊不知耳、鼻出血的原因绝不仅限于颅底骨折。

2. 特异有效的检验方法。在法医学实践中常遇到许多死因十分迅速、典型的病理改变尚未出现，所以用常规的检验方法无法判别。此时需要研究引用特殊的检验技术。脂肪染色、肌红蛋白染色等均是法医学常用的特染技术。此外，碱性复红染色、纤维连接蛋白免疫组化染色、肌红蛋白免疫组化染色用于心肌早期缺血的诊断；Masson氏三色法和Verhoeff弹力纤维染色、抗肌动蛋白免疫组化染色用于心脏传导系统的染色检查；Bodian轴索嗜银染色、Luxol坚牢蓝髓鞘染色、Glees Marsland镀银染色以及B-淀粉前体蛋白免疫组化染色用于弥漫性轴索损伤的诊断等也是近些年应用较多的技术，遗憾的是，多数技术的特异性并不十分理想。

3. 准确统一的诊断标准。要正确判断死因，准确的诊断是前提。理想的诊断标准应建立在临床资料和病理资料基础上。然而在法医学实践中常面临资料不全的状况，即使是病理诊断资料，法医学也往往受制于病理学的发展，实际上许多场合法医学关注的内容常并不为病理学所重视。例如，脂肪心的诊断，病理学上无明确量化的标准，曾有法医学家提出按照脂肪浸润的厚度来鉴别脂肪心和心肌脂肪浸润的诊断，但未获得法医学界公认。又如，心肌炎的诊断，究竟需要几个部位，多少个炎性细胞才能确诊，医学界并不明确，法医界曾有人提出按国外提出的量化标准也未得到学界重视，更无通过某种程序确认疾病的诊断标准的规程。不言而喻，心肌炎和心肌炎细胞浸润、脂肪心和心肌脂肪浸润是完全不同的概念，况且在命案死因分析时，疾病诊断的价值远大于一般病理改变。

二、损伤与疾病的关系

损伤与疾病原本是两个完全不同的概念。对人体来说，损伤是外界因素，而疾病是内在因素，但在一定条件下，二者却可相互转化、互为因果以及互为影响。在法医学实践中，由于当事人一方往往对此缺乏了解、易过分夸大或混淆两者的关系，有时会使死因分析变得极为复杂。

按照损伤与疾病发生之间的相关性,一般可分为以下三种情况:

(一) 损伤与疾病无关

损伤与疾病无关表示损伤既不会引起疾病的发生,也不会直接影响疾病的发展,反之亦然。这种无关性体现在:(1) 疾病先于损伤发生,多见于需长期发展形成的疾病,如高血压病、动脉粥样硬化等。(2) 疾病后于损伤发生,但损伤不会导致疾病,如损伤后住院期间检查发现早期的风湿性心脏病等。(3) 疾病与损伤同时或几乎同时发生,但两者无关,如腹部外伤后临床治疗期间检出病毒性肝炎等。

(二) 损伤与疾病有关

损伤与疾病有关是指两者之间可互为因果和相互影响。需要指出的是,损伤与疾病两者有关的分析应明确是直接的还是间接的,是损伤直接引起疾病,还是引起原有疾病的发作或恶化,不能简单地归之为有关。损伤与疾病有关,一般体现在两个方面,即损伤导致疾病和疾病导致损伤。

1. 损伤导致疾病。损伤导致疾病分两种情况,一是损伤直接导致疾病,也就是疾病是由于损伤而产生的,如胸部外伤后导致心肌损伤而产生心壁瘤、皮肤软组织损伤后感染等。二是损伤间接引起疾病的发作或恶化,而这种疾病本身则是原来即存在的,如头部外伤(诱发)引起高血压性脑内出血、胸部外伤后导致冠心病发作和心肌梗死等。需要指出的是,后一种情况中损伤往往不是唯一的相关因素和途径。例如,头部外伤诱发高血压性脑溢血,很可能外伤只是一种刺激导致人体情绪激动,而情绪激动恰恰是引起血压升高致使脑溢血发生更主要的诱因。

2. 疾病导致损伤。疾病导致损伤一般都是间接的,如癫痫病发作引起人体跌倒损伤或自咬舌损伤,脑溢血发作导致人体摔跌损伤等。

(三) 损伤与疾病的关系不能确定

根据目前的研究和检验技术,仍留有许多损伤与疾病的关系不能明确的疑问,或者在学术上无法有统一的认识。在法医学实践中最常碰到的,一是肿瘤,二是功能性精神失常。对于损伤能否引起肿瘤,学术界一直有争议。否定者认为:肿瘤是细胞基因变异的结果,需要较长时间的演变,伤后发生肿瘤的人数远远小于受伤的人数。而支持者认为:损伤也是一种刺激,可能促发机体细胞的变异,如许多皮肤癌往往是辐射损伤的结果等。目前看来,要确定损伤引起肿瘤发生,至少需要具备许多特定的条件。非器质性精神病与外伤之间的关系则可能更为复杂,人类目前对大脑及其神经系统的认识尚未完善,许多精神性疾病的起因远未弄清,所以在此情况下,贸然作出损伤导致精神病的结论,无论如何过于轻率主观了。

三、损伤和疾病共存时与死因的关系

在法医学实践中,损伤与疾病的关系更多地体现在与死因的关系问题中,特别是当损伤与疾病并存时,法医不仅要分析损伤与疾病的关系,更要分清损伤与死因、疾病与死因等之间的关系。在诸多的关系中还需区别哪些是主要关系,哪些是有因果关系。因为这不仅仅涉及刑事责任、司法诉讼和裁定,还关系到民事赔偿、医疗事故、抚恤等问题的处理,在国外更与保险赔偿甚至遗产分配等问题直接相关。所以,对损伤、疾病与死因的关系的分析鉴定,在法医学鉴定中具有十分重要的意义。

在非正常死亡中,损伤与疾病共存可分为四种情况,图5-5-1显示了损伤和疾病共

存时损伤与死亡原因的关系。

（一）损伤轻微而无明显器质性疾病

损伤轻微而又无明显的器质性疾病引起死亡的典型例子是抑制死。在这里，损伤只是起诱因作用，其主要死因乃是神经反射性心脏抑制。尽管这种抑制死的机理并未完全明了，但可以肯定的是，这种轻微的损伤对绝大多数人来说不会引起致命性的反射性抑制死亡。所以损伤对死亡来说只是一种偶然的诱发因素。

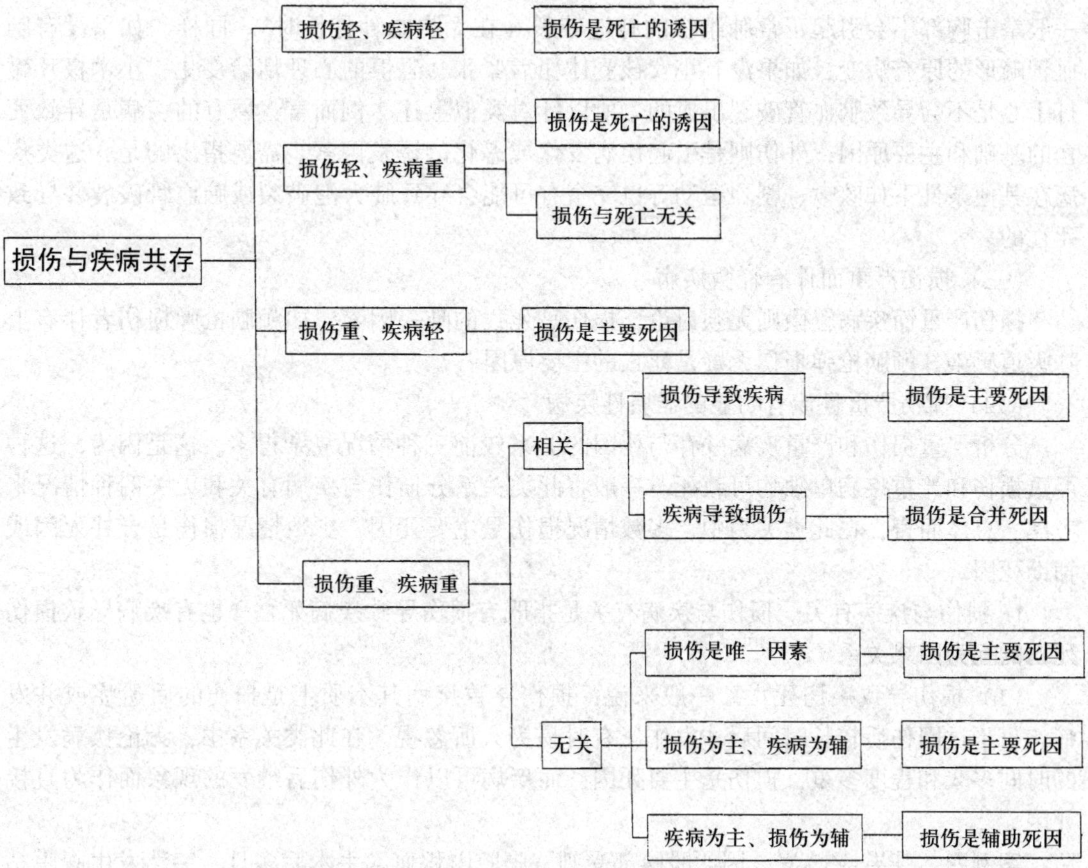

图 5-5-1　损伤和疾病共存时损伤和死因的关系示意图

案例一　某男，18 岁，某日放学回家路上骑车与人碰撞发生口角，后经调查访问知情人了解到死者被人拳击腹部，突然脸色苍白，额头冒汗，瘫软倒下，当即意识消失，急送医院后发现呼吸心跳已停止，前后不足半小时。尸检仅见死者右下腹有一边界不甚清楚的皮下出血，全身各组织器官均无异常发现。根据死亡发生经过，在排除中毒、损伤、窒息等致死因素后，法医鉴定系抑制死。

（二）损伤轻微而伴有明显的器质性疾病

在损伤轻微而伴有明显的器质性病变的死亡案中，显然疾病是主要死亡原因，损伤也只是一个诱因，是诱发疾病发生或恶化的原因，以下两个案例可借以说明。

案例二　65 岁男性农民。某日与邻居纠纷相互斯打，被人拳击胸部，顿觉胸闷气短。入院后检查示一侧液气胸。入院期间呼吸困难持续性加重，经救治未见好转，15 小时后因呼吸衰竭死亡。尸检见肺明显萎缩,多处肺大泡形成。病理组织学显微镜下观察示老年慢性支气管炎、弥漫性肺大泡以及部分肺大泡破裂。

案例三 9岁女学生,因考试成绩不佳被班主任用小木板片体罚(打手心)。回到座位上后突然晕倒在地,全身抽搐,意识丧失。急诊入院CT检查示颅内出血。病情控制后经脑动脉造影表明脑血管畸形。几个月后因突发第二次颅内出血死亡。

案例二中,拳击胸部引起肺大泡破裂致气胸,终因呼吸困难、呼吸衰竭死亡。这里外伤只是通过肺部原有的疾病(慢性支气管炎、肺大泡形成)而发挥诱因作用。显而易见,一般拳击胸部不会引起正常肺组织的肺泡破裂(在无胸肋骨骨折时)。同样,如果没有脑血管畸形的原有病变,如果没有小女孩受体罚后紧张、恐惧的心理情绪变化,小木板片敲打手心是不会导致脑血管破裂出血的。所以针对类似上述2例而言,原有的疾病是导致死亡的基础和主要原因,外伤则是引起疾病发作或恶化的诱发因素。需要指出的是,这类疾病在其他条件下如咳嗽、剧烈运动等也完全有可能会导致肺大泡破裂或脑血管破裂并导致死亡的。

(三) 损伤严重而伴有轻微疾病

损伤严重而疾病轻微则无须讨论,损伤是死亡的唯一因素,如颅脑枪弹损伤者伴有上呼吸道感染,颅脑枪弹损伤无疑是死亡的主要原因。

(四) 损伤严重且伴有明显的器质性疾病

分析严重损伤和严重疾病并存与死因的关系较前三种情况复杂得多。这是因为,这种严重损伤和严重疾病单独均可致死。一般将此类关系分损伤与疾病有关和无关两种情况来考虑,总体而言,在此类关系中,多数情况损伤是主要死因,少数情况损伤是合并死因或辅助死因。

1. 损伤与疾病有关。损伤与疾病有关是指既有损伤导致疾病死亡,也有疾病导致损伤死亡的互为因果关系。

(1) 损伤导致疾病死亡。一般来说,损伤导致疾病其本质上是损伤的后遗症或并发症,只不过因伤后较长时间后才发作,有时易为人所忽视。在此类关系中,无论疾病发生的时间多久和程度多重,损伤是主要死因,而疾病可以作为外伤后继发的现象而作为直接死因。

案例四 某男,35岁,因斗殴腹部受刺,腹腔内积血。手术后多日,突然发生腹膜粘连进而导致肠粘连、肠梗阻,最后并发肠穿孔死亡。

(2) 疾病导致损伤死亡。疾病导致损伤死亡的情况中,如果疾病是致命性的,那么疾病与损伤可作为合并死因;如果疾病是非致命性的,那么损伤是主要死因。实践中前者更为多见。

案例五 某女,50岁,高血压病患者。某日在横穿马路时突然晕倒,被来不及刹车的穿行卡车碾轧而死。尸检见除胸腹部脏器碾轧伤外,大脑内囊部位出血,提示晕倒很可能是脑溢血所致。

2. 损伤与疾病无关。损伤与疾病无关指损伤与疾病本质上非互为因果,即损伤不会引起疾病发生,疾病也不会引起损伤发生。但两者对死亡有可能起不同程度的影响作用。损伤与疾病无关可分为三种情况:

(1) 损伤是构成死亡的唯一原因而不考虑疾病因素。这通常指发生在脑、心、肺等重要生命脏器的严重的实质性损伤时,如头颅崩裂、躯干离断、心肺破裂等。

(2) 损伤为主，疾病为辅，即损伤与疾病无因果关系，但疾病可影响死亡的加速或加重损伤对机体的损害程度。此时，损伤是主要死因，而疾病可作为辅助死因。

案例六 某男在行窃时被发现，受钝器较长时间打击致全身广泛性软组织挫伤及出血，12小时后因肾功能衰竭和休克死亡。尸检发现除严重的皮下组织和肌肉出血外，肾脏有慢性肾炎的病理改变。

(3) 疾病为主，损伤为辅。这正好与上述相反，但损伤可作为辅助因素起加速死亡的作用。

案例七 某男，50岁，某日与人纠纷后回家路上突然倒地，意识丧失，被急送医院救治一天后死亡。尸检发现心脏广泛性灶性纤维化，冠状动脉粥样硬化Ⅲ级，肺明显淤血水肿。头皮轻微挫伤，颅骨有一线状骨折，局灶性蛛网膜下腔出血伴轻度脑水肿。

四、损伤评价在实践中的有关问题

(一) 损伤与度

在实践中，有时涉及损伤与疾病共存时死亡，特别是在工伤、道路交通事故等的民事赔偿处理时，为合理而有度地解决赔偿问题，常要求对损伤在死亡中所产生的影响有一个度量的标准。为此，近二十年来国际上许多国家开始在赔偿医学所涉及范围内研究能用于实践的方法，即从医学和法学角度研究赔偿医学中医学上的各种问题，正确判定人身伤害中的民事责任，商讨因果关系、事故的参与度、后遗症的判定方法等。这方面以渡边富雄为代表的日本法医学家最为活跃，1988年，渡边富雄等人提出了损伤作为事故参与度的比例判定方法，为事故（外伤）应承担的责任确定了百分率度量。据介绍，事故参与度分十个阶段十一种等级，概述如下：

零阶段：确实能证实与事故无关的伤病构成死亡（伤残或后遗症）原因时，事故参与度为0%。

第一阶段：因事故诱发疾病，而在事故后短时间内死亡时，事故参与度为10%。

第二阶段：事故有导致死亡（伤残或后遗症）的可能性，但这种可能性不如非事故因素的可能性大时，事故参与度为20%。

第三阶段：事故有可能是导致死亡（伤残或后遗症）的主要原因，但这种可能性不如非事故因素的可能性大时，事故参与度为30%。

第四阶段：事故有可能是死亡（伤残或后遗症）的决定因素，但这种可能性不如非事故可能性大时，事故的参与度为40%。

第五阶段：与事故无关的伤病和可因事故引起的伤病都可能导致死亡（伤残或后遗症），但仅仅单方面的原因一般不会造成这种后果时，事故的参与度为50%。

第六阶段：与事故无关的伤病和可因事故引起的伤病都可能导致死亡（伤残或后遗症），但任何一方的因素都很有可能造成这种后果时，事故的参与度为60%。

第七阶段：事故很有可能是导致死亡（伤残或后遗症）的原因，并且这种可能性大于非事故因素的可能性时，事故的参与度为70%。

第八阶段：事故很有可能是导致死亡（伤残或后遗症）的主要原因，并且这种可能性大于非事故因素的可能性时，事故的参与度为80%。

第九阶段：事故很有可能是导致死亡（伤残或后遗症）的决定因素，并且这种可能性大于非事故因素的可能性时，事故的参与度为90%。

第十阶段：能确定证实与事故有关的伤病构成死亡（伤残或后遗症）原因时，事故的参与度为100%。

1995年，国内吴军等提出损伤与疾病共存时，根据六种因果关系可将外伤寄与度用于关系判定，以此明确外伤的作用：

1. 既有外伤，又有疾病，若后果完全由疾病造成，即损伤与疾病之间不存在因果关系，外伤寄与度为0%。

2. 既有外伤，又有疾病，若外伤为辅助因素，即损伤与疾病之间存在间接因果关系（辅因形式），外伤寄与度为12.5%。

3. 既有外伤，又有疾病，若外伤为诱发因素，即损伤与疾病之间存在间接因果关系（诱因形式），外伤寄与度为25%。

4. 既有外伤，又有疾病，若后果与外伤两者独自存在不可能造成，为两者兼而有之，即损伤与疾病之间存在"界限型"因果关系，外伤寄与度为50%。

5. 外伤性（后）损伤病，主要由外伤造成，即损伤与疾病之间存在直接因果关系，外伤寄与度为75%。

6. 外伤性（后）损伤病，完全由外伤造成，即外伤与疾病之间存在直接因果关系，外伤寄与度为100%。

吴军等认为，这种寄与度也可结合人身伤害程度鉴定标准使用，如外伤寄与度在25%以下，不评定损伤程度；外伤寄与度在25%～50%，只能评定轻微伤；外伤寄与度在75%～100%，才能评定轻伤或重伤。另外，国内也有人认为可将渡边富雄的十一级法应用于刑事案件中所涉及的赔偿问题。

根据我国目前的司法制度和法医学现状，笔者认为要完全照搬或机械引用损伤参与度（或寄与度）标准的条件尚未成熟，主要依据有：

第一，我国目前已有专门的工伤评残、交通事故评残、轻微伤、轻伤和重伤鉴定的标准，其中对损伤、疾病的某些方面已有明确界定，所以外伤参与度的介入首先应当专门研究如何适应上述标准。例如，脾肿大者受轻微外力后破裂引起失血性休克，按照现有的轻重伤鉴定标准的总则精神是不考虑（至少鉴定人不考虑）原有疾病（脾肿大）的，而按照外伤参与度的分级标准恐怕连50%都够不上。

第二，我国对人身伤害的处罚是根据《刑法》、《刑事诉讼法》及其他相关法律、法规而制定的，除了考虑人身伤害的严重程度外，还涉及诸如情节、手段等多因素，如果将细化的外伤参与度标准纳入其中，不仅不利于鉴定人的公正鉴定，而且有代替法官（或其他司法人员）直接介入定罪与量刑之嫌。

第三，现有的外伤参与度标准中尚有许多基本用语尚待界定，如"可能性"、"主要原因"、"决定性因素"等，否则在具体操作中易造成混乱。例如，某人因头部外伤后死亡，尸检既有外伤引起的颅内血肿，也有疾病（如动脉瘤）引起的颅内出血。对此按渡边的标准似乎难以定论，因为如果外伤导致的颅内出血可能在一段时间内不导致死亡，那么应属第五阶段；而在一段时间后却又引起死亡，那么应属第六阶段；根据临床症状与体征，外伤既可能是导致死亡的原因，也可能是主要原因（属第八阶段），甚至是决定性因素（属于第九阶段）。显然，同一案例有可能会导致二种以上的评判是令人担忧的。实际上，希望将颅内出血的量、死亡发生的时间等因素，在损伤与疾病所占的比重里有一个明确的划分，有时是非常困难的。

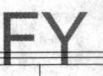

第五章 损伤的评价

(二) 外伤、高血压与颅内出血

在法医学实践中，因颅内出血死亡不占少数，有时当外伤与高血压共存时常须鉴别以何为主。尽管外伤性脑出血和高血压性脑出血是两种完全不同的机制，但有时具体到个案中并不容易区别，尤其当死者生前病史不详或得不到时，所以有必要关注两者之间的特点。

高血压性脑出血有以下特征：(1) 出血源于脑深部小动脉，以大脑中动脉的穿支动脉（如豆纹动脉）最多见，这些小动脉因高血压病易发生变性及局部坏死，形成约 300～900μm 的微动脉瘤。(2) 出血部位位于基底节（如壳核、尾状核、苍白球、内囊等）占 70%，10%～15% 位于脑干，7% 位于小脑，出血范围大小不等，最小肉眼不可见，最大可达 12cm 直径。出血区界限清楚。(3) 年龄 40～70 岁居多，40 岁以下则动脉畸形与血管网织细胞瘤多见。(4) 高血压性脑出血多在精神紧张状态下发生，如情绪激动、劳累过度，但也有少数可发生于睡眠中。

外伤性脑出血主要有以下特点：(1) 出血多数系脑皮层血管破裂所致，由外伤或颅骨损伤所致，少数深部出血也源于穿支动脉的破裂。(2) 出血及血肿以脑浅层为主（占 80%），额叶和颞叶多，顶叶和枕叶其次，小脑及脑干偶见（2%），出血范围大小不等，多由数个小出血灶融合而成，故出血境界不清。(3) 除脑出血外，常伴有头皮、颅骨、脑膜、脑实质的程度不一的损伤，有时甚至伴不同类型的颅内出血（硬脑膜下出血和硬脑膜外出血等）。

综上所述，高血压性和外伤性脑出血的主要区别在于出血形态、出血部位以及是否伴有明显的颅脑损伤。CT 和 MR 影像学有时有鉴别价值，外伤性出血常显示 MR 的特殊信号（即由血肿、水肿、挫伤坏死并间以正常组织不同比例构成）和 CT 片上边缘不规整的多个出血区聚合所致。对于外伤性脑深部的出血，常伴有不同程度的其他颅脑损伤（如脑浅层挫伤、硬脑膜下或蛛网膜下腔出血等）的存在。如果较严重的损伤和较严重的高血压均存在，出血的原因认定应十分慎重，实际上很可能是互为因果的两种因素共同作用的结果。

(三) 医疗因素的影响

现代社会广泛分布的医疗机构和发达便利的交通条件使多数损伤与疾病都可得到及时的医疗救治，所以医疗救治对损伤与疾病的发展及结局有时会起关键的影响，甚至包括损伤与疾病的相互转化。总体而言，医疗因素对损伤和疾病产生不良影响且较易鉴别的有四种情况：

1. 医疗条件。医疗条件是指医疗环境、设备、技术方法等。因医疗条件的限制而无法采用有效的救治措施，常会导致恶果发生。例如，颅脑外伤出血者无开颅的条件而颅内得不到及时减压，心肌梗死或心律失常者因无除颤机等失去最后复苏的希望等。

2. 技术水平。技术水平是指医务人员因技术水平和经验缺乏或操作失误的原因导致不良后果，常见的有误诊、输液过快、用药过量、手术误伤等。

3. 责任事故。责任事故是指医务人员违反规章制度和诊疗常规，不负责任或玩忽职守等失误行为所导致的严重后果，如延误救治、血型错配、溶液错配、医源性感染等。

4. 医疗意外。医疗意外是指因伤（患）者体质或无法预料的客观原因所导致不良后果。最常见的医疗意外有药物过敏、麻醉中的心跳骤停、救治中的器械故障、罕见的并发症等。

在分析医疗因素对死亡影响时，应特别注意考虑三点：第一，医疗的介入，总体上是救死扶伤，使损伤和疾病趋于好转，即使因各种原因未能达到预期的后果，也不应对案件

(或事件)的性质构成影响。例如,枪弹盲管创,医院因未发现创口而误诊,导致伤者死亡。在这里,医疗因素影响的仅仅是救治的效果,而非伤害的性质,再说客观上有时确实很难辨认特殊部位的枪弹损伤。第二,理论上虽说除了绝对致命伤,多数的损伤都应属可救治的,但在实践中具体到某一个体和个案,却难以区别什么样的损伤可避免死亡,什么样的又不可避免,所以绝不能认为除了绝对致命伤,其他所有的损伤只要在救治过程中死亡的,均系医疗因素所为。第三,如上所述,医疗因素对损伤、疾病后果的影响是多方面的,既有医疗水平的原因,也有医疗条件的原因;既有主观责任的原因,也有客观意外的原因;既有损伤疾病严重性的原因,也有伤(死)者自身条件(如抵抗力等)的原因。这些诸多原因相互交错、相互影响,而且常常难以规范与界定。所以原则上除非某一原因(因素)特别重要又突出,否则不能轻易认定医疗因素的影响作用,更不能将其夸大。

第六章 损伤时间推断

人体生前受暴力作用形成的损伤称生前伤,而死后在尸体上形成的损伤则称死后伤。在法医学实践中,经常会遇到损伤时间推断的问题,主要涉及两个方面,一是区别生前与死后伤,二是推断伤后至死亡的经过时间。损伤时间推断在实际案件中具有重要价值,有时甚至是关键性的。例如,死因为溺死的水中尸体上有较严重的损伤,如果是生前形成,多为他杀所致;而如是死后形成(如船螺旋桨所致),则多系意外或自杀。又如,当人体在遭受两次以上车辆碾轧时,需根据损伤时间(存活时间)的不同来确定致伤的车辆,或者根据损伤时间(生前或死后)的不同来确定致命的车辆。

损伤时间推断的基础是人体损伤后的生活反应。除了极少数异常情况如首体分离以及心脏、脑组织崩裂等之外,绝大多数损伤所引起死亡均有一段或多或少的时间。即使是心脑组织严重损伤后,人体作为整体已死亡,但人体局部组织细胞乃至器官在相当时期内仍保留有生活反应能力,也同样具有一定的生活反应。这一方面为损伤时间推断提供了客观的物质基础,另一方面也增加了损伤时间推断的变数和难度。

第一节 生前伤的局部征象

人体生前受损伤后将发生全身的和局部的形态学和功能的变化征象,这些征象除了一部分是损伤直接作用的结果之外,主要是机体防御、抵抗反应的结果。因此,认识并掌握这些征象的特点,是法医学鉴别生前伤和死后伤的基础。比较而言,损伤后的局部征象比全身征象更为直观和重要,在实践中常遇到的也是局部组织损伤的时间问题。

生前伤的局部征象过去一直以肉眼形态学观察为主,1970年后,有人陆续研究发现,人体组织中的成分(如酶等)和局部组织损伤后形成的物质(如炎症介质等)发生的明显变化可用于确定生前损伤。近年来,人们又从局部组织或全身组织中更小的分子水平(如激素等)检测损伤前后变化来反映生前损伤的特点,形成了较为可观的方法、手段和指标,使生前伤的判断更为精细和多样。本节将主要介绍国内外报道的以皮肤软组织生前伤为主的局部征象及其检测的方法。

一、出血

血液(主要是指红细胞)从血管内流出到组织和细胞间隙的现象称为出血。出血是人们认识生前伤最早的局部征象。但至今仍然是生前伤的主要指标,无论是肉眼还是镜下观察。出血通常是血管破裂的结果,本身并不具有认定生前伤的要素,因为死后损伤同样可造成血管破裂,只不过生前损伤出血具有以下特点:

1. 量较多。由于生前人体血管有一定的压力，血管破裂后，血管内的压力可起加速血液流出的速度，从而使较多的血液流出血管外。

2. 易浸润。同样由于血压的缘故，生前损伤流出血管的血液可被"压入"血管周围的组织间隙中，形成血液浸润、扩散的现象，如颅前凹骨折所形成的"熊猫眼"正是颅底出血向眼睑疏松组织浸润的结果。

3. 会凝固。止血反应是人体损伤出血后机体启动的凝血机制产生的后果，体现在局部组织中便是血液凝固，这种凝固现象既可发生在血管破裂处，也可发生在损伤组织中或创口内。而且，这种附着于损伤处的血凝块不易用水冲洗除去。

根据生前损伤出血的特点，皮肤创口的形态学上主要表现为组织颜色暗红集中色深，而死后伤往往表现为浅淡而分散（如图6-1-1所示）。

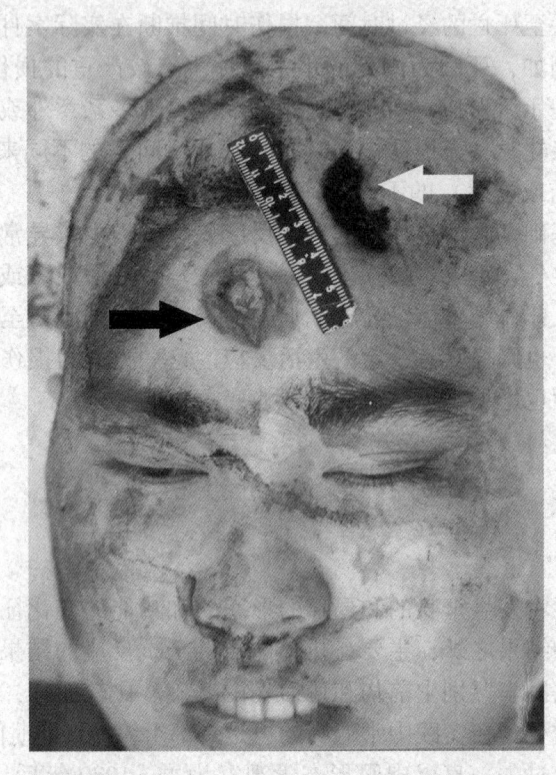

图6-1-1 头部钝器损伤生前（白箭头）和死后（黑箭头）创口出血的区别

因局部组织出血而形成的非局部征象如血液被吸入到支气管和肺内、被咽入胃肠道中以及内脏出血（如肾）血液流入尿道形成血尿等既是局部组织损伤的生前标志，也是人体存活状态的标志。

因出血的本质基础是血管破裂，而死后损伤同样可导致血管的破裂，所以理论上说，死后损伤同样可以出血，而且在实践中也常可遇到，尤其是死后不久的出血。关于死后伤出血的特点及其与生前伤出血的鉴别将在本章第三节中专门讨论。

二、创口

损伤形成皮肤组织深达真皮层以下的结构破坏称皮肤创口。由此可见，生前与死后损伤均可形成创口，但仔细观察，可通过以下特点来鉴别生前伤或死后伤的创口。

1. 创口哆开。创口哆开是组织弹性收缩的结果，本身是生前伤的反应，死后组织失去弹性及收缩功能故不应有哆开（如图 6-1-2 所示）。但在实践中轻度的哆开不易鉴别，死后尸僵的发生有时对创口也将发生影响。因此，只有较为明显的创口哆开，特别是创口呈棱形、梭形时可能才具有鉴别价值。

2. 创缘卷缩。创缘卷缩是创口哆开后创缘皮肤长于创口长度而又回缩所产生的折皱现象，反映皮肤弹性存在的标志。但创缘卷缩有时难以辨识而不易被掌握。

3. 创壁粗糙。生前损伤创口较深时，因各种人体组织（如皮肤、肌肉、肌腱、神经、血管等）的弹性不一，其收缩强度也不相同，所以产生创壁粗糙不整。弹性好的残余暴露多，如血管神经；收缩性强的内凹明显如肌肉，但与创缘卷缩一样，这种特征辨识需要观察能力和一定的经验，并无量化的标准。

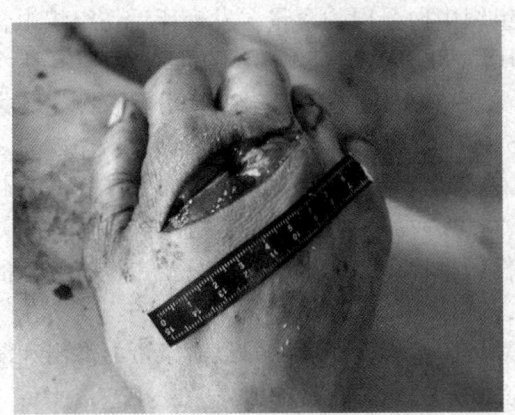
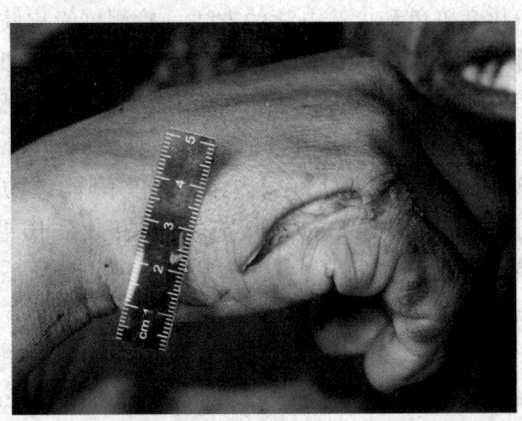

图 6-1-2 手背锐器生前（左）和死后（右）创口哆开征象

三、酶活性

利用酶活性改变判断生前伤是国外 20 世纪 70 年代后较为活跃的研究领域。其理论基础是：在损伤中心区组织坏死酶活性下降甚至消失，但在损伤边缘区，则因分解代谢增强而酶的活性也应增强。研究结果表明，利用酶组织化学染色，发现酯酶和三磷酸腺苷酶（ATP）是出现最早的酶类（切创后 1 小时；挫伤后 2.5 小时）。国内王大春和祝家镇（1991）用豚鼠分别制作锐器和钝器皮肤损伤模型后，利用六偶氮副品红 α-醋酸萘酯染色和显微分光光度计测定创缘 0～0.4mm 范围内真皮胶原纤维间质中 β-酯酶的含量，发现伤后 15 分钟，β-酯酶即有显著增高，而死后伤无增高现象。他们在少量人体标本上进行了实际观察，发现具有相似的结果，而且认为在室温（15℃～17℃）环境中 24 小时内尸体上的创口酯酶含量并不受死后影响，也不受尸斑影响，所以能在实践中应用于个案鉴定。

刘世沧和廖志钢（1986）用家兔实验制作创口模型后，提取创壁组织做 10 种酶化学染色，结果发现，乳酸脱氢酶（LDH）、琥珀酸脱氢酶（SDH）、细胞色素 C 氧化还原酶和甘油 3-磷酸脱氢酶（3-GDDH）四种酶于创伤后 1 小时在细胞、毛囊、毛根、横纹肌、血管壁、纤维细胞以及炎症细胞等处均显阳性反应，而离创口稍远的正常组织内却无此现象。据此他们认为可用于生前伤的确定。

四、蛋白成分

组织损伤后局部蛋白成分的增加是机体局部防御反应的一种重要形式，因此人们从多方面采用不同的技术将局部损伤组织中的蛋白成分定性定量，借以找到鉴定生前伤的依据。局部组织损伤后蛋白成分的来源可分为：（1）血浆内蛋白成分的炎性渗出或流出，如白蛋白、总蛋白等。（2）局部组织止血过程中形成的蛋白成分如纤维蛋白、血小板颗粒膜蛋白等。（3）机体临时合成的蛋白如C-反应蛋白等。（4）损伤后组织增生合成的蛋白如胶质纤维酸性蛋白。（5）炎症过程中与白细胞游走有关的蛋白成分如选择蛋白等。

（一）白蛋白和总蛋白

白蛋白是血浆中分子量较小而含量较高的蛋白成分。损伤发生后，局部组织发生炎症反应，白蛋白易从血浆中先期渗出而引起局部含量增高。日本Takabe等（1983）用免疫组织化学染色和火箭电泳的方法，检测创缘皮肤组织中白蛋白的含量，发现死后伤组织中含量为 $4.28\text{mg/g} \pm 0.68\text{mg/g}$，生前伤1分钟后即增高可达 $9.26\text{mg/g} \pm 1.02\text{mg/g}$，且在伤后6小时达高峰，18小时后开始下降。傅晨钟和祝家镇（1989）采用生化自动分析仪测定了大鼠剪伤皮肤组织中白蛋白的含量，发现伤后5分钟，白蛋白含量急剧升高 $94.9\mu\text{g/ml} \pm 33.4\mu\text{g/ml}$，之后1小时内保持缓慢下降，但仍在较高含量，可达 $56.14\mu\text{g/ml} \pm 17.3\mu\text{g/ml}$，与对照组 $46.2\mu\text{g/ml} \pm 12.6\mu\text{g/ml}$ 和死后伤组 $38.7\mu\text{g/ml} \pm 11.1\mu\text{g/ml}$ 相比，有明显的差异。因此，他们认为可作为判断生前伤或死后伤的指标。同样，血浆中总蛋白也有类似的征象。

影响白蛋白和总蛋白判断生前伤的主要因素是任何非损伤性的导致血浆蛋白渗出和漏出的因素（如尸斑等）也可产生局部组织中白蛋白和总蛋白含量的增高。

（二）纤维蛋白

纤维蛋白是凝血过程中由纤维蛋白原转化而来的多聚体蛋白，纤维蛋白呈丝网状结构，是网罗红细胞等血液成分和形成血凝块的重要因素。基于凝血止血反应是机体损伤后最为基本和最为迅速的反应的原理，国内外许多学者对纤维蛋白在损伤局部组织中的形成和变化进行了较为广泛深入的研究。目前检测纤维蛋白的方法主要有组化染色的Martius猩红蓝染色法（MSB）、扫描电子显微镜形态学观察法、荧光分光光度计法以及免疫组织化学染色法（PAP法），研究结果总体反映，纤维蛋白最快在损伤出现后5~10秒在损伤局部形成（电镜观察），是迄今最早、最为敏感的检测生前伤的指标。而且随着伤后存活时间的延长，纤维蛋白网更为稠密易辨，尸体上3~4天以内不会消失，与尸斑无关。动物实验研究表明，伤后30分钟纤维蛋白形成较为显著且与死后损伤形成的纤维蛋白有明显区别（唐元发，1991；谢润红、祝家镇，1991）。张蕴成（1989）报道了3例腐败尸体上用MSB染色和扫描电镜技术检测纤维蛋白形成认定生前伤的案例，时间分别长达死后泥土中（0℃左右）30天、水中（30℃）4天以及室内（4℃左右）8天。

但是，血液凝固现象并不仅仅出现于生前。在死后某一时期内，人体组织尤其是小分子组织仍具有一定的活性，因此如何更为充分而特异地利用纤维蛋白形成这一特点来判断生前伤，学术界目前尚有争议。瞿勇强等（1993）在大鼠皮肤上做生前和死后切创模型，利用组织学染色（MSB）和扫描电镜的方法观察纤维蛋白形成时间，发现死后5分钟形成的浅表皮肤创口中无纤维蛋白网形成，但死后8小时所形成的肌肉创口中仍可见到明显的纤维蛋白网形成，其形态与生前伤形成的无明显差异，死后16小时形成创口则不再看到纤维蛋白网。提示纤维蛋白网形成的首要因素是血液含量的多少。刘敏等（1933）利用免疫组织化学方法（PAP法）对57例人体枪弹损伤标本进行检测，发现死后30分钟以内所形成的创口内均有纤维蛋白的形成，不易区别生前抑或死后。据此而论，纤维蛋白形成的单一指标用于判断生前或死后伤，目前看宜持谨慎态度。

（三）纤维连接蛋白

纤维连接蛋白（Fn）是广泛分布于机体组织中的大分子（分子量440kDa）糖蛋白。血浆中的Fn称可溶性血浆型Fn，细胞膜、基底膜和组织间质中的Fn称不溶性组织型Fn，正常状态下两者呈动态平衡。皮肤组织中的Fn沿表皮与真皮交界处分布。Fn属组织损伤后释放的生物活性物质，参与凝血、创口收缩、修复等功能，其形态学表现为颗粒状、纤维状或网状结构。利用免疫组织化学染色（PAP），酶联免疫吸附剂测定法（ELISA）以及免疫电冰等方法可进行损伤组织中Fn的形态学观察和含量测定。根据国内外的研究（Clark, 1988；莫耀南等, 1993；陈龙等, 1996）的结果，在损伤后15分钟，创口组织中即可见到Fn的阳性改变，在伤后24小时左右达高峰，之后缓慢下降，约1周后消失。随着伤后时间的延长，Fn的形态学和含量均有一定规律性改变，可有助于损伤经过时间的推断。

（四）C反应蛋白

C反应蛋白（CRP）是存在于人体血浆中（正常浓度为0.5mg/ml）的蛋白成分。在人体受损伤后，机体通过肝脏合成CRP的能力显著增强。据研究，机体炎症时CRP的含量比正常时可高出1000倍以上。CRP主要参与炎症过程，通过促进吞噬、激活补体、抑制血小板磷脂酶等途径发挥消除异物和坏死组织的功能。孙洪涛和祝家镇（1995）报道用酶联免疫吸附分析法（ELISA）和免疫组织化学染色法观察CRP在大鼠切创组织及其血中的浓度，发现CRP含量在伤后15分钟（切创组织）和30分钟（血液）有显著的提高，至伤后5小时达到最高峰（较对照组的组织增加约10倍，血中增加约50倍），之后便缓慢下降。形态学上在创口组织肌肉表面呈条状阳性反应带，在肝脏细胞中呈强阳性着色，伤后5小时开始反应渐弱。而所有死后伤组织未检见含量及染色变化。据此他们认为CRP的检测有助于判断存活15分钟以上的生前伤。

（五）颗粒膜蛋白140

颗粒膜蛋白140（GMP140）是存在于人体血小板和血管内皮细胞中的Weibel Palade小体上的糖蛋白。当组织损伤刺激血小板与血管内皮细胞时，颗粒膜蛋白140整合于细胞膜上发挥其粘附及凝血作用。因此，借助于免疫组织化学染色方法观察创缘及血管内壁GMP140的改变，可用于判断生前损伤。国内顾晓生等（1991）、克花兰（1994）以及刘清芳等（1995）分别用抗人血小板颗粒膜蛋白单克隆抗体和PAP或ABC免疫组织化学染色方法，对人体损伤组织的新鲜和经福尔马林液固定的标本进行检测，发现创缘真皮深层及其真皮下脂肪组织和血管内壁均可见棕褐色条状阳性反应带，其中最早出现的时间在生前伤10分钟内，而在正常组织或死后伤组织（最早死后10分钟）中未呈阳性反应。据此他们认为GMP140的检测可应用于生前伤与死后伤的鉴别。另外，也可区别出生前与死后的凝血现象。

（六）选择蛋白

选择蛋白是一种存在于白细胞和血管内皮细胞上的蛋白成分，主要作用为炎症反应时刺激白细胞游走并粘附在血管内皮细胞层。根据存在部位的不同，选择蛋白有三种形式，即存在于白细胞表面的L选择蛋白、存在于血管内皮细胞上的E选择蛋白和P选择蛋白。

与颗粒膜蛋白140相似，选择蛋白也出现于机体局部组织损伤后参与炎症反应的过程中。Dressler等（1998）报道应用195例人体损伤组织标本经免疫组织化学染色（间接ABC法）半定量地观察选择蛋白在损伤组织中的变化，结果表明：无损伤组标本中血管内皮细胞上约15% P选择蛋白弱阳性，1% E选择蛋白弱阳性，1% L选择蛋白弱阳性，而L选择蛋白在白细胞上弱阳性率为27%。在生前损伤组标本中，血管内皮细胞层P选择蛋白有36%强阳性，E选择蛋白51%弱阳性以上，而L选择蛋白在白细胞上100%阳性。在死后损伤标本中，90%不发生阳性反应，但其中有13% P选择蛋白在血管内壁反应阳性，16%的L选择蛋白在白细胞上反应阳性。他们的实验研究同时发现，P选择蛋白最快在生前伤后3分钟出现，而E选择蛋白和L选择蛋白则分别为60分钟和15分钟，一般情况下，生前损伤12小时以后，选择蛋白阳性反应将逐渐下降。

五、炎症介质

炎症介质是一类组织细胞释放或被激活，参与并调节炎症反应的化学活性物质总称，故也称化学介质。炎症介质介入炎症过程的机理十分复杂，但因其出现早且局限性强，故不少人研究将其用于损伤时间的判断。下面介绍目前研究较多的部分炎症介质。

（一）组织胺

组织胺（HA），也称组胺，存在于结缔组织中的肥大细胞颗粒和血小板内，在损伤后炎症期，经肥大细胞脱颗粒，释放出组织胺参与炎症反应。根据国内外研究结果，组织胺在伤后5分钟以内含量并不升高，而在伤后5~15分钟内则明显升高（>正常的2.3倍），但30分钟后又下降。因此，组织胺的含量虽然变化明显但持续时间太短，在实践中多应用于损伤后不久即死亡者，如颈部索沟的生前或死后形成推断等。荧光分光光度计法，高效液相色谱法以及荧光显微分光光度计法是目前主要用于组织胺检测的方法。

（二）5-羟色胺

5-羟色胺（5HT），其性质与功能与组织胺十分相似，但除了存在于肥大细胞和血小板外，神经细胞和胃肠道粘膜细胞也是5-羟色胺存在的部位。炎症反应时，5-羟色胺含量较组织胺增高稍早（伤后5分钟），而下降稍晚（60分钟左右），因而高浓度持续时间较组织胺长（赖跃等，1993），所以5-羟色胺明显升高而组织胺轻度增高的现象被认为是濒死期损伤的特点。检测5-羟色胺的方法主要有免疫组织化学染色法（PAP法）和抑制免疫散射浊度分析法。

（三）激肽类

激肽类（Ks）是一组经代谢后形成的多种肽类的总称，其原形为激肽原酶，分血浆中的血浆激肽原酶和组织（胰腺、唾液腺等）中的组织激肽原酶两种。机体损伤后，激肽原酶激活后将激肽原变为激肽以及缓激肽、舒血管肽等多种类型以及混合物。激肽类主要作用于血管及平滑肌参与炎症，激肽类用于损伤时间推断不多，日本Takabe（1976）曾报道激肽原在组织中升高较快（5分钟），激肽在损伤后30分钟才明显升高，而激肽酶在伤后30分钟后即可被降解。

（四）前列腺素

前列腺素（PG）是在细胞内由不饱和脂肪酸转化而成的化合物，正常状态下人体前列腺素主要存在于前列腺、肺、肾、脑等内脏器官中。皮肤组织损伤后，由于细胞变性坏死释放磷脂后分解脂肪重新合成，前列腺素可在炎性渗出液中检出。作为炎症介质，前列腺素也主要作用于血管。前列腺素检测应用于损伤时间不多,前苏联 Lazarov 等(1988)在猪皮肤损伤实验后用放射免疫测定前列腺素 F 型的含量,发现伤后 10 分钟,前列腺素 F 型即有明显且持续的升高,至伤后 40 分钟为伤前 3 倍,而死后损伤则未发现有升高征象。

(五)白三烯 B4

白三烯 B4(LTB4)是损伤累及细胞膜后由磷脂释放的一种活性物质。血管内皮细胞、白细胞和血小板、肥大细胞以及皮肤组织细胞等均可产生白三烯 B4,白三烯 B4 参与炎症反应主要是促进中性白细胞浸润、细胞水解酶的释放以及血浆渗出等。国内孙洪涛和祝家镇(1992)、贺立文和祝家镇(1994,1996)先后采用高效液相色谱法分别在大鼠和人体标本上进行了观察,结果发现,生前损伤后 60 分钟内,大鼠创缘组织中的白三烯 B4 含量呈升高(伤后 60 分钟时为 5 分钟时的 6 倍),之后呈下降趋势,而死后伤则未检出白三烯 B4。动物损伤标本经 10% 福尔马林液固定后白三烯 B4 含量虽有明显下降,但仍有判断生前伤的价值。利用人体生前多个部位损伤的标本经 10% 福尔马林液固定 5 天以内时,仍可检出白三烯 B4 含量 5.18~9.27ng/g 不等,而死后伤(尸体上制作)者则均未检出白三烯 B4。

(六)细胞因子

细胞因子是炎症细胞所产生的活性物质,具有多种功能,也具有多种类型。1997 年,贺立文和祝家镇采用生化基因检测方法对两种细胞因子在大鼠损伤组织中的含量及形态学改变进行了损伤时间方面的探讨。

1. 白介素 6。白介素 6(IL6)是炎性淋巴细胞和损伤组织中非淋巴细胞产生的细胞因子,采用逆转录聚合酶链反应(RT-PCR)的方法检测大鼠生前损伤、麻醉后损伤、死后损伤以及正常对照四组标本,结果发现:生前损伤、麻醉损伤和正常对照组织中均可检测到白介素 6 mRNA 表达和 Tx 基因扩增片段,而死后损伤组标本中则未测到白介素 6 的 mRNA 的表达;利用扩增片段图像扫描灰度的方法,白介素 6/Tx 的灰度比值在生前损伤、麻醉损伤以及正常对照三组中分别为 0.0563:0.0673:0.0290,提示生前损伤(包括麻醉损伤)与正常组织的明显区别。据此他们认为,白介素 6 可用于损伤时间的判断。

2. 肿瘤坏死因子。肿瘤坏死因子(TNF)是淋巴细胞和巨噬细胞产生的一种多功能活性物质,一般认为主要参与抗肿瘤和免疫调节,但也发现在炎症组织局部发挥作用。采用原位分子杂交技术和地高辛染色方法检测大鼠生前损伤、麻醉损伤、死后损伤以及正常对照四组标本中肿瘤坏死因子 α-mRNA 的表达,结果发现生前损伤和麻醉损伤标本中的表皮基底细胞、棘细胞、表皮层毛囊和汗腺细胞内均可见阳性反应。而在死后损伤和正常对照组标本中相同部位却未见到阳性反应。应用图像分析技术计算每视野内阳性反应面积与阴性反应面积之比发现损伤时间 60 分钟后,比值有所增大(30 分钟时 4.141,60 分钟时 7.218),但 60 分钟之前和之后比值却前后相似,类似结果也见于麻醉损伤组。表明肿瘤坏死因子 α-mRNA 的表达不仅有生前死后的差异,而且有时间长短的差异。

六、其他

除上述几方面指标外,文献报道还有以下几种方法。

(一)细胞核 DNA 含量

根据组织损伤后变性坏死以及修复的过程中细胞内 DNA 含量的动态改变规律,贾福升和吴家 (1990)报道了用显微分光光度计测定家兔实验性皮肤切创组织中肌细胞核内

DNA 含量的变化，发现与正常组织相比，损伤后细胞核内 DNA 的含量在伤后 3 小时内降至最低水平，而后开始缓慢恢复，至 24 小时后接近正常水平。统计学分析有差异的显著性意义。

（二）肥大细胞

肥大细胞是组织和血液中重要的参与过敏反应和炎症反应的细胞。肥大细胞以脱颗粒的形式释放包括组织胺等在内的多种生物活性物质参与上述反应。基于此，陈小陇等（1991）和喻林升等（1991）分别用电子显微镜和聚丙烯酰胺凝胶圆盘电泳技术观察大鼠致伤或致敏后局部肥大细胞脱颗粒的情况，发现伤后 15 分钟，创缘及致敏区的肥大细胞脱颗粒率达 45% 和 76% 以上，而死后损伤其脱颗粒率在 35% 和 15% 以下，两者有明显区别。可据此判断致伤或致敏是生前还是死后。

（三）元素含量

由于损伤后出血和组织细胞坏死，损伤组织内的离子含量也发生变化。动物实验研究表明，铁（Fe）、钙（Ca）、铜（Cu）、锌（Zn）、镁（Mg）以及钾（K）和钠（Na）的含量变化具有判断生前伤的价值。陈玉川等（1994）用原子吸收光谱法测定了 24 例（10 例死后伤，14 例生前伤）人体损伤皮肤和肌肉组织中 Fe、Zn、Mg、Cu 以及 K/Na 比值，结果表明：（1）皮肤损伤组织中 Fe、Zn、Mg、Cu 以及 K/Na 比值无生前死后的明显差异。（2）肌肉组织中 Fe 含量生前伤明显高于死后伤（117.61μg/g ± 58.4μg/g : 26.54μg/g ± 15μg/g），而 K/Na 比值则生前伤低于死后伤（1.70μg/g ± 0.7μg/g : 2.66μg/g ± 1.5μg/g），具有判断价值。（3）Zn、Mg、Cu 无论在皮肤或肌肉组织中均未显示明显的差异。

第二节 损伤经过时间

根据检验方法的不同，损伤经过时间主要有对损伤组织的肉眼形态学观察、组织学检查以及生化检查三个方面。根据目前的研究成果，总体上认为损伤早期（<24 小时）以生化检测方法最好；损伤中期（1~7 天）以组织学尤其是免疫组织化学方法较好；而损伤晚期（>7 天）以形态学检查为好。目前主要有以下一些方法：

一、肉眼观察

一般肉眼观察推断损伤时间主要应用于皮肤软组织损伤：

（一）表皮剥脱的愈合

根据表皮剥脱后损伤局部在一定时间内愈合时形态学发生的变化来推断损伤时间，是实践中较为常用的方法，其一般规律为：

<2 小时	表皮剥脱面低于周围组织，伤面湿润
3~5 小时	真皮血管扩张，渗出的草黄色液体开始干燥
12~24 小时	伤面形成痂皮且与周围组织同高
>24 小时	痂皮高出周边组织
3~7 天	痂皮边缘开始脱开
7~12 天	痂皮完全脱落并由新生上皮组织覆盖

应当注意的是，许多因素均能影响表皮剥脱后的愈合规律。其一，是否有继发感染。其二，面积的大小。一般面积越大，所需时间较长。其三，涉及的深度。表皮剥脱累及真皮层越深，一般所需时间也越长。其四，年龄。年幼者生长代谢旺盛，愈合时间短，年老者，则时间稍长。所以，在实践中应用表皮剥脱的生活反应来推断损伤时间时切不可机械套用，更不可能将时间精确到小时。

（二）皮下出血的颜色

皮下组织出血后，因血红蛋白受环境影响而发生分解，在此过程中，血红蛋白由原有的红色会发生其他颜色的变化，如血红蛋白氧化后成紫褐色的还原血红蛋白；胆红素氧化后成绿色的胆绿素、血红蛋白分解后形成橙黄色的含铁血黄素或结晶等。人们根据这一颜色变化来大致推断损伤（实际是出血）的时间。一般规律如下：

   <24 小时 暗红色或青紫色
   1~3 天   紫褐色
   4~7 天   绿色
   8~15 天   黄色
   15~25 天 浅黄至正常色

应当注意的是，血红蛋白的含量和皮肤本身的颜色等因素均会影响皮下出血后颜色的改变。英国 Langlois 和 Gresham（1991）报道了 98 例各个年龄段皮下出血后不同时间的颜色变化，结果发现，红色、绿色、紫色、黑色可发生于伤后任何时间段，而唯一黄色在伤后 18 小时以内未出现，因而局部损伤出血的皮肤黄色样变用于损伤时间推断具有重要价值。他们同时还注意到一般老年人损伤后皮肤颜色改变的速度较年轻人缓慢。

（三）创口的愈合

创口的愈合过程在第二章中已叙及，以肉眼来看，不同的时间段里，尤其是创口愈合后肉芽组织转变为瘢痕组织的经过，有时可作为损伤时间推断的依据。皮肤创口愈合及其瘢痕形成的大体规律为：

   <48 小时   创口红肿、渗出、凝血
   48~72 小时 创口缩小，创底肉芽组织向创口生长
   4~9 天   创口愈合
   <5 周   表皮组织覆盖或瘢痕形成
   1~2 月   瘢痕致密，浅红色，凸出皮肤表面
   2~3 月   瘢痕纤维化完成，渐呈粉红色，凸出皮肤表面
   3~6 月   瘢痕呈粉红色至淡红色，质软，可凸出、凹陷或与皮肤平
   >6 月   瘢痕呈淡粉红至白色，质软或稍硬，薄而有光泽，凹丁皮肤多

在利用创口愈合特点推断损伤时间时，应注意某些重要的影响因素，如有无感染，是否是瘢痕体质，有无营养不良性疾病等。需要指出的是，不同的致创原因也可能影响创口愈合的过程。对瘢痕形成过程影响最大、耗时最长、导致瘢痕最不规则的是烧伤创口，其次是枪弹创口和钝器创口，最有规律、影响最小的是锐器创口。

（四）瘢痕的形成及组织学特点

瘢痕形成大致经历早、中、晚三个时期。

早期表现为皮肤及皮下组织的缺损、断裂、变性、坏死等，随之发生组织红肿、渗出，最后创口血液成分凝固。此期持续约48小时。

中期则为创缘皮肤及皮下组织中新生的肌纤维母细胞向中心移动而使创口缩小，创底由新生的毛细血管和纤维母细胞构成的肉芽肿向创口并填平创面。此时持续约72小时。

晚期主要是肉芽肿的机化和表皮的生长。机化的肉芽肿内纤维母细胞产生胶原纤维，至此瘢痕形成。此期一般以伤后第6天开始，在3~5周内完成。但是，要使瘢痕组织的力学性能（如弹性、抗牵拉强度等）达到最大，则仍需3个月时间，即使这样，其力学性能也仅为正常皮肤的70%~80%。

瘢痕的组织结构特点是：表层为菲薄的上皮，深层为增厚的结缔组织，主要含有胶原纤维，无弹性纤维、真皮乳头、毛囊和腺体等。早期瘢痕细胞和血管成分较多，胶原纤维排列无一定顺序，后期则细胞和血管成分减少，胶原纤维呈较有规律的束状排列。

瘢痕形成后通常在一年半内有一较缓慢的发展过程，瘢痕的颜色、密度以及形态学方面均有与时间相关的改变（如表6-2-1所示）。

表6-2-1 不同时期骨瘢痕外观特征的变化

瘢痕时间	瘢痕特征变化		
	颜色	密度	其他特征
<1个月	浅粉红、浅红并带绀色	软	平而嫩，有痂皮覆盖
1~2个月	浅红带紫绀或深紫色	稍致密	凸出，可有少许移动
2~3个月	浅红，紫绀色调渐退	致密	凸出，肥厚
3~6个月	开始呈粉红色	渐软	凸出、凹陷或与皮肤平
6~12个月	淡粉红色略带棕色	变软	表面不平，有光泽
>18个月	微白色或白色	软、呈素条状的则致密	变薄有光泽，凹陷多见

瘢痕形成的时间和形态特点也受许多因素影响，其中创口大小和有无感染最重要，年龄、营养状况、体质等也有一定影响。严格消毒的手术创口瘢痕形成仅需10天，而感染或溃疡的创口却可能经久不愈；青壮年相对比老年人瘢痕形成早；蛋白质及某些维生素（如维生素A）及微量元素（如锌等）缺乏也将影响瘢痕的形成和发展。

（五）骨折的愈合

骨折断端的愈合与时间的关系大致如下所述。但由于实践中临床对骨折区的处置是封闭固定，故肉眼观察不易。

1~4小时	骨折区血肿或水肿为主
5~24小时	骨折区软组织水肿达最高峰
24~48小时	骨折区血凝固，肿胀减退
3~7天	骨折区血块机化
7~14天	机化血块成骨样组织
14~21天	纤维性骨痂形成
1~2月	骨性骨痂及成熟骨板开始形成

2～3月　　骨折断端连接愈合；骨髓腔封闭
  >3月　　骨质改建，骨髓腔逐渐开放

影响骨折愈合过程的因素也很多，骨折断端对位是否良好，局部组织血液循环是否正常，骨膜的完整性有无较大破坏以及创口有无感染等将直接影响骨折的愈合，使之时间延长。

骨折的愈合是指骨折断端间的组织修复反应。骨折愈合的基础是骨膜细胞的再生，无论是膜内成骨或软骨内成骨，其骨折愈合的过程基本相似。以长管骨为例，骨折愈合一般要经历四个时期（如图6-2-1所示）。

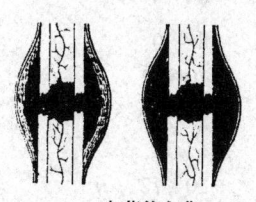
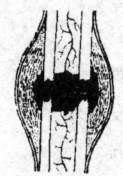
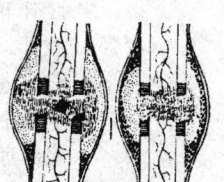
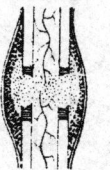

a. 肉芽修复期　　　　b. 原始骨痂期　　　　c. 成熟骨板期　　d. 塑形期

图6-2-1　骨折愈合修复过程示意图

1. 肉芽修复期。骨折后，骨折断端发生局部创伤性炎症反应，在断端之间、髓腔内、骨膜下以及周围软组织间隙内形成血肿。伤后6～8小时凝结成含网状纤维蛋白的血凝块，新生毛细血管及其骨膜细胞伸入血凝块形成肉芽组织。约2～3周以内，肉芽组织机化形成纤维性骨痂，将断端连接。

2. 原始骨痂期。膜内成骨的骨发生骨折后24小时内，骨折端附近的骨外膜增生肥厚，骨膜血管网扩张伸入骨膜深层，纤维性骨痂中的骨膜细胞增生分化为骨母细胞，骨母细胞在分泌骨基质的同时，成熟为骨细胞形成类骨组织，钙化后形成骨组织，即成膜内骨化。骨折端髓腔内的骨内膜也以相同方式产生新骨。两者不断生长逐渐接近粘合。这一过程约需6～8周。对于长管骨，增生的骨膜细胞先分化为软骨母细胞，软骨母细胞在分泌骨基质的同时，成熟为软骨细胞，进而形成软骨样组织，最后钙化为骨组织，此过程较膜内成骨者稍慢，约6～10周。

3. 成熟骨板期。已粘合的原始骨痂内新生的骨小梁逐渐增加，排列趋于规则，骨折端坏死部分经血管、成骨细胞以及破骨细胞的增生伸入，完成清除死骨形成新骨的交替过程，最终将原始骨痂改造成新的成熟板状骨，达到较为坚固的骨性连接，骨髓腔随之也被封闭。此期一般在伤后8～12周完成。

4. 骨骼塑形期。成骨细胞和破骨细胞继续作用，将剩余的骨痂吸收。骨母细胞仍有分化并产生新骨质，髓腔重新开放。经过功能锻炼等，使新形成的骨组织改建，骨质逐渐变得更加致密，骨小梁排列逐渐适应力学负荷需要。对位好的骨折，尤其是软骨化成骨的骨骼，其骨折痕迹可消失。这一时期，短则需几个月，长则要数年。

骨折后一般虽能完全再生，但在以下几种情况下则难以完全愈合：（1）骨组织损伤过重，如粉碎性骨折等。（2）骨膜损伤严重者。（3）断端对位不良者或断端之间有软组织嵌塞的。（4）固定位置不正确，固定时间太短以及运动方法不正确等。由于人体骨骼的解剖

学位置、结构以及负荷等方面的影响，骨折后愈合的时间也略有差别，即使同一骨也可因血供等不同而有差异。表6-2-2显示人体各部位骨折后平均的愈合时间。

表6-2-2 骨折后平均愈合时间

名称	时间（周）	名称	时间（周）
颅骨	4	指掌骨	3~5
锁骨	3~4	骨盆	12
肱骨头部	3~6	股骨头部	10~14
肩胛骨	3~6	股骨干	10~12
胸骨	4	股骨下段	8~12
肋骨	4	髌骨	8~10
肱骨下段	4~6	胫腓近端	10~12
肱骨中段	6~8	胫腓中段	8~10
桡尺近端	4~6	胫腓远端	6~7
桡尺远端	6~8	踝骨	10~12
腕骨	12~14	跖骨	5~6

二、组织学检查

组织学检查是采用病理组织学切片及各种染色技术在显微镜下观察组织形态或成分改变，并根据这些改变的时间规律来推断损伤时间的方法。组织学检查是弥补肉眼观察方法粗糙且局限于皮肤等不足的手段，国内外这方面有多人研究报道，其中涉及最多的组织是皮肤和颅脑。

（一）皮肤的反应与损伤时间关系

1. 创口愈合过程。以下是采用HE常规染色以及某些纤维和蛋白的特殊染色后，观察得到的创口组织以炎症为主的损伤后反应过程，人体脏器损伤后一般也遵循此种规律：

30分钟~4小时	多形核白细胞迁移，聚集在损伤局部的小血管处，或在血管外（稍晚），肥大细胞脱颗粒，纤维蛋白出现
4~12小时	白细胞浸润明显，以多形核白细胞和单核细胞为主，组织水肿，血管内皮细胞肿胀，小创口基底层表皮细胞开始在边缘生长
12~24小时	多形核白细胞减少，单核、吞噬细胞明显，坏死组织被清除，血小板及纤维母细胞出现，一期愈合创口则创缘表皮生长明显
24~72小时	白细胞浸润在48小时达高峰，纤维母细胞大量出现，新生的毛细血管开始形成小管，创口肉芽组织出现
3~4天	修复明显，胶原纤维生成，巨噬细胞包绕坏死组织和异物，上皮覆盖创缘，含铁血黄素开始出现，第5天最明显
10~15天	小创口细胞学反应消失，血管减少。纤维母细胞活跃，胶原纤维，弹性纤维构造，皮肤表皮变平而薄
15天以后	炎症反应结束，（如无继发感染）修复继续，一期愈合创口表皮乳突状突起

2. 纤维连接蛋白定性反应。陈龙等人（1996）报道了应用过氧化酶 - 抗过氧化酶（PAP）染色方法检查了 15 例成人腹部手术创口皮肤的纤维连接蛋白，发现在不同损伤时间的皮肤创口组织中纤维连接蛋白（棕褐色染色物质）呈不同形态的变化，主要表现为：

损伤即刻	创壁仅见少量棕色细颗粒沉着
15 分钟	创壁表面覆盖一薄层而断续的细条状棕褐色物
30 分钟	创壁表面棕褐色物增多且呈连续的条状
60 分钟	比 30 分钟时略增多且呈连续细带状
90 分钟	创壁表面棕色物呈带状且具有由浅至深渐少的浓度梯度
120 分钟	创壁表面棕色物条网状，浓度梯度更明显

3. 酶活性的改变与损伤时间。根据 Raekallio 等人（1974）的研究观察，认为利用酶组织化学染色可在创缘外侧 0.1～0.4mm 区域组织中发现酶的活性呈增强的趋势，而且不同种类的酶有不同的出现时间规律，可用于损伤时间的推断，其经过如下：

1 小时	酯酶和 ATP 酶活性增强
2 小时	氨基酸酶活性增强
4 小时	酸性磷酸酶活性增强
8 小时	碱性磷酸酶活性增强

王大春和祝家镇（1991）利用豚鼠和人体损伤标本，对 β - 酯酶进行了组织学染色观察。在应用六偶氮副品红 α - 醋酸萘酯法染色并用显微分光光度计测量含量后，发现在生前切创和挫裂创创壁 0.4mm 以内，真皮胶原纤维出现酯酶染色阳性且随时间增加而含量增加，面积扩大（如表 6 - 2 - 3 所示），认为可用于损伤时间推断的实际应用。

表 6 - 2 - 3　豚鼠皮肤创口酯酶含量（μg）

损伤时间（分钟）	切创创缘 0～0.4mm	挫裂创缘 0～0.4mm
0	2.06×10^{-5}	4.23×10^{-5}
5	3.06×10^{-5}	8.31×10^{-5}
15	6.22×10^{-5}	1.18×10^{-4}
30	6.89×10^{-5}	1.34×10^{-4}
60	1.37×10^{-4}	1.85×10^{-4}
120	1.88×10^{-4}	2.34×10^{-4}
240	3.11×10^{-4}	4.29×10^{-4}

（二）血肿形成及发展与时间的关系

损伤后所引起的出血，多数经机体吸收而不留痕迹，但如果出血量较大而且形成血肿时，机体将通过包裹、机化的方式来消除血肿对机体的危害。这一过程有一定的时间规律，有时也被用于损伤时间的推断，表 6 - 2 - 4 以硬脑膜下血肿为例显示血肿形成和发展与时间的关系。

（三）脑皮质损伤改变与时间的关系

由于颅脑是人体损伤尤其是致命性的损伤中最为常见的累及器官，所以早在 1930 年，国外就有人注意研究脑组织损伤后的组织学变化与时间的关系。近年来，利用免疫组织化学染色以及图像定量分析技术，使得这方面研究更趋定量化。其损伤时间的推断也更具有统计学意义。综合而论，主要有以下几种方法：

1. 脑皮质损伤后神经细胞反应。

1 小时	细胞核颜色加深，细胞间隙水肿
2～4 小时	胞质内开始出现小空泡
5～12 小时	胞体肿胀变圆，胞核移位或呈三角形，尼氏体溶解
1～2 天	胞核进一步缩减和浓缩
3～5 天	核溶解，胞质均匀伊红色
6～10 天	缺血坏死区神经细胞缺乏
>30 天	神经细胞铁化或钙化

表6-2-4　硬脑膜下血肿形成及发展的时间变化

时间	血凝块	硬脑膜侧	蛛网膜侧
24 小时	密集的红细胞	一薄层纤维	一薄层纤维
36 小时	密集的红细胞	早期纤维母细胞	一薄层纤维
4 天	红细胞的形态丧失染色变异	2～4 层纤维母细胞	一薄层纤维
5 天	红细胞形态丧失染色变异	3～5 层纤维母细胞边缘出现含铁血黄素细胞	一薄层纤维
7～8 天	红细胞缺失，凝块液化、纤维母细胞进入血凝块	12～14 层纤维母细胞，剥离血凝块时可见膜性组织	一薄层纤维
11 天	毛细血管和纤维母细胞增生破入血凝块成岛屿状	纤维母细胞沿血凝块边缘迁移	在蛛网膜一侧可见有含铁血黄素细胞
15～17 天	大多数原始红细胞溶解毛细血管明显形成	膜性组织为硬膜的 1/3～1/2	厚度变化，早期膜性组织形成，血凝块可被全部包裹
18～26 天	血凝块完全液化，较大血管形成	膜性组织与脑膜同厚，膜组织中有含铁血黄素细胞	膜性组织为硬脑膜的 1/2，有含铁血黄素细胞
27～36 天	大毛细血管形成	膜组织结构完整	膜组织结构完好
1～3 个月	巨大毛细血管继发性出血和新生红细胞	膜透明化，细胞成分减少，胶原增多	膜透明化（玻璃样化）细胞成分减少，胶原增多与硬膜几乎同厚
3～6 个月	无原始红细胞，可有灶性再次出血	膜组织玻璃样化	膜组织玻璃样化
大于 1 年	无红细胞	与硬脑膜相似	与硬脑膜相似

2. 脑皮质损伤后胶质细胞反应。

2～12 小时	星形胶质细胞肿胀，核偏于一侧
12～48 小时	胞体不规则或分解成颗粒状，直至消失
1～2 天	坏死区周围胶质原纤维增多，小胶质细胞增多
2～3 天	小胶质细胞无丝分裂，星形细胞核增大深染
3～4 天	小胶质细胞有丝分裂，星形细胞增多，出现圆形类脂质吞噬细胞
5～7 天	星形胶质细胞达最高峰，圆形泡沫细胞出现

3. 巨噬细胞及其演变过程。德国 Oehmichen 等（1985）将巨噬细胞在损伤脑皮质中的发生及发展过程作为脑皮质挫伤后存活时间的指示剂（如图6-2-2 所示）。

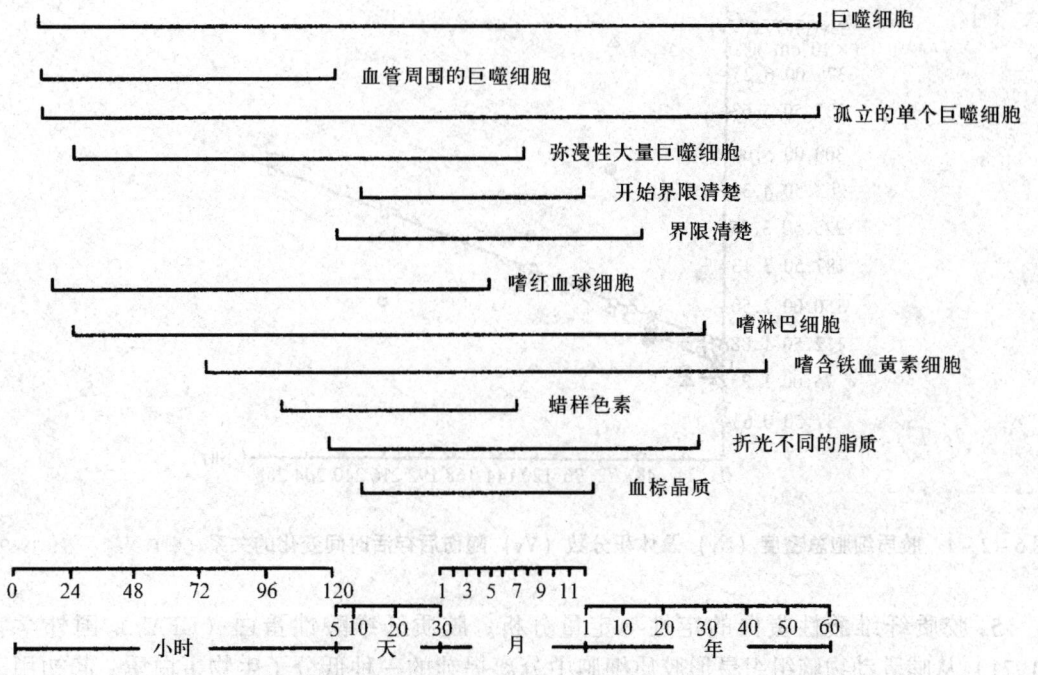

图6-2-2 存活条件下不同时期巨噬细胞的形态学改变（引自Oehmichen，1985）

4. 神经细胞与胶质细胞的定量分析。1989年，国内吴家馨等报道了利用自动图像分析仪对10例脑皮质挫伤不同时间内死亡者计数脑皮质单位面积内神经细胞和胶质细胞的数量和体积，发现脑皮质受伤后288小时内，受伤区神经细胞的数目及体积分数（单位体积内细胞体积数）随伤后时间增加而呈对数减少（如图6-2-3所示）；而胶质细胞，特别是星形胶质细胞数目和体积分数则随伤后时间增加而增加（如图6-2-4所示），具有推断时间的规律性。

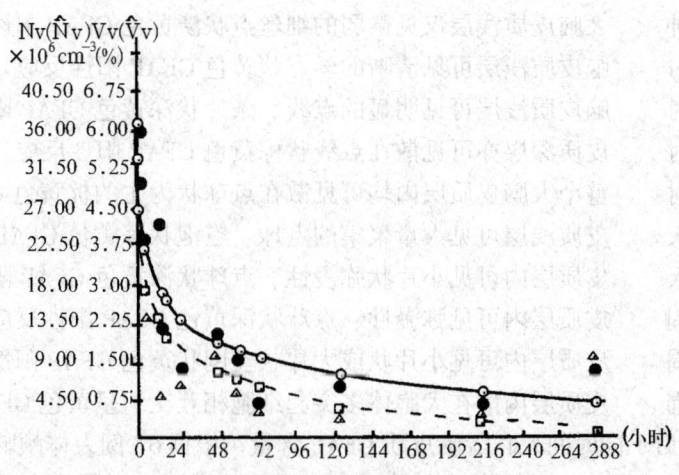

图6-2-3 神经细胞总密度（Nv）及体积分数（Vv）随伤后存活时间变化的关系
（引自吴家馨等，1989）

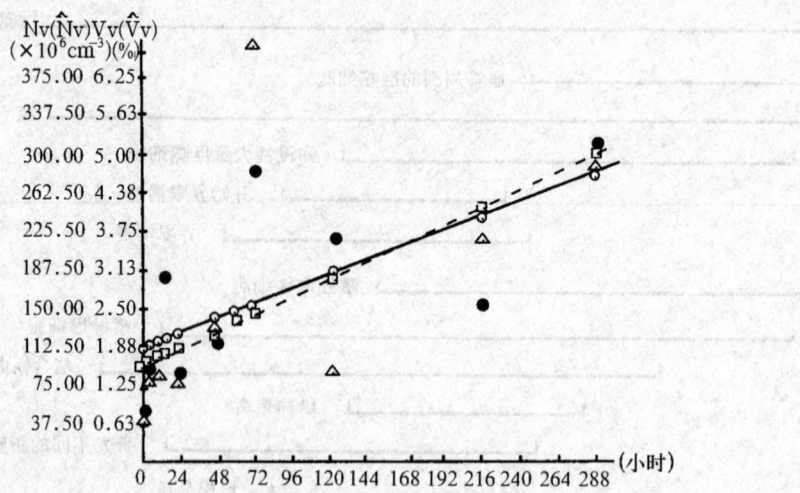

图 6-2-4 胶质细胞总密度（Nv）及体积分数（Vv）随伤后存活时间变化的关系（引自吴家 等，1989）

5. 胶质纤维酸性蛋白的定性与定量分析。胶质纤维酸性蛋白（GFAP）国外学者（1971）从哺乳动物脑组织星形胶质细胞中分离提纯的一种低分子生物蛋白质，起初用于遗传性或损伤性精神障碍或智力障碍的鉴别诊断，后逐渐应用于损伤时间的变化（Miyzke 等，1988；Hozumi 等，1990）。国内张晓东和牛文有（1998）从 1991 年开始进行了较为系统的研究，分别采用 GFAP 单克隆免疫组织化学方法以及图像自动定量分析技术对 55 只大鼠和 61 例人体脑皮质损伤标本进行检测观察，得到如下结果：

（1）大鼠脑皮质损伤后 GFAP 免疫组化染色镜下观察结果。

对照组：正常大鼠脑皮质内无 GFAP 反应阳性细胞，仅在白质内可见少量散在成黄染色，伴多个突起的 GFAP 反应阳性细胞。

伤后组：

损伤 30 分钟	大脑皮质浅层仅见微弱的细丝点状淡黄色 GFAP 阳性反应
损伤 3 小时	脑皮质浅层可见清晰的丝点状黄色 GFAP 阳性反应
损伤 6 小时	脑皮质浅层可见明显的点线、条片状深黄色 GFAP 阳性反应
损伤 12 小时	皮质深层亦可见散在点线状棕黄色 GFAP 阳性反应
损伤 24 小时	整个大脑皮质层内均可见散在点球状为主的棕黄色 GFAP 阳性反应
损伤 3 天	皮质浅层可见大量聚集的点球、空泡状棕黄色 GFAP 阳性反应
损伤 5 天	皮质层内可见小片状弥漫性、点球状深黄色 GFAP 阳性反应
损伤 1 周	皮质层内可见弥漫性、点球状深黄色 GFAP 阳性反应
损伤 2 周	皮质层内可见小片状或大片状丝网状黄色 GFAP 阳性反应
损伤 3 周	皮质层内散在大胞体多突起细胞相互交织呈黄色 GFAP 阳性反应

（2）人体伤后不同时间死亡者脑皮质 GFAP 含量。根据 61 例人体颅脑钝性损伤死亡后脑皮质损伤区周围 500μm 范围内取材，免疫组织化学染色后，经图像自动定量分析仪检测（如表 6-2-5 所示），发现伤后 1 天内，GFAP 含量明显升高，后缓慢下降，最长至 105 天后仍有反应。

表6-2-5 人体样本 GFAP 图像定量结果

组别	例数	GFAP 含量（%）
正常	5	0.1024 ± 0.0110
30 分钟	4	0.2015 ± 0.0416
2 小时	6	0.3264 ± 0.2512
4 小时	5	2.9497 ± 0.1861
10 小时	6	6.4444 ± 0.5549
1 天	7	9.4871 ± 1.5197
2 天	4	4.9553 ± 0.1952
3 天	6	3.6360 ± 0.0313
4 天	3	2.0015 ± 0.1580
7 天	5	1.2492 ± 0.0401
14 天	2	0.8133 ± 0.0293

（引自张晓东和牛文有，1998）

6. 脑皮质酸性磷酸酶活性。据张晓东和牛文有（1993）报道，人体颅脑钝性损伤后脑皮质酸性磷酸酶（ACP）活性在1天后增加，7天内达最高峰，至伤后25天仍有活性反应（如表6-2-6所示）。

表6-2-6 30 例人体脑皮质损伤后不同时间 ACP 活性

组别	例数	时间（天）	星形胶质细胞 ACP 活性 损伤中心区	星形胶质细胞 ACP 活性 损伤周边区	ACP 分布距损伤边缘 μm	白细胞 ACP 活性	ACP 颗粒状态
1	5	0.08	−	−	300~700	±	无
2	2	0.17	−	±	150~300	±	无
3	2	0.29	−	±	100~200	±	棕黄偶见点状
4	2	0.42	−	+	0~250	±	棕黄稀少点状
5	5	1	−	2+	0~700	+	棕褐少量散在点状
6	2	2	±	3+	0~1400	2+	棕褐少量密集点状
7	3	3	±	4+	0~1700	3+	棕褐多量散在或中心集聚点状
8	3	4~4.5	±	5+	0~2800	4+	黑褐多量密集弥漫点球状
9	3	7~7.5	+	2+	0~6000	5+	棕褐多量散在或集中胞体一侧点球状
10	2	11	+	4+	0~2100	2+	棕褐少量点状
11	1	25	+	+	0~1500	+	无或棕褐少量点状散在

（引自张晓东和牛文有，1994）
"−"：无或消失；"+"：少量或接近正常；"+"：高于正常或增多；
"2+"：明显高于正常或增多；"3+"：显著高于正常或增多；
"4+"：十分显著高于正常或增多；"5+"：极度增强或增多

三、生化检验

由于生化检验方法主要是对组织损伤后某些成分进行动态观察，而这些成分的改变常常是短期的，所以一般多用于损伤后 60 分钟以内的时间经过，因而这些方法也多用于生前伤的鉴定。

(一) 组胺含量变化与损伤时间

组胺是炎症反应的重要介质。傅晨钟和祝家镇 (1990) 利用荧光显微分光光度计的方法对 81 只大鼠制作剪创后的皮肤组织组胺进行定量分析，发现在创缘的不同距离内，组胺的含量随伤后时间的延长在 60 分钟内有较明显的改变 (如表 6-2-7 所示)。国内外研究结果表明，生前损伤 15 分钟时，组胺的含量最高，且组胺主要位于距创缘 100μm 范围内，损伤后 2 小时则创缘外 200~400μm 范围内组胺含量最高。

表 6-2-7 创缘组胺含量及荧光强度值

	创缘 0~200μm		创缘 201~400μm		创缘 401~800μm	
	荧光强度 (X±SD)	组胺含量 (μg/mm²)	荧光强度 (X±SD)	组胺含量 (μg/mm²)	荧光强度 (X±SD)	组胺含量 (μg/mm²)
对照组	1.26±0.48	1.70				
伤后组						
10 分钟	4.09±1.67	7.85	2.78±0.81	3.85	1.78±0.95	0.58
15 分钟	6.99±0.87	13.31	6.79±1.75	12.86	5.89±2.11	10.78
30 分钟	6.90±2.07	10.76	10.13±2.04	16.67	6.26±2.92	9.58
60 分钟	7.84±3.25	4.35	7.32±3.13	4.03	9.72±5.92	8.87

(引自傅晨钟和祝家镇，1990)

(二) K^+/Na^+ 比值变化与损伤时间

陈玉川等 (1990) 在大鼠身上制作烧 (烙) 损伤模型，并对烧伤皮肤下的肌肉进行原子吸收光谱分析 Na^+、K^+ 浓度，经 K^+/Na^+ 比值换算后，发现生前烧伤的肌肉组织中 K^+/Na^+ 比值明显下降，且随时间的延长有增长的趋势，而死后烧伤虽也有下降，但幅度较小 (如表 6-2-8 所示)，可用于烧伤时间的推断。

表 6-2-8 不同烧伤时间肌肉 K^+/Na^+ 比值

	生前 15 分钟	生前 30 分钟	生前 60 分钟	死后 20 分钟	对照组
平均值	0.72	0.49	0.29	0.190	2.30
下降幅度 (%)	71	77	86	27	

(三) 白三烯 B4 含量变化与损伤时间关系

孙洪涛和祝家镇 (1992) 采用高效液相色谱 (HPLC) 技术检测大鼠切创创缘组织中炎症介质白三烯 B4 的含量，发现不仅白三烯 B4 有区别生前死后伤的作用，而且随伤后时间的延长，白三烯 B4 含量增加，至 60 分钟达最大 31.15ng/g ± 3.01ng/g，之后又逐渐下降，呈一定的线性关系（如图 6-2-5 所示）。为使这一结果对实际工作有用，贺立文和祝家镇（1994）仍用 HPLC 的技术检测大鼠切创创缘经 10% 福尔马林固定 12 小时后白三烯 B4 的含量，得到与孙洪涛和祝家镇相似的结果，但含量减少约 50%；如福尔马林液固定时间再延长，白三烯 B4 含量明显下降，固定时间 98 小时时，含量仅占原来固定 4.49%；固定 1 周时，含量仅占 2.16%，但他们认为仍具有区别死后伤的特点。

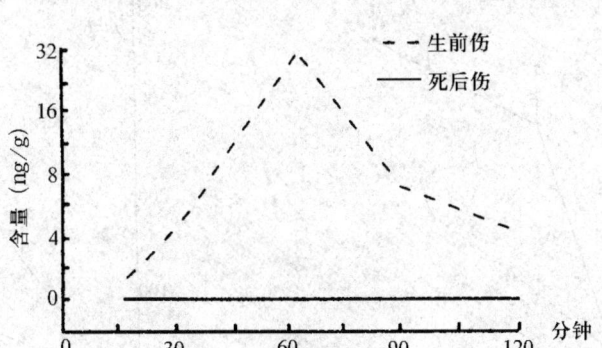

图 6-2-5　生前伤与死后伤皮肤中白三烯 B4 含量与损伤时间的关系（引自孙洪涛等，1992）

（四）纤维连接蛋白与损伤时间的关系

陈龙等（1996）报道了利用双抗体夹心酶联免疫吸附剂测定法，对 12 例人体腹部不同时间切创皮肤组织进行纤维连接蛋白含量检测，结果提示（如表 6-2-9 所示），随着损伤时间的延长，创口皮肤纤维连接蛋白含量逐渐增高，特别在损伤 30 分钟后更为明显，120 分钟以内有良好的线性关系（r = 0.9843）。

表 6-2-9　成人皮肤切创皮肤纤维连接蛋白含量

损伤时间（分钟）	含量（μg/g）
即刻	7.5920 ± 1.7364
15	9.1531 ± 1.7612
30	11.6942 ± 2.0645
60	13.0370 ± 1.9358
90	15.9872 ± 2.0358
120	22.3380 ± 1.5858

（五）髓过氧化酶与损伤时间的关系

Laiho（1998）报道利用损伤处急性细胞反应过程中髓过氧化酶活性增加的特点，采用邻联（二）茴香胺-过氧化氢分析方法检测创伤处皮肤中的髓过氧化酶活性，结果发现髓过氧化酶活性变化具有一定的损伤时间推断作用。此外，他在大鼠实验中还设计制作了大失血（35%）后、不同深度的皮肤擦伤以及不同损伤方式（擦伤和夹伤）等多种情况下髓过氧化酶活性变化的不同特点（如图6-2-6所示）。

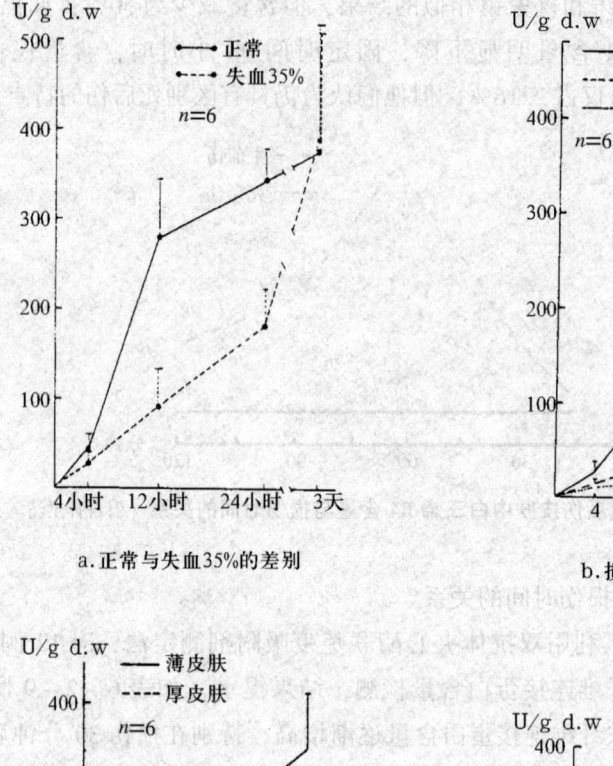

a. 正常与失血35%的差别

b. 损伤深度的差别

c. 皮肤厚薄的差别（擦伤）

d. 皮肤厚薄的差别（挫伤）

图6-2-6　皮肤髓过氧化酶含量与损伤时间的关系（引自Laiho, 1998）

第三节 损伤时间推断的实践应用问题

一、关于出血

出血一直是作为经典的生前损伤特点之一。在实践中,特别在基层实际办案中,由于多数缺乏组织学和生化检验的条件,肉眼观察创口组织的出血征象至今仍是作为主要的甚至是唯一的生前损伤依据。但事实上简单地不加分析地将出血视为绝对生活反应无疑是很危险的。从病理学角度而言,出血本质上是红血球经破裂的血管流出血管外的现象。因此,出血只需具备两个要素,血管内有血液和血管破裂。不难看出这两个要素并无生前死后的本质区别,特别是死后不长时间内。

杨玉璞等(1991)报道用家兔进行死后出血现象的实验观察,发现钝器在勒死家兔皮肤软组织、脑、肝脏上所形成出血征象分别为死后4小时(肉眼)、死后4小时(镜下)、死后1小时(肉眼)和死后2小时(镜下);笔者和同事曾在1990年至1992年间用猪、狗进行死后出血的动物实验,发现在勒死后1小时以内的动物身上制作损伤,均可形成较明显的皮下出血和内脏出血(如图6-3-1所示),在低下部位甚至可形成血肿。曹水金(1996)报道利用成年男性尸体进行死后损伤的观察,发现有以下特点:(1)死后1小时内,锐器致伤的尸体低下部位有肉眼可见的出血。(2)钝器所致的低位头皮出血可在死后2.5小时内发生且难以与生前出血相鉴别。(3)钝器致低位下肢与躯干软组织出血的时间也可出现于死后2.5小时内。(4)尸体高位处损伤较难看到出血现象。(5)死后发生出血现象通常要在伤后一段时间后(一般5~10分钟)才肉眼可见。李警锋等(2008)利用家兔动物实验,观察死后损伤出血的时间变化。结果发现:死后30分钟内尸体低下位置的锐器创与生前锐器创很难区别;死后1小时以上的锐器伤创口表现为出血量少、创缘皮肤不受血液浸染以及肌肉出血较局限的特征,与生前损伤相鉴别较容易。尸体低下位置的死后钝器损伤则表现为:出血量少而缓慢和骨骼肌一般不发生出血等特征。

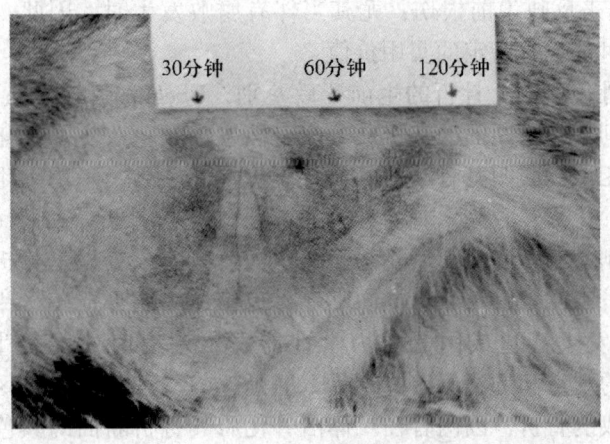

图6-3-1 死后钝器打击犬胸部形成的皮下出血

综上所述,我们可以认为,尸体上死后损伤出血不仅存在,而且在死后相当的一段时间内可能还比较明显,甚至和生前出血难以鉴别,这不能不引起我们的关注。尤其是尸体低下部位的出血(如缢吊着被解下时后枕部着地等),常常无法用凝血现象、血量大小等来与生前损伤出血相鉴别,所以除了出血本身的特点,如颜色改变、血量大小、是否浸润组织、是否形成血肿和血痂等以外,有时还要结合死因、现场致伤物以及形成方式等因素综合分析才能得出生前或死后出血的判断。对于高度腐败的尸体,尤其是损伤位置和数量均较孤立时,仅仅凭软组织颜色的改变,不应轻易作出生前损伤的判断。

二、关于骨折

骨质损伤常见的形式为骨折。骨折生前死后的推断也是在实践中可能会面临的问题。以往曾用骨荫即骨出血和骨质中铁元素含量测定来鉴别骨折的生前死后损伤,但一直未得到学术界的公认和普及推广,其原因在于缺乏客观成熟的理论基础。例如,骨荫形态学上表现为骨折或受力区骨质的颜色变暗红或深褐色,其形成机制认为是骨折后骨质中的滋养血管破裂,血液浸染局部骨质区,呈现颜色变暗的局部反应(如图6-3-2所示)。但这似乎无法排除骨折外血液污染性渗透或者骨质内血管腐败性溶血扩散形成假性骨荫的可能。同样局部骨质中铁元素含量的升高,除了上述外来或内在形成的假象因素外,正常人血液中的微量

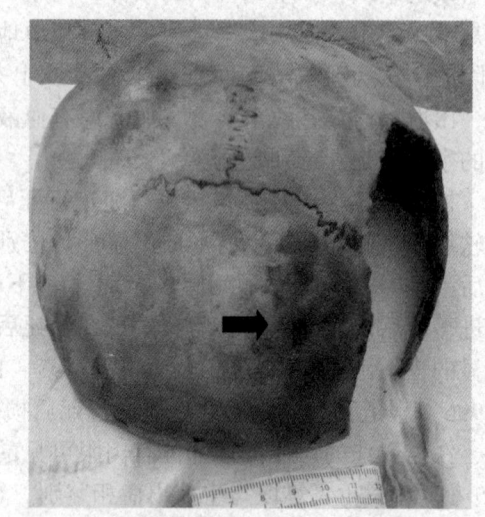

图6-3-2 颅骨生前骨折骨荫示意图(箭头)

元素含量改变是否能保证损伤出血的特异性,仍缺乏大样本的研究。所以至今在实践中鉴别生前或死后不久所形成的骨折的方法,主要还是依靠软组织损伤和生活反应如出血等。因生前骨折后常常有大量的出血(如图6-3-3所示),根据骨折周围组织出血的征象来鉴别生前死后骨折多不应很困难。难点是颅骨骨折,因颅骨周围软组织相对较薄而不足以"储存"足够的出血来反映生前损伤,尤其当伴有腐败发生时。因此,骨荫现象作为骨出血的判断指向,有时仍具有一定的实用价值。

对于挖掘的白骨化尸体上骨折的生前死后鉴别,Ubelaker 和 Adams(1995)提出两种区别方法:第一,利用骨折断面因有机成分改变而发生颜色改变和蚀化现象是否与正常骨断面的近似,如果相似,表明其骨断面的风化程度同步一致,考虑为生前骨折,否则骨折处断面颜色浅淡而蚀化很轻,则示骨折新近发生,即死后骨折(如图6-3-4所示)。第二,根据骨折的机制判断生前或死后发生,如不同骨上有二处以上骨折难以一次形成,或者几乎在同一位置发生二处骨折,但方向不一,也难以一次形成,这些情况均表示只有在白骨化因骨的位置发生变化或因骨的力学性能发生改变时才会发生,提示死后形成。Ubelaker 和 Adams 的观点和方法仍有些不足,但是,前一种方法很难区别生前伤后很快死亡和死后不久所形成的骨折,因两者在尸体白骨化后其骨折断面的颜色变化及蚀化程度可能几乎是一样的;至于两处骨折难以一次形成,是否有两次受力形成的可能,而这两次受力骨折既可均是生前的,也可能一次是生前的,一次是死后不久的,或者甚至是死后二次受力。因此,这种方法只是有条件地适用于某些情况,或者说仅适用于区别骨折是在死亡

发生前后还是在白骨化之后。

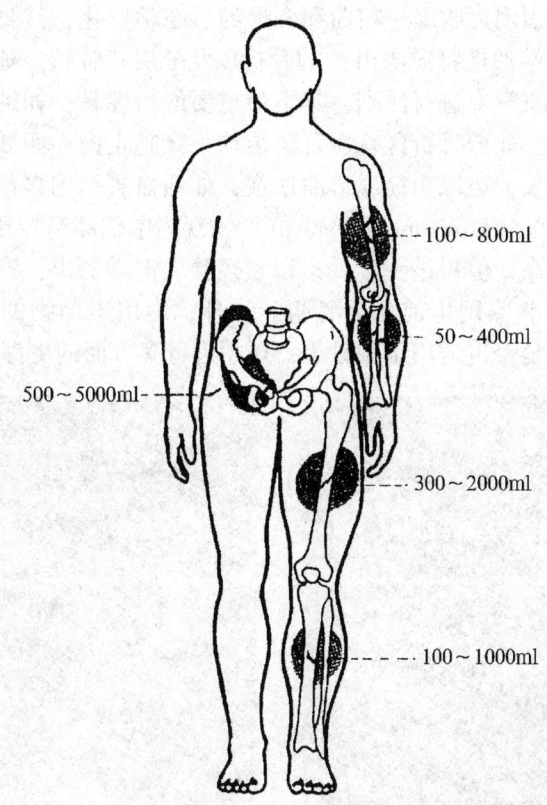

图6-3-3 骨折出血量的估计（引自Tscheme和Trentz，1983）

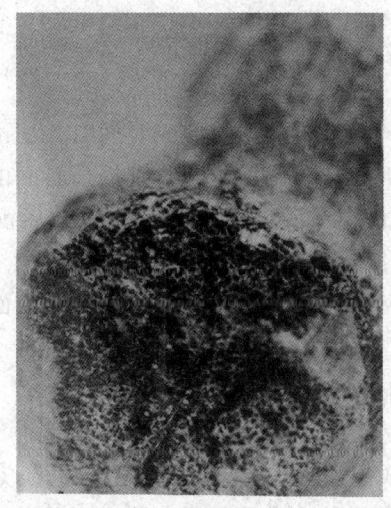

a.新鲜骨折

b.陈旧骨折

图6-3-4 根据骨折断面颜色改变推断骨折发生时间

对于死后焚烧的尸体上区别骨折是因损伤所致还是因高温所致，Herrmann和Bennett

（1999）用猪股骨进行模拟实验，发现高温导致骨折的机制是因骨胶原纤维脱水后引起弹性下降以及结构改变，表现为收缩、扭曲和变形的形态学变化，其骨折类型有纵向和横向骨折、绿锈状（指骨骺端油性物质渗出）的骨折以及分层状骨折。他们认为，利用立体显微镜观察技术，可在形态学上进行区别，其中最重要的指标是：如纯高温所致的骨折一般骨折线较短且边缘平滑，如遇骨折区有血管沟结构可穿越走向；而如是外伤骨折后再受高温，则表现为骨折线较长，边缘粗糙或弯曲透迤，如遇血管结构多沿其边缘行走，少见横穿（如图6-3-5所示）。Harrmann和Bennett的发现为鉴别高温导致骨折提供了一种新的途径，而且技术难度不高，值得进一步观察积累经验。但需提出，这种方法本身是鉴别热骨折和机械力骨折，而非鉴别生前死后骨折。另外，运用于动物的方法是否也适用于人类，适用于股骨的现象是否也适用于颅骨等，还须进行多方面的更深入的研究观察。

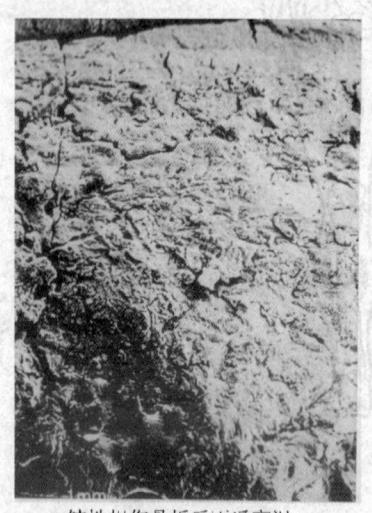 

a. 钝性损伤骨折后再受高温　　b. 单纯高温引起的骨折

图6-3-5　骨折与烧伤共存时立体显微镜下观

最后需要强调的是，无论采用何种方法，在鉴别骨折的形成时间时，切不可忽略骨折机制的分析，在实践中常可根据骨折形成的机制及特点，找到鉴别损伤时间的突破口。例如，下肢胫骨的楔形骨折，在人体直立时，只在前面受力时方可形成（后面受力易发生胫、腓骨同时骨折），所以受力方向在前的胫骨楔形骨折本身也提示多为生前损伤所致，而人死后或白骨化后则可造成任何方向上的楔形骨折，或者说胫骨单纯的侧面或后面受力所形成的楔形骨折应首先考虑为死后所致。

三、关于实验研究成果的评价

损伤时间推断是法医损伤学和法医学实践中一项十分重要的内容，特别是对于确定案件性质，分析损伤过程及方式常常是关键性的因素。因此，国内外法医学界许多人长期致力于损伤时间的研究，取得了多方面的成果。无论在肉眼水平、组织细胞水平、组织化学水平以及分子水平中都有不少新的思路，极大地丰富了实践应用的手段，某些方面如酶组织化学染色、纤维蛋白观察以及神经胶质细胞蛋白质检测等还有不少实际案例应用的报道。应当说，这一领域较之以往有了长足的进步。但十分遗憾的是，无论国内外，真正能够将实验研究成果直接转化应用于实践的技术和方法仍较少,而实际工作中普遍应用的方法仍以传统的经典方法居多,这方面出现了研究与应用的倒挂,或者说研究与应用脱钩的现象。究其原因,除了鉴定需求不高、实验条件欠缺和应用新技术意识淡漠等因素外,从研究成果方面而言,可能存在不同程度的适用性、可行性、可靠性等几个方面的不足:

（一）人与动物的区别——适用性问题

目前绝大多数损伤时间推断的新方法均来自动物实验。固然动物实验有条件控制、结果可靠、取材方便等优势,但毕竟动物与人在解剖结构、生理特点、组织成分等诸方面有较大差异,因此动物实验的结果要用于人体尚有一个转化过程。目前的问题不是对人与动物差别的认识,而是如何实现这一转化。要真正做好动物实验的结果能应用于人体的转化,至少有两个方面工作应先行。第一,要获得人体在相同部位中的数据正常值。第二,要有不同死因、不同损伤方式下人体组织中某一成分差异的比较性研究。以白蛋白和总蛋白用于损伤时间推断为例,目前已有对大鼠切创后创缘组织中白蛋白或总蛋白含量在某一时期内随损伤时间增加而增加的实验报道,但目前并未见到有关人体皮肤组织中正常状态下白蛋白或总蛋白的数据,即使认为创缘组织中白蛋白和总蛋白唯一来自血浆中而皮肤组织无,那么正常人体血浆中白蛋白和总蛋白的含量（已有现成临床数据）能否作为以及如何作为创缘皮肤组织中的含量起点尚需研究。另外,不同的死因（如猝死、窒息、损伤等）是否构成对血浆中白蛋白和总蛋白的影响,不同的损伤方式（如钝器创、锐器创、枪弹创等）和损伤部位是否会影响白蛋白和总蛋白的含量改变等也尚需研究。在此基础上,才谈得上将白蛋白和总蛋白含量的变化作为损伤时间推断的指标。即便如此,要真正用于工作实践则还有许多研究工作要做,如要研究不同环境因素对人体或尸体的影响等。

（二）尸体腐败的影响——可行性问题

机体死亡后,受体内外因素的共同影响,尸体要发生一系列的死后变化,这种变化发展到一定程度则发生尸体腐败,尸体腐败所导致的结果是使组织结构成分的崩解、自溶甚至消失。尸体腐败的时间和速度受环境、死因、生物侵袭等因素影响,快则仅十余小时（如夏季水中尸体）,慢则可数日至数十日（如冬季野外尸体）。可以认为,尸体腐败所引起的组织结构与成分的改变,使目前损伤时间推断所依赖的几乎所有指标均受到程度不同的影响。另外,在法医学实践中所检验的尸体有相当一部分属于腐败尸体,而且恰恰是腐败尸体才可能带来损伤时间推断问题（新鲜尸体一般凭借传统肉眼方法不难鉴别）。因此,任何一种新的检验技术,如果不能解决腐败尸体上敏感性和特异性的问题,似乎只能永远停留在实验室研究水平而难以发挥其实际应用效益。目前国内外几乎所有的推断损伤时间新方法和新技术多仅适用于非腐败尸体,更不用说严重腐败尸体。以炎症介质白三烯 B4 为例,根据研究结果,白三烯 B4 对损伤具有较高的敏感性和特异性,但仅经福尔马林液的固定,其含量便大幅度下降,固定 24 小时后,含量仅占伤后未固定组织的 10% 以下。显然,在实践中要应用这一指标来判断损伤时间,似只能适用于死后不久的尸体。根据目前研究的总体情况来看,几乎所有涉及损伤后局部组织成分含量改变的方法（如酶、蛋白质、炎症介质等）均存在无法适用于尸体腐败的问题,因此从某种程度上来说,目前也无法适用于实践。

（三）结果的重复性——可靠性问题

研究成果在推广应用时重复性问题十分重要。可以认为,结果的重复性是推广应用的前提条件。而且这种重复性应当是建立在客观而可操作基础上的。在法医损伤时间推断方法中也面临这一问题，如纤维蛋白的渗出。本来利用创缘纤维蛋白渗出后形成的纤维蛋白网状结构变化来推断损伤时间具有适用于人体和腐败尸体的特殊价值和良好的实践应用前景，但遗憾的是各研究报道的结果却有较大差别，而无法得到重复。据报道，伤后数十秒就能引起的纤维蛋白网结构，在死后4小时形成的损伤中也同样出现，如此悬殊的差异，究竟是个体差异的问题，还是检验方法的问题，似乎应当专门研究。实际上，仅仅凭借一两次实验研究和个别案例报道而全盘认同或否定某种结论均有失偏颇，纤维蛋白网究竟能否作为判断生前伤的特征，关键不在于死后损伤能否形成纤维蛋白网，而是形成的数量、形态方面是否完全一致。任何一种新方法和新技术能否应用推广，灵敏性、特异性、可重复性是三项最重要的指标。而作为法医鉴定中应用，由于涉及司法领域的证据问题，无疑更应慎重。这三项指标中，尤其重要的是可重复性，因为它涉及技术手段的可靠性。笔者认为，解决新技术可靠性的最好办法是学术界应当建立一套有效的新技术评价体系。没有经过评价体系检验和认证的新方法和新技术，是不宜应用于法医实践的。

第七章 钝器损伤

钝器损伤是指由有钝圆、钝棱、钝角而无锐利锋刃与尖端的物体所形成的人体损伤。这有钝圆、钝棱、钝角而无锐利锋刃与尖端的物体,就称为钝器。在机械性损伤的范畴内,就工具种类而言,大体上有三类,即钝器、锐器和枪弹。在法医学实践中,钝器损伤是最常见的机械性损伤类型。据国内资料统计,钝器损伤在凶杀案中占65%以上,而在活体损伤中占80%以上,在国外美英等发达国家,尽管凶杀案件中钝器损伤所占比例不高(30%左右),但在整个非正常死亡中仍占45%左右。

钝器在自然界和人们日常生活中随处可见,因其形态多样,分类较为困难。有按钝器作用面分大平面为主的钝器(如铁板、木板等)、小平面为主的钝器(如柱面钝器、石块等)、球面钝器(如哑铃、秤砣等)、圆柱面钝器(如铁管、钢筋等)以及不规则的钝器(如拳、脚等)等;也有按钝器质地分金属类(如斧锤)、木质类(如棍棒)、砖石类(如地面)以及生物类(如拳脚)等。由于钝器分布广泛、形态各异,在人体上形成的损伤极为复杂,如一种钝器在某些情况下可形成不同的损伤形态;而数种钝器在一定条件下又可形成相似的损伤形态。因此,掌握钝器损伤的规律性比其他损伤要困难得多,故一直是法医学鉴定的难点。钝器损伤的研究又限于实验模型建立困难且受影响因素太多,国内外至今少有全面的重大突破。

按钝器的性状和形态,可以将钝器损伤分为棍棒类损伤、斧锤类损伤、砖石类损伤、徒手损伤、高坠损伤、咬伤以及交通工具损伤七大损伤类型。因交通工具损伤较为特殊,将另行专门讨论,本章将论及前六种钝器损伤。

第一节 棍棒类损伤

一、棍棒类钝器的性状

棍棒的基本形态是具有一个狭长的棒体和两个棒端(如图7-1-1所示),其外形有圆柱形、方柱形以及不规则形。按棍棒质量的不同一般将其分为木质、金属和塑胶三种。

(一)木质棍棒

木质棍棒分布极广,几乎随手可得。木质棍棒较金属棍棒轻,具有一定的弹性。案件中常见直径3~4cm,长100cm左右的易挥动棍棒。圆柱形棍棒棒体呈弧形面,其直径与曲度成反比,即直径越大曲度越小;方柱形棍棒具有平面和棱边的两种作用面,在实践中多见一条边和一个面作用;不规则形棍棒常见于树枝树段,表面粗糙且凹凸不平。

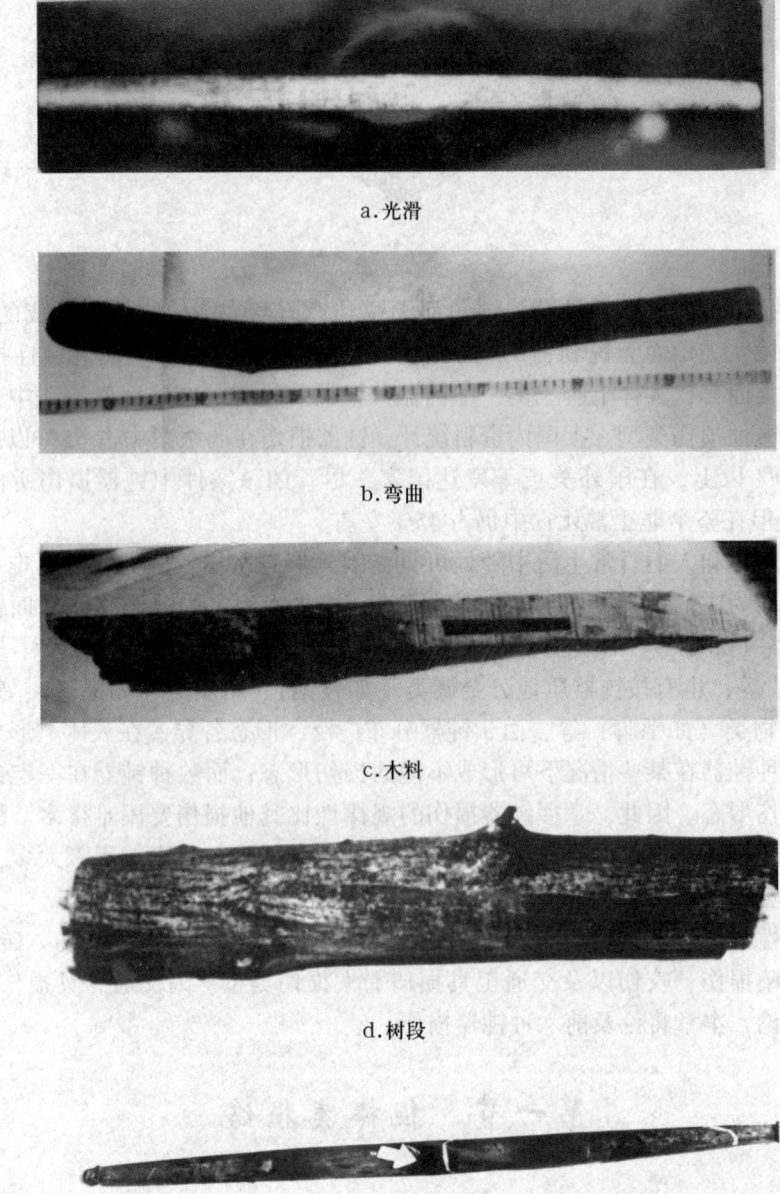

a. 光滑

b. 弯曲

c. 木料

d. 树段

e. 扁担

图 7-1-1 形态各异的各种木质棍棒

(二) 金属棍棒

金属棍棒多属铁质建工材料、五金工具和日用品，具有体积小，质量大，质地硬的特点。金属棍棒直径多小于木质棍棒，常见直径为 2~3cm，长度为 40~80cm 左右的管状结构。金属棍棒有空心与实心之分，其棒体与木质相似，也有圆柱、方柱以及不规则三种，但以圆柱形居多。不规则形金属棍棒多具有特殊性，如螺纹钢筋、角铁条等，易形成较有识别价值的损伤。

(三) 塑胶棍棒

塑胶管、尼龙棒以及电警棍是塑胶棍棒较常见的种类。塑胶棍棒的特点：一是以圆柱形为主。二是表面光滑，富有弹性。三是短小（多小于 50cm），便于携带与挥动。塑胶棍棒一般较金属轻而较木质重。

二、棍棒损伤的共同特点

(一) 条形损伤为主

除少数情况（如棒端接触等）外，棍棒作用引起一般多为条形损伤，无论是表皮剥脱、皮下出血还是挫裂创。这是由于棍棒的长轴向性状所决定的，这种条形损伤形态学上表现为与棍棒纵轴方向一致，长度应至少大于 3cm，一般多数在 5cm 或以上（如图 7-1-2 所示）。

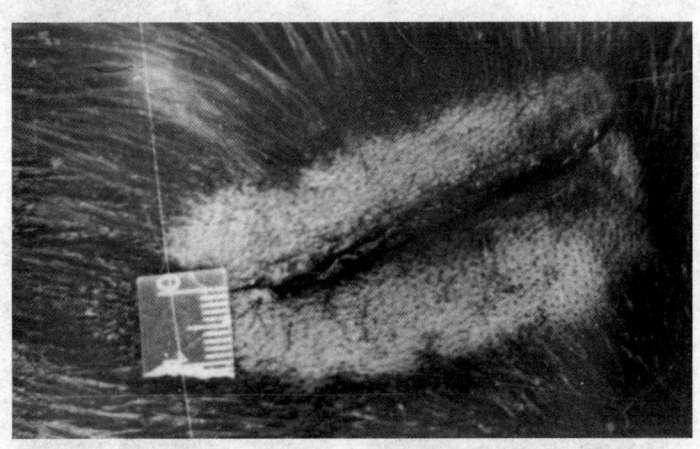

图 7-1-2 典型的头皮条形棍棒创

(二) 中空性皮下出血

在人体较平坦且皮下组织较丰富的部位，棍棒损伤容易形成中空性皮下出血。中空性皮下出血是棍棒类损伤的重要特征，无论质地是金属、木质还是塑胶，也无论外形是圆柱形或方柱形，均可形成。但不规则棍棒一般不易形成中空性皮下出血，人体头部等部位也不易形成。关于中空性皮下出血的形成机制和特点前已述及。

(三) 镶边状挫裂创

棍棒类的另一个重要损伤特征是皮肤组织的镶边状挫裂创，其特点是：创口沿棍棒长轴呈条形；创缘两侧伴有边界较整齐的表皮剥脱和皮下出血；创角有与受力方向相一致的撕裂以及一定程度的皮下组织挫碎和毛发脱落征象（如图 7-1-3 所示）。比较而言，金属棍棒类引起镶边状挫裂创比木质或塑胶棍棒类更多见而且更典型。

(四) 线状骨折多见

据实践资料统计，棍棒类钝器引起的骨损伤中，线状骨折占 70% 以上，其中在人体长骨损伤中占 90% 以上。这是由于棍棒作用面积相对较大，局部集中受力相对较小以及自身呈长轴状等因素所决定的。有时使用力量较大时在颅骨上可形成条形塌陷性骨折，也称舟状骨折，尤其是金属类棍棒因其质地较骨骼硬，更容易形成（如图 7-1-4 所示）。

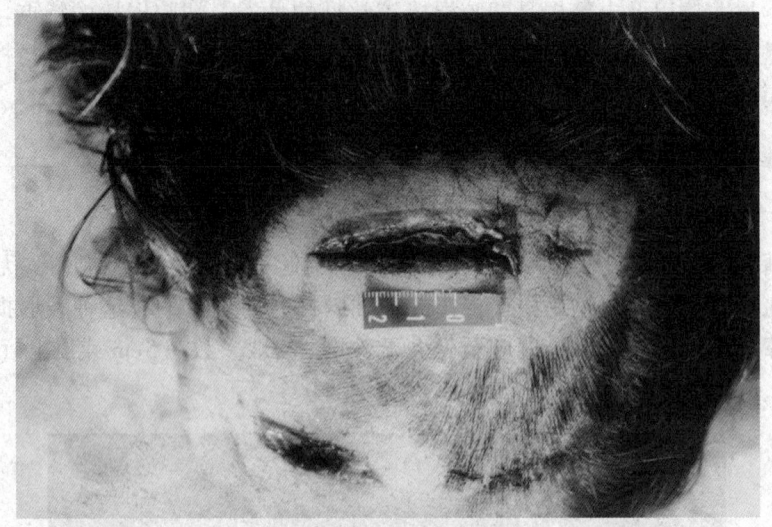

图7-1-3 类方形金属棍棒形成的条形挫裂创和镶边状挫伤带

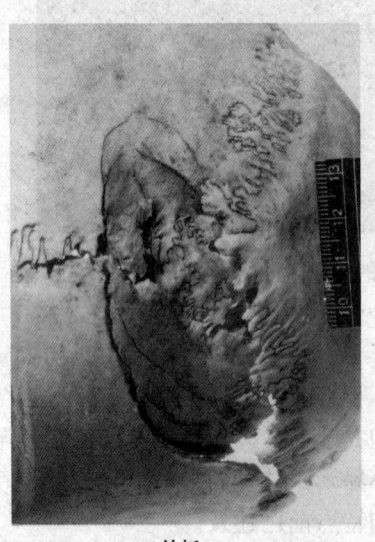
a.外板

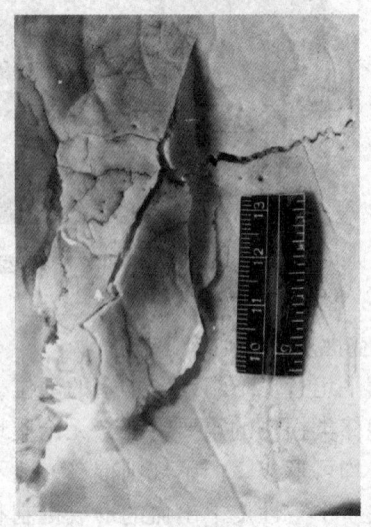
b.内板

图7-1-4 金属棍棒形成的颅骨舟状塌陷性骨折

三、不同性状棍棒损伤特点

除了上述棍棒类钝器损伤共同的基本特点以外,不同性状的棍棒还有其不同的损伤特点:

(一)质地不同的棍棒损伤

质地不同的棍棒有时会产生明显的不同的损伤特点,而这些特点有时会成为鉴别不同质地棍棒损伤的关键。例如,同样都可以形成舟状塌陷骨折,金属类棍棒因其质地较骨硬而易在骨折边缘形成挤压性的小骨裂(如图7-1-5所示),而木质或塑胶类棍棒则无此特征。又如，塑胶类棍棒相对具有良好的柔软性和弹性，故易形成表皮剥脱轻而皮下出血甚至内脏损伤重的特点，而木质类和金属类棍棒则往往形成较重的皮肤损伤。表7-1-1列举了木质和金属类棍棒的损伤比较要点。

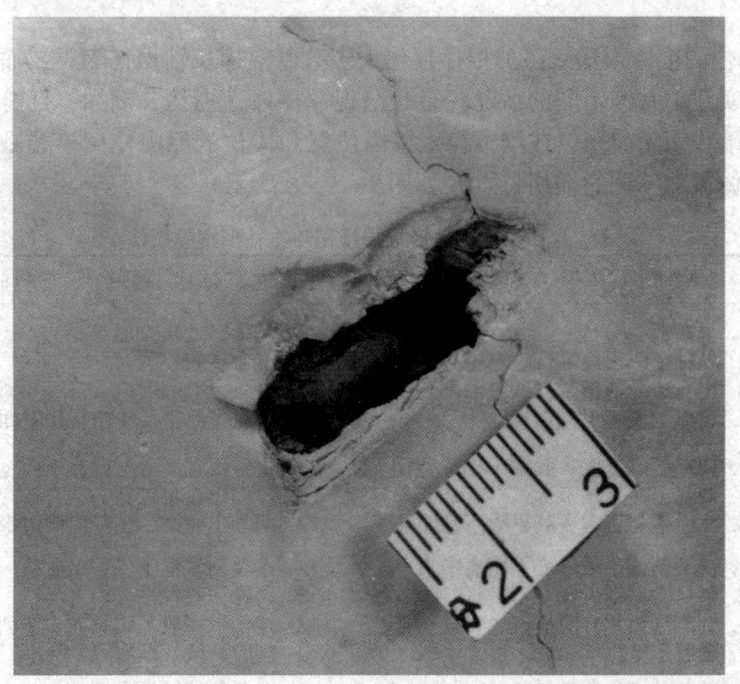

图7-1-5　金属所致的颅骨骨折区挤压缘（近标尺侧）

表7-1-1　木质和金属类棍棒损伤特点

	木质类棍棒	金属类棍棒
皮下出血	1. 单纯性表皮剥脱、皮肤出血较多见 2. 中空性皮肤出血较多见 3. 出血一般轻微，界线不甚明显	1. 较少见 2. 较多见 3. 出血严重，界限清楚
挫裂创	1. 头皮很少全层断离，创腔组织间桥较多，创口哆开不明显 2. 创缘不整齐，多呈锯齿状 3. 创缘镶边状挫伤带不明显 4. 囊状创腔较多见 5. 易形成弧形皮瓣创，创角多有撕裂	1. 头皮易全层断离，创腔内组织间桥较少，创口哆开明显 2. 比较平直 3. 镶边状挫伤带较显著，有时伴有组织挫灭 4. 较少见 5. 较少见
骨折损伤	1. 骨质损伤较少见 2. 多见于线状骨折 3. 骨质表面一般无压擦痕迹 4. 骨折周边上不伴有挤压性小骨裂	1. 骨质损伤较多见 2. 多见于塌陷粉碎性骨折 3. 骨折表面常有压擦痕迹 4. 骨折区周边上常伴有挤压性小骨裂
创内遗留物	在创口内有时遗留木质碎屑、树皮等	在创口内有时遗留铁锈、油垢、断离的头皮等

2. 不同表面形态的棍棒损伤。表7-1-2列举了表面圆形和表面方形的棍棒损伤的特点。至于表面不规则形棍棒所致的损伤则呈极端化，要么损伤形态毫无规律，如树枝段的损伤（如图7-1-6所示）；要么损伤形态极富特征，如六角钢条所致的损伤（如图7-1-7所示）。

3. 不同部位的棍棒损伤。虽然棍棒损伤大多数以棍棒长轴损伤为主，而表现为条形损伤居多。但在实践中常因不同的情况，有时出现非棒体性损伤。例如，打击时因被击的人的躲闪而仅棒端作用于组织，或因棍棒短或因位置和体位的原因使用棒端戳击等。所以形成了可能与棒体截然不同的损伤特点（如图7-1-8所示）。

表7-1-2 圆柱形棍棒损伤与方柱形棍棒损伤

	圆柱形棍棒损伤（弧形打击面）	方柱形棍棒损伤（平面打击面）
皮下出血	1. 呈条形 2. 纵轴中心出血重，远离中心出血轻 3. 出血边缘与正常皮肤界限不甚明显 4. 出血宽度窄于棍棒直径	1. 呈带形或长方形 2. 出血均匀一致 3. 界限一般分明 4. 出血宽度常反映出棍棒平面的宽度
中空性出血	1. 中空区的宽度一般窄于棍棒直径 2. 两侧出血带较窄 3. 出血带与正常皮肤界限不甚明显	1. 中空区宽度常与棍棒平面宽度一致 2. 两侧出血带较宽 3. 两侧出血带，尤其内侧边缘较明显
挫裂创	1. 挫裂创位于条形皮下出血中央 2. 创缘常呈锯齿状，不平直 3. 两侧创缘常有明显镶边状挫伤带 4. 创腔多呈囊状	1. 挫裂创常位于皮下出血的一侧或两侧边缘 2. 创缘一般较平直 3. 挫伤带一般不明显或多在创口一侧边缘 4. 创腔一般不呈囊状
线状骨折	1. 单条骨折线较常见 2. 骨折线走向常与棍棒纵轴一致	1. 多条骨折线较常见 2. 较长较宽的骨折线能反映打击方向
塌陷粉碎性骨折	1. 骨折区常呈舟状 2. 骨折区纵轴一端常伴有骨折延伸线 3. 骨折区宽度一般窄于棍棒的直径 4. 骨折区纵向边缘常伴有挤压性骨裂	1. 骨折区常呈类方形 2. 一般无此现象 3. 骨折区宽度相当，或稍宽于棍棒平面 4. 骨折区纵向边缘一般不伴有挤压性骨裂

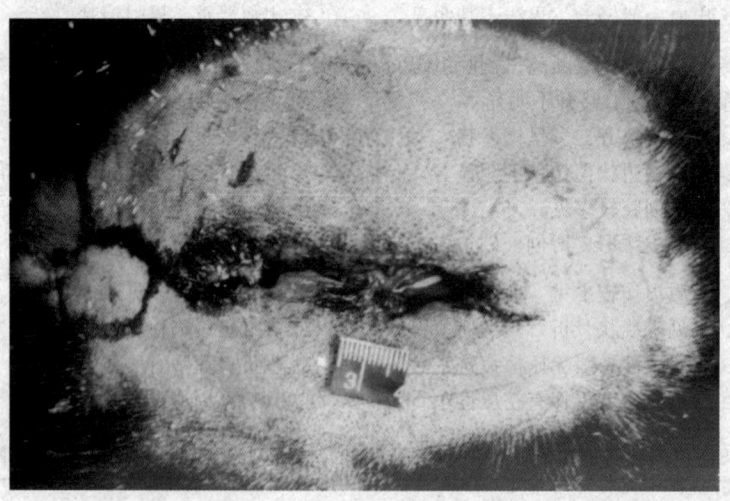

图7-1-6 树枝段所致的头皮挫裂创

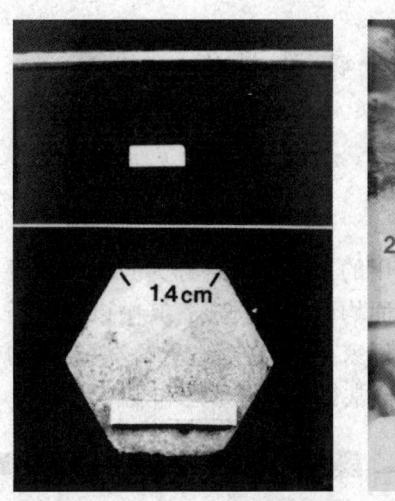
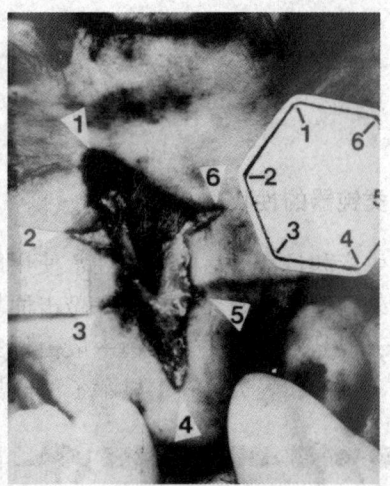

图7-1-7 六角钢棍棒（左）及面部损伤形态（右）

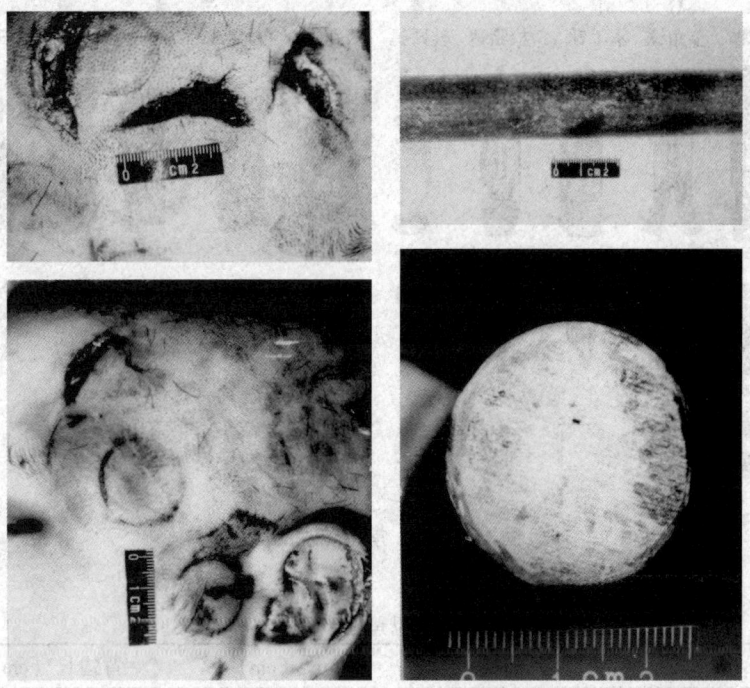

图7-1-8 短铁棒（右）端头打击（左上）和戳击（左下）形成的损伤

棒端打击通常表现为弧形（圆柱形棍棒）或短条形和角形（方柱形棍棒）损伤，由于棒端作用的方向性走向，往往在损伤的一侧形成较明显的表皮剥脱和/或皮下出血，而且容易形成创口的撕裂。

棒端的戳击通常表现为与棒端面相似的损伤形态和大小，空心的管状棍棒易形成较明显的皮肤与管径相似的挫创（尤其有骨衬垫时）。应当注意的是，实心的棍棒戳击往往也仅在接触面边缘形成局部挫裂创，而接触面中心仅有皮下出血为主的损伤，有时甚至不明显。

第二节 斧锤类损伤

一、斧锤类钝器的性状

斧和锤是生产和日常生活中人们经常使用的工具，常合称为斧锤。除极少数锤类由木质或橡胶构成外，绝大部分斧锤的砍、敲击面均由金属构成，其中以钢铁类为主。虽然斧锤种类也较多，但与棍棒相比，斧锤一般由厂家生产，自制极少，故斧锤均有一定的规格和形态。图7-2-1和表7-2-1显示了部分常见的斧锤形态和规格。

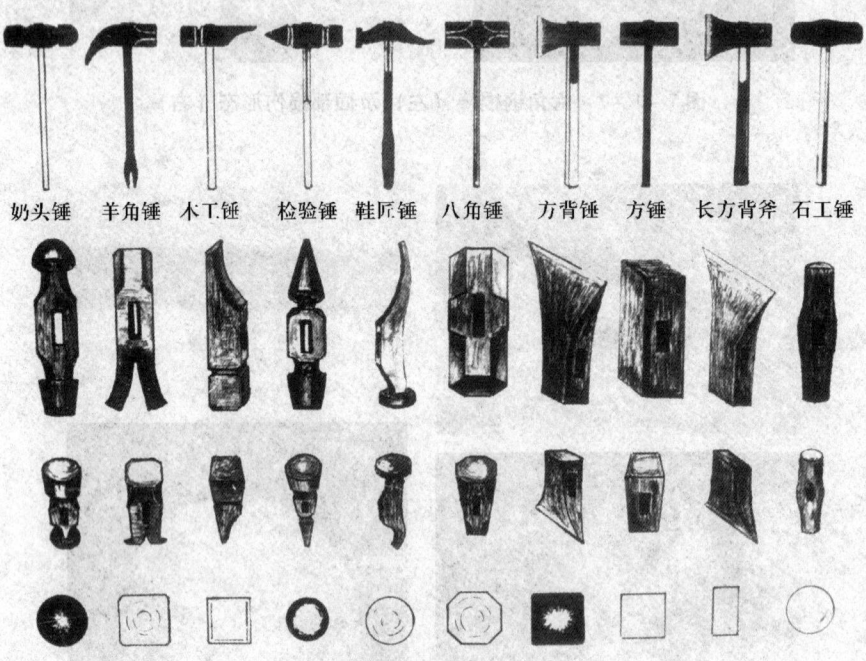

图7-2-1 常见斧锤的类型

表7-2-1 常见斧锤产品规格一览表

品名	重量（kg）	全长（cm）	背边长（cm）
消防斧	2.5	18.0	3×8
民用斧	0.6	10.0	2.8
木工斧	0.5~1.0	10~14	2.8×3.0~3.5
铆钉斧	0.25~1.2	6.0~11.0	1.8~3.2
羊角锤	0.3~0.7	12.0	2~2.5
石工锤	1.25~1.7	10~12	4~4.5
八角锤	2~5	12~17	3.8~6.0
裂石锤	6~8	24~25	6.0~7.0
检验锤	0.25~0.5	12	1.5~1.9

斧由斧体和斧柄构成。斧体为金属，分斧背和斧刃两部分，斧刃有单刃和双刃之分。斧背则呈方形或长方形，极少数为圆形。斧柄多系木质，个别有铁质，绝大多数斧体和斧柄可拆卸拼接。斧的命名一般按用途而定，如消防斧、木工斧、民用斧、肉斧等。

锤也由锤体和锤柄构成。绝大多数锤体系金属，分锤击面和锤背两部分。锤柄多系木质，与锤体可拆卸拼接，少数金属锤体、锤柄成一体。由于锤体形态较多，一般锤的命名以其形态特征为主（如奶头锤、羊角锤等），但也有以其用途命名的，如石工锤、鞋匠锤等。

尽管斧锤多产自厂家，但其种类和规格极多，难以全部描述，下面仅就部分常见或较特殊的斧锤性状作一简要介绍。

（一）木工斧

木工斧是木工常用的工具，其背呈长方形或方形。此种斧一般养护较好，很少有卷边崩刃现象。因此，斧背平整，斧刃锋利，把柄和斧体固定良好。木工斧大多是工厂生产的，但因产地不同，其规格也不统一。

（二）民用斧

民用斧是人们生活中常用的工具，多用来劈木材、砸煤块、敲钉子等，使用较广因而容易获取。民用斧和木工斧外形近似，但体积稍小。斧体为铁质，硬度低，一般不注意养护，故多有卷边卷刃现象。有的斧背变形不平整，因此在钝器损伤中不易反映出斧背的棱边和棱角特征。

（三）奶头锤

奶头锤又称钳工锤、圆头锤，是钳工、锻工、铆工常用的工具，一般作为锤击或整形工件用。奶头锤一端为圆形平坦锤击面，另一端为半球形的锤背。此种锤一般以碳素钢为原料，硬度较高，在锤击面上边缘上可能形成缺损，但无延展卷边现象。在锤类损伤案件中，奶头锤是一种常见的犯罪工具。

（四）八角锤

八角锤又称八角榔头、八面手锤、大锤、锻工锤，为锻工和铆工锤击工件、开山筑路锤击钢钎用的手工工具。此种锤有两个形态相同的锤击面，锤体为等边八角形，夹角为135°。锤击面为类圆形、直径小于锤体，锤击面与锤体之间有一斜面，其内侧边缘为圆形，外侧边缘为八角形。在偏击时才有可能反映出135°的夹角特征，使用圆面磨损的八角垂直打击时，亦能反映出夹角的特征。在案件中，以2~4kg重的八角锤较多见。

（五）羊角锤

羊角锤是木工常用的一种手工工具，锤击面有方形、圆形两种。锤背呈羊角状，向把柄方向弯曲。方形锤击面比斧背面积小，在四角常有3~5mm宽的倒角，四周的边角一般较钝。有的硬度不够标准，可出现崩边崩角或卷边卷角现象，甚至整个锤击面变形。在钝器损伤案件中，羊角锤多见于用锤击面打击，用羊角端打击较罕见。

（六）检验锤

检验锤是铁路检修工检验车辆的专用工具。此种锤一端为直径1.3cm左右的圆形锤击面，另一端为60°角的圆锥体或八面锥体。

（七）石工锤

石工锤为石工砌石、碎料常用的一种工具。北方的石工锤两端均为正方形的锤击面，边长4cm左右，重约1.5kg，有的石工锤一端为正方形，而另一端为长方形。

（八）鞋锤

鞋锤为鞋工用的一种工具。锤体长 15cm，重 250g 左右。锤击面为圆形，直径 3.5cm 左右，锤背为扁鸭嘴状，长而弯曲，末端为 2.5cm×0.3cm 的扁平面。

（九）木槌和橡胶锤

木槌是白铁工使用的一种工具。槌体和槌柄多用质地坚硬的檀木制成。木槌体为圆柱状，槌击面呈圆形，中央稍隆起，周边较钝圆。橡胶锤的形态结构与木槌基本相似，只是质地不同而已（如图 7-2-2 所示）。

a.木槌　　　　　　　　　　　　　　b.橡胶锤

图 7-2-2　非金属锤

二、斧锤损伤的共同特点

斧锤类钝器损伤具有以下共同的基本特点：

（一）小平面损伤为主

由于绝大多数斧锤类作用面较小且较固定，因此一次作用所形成的损伤面积较小。在法医学实践中，斧锤类的钝性损伤以斧背或锤击面损伤多见，所以总体上以方形和圆弧形损伤为主，而且边界往往较清楚。

（二）挫裂创常见

由于斧锤把柄较短易挥动，作用面小而力点集中，因此斧锤类形成的损伤多较严重，表现在易形成挫裂创和骨折，尤其在有骨衬垫处（如头颅）。据统计，锤类在头部形成的损伤中挫裂创占 80% 以上，而斧背则占 90% 以上（如图 7-2-3 所示）。另外，由于斧锤打击时挥动具有明显的方向性，易在挫裂创角一侧形成皮肤牵拉性的撕裂。

（三）损伤形态与部位相关

斧锤损伤的形态与打击人体的部位有很大关系。例如，在人体平坦且皮下组织丰满的部位（肩背部、上下肢等），斧锤打击一般易形成较完整反映接触面形态的皮下出血，而表皮剥脱的情况则与斧锤接触面的新旧光滑程度有关（如图 7-2-4 所示）。在人体的突出部位，特别是有骨组织衬垫处（如头面部等），斧锤面打击易形成星芒状挫裂创并伴有面积与接触面相似但小于挫裂创的表皮剥脱和皮下出血（如图 7-2-5 所示）。

（四）骨折多呈塌陷

斧锤作用力集中的结果常引起塌陷性骨折，尤其见于头部的斧锤损伤。塌陷骨折的形态则根据斧锤打击时候接触面的状况、打击部位及其打击方向而有所不同（如图 7-2-6 所示）。

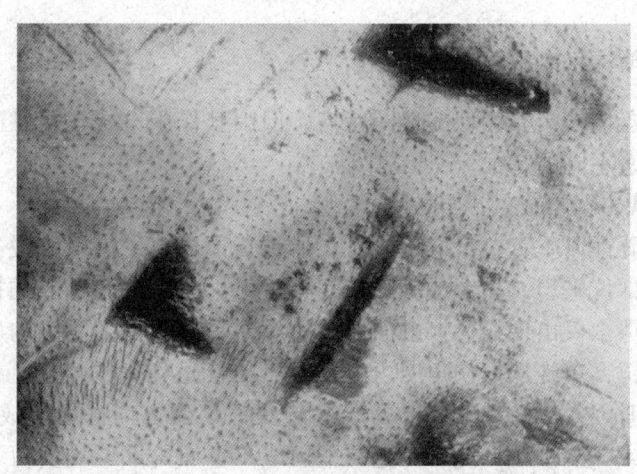

图 7-2-3　方锤打击形成的头皮损伤

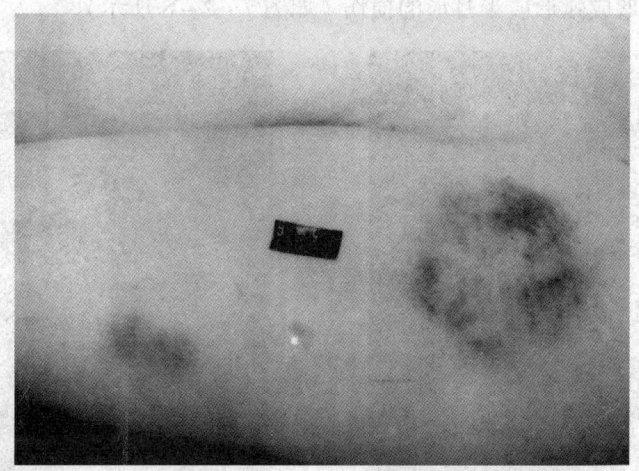

图 7-2-4　圆锤在上臂所形成的类圆形皮下出血

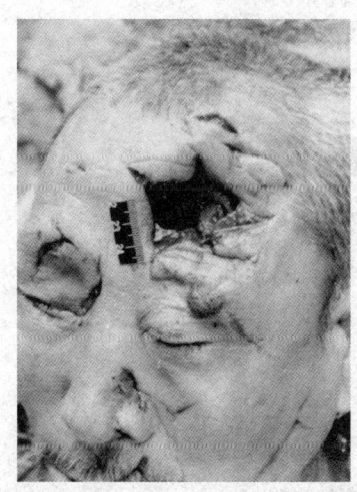 

图 7-2-5　斧背形成的星芒状挫裂创　　图 7-2-6　圆锤形成颅骨类圆形塌陷骨折

三、斧锤损伤的差异

虽然斧锤类钝器损伤具有相似的共同特点，但因其作用方式、接触面形态以及质地的不同也常表现出某些不同的特征。

（一）作用方式不同形成的差异

作用方式是指斧锤以垂直打击或偏向打击所形成的方式。一般来说，垂直打击接触面较大，如果被打击部位平坦，易形成反映较完整接触面具有清楚边界的损伤特点。如果被打击部位不平坦，那么仅出现物体接触面形成的损伤，此时可无明显的反映物体轮廓的边界，尤其是方形斧锤，单纯从损伤角度可能反映不出棱边作用的痕迹。在实践中，可能更多地见到斧锤打击时因人体活动、姿势的改变以及挥动的方向性而造成偏向打击的结果，引起打击物的一侧或一端接触，此时无论在平坦或不平坦的部位均要留下斧锤部分的形态特点。例如，方形斧锤易留下槽状、两边夹角以及三角形的损伤（如图7-2-7所示），而圆形锤击面则易形成弧形或半月形的损伤（如图7-2-8所示）。

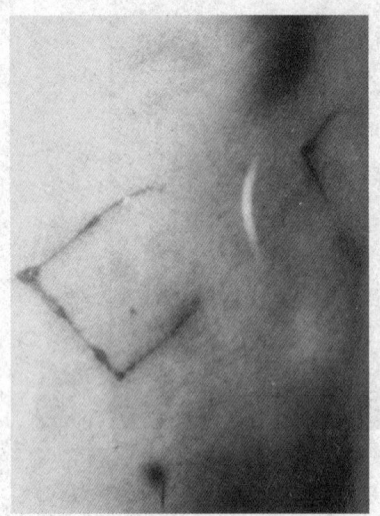
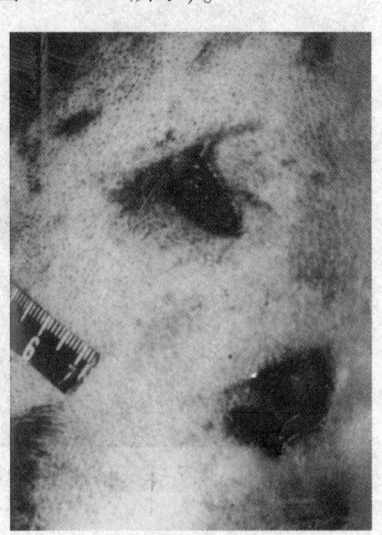

图7-2-7 方形斧背所致的皮肤挫伤（左）和头皮挫裂创（右）

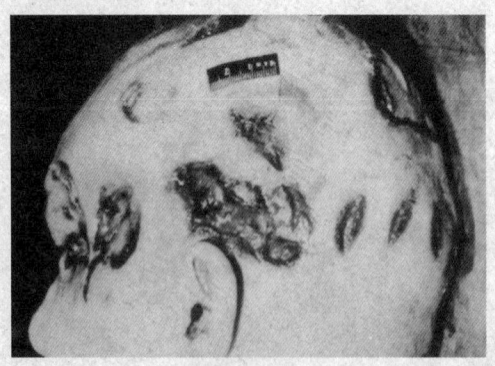

图7-2-8 羊角锤面所致的头皮弧形挫裂创

（二）不同形态打击面形成的差异

一般可将斧锤的打击面分为方形、圆形和多角形三种，斧背形态变化较小，多系方形与方形锤相似，比较而言，多角形锤背或锤击面有时反映特征不明显，易误认为方形甚至圆形打击面（如图7-2-9所示）。表7-2-2列举了不同形态打击面形成的损伤差异。

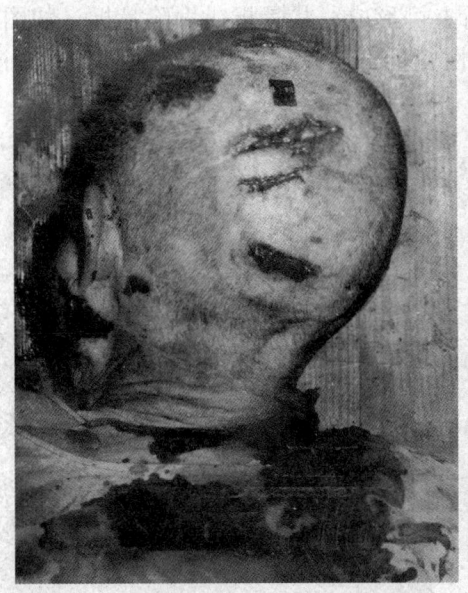
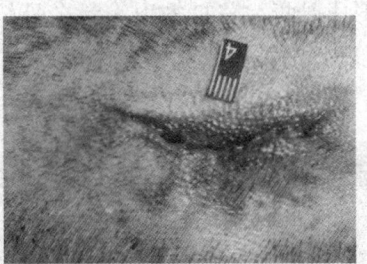
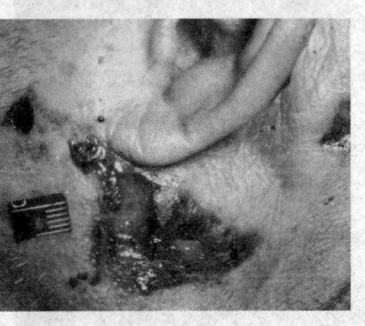

图7-2-9　方形斧背不同角度打击头部形成的多种形态损伤

表7-2-2　金属斧锤损伤鉴别

	斧背及方形锤击面损伤	圆形锤击面损伤	多角形锤击面损伤
皮肤出血	1. 方形或类方形皮肤出血 2. 直角形或槽形皮肤出血	1. 圆形或类圆形皮肤出血 2. 半月形皮肤出血	1. 不易反映锤面的完整形态 2. 钝角形或多角形
挫裂创	1. 条形、直角形或槽形 2. 星芒形挫裂创 3. 类方形组织挫灭	1. 弧形、相对弧形挫裂创 2. 星芒状挫裂创 3. 圆形或类圆形组织挫灭	1. 钝角形或多角形挫裂创 2. 星芒状挫裂创较少见 3. 钝角形组织挫灭
骨折	1. 直角形骨质压迹 2. 类方形塌陷骨折 3. 直角形阶梯样塌陷骨折 4. 类方形孔状骨折	1. 弧形骨质压迹 2. 类圆形塌陷骨折 3. 弧形阶梯样塌陷骨折 4. 圆形孔状骨折	1. 钝角形骨质压迹 2. 类圆形塌陷骨折 3. 钝角形阶梯样塌陷骨折 4. 一般不易形成孔状骨折
其他	有时斧背斧刃损伤同时存在	锤击面和锤背损伤很少同时存在	

（三）非金属锤类损伤特点

前述均为金属类斧锤的损伤，系最常见的斧锤类损伤类型。但有时在某些场合会出现非金属锤类的损伤，常见的有木槌和橡胶锤。

木槌槌体为圆柱状，其两端具有圆形槌击面，槌击面中央稍隆起，边缘较钝。木槌打击时，由于作用面大，力点分散，而且质地不如铁质坚硬，因此所形成的损伤一般较轻。木槌槌击面垂直打击在头部，可形成类圆形皮肤出血，其皮肤出血范围往往小于槌击面的直径。打击时由于中央部位受力较大，损伤严重，在类圆形皮肤出血中有时伴有不规则形挫裂创。远离中央部位受力小，损伤较轻，皮肤出血边缘与正常皮肤界限不清。木槌打击一般不易形成骨折。若打击力大，在骨折上可形成线状骨折或塌陷骨折（如图 7-2-10 所示），反复打击可形成范围较大的粉碎性骨折，碎骨片一般块较大。木槌打击难以形成孔状骨折。

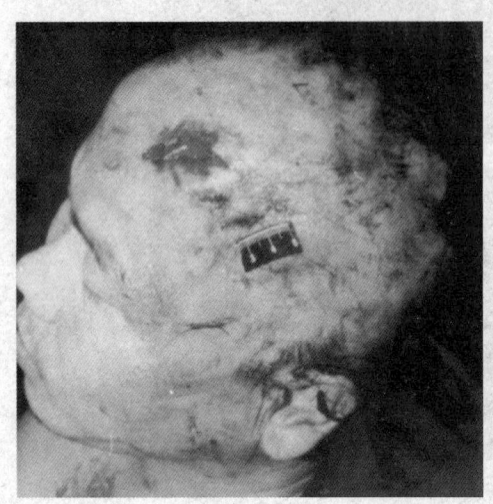
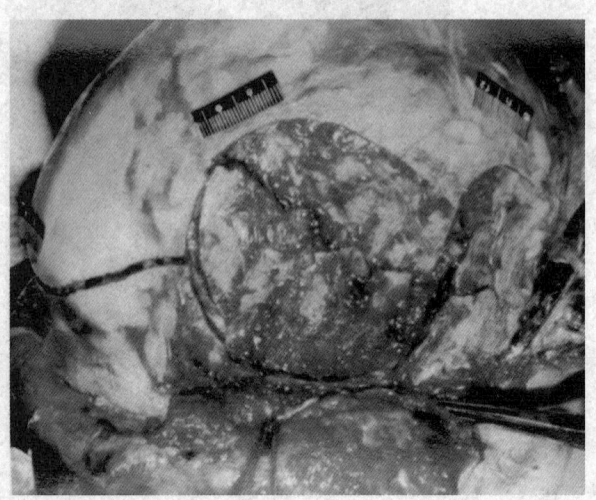

a. 头皮损伤　　　　　　　　　　b. 颅骨塌陷骨折

图 7-2-10　木槌打击形成的损伤

橡胶锤的基本结构和性状与木槌相似，故形成的损伤特点也大致相同，由于橡胶较木质沉而弹性好，所以橡胶锤的损伤与木槌相比，皮肤表面损伤如表皮剥脱等较轻，而体内损伤较重。打击颅脑时容易形成颅骨的整体变形。

需要指出的是，在实际案件中推断致伤物为斧锤类，本意是小平面物体，而非真正实用的斧或锤。例如，使用秤砣打击，形成损伤与斧锤很相似，而我们推断工具又不可能穷尽所有类似的工具，所以斧锤类就作为代表成为我们的推断小平面物体的代名词。

第三节　砖石类损伤

砖石类损伤也是在法医学实践中较为常见的钝器损伤类型。较之棍棒和斧锤，砖石在自然界分布更广而随手可得，尤其损伤发生在野外时。据统计，在钝器损伤中，砖石伤占约 15%。砖石损伤的形成方式也远较棍棒与斧锤复杂，除了持握砖石打击外，抛击砖石以及人体撞击静止的砖石也是在实践中较为常见的方式。有人将前两类称为主动砖石伤，后者称为被动性砖石伤。

砖石类物体具有持握不易，挥动不便的特点，因此致命性的主动砖石伤多见于贴近打击颅脑所致，被动性的砖石伤则多见于高坠或摔跌。

一、砖石的性状

（一）砖的性状

砖是用粘土经过加工制成一定形状的土坯，在高温下焙烧而成的建筑材料。砖的生产有机制和手工两种。大型砖瓦厂均是机械制造，有全国统一的标准。小型砖窑多为手工操作，砖的规格有较大差异。砖的种类很多，如普通粘土砖、耐火砖、灰渣砖、瓷砖、轻砖、空心砖等，而普通粘土砖又分青砖和红砖两种。

普通粘土砖通常以抗压强度为主要指标来确定其标号。常见的砖标号标准如表7-3-1所示。生产砖所用的主要原料——粘土，是由各种不同的岩石长期风化而成的产物，其成分主要有二氧化硅（SiO_2）、三氧化二铝（Al_2O_3）、氧化铁（FeO）、氧化钙（CaO）等。因产地不同，其含量配比有所差别。普通粘土砖外观为规则的长方形。国家规定的标准尺寸为240mm×115mm×53mm，每块砖的重量约为2.5kg。因所用原料、焙烧过程不同，其外观尺寸和重量略有差异（如图7-3-1所示）。

表7-3-1　砖的标号

砖的标号	极限强度（kg/cm^2）			
	抗压强度		抗折强度	
	平均值	最小值	平均值	最小值
200	200	150	34	17
150	150	100	28	14
100	100	75	22	11
75	75	50	18	9
50	50	35	16	8

图7-3-1　砖的基本形态

砖类物体虽有平面、棱边和棱角三种打击面，但由于粘土成分、生产工艺、运输装卸以及使用中的破损等原因，砖的外观并不规整，有的凹凸不平，有的弯曲变形，有的缺棱掉角，特别是断面极不规则，可以形成多种不同形态，故对推断砖块损伤有一定影响。

（二）石器的性状

石器分天然石材和人造石材两种。

天然石材是指没有加工的岩石，或加工制成块状、板状的石材。天然石材一般具有较高的抗压强度和质地坚硬耐磨等特点。在案件中常见的石类凶器有以下几种（如图7-3-2所示）：

1. 片石。片石即未加工的形状不规则的石块。片石的表面一般具有凹凸不平、多棱多角、形状各异、重量和大小不同的特点。所以片石形状形态比较复杂。煤块、煤矸石亦属片石之列。

2. 鹅卵石。鹅卵石多见于河谷地带因长年水冲沉积而成，鹅卵石形状很多，但以圆形、椭圆形居多，无锐角和棱角，与砖块相比，鹅卵石表面多较光滑。鹅卵石石质坚硬，其大小重量亦差别较大。但鹅卵石不如片石分布那样广泛。

人造石有水泥制品、砂轮、水磨石等，此类石块大都有一定的形状和重量，表面比较整齐，多数有棱角和棱边，形成损伤常有规律可循。但人造石的碎块断面外形则大多不规整，表面粗糙，所造成的损伤要复杂得多。

图7-3-2 不规则形片石（左）和类球形鹅卵石（右）

二、砖石损伤的共同特点

无论砖石的大小、形状、质地以及成分有多大的差异，但其都有一个共同点——表面粗糙且凹凸不平，即使是鹅卵石也不例外。因此，砖石损伤的许多共同特征来自于此。

（一）表皮剥脱严重

无论是持砖石打击还是掷砖石抛击，表面粗糙的砖石易形成人体组织不规则形的片状表皮剥脱。若砖石打击过程中与人体表面成小角度或切线状擦蹭，则易形成平行排列、方向一致的条状擦痕，擦痕由重而轻，极有方向性（如图7-3-3所示）。

（二）一击多伤

由于砖石表面的凹凸不平，作用于人体组织时因受力大小及接触面的不同可引起不同的损伤，尤其是头面部本身结构尚不平坦，砖石面的拍击常常形成多处甚至多种不同类型的损伤，如砖石凸出处形成挫裂创，凹入处则形成皮肤的挫伤，甚至仅仅有表皮剥脱（如图7-3-4所示），这种一击多伤同样也可出现于抛击砖石的情况。局部组织一击多伤的征象有时是鉴别砖石伤的主要依据。

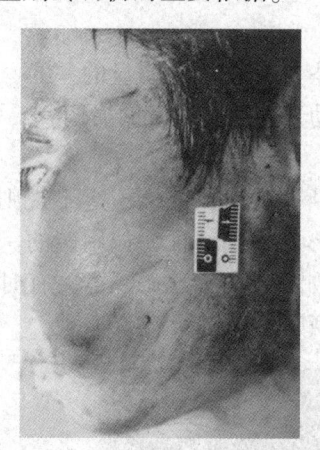 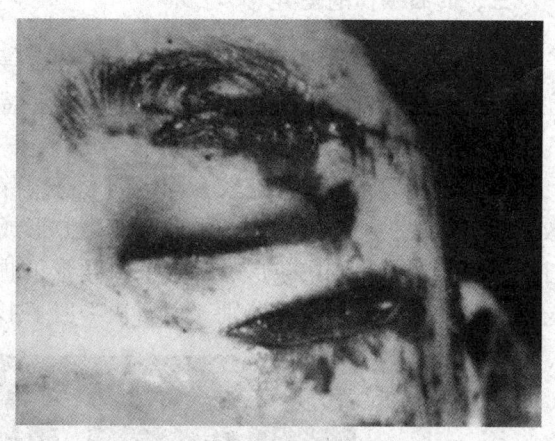

图 7-3-3　砖块形成的面部梳状挫擦伤　　图 7-3-4　砖块拍击形成的颧部和眉弓损伤

（三）挫裂创不规则

砖石形成的极不规则的挫裂创也是由于它的表面形态不规则所致，这种不规则既可反映在创的形态上，如短条形、星芒状或直角状等；也可反映在创的类型上，如边缘菲薄的石片打击时可形成类似锐器创的边缘特点，有时在反复打击时因转动砖石打击面而形成数种不同性状特点的创口，易使人误为多种物体形成（如图 7-3-5 所示）。

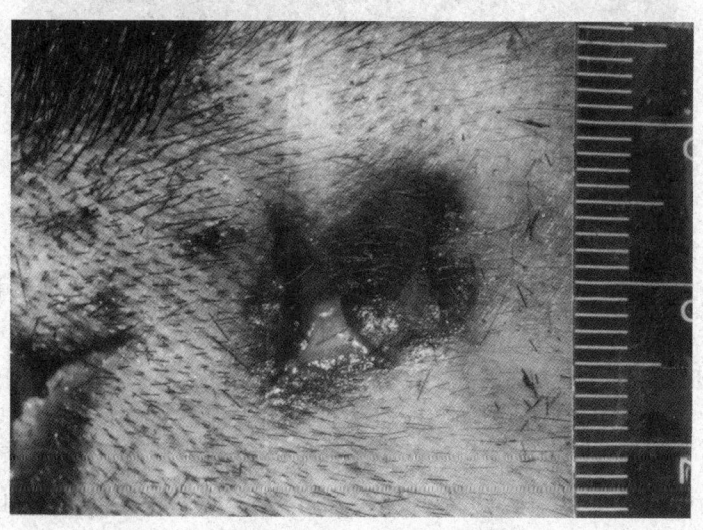

图 7-3-5　砖块形成的不规则挫裂创

（四）创口内的碎屑

由于砖石表面粗糙的结构多系砖石本身的粘土成分所致，在搬运、使用及其打击过程中因碰撞、震动受力而极易脱落，或者在与人体骨骼组织碰击时发生折断。因此，砖石在形成皮肤挫裂创或骨折的同时，常在创口或创腔内遗留砖石的碎屑或粘附在砖石上的其他成分，如石灰、沙土等，这对于鉴定砖石损伤也具有重要价值。

三、砖石损伤的差异

由于砖和石在质地、形态及表面光滑程度等方面毕竟存在着较明显的差异，因此反映在损伤时也有各自的某些特点，有时凭借这些特点有助于鉴别砖或石的损伤。

（一）砖块损伤的特点

和石块比较，砖块具有较为固定的形态，除使用断裂砖块可能会引起不规则形外，多数情况下砖块为一方形物体，因此会产生方形或类方形的损伤特征，如用砖的一边或一端打击，可形成较规则的条形、槽形或直角形的损伤（如图7-3-6所示），有时甚至难以与棍棒类或斧锤类损伤相鉴别。而石块一般多形成不规则的创口。

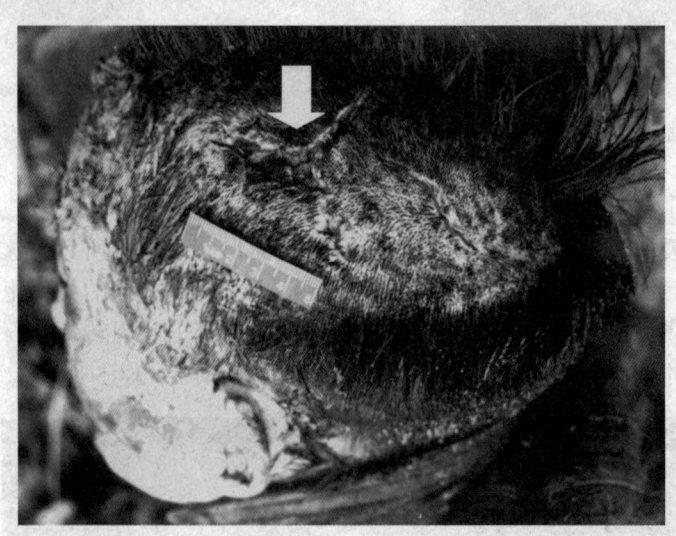

图7-3-6 砖块打击形成的头皮直角形挫裂创

另外，和石块相比，砖块的硬度较差，其抗断裂和抗弯强度甚至不如骨组织，因此砖块打击即使能引起骨折，也多系线状骨折，如果反复打击可引起粉碎性骨折，而一般难以引起骨质缺损性改变（如骨质擦痕等）或塌陷性骨折。

（二）石块损伤的特点

与砖块相比，石块中某些种类如鹅卵石等表面较光滑，故与皮肤接触时，反映较为明显的是皮下出血，而表皮剥脱相对较轻。因鹅卵石等表面似球状，常引起类圆形的皮下出血，而且表现为中间重、边缘轻的特点，有人将之称为月晕状皮下出血（如图7-3-7所示）。

除了因本身形态不规则易引起损伤形态也不规则的特点以外，石块导致骨质损伤常具有金属类的特点。由于不少类型的石块质地比骨质坚硬，因此石块打击头部，易在颅骨上形成骨质擦痕（切线方向打击）、骨质凹陷（法线向打击）、线状骨折、塌陷性骨折等几乎所有的骨损伤类型（如图7-3-8所示）。有时甚至可能和金属斧锤类工具一样，在塌陷骨折边缘的骨板上留有挤压缘。这需要我们注意甄别。

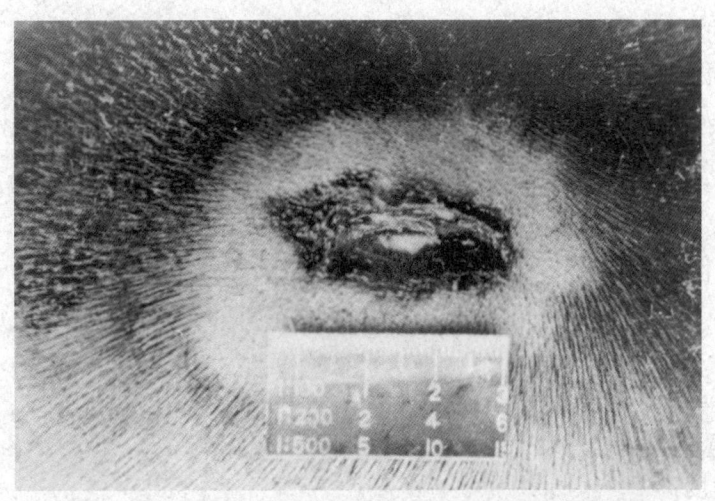

图7-3-7 鹅卵石打击形成的头皮挫裂创及月晕状挫伤

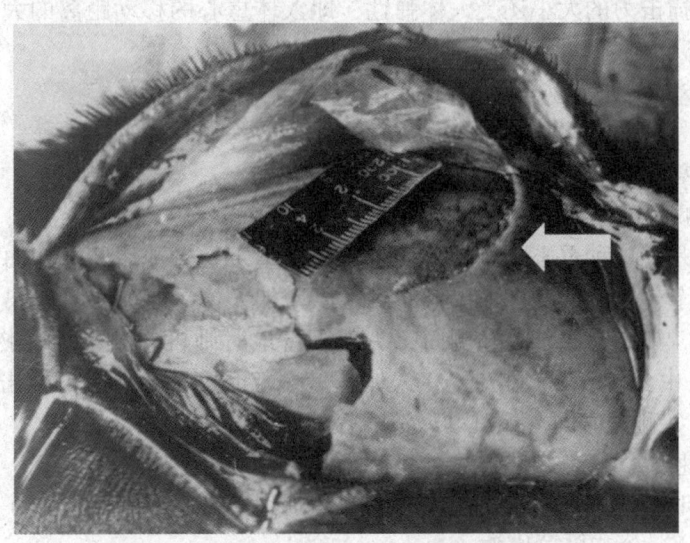

图7-3-8 鹅卵石打击形成的颅骨塌陷性骨折

第四节 坠落损伤

坠落损伤是指运动着的人体下坠于地面或某种物体上所导致的损伤。根据坠落位置的不同,有人将坠落分为人体从一固定的物体(如建筑物等)上的高坠和人体在站立时的摔跌两种类型。典型的摔跌是人体站立位置与坠落位置在同一平面。高坠和摔跌的主要区别在于人体有无自由落地运动,但在实践中有时可能二者相互转化,例如,从楼梯上跌落,既可能存在人体坠于楼梯起源处台阶(摔跌),也可能存在人体坠于楼梯下方台阶(坠落)。又如,道路交通事故中,站立的人体有时会被汽车撞击后抛起,再呈自由落体状坠落。总之,坠落与摔跌导致的后果和损伤特征十分类似,我们多将摔跌作为坠落的一种特殊形式。有人根据坠落高度不同,将低于10m的称低位高坠,超过10m的称高位高坠。

由于坠落的过程是人体从运动到静止的过程，因此我们将坠落称为人体的减速运动，将坠落形成的损伤称为减速性损伤。

一、坠落及其损伤机理

前已述及，人体坠落时所受的撞击力来自物体碰撞的功能公式：

$$F \times \triangle t = M \times V \tag{1}$$

从（1）式中又可得到：

$$F = MV / \triangle t \tag{2}$$

式中：

F 为碰撞冲击力；

M 为人体重量；

V 为碰撞速度；

$\triangle t$ 为碰撞开始至人体静止的时间。

在坠落时，撞击力的大小还受人体弹性，即人体重心的移动距离的大小影响，公式表示为：

$$F = MV / \triangle t \times h / \triangle h \tag{3}$$

式中：

h 为坠落高度；

$\triangle h$ 为人体减速过程中重心的移动距离。

需要指出的是，这种重心距离的移动一般仅发生于足着地后膝部弯曲时，如跳伞员以足趾 – 踝 – 膝关节 – 大腿的顺序依次弯曲触地以增加人体重心的移动距离来避免损伤。而其他姿势的坠落，如胸、腹、背和侧面、头部等着地时则可忽略不计（物理学上表示 $\triangle h$ 值为1）。因此，由公式（3）可知，在人体重量一定时，坠落所受的撞击力（F）的大小受坠落速度（V）、碰撞时间（$\triangle t$）以及坠落高度（h）三种因素影响。

（一）坠落速度

一般在坠落时的速度采用自由落体的重力匀加速度（g）来表示，即 $g = 9.8 \text{m/s}^2$，故坠落的撞击力（F）公式可简化为：

$$F = Mgh \tag{4}$$

但是物理学中发现物体在自由落体一段距离后速度不再增加，即变为匀速，但较重力匀加速度大。其计算公式为：

$$V = \sqrt{2gh} \tag{5}$$

式中 h 指达到匀加速（有人称收尾速度）的这段距离，也称临界距离。

根据实验，各类物体的临界距离和收尾速度如表 7-4-1 所示：

表 7-4-1　几种物体的坠落的临界距离和收尾速度

物体	质量（kg）	面积（m²）	临界距离（m）	收尾速度（m/s）
雨滴（1mm 半径）	4×10^{-6}	3×10^{-6}	2.1	6.5
冰雹（1cm 半径）	4×10^{-3}	3×10^{-4}	21	20
无冲力的弹头	1.4×10^{-2}	3×10^{-4}	110	47
人体	75	0.6	200	63

（引自 Benedek 和 Villars, 1980）

从表中可看出，人体在 200m 以上的高度坠落时，其碰撞速度（即坠落速度）可由 $9.8m/s^2$ 变为 $63m/s^2$。当然在法医学实践中，这种情况极少见。

（二）碰撞时间

根据公式（2），当人体重量和碰撞速度一定时，碰撞时间与碰撞冲击力成反比，即时间越长，碰撞冲击力越小。国外有人实验研究的结果表明，碰撞时间超过 10 毫秒是全身碰撞（指人体以侧、仰、卧姿势坠落）后能存活的临界值。

延长碰撞时间以减小对人体的损伤程度实际上是通过将作用力尽可能地分布在大面积人体上以减小内胁强（单位面积上的作用力）的途径而实现的。应当注意的是，10 毫秒仅仅是对人体以较大面积坠落着地而言，如以头或足先行落坠，则首先着地部位的内胁强将明显增大。

（三）碰撞冲击力与损伤

表示人体受伤程度的一种方式是撞击力，用 G 表示。运动力学表明：人体的坠落减速撞击力如达 $40G$ 以上即可导致死亡。

G 的计算公式为：

$$G = V^2/9.8\triangle h \tag{6}$$

如坠落速度取常规 $9.8m/s^2$，则：

$$G = 9.8/\triangle h \tag{7}$$

由公式（7）可以看出，如果 h 忽略不计（即人体重心在坠落后无明显移动），那么 G 本身即为重力匀加速的值。这样根据公式（4），一个 75kg 的人即使从 1m 高度坠落，也完全有可能造成致命性损伤。

再以人体头颅为例，实验表明，人颅骨耐受冲击力的极限范围约 800~1000kg。而头颅的重量一般为体重的 6%~7%。当头颅在 1.8m 高度，坠落速度达 6m/s，颅骨所受的冲击力大约为其重量的 200~500 倍。不难发现，一个体重 75kg、身高 1.8m 的人在摔跌时，其头部所受冲击力可达 1000~2000kg，足以导致严重的颅骨及胸部损伤。

二、坠落损伤的特点

坠落损伤属钝性损伤，是因为坠落后人体通常与平面物体（如地面）相接触所形成。人体坠落与物体碰撞，按照牛顿第三定律，等于与人体相同重量的物体以自由落体的速度所产生的冲击力（碰撞冲击力）打击在人体上，同时坠落碰撞的过程十分短暂，因而往往人体在瞬间受巨人的暴力作用而形成严重的损伤。这与前面讨论过的工具损伤，即棍棒类、斧锤类和砖石类有很明显的不同，最显著的有两点，一是力量来源（人力和自由落体），二是力量接触范围（小平面与大平面）。所以，坠落形成的损伤与前述的工具损伤相比，也有明显不同的特点。坠落损伤的形态类型根据碰撞物体的性状和表面情况以及坠落高度的不同有所差别，但几乎所有的钝器损伤形态学类型均可出现，轻则表皮剥脱、皮下出血，重则骨折和内脏破裂。坠落损伤的主要特点可归纳为以下几个方面（如图 7-4-1 所示）：

（一）外轻内重

体表损伤轻微而体内损伤严重，即外轻内重是坠落损伤的主要特征之一。常常在高位坠落时，体表也仅仅有表皮剥脱和或皮下出血的改变。究其原因，一般人体坠落所接触的多为平面物体，按照压强原理，单位面积所受的力只要未超过人体皮肤的弹性极限，皮肤全层的结构一般不发生破坏，即只要在碰撞位置无明显突出或带有棱边的物体，皮肤不易发生挫裂创。另外，由于人体受到总的冲击力大，通过力的传导、人体碰撞时的压缩变形以及体腔内压的改变，体内组织脏器则极易受严重的损伤。

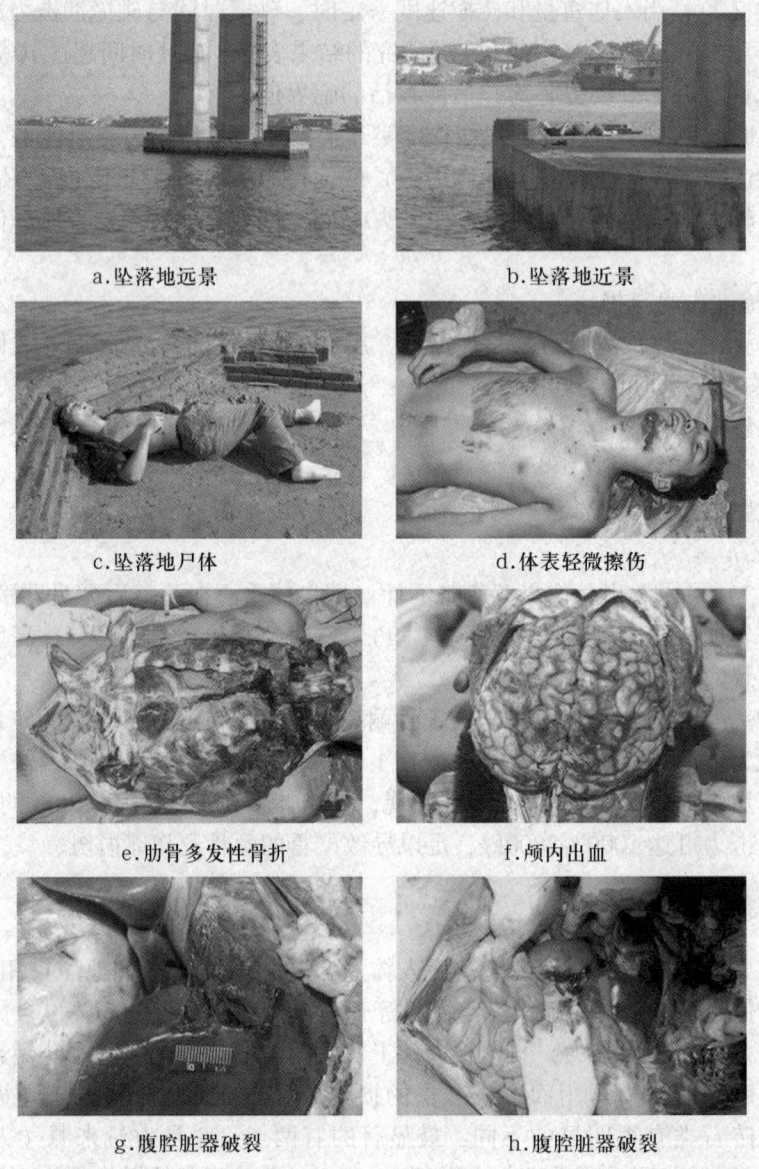

a. 坠落地远景　　　　　　　　b. 坠落地近景

c. 坠落地尸体　　　　　　　　d. 体表轻微擦伤

e. 肋骨多发性骨折　　　　　　f. 颅内出血

g. 腹腔脏器破裂　　　　　　　h. 腹腔脏器破裂

图 7-4-1　高坠引起的人体损伤（引自李烨，2005）

需要指出的是，对高坠死亡尸体上见到的皮肤创口，应考虑有多种可能性，是坠落前形成，还是坠落过程中遇障碍物形成，是在地面形成，还是因体内骨折断端外突形成等，而不能一概认为是地面形成。

(二) 广泛多发

坠落损伤死亡的尸体上除在着力点有直接碰撞性损伤外，多在非着力点处也可见严重损伤，如足先着地时枕骨大孔的环形骨折，臀部先着地时的颈椎损伤等。据文献报道，高坠死亡者胸腔腹腔积血占90%以上，颅脑损伤占76%，肝脏损伤占98%。显然并非由坠落体位可以解释的。坠落产生广泛而多发性损伤的原因一般认为有三种机理：

1. 碰撞冲击力的传导作用。如足位坠落时，冲击力沿下肢骨、脊椎传导至枕骨大孔，使脊椎"突入"颅内而形成枕骨大孔周围的骨折。

2. 人体的挤压变形。人体坠落碰撞的瞬间由于大平面的挤压使人体发生变形，无论是侧位、仰位还是卧位坠落时，胸腹腔均可受挤压而产生在胸骨端和脊椎端的肋骨的多发性间接骨折。

3. 体腔压力改变与内腔移位。腹腔内脏器常因坠落时冲击力传导和受挤压而导致腹腔内压的瞬间增高和脏器的强烈震荡移位，从而使弹性较差的组织器官如肝、脾、肾等脏器易发生爆裂性损伤破裂。

但是，坠落产生广泛而多发的损伤特点并非见之于每一起案例，一般来说，坠落高度与广泛多发的特点成正相关。许多统计资料表明，低位高坠，特别是小于3m高度的坠落，严重损伤的广泛多发性特征仅见于50%左右，甚至更低。

（三）特定分布

坠落损伤分布虽然并非在直接受力处，但有与坠落体位密切相关的特定区域分布的特点，特别是皮肤和骨骼的损伤。所以，在实践中法医常据此来推断坠落时的体位，如人体以侧面坠落时，骨骼及皮肤的损伤多分布于碰撞的一侧，较少越过后正中线（如图7-4-2所示）。人体以臀部坠落时，下肢的损伤较轻微，而骨盆及其以上部位的损伤严重。人体以足位坠落时，下肢骨骼损伤最为明显（尤以踝关节为甚），并可波及脊柱和颅底，但上肢损伤轻微。人体以头部坠落时，主要表现为颅脑损伤的特点，较少累及上下肢。需要指出的是，这种特定区域分布特点多适用于坠落后骨骼损伤，而对于胸腹腔脏器则并不如此。另外，由于坠落时人体体位绝非固定，所以有时也并不完全遵循上述规律。例如，侧位坠落，常可能会伴有一定的偏移（偏卧或偏仰），那时其骨骼的损伤的一侧性分布可能并不典型。

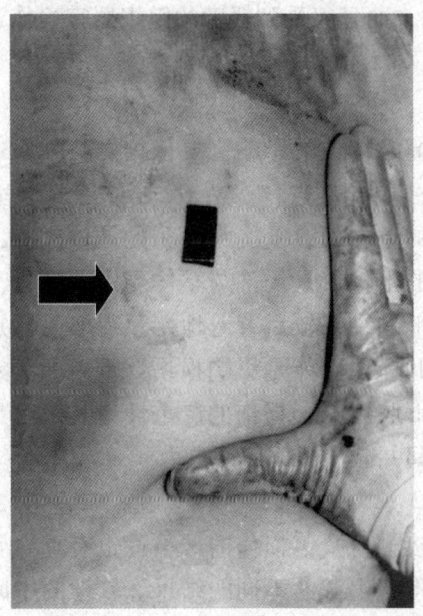
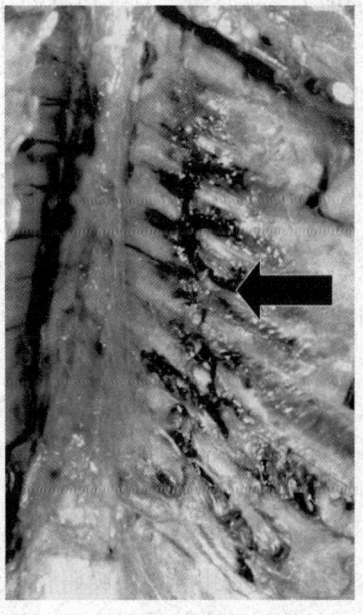

图7-4-2 侧位高坠形成的皮肤损伤（左）和多根肋骨骨折（右）

(四) 一次形成

尽管坠落损伤具有广泛多发的特点,但均是由一次巨大暴力所致。这里的一次是指碰撞过程从开始到结束的整个时期,而非仅仅是一次作用力。例如,多发性的骨骼损伤或与作用力的传导有关,或与人体受挤压有关,其骨折均应呈现相应的特点。又如,人体坠落于不平坦的物体上,可能会因滚动而造成更为广泛的损伤,特别是软组织。因此,法医在实际检案中应紧密结合现场分析损伤的形成。另外,在对坠落尸体上的广泛性损伤作出一次形成解释的同时,应特别注意坠落过程中某些特殊障碍物体造成的损伤。

三、影响坠落损伤的因素

在法医学实践中,一般分析坠落损伤时以人体重量和坠落速度为相对固定条件。在此前提下,人体坠落损伤的程度和特点受以下几个因素影响:

(一) 坠落高度

根据公式(4),在人体重量和下坠速度一定时,坠落高度和碰撞冲击力成正比,即坠落起点越高,碰撞冲击力越大。据统计,在硬质地面上,10m以上的高位坠落,死亡率大于90%;而10m以下的低位坠落,死亡率小于80%;尤其是当坠落高度小于4m时,死亡率约60%。需要指出的是,坠落高度并非是人体损伤程度的唯一影响因素,有时碰撞物的状况和坠落体位对损伤程度的影响更大。

(二) 碰撞时间

根据公式(4),碰撞时间的长短直接影响碰撞冲击力的大小,而碰撞时间又取决于碰撞物的性状。如碰撞物为水时,碰撞时间大大延长,同时人体重心位置也有明显的移动,显而易见,碰撞冲击力也随之明显减小。另外,柔软的沙滩、泥土、雪地等均是延缓碰撞时间的良好物体。据报道,第二次世界大战期间,英国皇家空军有一飞行员在战斗中被击中战机。不得以在6000m高空无伞降落,95秒后,人体坠落到布满积雪的树枝后又跌入55cm深的雪地上,这位飞行员非但没有死亡,而且仅受到轻度的组织器官挫伤,甚至几天后重新投入了战斗。

(三) 坠落体位

一般来说,在其他条件相同时,坠落碰撞时体位的影响主要依据内胁强原理,即单位面积所受碰撞冲击力。面积越大,局部的碰撞冲击力将减小,反之亦然。这里应注意两点:一是人体坠落的总的碰撞力并不因体位的差异而改变,大面积的体位碰撞,局部受力小,但整体受力不变。二是体位的变化影响的不仅仅是局部与整体受力的差异,而且也直接影响损伤的程度,不难理解,头部首先着地的结果较后背着地严重得多,特别在低位坠落时。由于总的碰撞冲击力不一定巨大,因此体位可能是影响损伤严重性的关键因素。另外,同样是下肢着地,弯曲的下肢较伸直的下肢可减轻损伤的严重性,其缘由是下肢弯曲时通过人体重心的垂直移动而延缓了碰撞时间并减小了碰撞冲击力。

(四) 中间障碍物

坠落过程中人体是否与某种障碍物发生接触对坠落损伤的严重性也有重要影响,一般来说,人体在坠落过程中与中间障碍物接触将产生截然不同的结果。软性的中间障碍物如人体、树枝、竹竿、篷布等能极大地减轻人体坠落损伤的严重性;而硬质的中间障碍物如窗台、阳台、固定雨搭等则不仅不能减轻损伤，常因人体受二次坠落碰撞反而加重人体的损伤。由于中间障碍物减小坠落损伤程度是通过延长碰撞时间和/或减小碰撞速度与坠落高度而实现的，因此中间障碍物越接近坠落点，则减轻坠落损伤的效应越大。设想人体从15m高处坠落而软性中间障碍物在离地面10m处，那么差不多就等于人体从10m处坠落，显然这种中间障碍物并无明显减轻损伤的价值。据有关报道，一女性从7层楼高处坠落，正好与一过路男子相碰撞，结果这女子基本完好无损，而男子却当场死亡。实际上这男子的身高正好充当了坠落女子重心移动的距离，从而极大地减小了碰撞冲击力。

四、坠落损伤分析

（一）坠落高度的分析

在法医学实践中，有时会遇到坠落高度的判断问题。虽然这本不是法医学独家所能解决的，但确实也值得法医学研究。新加坡法医研究所Lau等人（1998）在检验分析416例已知坠落高度的坠落死亡尸体后，提出了根据损伤程度记分（AIS）来推断坠落高度的数学公式：

$$HB = 1.883 - 0.01A + 0.1I + 2.59B + 0.3C + 0.77L + 0.28P + 0.31R + 0.3S + 0.15T + 0.4V$$

式中：

HB 为估值坠落高度（m）

A 为年龄（岁）

I 为ISSB 即全身三处最严重创伤的AIS编码数平方值的和

B 为脑损伤　　　　　　（AIS ≥4，B = 1 否则 B = 0）

C 为心血管损伤　　　　（AIS ≥3，C = 1 否则 C = 0）

L 为肝损伤　　　　　　（AIS ≥3，L = 1 否则 L = 0）

P 为骨损伤　　　　　　（AIS ≥3，P = 1 否则 P = 0）

R 为肾脏损伤　　　　　（AIS ≥3，R = 1 否则 R = 0）

S 为脾脏损伤　　　　　（AIS ≥3，S = 1 否则 S = 0）

T 为胸主动脉损伤　　　（AIS ≥4，T = 1 否则 T = 0）

V 为脊柱和脊髓损伤　　（有损伤 V = 1，无损伤 V = 0）

计算后HB值和推断坠落高度的对应关系为：

HB < 1　　　　　　　坠落高度 < 10m

HB = 2　　　　　　　坠落高度 10 ~ 20m

HB = 3　　　　　　　坠落高度 20 ~ 30m

HB = 4　　　　　　　坠落高度 30 ~ 40m

HB ≥ 5　　　　　　　坠落高度 40 ~ 70m

Lau等人的数学公式开辟了法医分析坠落高度的定量研究领域的新途径，为我们提供了推断的方法。但公式目前尚不够理想，其相关系数（R^2）值仅0.4666，而且尸体上的AIS计分也很困难，因此还只是一种参考估计的粗略推断而非标准。另外，更重要的与坠落损伤程度相关的因素如坠落点状况、坠落体位等未考虑在内，显然公式只能适用于一般坠落的状况。

（二）坠落时间的推断

笔者曾遇1例坠落死亡命案检验鉴定，死者家属提出有证人亲眼目睹死者被他人扔下时的体位姿势,认为初检定为自己坠楼的法医鉴定不符合事实。为更好地说服死者家属,笔者利用坠落时间分析的方法来论证目击证人的证言不成立。根据物理学原理,在坠落高度小于200m时,坠落时间计算公式近似为:

$t = 2h/g$

式中:

h 为坠落高度 (m);

g 为重力加速度 ($9.8m/s^2$)。

该案件中坠落高度已知为7m左右,故坠落的全部时间应约1.2秒。根据证人所述,在夜间9时左右,证人又在跑向楼梯背对坠落途径时,要在1.2秒(实际应更短,因证人仅看能到坠落过程的某一段)内完成转身并看清人体的完整姿势体位,除非证人事先知道有人要坠落,否则几乎是不可能的。由此只能认为证人提供了不真实的证言。

(三) 坠落方式与死亡性质

一般对坠落死亡性质的鉴定借助于尸体上有无严重的非坠落性损伤,有无中毒等情况,但因均系间接依据,且又难以认定严重损伤后是否有行为能力,或者有时轻度损伤同样可造成人体失去行为能力等复杂的关系,所以仅仅凭借尸体上损伤的形态学依据常无法作出明确的性质判断。为此,有学者从运动学和自由落体规律中寻找推断人体在坠落前的起跳状态的依据。通过对人体模拟实验研究,我国台湾地区学者Shaw和Hsu (1998) 提出了坠落高度、坠落起跳角度以及坠落点的水平移行距离之间的关系(如图7-4-3和表7-4-2所示)。

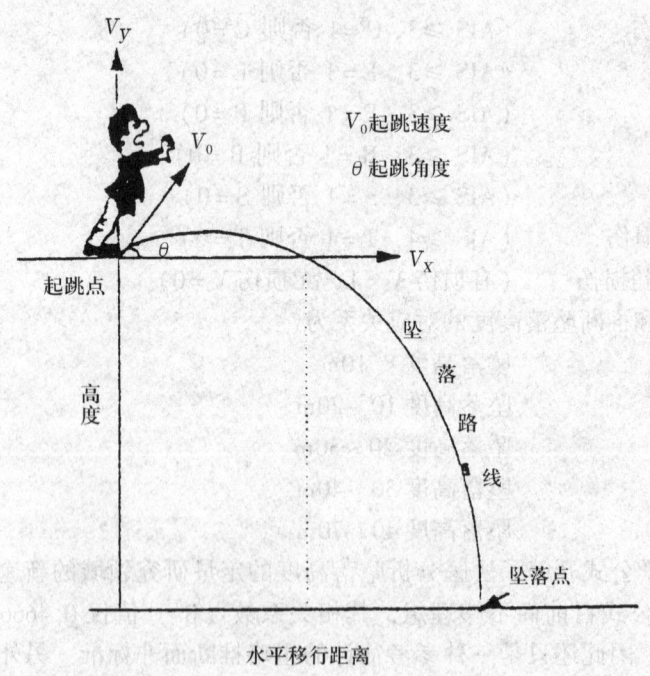

图7-4-3 起跳点、坠落点高度及水平距离关系示意图 (引自 Shaw 和 Hsu, 1998)

表7-4-2 坠落高度、起跳角度和水平移动距离在两种状态下的关系

高度（m）	站立起跳（$V_0=2.7m/s$）		奔跑起跳（$V_0=9.15m/s$）	
	最大起跳角度	最大水平移动距离（m）	最大起跳角度	最大水平移动距离（m）
0	45	0.74	45	8.54
0.5	33.15	1.14	43.42	9.03
1.0	27.50	1.43	41.99	9.49
3.0	18.37	2.24	37.47	11.15
5.0	14.74	2.83	34.17	12.59
7.0	12.66	3.31	31.62	13.88
10	10.72	3.93	28.68	15.62
20	7.70	5.51	22.76	20.36
30	6.31	6.72	19.45	24.20
40	5.48	7.75	17.26	27.50
50	4.91	8.66	15.67	30.45
60	4.49	9.48	14.46	33.14
70	4.16	10.23	13.49	35.62
80	3.89	10.94	12.69	37.95
90	3.67	11.60	12.02	40.13
100	3.48	12.22	11.44	42.21

根据实验研究人体站立起跳最大速度为3.77m/s，而助跑时最大速度可达9.15m/s，因此在不同的起跳速度下水平移动距离有较大差异，再加上自由坠落物体抛物线运动的规律，如果已知高度及人体坠落点距离起跳点的水平移行距离，那么即可分析推断人体跳时的状态，如有助跑显然是自己行为。如假设已知从10m高度坠落，坠落点的水平移行距离大于4.5m，从表7-4-2中即可推断如果坠落过程中无障碍物的影响，那么人体在坠落时有助跑的可能。如果水平移行距离大于13m，即可认定人体在坠落时助跑所致。

根据人体坠落点水平距离推断坠落时起跳状态时，应特别注意排除坠落过程中中间障碍物的影响。对于站立起跳的性质分析，则应结合其他情况而定，而不能仅根据坠落点水平距离的大小。

五、摔跌损伤

尽管摔跌本质上也属于坠落的范畴，具有坠落损伤的基本特征。但摔跌有其自身的形成特点：其一，摔跌伤是人体站立位置与碰撞位置在同一平面，故常常缺乏典型的自由落体过程。其二，摔跌时，人体坠落碰撞高度多小于2m。所以，我们可以将摔跌视为坠落的一种特殊形式。

根据摔跌的形成机理，其摔跌损伤也有其自身的特点。主要表现在：

1. 体表损伤更局限，也更轻微。由于位置较低，大多数摔跌损伤除着力点或防护性损伤外，其他部位体表多不表现为明显的损伤。有23例摔跌损伤资料表明：仅有6例（占25%左右）在着力点以外的部位形成损伤，而即使是着力点，大于60%的案例仅表现为皮内或皮下出血。

2. 以头部损伤为主。摔跌所致的死亡几乎均为头部损伤所致，这与摔跌前头部处于人体最高点，而且多数情况头部又是首先着力处有关。

3. 易发生颅骨整体变形。摔跌过程常缺乏典型的自由落体运动，故着力点处所受的直接碰撞冲击力相对较小。颅脑作为首先着力在大平面物体（如地面等），又处于减速运动，所以易发生颅骨整体变形，导致脑组织在颅内的位置发生变化，产生非着力点的脑挫伤及其颅内出血。据Fujiwara等（1986）提供的105例资料表明：同样是头部侧面着力，坠落所引起的脑组织冲击伤和对冲伤各占50%，而摔跌时对冲伤占90%以上；同样是后枕部着力时，坠落仍有30%的冲击伤存在，而摔跌侧仅小于5%出现冲击伤。所以，应当说非着力点的颅脑损伤是摔跌最明显的特征（如图7-4-4所示）。

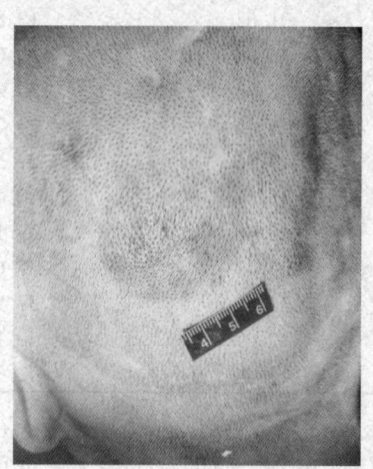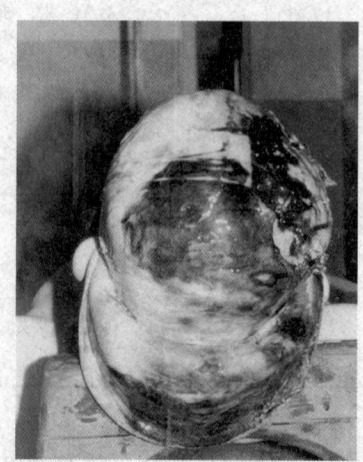

图7-4-4 摔跌所致的头皮损伤（左）和颅内损伤（右）

第五节 徒手损伤

徒手损伤是指利用自身肢体作为致伤物所造成的人体损伤，主要表现为手和足损伤。在法医学实践中，最常见的徒手损伤方式是拳击、手扼（抓）和足踢。

一、手指损伤

手指损伤在实践中多见于虐待儿童、性攻击以及扼颈和搏斗抵抗等过程中，虽然手指损伤本身不会导致死亡，但所造成的后果足以危及生命，如扼压颈部引起窒息、抠挖女性生殖器官可致大出血甚至休克等。

人体一手有五指，除拇指是两个指节外，其余均为三个指节，指节间能弯曲活动，手指损伤主要见于远端指节的作用，涉及指节上指甲、指尖以及指腹（如图7-5-1所示）。

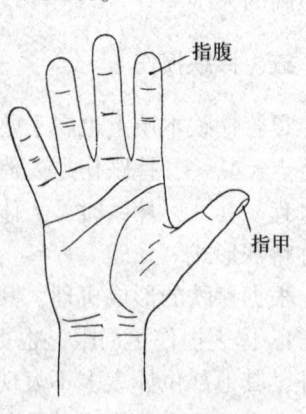

图7-5-1 手指形态示意图

（一）手指损伤的方式

根据手指作用部位及作用方式的不同，有许多不同的损伤方式名称。

1. 扼。扼是指用指腹或指端压迫软组织的方式，常见于颈部，所造成的损伤称扼痕。

2. 抓。抓是指用指尖沿皮肤切线方向作用的方式，也称为挠、刮等，以指甲作用为主，所形成的损伤称抓痕。

3. 抠。抠是指用指甲缘垂直进入软组织或器官腔穴的方式，多见于颈部及女性生殖器。

4. 掐。掐是指用手拇指指甲缘和其他（多为食指或中指）指甲缘相对夹起皮肤的方式。

5. 捏。捏是指用手拇指指腹和其他指（多为食指或中指）指腹相对夹起皮肤的方式。

6. 拧。拧是指用手指（常为食指和中指）夹住皮肤后用力转动的方式。

在实践中，最多见的是扼与抓形成的损伤，而掐、捏、拧的损伤多见于儿童。

（二）手指损伤的形态学特点

形态学上一般将手指损伤分为指甲伤和指腹伤。

1. 指甲伤。指甲由较坚硬的角化蛋白构成，状如瓦片，薄而较锐利，指甲以不同的作用方式可形成不同的损伤形态。例如，以指甲缘垂直于皮肤的方式作用常形成1cm以内的弧形表皮剥脱、皮下出血甚至挫裂创（如图7-5-2所示）；指甲缘以与皮肤成切线状的方向并有滑动时，则形成条状的（滑动方向与指甲缘长轴一致）或点线状（滑动方向与指甲缘长轴垂直）的表皮剥脱伴皮下出血（如图7-5-3所示）；两指指甲缘相对夹压皮肤时，则形成八字形或弧口相对的表皮剥脱伴皮下出血。

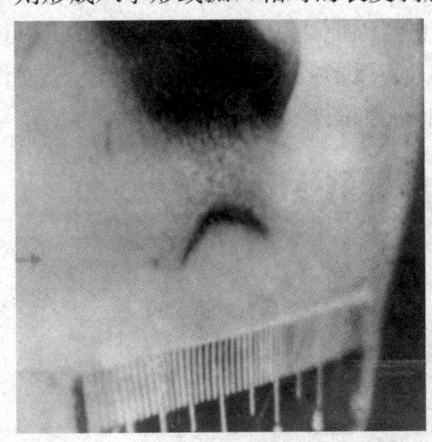
图7-5-2 指甲形成的星月形扼痕

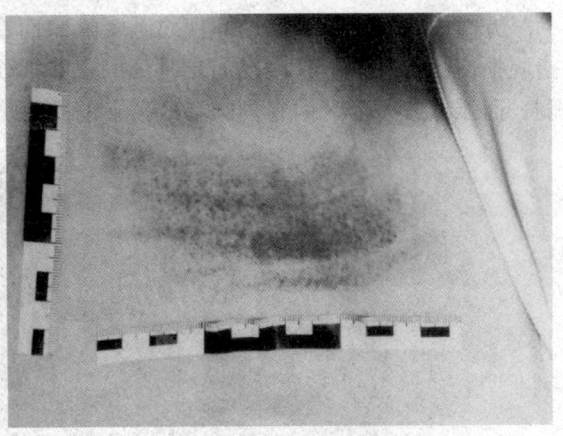
图7-5-3 指甲在颈部形成的刮痕

指甲损伤可发生于人体任何部位，手指的抓、抠、掐形成的多系指甲伤。应当注意的是，因指甲断端的形状有时不规则不平整，或皮肤损伤时牵拉紧张而损伤后收缩回复的影响，指甲伤有时呈直线形而非弧形。

2. 指腹伤。指腹伤是手指按压皮肤软组织所形成的损伤，本质上是软组织之间的摩擦与压迫所引起。因此，指腹伤形态学上多表现为皮下出血。

当指腹压迫皮肤组织移动较小时，多形成圆形或椭圆形的皮下出血（如图7-5-4所示），如受压皮肤较薄嫩如大腿根部、颈部以及儿童体表皮肤等，则可形成界限清晰的直径约1.2~1.5cm的圆形、类圆形皮下出血。当指腹压迫皮肤组织移动较大（如改变体位、被压人挣扎反抗等）时，皮下出血多表现为条形或片状（如图7-5-5所示）。而用指腹捏、拧所致的皮下出血常具有成对出现，形态尚不规则的特点。

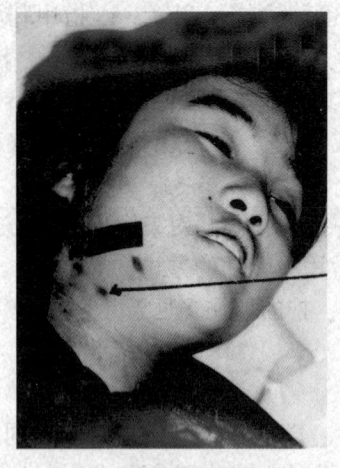 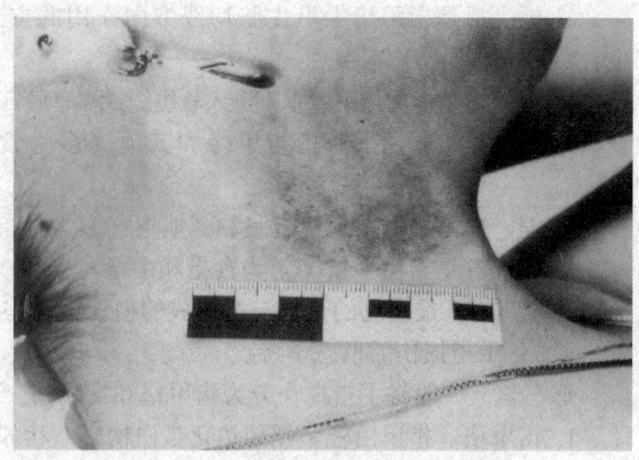

图7-5-4　指腹形成的类圆形皮下出血　　图7-5-5　指腹形成的斑块状皮下出血

3. 指甲指腹合并伤。在实践中，常可看到指甲指腹联合作用引起的损伤，最典型的是发生于扼颈时。扼颈时实际上指尖部起主要作用，一方面用指甲抠压固定颈部使之不能移动，一方面用指腹压迫颈部组织使之呼吸障碍而窒息，因此在颈部容易同时形成指甲损伤和指腹损伤，形态学上常表现为半月形的皮肤损伤，其弧形或条形表皮剥脱和位于损伤的一侧，而弧形或条形区内有类圆形或条形的皮下出血（如图7-5-6所示）。

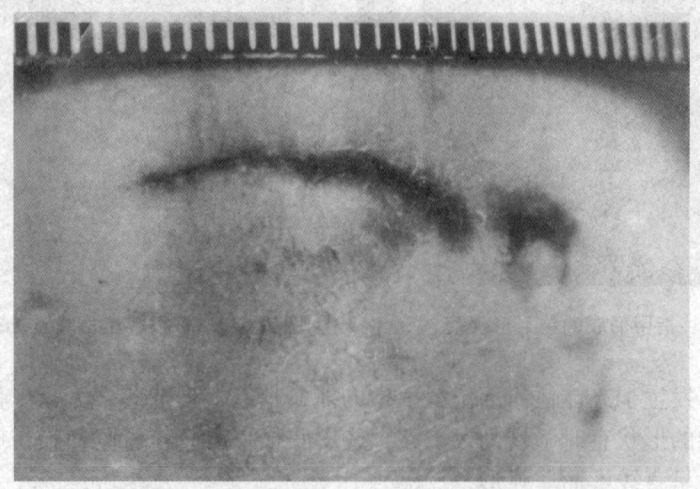

图7-5-6　指腹与指甲合并形成的下颌部损伤

二、拳击损伤

拳击损伤多发生于斗殴或作为一种伤害的暴力手段出现，拳击伤可发生于任何部位，但在实践中以头面部最为多见。虽然拳击较少产生严重损伤，但在一定条件下亦可产生严重的后果。据文献报道，因拳击可引起几乎所有的损伤类型，如挫伤、挫裂创、骨折等；因拳击导致严重的颅脑损伤、心脏破裂、腹内脏器破裂等已不鲜见，甚至可引起食管粘膜管型脱落、枕寰关节脱位等罕见的损伤类型。

(一) 拳的构成以及特点

拳是指手掌屈曲紧握闭合时的状态，形似不规则的球体（如图 7-5-7 所示），大体上可将拳分成五个面，即背侧的指掌面、背掌面、掌侧面、尺侧面以及桡侧面。另外，拳有三个突起，即背侧的指关节突起、指掌关节突起以及桡侧的拇指关节突起。

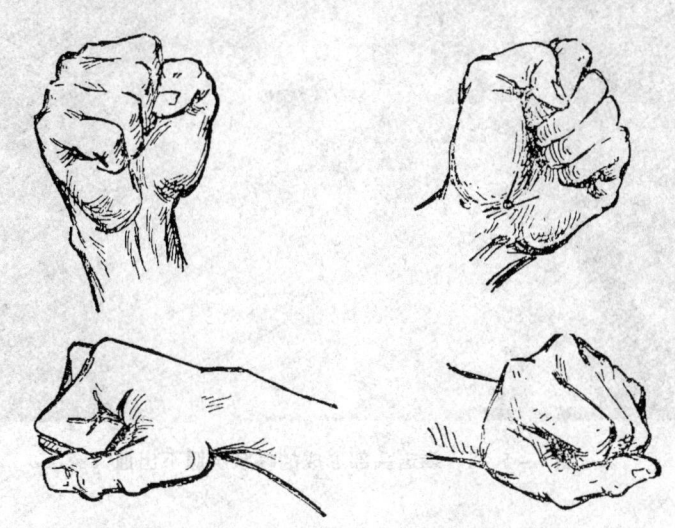

图 7-5-7　拳及其构成示意图

拳击时，最常使用的是以背侧指指关节突起点作为打击面，其次是掌指关节。人体拳击力量因人因时而异，训练有素的拳击运动员拳击可产生 $100G$ 以上的冲击力，足以在任何状态下导致脑震荡的发生。

(二) 拳击伤的形态学特点

拳类似一个外面包裹了一层柔软物的球形钝器，质地不硬而弹性好，但冲击力较大。因此，拳击伤总的特点是外轻内重。由于拳击伤形态学上千变万化，故仅凭形态学特征是很难直接认定拳击伤的。

拳击导致表皮剥脱的发生率约 30%～50%，一般来说，在人体的突出部位、暴露部位和有骨骼衬垫的部位易形成表皮剥脱，如面部、头部、胸部等，其表皮剥脱无特殊的形态特征。另外，衣着的存在使拳击不易引起表皮剥脱。

皮下出血是拳击主要的体表损伤特征，其发生率约 60%～80%，同样有较硬物体衬垫或人体突出的部位易发生。最典型的拳击引起的皮下出血为 2～3 个、散在而略呈弧形排列、大小不一、轻重不同以及边界不清的直径 1cm 左右的圆形皮下出血，有时伴有表皮剥脱，反映出拳作用面的凹凸形态及其大小（如图 7-5-8 所示）。

拳击引起皮肤组织挫裂创一般多见于面部如眼眶、眉弓、鼻背、颧骨、口唇等软组织菲薄、柔软并且骨骼衬垫之处，挫裂创多较短，而无特殊形态，多与下方的骨质结构有关。应当注意的是，如果拳击人手上戴有金属物品（如戒指等），拳击时则多易引起与金属物品相对应或相关的损伤（如图 7-5-9 所示）。

拳击可引起鼻骨、肋骨以及颞骨（鳞部）的骨折，亦可引起颅前额窝筛骨及眶板的骨折，但总体上发生较少，在实践中应特别注意掌握拳击直接导致骨折等致命伤的判断条件，应充分考虑人体可因拳击后倒地、磕碰等形成继发性损伤的复杂性。

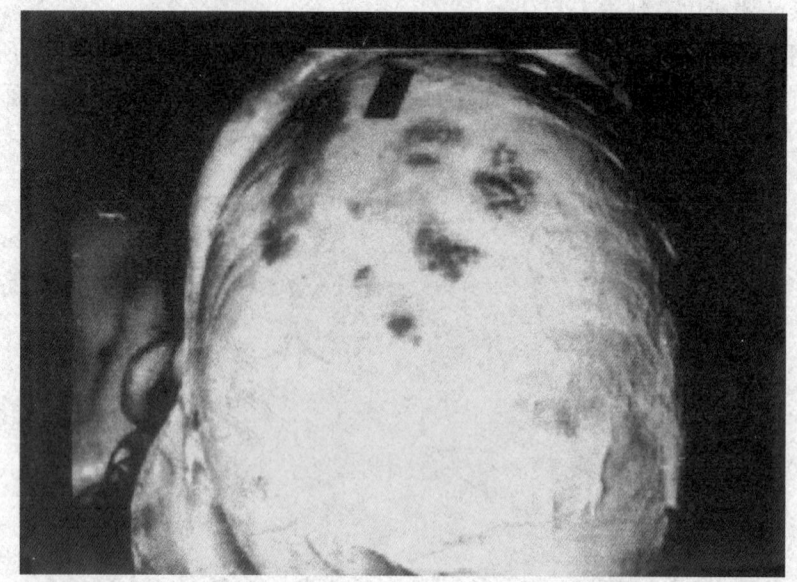

图7-5-8 拳击头部形成的帽状腱膜下出血

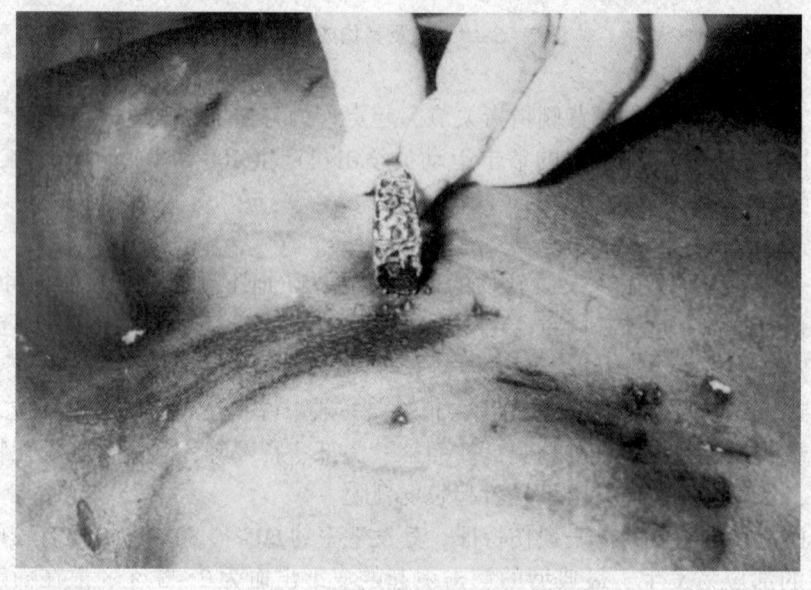

图7-5-9 戴戒指手拳击形成的损伤

三、足损伤

足损伤似乎较拳击伤更少见，主要原因可能是足损伤形态学表现更不规则，更难认定，而非足损伤发生少。致命性的足损伤多发生于胸腹腔内脏器官的破裂。

根据足部运动方式的不同可将足损伤的方式分成踢、踹以及踩三种形式。一般踢是指足尖或足背部外向用力的方式，踹则为足前掌或后跟部向外或向下作用的方式，而踩则多系足跟部由上至下作用的方式。三种方式都有一个共同点，即首先完成膝关节屈曲。

虽然总体上足损伤和拳损伤一样具有外轻内重的损伤特点，但因足损伤通常见于穿鞋时，往往软组织损伤更重，特别是穿质地较硬且有一定形态鞋底花纹时，人体皮肤上有时可出现与鞋底花纹相吻合的特殊形态的皮下出血（如图7－5－10所示）。

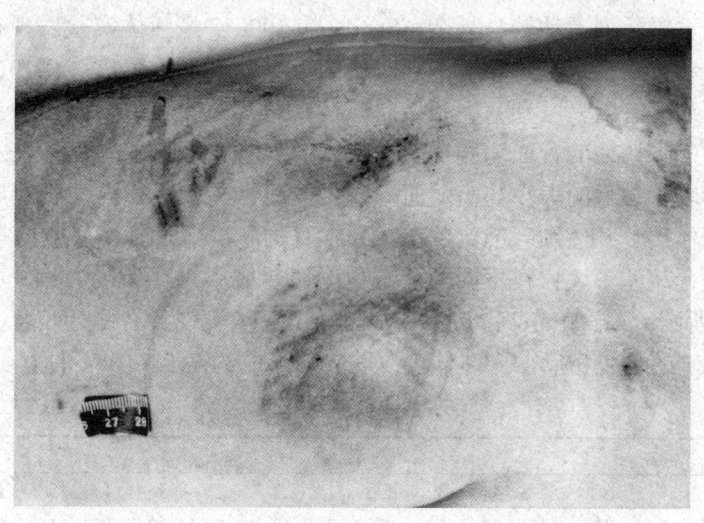

图7－5－10　足踹形成的躯干皮肤花纹状皮下出血

脚踩（踩）损伤一般发生于人体处于体位低下（如卧、蹲等）时，因脚踩时往往伴有一定的人体重量，常力量较大，头颅受脚踩时可发生严重的整体变形和粉碎性骨折。同样，脚踩时也易形成鞋后跟部的形态特征性皮下出血。

第六节　咬　伤

咬伤是指牙齿通过咬合作用所造成的人体组织损伤。大多数咬伤是以咬痕作为形态学依据的，而咬痕是牙齿或牙齿与口腔其他部分一起作用于物体上造成该物体在形态学上发生改变而遗留的痕迹。故咬伤和咬痕常作为同义词出现。在法医学实践中，咬伤主要见于动物和人引起，动物咬伤将在第十二章中专门讨论，本节内容仅限于人牙在人体体表所致的咬伤。

在法医学实践中，咬痕常常是攻击和自卫的反映。另外，咬痕还作为表达性爱、发泄性欲的结果见于性犯罪案件。据国外资料报道，咬痕在凶杀、自杀、意外（多见于性行为过程中）案件中均可见到，而最多见于性犯罪和虐待儿童案件。

一、咬痕的形成机制

咬痕是口腔器官运动的综合作用的结果，其作用形式主要包括前牙（上下切牙和尖牙）运动所产生的咬合作用、口唇及呼吸运动所产生的吸吮作用以及舌运动所产生的挺舌作用。

典型的咬痕形成过程是：先张口经过口唇摄取被咬物，同时下颌下降并向前移，而后上升使上下颌前牙处于相对位置咬住被咬物；接着逐渐由咀嚼肌的收缩加大压力，使前牙穿透或切入被咬体，上下颌切牙对刃；最后下颌切牙的边缘沿上颌切牙的舌面向后向上滑行，回归到正中咬合位。

上下颌前牙咬合滑行运动是咬痕产生的最基本的实现方式。一般咬合过程中，上颌牙列相对较固定，下颌牙列运动较为复杂。Sperber（1990）经活体实验发现在咬合过程中下颌牙列不同的运动方式直接影响到上下列咬痕的形态及其严重程度。例如，下颌向前运动为主时，上下颌牙痕有明显区别；下颌做向心运动时，上颌牙痕模糊不清；下颌以向前向后运动为主时，上下切牙的舌面均能反映在咬痕中，但这种情况较为少见。

上下颌前牙咬合力量的大小与咀嚼肌（包括咬肌、颞肌、翼内外肌）收缩力大小成正比。咬合力受个体年龄、性别、健康状态、牙本身的状况及职业习惯特点等因素影响。一般来说，上下颌牙相差不大；在不同的牙位中以切牙最小，磨牙最大；一般女性弱于男性（如表7-6-1所示）。据Miure和Sumita（1954）测量发现，右侧牙咬合力大于左侧，而Imai（1985）测定的结果相反。人体体表皮肤咬痕形成约需5～10kg的力。

表7-6-1 上下颌牙的最大咬合力（kg）

性别	牙位	8	7	6	5	4	3	2	1	1	2	3	4	5	6	7	8
女性	上颌	15	24	25	16	15	12	5	8	8	5	12	15	16	27	24	15
	下颌	15	24	27	16	15	12	5	5	5	5	12	15	17	24	24	15
男性	上颌	21	34	37	22	21	17	7	12	12	7	17	21	22	37	34	21
	下颌	21	34	37	22	21	17	7	7	7	7	17	21	22	37	34	21

（引自 Koh，1971）

为确切了解咬合过程中吸吮和挺舌作用，Harvey（1973）设计了一种特殊装置（如图7-6-1所示）。该装置有要根开口管连接隔膜式压力表，管子通过封闭的橡皮头（奶瓶吸嘴）与隔膜式压力换能器连接以测定挺舌力；另将橡皮头和开口管接到咬板上，咬板则置于上下切牙之间，实验者对橡皮头同时施加吸吮力和挺舌力，通过压力换能器的输出值以分压器记录仪显示其大小。实验结果发现，挺舌和吸吮往往同时并存，一般吸吮出现在挺舌之前。挺舌力一般大于吸吮力，最高可达55kPa，但二者均明显小于咬合力。尽管单纯的吸吮作用极少能留下痕迹，但研究表明，在咬痕形成中，吸吮力和咬合力也往往同时并存。即使在一些无须吸吮的咬合，如咬耳、鼻等人体突出部位时也往往伴有吸吮作用。

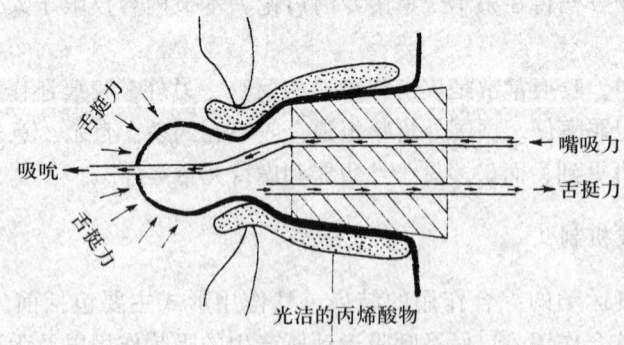

图7-6-1 吸吮和挺舌形成机理示意图

二、咬痕的形态及其变化

(一) 咬痕的形态

人咬痕的形态根据其咬合部位的不同有所差异，通常为圆形或椭圆形。咬痕的损伤性质主要有皮肤的擦伤和撕裂创以及皮下出血，前二者主要由牙咬合作用所致，后者牙咬合和吸吮作用均可形成。擦伤及皮下出血最常见于柔嫩而血管丰富的皮肤组织，如脸颊、乳房、大腿内侧等，撕裂创常发生于皮肤相对固定的部位如头皮、下颌、鼻、耳等。根据损伤特点，Rawson (1984) 将咬痕分为四种类型，即有牙齿痕与撕裂创但无皮下出血、撕裂创伴擦伤或皮下出血、吸吮状的咬痕以及拉扯状的咬痕（如图7-6-2所示）。

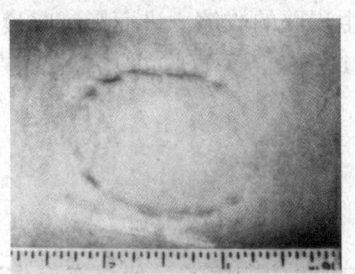
a. 牙切创无皮下出血

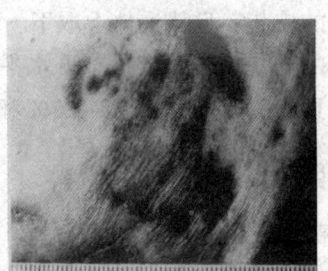
b. 牙切创伴皮下出血

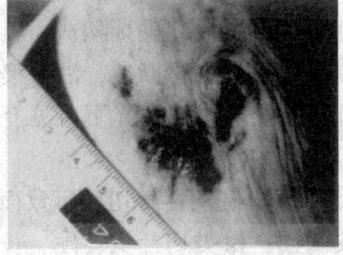
c. 撕扯状咬痕

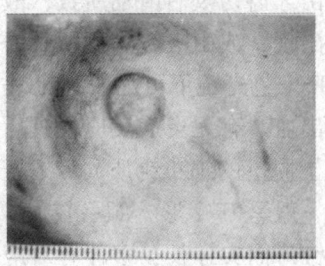
d. 吸吮状咬痕

图7-6-2　咬痕的四种基本类型（引自 Rawson, 1984）

(二) 咬痕的时间变化

活体实验表明，咬痕的发生发展规律一般为：最初可见到牙压戳在皮肤上留下凹陷痕；经3~5分钟，咬痕局部肿胀，10~15分钟后肿胀明显；咬后约20分钟牙痕十分模糊，难以辨认；20~60分钟时肿胀达最高峰并持续约5小时，之后肿胀区逐渐消失；24小时内仅留下牙齿痕及吸吮位置出血区，72小时左右咬痕消失。

咬痕的发生发展经过和保留时间受被咬者的年龄、性别、被咬部位以及胖瘦等因素影响，也与咬合力量有较大关系。据研究报道，瘦者身上的咬痕较肥胖者保持时间长，面部的咬痕比臂部消退快。Ardran 等人 (1958) 用活体实验观察肩、胸部咬痕的变化规律时，发现在24小时内咬痕的变化最迅速。同样的力量，肩与胸的咬痕深而出血少，腹部的咬痕浅而出血多。其基本规律是：咬后第一天有清晰的咬痕轮廓，皮肤表面有组织液渗出；第二天咬痕细节逐渐消退，皮下出血开始颜色改变；第三天皮下出血颜色变浅，但中心部位仍较清晰；第四天仅留下咬痕中心部位的挫伤痕迹。

(三) 咬痕的位置变化

受咬合部位和体位的影响，咬痕的形态特征有时会发生较大的差异，因为不同部位的皮肤组织其硬度、弯曲度、纹线、伸展性等均有较大差异。例如，软组织丰满的部位（如乳房）被咬时，因较大范围的组织被吸吮咬合，而一旦组织复原后，使咬痕的形态较实际的牙列大。体位的变化对咬痕的形态改变影响则更明显，据研究，改变体位后，同样咬痕在不同部位上的变异程度为：在颈部达 0.1～1.2cm，在大腿达 0.1～0.5cm，而在脸面、手及前臂处变异最小。Sebata（1963）利用 21～36 岁的 5 位志愿者进行肩部的咬痕实验研究，结果显示总体变异为 5%，其中在脂肪丰满处表现为咬痕的宽度增加而长度变化较少。其最大差异可达 10%～30%。

遗留咬痕的皮肤一旦从人体上取下，将发生皮肤的收缩，进而影响咬痕的形态学。实验表明，切取的皮肤在非固定状态下水平收缩 11.6%，垂直收缩 10%；而在固定状态下，水平收缩和垂直收缩分别为 10%～25% 和 20%～40%。

三、咬痕的认定和提取

（一）咬痕的认定

人咬痕大体形态上一般呈对应性半弧状或条状的印痕，一般伴有表皮剥脱和皮下出血。表皮剥脱由牙齿切咬后滑动所致，故上下颌呈对应性，方向由外向内；皮下出血或伴随表皮剥脱而出现，或由吸吮作用所致。人咬痕通常由切牙和尖牙构成，特殊情况下伴有前磨牙。在 HE 染色光镜下可见咬痕处表皮破裂缺失，真皮层撕裂，沿牙痕形成一个压缩腔，有时伴有出血。有无炎症反应视咬后存活时间而异。在偏振光下可见有多发性双折射晶体（系牙齿上脱落的细小钙质）存在于真皮乳头层内。

动物咬痕一般呈 U 字形，颌弓较大。食草类动物咬痕主要由切牙所致而呈凿形；食肉类动物切牙呈锥形而尖牙长，多伴有对应性的尖刺创；鼠类切牙尖、硬、长而牙弓小，故其咬痕多细小。动物一般切牙数多于人类，牙槽角度向外大于 90°，也是有别于人类的特点（如图 7-6-3 所示）。另外，咬合时一般均伴有唾液痕迹，因此提取唾液斑做种属检验同样可作为认定人咬痕的有力依据。

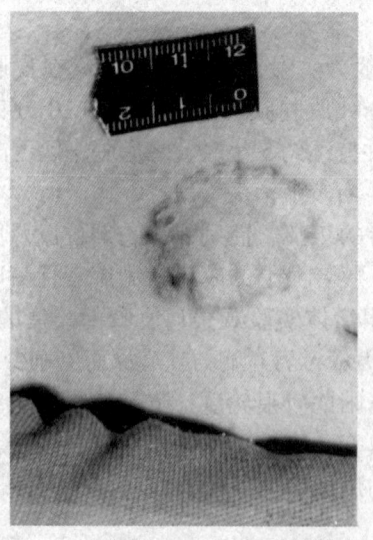
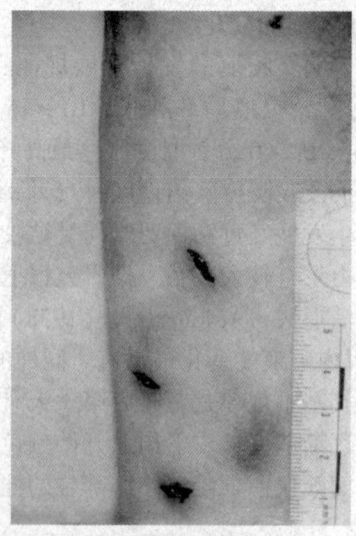

图 7-6-3 皮肤上的人咬痕（左）和犬咬痕（右）

（二）咬痕的提取

在确定了人咬合痕后，正确地记录、提取咬痕是日后进行比对鉴定的基础。

1. 照相固定。咬痕照相包括概貌照相和细目照相。概貌照相通常以反映咬痕与周围的关系为目的，说明咬痕在人体上所处的部位，对分析咬痕的形成方式有重要意义。细目照相是突出反映咬痕的细节，以便进一步与嫌疑样本进行检验对比，拍照时应加比例尺。由于皮下出血对咬痕的检验具有重要价值，故一般以彩色照相为宜。为避免角度偏斜导致咬痕变形，照相角度一定要使镜头与咬痕垂直。活体和尸体上的咬痕均会受时间的影响而发生改变，因此有条件时至少连续2天以同样的条件二次拍摄咬痕。有时出于需要，应对死者或伤者的牙列照相。

2. 提取唾液。无论尸体是否新鲜、是否受污染，咬痕部位照相后常规应提取唾液斑，方法是取1cm^{2}纱布用蒸馏水或生理盐水浸湿，以咬痕为中心由里向外小心擦拭咬痕及邻近部位皮肤，晾干后备检。注意以相同方法在非咬痕部位提取空白对照。

3. 提取咬痕。在完成照相固定和唾液提取之后，有条件的要提取咬痕。提取咬痕的方法较多，以下重点介绍常用的三种：

（1）指纹粉刷法：顾名思义，这种咬痕提取方法与指纹提取方法相似。用刷子（驼毛刷最佳）蘸取黑色粉末轻刷于咬痕处（如皮肤上有毛则先剃去毛发），照相后用指纹胶带粘贴于咬痕处，最后将胶带揭下后置于清洁的指纹卡上保存。

（2）组织切取法：将咬痕边缘外约2.5cm左右范围方形切下皮肤，在上缘切一小口以示方位。取切深度尽可能附带所有的软组织和肌肉。皮肤切下后立即用生理盐水湿纱布（四层）覆盖放入保湿盒内置冰箱冷藏。亦可用10%甲醛、1%乙醇和10%甘油（1:10）固定7天后移于5%甲醛液中长期保存，切忌挤压或干燥放置。

（3）制模提取法：将皮肤咬痕处涂上少许甘油使其润滑，按咬痕大小取适量硅橡胶置洁净的玻璃上，加入3%~5%正硅酸乙酯（触酶剂），调拌均匀后，再加入1%~3%月硅酸二丁基锡（交连剂），充分调匀后将硅橡胶混合物在咬痕处轻轻注匀，待1小时左右干固后取下。如要取得与实际相同的咬痕，则在硅橡胶模上再翻制石膏模型。目前也有人用丙烯腈-丁二烯-苯乙烯混合物环提取，也取得较好的效果。

四、咬痕的检验鉴定

（一）咬痕检验的内容

咬痕检验按顺序一般应包括以下内容：

1. 确定是否是咬痕。
2. 确定是否是人的咬痕。
3. 确定咬痕反映的牙位。
4. 分析形成咬痕时人的体位。
5. 咬痕和犯罪嫌疑人牙的同一认定。

前四项的内容主要通过尸体检验、咬痕照片以及唾液斑提取等确立。牙位的确定，牙列均呈上颌弧径大于下颌弧径这一特征来确定（如图7-6-4所示）。在具体的牙位确认时，则一般根据切牙、尖牙、磨牙的排列顺序及各牙冠的大小形态综合考虑。当咬痕反映牙痕不清楚或不完整，或有赘生齿、缺齿时应谨慎判断。在牙位基本确定后，一般不难分析咬痕形成时的双方体位。

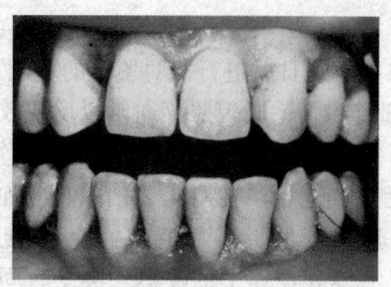
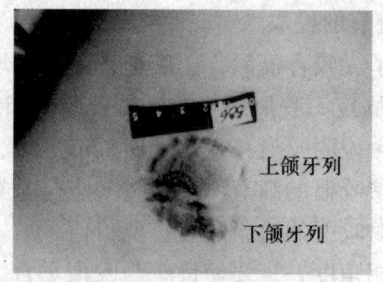

图 7-6-4 人牙排列形态（左）及其咬痕（右）

（二）咬痕比对的方法

咬痕鉴定，归根到底是咬痕与犯罪嫌疑人牙的比对，即同一认定。国外尤其是发达国家从事咬痕鉴定的多是专业的法齿专家，我国则多由痕检和法医人员完成，专业和经验上均有不足，故临案鉴定时最好能取得临床牙科工作者的协助。根据近年来法医牙科学鉴定咬痕方面的发展，目前应用较普遍的方法主要有形态比对法、计分识别法、计点测量法以及数码图像技术等。但本质上仍属于形态学比对，对咬痕形态清晰度的要求较高。

1. 形态比对法。形态比对法的基本原理是将咬痕的形态图像与犯罪嫌疑人的牙模制作的形态图像作特征对比，从而达到认定或否定的目的。根据形态图像的几何结构不同，可分为二维形态比对和三维形态比对两种，后者因需具备较特殊的仪器而且比对过程和结果难以展示，故目前仅限于实验研究阶段。

（1）二维形态比对法。二维形态比对法为经典传统方法。在 20 世纪 20 年代，多采用将犯罪嫌疑人牙模前牙切缘上涂油，再刷上油墨后转印在透明胶片上，最后将印有牙模的印痕的透明胶片与原大的咬痕照片作形态学比对。20 世纪 60 年代有人将油墨改为油脂唇膏，或用面团裹住木棍及海绵橡皮模拟人体组织，制作犯罪嫌疑人牙模的咬合印痕，再制成与原咬痕照片等大的照片进行比对。近年来，许多法医和法齿学家在实际咬痕鉴定时常采用在志愿者身上进行牙模实验模拟咬合的方法，然后将其牙模痕和原咬痕的照片进行形态特征比对。在具体比对方面，使用标准图形圆位法较多，具体方法是：在两张与实物等大的照片上分别进行两齿列定位，即以犯罪嫌疑人牙模的某一牙齿为中心画数个同心圆再以咬痕照片上相应的牙齿为中心画数个同心圆，在牙位判断准确的前提下，比较各自圆周线所经各点的特征是否相符，最终确定咬痕与犯罪嫌疑人牙模之间的相关性。

（2）三维形态比对法。三维形态比对法主要是利用某些仪器和技术手段，将咬痕和犯罪嫌疑人牙模进行三维测量比较，从而找到两者的异同点进行识别的方法，从原理上来说，由于增加了深度空间的比较，个体识别的准确性和精确性都有提高，但前已述及，由于三维测量比较需借助专门仪器，而且无法展示比对结果，目前极少数应用于实际检案。

2. 计分识别法。计分识别法是 20 世纪 80 年代美国法庭科学协会咬痕标准化委员会和美国法医牙科学会共同提出的一种咬痕鉴定方法。计分系统包括总体形态（牙的数量、牙弓的大小和形态）、牙齿位置（唇舌位、旋转位牙痕、牙痕的深度和各牙痕之间的间隙）、牙齿特征（牙痕近中远侧宽度和唇舌宽度切牙缘的特征、牙折断等特征）以及其他（缺牙）四个方面共 12 项，每项均有最高及平均计分值的量化指标，最后根据总分值的大小来确定咬痕与牙模的相似程度。根据实验研究和实际案例鉴定中所出现的情况，可将咬痕分为四种类型：（1）特征和痕迹完整（计分值 71.2）。（2）特征和痕迹不完整但足以进行比对（计分值 38.2）。（3）不清晰的变形痕迹，但经分析才能确定特征（计分值 31.5）。（4）痕迹和特征均不足以进行比对（计分值 13.0）。多数法医学家认为（3）、（4）类型的咬痕鉴定价值很小。计分值的判定应由两名以上的法齿专家分别判定，以提高鉴定的可靠性。

3. 计点测量法。日本学者近年来提出利用实验志愿者在筒形环氧树脂载体和石蜡载体上留下的咬痕及其制作的牙模，分别测量相似比例放大照片上或者实物上牙及牙列的间距、直径和角度等共 31 项指标，用误差率或变化率来反映咬痕鉴定的可靠程度（如图 7 - 6 - 5 所示）。误差率的公式为：

误差率 =（牙模计测值 - 咬痕计测值）/咬痕计测值 × 100

他们认为，如果 31 个指标平均误差率小于 2%，那么倾向于同一认定，如果平均误差率大于 3%，那么趋向于否定。研究表明：单项指标鉴定的价值前四项为：左右尖牙的距离，两尖牙连线的中点到左尖牙中点的距离，左右侧切牙间距，两中切牙连线中点至左尖牙中点的距离。

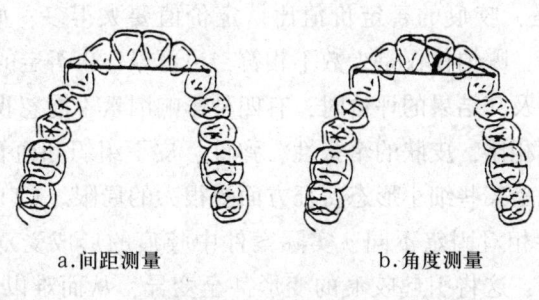

a. 间距测量　　　　b. 角度测量

图 7 - 6 - 5　计点测量分析法示意图（引自 Innami, 1987）

4. 数码图像技术。数码图像技术是英国 Naru 和 Dykes 在 1995 年和 1997 年间的研究成果，其基本原理是利用数码图像灰度的变化通过计算机数学和统计学处理后分析咬痕和牙模之间的相关性。其过程主要有：将 1:1 的咬痕照片平面扫描之后进行灰色调整，增强咬痕处的形态；将牙模同样平面扫描后对牙切缘处分离，形成专有的切缘灰度形态；采用电光谱图像处理技术分析咬痕与牙模的位置关系；最后利用数学模型分析咬痕的统计上的相关性及形态上的对应性（如图 7 - 6 - 6 所示）。

（三）咬痕鉴定结果评价

据文献报道，第一例有关咬痕作为证据的诉讼案件发生于 1874 年。1954 之后，西方发达国家开始陆续建立法医牙科学的职业机构。1972 年，美国首次利用咬痕认定了一起谋杀案。咬痕能否作为证据认定或否定犯罪嫌疑人一直

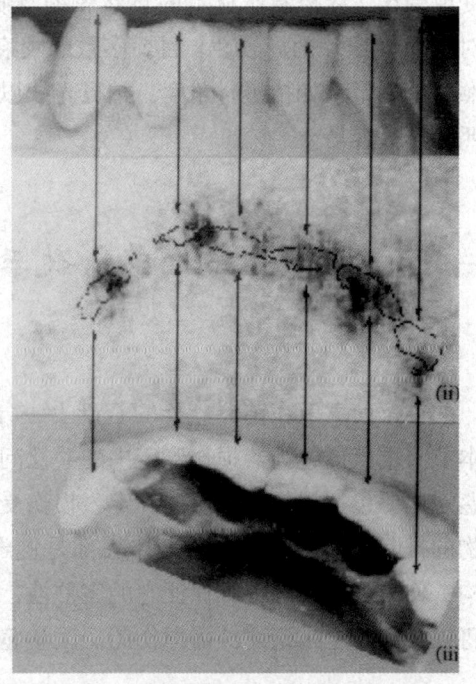

上：牙列　中：经数字化处理的咬痕　下：牙模

图 7 - 6 - 6　咬痕的数码图像分析

以来有争议，但多数倾向于肯定。同一认定的咬痕作为个体识别的证据主要依据有四条：第一，如同几乎没有两人的指纹相同一样，从理论上来说也没有两人的咬痕会完全一样。第二，成年后某些牙的特征，如无人为特殊处理将会保持终生不变，如牙裂隙、歪牙、畸形牙、错位牙、高犬牙以及赘生牙等，而这些特征在咬痕鉴定中至关重要。第三，个体成年后，嘴、口腔乃至牙的大小形态变化很小，因而咬痕的变化稳定性较好。第四，研究发现，同一个体咬痕的重复一致性可达98%，这就为咬痕与犯罪嫌疑人牙模进行比对提供了可能性。

在咬痕检验鉴定中，形态比对法历史最长，但仍沿用至今。即使在计分识别法和计点测量法中仍离不开形态特征的作用。所以，清晰的咬痕形态是比对的基础和鉴定的前提。一般来说，如果咬痕和牙模比对中有4~5颗牙的形态特征相同，同一认定的可能性较大，误差率为十万分之八以下，如果有8颗牙以上相同，那么几乎可作肯定性的同一认定。应当注意的是，咬痕的否定价值比认定价值要大得多，如果一些十分特殊的特征如赘生牙、畸形牙等，哪怕仅仅是少数不相符，也可以作出否定的结论。

对咬痕的检验鉴定及其结果的评价时，有四种影响因素不能忽视：（1）皮肤是咬痕的不良载体。与其他物体相比，皮肤的牵张性、弹性、皮下组织和血管分布的不均匀性均使皮肤在反映咬痕，特别是某些细小形态特征方面受很大的局限。（2）咬痕的形成过程是动态的。与实验研究条件相对固定不同，实际案件中咬痕的形成受双方复杂多变的因素影响，如体位、咬合力等，这将引起咬痕的变形甚至变异，从而难以反映咬痕的真实面貌。（3）牙模的局限性。咬痕形成受咬者牙齿形状的影响，同样牙模也是。咬者牙齿的自然改变或受伤，牙模制作材料的自然收缩与膨胀会使比对样本不同程度地变形，影响精确比对。（4）照片的局限性。目前多数的咬痕检验只能以照片为基础，但许多因素同样会影响照片的质量，如拍摄时角度、拍摄光线以及拍摄距离等，所以得到十分清晰和精确的咬痕照片不太容易。

第七节 钝器损伤的法医学鉴定

本章前六节在钝器分类的基础上，分别论述了各自的特点和检验鉴定中的相关问题。本节将重点论述钝器损伤鉴定中的共性问题和最常见的问题。一般来说，钝器损伤的检验鉴定主要包括损伤着力点的确定、损伤受力方向的确定、受力次数和顺序的确定以及致伤物的推断四个方面。由于人体头部是钝器损伤致命的主要部位，而且由于头部的球形结构，使得钝器接触很难保证它的完整性，从而形成钝器损伤鉴定推断的难点。因此，本节将以头部为主来论述钝器损伤的法医学鉴定问题。

一、损伤着力点的判断

损伤着力点是指致伤物体直接与人体组织接触引起损伤的位置，通常也是指受力最大的位置，或者是受力的起始位置。表7-7-1显示了形态学上最常见的软组织和骨骼损伤的着力点。凭借这些损伤的形态分析，一般不难确定损伤的着力点（如图7-7-1、图7-7-2、图7-7-3所示）。

需要指出的是，由于力量的传导、压力的改变以及血液的扩散等原因，就确定着力点而言，皮肤损伤比骨骼损伤稳定，骨骼损伤比内脏损伤稳定。例如，在交通事故驾驶人上肢抓紧方向盘引起损伤时，着力点在手或前臂，而骨骼损伤可以在上臂骨甚至锁骨；而当高坠足首先着地受力时，因为力的传导可引起脊柱甚至颅底的损伤，因为挤压而导致胸腹腔任何脏器的损伤。就皮肤损伤而言，表皮剥脱几乎是没有例外的着力点指向。而皮肤出血和创口却有间接形成的可能，例如，单纯的皮下（甚至皮内）出血可因骨折引起的出血渗透扩散至皮下所致，皮肤创口也可因骨折断端向外刺破皮肤所致。

表7-7-1 常见的软组织和骨骼损伤的着力点

软组织损伤着力点	骨骼损伤着力点
1. 表皮剥脱处	骨质表面缺损和压痕处
2. 皮内出血处（头皮）	外板完整而内板骨折处
3. 皮肤挫伤处	多条线状骨折分支密集处
4. 中空性皮下出血的中空区	星芒状骨折中心处
5. 皮下组织挫碎处	环形或套环形骨折的圆心
6. 毛发缺损处（排除病理性等）	凹陷性骨折凹陷中心
7. 星芒状挫裂创的中心	粉碎性骨折碎片小且数量最多处
8. 条形挫裂创挫伤最重处	夹有头发等杂物的骨折线处
9. 其他各种挫裂创的挫伤区	骨折损伤的挤压缘处

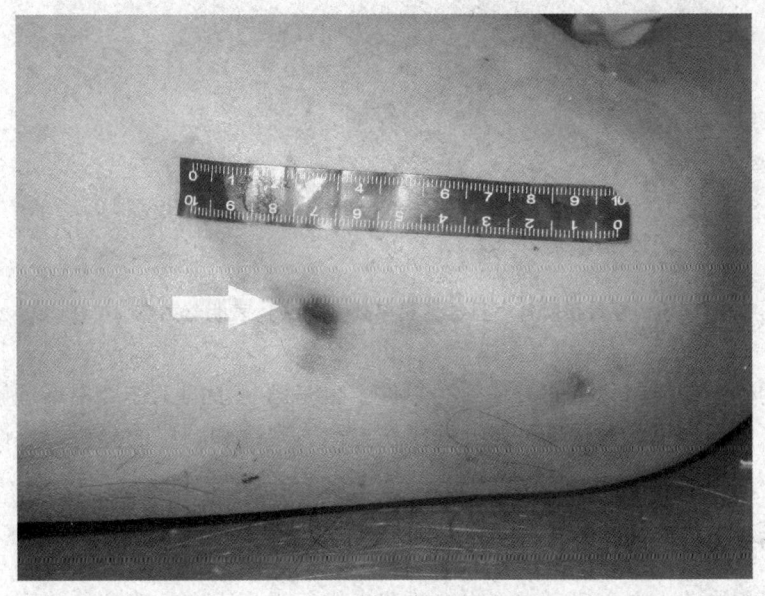

图7-7-1 皮肤挫伤（表皮剥脱和皮下出血处，箭头）表明着力点

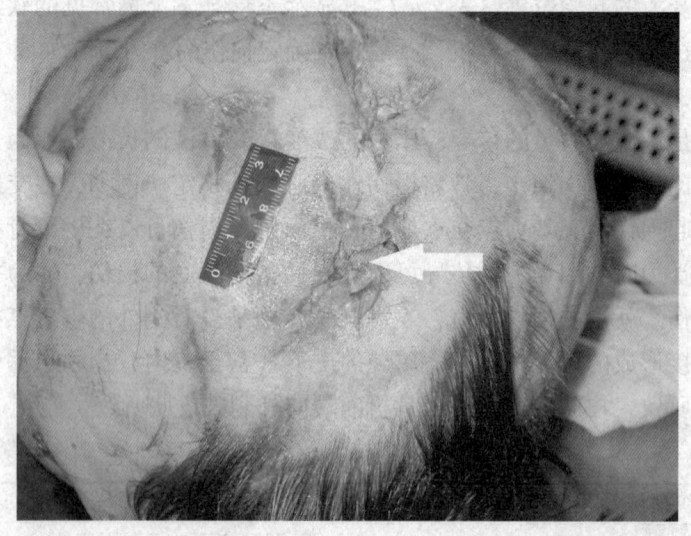

图7-7-2 星芒状挫裂创的挫伤最重处（箭头）表明着力点

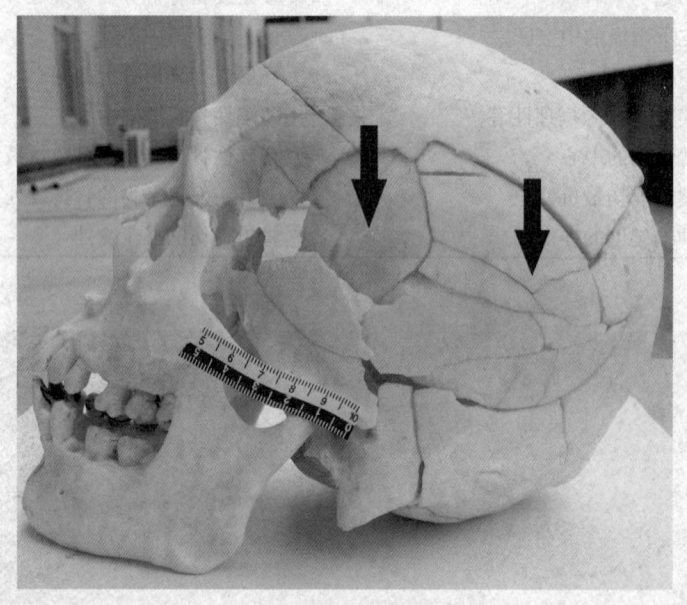

图7-7-3 粉碎性骨折碎片小且数量最多处（箭头）表明着力点 （引自罗斌，2006）

受力点的确定是损伤分析的最基础的条件，也是第一步的工作。不难理解，没有确定是否为受力点的损伤现象，是不可能继续损伤方向、次数和顺序的分析，更谈不上致伤物的推断了。

二、损伤受力方向的判断

在确定了损伤着力点之后，进一步需要我们进行受力方向的确定。前已述及，力是个具有方向和大小的矢量，所以，受力方向实际上就是指一个特定损伤完成的始末状态。简单地说，在多数情况下，我们可以将受力方向理解为致伤物与人体组织的接触由致密到疏松直至脱离的过程。表7-7-2、图7-7-4、图7-7-5、图7-7-6显示了常见的软组织和骨骼损伤的受力方向判断的特征。

表7-7-2 常见的软组织和骨骼损伤的打击方向

软组织损伤的受力和打击方向	骨骼损伤的受力和打击方向
1. 表皮剥脱表皮翻转的方向	骨折表面的挫压和擦划痕迹由重向轻
2. 条形皮下出血重端移向轻端	局部变形线状骨折线由宽向窄
3. 中空性皮下出血带由宽向窄倾斜	星芒状或多条线状骨折的主骨折线方向
4. 镶边样挫伤带由宽向窄倾斜	阶梯样骨折斜向阶梯侧
5. 条形挫裂创创缘由钝侧斜向锐侧	舟状骨折由宽斜向窄侧
6. 创角撕裂的延长方向	同心圆状骨折垂直方向
7. 皮瓣创其皮瓣翻转的方向	有挤压缘的，均斜向对侧

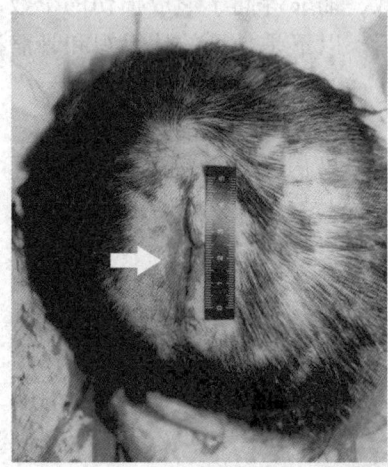

图7-7-4 条形创创缘钝锐侧及其受力方向（箭头）

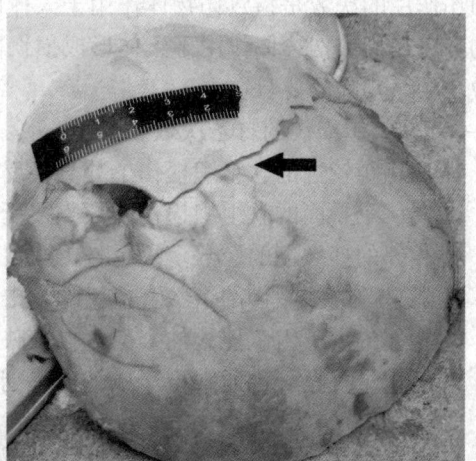

图7-7-5 星芒状骨折线的主骨折线及其受力方向（箭头）

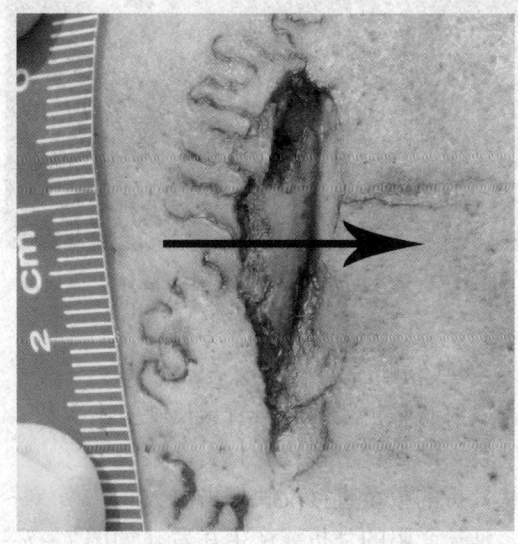

图7-7-6 舟状凹陷骨折侧壁宽度及其受力方向（箭头）（引自曾瑞星，2007）

受力方向的判断，不仅有助于我们通过对物体接触方式的理解，更为准确地推断致伤工具，而且还可以通过物体接触方式，作出人体互相体位位置关系的判断，在某些特定情况下，还有助于左右利手的判断。总体而言，皮肤软组织损伤的受力方向的特征，比骨骼损伤和脏器损伤更为稳定。

应当注意的是，受力方向的判断并非完全遵循上述的规律。例如，两边夹一角的矩形损伤，其创口的撕裂方向与外力的牵拉推挤方向，有可能并不一致；对骨折的方向的判断更要小心，一般只需进行垂直或斜向，或者前后、左右、上下大体方向的判断，不宜轻易地进行过于具体的方向判别，如右下斜向左上等。另外，还要注意某些指标如骨折线的宽度等，可能会受解剖开颅等操作的影响，因此最好在开颅前观察。

三、损伤作用次数和顺序的判断

损伤作用的次数是指致伤物体作用于人体的次数，而非等同于形成损伤的个数。损伤作用的顺序是指致伤物体作用于人体形成损伤的先后。以下是常见的软组织和骨骼损伤作用次数和顺序判断的要点：

（一）软组织损伤的打击次数和顺序

1. 距离相距较远的软组织损伤个数直接反映打击次数。
2. 非同一个平面的软组织损伤个数直接反映打击次数。
3. 不相邻的挫裂创的个数多提示打击次数。
4. 明显重叠的挫裂创的个数直接反映打击次数（如图7-7-7所示）。
5. 不相邻的皮下组织挫灭的个数直接反映打击次数。
6. 软组织重叠挫裂创通常位于单个挫裂创之后。

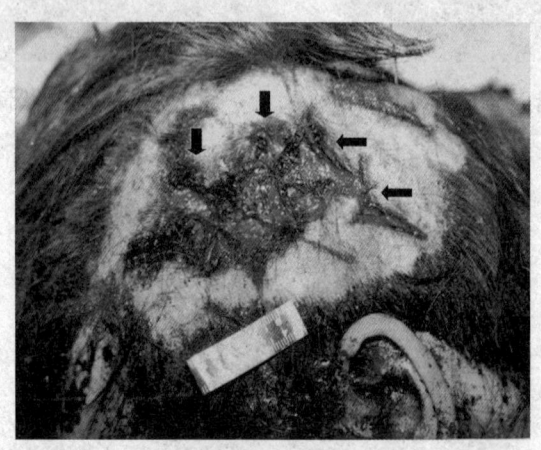

图7-7-7 左颞枕部头皮重叠（箭头）挫裂创

（二）骨骼损伤的打击次数和顺序

1. 局部变形导致的非放射状骨折线的数量直接反映打击次数。
2. 凹陷骨折边缘弧度较大的数量直接反映打击次数。
3. 凹陷性骨折、洞状骨折的数量直接反映打击次数。
4. 两条骨折线相交，延长受阻的骨折线产生在后（如图7-7-8所示）。
5. 两条骨折线交叉，其中错位的骨折线产生在后（如图7-7-9所示）。

6. 粉碎性骨折区内板脱落较多的位置受力在前。

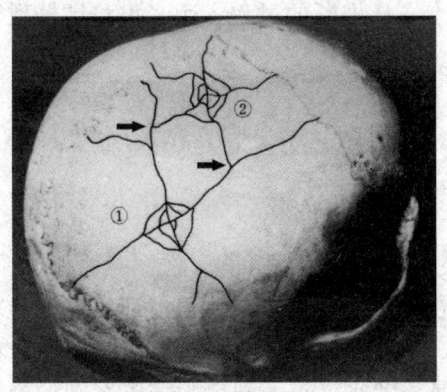

图 7-7-8　骨折线形成先后的 Puppe 氏原理

图 7-7-9　两条骨折线交叉后形成的错位骨折线（细箭头），粗箭头为手术形成的骨裂

需要指出的是，在实践中，常可见到一次损伤作用可以形成多处的损伤，多次损伤作用也可以形成近似一处的损伤。前者如不规则的砖石的拍击、人体摔跌着地（如图7-7-10所示）、车辆对人体的撞击等，后者如创口的重叠等。所以，着力点的个数或者损伤的个数有时并不直接等于作用的次数。还有一种例外的情况，就是损伤的对侧部位发生的损伤，首先应当鉴别是否是打击时由于衬垫一次形成。另外，高坠尸体可因力量传导和人体腔隙受

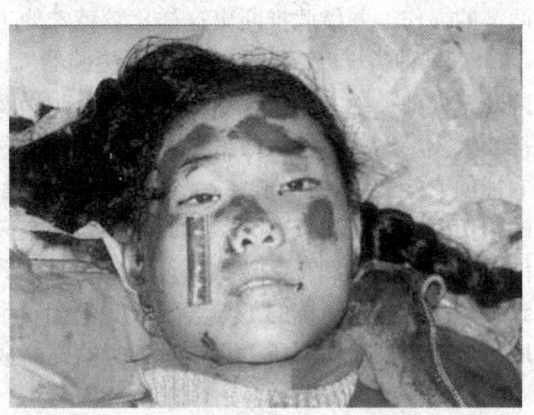

图 7-7-10　人体摔跌形成的面部多部位损伤

挤压变形而形成多组织和多脏器的损伤。骨折线的数量有时与作用打击次数也并不相等，除了放射状骨折之外，正常的骨折线分叉容易被误认为两次形成的两条骨折线，一个局部区域的缺乏连续性的骨折线很可能是由于骨骼结构的原因，而非两次或多次形成的结果。

四、致伤工具的推断

致伤工具的推断，可以说是在法医学实践中除了死亡原因之外，最经常要面对的问题。而且人们往往会认为，这对法医来说应当不是难事。确实，国外尤其是发达国家，致伤物主要涉及枪弹和锐器，推断的难度相对要小。而在我国，在法医学实践中致伤物最多见的却是钝器。由于钝器存在和分布的广泛性，又由于钝器种类和形态的多样性，事实上至今为止，法医学界并没有一个致伤工具推断的规范和标准，甚至都缺乏一个大致操作方法。法医日常对钝器的推断，主要凭借损伤的形态学特征，结合自己的实践经验来综合判断。据此，笔者尝试从检验判断的操作程序入手，提出一个钝器致伤物推断的分次步骤，期望能够使钝器致伤物推断进入一个较为可循又易操作的方法学阶段。

（一）基本方法

传统上，法医按照钝器致伤物的四种分类（即斧锤类、棍棒类、砖石类以及徒手类）

的特点，结合人体损伤形态的特征，推断钝器致伤物的类型，也就是说，推断的结论主要是这四种类型工具比较的结果。笔者想以此为出发点，从推断的过程入手，可将钝器致伤物推断分成五步完成：

第一步，工具种类推断。
第二步，损伤形态推断。
第三步，工具质地推断。
第四步，接触形态推断。
第五步，具体工具推断。

上述五步应当是一个递进的过程，相互之间存在逻辑上的连贯性。虽然还不能说绝对不能跳跃，但随意地跳跃，肯定会在某些时候丢失比较重要的方面。五步法试图逐步在"横向比较"的同时，又能在"纵深方面"有所进展，借此寻找一种更为完整客观的推断方法。例如，当致伤物为一轴状端头又带有锤类凸起的棍棒（也可理解为超长柄的锤类），而人体上又同时存在长轴状和小平面损伤时，五步法通过第二步和第四步有可能会兼顾到这两类的损伤，并借此推断出这样比较特殊的工具。

1. 工具种类推断。工具种类就是指钝器、锐器、火器三种大类。虽然在实践工作中辨别判断三大种类绝大多数并不困难，但有时仍然需要我们认真检验观察后，才能保证正确地推断大类。例如，薄型的刀背可以形成类似砍创的损伤，枪弹盲管创有时易被误认为钝器的捅创或挫裂创（如图7-7-11所示）。具有一定速度的螺旋桨则更容易形成类似锐器创的损伤。在速度和重力的双重影响下，甚至一根电线或者铁丝都可能以切割的方式形成人体上的损伤（如图7-7-12所示）。因此，没有经过解剖检验和对创腔、创道、创面的细致观察，貌似很简单的工具大类推断仍会发生错误。另外，鉴于锐器和火器本身就可能形成类似钝器的损伤，所以将工具种类的推断放在第一步，则意味着锐器和火器形成的损伤不属于钝器推断的范畴。

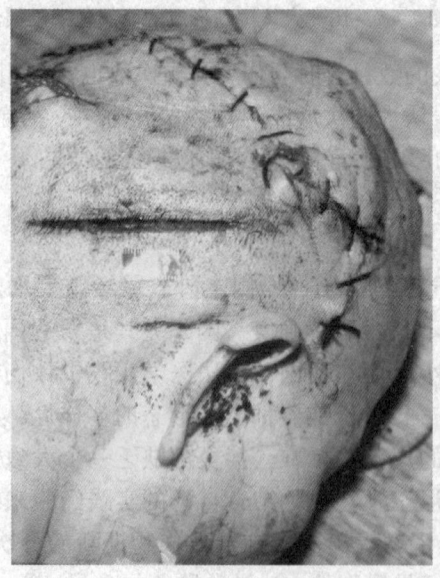
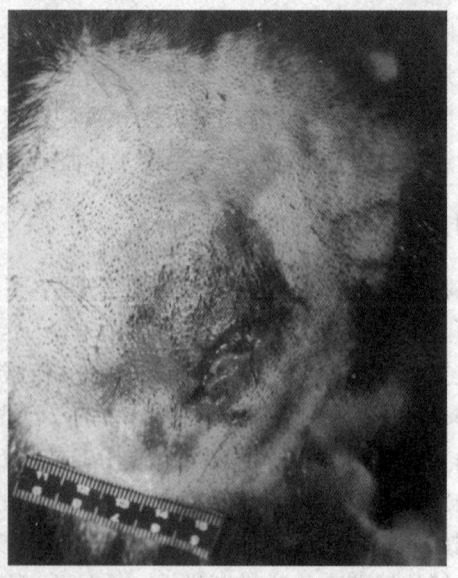

图7-7-11　貌似砍创的刀背挫裂创（左）和貌似挫裂创的枪弹射出口（右）

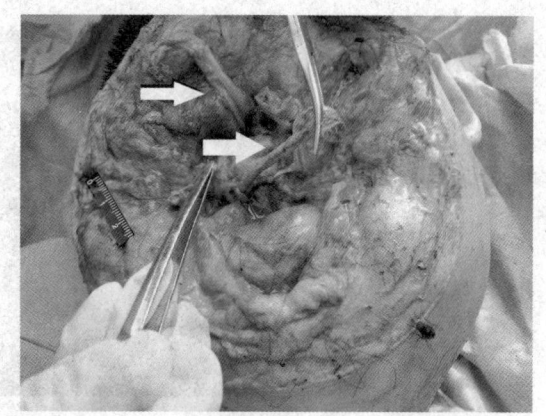

图 7-7-12　高坠过程中铁丝勒割颈部形成的貌似锐器创，箭头示纤维组织断端（引自朱少建，2006）

经典的钝器损伤的代表形式是挫裂创，在挫裂创的诸多特征中，如创壁尚不光滑、创角尚不规则、创缘表皮剥脱、创腔组织间桥、创周组织出血以及创底尚不平整等，以创腔组织间桥和创周组织出血两个特征最为稳定也最重要（如图7-7-13所示），这是由钝器作用的"钝"和"面"两个主要本质所决定的。可能在一个具体的损伤里面不能保证这两条完全同时具备，但至少应当具备其中之一。只有确定了钝器损伤之后，才谈得上继续下一步。

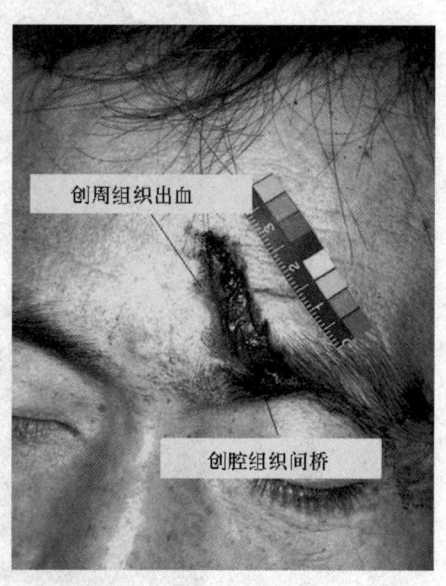

图 7-7-13　钝器伤的重要特征

2. 损伤形态推断。损伤形态推断是指通过对损伤形态特征的分析，进而推断出工具的大体形态。损伤形态特征可以人为地分为规则和不规则两大类型，在规则的类型里再分成条形和矩形两类。实际上，损伤形态推断这一步隐含着将损伤归结于传统四种钝器类型的价值。例如，不规则类损伤包含着砖石和徒手，规则类损伤包含着棍棒和斧锤。规则类型里的条形代表了棍棒类，矩形则代表了斧锤类。所以，代表损伤形态的条形、矩形和不规则形是第二步推断的目标。

分析损伤形态特征的主要指标是创口的长度、骨折的形态以及皮下出血的形态（如图7-7-14所示）。

根据长轴工具损伤的特点，创口长是否达到或者超过5cm是区别长条形和其他形态的基本的界限，这里的创口长度应当反映的是直接受力的长度，而不应包括创口的撕裂。长度短于3cm的创口，一般就可排除长轴状工具形成的可能。需要指出的是，考虑到长轴状工具的端部作用也将形成短创口，当长创口和短创口共存时，以关注长创口为主。应当斟酌的是长度3～5cm的创口，不能轻易作认定或排除，应当结合创口的数量、位置等因素综合考虑。尤其当损伤数量不多且均为短创口时，则不能轻易排除长轴状工具。

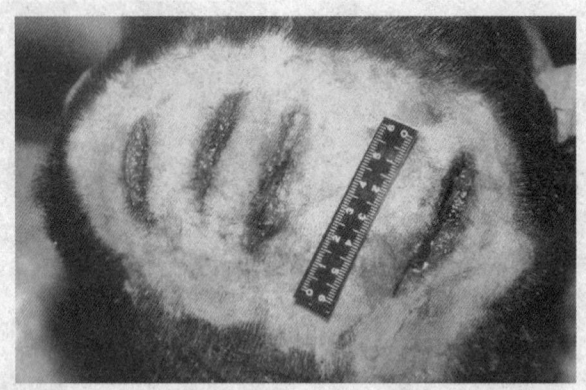
a. 条形

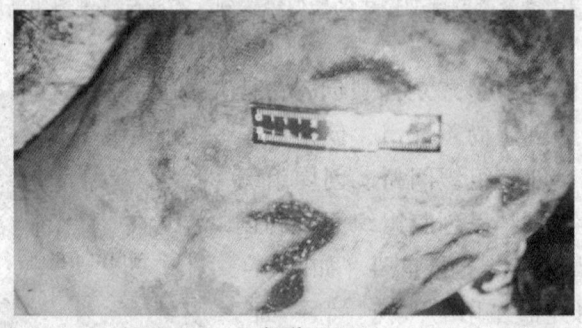
b. 矩形

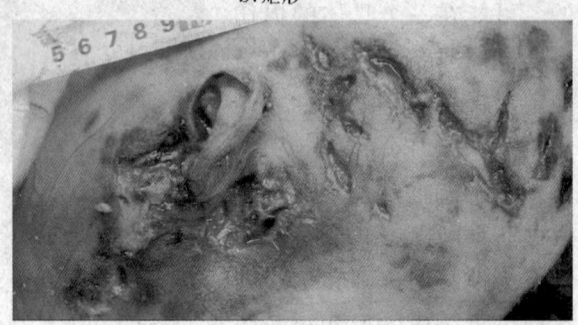
c. 不规则形

图 7-7-14　钝器形成的皮肤损伤

由于受力集中与否的差异，一般来说，长轴状工具容易形成颅骨的线状骨折，少数情况下可形成舟状凹陷骨折；而小平面的钝器通常容易形成类圆形或类方形的凹陷骨折，也可形成线状骨折。但非金属质地的工具，上述的特点可能就不太明显。另外，当金属长轴状工具的端部作用时，有时也可能形成类圆形的凹陷性骨折，除非此类凹陷性骨折呈现凹陷不同步对称的特征，否则将很难鉴别。

当头皮创口局限于帽状腱膜内时，由于头皮内组织结构致密使出血易被局限的特点，创口周围的皮下出血形态有时有助于工具形态的推断。例如，长轴状工具形成的创口，皮下出血也将沿着创缘呈舟状的分布；而小平面工具形成的创口，皮下出血则通常以挫裂创为中心向四周扩散分布。但是，当创口的深度超过帽状腱膜时，皮下出血因为容易扩散而形态不再稳定，就很难用以工具形态的分析了。

3. 工具质地推断。工具质地推断是指形成人体损伤的接触物体的质地，通常分为金属和非金属两大类。在法医学实践中最常见的则为金属、砖石和木质三种质地的工具。和颅骨比较，金属的硬度较大，木质的硬度较小，而砖石则介于两者之间，即部分砖石如混凝土和花岗岩等硬度大于颅骨，而部分砖石如红砖和石灰岩等硬度则小于颅骨。根据两个物体接触，硬度大的物体容易在硬度小的物体上留下印痕的原理，我们可以根据人体皮肤和骨质损伤的特点，推断钝器工具的质地。

工具质地推断的主要观察指标是创缘皮肤挫伤带和凹陷骨折边缘的挤压缘。

一般来说，创缘皮肤挫伤带的明显程度，与作用工具的硬度成正比，也就是说，硬度越大，挫伤带就越明显。所以，在实践中常见的征象是，金属和砖石形成的挫伤带通常比木质明显（如图7-7-15所示）。虽然"明显"是一种主观的判断，但一般应包括两个方面：第一，挫伤带色深，色深意味着损伤的深度。第二，与正常组织分界清楚。除了硬度，物体接触面的粗糙状况也是影响挫伤带明显与否的重要因素。例如，粗糙的木质同样可以形成较明显的挫伤带。在这种情况下，我们还要利用金属物体成型、砖石和木质可能成型也可能不成型的特点，观察挫伤带分布的均匀性。通常金属工具形成的挫伤带边界平整而挫伤均匀，故有"镶边样挫伤带"之称；而砖石和木质形成的挫伤带即使也明显，但往往可能不太平整，也不太均匀，与周围正常组织的分界也不太清楚。

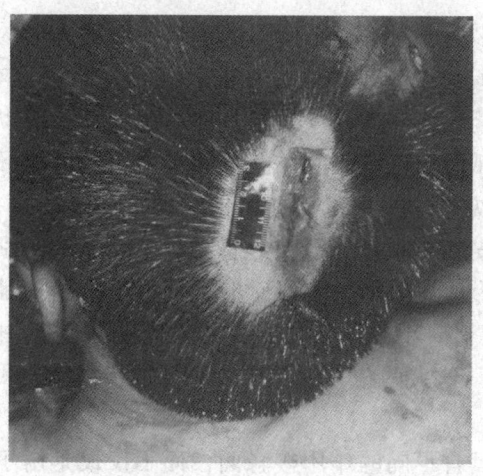
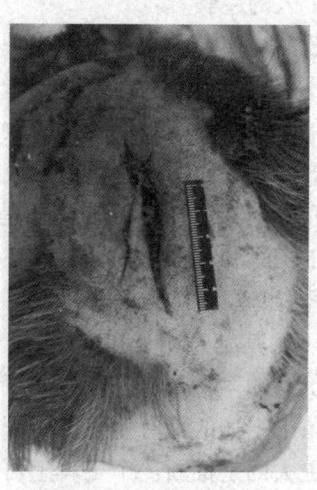

图7-7-15 金属（左）和非金属（右）棍棒形成创口挫伤带的特点

前已述及，硬度大于骨质的小平面金属物体在形成凹陷性骨折的边缘，往往能见到骨质因为受到强烈的垂直型挤压，而产生局部的细小裂纹并伴有一定的下陷，我们对此称之为骨质挤压缘。骨质挤压缘具有良好的特定性和稳定性，因此我们常借此推断工具是金属还是非金属（如图7-7-16所示）。需要指出的是，有极少数砖石也能形成类似的挤压缘，但我们可以凭借损伤形态和现场条件等其他特征来综合分析砖石形成的可能性。一般情况下，骨质挤压缘是具有排他性的判断金属质地工具的特征性条件。

需要指出的是，工具质地的判断有时可以通过创腔内工具碎屑的发现而变得更为简单，这其中，金属遗留碎屑的可能性最小，木质次之，而砖石特别是砖，因为其脆性大而可能性最大。

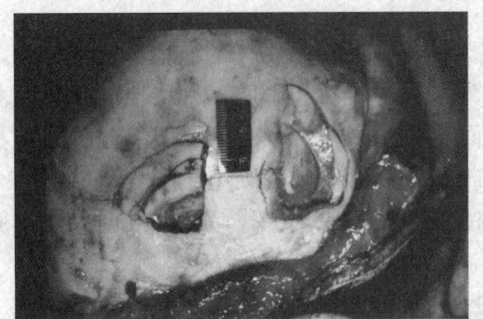 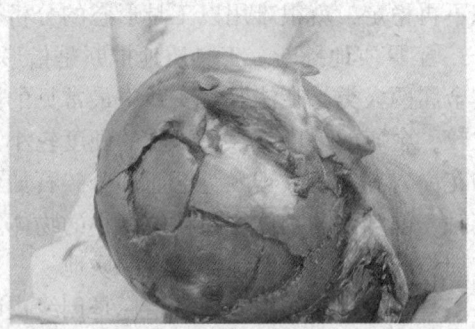

图 7-7-16 金属圆锤（左）和类圆石块（右）形成的凹陷骨折形态特点

4. 接触形态推断。通过上述三步的推断，我们已经对损伤形成的工具有了一个基本的轮廓描述，如长条形木质类或者小平面金属类等。第四步我们需要通过损伤形态的进一步分析，更具体地对工具作用的接触面进行描述，如小平面是类圆形还是类方形的，长条形是圆柱形的还是方柱形的等。此外，我们还要对小平面的长宽或直径、长条形的宽度等指标进行测量估算。

如果说前三步总体上还算有"章"可循的话，那么到了第四步，可能更多地依赖于综合分析或个人的经验。

从一般的规律上说，类圆的小平面多形成弧形或半圆形的创口，而类方形的小平面多形成短直线形或两边夹一角形的创口。但由于头皮的张力在前后径和左右径上有所不同，更重要的是由于头颅的球形结构，致使接触头部的仅仅是工具的一个局部，所以经常可以发生类方形的小平面物体也可能形成短弧形的创口，而类圆形的小平面也可能形成短直线的创口。颅骨上，无论是类圆形还是类方形小平面都可能留下类圆形凹陷的骨折。同理，圆柱形长轴工具和方柱形长轴工具在头皮甚至颅骨上损伤形态也没有明显的鉴别界限。根据笔者的经验，虽然类方形小平面可以形成短弧形的创口，但类圆形小平面却难以形成两边夹一角（尤其是直角）的创口。因此，对小平面物体，我们希望能找到哪怕只有一处的、最有价值的"两边夹一角"或者"三边夹两角"的特征。对长轴状物体，我们希望其端部作用留下上述的最有价值的特征。

难度更大的是推断一个工具上可能具有不同的作用接触面，而不仅仅是由于部位的不同所致。例如，一个圆柱形长轴工具，其端部恰恰可能是方柱形的（如图 7-7-17 所示）。此时需要我们关注和考虑的问题是：究竟是方柱体长轴圆柱形端部，还是圆柱体长轴方柱体端部。所以，到了工具接触形态推断这一步，表面上看似乎还在"就伤论事"，集中于局部形态的分析论证，其实不然。因为此时的损伤形态分析更多的是着眼于多处损伤的比较和甄别。另外，对接触局部物体的分析，是为了更好地、更细化地对工具整体的分析，并且为最后推断具体而特定的工具做准备。因此，接触形态推断综合性更强，它是最后整体推断的前奏。

5. 具体工具推断。到了这一步，就是最后推断结论的表述问题了。具体工具推断的目标是给出的推断结论应当尽可能让人们可以想象出一个具体的工具或者工具的具体名称，但真正能够具体到什么程度，则应当视能够获得的推断条件而定，面对一具完全白骨化尸体颅骨上的一条线状骨折这样的条件，能够得出棍棒类钝器（而不是砖石类）的推断，就算是不错的了。由于工具的打击接触面和整体形态并不一定都一致,而我们推断又只能借助于接触面留下的迹象。从这个意义上说,工具的推断只是接触面的推断,而不是具体工具或整体工具的推断。

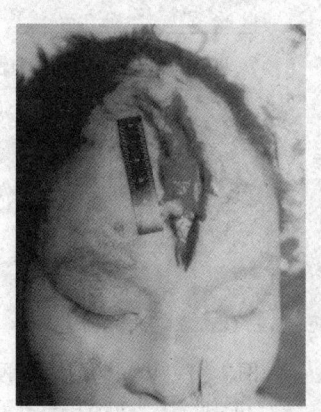
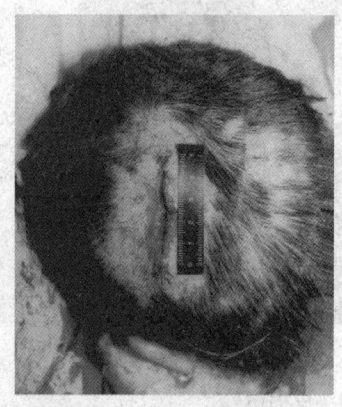
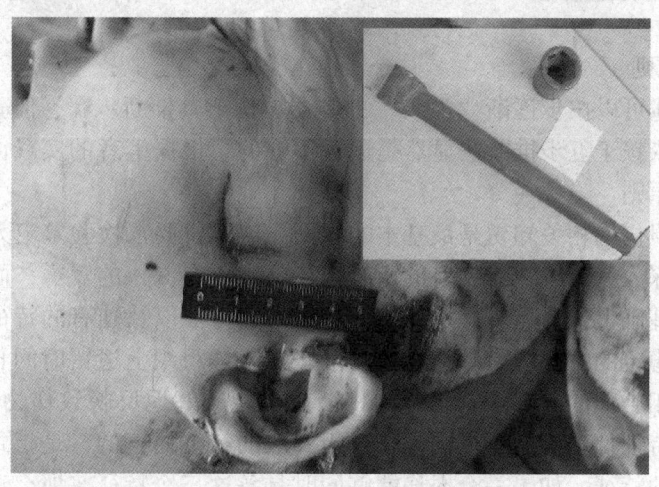

图7-7-17 套筒形成的头部损伤（引自韩德锋,2006）

面对"同一种工具可以形成形态各异的损伤"（如图7-7-18所示）和"不同的工具可以形成形态类似的损伤"这样复杂而严酷的事实,经常我们还无法走到这最后一步,因为我们只能对致伤的工具与人体的接触面进行大致的描述。例如, 把扳手形成的损伤,因为扳手头部形态的复杂多变,作用时挥动和体位的多种状态,我们恐怕只能推断出:工具具有突出的、形态不规则的、容易挥动的、金属质地的特点。因为除了扳手,类似的具备上述特点的工具在现实中肯定还很多。

一般来说,在皮肤和骨骼损伤特征都具备的情况下,最后推断结论类似:直径约3cm的类圆形金属锤类,或者边长约4cm的类方柱形非金属棍棒,就应当达到了具体工具推断的最后要求。至于类圆形金属锤类是奶头锤还是鸭嘴锤还是羊角锤,则显然不属于工具推断的范畴,除非损伤具备稳定而典型的锤头和锤背双重特征的条件。同样,类方柱形非金属棍棒是扁担、椅脚,还是床架,不可能也不应当作为推断的结论。

因此,具体工具推断总的原则是,除非出现特定性的独特而稳定的特征,如螺纹钢等（如图7-7-19所示）,否则工具推断只能是满足大致的"形状",而非精确的具体名称。

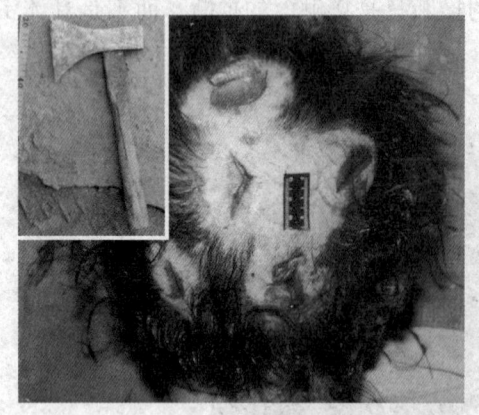

图7-7-18 斧背形成的不同形态的头皮损伤

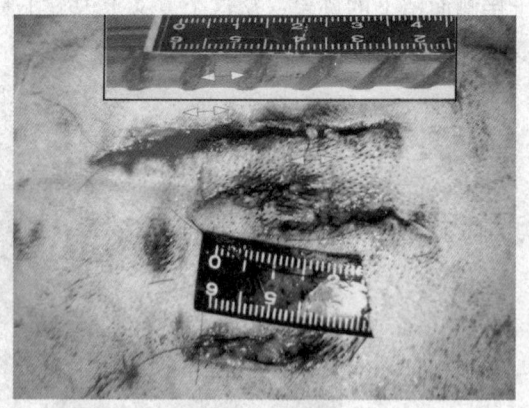

图7-7-19 典型螺纹钢棒损伤
(引自叶雪松,2006)

(二) 基本原则

尽管有了上述可以按步逐渐"深入"的钝器损伤工具推断步骤,但真正要准确地进行工具推断,仅仅依赖于五步推断法显然是远远不够的。根据笔者的实践体会,工具推断需要把握以下四项原则:

第一,熟识损伤的相关知识是最基本的原则。这不仅要求检验鉴定人对损伤的基本类型及形成机制有深入的了解,对创口的所有构成要素要有深入的观察,而且要在总体把握所有创口特点的基础上,重点对稳定的特征、典型的特征以及独有的特征进行深入的剖析鉴别。在这里,稳定的特征既指致伤物接触形态在人体组织上遗留时间长,也指致伤物形成的损伤出现的相类似的次数多。典型的特征是指能较好地反映致伤物整个接触面特点,而不易被混淆的特征。独有的特征则是相对于一般的特征而言的,是指致伤本身所特有的区别于其他工具的特征。如果一个损伤能够同时具备这三个特征,那么工具推断的准确性无疑就会高很多。

第二,要遵循一元论的观点。在实际案件中,人体上的钝器损伤的数量通常较多,受众多因素的影响,损伤的形态可能会变化多端,出现所谓"同一种工具可以形成形态各异的损伤"的特点。对此,一元论的观点就是:能用一种(类)工具形成解释的,就绝不用两种(类)工具解释。这就要求对损伤工具和损伤特征有一个全面而有重点的把握,如棍棒长轴形成条形创口,棍棒端头形成矩形创口,棍棒端头和长轴连接处可形成不长不短的创口,我们不可能将每一处创口都视为特征性的损伤而做出两种或两种以上工具的推断。

第三,致伤工具的推断应当结合现场来考虑。我们都知道,可以作为作用工具的钝器千变万化,而且分布极广。例如,一把锤子可以作为钝器,而一条板凳同样也可以作为钝器。另外,由于人体皮肤的良好弹性和人体组织结构的不平整性,尤其是人体头部的球形结构,是反映作用工具的不良载体。所以,出现的损伤经常是不稳定、不典型和一般的,此时如果能够结合现场的特点和勘查所见,往往具有提示和借鉴的作用。例如,室外现场应该想到砖石类,室内现场应当想到就地取材并随手扔弃,甚至有时当犯罪嫌疑人可能在织物上擦拭沾血的工具而遗留特征性的工具形态(如图7-7-20所示)等。

图 7-7-20　撬棒沾血后在牛仔服上擦拭遗留的棒端痕迹

第四，致伤工具的推断一定要根据条件量力而行。鉴于影响准确推断致伤工具的因素很多，在实践中，因各种因素的影响，很少会让我们获得完整而良好的条件，因此在具体推断的时候，一定要根据现有的条件，实事求是，量力而行。五步推断法的方法论上的意义就包含了逐步、递进，一旦条件不成熟，随时可以停止。例如，锤衣棒形成的头部损伤（如图 7-7-21 所示），我们比较容易得出钝器、条形、木质的判断，充其量综合后可以判断为类圆形木质棍棒类物体，而从损伤本身是无法得出锤衣棒这个特殊而又专用的工具的。

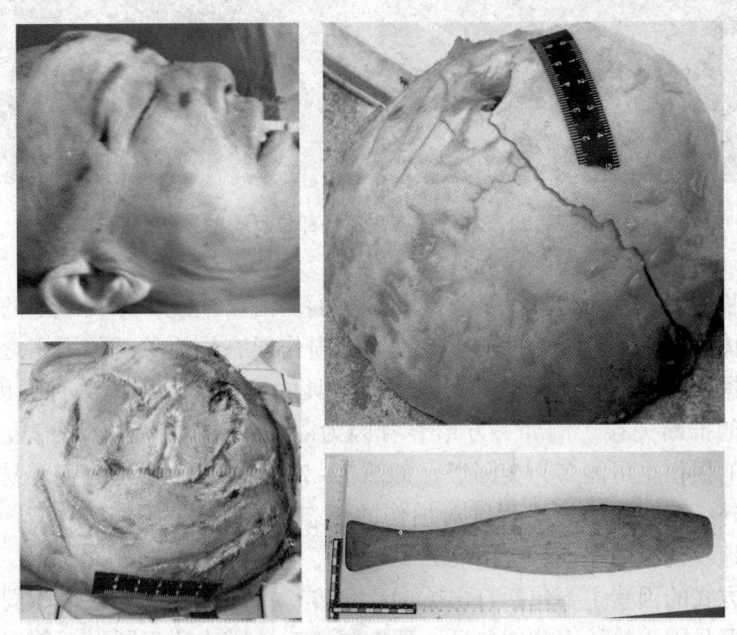

图 7-7-21　锤衣棒形成的头部的损伤特征（引自裴军昌，2006）

（三）影响因素

影响工具推断的因素很多、很广、很杂，但归纳起来，不外乎人体、致伤物、作用方式三个方面，其中以人体和致伤物更为重要。

涉及人体的因素主要包括人体致伤的部位、致伤的组织以及致伤的状态。一般来说，平坦、皮下组织丰富或者皮下有硬物衬垫（如骨质）是反映致伤物接触面比较理想的部位。就人体而言，躯干反映致伤物最佳，四肢其次，头部最差。而就头部而言，颞部反映致伤物最佳，额顶其次，枕部最差（如图7-7-22所示）。就人体组织反映致伤物而言，皮肤组织反映工具的大体形态较骨骼好，而骨骼反映工具的质地较皮肤好。人体致伤的状态是指人体受钝器作用时的活动性，当活动性好的时候，工具容易发生偏击、侧击，损伤的变异较大；而当人体处于静止的状态（如倒卧一侧有衬垫）时，作用工具比较容易在一种稳定的状态下形成损伤，从而使得损伤形态的稳定性也较高。

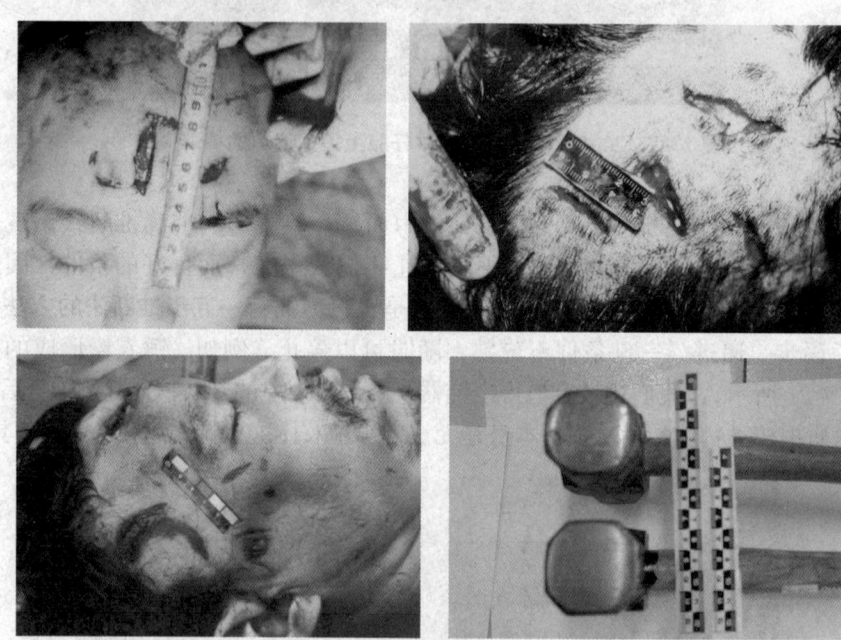

图7-7-22　八角锤在头部各部位反映的损伤形态

涉及致伤物的因素主要包括工具质地和接触面。前已述及，工具质地的不同可以形成不同特点的人体损伤。工具接触面的形态是影响损伤形态最为关键的因素之一，但由于我们通常都是根据损伤的形态反推工具形态，当工具的典型形态因为某种原因发生变化时，很容易使我们的推断失误。例如，方形斧背因为陈旧和卷边，其矩形棱边和棱角已不明显，因此形成的损伤很可能多为类圆形（如图7-7-23所示），这时很容易得出类圆形锤类的误判。另外，接触面的光滑程度对损伤的形态也有明显的影响，如很光滑的接触面，即使是金属质地，创缘的挫伤带也可能并不明显。

涉及作用方式的因素主要包括打击方向、角度、挥动性等。如果说不同工具形成相似形态的损伤主要是因为接触面相似的话，那么同一工具形成的不同形态的损伤则主要与打击的方向和角度有关。不难理解，当人体的体位处于活动和变动的状态时，当人体持握的工具需要挥动才能产生损伤作用时，难以保证工具的接触面可以完整地出现在人体上，因此不同的作用方向、作用角度甚至不同的挥动方式都会影响致伤工具与人体接触的方式，从而留下复杂多样的损伤形态。

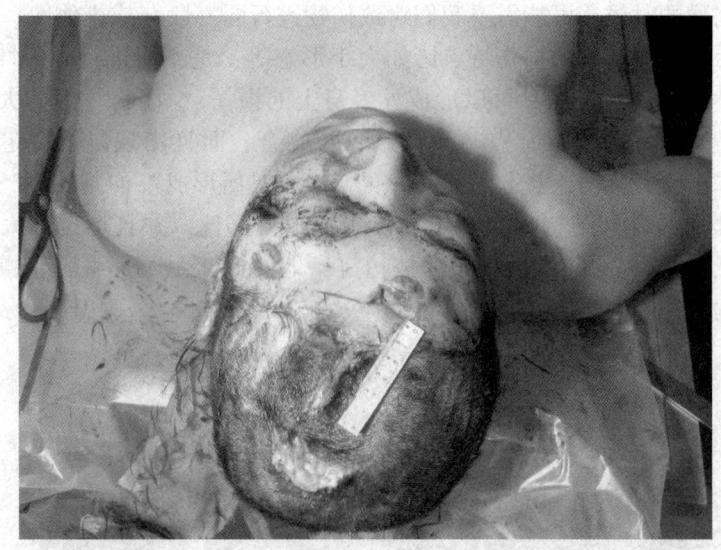

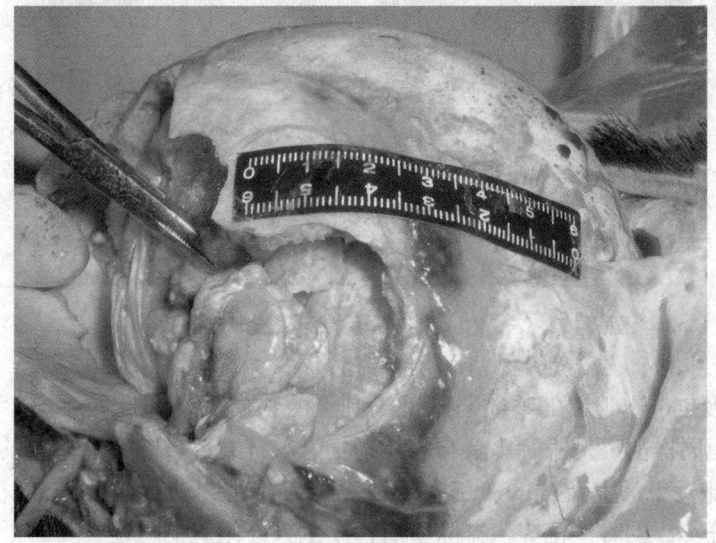

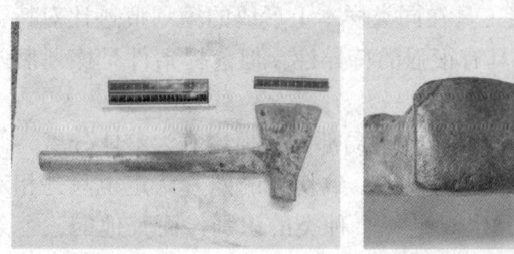

图 7-7-23 陈旧变形的斧背形成的类圆形损伤

（四）嫌疑工具的鉴定

在实践中，损伤工具推断都是在缺乏可比工具存在的情况下，对致伤物的形状和形状有一个基本的描述，对可能的具体工具有一个初步的判断，因此不具有确定性和特异性。但有的时候，当发现现场上或相关的场所里有嫌疑的致伤物，或者在侦查的过程中收集提取到嫌疑的致伤物的时候，可能需要我们对致伤物进行同一性（或排他性）的鉴定。

一般来说，仅仅凭基本的损伤特点诸如大小形态等，是不能进行同一性的鉴定的，其结论充其量是"提供的嫌疑工具可以形成死者身上的损伤"，因为一般的大小形态不具有特定性。但是，当损伤的基本特点与致伤工具相吻合，而且出现以下特定性的征象之一者，可以考虑作出"死者身上损伤符合提供的嫌疑工具所形成"的判断。

1. 嫌疑凶器上特殊的结构比较稳定地出现在损伤部位，并且形态和大小相符（如图7-7-24所示），如鞋底的花纹、多角的棱边等，即便如此，还是需要有嫌疑工具与人体损伤有关的前提。

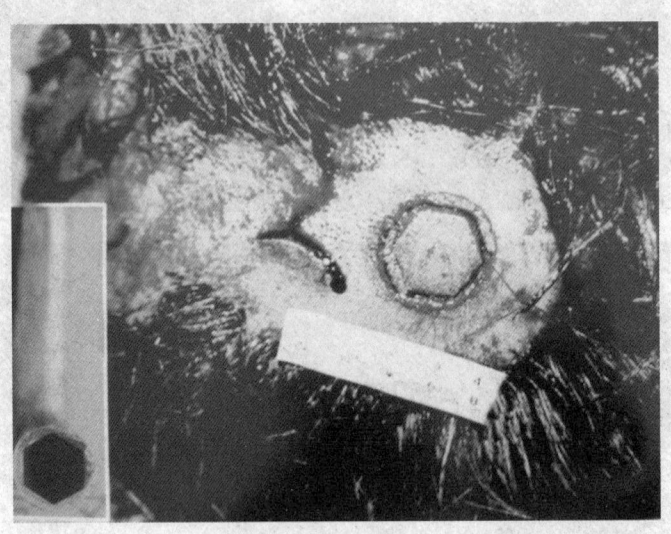

图 7-7-24　内六角形铁管端部戳击形成的头部损伤

2. 创口内及创周上遗留的物质与嫌疑工具上的物质质量和性状相同，如砖屑、油漆、金属颗粒等，但同样前提是嫌疑工具与人体损伤有关，并要排除事后污染的可能。

3. 沾附在嫌疑工具上新鲜的血迹、毛发等与人体生物遗传性相一致。这需要由DNA检验的结果来证实，同时，也应当排除事后污染上人体组织的可能。

4. 骨质上的擦划痕迹与嫌疑工具在同类样本上形成的擦划痕迹比对特征相符。此原理与枪弹来复线比对的原理相似，具有很强的特异性，但前提条件是擦划痕迹需要有足够的特征。

5. 创腔内遗留的工具碎片与嫌疑工具上局部的缺损比对为整体分离。

需要指出的是，即便满足了上述的条件，致伤物的同一认定也只是相对的，如上述的条件1和条件2，即使判断一致，也只是一个种类的识别；而其他的三个条件，虽然特异性更好，但也是需要有前提条件作为基础的。

第八章 锐器损伤

锐器损伤是指带有刃缘或尖端的物体所引起的损伤。这种带有刃或尖端的物体则称为锐器。由于锐器具有锐利的刃缘或尖端结构,因此锐器损伤易造成组织结构的完整性受破坏而形成创口,这样的创口就称为锐器创。

锐器的种类很多,常见的有各种刀类、匕首、斧、剪等。社会活动和生活中还有某些物体虽然没有被称为锐器,有些可能也不符合锐器的定义,但在一定条件下也可形成锐器损伤,如裂开的玻璃、玻璃瓶、陶瓷、极薄的金属片甚至纸片等。

根据锐器的种类和作用方式不同,一般可将锐器损伤分为切、砍、刺、剪四种基本类型。但在实际工作中见到的锐器损伤并不一定是单纯四种类型,而多是以混合的方式出现,如砍切、刺切、剪切等。同样是匕首,既可以形成切创,也可以形成刺创,甚至在某些特殊情况下可形成砍创。所以,要正确判断锐器损伤的类型,应当注意认识与了解锐器损伤的形成机制以及损伤的特点。

根据国内外文献报道,在法医学实践中,锐器损伤在凶杀案中是最常见的方式,即使在获得枪支相对较容易的西方发达国家,凶杀案件中锐器损伤仍占首位。与钝器损伤相比,锐器损伤由于种类相对较少,损伤特征较强等原因而相对较易识别,所涉及的问题也较易解决。本章将在一般论述锐器损伤特点的基础上,重点讨论最常见的刺器损伤及其相关问题。

第一节 刺器损伤

具有尖端和/或刃缘的锐器沿其纵轴方向刺入人体所形成的管状损伤称刺器损伤。因刺器损伤常以创的形式出现,故在实践中常简称刺创。刺创是锐器损伤中最常见的类型,据资料报道占锐器损伤85%以上,尤其在凶杀案件和故意伤害案件中最为多见,少数亦见于自杀或意外。据徐华等(1995)报道,1980年至1990年间,北京地区的他杀案件中,刺器损伤占33%,为致伤工具单一类型之最。

一、刺器及其损伤方式

根据刺器损伤的概念,刺器应具有锐利尖端和/或轴向长刃缘的特征,因此常见的刺器根据有无刃缘为分两大类。

(一)有刃刺器

有刃刺器,如匕首、尖刀、水果刀、短剑、剪刀等,其中根据刃缘的数量又可将其分为单面刃、双面刃以及三面刃(如三棱刮刀)等(如图8-1-1所示)。

a. 单刃

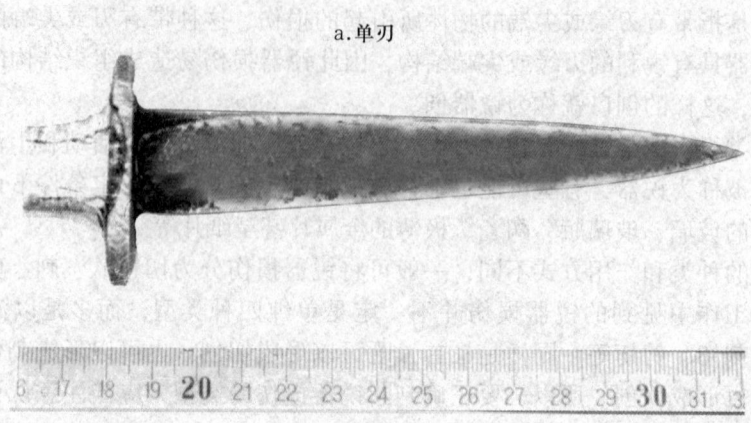

b. 双刃

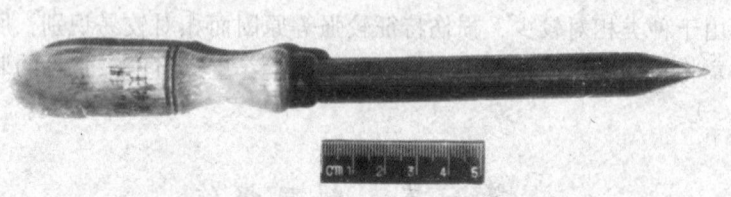

c. 三刃

图 8-1-1 常见三种类型的刺器

(二) 无刃刺器

无刃刺器, 如铁钉、竹签等。应当注意的是, 无刃刺器与形成捅创的钝性物体区别在于其端头是否尖锐。但形成的创口因仅能反映物体横截面的特点故难以区别。

在实际工作中, 最常见的是有刃刺器。任何有刃刺器, 从结构上来说, 均可分为三部分, 即头部、体部和尾部 (如图 8-1-2 所示)。一般情况下, 刺器的损伤主要由头部和体部实现。由于刺器的头部和体部处于相同的长轴上, 而且头部在前体部在后, 头部尖窄

图 8-1-2 有刃刺器的基本结构

而体部宽厚，因此只要达到一定深度，刺器形成的损伤主要是显示刺器体部的特征。

从人体动作的角度而言，刺伤的形成方式有两种基本类型。一种是过肩式，指持握刺器抬手超过肩部而进行刺击的方式，此种情况下刺刃缘一般多位于手的尺侧，形成的刺创创道除特殊状态（如被刺人躺卧等）可能平直外，多为由上至下（正面前上至后下，背面后上至前下）。另一种是低手式，指手臂持握刺器后不抬举而直接刺击的方式，此时刺器刃缘一般多位于手的桡侧，形成的刺创创道多由下至上（正面时为前下至后上，背面时为后下至前上）。根据手臂运动幅度的大小，又可将过肩式分长过肩式和短过肩式，将低手式分为长低手式和短低手式（如图 8-1-3 所示）。根据 Miller 和 Jones（1996）利用活体模拟实验、高速摄影机记录的研究结果，发现刺击运动中肘部关节活动速度较肩部关节快，特别是在过肩式时肘部运动速度最高可达 12m/s。

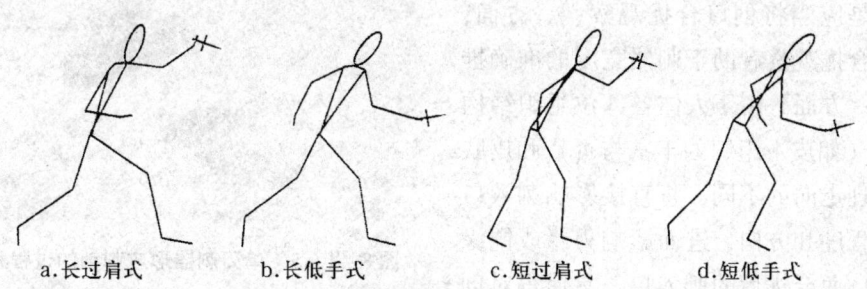

a. 长过肩式　　b. 长低手式　　c. 短过肩式　　d. 短低手式

图 8-1-3　刺击姿势模拟示意图（引自 Miller 和 Jones，1996）

二、刺创的形态学特点

典型的刺创具有创口小、创底深（创道长）的基本特点，有时刺器贯通人体可形成刺入口、刺创管以及刺出口。

（一）刺入口

前已述及，一般情况下，刺器形成的损伤主要显示的是刺器体部的特征。因此，如果不考虑其他的影响因素，刺入口的形态与刺器最大横截面的形态一般都会存在良好的对应关系（如图 8-1-4 所示）。正常状态下因皮肤软组织的弹性回缩等因素影响，故刺创口的大小通常应小于刺器的横截面。

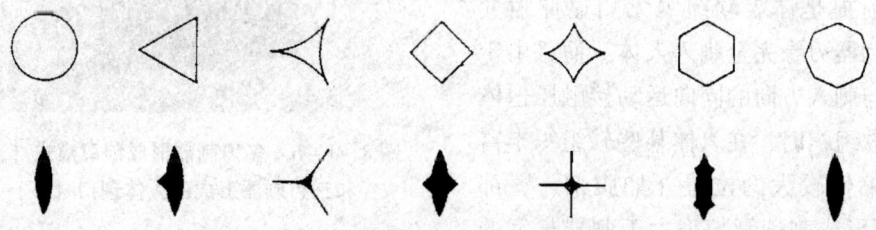

图 8-1-4　各种典型刺器横截面形态（上）和创口形态（下）对应关系示意图

单刃和双刃刺器的刺入口，创口多呈梭形，创角一锐一钝或两角均锐（如图8-1-5所示），有时在钝角创缘可见轻微的皮肤挫伤改变，甚至形成能反映刺器宽度的两条状表皮剥脱。刀体表面粗糙的刺器有时在创口长轴两侧留有条状的表皮剥脱。三棱刺器创口多呈类等边三角形（如图8-1-6所示），而圆形或圆弧形刺器则常形成半圆或弧形创口。

对刺入口的检查有一个基本的原则要求，就是应当将创口合拢观察。一方面，刺入口合拢观察有助于刺器宽度的准确推断；另一方面，由于人体各部位组织结构的差异（如皮下组织的丰富与否）和皮肤肌肉纹理走向的不同，将直接影响刺入口哆开的程度和方向，进而影响刃缘或钝缘的判断。而合拢后的刺入口，常使得对创口的钝锐角观察更为清晰（如图8-1-7、图8-1-8所示）。

（二）刺创管

刺创管是刺器在体内作用的途径，亦称创道。法医学检验刺创管的价值不仅仅观察体内受累及的脏器，更重要的是刺创管可反映刺器的作用力、作用方向、刺器长度甚至刺器的形态。

刺创管的长度一般应小于或等于刺器有刃部分的长度。一般可通过体内损伤器官的位置及其长度测量推断刺器的最小长度，但前提是体表软组织无明显伸缩变形。当刺器刃缘完全刺入人体，而且由于刺器柄与刺入方向的同向运动接触压迫体表皮肤软组织时，在人体某些软组织丰富或者伸缩性较大的位置（如腹部、臀部等），可形成刺创管长度大于刺器长度的现象。

由于刺器一般为平直状，故刺创的创道通常也是呈直线状。但某些类似刺器的工具或者充当刺器用的工具，如镰刀等，本身不属于一般常用刺器，但当镰刀作用并深入于人体

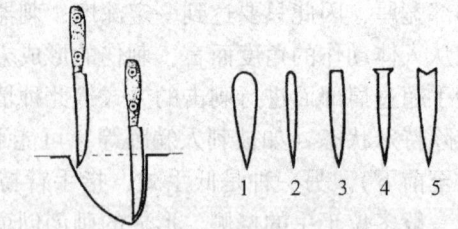

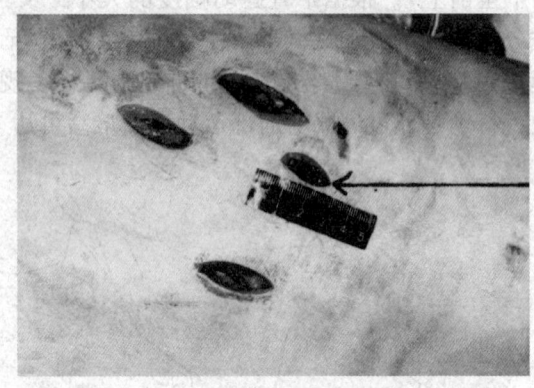

图8-1-5　单刃刺器形成刺创的过程和形成的创口模式（上）以及人体皮肤典型创口（下）

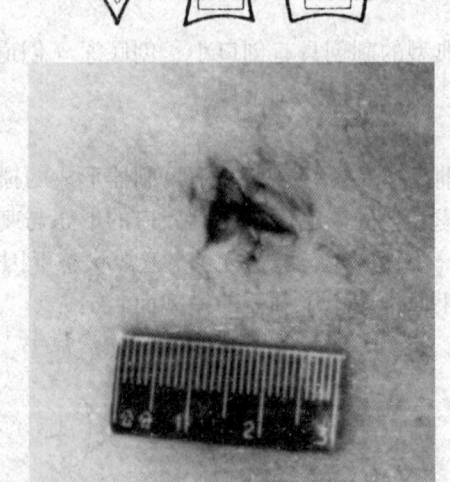

图8-1-6　多刃刺器形成创口模式（上）和三刃刺器形成的人体创口（下）

躯干时，通常会形成刺创样的损伤。由于镰刀呈较长的弧形弯曲，故创口与创底不在一条直线上，也就是说，此类的创道也是弯曲的（如图8-1-9所示）。

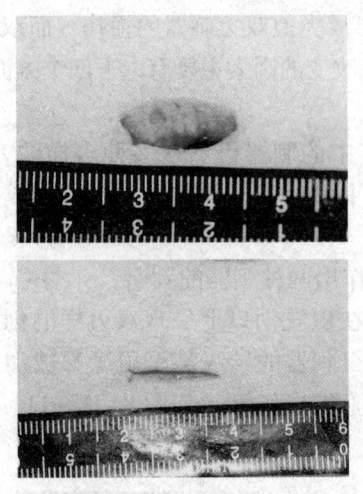

图8-1-7 胸部单刃刺入口（上）和合拢后（下）的形态

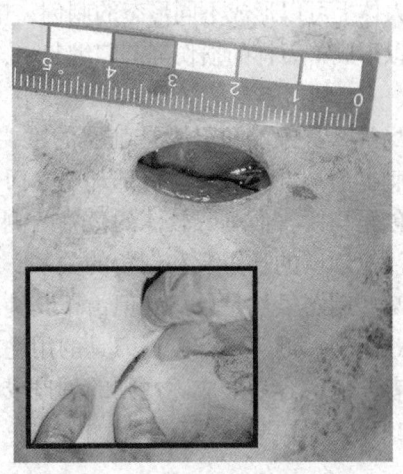

图8-1-8 胸部双刃刺入口和合拢后（小图）的形态

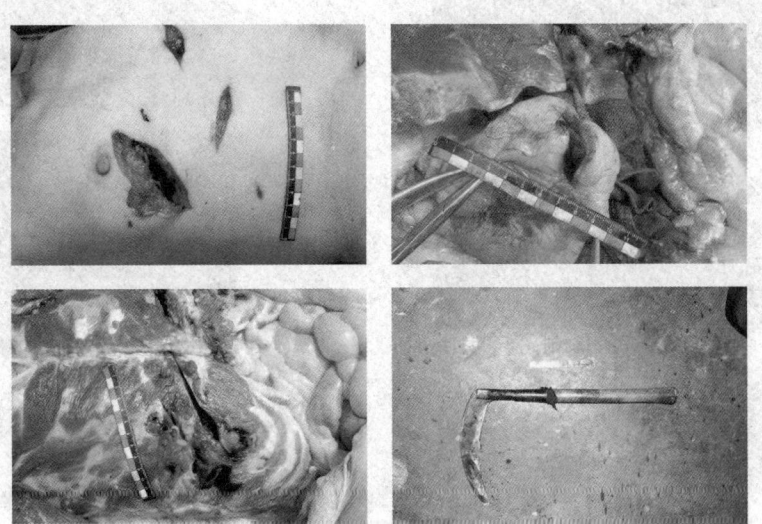

图8-1-9 镰刀形成的刺创及其创道示意图（引自丁荣春，2006）

（三）刺出口

刺出口是指刺器贯通人体后引起的创口。其形成机制与形态学特点与刺入口基本相似，但反映的是刺器贯穿部分横的截面，也就是刺器头部的特点，故有时较刺入口小。刺出口一般多见于颈、四肢等部位，如四肢相对应部位有形态相似、大小差别较明显的刺创存在时，应考虑贯通性刺创的可能。无疑，刺出口的存在可以使刺器长度最小值的推断更加准确。

三、影响刺创形态的因素

在实践中,受各种因素的影响,我们常可能遇到各种不典型的刺创。例如,一把刺器在同一人体上可以形成不同形态的刺创,单刃刺器可以形成类似双刃刺器的损伤,而双刃刺器也可以形成单刃样的损伤等。归纳起来,影响刺创形态改变的因素主要有以下四个方面:

(一)刺器本身的影响

尽管具有尖端和刃缘是刺器的主要特征,但现实中的刺器仍然是多种多样的。例如,某些刺器前端部呈双刃,后部却呈单刃,由此在人体上形成刺创的时候,刺入较浅的位置两侧创角均锐,而刺入较深的位置两侧创角又呈一钝一锐(如图8-1-10所示),因此如果不注意创道的长短及和创角的关系,很容易被误导作出两种刺器的判断。

某些刺器虽然是单刃,但由于其钝缘较薄,常常在皮肤创口上呈现双刃样的创角,有时很难识别。近年来,由于刀具的用途扩大,很多单刃刺器的钝缘甚至刃缘都被加工成齿状或者钩状,容易形成不规则的创口或者在创周形成附加损伤等(如图8-1-11、图8-1-12所示)。

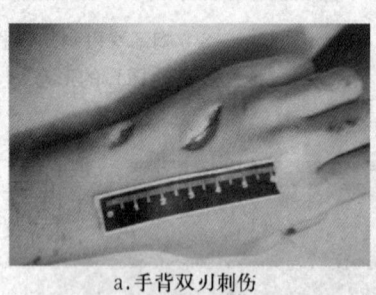
a. 手背双刃刺伤

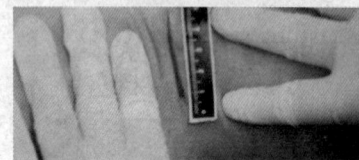
b. 胸部单刃刺创

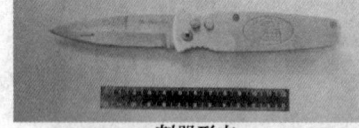
c. 刺器形态

图8-1-10 头部双刃体部单刃的刺器及其在人体上形成的刺创

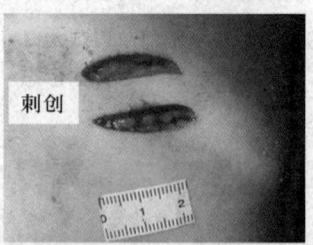
刺创

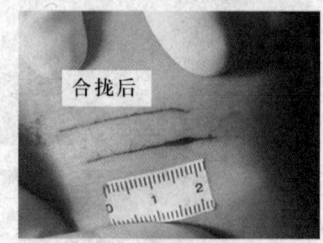
合拢后

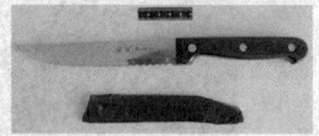

图8-1-11 刃缘为锯齿状的单刃刺器形成的创口

(二)刺入部位的影响

由于人体体表组织结构的差异和不同特点,有时会引起刺创形态学上的改变。例如,在四肢屈曲和皮肤有皱褶(如颈部、大腿根部等)或突出(如乳房等)处,可出现一次刺击形成多个创口的现象,此系刺器贯穿多层皮肤所致,其特点为多个创口呈相距较近、平行或较有规律地排列;其创口形态基本一致;大小可有明显差异(如图8-1-13所示)。需要指出的是,这种一刺多创的现象在衣着上更易出现。

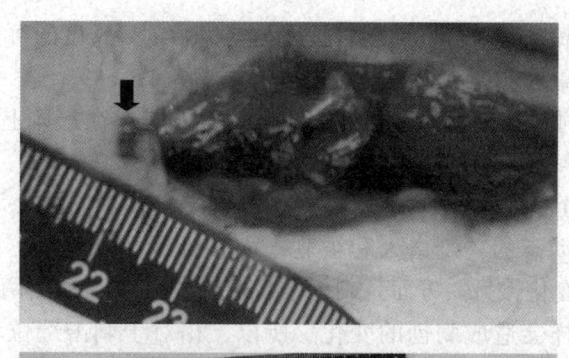

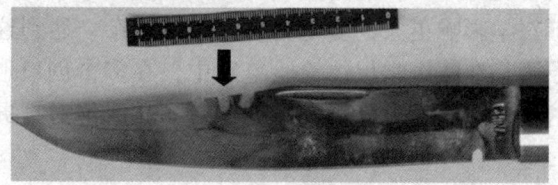

图 8-1-12　钝缘为锯齿状的单刃刺器形成的创口

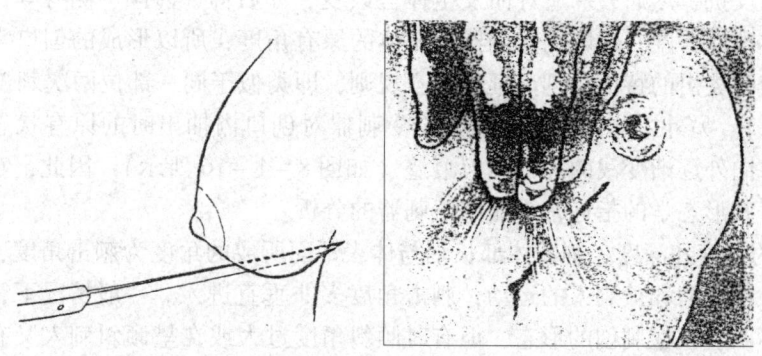

图 8-1-13　一刺多创形成示意图（引自 Spitz 等，1993）

由于人体体表组织胶原纤维排列的方向性差别，表现为不同部位皮肤具有不同走行和张力的皮纹线（Langer 线），从而影响刺创口哆开的程度。一般来说，如果刺创口长轴与 Langer 线平行，创口哆开较小；而如刺创创口长轴与 Langer 线垂直，则创口哆开较大（如图 8-1-14 所示），甚至有时短条形（梭形）的创口因 Langer 线及其深部组织肌肉收缩的影响哆开呈方形甚至类圆形的创口。此时常难以鉴别创角的钝锐状况。因此，对刺创的检查非常关键和重要的一点就是应当将创口皮肤合拢后进行。

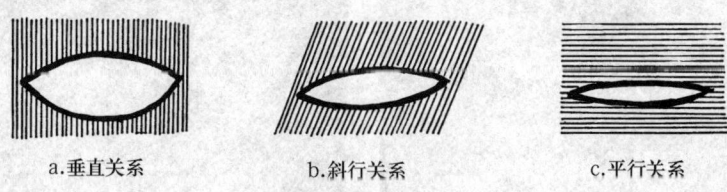

图 8-1-14　皮肤纹线与创口哆开大小关系示意图

据马明生和颜志敏（1991）报道，利用 2.15cm 宽的双刃刺器在新鲜尸体胸部实验，结果表明：平均回缩率（即未合拢前创口长度与合拢后创口长度的百分比）为27%，其中纵行刺击创口回缩最高达30%，而横行刺击创口回缩为19.6%。这一结果反映了创口哆开的程度及其分析刺器时合拢创口的重要性。应当注意的是，在尸体上尚且如此，活体上回缩应更大。

（三）刺击方式的影响

刺击过程通常是动态的，刺击人和被刺击人常处于相互运动。因此，刺击方向、体位、角度等常常发生变化，另一方面，刺创本身受刺器刺入和抽出两种状态的影响，这两种状态的任何差异同样会造成刺创的变化。所以，相对于刺击部位和软组织回缩因素而言，刺击方式对刺创形态学影响更大，变化更多，也更复杂。遇到这类情况时只能具体分析，区别对待。一般原则是在法医学尸体检验鉴定中，在多个创口形态大小不一时，首先寻找较稳定的、典型的创口，而后再分析变异的创口。在无绝对把握时，慎作两种以上刺器的判断。

1. 双方体位的改变。在完成刺入与抽出一次刺击行为时，刺击人和被刺人在瞬间的体位变化有时直接影响刺创创口的大小及形态变化。在实践中更多见之于被刺人在受刺瞬间因生理反应如反抗、疼痛、躲避等而发生体位改变，如后仰、前倾、侧身等，此时不仅影响刺器进入体内的深度，也影响着刺器与人体的原有角度，所以形成的创口常发生明显的变化，一般较为突出的特征是创口延长且不规则，即类似于同一部位两次刺击所致（如图8-1-15所示）。另外，体位的改变直接改变刺器对创口内抽出时的原有状态，常表现为一侧创口由内向外逐渐变浅的类似拖刀痕迹（如图8-1-16所示）。因此，在对这些变异创口检验时，其形态学的指标常不能用于刺器的分析。

2. 刺入的角度和深度。刺器体部长轴与体表平面所成的角度为刺击角度，刺击过程中由于持刺器人的运动和被刺人的运动，刺击角度多非垂直进入。一般情况下，略有倾斜的刺击角度并不明显改变刺创的形态，但有时倾斜角度过大或在呈倾斜刺入又有刺器体偏向时，也会引起刺创形态的变异。

在实践中，常见的变异有两种情况，其一，由于刺器的斜向刺入，刺创口长度较刺器横截面宽度要略大（如图8-1-17所示）。但由于刺器宽度一般较小，只要刺入角度不小

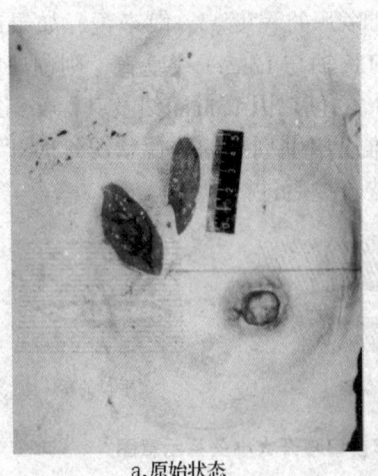 

a.原始状态　　　　　　　　　　b.皮肤松弛后合拢状态

图8-1-15　因体位变化形成的刺入口改变

于30°，因斜向造成的刺创口长度与垂直造成的刺创口长度差异并不十分明显。其二，较薄的单刃刺器刺入时如果力量偏向有刃侧，并且在刺入人体中已形成较明显的创口，有时刺器钝侧尚未在创口一角留下较明显的钝角特征，故易被误认为双面刃刺器所致，其鉴别方法主要是检查体内组织的创角特点。

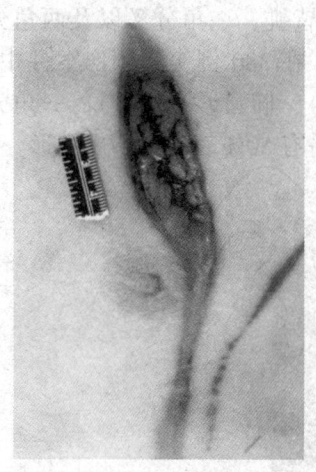

图8-1-16 刺创及拖刀痕

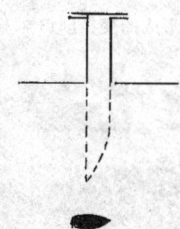 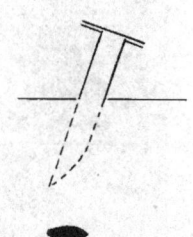 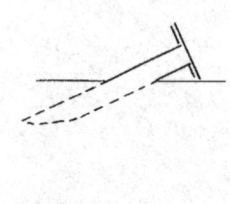

图8-1-17 刺击角度（上）与刺创形态变化（下）示意图

刺入深度影响刺创形态主要来自刺器的尾部前端，即刺器体部和尾部相连处的结构。当刺器的刃部完全进入并挤压组织时，刃部的底端及尾部的前端就会在皮肤表面、创口周围留下某些印痕，这些印痕通常系皮肤的挫擦伤。刺器体部和尾部相连处的结构具有一定的特点，一般来说，双刃刺器通常装置有防止持刀手滑脱受伤的护柄，而单刃刺器只有少数具有护柄，但多数在一侧有类似护柄作用的结构。护柄形成的损伤通常位于创角的一侧或两侧，与创角相分离（如图8-1-18所示），类似护柄的其他结构导致的损伤通常位于创角的锐侧，但一般与创角相连接（如图8-1-19所示），借助这些特点，有时有助于我们推断刃缘的数量。

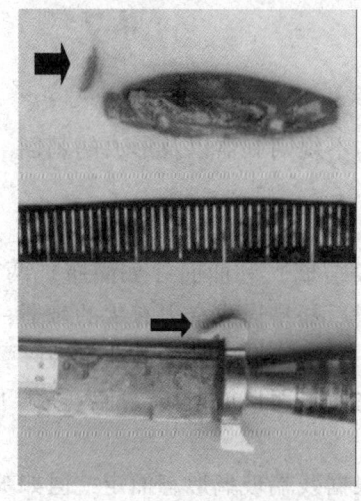 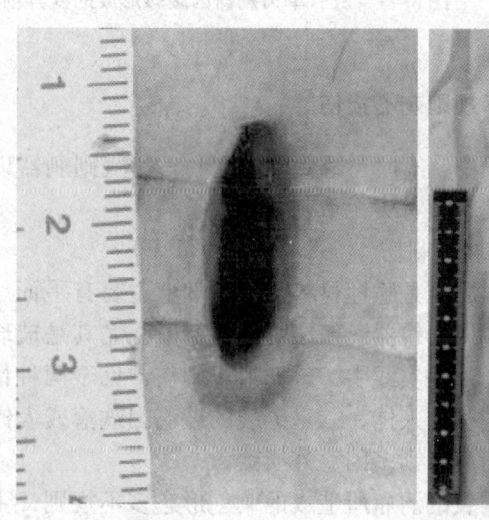

图8-1-18 有柄刺器护柄
形成的一侧创周损伤

图8-1-19 单刃刺器尾部前端
形成的创周损伤（引自荣华，2007）

3. 刺器的转动变化。当刺器刺入人体组织后,刺器在创内变动方向或刺器在抽出创口过程中变动方向,均可形成较为特殊的变异刺创(如图 8-1-20 所示)。徐功伟(1989)在总结分析 380 例刺创的基础上,用单刃和双刃刺器在动物身上进行了实验研究,复制出因刺器角度变化和刺器的转动,单刃刺器可形成两角皆锐、一锐一钝、一角分叉以及不规则形等四种变异的创口模型;双刃刺器可形成一钝一锐、两角皆钝、一角分叉以及两角分叉等四种变异的创口模型(如图 8-1-21 所示)。他还发现,在 380 例实际刺伤案件中,单刃刺器形成的变异创口依出现次数多少为:两创皆锐(22%)、椭圆形(20%)、一角分叉(11.4%);双刃刺器则以两角分叉最多见;三棱刮刀则几乎有 50%表现为不规则形。

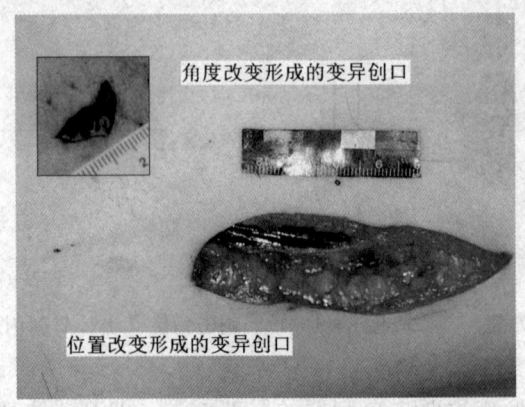

图 8-1-20 因角度和位置改变形成的变异刺创

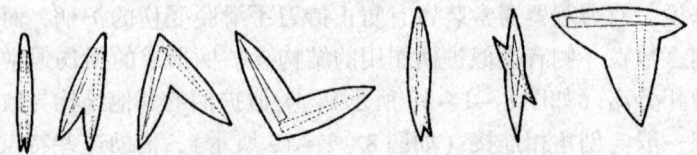

图 8-1-21 单刃刺器因旋转形成的变异创口示意图(引自徐功伟,1989)

四、不规则刺器损伤

在实践中,有时可遇到除刀、匕首等规则刺器以外的不规则刺器以及形成的刺创,最多见的为玻璃及有尖无刃刺器如钉子等。

(一)玻璃刺伤

玻璃本质上是脆性材料,形态学上主要有平面(如窗玻璃)和曲面(如酒瓶)两种,因此本不应属于锐器。但在特殊情况下,尤其是玻璃碎裂后却易形成有刃有尖的刺器,从而形成刺伤。在实践中,玻璃形成刺伤常见于两种情况:一是持握碎裂的酒瓶,用碎裂后遗留的残端刺击人体。二是碎裂的玻璃因跌落或人体与之撞击而形成损伤,前者多见于伤害案件,而后者则多因意外所致。

持握碎裂的酒瓶所造成的刺创形态多不规则,主要根据残端玻璃形态而定,但如被刺人体有足够的接触面,则多易形成弧形或类圆形的创口(如图 8-1-22 所示),有时可出现在同一弧线上数个深浅不一、大小不等的较特殊的创口,有较好的鉴定与鉴别价值。

平面玻璃所形成的刺创形态更为多样复杂，但无论是坠落的玻璃块形成的刺创，抑或是人体直接与玻璃碎块相接触形成的刺创，一般在玻璃碎块动能较大时才容易形成。较大的玻璃碎块在部分刺入人体的同时往往仍有一定的运动，所以典型的平面玻璃形成的刺创往往具有刺切（划）的双重特点，表现为一侧可为锐或钝角，而另一侧则有较明显的切划拖尾损伤痕迹，甚至两侧均有较明显的切划损伤痕迹。这种切划损伤的位置与方向往往会与玻璃坠落方向及其人体损伤时体位有关。例如，人体直立时，无论刺创口方向如何，切划损伤的方向应由上至下走向。带有明显切划损伤的玻璃刺创一般提示玻璃与人体表面的角度小于45°。

 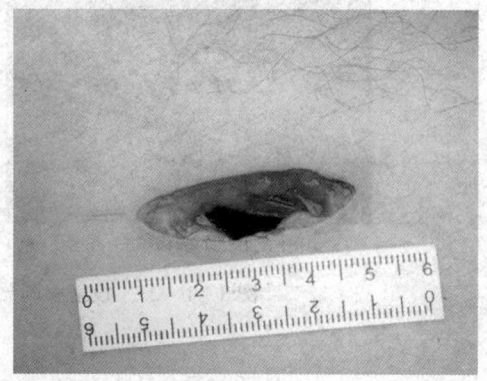

图8-1-22　碎裂的玻璃瓶（左）形成的刺创（右）

任何玻璃形成的锐器性损伤有一共同的特点，即易在创口内或创周留有细小的玻璃碴儿。一方面是由于玻璃在碎裂时易产生飞溅的碎渣，另一方面是因碎裂而形成的刃缘本身极为菲薄，易在损伤人体组织的同时发生碎裂。

（二）无刃刺器损伤

无刃而有尖端的刺器常见种类有钉子、针、竹签以及树木折断后的残端等。无刃刺器所形成的损伤形态与刺器横截面类似，以圆形或类圆形多见，创周是否有表皮剥脱及皮下出血视刺器体部表面是否光滑规则而异。例如，崭新的针或钉可不形成表皮剥脱，而陈旧的或已生锈的针或钉以及粗糙的树木枝端则易形成创周的类圆形或放射性形的表皮剥脱和/或皮下出血。由于无刃刺器直径一般较小且头部尖锐，故创道内少见有明显的组织间桥，这是无刃刺器形成的刺创区别于无尖端钝器形成的捅创的最主要的特点，有时甚至是唯一的特点。无刃刺器形成的创也需与枪弹创相区别，其要点：一是刺创不会造成皮肤缺损。二是刺器的创道有一定的长度和方向限制。

（三）投射物刺器样损伤

当具有相当动能的不规则形的物体的碎片投射到人体上时，有时会形成刺器样的投射损伤，特别是当碎片数量很少时，仅从体表检验难以区分。由于碎片具有一定的速度，因而碎片的并不锐利的边缘可以形成锋利的刃缘样的损伤，同样其并不尖锐的端部也可以形成尖端样的损伤。也因为速度赋予的动能，碎片在人体内可以形成较长的创道。图8-1-23显示的就是铁锤在砸击石块时，铁锤锤击面的一角碎裂蹦出，投射到锤击人的胸部，依次穿透了衣着、皮肤、胸壁、肺脏以及升主动脉。

a. 外衣上的破口

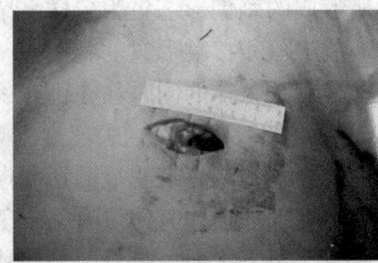
b. 胸壁上的创口

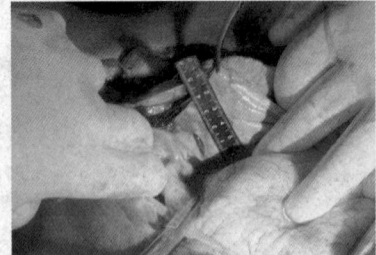
c. 主动脉上的破口

d. 锤面及脱落的碎块

图 8-1-23 投射物刺器样损伤（引自杨国明，2007）

五、刺器损伤的检验鉴定

刺器损伤的检验鉴定主要是刺器推断，而刺器推断最常见的有两项：一是刃缘数量的判断，二是刺器宽度的判断。刃缘数量主要涉及单刃双刃的问题，进而涉及工具数量的问题。虽然刺器及其形成的损伤从种类和形态看，都远不如钝器损伤那么复杂多变，但如上所述，刺器损伤仍然受诸多因素的影响，分析损伤的形态、推断致伤物也并不是一件轻而易举的事情。在刺器形成损伤的诸多特点里，最大的特点一是刺击时双方人体体位的动态变化，二是刺器在人体同一部位有刺入和拔出的双重影响，故刺创的形态特征很容易在此过程中发生变化和变异。所以，刺器损伤以及刺器的检验鉴定不能简单地凭借某些指标就能完成，它仍然是一个综合分析判断的过程。在我们综合分析判断时，应当遵循以下三条基本的原则：

（一）寻找稳定和特殊的特征原则

所谓稳定特征，是指多次出现的、不受或少受刺器以外因素影响的特征。所谓特殊的特征，是指刺器本身具有的特征性的结构形成的损伤。例如，刀柄在创口周边形成的损伤、刀背上的特殊结构形成的特殊创缘等。寻找这些特征，应当包括所有刺器涉及的部位，但就反映刺器特征而言，概括地说，衣着最好，骨骼次之，皮肤再次，而脏器最差。

衣着上的刺入口因不受皮肤组织形态和死后腐败等因素的影响，较之体表创口具有更稳定的特点，所以，在实践中常利用衣着上的刺痕来分析推断刺器的特征。不同特征的刺器也在衣着上留下不同的特点，如单刃刺器形成衣着上一锐一钝的边角，而钝端常表现为纤维断裂不齐呈绒毛状的特点。双刃刺器则两角尖细、边缘光滑等。一般来说，厚实、弹性好、编织致密的织物如牛仔服、加厚乳罩等反映的刺痕特征稳定而明显（如图 8-1-24 所示）。但是，不同质地的衣着纤维的特性差异、衣着的相对活动性较大以及衣着易皱折变形等因素影响，常常会引起衣着上刺痕与刺器特征的分离。主要表现在以下三个方面：

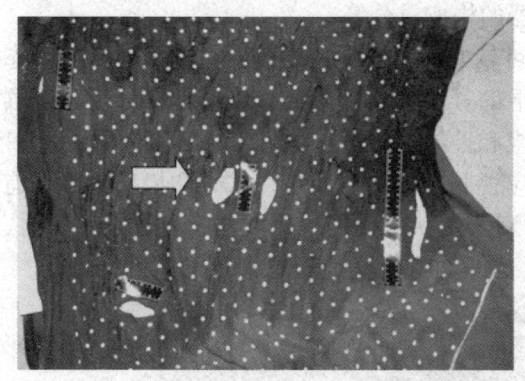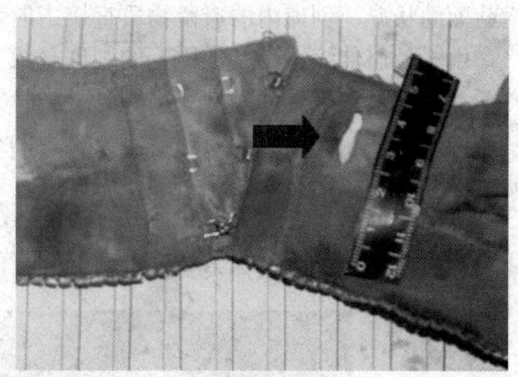

图 8 - 1 - 24　单刃刺器在外衣（左）和乳罩（右）形成的破口

1. 由于刺入方向的非垂直性、衣着的可移动性以及人体不同体位对衣着位置的影响（如手掌上举时，衣着的位置也上移）等，衣着上的刺痕与体表创口常常不在对立位置，根据邓毅明等（1987）的实验观察，以误差 5cm 左右居多，最大误差可达 25cm。当然有时恰可依据衣着刺痕与体表刺创的非对应性来分析刺入的角度及被刺入的体位状态。

2. 由于衣着的皱折，有时可形成衣着上一刺多"口"，刺痕明显大于或小于刺器宽等现象，这是在分析衣着上刺痕时应当考虑的因素。

3. 在正常情况下，受衣着纤维张力强度、刺器刃缘锐利程度等因素的影响，一般衣着上的刺痕较刺器的宽度略窄（小）。据 Costell 和 Lawton（1990）报道，用宽 2.58cm 的水果刀、1.51cm 的剔骨刀和 2.46cm 的刺刀三种单刃刺器对化纤和棉织、针织品构成的八种衣着进行近 200 次的模拟刺入实验，结果发现 93% 的刺痕宽度小于刺器的宽度，而与刺器的类型和刺入方向无关。用三种刺器在三种不同质地衣着（叠加）上形成的刺痕实验结果来看（如表 8 - 1 - 1 所示）：无论刺入方向和衣着质地的差异，所有的刺痕均明显小于刺器的宽度。他们认为，根据衣着上的刺痕分析推断刺器的特征时宜十分慎重。

表 8 - 1 - 1　三种刺器在三层衣着上一次形成的刺痕宽度占刺器宽度百分比

		T 恤衫（底层）	牛仔服（中间层）	紧身羊毛衫（外层）
纵向	水果刀	86	63	74
	剔骨刀	88	68	68
	刺刀	85	62	72
横向	水果刀	70	69	55
	剔骨刀	78	81	71
	刺刀	56	71	63
斜向	水果刀	46	40	27
	剔骨刀	79	71	85
	刺刀	43	43	78

（引自 Costello 和 Lawton，1990）

（二）体内创道检验的原则

毋庸置疑，对刺创在体内创道检验的重要性丝毫不亚于任何其他方面的检验，可以说，反映刺器整体形态特征的最好指标就是创道检验。正如上面已经多次提到的那样，创道的长度反映刺器的长度,创道的走向反映刺器的轴向变化,创道内的骨质损伤反映刺器横截面的状况,创道内的遗留物质直接指向刺器的构成成分等。

由于骨骼伸缩性小,骨质上的刺创(痕)可较好而稳定地反映刺器头部或体部的形态特征,在人体扁平骨如颅骨、肩胛骨、胸骨等上的骨质穿透性刺痕,则可良好地反映刺器横截面的宽度,甚至也能反映稳定而直观的刃缘和钝缘的特征(如图 8-1-25 所示)。骨质上的穿透性刺痕是否是刺器的最大宽度,则应视刺入的深度而定。软骨和松质骨因仍有一定的弹性回缩,故软骨和松质骨上的刺痕对刺器性状的推断价值要小于密质骨。另外,质地较致密而均匀的人体实质性脏器如脾、肝、肾等也能较好地反映刺器的宽度等特征。

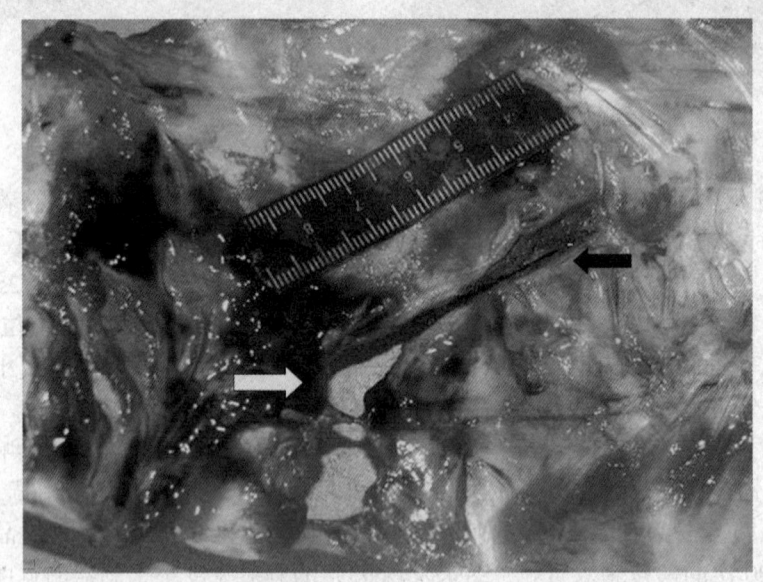

图 8-1-25 单刃刺器形成的胸骨穿透性刺痕

(三) 充分考虑其他信息的原则

充分考虑影响其他信息,要求我们一方面应当学会深化对变异损伤的认识,提高选择提炼稳定性损伤和特征性损伤的技能;另一方面,也要求我们不能拘泥于创口本身的观察,有的时候,跳出创口综观其他,可能会有意想不到的收获。例如,在推断单刃还是双刃时,当我们对创口创道观察后还无法确定时,手上的抵抗性损伤也许提供出强烈的提示信息,由于抵抗手握双刃的刺器,在手上形成切割性的损伤,往往呈现对应性的特点,而如果能够判断这种对应性是一次形成,那么刺器就极可能是双刃的(如图 8-1-26 所示)。

最后需要指出的是,钝器数量推断中的一元论原则,也同样适用于刺器数量的推断,也就是说,当人体上出现较稳定的一种类型,同时伴有其他类型特征不稳定的损伤,或者各损伤间有一定程度的差异时,应当以稳定的类型,或者说只以稳定的类型推断,而不轻易作多种工具的推断。当然,与其说推断刺器的数量,不如说推断刺器的种类。在实践中,也有多人持同类型刺器的情况发生,但这单纯从尸体和创口是无法或很难鉴别的,同样需要综合其他的信息来判断了。

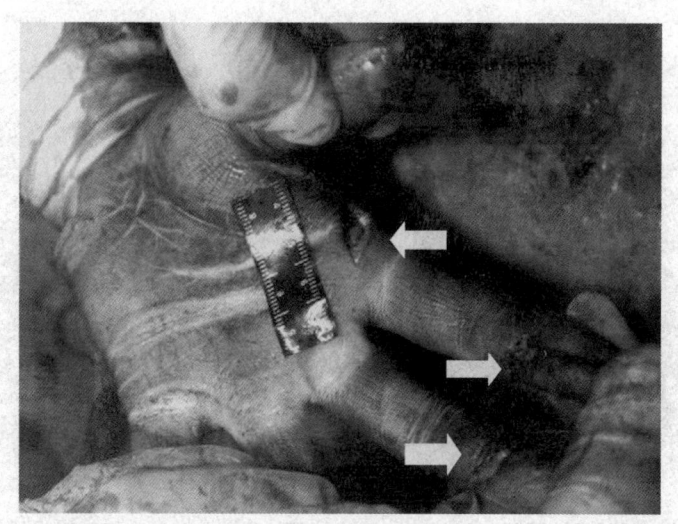

图 8-1-26 双刃刺器形成的手掌和手指对应性切割伤

第二节 切割损伤

具有锋利刃缘的锐器，以刃缘压迫皮肤（切）并沿刃缘长轴方向牵引（割），导致组织断离的损伤称切割损伤，切割所形成的创口称切创或切割创。各种刀具是最常见的切器，此外碎裂的玻璃、菲薄的金属片甚至纸片亦可形成切割损伤。

一、切割损伤的特点

锐器切割通常易深达真皮层以下而形成创，仅涉及表皮或真皮浅层的切割损伤称划伤，其本质上也是刃缘压迫皮肤并以一定方向移动作用的结果。

典型的切割创呈梭形，两侧创角锐、创腔及创壁光滑平整，创缘无表皮剥脱。切割创的创口长而创道（腔）浅是区别于刺创的最重要的特征（如图 8-2-1 所示）。较深的切割创累及骨骼，骨质上一般也反映细长而浅的切痕。因切割过程中始终是刃缘接触，故离断的组织十分平整。切割创创口的长度主要取决于刃缘沿体表压迫牵引移动的距离，而与其刃缘本身的长度无关。但一般来说，刃缘长的锐器由于持握运动的原因更易形成较长的切割创。

如果在同一部位反复切割，多次形成的切割创相互可重叠连成一创，但在创角及创缘可出现多个锐角形小皮瓣（如图 8-2-2 所示），并直接可通过计数推断切割的次数。实际工作中切割损伤多数在一次以上。

切割损伤多发生于颈部、上肢以及腹股沟处，致命性的切割损伤多见于自杀，以切断人体重要血管，导致大失血为主要原因。他杀性的单纯切割损伤较少见，一般应伴有限制被切割人活动的附加手段，或在实施其他致命行为后，切割颈部作为补充手段。意外切割损伤可见于道路交通事故中本车内人员头颈部受碎裂的窗玻璃切割所引起。

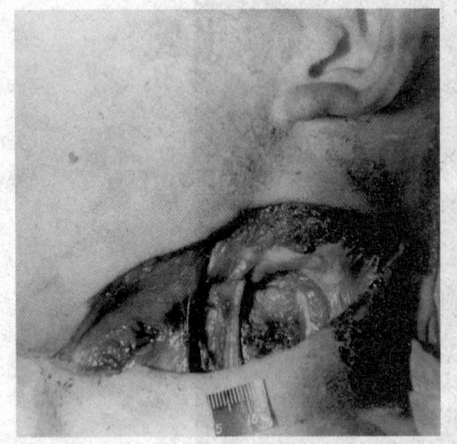
图8-2-1 菜刀所形成的颈部切割创

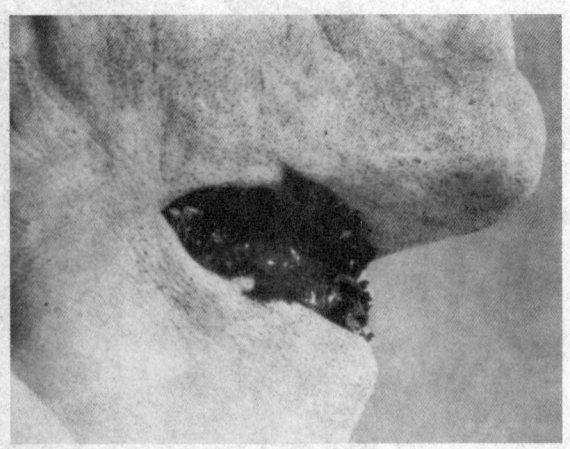
图8-2-2 多次切割形成的创缘皮瓣

二、特殊的切割损伤

除了上述的切割损伤的基本特点以外，有两类较为特殊的切割损伤，其形成反映出损伤过程中的动机与目的，称为试切伤（也称犹豫伤）和抵抗伤。

1. 试切伤。试切伤是指自杀者在形成致命性切割损伤之前，可能出于心理矛盾、试探锐器的锋利程度或体验疼痛感觉等各种目的而采取的轻微切割手段。这种切割损伤一般较浅表，数量多少不定，多与致命性切割创平行（如图8-2-3所示）。有时致命性切割创在颈部，而试切创可反映在上肢，尤其是近手掌的腕部。试切创如与致命性切割创在同一部位，那么多分布于致命性切割创的始端或上部。需要指出的是，试切创也同样可出现在以刺创自杀者身上，甚至有时发生试切、试刺等各种形式的混合。

2. 抵抗伤。抵抗伤是指在他杀性锐器损伤过程中，受伤人出于防卫本能接触锐器所造成的损伤。由于凶杀时双方均处于活动状态，因此锐器所形成的损伤约65%以上属切割损伤（Metter和Benz，1989），其他也有刺伤、砍伤等。

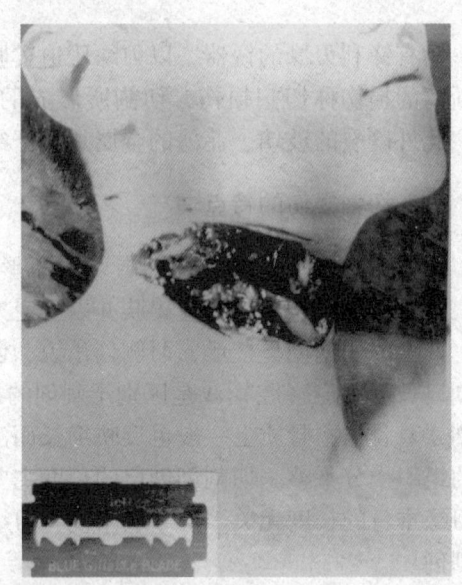
图8-2-3 剃须刀片形成的创口及试切创

人体的抵抗伤主要集中于上肢，其中以前臂和手最多见。少数也见于下肢，多系伤者处于坐或卧位时。国外有人提出，按抵抗伤形成的机理可分为两种类型，即主动性抵抗伤和被动性抵抗伤。认为前者常因伤者在抵抗过程中要去夺取凶器，因而易暴露手掌及上肢的内侧而遗留损伤；而后者则主要是防御前来的凶器，习惯上多暴露手背及上肢的背内侧而留下更多的损伤（如图8-2-4所示）。在实践中，能否以此来分析认定手掌或前臂的内侧损伤是主动性抵抗伤,而手背或前臂的外侧损伤是被动性抵抗伤目前尚无定论,值得进一步研究。

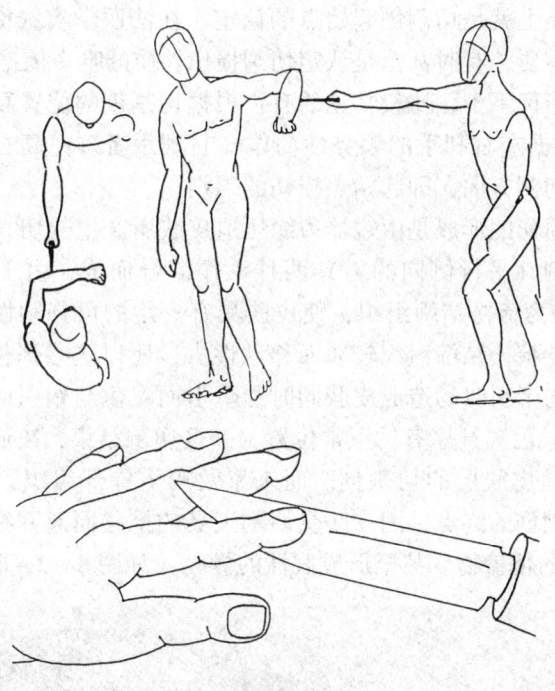

图8-2-4 两种抵抗性刺切伤示意图

抵抗伤中的切割损伤的程度和特点受锐器锋利程度、双方的体位及活动状态、受伤部位等诸多因素影响,轻则仅留下切划的浅表损伤,重则形成深及骨质的创口,甚至肢体离断(如图8-2-5所示)。

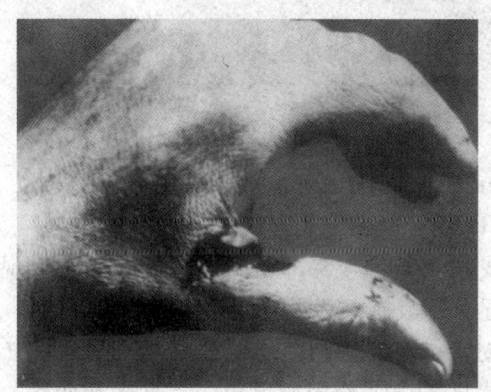 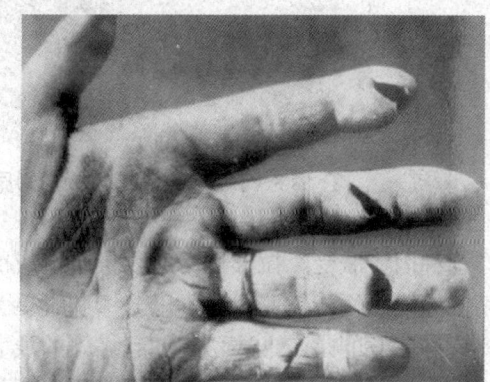

图8-2-5 抵抗时手指上的切割创

如果刺与被刺双方均系右利手,抵抗伤多发生于左上肢。这可能与他杀性的锐器损伤多系正面形成有关。持锐器者的攻击方向来自被攻击者的左侧,情急之下,被攻击者以左上肢防卫抵抗,显得更为快捷。反之,攻击者如系左利手,被攻击者则以右上肢抵抗伤多见。

三、切割方向推断

切割方向推断实质上就是切割创起始点的认定。在法医学实践中，切割方向的判断对损伤性质的确定非常重要，有时甚至是认定切割损伤性质的唯一依据。

切割方向推断的指标不少，比较常见的有：根据切割创的位置高低走向（自己形成者一般多由高向低），根据左右利手的顺势性动作（右利手者多左高右低）等，还可根据创口本身的特点来推断切割方向，即起始点损伤的判别。

前已述及，切割损伤的形成是由锐器刃缘压迫皮肤所产生的切（垂直向下的力）和牵引刃缘沿长轴走向的割（平行侧向的力）两种动作混合而成，由于人体皮肤与深部组织（如肌肉组织等）之间为疏松结缔组织，使皮肤具有一定的可移动性，在人体某些部位如颈部、四肢等，因皮下疏松结缔组织较薄而移动性大，所以这些部位在受切割时，锐器在压迫皮肤并以一定方向牵引时易造成皮肤同时受牵引而发生与牵引同方向的移位，此时被切割开的皮肤（起点）已离开原有的正常位置，一旦切割结束，皮肤受弹性回复到原来位置时，则表现为仅仅是皮肤层的切割创。而未累及皮下深部组织，故形成浅而明显的创角。同样的道理在切割创的终点，因皮肤受切割工具的推移而离开终点的位置，复位后成了一侧创角（终点）的覆盖物，甚至形成假性的囊腔（如图 8-2-6 所示）。

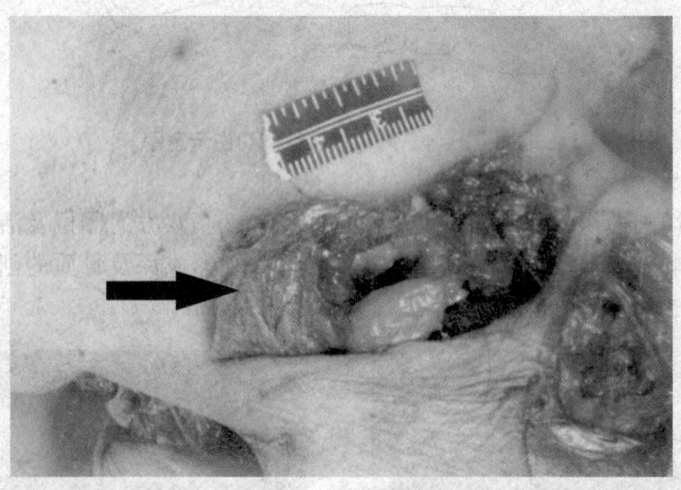

图 8-2-6　颈部皮肤受切割后形成的浅而明显的创角（箭头）

这种因皮肤受牵拉移位后又复位所造成的皮肤切割创与深部组织切割创的不对应现象在切割速度较慢或锐器刃缘不十分锋利时更为显著，具有极为重要的认定起始点价值。

应当注意的是，上述切割创起点处的浅表创特点应与切割创终端常出现的割划伤（也称拖刀痕）相区别，拖刀痕实际上是刃缘以水平向的方式作用所形成，具有逐渐变浅，最后呈一细线状表皮剥脱（而非创口）的特点，一般较长。而皮肤复位的切割创起点处仍系创口，只不过在较短的一段距离内未及深部组织，也无逐渐变浅的征象。受牵挂切割的损伤一般多见于皮肤组织较松弛且薄的地方如手背、颈部等，在有皱折或起伏处可形成间断的浅表切划损伤。

第三节　砍器损伤

挥动有把手并有一定重量的锐器，其锐器刃缘所造成的人体损伤称砍伤，其典型的表现形式为砍创。常见的砍器有菜刀、斧子、柴刀、屠刀、铁锹等。砍器一般具有较重、刃缘较长、具挥动性等特点，与头部尖端状的刺器和质量较轻、水平状走向的切器有明显区别。

形成砍创的机理主要是由砍器对组织的压迫（砍入）所引起，但由于砍器的挥动性，也可以沿刃缘长轴水平移动的方式造成组织的离断，因此也可伴有切割损伤。所不同的是，砍器对组织的压迫（砍入）力量较切割大，而其刃缘长轴的水平移动幅度较小且主要发生于创口的深部。

一、软组织砍伤的特点

软组织砍创的创口一般较宽，呈明显的哆开状，其长度一般与刃缘一致，虽然有时因挥动，砍创有伸长的可能，但发生不多。由于砍器结构特点的不同，形成的创口也有所差异，如菜刀类砍创一般平直创口哆开不很明显，创口长度与刃缘长度相似（如图8-3-1所示）；镰刀类砍击则表现为长短不一，带弯钩的镰刀在较大平面上砍击，则容易形成两个分离的创口（如图8-3-2所示）；铁锹类砍击多呈一定角度的方向性，形成的创口多略带弧形，创腔较浅，而且常在创口的一侧留有指示方向性拐角的短创口（如图8-3-3所示）；斧刃砍击形成的创口一般哆开较大，而且创腔较深，几乎都会累及骨质（如图8-3-4所示）。

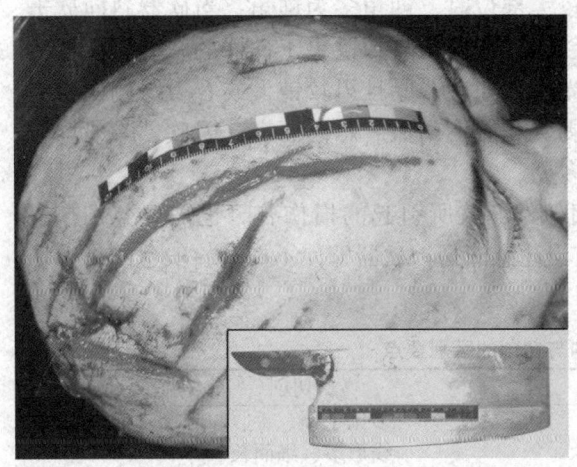

图8-3-1　菜刀形成的头部砍创

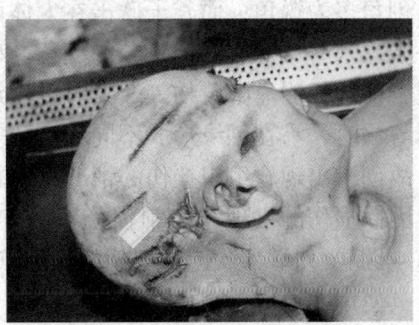

图8-3-2　镰刀形成的头部砍创

图8-3-3 铁锨形成的头部砍创

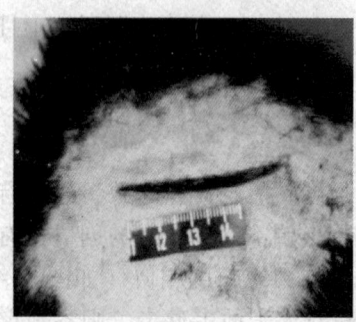 

图8-3-4 斧刃形成的头部砍创

砍创创角的形态取决于砍器的厚度、人体受砍击部位的平面面积以及砍入的深度而可钝可锐,如菜刀类砍击在人体面积较小部位(指菜刀刃缘长度大于人体受接触部位长度)时,创角多为锐角;而斧子砍击在人体面积较大部位时,创角多为钝角;当砍器斜向砍击或一端砍入时可形成一锐一钝的创角。砍创创缘存在挫伤与否取决于砍器的状况,砍器薄而锐、体部无明显附着物等改变时,创缘多光滑;如砍器厚且刃较钝,或者刃缘侧面粗糙有附着物时,易在创缘形成不同程度的表皮剥脱和皮下出血。总体而言,因砍创一般均较深,故创缘出现软组织挫伤的情况相对较为多见。

因砍损伤的机理与切割损伤有一定的相似性,故所引起的损伤有时也需要鉴别,表8-3-1扼要列举了砍创与切创的区别点。应当注意的是,砍器即使不挥动一般也能作为切割工具使用而形成切割损伤。

表8-3-1 砍创与切创的区别要点

	砍创	切创
常见部位	身体任何部位	多见于颈、手、腹等
创口形态	梭形或棱形	线形多、细而长
创口长度	与刃缘相似	一般大于刃缘长度
创口深度	多深及骨折	多浅表
创角	可钝可锐	多均锐
尾状划痕	无或极少	多伴随
骨折	多见	极少见
性质	多见于他杀	多见于自杀

二、骨骼砍伤的特点

由于砍器较重且易挥动性,故砍创一般多深及骨骼,易引起骨骼的不同程度和类型的损伤。除在抵抗中上肢易形成砍创外,人体最多也最易受攻击的部位是头部。因此,在砍击所引起的骨骼损伤中,以颅骨最为常见,呈现的类型也较多,这里仅以颅骨为代表讨论。从骨骼损伤的形态学角度,可将骨骼砍损伤分为以下四种类型:

1. 砍痕。砍痕是指仅累及骨膜和骨皮质浅层的损伤,在颅骨上一般是指仅骨外板受砍击而留下的痕迹。砍痕是砍器垂直或略有倾斜砍击骨骼的结果,形态学上表现为与砍器刃缘近似的细长形骨质浅表裂开(如图8-3-5所示)。所以,砍痕是骨骼砍损伤中最轻的类型。应当注意的是,质量较重的砍器(如斧)有时在造成颅骨外板砍痕的同时,可造成颅骨内板的张力性线性骨折,这种线性骨折方向一般与砍痕相同,但不一定在完全精确对应之处。

图8-3-5 斧刃砍击颅骨形成的浅层砍痕

2. 砍创。砍创是指砍器进入骨质全层或颅骨全层形成骨质连续性完全断离的损伤。需要指出的是,创本质上仅针对皮肤软组织而言,骨骼上的损伤如涉及结构完整性,理应属于骨折范围,但为描述方便且与钝器损伤相区别,国内学者一般都倾向于认可这种说法。

砍创多系砍器垂直或略有倾斜砍击骨质的结果(如图8-3-6、图8-3-7所示),形态学上表现为骨质上留有与砍器接触部伤相似的宽度和长度的条形或梭形分离。应当注意这种分离不是骨质缺损,更非钝器损伤中的洞状或凹陷性骨折,而是骨质受砍器嵌入后被"挤"开的结果。单纯条形或梭形的骨质砍创而不伴有创角或创缘处其他形式的骨质损伤如延长的线性骨折、骨板崩裂等在实践中并不多见,可能与砍器刃缘锋利、力量较集中、方向固定等因素有关。

3. 骨质缺损。骨质缺损是砍器以切线方向通过刃缘及其砍器运动作用造成的骨质缺失的结果。国内有学者将砍器造成的颅骨骨折缺损分为面创和洞创两种类型。

图8-3-6 斧刃砍击颅骨形成的穿透性砍创

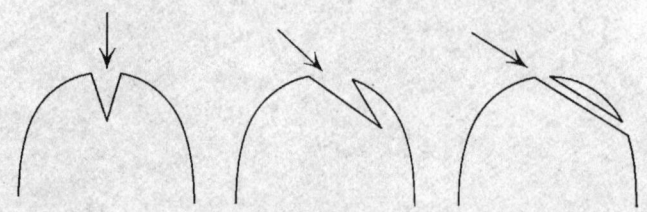

图8-3-7 骨骼砍创形成不同方式示意图

面创是指砍器以切线方向造成颅骨骨质非全层性脱落而未洞穿者（如图8-3-8所示），也有人称为削创。此类骨质缺损好发于颅骨枕鳞、乳突、枕骨髁等骨质较厚且突出明显处。缺损面一般呈圆形或椭圆形，较光滑。有时除刃缘作用以外，还有砍器对骨质的挤压和撬开作用而在缺损面上留下粗糙不平的骨质面。

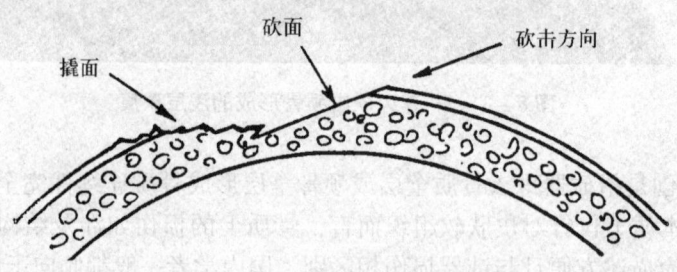

图8-3-8 砍击颅骨形成损伤机理示意图（引自祝家镇，1989）

洞创是砍器以切线向砍击颅骨造成全层性缺损而洞穿颅腔的损伤。与面创不同的是，单纯由砍器刃缘造成洞创的极少见，多数洞创是由刃缘造成的砍面和砍器体部造成的撬面构成。砍面与撬面交界处可见直线状且有撬面骨片的局部不规则覆盖砍面现象。据依伟力等（1996）报道，刀类砍器所致的面创及洞创其砍击面一般超过骨质缺损面的1/2，砍面可反映砍器刃缘的特征，如刃缘缺口在骨质上会留下条形痕迹，有一定的鉴定价值。

4. 砍裂创。砍裂伤是砍器形成骨质砍创的同时，伴有向砍创两侧延伸的长短不同的线状骨折的损伤形式。在实践中，单纯砍创少见，而主要以砍裂创为主。

砍裂创的形成机制是砍器刃缘的锐性和砍器体部的钝性共同作用的结果。骨质砍创两侧的线性骨折走向与创的长轴一致，但有弯曲，其线性骨折的长短与砍击力量的大小有关（如图 8-3-9 所示）。据翟建安（1991）观察，有时砍创因砍器倾斜作用形成钝角和锐角两种创缘，锐角缘的外板一般较整齐而内板有缺损，钝角缘则相反，外板不整齐且有骨质缺损，而内板较整齐，这些特点有助于砍击方式的推断。

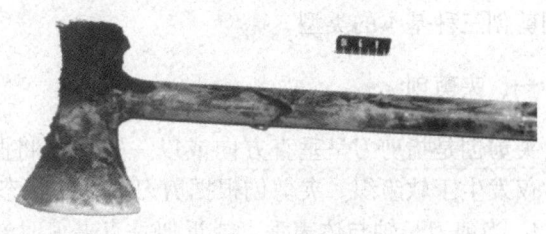

图 8-3-9　斧刃砍击形成的颅骨砍创及线状骨折（裂痕）

如果砍器砍入颅骨以其体部接触为主或砍器在拔出时转动（扭动），也易形成对骨板的撬压作用造成创缘或创角处颅骨的不光滑缺损，有时易掩盖砍器作用的特点。另外，需要指出的是，有时砍器斜向攻击颅骨，会在颅骨的砍面上留有砍器刃缘一侧条形擦痕（如图 8-3-10 所示）。那是砍器刃缘金属结构的痕迹反映，颇似来复线。如用砍器复制相同的样本，完全有可能进行工具的同一认定。

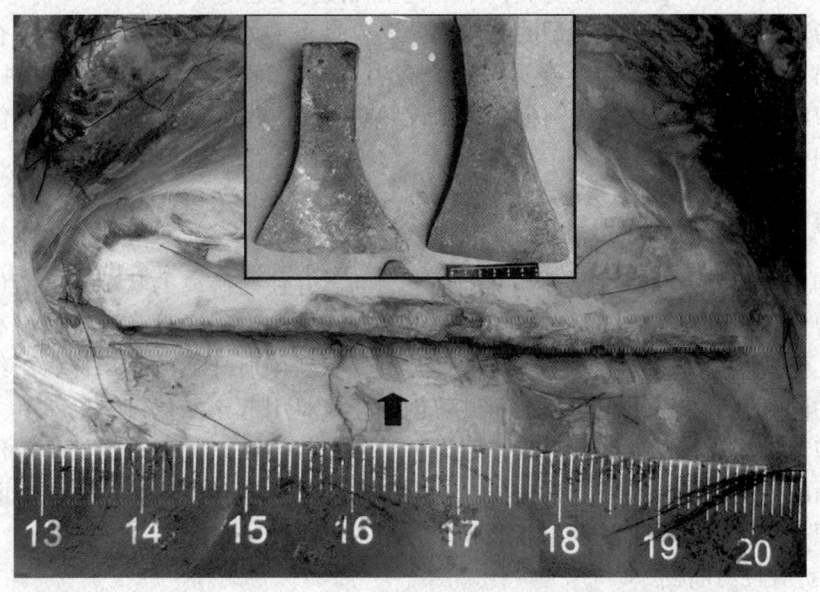

图 8-3-10　斧子在颅骨一侧砍面上留下的梳状擦痕

第四节 剪刀损伤

剪刀以两侧刃口剪切或剪铰作用所造成的人体创口称剪创,但剪刀所形成的损伤不仅仅局限于剪切或剪铰,在实践中常遇到更多的剪刀损伤却为刺创,无论是两侧刃口分开或是合拢。虽然在锐器损伤中,剪刀损伤相对发生率最低,但其损伤的类型及方式较多,形态学上也有一定的特殊性。按照损伤的形成方式不同,通常剪刀可造成夹剪创、剪断创以及刺剪创三种基本的类型。

一、夹剪创

夹剪创是指剪刀呈垂直方向或以一定角度将两片剪刀相互铰剪切所形成的组织损伤,通常仅发生于软组织。夹剪创根据剪刀刃部的状态可有三种基本形态。

1. 当剪刀长轴与体表垂直或近似垂直夹剪时,形成类长梭形的创口,但由于剪刀两片合拢时也无法精确对位,故长梭形的创口实际上是由两个短线状创口所形成,而且两个创口之间留有一小皮瓣。

2. 当剪刀张开两刃并以与体表呈锐角方式夹剪,并达到两片刃合拢时,易形成类 V 字形创口,基于与上述同样的机理,在 V 字形的尖端仍可查见因剪刀对位差异而留下的游离皮瓣。另外,V 字形的开口度直接与剪刀与体表的角度有关,角度越小(即剪刀柄与人体表距离越近),V 字形的开口度越小。

3. 当剪刀张开并以与体表呈锐角方式或夹剪后未合拢时,易形成八字形创口,其八字的倾斜度也与剪刀和体表的角度有关,角度越小,倾斜度也越小。

需要指出的是,无论何种类型的夹剪创,形成过程中均离不开两片刃部在合拢过程中将软组织向合拢方向推挤,并使受夹剪组织高出刃缘平面时才能实现。从某种意义上看,高出剪刀刃缘的组织才能形成夹剪创,否则仅凭剪刀的夹端及近夹端的刃缘只能形成软组织浅表的划伤。

二、剪断创

剪断创是指剪刀刃缘在对合过程中将软组织断离并使之游离的状况。剪断创的形成本质上与夹剪创相同机理,同样是在铰切过程中引起损伤,也同样具备受剪组织高于刃缘平面的条件。但剪断创有三点不同于夹剪创:其一,剪断创所导致的结果使软组织游离,即形成创口的同时也引起了组织缺损,而夹剪创则仅仅是引起组织局部离断。其二,夹剪创形成时以剪刀尖端及其近尖端的刃缘作用为主,而夹剪创则以剪刀刃缘的中部作用为主以使组织离断缺损。其三,夹剪创可在剪刀与组织表面呈任何角度时形成,而剪断状则多在剪刀与组织呈水平或极小角度时才能形成。剪断创有两种形成方式:

(一) 折叠性剪断创

折叠性剪断创是指利用剪刀两侧刃缘中部在合拢过程中推挤中间的组织使之折叠并高出刃缘表面时引起组织的离断,这种方式多见于人体皮肤较为松弛的部位如颈部、阴囊等。

(二) 突出性剪断创

突出性剪断创是指利用剪刀两侧刃缘中部的合拢将人体本已突出的组织断游离(如图

8-4-1所示），这种剪断创见于乳头、耳朵、阴茎、手指等人体突出的器官。

图8-4-1 剪断创形成示意图

剪断创的形态特点主要表现为与剪刀刃缘长轴夹剪时相一致的弧形或类圆形创口及组织缺失（多见于折叠性剪断创），或者与被剪断的组织原有的形态相似的创口（见于突出性剪断创）。无论何种类型，均有一个共同的特征，即剪断创是由两片剪刀所形成的两组对应的创口所构成，由于剪刀两片刃缘的对合不能精确对位，所以在折叠性剪断创中在两个对应创口之间留有细长的游离皮瓣；而在突出性剪断创中，则在创面中间可见有一条突出的嵴样组织（如图8-4-2所示）。

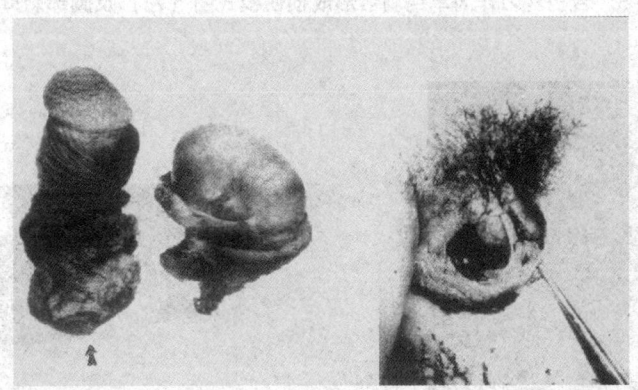

图8-4-2 剪刀剪断阴茎和睾丸（左）后形成的剪断创（右）

三、刺剪创

刺剪创是指将剪刀刺入组织后形成的损伤，或者刺入后再夹剪所形成的损伤。在法医学实践中，这种类型较前两种更为多见。按照刺剪的方式不同，可将刺剪创分为二种类型。

（一）单纯性合拢刺创

单纯性合拢刺创是指剪刀刃部呈合拢状态，仅依靠剪刀尖端作用刺入组织所形成。由于剪刀合拢后钝侧在外互相重叠的特殊结构，形成的创口常为棱形，合并后可为十字形或类S字形（如图8-4-3所示）。如剪刀两刃部相连对合明显不严，有时可见创口中部留有少量游离的皮瓣状组织。

（二）单纯性张开刺创

单纯性张开刺创是指剪刀刃部呈张开状态刺入组织所形成的损伤。其典型的形态为两两相对，形态相似的创口（如图8-4-4所示），其间隔距离与两刃张开程度和刺入深度有关。如果两刃张开充分且深度不超过两刃结合部时，两创口有一定间隔，其创角呈对应状（近心锐利，远心钝圆）；如果深度超过两刃结合部，则产生典型的S字形创口（如图

8-4-5所示），其原本中间的皮肤被刃部所断离，两端创角均呈钝圆状。尽管如此，仔细观察或在体视显微镜下观察，仍可发现在两刃结合部那S字形的创口的中部留有一定的游离皮瓣结构。

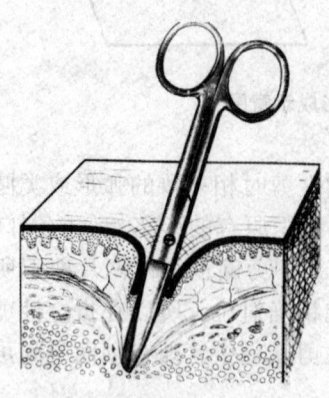 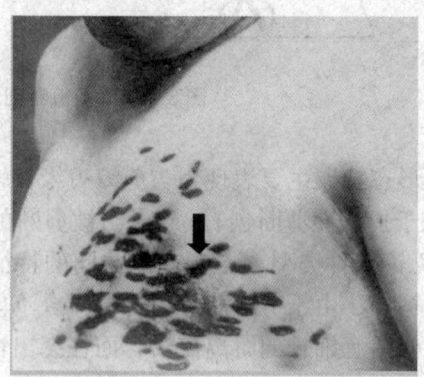

图 8-4-3　合拢剪刀作为单纯刺器形成损伤模式图（左）及胸部刺剪伤（右）

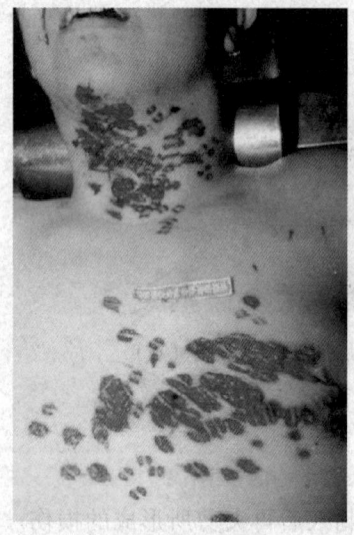 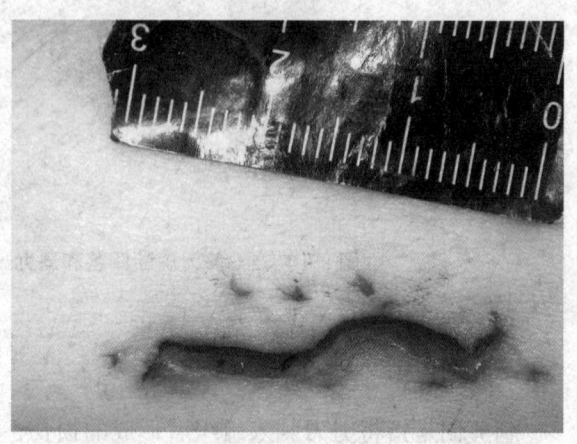

图 8-4-4　颈胸部刺剪损伤　　　　图 8-4-5　剪刀张开刺入形成的S字形创口
（引自薛晓捷，2006）

（三）刺入并夹剪创

刺入并夹剪创是指张开的剪刀刺入组织后再夹剪所形成的损伤（如图8-4-6所示）。

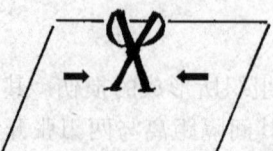 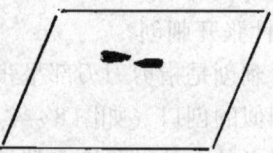

图 8-4-6　刺入并夹剪形成损伤示意图

实际上真正的刺剪创是此类型，而前两种本质上只是刺创。但在实践中，此类刺入并夹剪创却不多见。刺入并夹剪损伤的形态特征与前述的夹剪创相似，与剪刀刺入时与体表的角度有关，如垂直刺入并夹剪时形成直线性（中间可有间断性皮瓣）创口，成角刺入后再夹剪易形成V字形或八字形创口。刺入并夹剪创与夹剪创的区别点：一是前者所形成的创口两侧创角均为钝圆性（剪背所致），而后者的创角则多为锐角（尖端或刃缘所致）。二是刺入夹剪创较深，而创口小，而非刺入夹剪创一般较浅，但创面（或创口）大。

第九章 枪弹损伤

火器伤，主要是枪弹损伤，是法医机械性损伤中继钝器伤、锐器伤之后最常见的第三类损伤，也是法医学研究的重要内容。自1338年人类发明制造枪支后，枪弹损伤的发生率逐年增长。据资料统计，1900年至1976年，全世界死于枪弹伤的达5800余万人。近年来，与枪弹有关的损伤在美国名列伤残与致命性原因的前茅，每年平均有5万人死于非战争性的枪弹损伤，50万人因此而受伤。南非某一地区1991年至1993年全部尸检案例中，枪弹致死的占1/4以上。我国虽有较严格的枪支管理措施，社会面上已得到有效控制，但持枪犯罪案件一直以来时有发生。尤其是涉及警察开枪的案件十分敏感，为社会所关注。故常需要通过检验鉴定查明真相。

第一节 枪弹的构造、分类和发射原理

枪械是指利用火药燃烧时产生的气体压力发射弹头，以达到杀伤或毁坏目标的效能，且可由1~2人携带和使用，口径在20mm以下的轻型射击武器。

一、枪械的构造

枪支是由许多零件组合而成，构件精度较高，构造比较复杂，主要由枪管、枪机和枪机匣三个部分组成（如图9-1-1所示）。

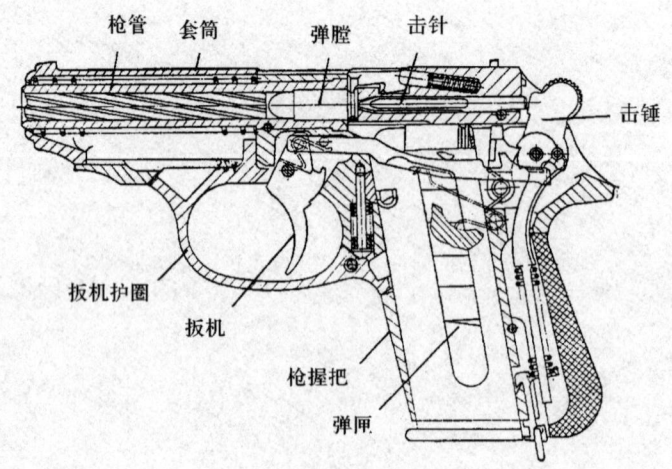

图9-1-1 手枪的基本构造

（一）枪管

枪管是子弹发射的载体，是金属构件，系枪支最基本组成部分，位于枪支前上方。由于发射时将发生高温、高压，因此要求枪管的管壁要有足够的强度、冲击韧性、抗磨能力和良好的散热性。枪管内膛（枪膛）由后至前分为弹膛、坡膛、线膛。弹膛是发射前子弹所在位置，坡膛在弹膛的前面呈锥形收缩，形成坡度，引导弹头脱离弹壳时能平稳地进入线膛。线膛在枪管的最前部，占枪管的大部分，其断面形状有矩形、圆形、多弧形和多边弧形。膛线一般取偶数，亦有奇数，并随口径增大而增加。不同类型的枪支膛线的数目、宽度、深度、长度、旋向和缠度等有所不同。膛线内壁直接和弹头发生摩擦作用，使弹头急速旋转从而增加射速和弹头飞行时的稳定性。

（二）枪机

枪机主要包括闭锁、抛壳、击发三部分，主要部件有闭锁器、击锤、抛壳口、指示杆、保险机钮等。闭锁机构是枪机的主要部分，作用是枪弹击发后关闭枪膛防止火药气体逸出。击发机构是击发枪弹底火引起发射，主要包括击针、击锤、击发阻铁等部件。抛壳机构是弹击发后，引起拉壳和抛壳。

（三）枪机匣

枪机匣位于枪底把上，一般由弹匣、弹仓、扳机等组成。弹匣、弹仓是专供盛放子弹的零件。弹匣内有托弹簧、托弹板，将子弹托起上膛。扳机是引导打击击针的机件，与击发阻铁相关连，控制着击锤或击针簧，子弹上膛后扣动扳机便可发射。

二、枪械的分类

按分类角度不同，枪械有多种分类方法：

1. 按使用对象不同可分为：军用枪、警用枪、运动枪和民用枪。

2. 按枪支机械性能来分：（1）自动枪，是指依靠火药气体压力的作用，使子弹自动上膛、发射、退壳，扣动扳机可连续射弹的枪支。（2）半自动枪，是指扣一次扳机只能发一枚子弹的枪支。（3）转膛枪，又称转轮枪。有鼓形弹巢，内装4~7发子弹不等。扣动扳机带动鼓轮转动，有左转和右转两种。（4）气动枪，俗称气枪，是用人力操纵机械，使密闭气室产生较大的气压，将弹丸从枪管中射出。

3. 按口径大小可分为：（1）小口径枪支，是指枪管内径小于6mm的枪支。（2）中口径枪支，是指枪管内径8mm左右的枪支。（3）大口径枪支，是指枪管内径大于12mm的枪支。

4. 按枪管内壁不同可分为：（1）平滑枪管枪支，又称滑膛枪，其枪管内壁没有膛线，目前使用的枪支中霰弹枪、土造枪、信号枪属于无膛线的枪支。（2）膛线枪管枪支，其枪管内壁有数量不等、旋转方向不同的平行凹凸螺纹，即膛线，亦称来复线。

在实际检案中膛线枪管枪以手枪和步枪多见。

三、枪弹的构造

枪弹一般是由弹头、弹壳、发射药和底火四个部分所组成（如图9-1-2所示）。

(一) 弹头

弹头，由硬质金属制成，一般呈长椭圆形，分弧形部（头部）、导引部（圆柱部）、尾锥部（尾部）三部分。整个弹头外表层叫弹头外壳或披甲，主要成分为铜或铜锌镍合金，目的是防止生锈和减少枪管磨损。外壳里层是铅套（铅合金），铅套内包弹心，一般弹心是铅、铅锑或钢铁。一旦弹头碰撞坚硬物体后易破碎、变形甚至分层剥离，造成致伤体出现不同形态的损伤。

(二) 弹壳

弹壳是连接弹头和底火，并盛装和防止发射药剂外泄的容器。制造弹壳的材料主要有黄铜、复铜钢、低碳钢。钢制的弹壳需涂漆或树脂，或镀铜，可以防锈和减少与机件的磨耗。弹壳形状有呈圆柱状、瓶状等。

(三) 发射药

发射药是使弹头获得能量并产生射速的化学制剂。黑色火药是用硝酸钾、木炭、硫黄按比例混合而成。无烟火药主要成分是硝化棉和硝化甘油。硝化棉火药是用乙醇乙醚的混合剂使硝化纤维素溶解、胶化而成。硝化甘油火药是用硝化甘油（丙三醇）或硝化二乙二醇，溶解硝化棉并胶化而成的火药。发射药除了成分不同，其形状、大小、颜色亦有差异。手枪弹药多为片状，步枪弹药多为孔状。

(四) 底火

底火是点燃发射药的引燃装置，呈盂状，由底火帽、起爆药、箔片三部分组成。起爆药又名点火剂、击发剂，主要成分是雷汞、氯酸钾、三硫化二锑等。

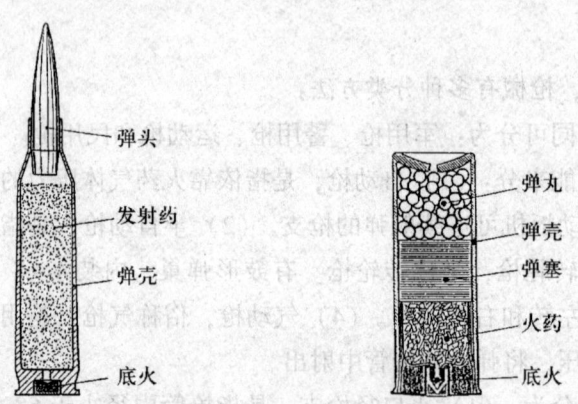

图 9-1-2 弹的基本构造

四、子弹的分类

子弹的分类归纳起来，可分为六类：(1) 按配用的枪种分为步枪子弹、冲锋枪子弹、手枪子弹、霰弹枪子弹、信号枪子弹等。(2) 按子弹用途分为战斗用枪弹（普通弹、特殊弹）、辅助用枪弹（供教学、操练用空包弹、教练弹）、测压用枪弹（高压弹、强装药弹、标准弹）等。(3) 按子弹的形状分为瓶形子弹（有斜肩）和柱形子弹（没有斜肩）。(4) 按弹壳底边分为有槽无边、无槽有边两种。(5) 按弹丸形态分为圆头、平头、尖头三种。(6) 按外壳情况分为有外壳、半外壳、无外壳三种。

五、枪弹发射的原理和过程

（一）枪弹发射的原理

枪弹受到击发，底火引爆火药，产生高压气体，迫使弹丸射出枪膛，瞬间由化学能转化为机械能，这能量转换的过程，称为发射。现代火药燃烧后转化为气体，使容积骤然增加几百倍至几千倍，一般最大膛压可达到 $1200\sim3000kg/cm^2$ 以上，膛内温度可达 $2500℃\sim3500℃$，整个发射持续时间只有 $1\sim60$ 毫秒。

（二）枪弹发射的过程

枪械发射过程是短暂而连续的，按火药燃烧特点及气体对弹头的作用，通常将发射过程分为四个阶段，即定容燃烧阶段、变容燃烧阶段、定量气体膨胀阶段和后效作用阶段。

1. 定容燃烧阶段。定容燃烧阶段，亦称起动时期，是指击针击发底火、点燃发射药，到弹头被挤进线膛。此阶段弹头没有离开弹壳，火药燃烧时容积没有发生变化，随着火药燃烧，弹壳内压增大达到拨弹力，当压力上升到 $250\sim500kg/cm^2$ 时，弹头便脱离弹壳，挤入线膛，开始起动。

2. 变容燃烧阶段。变容燃烧阶段，称第一时期，是指弹头起动到火药燃烧完为止。此时火药在不断增大的容积中燃烧，膛内压随之猛烈升高，弹头在膛内的加速度也增大，膛压升至最大值，随着火药燃烧至结束，弹后空间增大，膛压逐渐下降。一般最大膛压处到弹头起动处的距离约 $5\sim7$ 倍于口径。

3. 定量气体膨胀阶段。定量气体膨胀阶段，称第二时期，是指发射药燃烧完毕到弹头飞出枪口。弹头在高温、高压气体作用下，连续运动，气体量不再增加。弹头尾端离开枪口瞬间的膛压，约为 $400\sim600kg/cm^2$，即枪口压力。实际上此时部分药粒未燃烧完全。

4. 后效作用阶段。后效作用阶段，称后效时期，亦称中间弹道，是指弹头底面离开枪口到弹头获得最大速度为止。当弹头离开枪口，火药气体随之喷出，此时火药气流平均速度为 $1300m/s$，大于子弹初速，推动弹头速度继续增加。后效作用阶段由枪口喷出的高温、高压、高速的火药气体产生强烈的声响，并且喷射出未燃尽的药粒、金属屑、枪油等，与空气接触，形成闪光和烟尘（如图 9-1-3 所示）。

图 9-1-3 转轮手枪发射瞬间的状况

第二节 枪弹损伤的形成机制

枪弹造成的损伤是机械性损伤的一种特殊形式,是投射物(弹头、弹片)将能量传递于组织的结果,致伤效应的大小取决于人体组织吸收能量的多少,损伤形态与投射物以什么形式同人体组织作用密切相关,即决定于投射物的特征(包括速度、质量、形状及稳定性)和受伤组织的解剖学特性。

一、弹头撞击

人体被枪击后,最初受到的是高速旋转的弹头冲击和碰撞组织造成的挤压撞击损伤,轻者只发生挫伤,重者造成弹创、盲管创,直至贯通创。

当高速的弹头射入靶体而没有穿透,这种现象称为侵彻。完全穿透靶体则称为贯穿。弹头对靶体的侵彻作用,取决于弹头的动能、弹的形状、质量以及靶体的性质和命中角度。当弹头侵彻皮肤时,皮肤受到弹头施加的压力(弹头冲撞)和剪切力(弹头旋转)而损伤并形成缺损。据研究,弹头穿透皮肤的最低能量为$10J/cm^2$,最低速度为$50m/s$。当弹头穿透皮肤,进入深层软组织时,弹头对组织的作用力是两个方向的,一个是弹头的前方对组织施予的压力,即前冲力,这个力沿着弹道方向使组织撕裂、拉断和击穿,形成原发弹创管,即所谓永久性创道。按子弹动能大小,分别形成盲管创和贯通创。另一个作用是弹头对周围组织产生的压力,即侧冲力,这个力通常垂直于弹道,使创周围组织迅速扩大膨胀,产生瞬时空间,同时产生压力波向周围组织传递。低速弹头主要形成向前的冲力,高速弹头则同时产生很强的侧向压力。故从创管周围组织损伤程度,可间接推断弹头进入人体组织时的大致速度。

二、瞬时空腔效应

弹头以较高的速度侵彻人体后形成激波,激波可使弹头穿透组织产生的轨迹空腔扩大几倍至几十倍。经过短暂时间空腔消失,留下较大范围的组织损伤。此种效应称为瞬时空腔效应。

(一)形成空腔的典型模式

高速飞行的弹头(或其他投射物)侵入人体时形成激波,以很大的压力压缩弹道周围的组织,使空腔内部压力明显大于环境压力,弹头的动能很快传递给周围组织,使创道周围的组织迅速发生位移和振动,直至子弹穿过之后形成一个比子弹直径大几倍至50倍的瞬时空腔(如图9-2-1所示)。瞬时空腔形成后,由于膨胀腔内压力减少,相对周围介质内压力陡升,同时在周围组织的强度和弹性作用下,空腔收缩。空腔收缩之后由于腔内压力再次增大,产生第二次空腔膨胀,但膨胀幅度比第一次为小。如此反复膨胀、收缩7~8次,直至瞬时空腔消失留下永久性创道。整个过程约需5~10毫秒。瞬时空腔内压力最大可以达到100~200个大气压。腔内充满水蒸气。瞬时空腔的形状各异,与子弹(投射物)的几何图形、稳定形、速度及人体组织特性、构造密切相关。一般情况下,弹头所产生的瞬时空腔形状多为中间膨大两端窄小,即由长短不一的颈部(创管)和近似为椭圆、圆锥形、梭形的腹部组成。

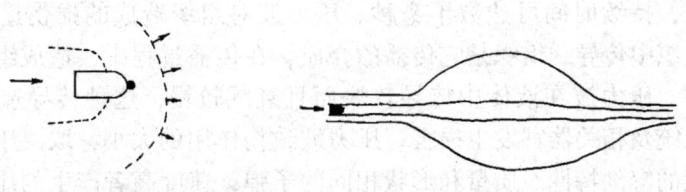

图 9-2-1 瞬时空腔形成机理（左）和瞬时空腔与永久创道（右）示意图

（二）影响瞬时空腔形成的条件

1. 速度。速度是指弹头飞行速度。一般将形成瞬时空腔的速度临界值定在 305m/s 左右，超过这个速度在适宜的软组织中即可产生瞬时空腔。

2. 稳定性。稳定性是指弹头飞行中章动的程度。一般来说，在保证速度的前提下，稳定性越差，弹头与周围组织接触面大，形成的瞬时空腔亦较大。

3. 介质。介质是指形成瞬时空腔的组织。据研究，人体中富于弹性、密度较高的组织如骨骼肌、肝、脾等易形成较大的瞬时空腔；而肺、胃、肠等含气量大、密度低的组织形成瞬时空腔小；几无弹性的骨组织则几乎不形成瞬时空腔。

（三）瞬时空腔造成的损伤

由于瞬时空腔效应主要体现在压力改变后能量传递，故不同的组织器官因其不同的结构，所受的损伤不尽相同。以下是人体主要组织器官受弹头和瞬时空腔效应损伤的概况。

1. 肌肉。骨骼肌密度较大，又富于弹性，弹头侵入后在肌肉中释放能量快，同时肌肉吸收能量容易，因此空腔膨胀出现早，形成的空腔大，可达弹头直径的 10～30 倍。由于肌肉组织比较均匀，所形成典型空腔多呈椭圆形，损伤波及范围比较广泛。

2. 头部。颅腔是一个相对密闭的器官，限制了瞬时空腔的充分膨胀，当子弹穿入颅腔后，充满液体的大脑及脑脊液所受到的压力是向四周各个方向均衡传递，迫使颅内组织向阻力小的部位挤出，造成额窦、筛板、眼眶及枕骨大孔脑组织的损伤。严重的出现骨折，甚至全颅破裂。由于穿入颅腔的弹头经过密度不同的三种介质（空气、骨、脑），极易失稳，故形成的出口往往大于入口。

3. 胸腔。子弹侵入心脏，除心脏破裂外，心内膜广泛出血和组织撕裂表现得明显。肺为海绵体样组织，充满大量气体，密度很低，受到子弹侵彻后吸收能量少，故出现的瞬时空腔体积小，有的没有瞬时空腔出现，只存在管状的永久性创道，创道周围通常也没有坏死组织出现。

4. 腹腔。肝、脾、肾为实质性器官，密度和脆性均较大，受到子弹侵彻易出现破碎，致使瞬时空腔壁组织容易脱落，所形成的腔隙与子弹轨迹造成的管状创道融合而成为永久性的创道，因此瞬时空腔的大小与永久性创道几乎是相等的。胃、肠道是含液体和含气的空腔脏器，经子弹侵彻后使液压和气压骤然增大，造成胃壁和肠壁破裂和肠系膜血管破裂，出现大出血。

三、压力波作用

子弹以较高的速度侵彻机体时，一部分能量会以压力波的形式传给周围组织、器官，使组织产生位能和动能而造成损伤。这种压力波也称冲击波，来源于高速子弹撞击机体组织瞬间，产生非常强的压力脉冲，这种脉冲在机体软组织中以 1450m/s 速度传播，高压区可达数个大气压，持续时间可达数十毫秒。压力波对组织造成的损伤途径主要有两个方面：一个是在组织中传导，组织是它传播的介质，在传播过程中，造成组织损伤；另一个是通过血液传导，压力波在液体中传导较快而且衰减较慢，这种传导造成剧烈的血流扰动，致使循环系统及相关器官发生损害。压力波致伤作用的大小，取决于峰值大小、作用时间和受伤组织的解剖特性。质量和形状相同的子弹，速度高者产生的压力峰值大；而有相同撞击动能的子弹，质量大者产生的压力大，持续时间也较长；组织密度大而均匀者如骨骼、肌肉、脾、肝等实质性器官有利于压力波的传导，易受其损伤；颌面部、肺部等密度低、多气腔的部位和器官，压力波在传导中衰减迅速，所受的损伤较小。

第三节　枪弹损伤的特征

一、典型枪弹损伤形态学特征

典型枪弹损伤是指由弹头射入人体皮肤组织形成的射入口、弹头在体内运行所形成的射创管以及弹头穿出人体皮肤组织所形成的射出口三部分构成的损伤。在弹道学里，弹头在作为靶体的人体内运动的规律，属于终末弹道学的范畴。

（一）射入口

射入口是由飞行的弹头扑打、挤压、剪切皮肤组织所形成的创口，其基本形态呈类圆形或椭圆形，与弹头直径相似或略小。另外，最能反映枪弹射入口特征的是创口中心部位的皮肤及创缘的改变（如图9-3-1所示）。

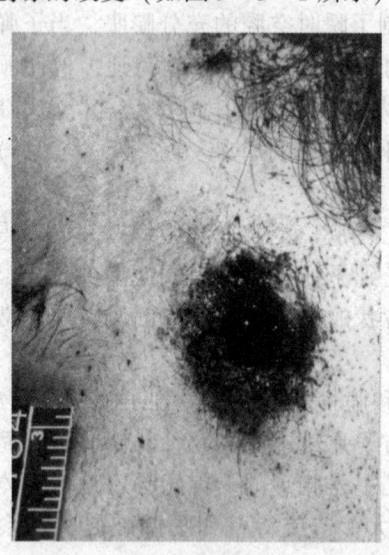 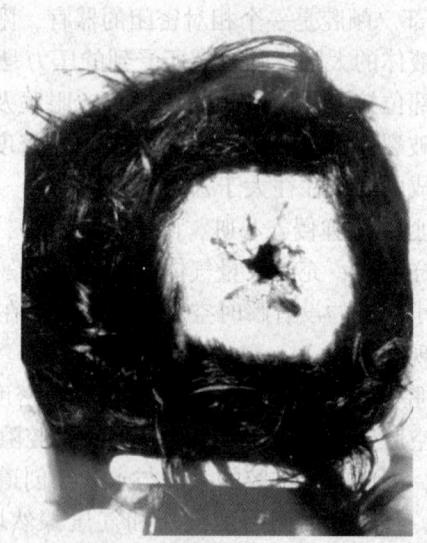

图9-3-1　典型的射入口（左）和射出口（右）

1. 皮肤缺损。创口中央皮肤缺损，其缺损边缘皮肤内卷，故整个创口类似旋涡漏斗状。如用粘合剂粘连，则创口无法对位。这是枪弹创区别于刺创或桶创的根本性区别，也是射入口有别于射出口的主要特征之一。

2. 擦拭轮。擦拭轮也称擦拭圈、污垢轮，是弹头在旋转进入皮肤组织瞬间，其弹头上附着的金属颗粒、铁锈、油垢、火药及烟灰等成分粘附于创口边缘皮肤所致。擦拭轮一般呈环形，黑褐色，干燥后极明显。

3. 挫伤轮。挫伤轮是由弹头射入皮肤组织时瞬间，同时对创缘1~3mm宽的创周组织产生挫压所形成的皮肤损伤。表现为创口周边环形的表皮剥脱和/或皮下出血。所以挫伤轮也被称为冲撞轮。

4. 射击残留物。射击残留物是指射击时随弹头一起射出枪管的物质。广义上来说，既有未燃尽的火药颗粒、爆炸所产生的烟晕，也有枪管内的防锈油、弹头与枪管内壁擦蹭后脱落的金属粒等。而狭义的射击残留物主要指前两种。烟晕导致射入口周围皮肤呈灰褐色，未燃尽的火药颗粒则产生创口周围皮肤的点状出血。过去认为这种点状出血是火药颗粒的烧灼作用，目前认为是未燃火药颗粒与皮肤擦蹭所致，与文身类似，故国外学者多称为火药斑纹。

5. 枪口印痕。枪口印痕指发射枪支枪口处的结构特征（如枪管口径、准星等）在射入口周围皮肤上所留下的印痕。这种印痕本质上属于表皮剥脱和/或皮下出血，是由枪口在发射当时挫压皮肤所引起（如图9-3-2所示）。枪口印痕的存在不仅表明射入口的位置，更重要的是枪口接触皮肤组织射击的反映。

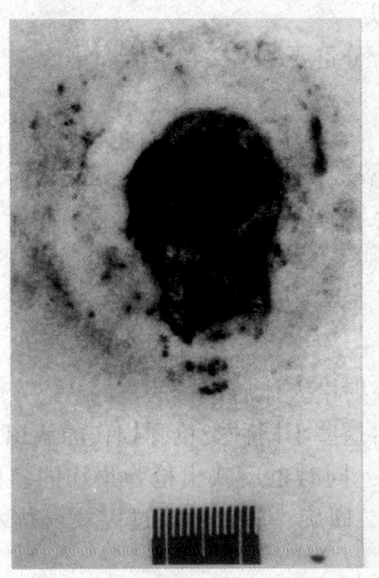
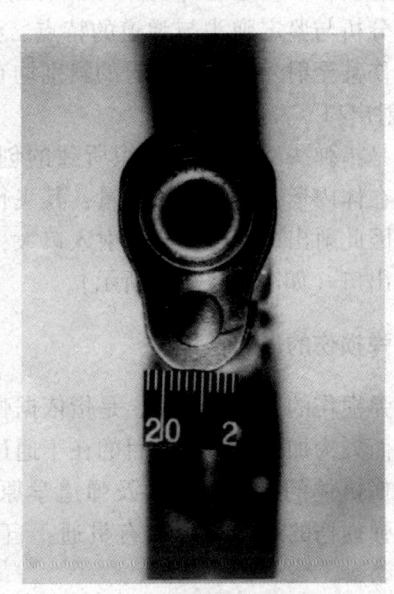

图9-3-2 接触射击在皮肤上留下的枪口印痕

（二）射创管

射创管也称创道，是指射入口和射出口之间，或者射入口与枪弹最后停留位置之间弹头运行的途径。

由于弹头动能大小不一，组织密度、弹性程度不一，射创管只是一种拟形的描述，实际上在人体上很难找到真正典型的、由弹头经过后留下的通道。人体组织除骨骼外弹性一般较好，弹头经过时尽管瞬间由于空穴样作用等产生数倍于弹头直径的空腔，但一旦过后即回复，几乎又呈闭合状态。只有在弹性小、密度较均匀的物质如骨骼、木头等才可能见到空腔状的射创管。识别射创管主要是通过弹头经过时对周围组织破坏所留下的损伤痕迹

（主要是出血和组织破碎），特别是组织密度较均匀的实质性脏器，如脑、肝、肾等，射创管出血区域边界清楚，走向明确（如图9-3-3所示）。

由于弹头在体内遇阻力（如穿透骨骼）有时会改变运行方向，所以射创管并不一定呈直线形，曲线甚至折线均可能出现。这对射击角度的判断尤其是仅依据出入口的直线连接时易出现较大的偏差。所以检查、探明射创管的经过极其重要。

射创管借射入、射出口与外界相通，因此射创管内常可检见各种异物，这些异物既有由弹头从外界所带入，如弹头射穿玻璃后再射入人体时带入的碎玻璃碴儿；也有人体内组织破裂后被带入射创管，如弹头击碎骨骼所引起的骨碎片移位；还有弹头本身因各种原因破碎致使碎裂的金属片遗留在射创管中。这些异物成分在射创管中的存在，对分析与鉴定弹头与弹道的特点、弹头对机体的损伤甚至射入口与射出口的甄别均有十分重要的意义和价值。

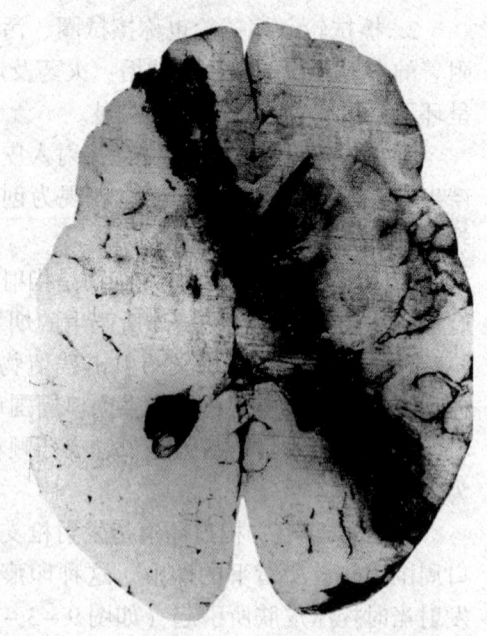

图9-3-3 枪弹在脑组织中形成的创道

（三）射出口

射出口是指弹头穿出皮肤组织所致的创口。和射入口的形成机理有明显的区别：第一，因弹头在体内运行后损耗了能量，其飞行稳定性变差。第二，弹头穿出时会带出人体部分组织，因此射出口直径一般较射入口大，并常伴有创口皮肤的撕裂。此征象多见于头部枪弹的射出口（如图9-3-1所示）。

二、枪弹损伤的形态学种类

所谓枪弹损伤的形态学种类，是指依据弹头射中人体后运行的不同状态及导致的不同的损伤类型而人为加以区分，其目的在于通过对这些不同种类枪弹损伤的认识，更确切地描述弹头致伤机体的机制、方式及弹道学原理，同时也反映出枪弹损伤的多样性、多变性。一般枪弹损伤的形态学种类有贯通、盲管、回旋、屈折、擦过以及反跳六种（如图9-3-4所示）。

1. 贯通枪弹创。贯通枪弹创是指弹头射入组织后，穿越机体最终又穿出体外。因此，其基本特征由射入口、射创管以及射出口三部分构成。贯通枪弹创往往意味着射击距离较近或弹头所具有的动能较大。

2. 盲管枪弹创。盲管枪弹创是指弹头射入人体组织后在体内运行逐渐减缓而最终留于体内。盲管枪弹创由射入口和射创管两部分组成。与贯通枪弹创相比，其发生的机理在于弹头具有的动能已不足以穿出机体。

3. 回旋枪弹创。回旋枪弹创是指弹头射入组织后，由于质地较硬组织（如骨骼）的阻挡致使其改变飞行方向而形成曲线形的射创管，最终弹头未能穿出体外。回旋枪弹创故也仅由射入口和射创管构成，常见于颅脑的枪弹损伤。

4. 屈折枪弹创。屈折枪弹创是指弹头射入组织后如遇硬物阻挡，改变方向后继续沿原运行方向射出机体外。屈折创弹创的形成常反映弹头具有的动能较大，由射入口、折射形的射创管及射出口三部分构成。

5. 擦过创弹创。擦过创弹创指弹头以切线或极小角度掠过体表所形成的开放性条状或沟状的皮肤组织损伤。擦过枪弹创的最主要的特征是无射入、射出口和射创管，或者说三者合为一体，其损伤形态甚至与锐器切割或有棱边的钝器作用极为相似。所以，擦过枪弹创是枪弹创中一种较为特殊的种类。

6. 反跳枪弹创。反跳枪弹创也不是一种典型意义上的枪弹创，它是指弹头在射入人体组织之前因各种因素影响导致其动能极小，故对体表组织只起扑打与挫擦作用，弹头不能射入组织，因此这种类型的损伤有时可能是伤而不是创。需要指出的是，反跳枪弹创仅限定于弹头未进入体内，这与体外弹头反跳后所致的损伤有本质的区别，后者往往能射入体内。

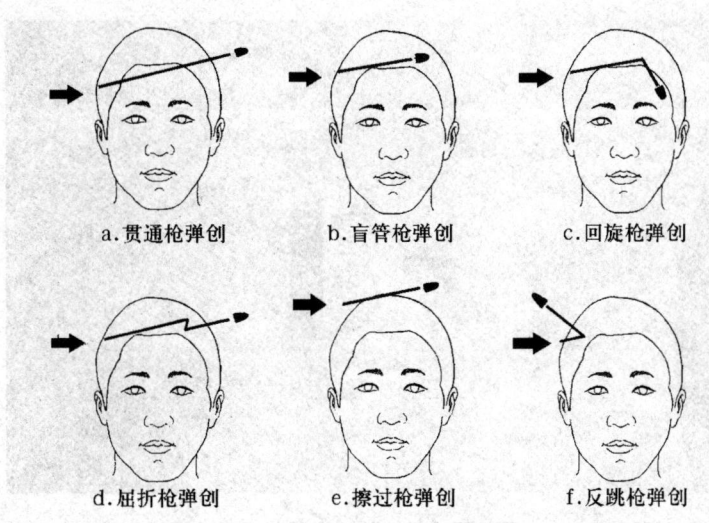

图 9-3-4　枪弹形成不同类型损伤机理示意图

三、非典型枪弹损伤

在法医学实践中，经常可遇到不典型的枪弹损伤，所谓不典型，仅针对典型而言，如射入口没有挫伤轮或不明显而射出口处有较明显的挫伤轮等。因此，正确地识别非典型的枪弹损伤是法医学鉴定的一项重要内容，有时甚至是关键性的。

（一）隐蔽的射入口

尸体上暴露部位及体表一般部位的射入口较易发现，但有时由于某些因素的影响或在某些较特殊的部位，又在不伴有射出口的情况下，射入口易于被忽略或不易被发现。常见的造成隐蔽射入口的原因有：（1）射入口被血痂覆盖。（2）射入口被头发覆盖。（3）射入口位于脐部。（4）射入口位于口腔内。（5）射入口位于鼻腔内。

（二）射入口无挫伤轮

弹头在射入皮肤组织的瞬间对组织的挫压产生了挫伤轮，但在以下情况下，挫伤轮可能不出现或肉眼不易识别：（1）手掌、足底的射入口。由于手掌和足底表皮层或者说角化层较厚、弹头挫压皮肤不易产生皮下出血，或即使产生皮下出血也不易通过表皮反映出来。(2) 高速枪弹所致的射入口。高速枪弹射入皮肤组织时因持续时间极短以及高速弹头穿过的剪切作用，所以挫压皮肤可不明显，从而导致挫伤轮也极不明显。这一征象易发生在皮肤组织较薄，尤其是皮下组织不甚丰满的部位。(3) 腋窝和阴囊处的射入口。腋窝和阴囊处的射入口挫伤轮不明显可能与该部位表皮层及皮下组织极薄，皮下出血不易聚积有关。

（三）射出口处出现挫伤轮

射出口处出现挫伤轮的机理是弹头在穿出皮肤前将皮肤组织向外"顶"出，此时如皮肤外有硬质物体存在，则可因皮肤与物体接触受挤压产生皮肤挫伤（如图9-3-5所示）。由于一般弹头经过体内后速度减缓，因而与穿出处皮肤的作用时间也相对要长些，所以只要符合上述条件，射出口处出现挫伤轮的可能性很大。德国Kijewski和Kampmann实验研究射出口挫伤轮的产生，发现后置物不与皮肤紧贴（最远可达4cm）时，仍可产生射击口挫伤轮的现象。

图9-3-5　腰部因皮带隔垫形成的射出口周围挫伤轮

（四）非典型射入口

非典型射入口是指因弹头射入方式的影响所引起的射入口不典型，包括低角度射击、切线状射击、弹头两次进入等。

1. 低角度射击。当弹头以小于20°角射入人体组织时，常会形成豁口状损伤。这种损伤与钝性物体打击所致的挫裂创，甚至与锐器切割所致的创口相似。这种损伤的本质是射入口、创道、射出口连成一体，其创口的长轴方向即指示弹头的运行方向。

2. 切线状射击。切线状射击是上述低角度中的一种特殊类型，其所产生的损伤也呈长轴形创口，主要的差别在于这种创口通常伴有皮肤明显撕裂，故往往比上述的豁口状创口更长，其撕裂角的方向即指示弹头的运行方向（如图9-3-6所示）。

3. 二次射入创。二次射入创指弹头射入人体组织后穿出再次射入人体组织所产生的创口，如弹头贯通前臂后又射入胸部。由于首次贯通人体组织，弹头已损耗了不少能量，故二次射入创多表现为创口边缘擦拭轮及挫伤轮均不明显，边缘组织呈碎裂状，射击残留物成分也不易检出。

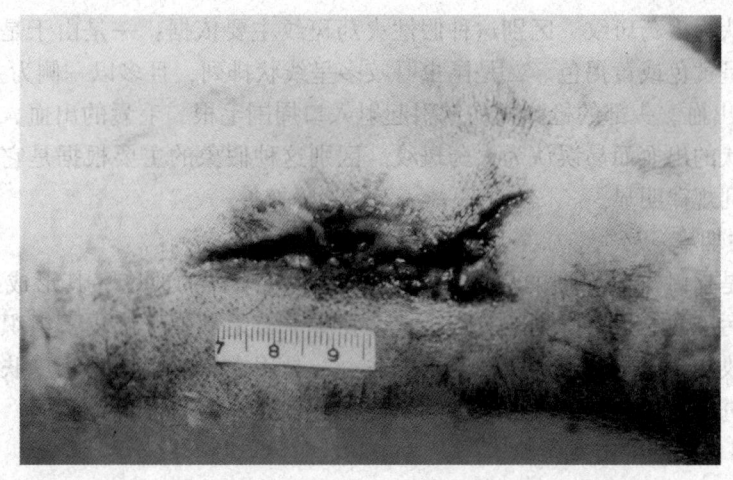

图9-3-6 枪弹以切线方式（左至右）掠过头皮形成的创口

（五）假性火药斑纹

假性火药斑纹是指在射入口周围因各种原因导致的细小、散在分布的皮肤擦伤和皮下出血，与火药斑相类似。常见的引起假性火药斑纹的原因有以下几类：

1. 弹头碎片。由各种原因导致弹头在射入皮肤组织前发生碎裂，其细小的碎裂片可随弹头一起射入，在创口周围形成点片状的表皮剥脱和皮下出血。此碎片斑纹与火药斑纹最大的区别在于大小极不一致，密度和分布也极不均匀。

2. 中间靶物碎片。如果弹头在射入人体组织前先穿过中间靶物，如玻璃、木板、塑料制品等，被击碎的中间靶物可随弹头一起射向人体，在创口周围形成假性火药斑纹（如图9-3-7所示）。这是假性火药斑纹最常见的形成原因。除了大小、密度和分布不均外，鉴别这种假性火药颗粒最好的方法是找到中间靶物的碎片。

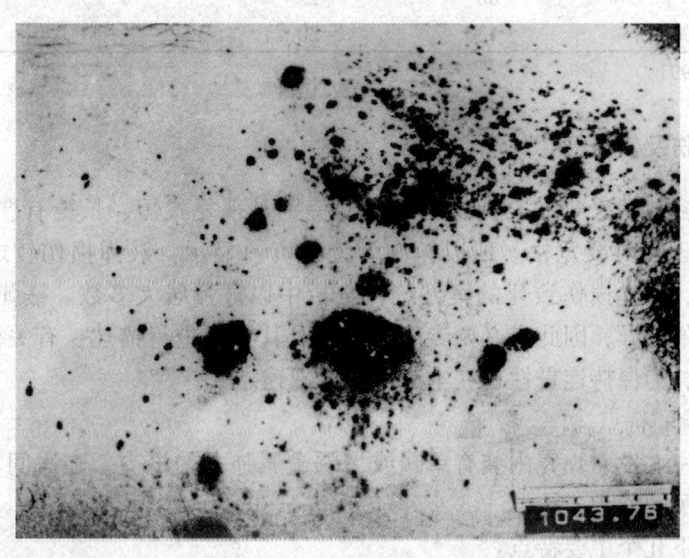

图9-3-7 弹头穿过窗玻璃后在人体上形成的假性火药斑纹

3. 昆虫叮咬。有时枪弹损伤的尸体上有昆虫叮咬所引起的点状损伤，如果发生在创口周围则易被误认为火药斑纹。区别这种假性火药斑纹主要依据：一是由于是死后叮咬，故这种点状损伤呈黄色或黄褐色。二是昆虫叮咬多呈线状排列，且多以一侧为主。

4. 毛根部出血。头部的枪弹损伤常引起射入口周围毛根、毛囊的出血，当头皮被剃除后仅见到小点状的出血而易误认为火药斑纹。区别这种假象的主要根据是它仅仅在毛根部出现，并且排列规律明显。

（六）假性烟晕

假性烟晕是指射入口周围的皮肤组织颜色类似烟晕样的改变，其形成原因主要有两种：一是现场污染的结果，常见的有灰尘、杂物等。二是粘膜下或皮下组织菲薄处出血干燥后使之颜色改变。区别假性烟晕的主要方法：一是用立体显微镜观察皮肤组织表面物质的性状。二是进行金属成分的测定，因烟晕中常含有被气化了的金属成分。

（七）射出口处的射击残留物

一般射击残留物只在射入口处存在，但在某些特殊情况下，如射入口与射出口间隔距离很短、发射火药量大且燃烧效率不高等时，有可能在射击口处检出射击残留物。Lieske (1991) 报道1例在左颞部进入、右颞部穿出的枪弹死亡案中射入口和射出口均检出了射击残留物，之后他用10cm长两头用0.5cm厚塑料板构成的明胶块进行了射击实验，结果如表9-3-1所示。结果表明在较短的间距内，射入口、射出口处均有可能检出射击残留物，但其含量及分布范围有明显的差别。

表9-3-1 射入、射出口处的射击残留物分布

弹号	射距（mm）	射入口残留物直径（mm）		射出口残留物直径（mm）	
		外侧面	内侧面	内侧面	外侧面
1	10	100	20	20	无
2	0	35	50	35	无
3	0	33	40	35	微
4	10	86	25	25	微
5	100	130	20	微	无

（引自 Lieske, 1991）

四、霰弹损伤及其特征

因世界上大多数国家对私人拥有制式武器特别是来复式短、长枪有严格的法律限制，而对霰弹枪的管理相对要宽松。所以，许多统计资料显示：霰弹损伤较之于其他枪弹为多。尤其在我国，枪弹损伤致死的案件统计分析中以霰弹居大多数。霰弹与其他的手枪、长枪弹有较显著的差异，因此有必要专门对损伤及其特征进行描述，有关霰弹损伤的法医学鉴定方面内容，为保持连贯性也在本节中一并叙述。

（一）霰弹枪的特点

霰弹枪是指一次发射弹壳内装有单颗或多颗金属弹丸的枪支。在民间，霰弹枪主要被用于打猎，故在民间称为猎枪。

霰弹枪有以下几个主要特点：

1. 无膛线。这是霰弹枪有别于有来复线枪的主要特征之一。因此，霰弹枪也称为滑膛枪。由于无膛线，霰弹枪发射依每发霰弹的弹丸群散布面来命中目标，所以相对而言，霰弹枪的射击精度较低。

2. 发射速度低。尽管霰弹枪的枪管较长,但其弹丸的飞行速度属低速,即小于750m/s,一般仅350m/s左右,与制式手枪相似。

3. 喉缩作用。喉缩是指在枪管口部一定长度范围内的内径孔直径向枪口方向逐渐缩小的现象。喉缩作用是使霰弹的弹丸流在离开枪口前受到一定的集束,以达到弹丸群散布面较小,增加射击命中精度的目的。根据枪口内径的减小值变化,可将喉缩分为五种(如表9-3-2所示)。喉缩值直接与枪口内径减小值相关,即喉缩值越大,表示集束作用越大,铅丸群的散布面就愈小。国外的标准是:在36m处射击靶体,全喉缩将有70%的弹丸、1/2喉缩将有60%的弹丸、无喉缩将有40%的弹丸分布在直径8cm的范围内。

表9-3-2 喉缩的分类

喉缩类型	全(4/4)喉缩	3/4喉缩	1/2喉缩	1/4喉缩	无喉缩
减小值(mm)	0.9~1.0	0.7~0.8	0.4~0.6	0.2~0.3	0

4. 霰弹枪的口径。霰弹枪的口径以号数来表示,国际上有统一的标准,即以1磅纯铅制作成若干相同的偶数球体,球体的个数即为口径号数,球体的直径即为该号数霰弹枪的枪膛直径。例如,12号(也有示为12#)霰弹枪表示其1磅纯铅制成12个大小一致的球体。

(二)霰弹的特点

霰弹是指弹仓(壳)内装有单颗或多颗铅制弹丸,其弹丸的大小也用号数来表示。霰弹型号国际上基本标准统一,根据霰弹的号数一般能反映一发霰弹内装有多少颗弹丸,表9-3-3系目前国际上使用的制式霰弹的型号、直径、射程以及弹丸数量。需要指出的是,一般民间常用的霰弹为5~9号,其大号霰弹常用于运动比赛。国际标准一发霰弹内装约42g弹丸,而国内为32g。因此,同样型号的霰弹,弹丸数量并不相同,必须以生产厂家的资料为准。有人将3号以上的霰弹丸称为大号霰弹,4~7号的霰弹称为鸟弹,8号以下的霰弹称为尘弹。

(三)霰弹损伤及其特征

霰弹损伤除具有一般枪弹损伤的基本特征外,尚具有以下几个特点:

1. 由于霰弹枪管内无膛线,霰弹发射后的弹丸飞行方式不呈旋转形式,其射入口处擦拭轮特征不明显。

2. 霰弹丸均为铅制,无披甲,因此较易变形。霰弹丸发射后呈散射状,故射入人体后其动能极易消失,所以弹丸直径3.5mm以下的霰弹创一般以盲管创多见。

3. 任何大号铅弹(直径在3.7mm以上的)均可看成一颗低速来复枪弹,在135m以内射击可致人体严重损伤。例如,00号霰弹丸发射速度>300m/s时,其每颗弹丸的损伤作用与0.22口径来复式枪弹相似。

4. 鸟弹(直径2.5~3.7mm)的损伤程度与射距和枪管的长度有关。Ordog和Sherman将其分为四种类型(如表9-3-4所示)。

5. 弹丸直径在3.7mm以下的霰弹创口形态特征与射击距离有较大的相关性,这本身与霰弹发射后呈集束散射的方式有关(如图9-3-8所示)。霰弹创与射击距离的主要关系可简述为:(1)射距<2m,霰弹发射后几乎所有成分均可进入创口,一般人体上仅一处创口。(2)射距为3~6m时,霰弹部分成分进入创口,创口形态一般有一主创口,周围5~12cm范围散在的单个弹丸所形成的小创口(如图9-3-9所示)。(3)射距>6m时,除弹丸外,霰弹成分一般不进入创口,而且人体上仅留有散在的单个弹丸所形成的小创口。(4) 射距 >10m 时,仅单个弹丸在较大范围内形成小创口,许多弹丸仅留于皮下组织内。(5) 射距 2~100m 时,创口与弹丸分布面积的关系几乎以射击距离每增加 1m,弹丸分布直径增加 2.54cm 的比例递增。

表9-3-3 霰弹的分类特征

型号	直径(mm)	最大射程(m)	28g 弹丸数
12 号圆球	16.5	1278	0.75
16 号圆球	14.9	1206	1.0
20 号圆球	13.8	1080	1.25
00 大号	8.6	673	8
0 大号	8.1	633	9
1 大号	7.62	594	-
1 号	4.1	316	11
2 号	3.8	297	90
3 号	3.5	277	-
4 号	3.3	257	135
5 号	3.0	237	170
6 号	2.8	217	225
7.5 号	2.2	188	350
8 号	2.2	178	410
9 号	2.0	158	585
12 号	1.2	99	2385

(引自 Ordog 等,1988)

表9-3-4 鸟弹损伤分类

类型	射距长管	锯短	损伤形式	致命性
0	>12m	>4m	仅穿透皮肤	0%
Ⅰ	>12m	>4m	仅穿透皮下组织	0%~5%
Ⅱ	5~12m	2~4m	能穿透深部组织	15%~20%
Ⅲ	<5m	0~2m	严重内部损伤	85%~90%

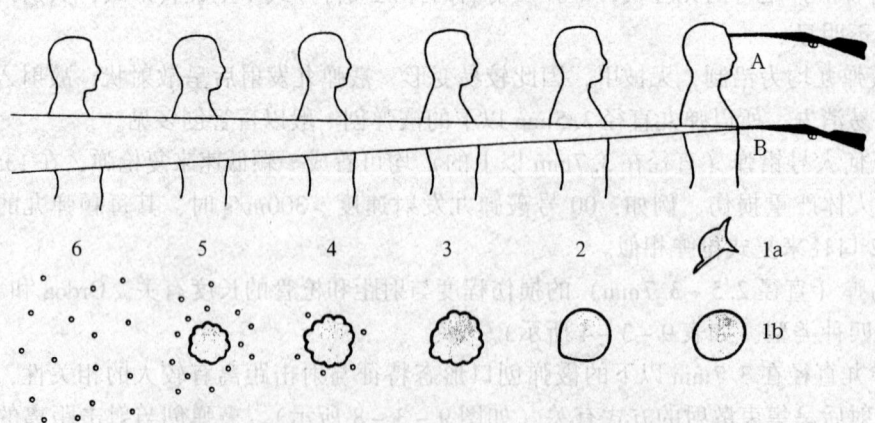

1 (a) 有骨骼衬垫的接触射击 1 (b) 一般接触射击
2. <30cm 3. 30~100cm 4. >100cm 5. <10m 6. >10m

图9-3-8 霰弹创口形态与射击距离关系示意图

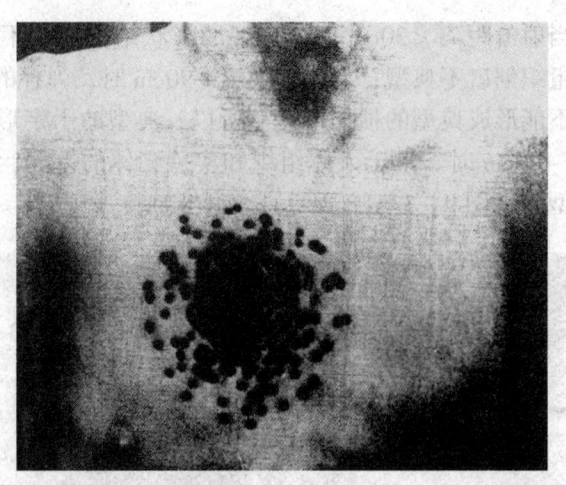

图 9-3-9 霰弹在射距 4.5m 时胸部射入口形态

(四) 弹杯损伤及其特征

弹杯又称送弹器或弹托，系塑料制成的杯状结构，位于霰弹壳内火药上层，底部起药塞作用，上部似花瓣状，内装填弹丸（如图 9-3-10 所示）。弹杯的作用：一是固定弹丸，减小弹丸发射时与枪膛接触所引起的变形。二是提高霰弹散布的密集度。一般弹杯有四瓣、三瓣和无瓣三种类型。发射后弹杯与弹丸一同射向靶体，受空气阻力的影响，弹杯前部的瓣状结构会打开呈真正的花瓣状，在一定的距离内，花瓣打开不完全时，弹杯能直接进入皮肤形成皮肤组织的有特征形态的挫创。

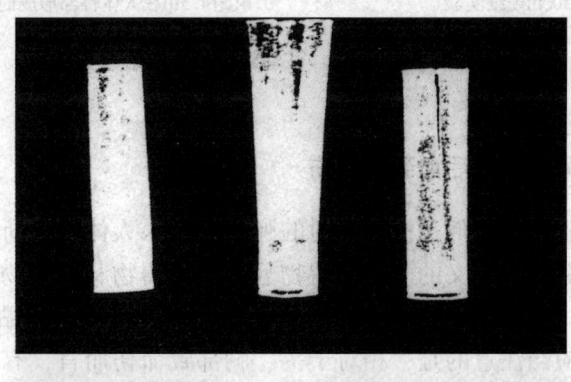

图 9-3-10 霰弹三瓣弹杯（上）和四瓣弹杯（下）形态

实验研究表明，当射击距离<30cm时，弹杯的瓣状结构尚来不及打开或打开尚不充分，因此形成的皮肤组织创口不典型；当射击距离>90cm时，弹杯的瓣状结构因空气阻力而发生折转，此时也不能形成典型的损伤形态。所以，典型的十字形或入字形弹杯损伤多发生于射击距离在30~90cm时。由于人体组织和实验靶体的差异，在实践中弹杯形成的人体组织损伤多不典型（如图9-3-11所示）。

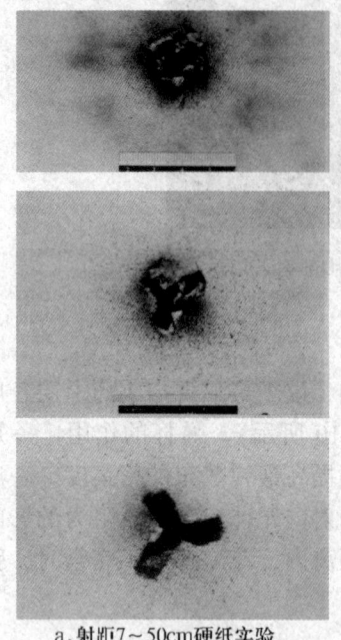
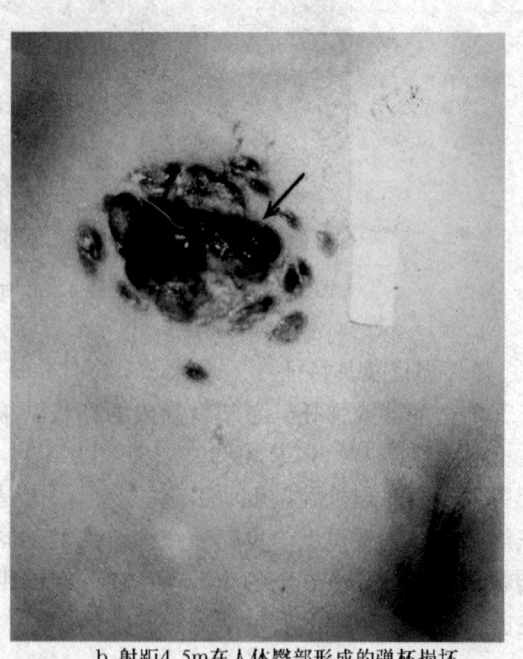

a. 射距7~50cm硬纸实验　　　b. 射距4.5m在人体臀部形成的弹杯损坏

图9-3-11　霰弹弹杯损伤形态

五、弹头穿过中间障碍物后所致的损伤

中间障碍物广义上是指任何从枪口发射的弹头在进入人体之前所穿过的物体。以不改变飞行方向而有别于跳弹。狭义的中间障碍物分中间障碍物和前置物两种，前者是指此障碍物与射入口之间有一定的空间距离，后者是则指与射入口基本相贴。常见的中间障碍物如窗、门、树枝等，应当注意的是，相对于头、胸部致命伤而言，有时手臂等肢体也可被认为中间障碍物。

（一）致伤机理

弹头穿过中间障碍物后致人体损伤的机理有以下四种形式（如图9-3-12所示）：

1. 弹头未变形。弹头穿过中间障碍物后无明显的形态学及弹道学方面的改变，此种弹头损伤与弹头未穿过中间障碍物时所致损伤相似。此类情况多发生于弹头动能较大，或中间障碍物硬度或厚度均较小时。

2. 弹头变形。弹头穿过较为坚硬的中间障碍物后往往容易发生形态学改变，尤其无披甲的弹头即使是穿过较为柔软的物体如木质、衣着等时也可能发生较明显的变形。变形的弹头一般表现为头部膨大，弹道学上则表现为因弹头重心改变，其飞行方式发生变化呈摇摆状，此时形成的射入口既较大又不规则。

3. 继发性弹头。弹头在穿过中间障碍物时，同时将碎裂的中间障碍物体，如玻璃、金属片、木质片等一起射入人体。因此，这些碎裂的中间障碍物碎块成为继发性的弹头对人体造成损伤。继发性弹头一般发生在中间障碍物与人体相距较近时，且与弹头本身是否变形无关。继发性弹头一般不形成创口或形成浅表创口。

4. 多弹头。多弹头是指弹头穿过中间障碍物后发生碎裂，导致披甲与弹心分离所形成。此时披甲可有一个或多个，具有与弹心相似或略小的动能。多弹头一般发生于中间障碍物很坚硬（如金属等）时。

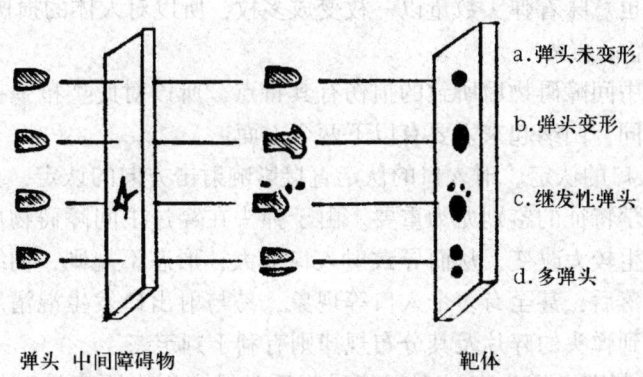

图 9-3-12 弹头穿过中间障碍物后变形损伤示意图

（二）损伤特征

根据前述的机理，弹头穿过中间障碍物后因弹头运行的能量消耗，多数已不易形成人体贯通性损伤，所以人体的损伤特征主要表现在射入口上，其基本特点有：

1. 射入口创形态不规则。这是由于弹头穿过中间障碍物后不同程度有所变形和飞行状态改变（如发生摇摆等），致使皮肤组织缺损面积大，创边粗糙，挫伤轮较宽且不典型（如图 9-3-13 所示）。

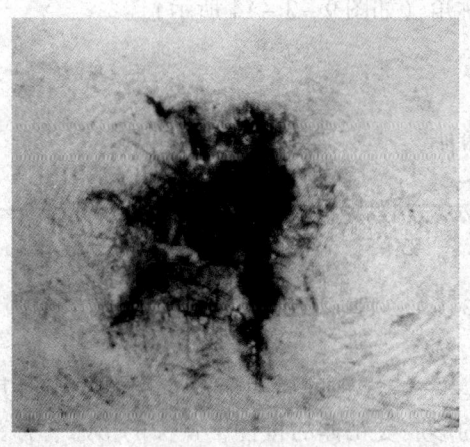 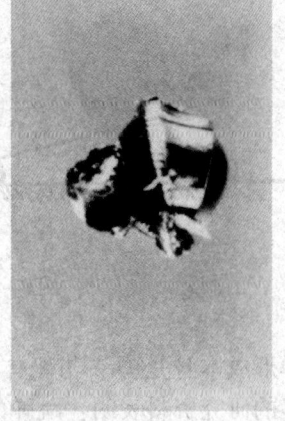

图 9-3-13 弹头穿过中间障碍物后形成的创口（左）和变形的弹头（右）

2. 创周假性火药斑纹。有时多、细而较密集的继发性弹头可造成射入口周围类似火药斑纹的征象,但仔细观察,这种假性火药斑纹有大小不等、分布不均的特点,有时甚至可找到中间障碍物属性的碎片。

3. 多个射入口。弹头披甲碎裂、脱落的结果常会形成两个或更多的射入口创。这些创口往往只有弹心射入处的较为规则,而披甲所致的创口多不典型。有时弹头和/或披甲弹裂严重,也可形成假性火药斑纹。

4. 损伤严重。弹头在穿过中间障碍物后所导致的变形,一方面因弹头重心发生改变而致使其飞行方式发生改变,摇摆偏航的弹头与人体接触后因能量传递面增加而致伤性大;另一方面,多弹头也意味着弹头数量以一枚变成多枚,所以对人体的损伤更为严重。

(三)法医学鉴定意义

由于弹头穿过中间障碍物后所致的损伤有其特点,所以对此类枪弹损伤的鉴定就与一般枪弹损伤有所不同,归纳起来主要有以下两个方面:

1. 不典型射入口的认定。射入口的认定直接影响射击方向的认定,在失去理化检验条件时,射入口形态学特征的鉴别尤为重要。由于弹头在穿过中间障碍物后其飞行特点、结构形态等均可能发生较大改变,从而导致射入口变大,形态不规则,创缘有撕裂,尤其在弹头披甲破裂、脱落后,甚至有多个入口等现象,易与射出口发生混淆。此时应特别注意检查创道,如能找到弹头的碎片及其分布规律则有利于判定。

2. 射击距离的判别。弹头穿过中间障碍物后常导致射击距离推断的困难,主要表现为:一是因中间障碍物物体的碎片及弹头披甲的碎片造成假性火药斑纹,因而导致识别不当将远距离射击判断为近距离射击。二是因中间障碍物的阻隔,使射入口扩大变形,如遇弹头披甲碎裂后弹心仍穿透人体(长枪发射多见)时,易将射入口与射出口混淆。

六、跳弹损伤

(一)跳弹形成及其影响因素

弹头或投射物在飞行过程中以某一角度碰撞物体后又以一定角度反跳飞行所形成的称为跳弹。其前一角度,即弹头与靶物水平线之间的夹角,称射入角;后一角度,即弹头离开靶物时与水平线之间的夹角,称反跳角(如图9-3-14所示)。

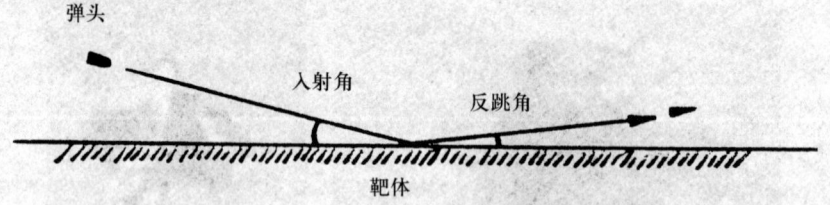

图9-3-14 跳弹形成示意图

虽然跳弹形成本身是弹头与靶体呈一特定角度碰撞所产生的结果,但其过程极为复杂。国外较多的研究资料表明:跳弹的形成受靶体的特性、弹头的形态、弹头飞行速度以及弹头射入角等多种因素的影响。

1. 靶体的特性。从理论上说,只要弹头不直接嵌入或射透靶体,均有可能产生跳弹。而实际上,质地柔软的靶体(如水、木质、泥土)较之质地坚硬的靶体(如水泥、金属、砖石等），因靶体吸收能量多或易嵌入或穿透而不易形成跳弹。然而，与靶体松软程度相比，射入角对于跳弹的形成可能更重要。研究结果表明：泥土和水面产生跳弹的临界射入角是小于7°（如果增加角度则不易形成弹头反跳）；沙土的临界射入角是20°；而钢、水泥面的临界射入角可达30°~60°。

2. 弹头的性状。在其他条件相同时，圆鼻形弹头比扁平鼻形弹头更易产生反跳；有金属披甲的弹头比纯铅或铅合金无披甲弹头容易发生反跳。其差异产生的原因分析可能与弹头碰撞物体后接触面的大小及其弹头变形后能量丧失的大小有关。在其他条件相同时，一般枪弹速度较小更易产生跳弹。有人在光滑的水泥面上实验研究气步枪铅弹的反跳，其结果发现，在碰撞速度为97.5~165m/s范围内，低角度射击时，速度快的弹头不易形成反跳。

3. 入射角。前已述及，入射角是影响反跳形成最重要的因素。入射角的大小与反跳角的大小直接相关。一般入射角大于反跳角，这是由于弹头碰撞在靶体表面后能量丧失的结果。据实验研究：当入射角在10°左右时，弹头能量丧失10%~20%；当入射角在45°左右时，弹头能量丧失可达70%。因此，入射角越大弹头与物体接触面也越大，弹头变形及能量丧失也越大，此时反跳角也可能增大，但弹头极易碎裂。

（二）跳弹损伤

虽然弹头在反跳后部分能量丧失（一般约20%），但仍有足够的能量射入人体甚至致命。Hatcher等曾报道1例由7.65mm口径的来复枪射出的弹头撞击在石墙上，反跳后飞行1200m，穿透一住户的窗玻璃，最后仍射入了人体腹部。反跳后的弹头极易变形。圆形的弹头与平面靶体以一定角度碰擦后，往往在其接触面留下扁平的特征。当碰撞力量大时，弹头易破裂毁损。变形或毁损的弹头能通过增加接触面积而传递更多的能量，所以跳弹射入人体后可引起较严重的损伤。

跳弹损伤的形态学特征根据靶体的性质、弹头飞行速度、弹头变形的程度等而有所不同，但其基本的致伤机制与弹头穿过中间障碍物后变形与偏航所致的损伤相似，一般包括以下几点：

1. 跳弹射入创一般呈椭圆形或锁孔状。前者是由于弹头反跳后摇摆飞行所致，后者则是因弹头反跳后易呈切线方向接触人体而形成。

2. 跳弹射入口一般大于非跳弹射入口，而且形态不规则（如图9-3-15所示）。由于反弹和进入人体两次能量损耗，故跳弹弹头通常易形成盲管创。

3. 如果反跳处距人体很近，有时靶物（如水泥、砖石等）受弹头碰撞后形成的碎块，甚至弹头本身的碎片溅起在射入口周围形成假性火药斑纹，因而易被误认为近距离射击。

4. 一般弹头在其反跳处均会留下不同程度的痕迹。最典型的弹头反跳处特征是金属物质的附着和半圆凿（火山口）样弹着痕，在软金属和木板墙上，弹着痕多呈伸长的半圆（弧）形，而在沙土上弹着痕并不规则。

上述介绍的只是跳弹形成与跳弹损伤的一般规律，在实际工作中，受各种条件的影响，跳弹形成和损伤特征并不完全符合这种规律。一般来说，入射角要大于反跳角，这仅仅是在理想的半面条件下得到的结果。如果弹着点表面凹凸不平，那么，反跳角很可能受其影响而增加或减小。另外，以人体弹着点推算反跳角时，也要考虑人体体位变动的影响。所以，在分析跳弹损伤时，应全面考虑多种因素的影响，特别是结合现场情况，不宜简单根据一般规律或实验结果作出判断。

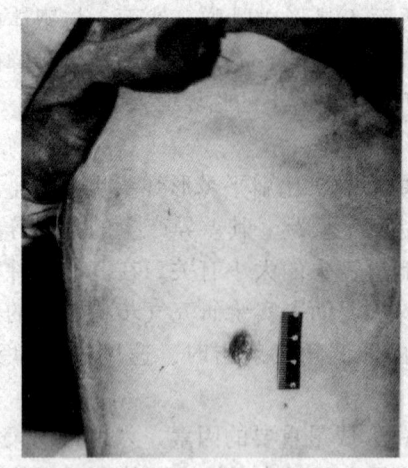

图9-3-15 五四式手枪弹在水泥地面反跳后射入人体的射入口（左）以及变形的弹头（右）

（三）几种特殊的跳弹

所谓特殊的跳弹，是指在实践中极少发生但可能存在的情况，而且学术界并未对此完全取得共识。

1. 双跳弹痕。一枚弹头（丸）一般形成跳弹时仅一个弹着点（痕），但在某种特殊情况下可发生双跳弹痕，即弹头在靶体上有两个弹着痕。对这一现象文献报道极少，一些专著中也未提及。德国 Sellier（1987）对此曾做专题研究，他用8种手枪以不同角度在 2mm 厚的铅板上作跳弹模型实验，结果发现：当弹头在形成跳弹前已有所变形（如穿过 5～10cm 厚塑料板的中间障碍物）致使弹头飞行呈偏航摇摆状态时，如果射入角≤5°，那么有可能形成双跳弹痕。Sellier 的实验结果提示跳弹痕的最长相隔不超过 15cm。双跳弹痕的产生机理尚未完全明了，分析与低入射角度和弹头在反跳之前因各种因素已发生变形因而使之飞行状态改变有关。双跳弹痕的法医学意义在于借此推断弹头在反跳前的状态以及与弹头反跳数量有关的问题。

2. 弹头"原位"反跳。国外曾有这么一个案例：一个中年妇女用 8.8mm 口径转轮手枪于右颞部接触射击自杀。现场勘查、尸体检验、理化检验及枪弹检验均符合自杀者由右颞部自己开了一枪，弹头无披甲，铅制，经头皮、右颞肌、右颞骨、右颞叶、基底节、左颞叶、左顶叶直至左顶骨。左顶骨呈非穿透性圆形凹陷骨折伴部分外板斜面。但奇怪的是，在尸体倒卧位置附近发现了变形、呈蘑菇状、无披甲的弹头。最后认定此弹头系自杀者射击后由入口（右颞）至左顶骨"反弹"经由原创道自入口处"反跳"出来形成。这是1例各方面均得到了确证的案例，由于入口创仅 2.5cm 直径，故弹头能经过近 20cm 长的创道与颅骨撞击后仍几乎呈直线状"原位"反弹（跳）出来，用一般的跳弹理论难以解释。

七、带消音器枪弹损伤

消音器指消除或减弱声音的装置，消音武器则是指将这种装置安装在能发射弹头的武器上。国际上多数国家虽然未对消音武器有专门立法，但多数持限制或禁止的态度。国内外均有使用消音武器杀人的报道。

(一) 消音原理及其消音器

1. 射击时声音的产生来源。射击时声音的产生按其产生时间顺序有以下五种途径：(1) 撞锤或撞针的作用，是指撞锤或撞针触击子弹壳底部所发生的声音。(2) 火药爆炸，是指弹仓内火药受击发引燃后爆炸所产生的声音。(3) 前驱波，是指火药爆炸后弹仓内所产生高压气体向前推进时产生的声音。(4) 弹头射出，是指弹头脱离弹壳时所产生的声音。(5) 推进波，是指高压气体推动弹头在离开枪口瞬间所产生的爆炸声音。实验研究证实，这五种形式中，声音强度最大的是第五种。

2. 消音的原理及其途径。鉴于射击时声音的主要来源是高压气体，目前绝大多数消音器原理是针对于此，其主要途径有三：(1) 减缓气体离开枪管的速度。(2) 限制气体的急骤扩散。(3) 冷却气体，减小气体离散的体积和压力。根据这三种消音的途径，消音器的基本结构设计为：一是配置口径大于枪管或长度大于枪管的气体扩散室以达到减缓气体离开枪管的速度的目的。二是配置一层或多层的气体缓冲板使之限制气体的急骤扩散。三是通过内衬某些纤维性物质来增加气体的吸收面积或增强吸收气体的能力。需要指出的是，尽管消音装置通过上述途径很大程度地消减了射击时声音的强度，但无法绝对地消除声音，这除了与消音装置本身不够完善有关外，还与声音产生的多种来源不能一一消除有关。

3. 消音器的类型。除了某些军队特殊使用外，一般消音装置多适用于手枪。根据消音器加工制作的技术不断改进与完善，生产与加工消音器的种类较多，国际上根据工艺常分为Ⅰ~Ⅳ型。但比较常用的是可装卸的套筒式（Ⅱ型）（如图9-3-16所示），将手枪枪管口加工成与消音装置相适配的口径，并以螺纹旋转式固定，一般多用于小口径手枪。

图9-3-16 常见带消音装置的手枪

(二) 消音器对射击弹道学的影响

由于消音装置主要是对枪管内的高压气体产生影响，而高压气体则对弹头的发射运行至关重要，故消音器除了减弱发射声音外，对弹道学也有程度不同的影响。

1. 消音效应。消音器的消音效应依消音器种类及枪支种类而有所差异。目前的消音器平均减弱声音约20分贝（dB），表9-3-5显示四种不同类型消音器平均减弱声音的结果。据Wissliwetz（1991）报道，Beretta手枪、Liama手枪和冲锋枪消音效果分别为25dB、26dB和17dB。

表9-3-5 四种消音器的消音效果

类型	平均消音值（dB）
Ⅰ	3.10
Ⅱ	13.9
Ⅲ	25.9
Ⅳ	32.4

2. 弹头速度和能量效应。不难理解，消音器通过扩大气体接触和冷却面、增加气体吸收以及增加气体运行长度等途径达到消音的同时，也减弱了高压气体对弹头的推进作用，进而降低了弹头的能量。表9-3-6反映三种不同口径和种类的枪支配置同一种消音器（Ⅰ型）后影响速度与能量的情况。从表中可看到，配备消音装置后导致弹头速度和能量减小，最大值接近20%。

表9-3-6 有无消音器对子弹速度与能量的影响

	有无消音器	Liama手枪 7.65mm	Beretta手枪 7.65mm	Beretta MP 9mm
速度（m/s）	无	245	289	365
	有	208	264	351
能量（J）	无	180	195	536
	有	151	163	492

（引自Wissliwetz，1991）

（三）带消音器枪弹的损伤特征

与无消音器相比，带消音器枪弹的损伤在接触射击时具有挫伤轮不明显，无皮下烟晕浸蚀现象以及一般没有皮肤撕裂的特征，同时枪口印痕明显大于枪管内径。在头部常仅发生洞状骨折而少伴有放射状骨折线。在近距离射击时，则表现为烟晕和火药斑纹集中、边缘界线清楚或无明显的火药斑纹（如图9-3-17所示）。

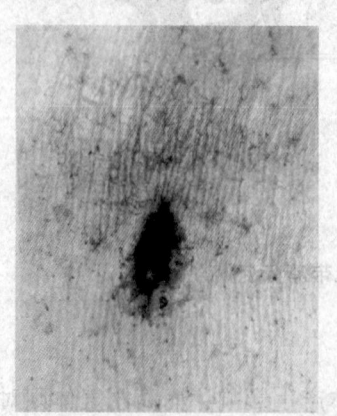
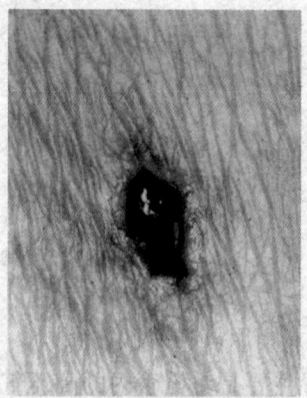

图9-3-17 射击距离25cm时无消音器（左）和有消音器（右）形成的创口

八、其他特殊枪弹损伤

(一) 橡胶弹损伤

橡胶弹作为政府用于防暴、防骚乱始于 1970 年的北爱尔兰，后在南非等国被多次使用，故橡胶弹也称防暴弹。1980 年后在民间开始私人使用，主要用于自卫。理论上防暴弹只引起人体的疼痛而不会造成严重损伤，但近年来陆续有不少报道，在一定条件下，橡胶弹同样能导致人体严重损伤甚至死亡。

1. 橡胶弹的性状。由于制造厂家不同，橡胶的结构有所差别。例如，英国使用的橡胶弹其基本成分为橡胶，长 15cm、直径 3.5cm，重达 135~140g，弹头速度 73m/s。而意大利生产的橡胶弹由半透明的塑料壳及金属底构成，内装有 15 颗直径 8.4~8.5mm，重 14.5~15.9g 的橡胶弹头，这些弹头坚硬、弹性小，X 线下可显示类金属密度的阴影。弹头发射时速度可达 302m/s，总能量 694.7J，单个弹头能量 46.3J（如图 9-3-18 所示）。

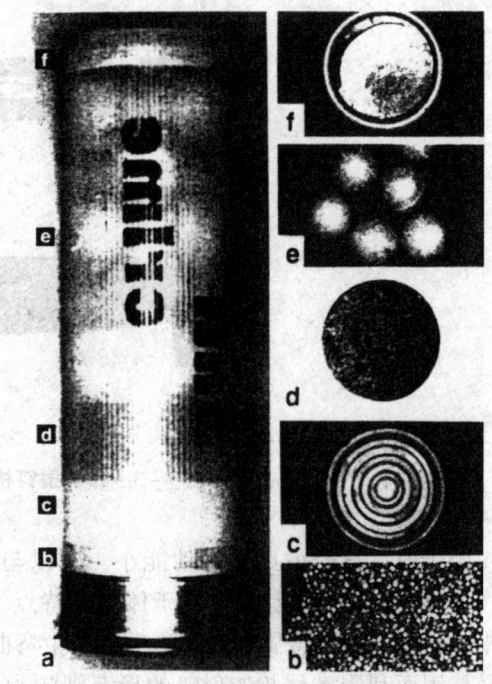

a. 概貌　b. 发射火药　c. 塑料塞
d. 毡塞　e. 橡胶弹丸　f. 覆盖盘

图 9-3-18　意大利产 Fiocchi 橡胶弹结构示意图

2. 橡胶弹损伤。Missliwetz 和 Lindermann (1991) 曾报道 4 例 Fiocchi 橡胶弹致伤人体，其中 2 例在 5m 左右处射击，部分橡胶弹头穿透皮夹克并在皮肤上留下明显的挫伤，有 2 颗弹头则进入胸腔。1 例在 1.5m 处射击，弹头穿过皮夹克和 7cm 厚的皮下脂肪层。他们为此专门进行了实验研究，以 20mm 厚木板作靶物，在 1~1.5m 处射击时，所有弹头均能穿透；在 2m 处射击时，有 3/5 的弹头能穿透；在 3m 处射击时则无一弹头能穿透。尸体实验发现：在 1m 处射击可致皮肤 4~5cm 缺损；在 4m 处射击，有 2/3 的弹头可穿透 4.2cm 厚的腹壁进入腹腔。故他们认为，在 4~5m 以内橡胶弹如击中人体重要器官则完全有可能致死。另外，也有人用尸体做实验，结果表明：在 10m 处射击，弹头能穿透皮肤及皮下脂肪 2cm，或穿透 0.5cm 的皮下脂肪和 0.5cm 的木板。橡胶弹引起的损伤没有特异性征象，射入口处的擦拭轮、挫伤轮、火药斑纹等特征较典型的枪弹创弱而不明显。

(二) 射钉枪损伤

射钉枪也称螺栓枪，水泥钉枪。首次使用于 20 世纪 50 年代，它是一种经改装的火药驱动的工具，投射物系金属，呈钉形。经火药发射后驱使钉子进入硬质物体（如钢板、水泥墙等），主要用于建筑行业。射钉枪外形上类似目前广泛使用的冲击钻（如图 9-3-19 所示），但实际上内部装置及发射原理更像手枪。一般用 5.38mm 到 8.8mm 口径弹药壳，扳机式触发，其火药击发后可达 22N 以上的压力以驱动钉、栓或钢针射出。据实验研究，以 9.53mm 直径、22.7g 弹丸为投射物，最大可达 393m/s 的速度。按照美国国家标准化研究的有关职业安全标准，超过 150m/s 的射钉枪，使用时应有严格的防护措施。射钉枪所引起的损伤在国内外均有不少报道。其损伤性质绝大多数属意外，偶可见之于自杀和他杀。

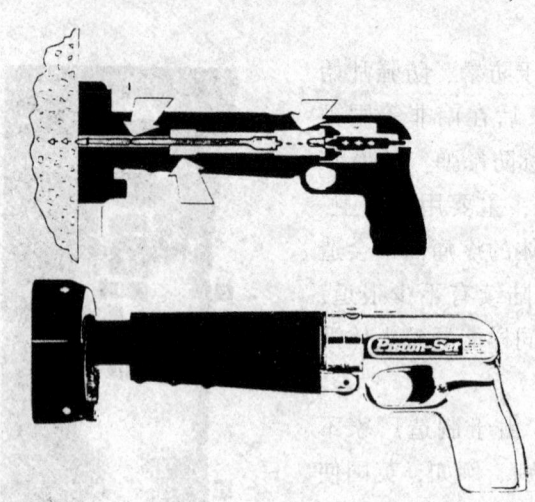

图 9-3-19　射钉枪及其发射机理示意图

由于射钉直径小且发射动能小，所以与枪弹损伤相比，射钉所致的损伤具有入口极小、不易被识别和射钉易存在于体内的特点。X 线检查是检验射钉枪损伤的主要手段。需要指出的是，由于金属射钉反弹后易发生弯曲，而反弹对损伤性质的分析具有十分重要的意义，因而利用 X 线检查射钉的形态则颇为重要，常常需要进行至少两种位置下的摄片，以避免一种角度易产生的视觉偏差。

（三）钢笔枪损伤

钢笔枪通常被用做发射有毒气体、催泪气体或信号弹。钢笔枪的基本构造是一圆柱体金属管及其尾部的弹簧击发装置，其整个外形类似钢笔（如图 9-3-20 所示）。钢笔枪多数属滑膛枪，有的也有来复式管。根据设计枪管的不同，钢笔枪可发射手枪、转轮手枪以及来复式长枪直径（口径）11.25mm 以下的弹，但多数发射小口径枪弹。

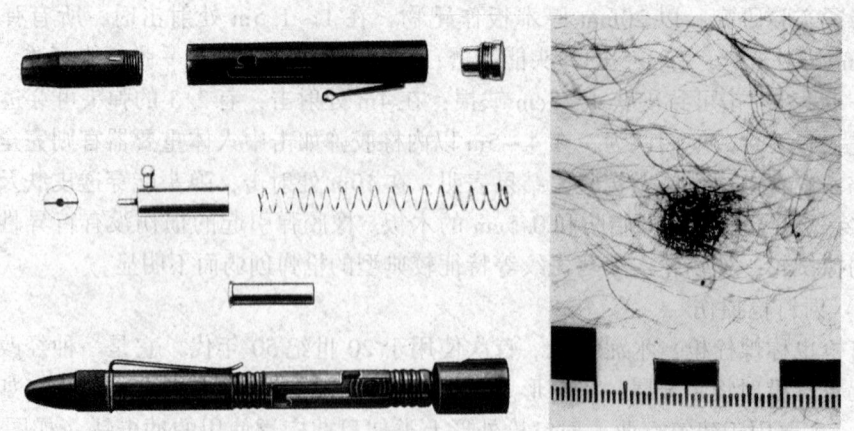

图 9-3-20　笔式枪的基本构造（左）和人体胸部射入口（右）

与一般常用手枪相比，钢笔枪具有枪管短，枪管内无来复线以及枪弹固定较松等特点，其弹头弹道学有一定的特殊性。据研究提示，由钢笔枪发射 5.38mm 至 10.62mm 口径的枪弹，有效射程约 15m，而且弹头飞行极不稳定；弹头离开枪口时速度为 90~290m/s，仅为一般手枪的 1/2 或 1/3；在 20% 明胶中的穿透深度，近距离射击时一般超过 18cm，最大达到 26cm。

由于钢笔枪的发射速度小，所产生的弹头能量小，故其致命性一般只在极近距离射击时才易产生。据文献报道，即使是接触射击时，钢笔枪发射的弹头也极少贯穿人体。钢笔枪导致的射入口除擦拭轮不甚明显外，挫伤轮、火药斑纹等征象均可见到，但程度与常见手枪相比要弱（如图 9-3-20 所示）。

（四）空包弹损伤

空包弹是指未装填任何投射物的枪弹，这种枪弹只有弹壳，内有火药及/或装有为防止火药外漏的软性填充物（如纸片、海绵等）。空包弹在民间多用于舞台、电影中增加射击的逼真感，在机械加工和研究部门则用于弹药性能研究。据文献记载，早年的空包弹损伤发生于 19 世纪英国的剧院内，舞台上加农大口径枪炮射出的纸片将距离较近的楼上坐的观众致伤，有一人甚至失去了半个手掌。

空包弹致人损伤机理有两种：一是在接触或十分贴近的射距下，枪口冲出的高压气体直接冲击人体（可能还包括高温作用）。二是急速的填充物直接作用，尽管这种填充物软且轻，但在高压高速和短距内则具备了足够的能量致伤人体。除射击距离外，空包弹致伤人体的程度还与火药的性能、数量，填充物的数量，填充物与火药的紧密程度等因素有关。

在法医学实践中，空包弹致伤文献报道不多，我国张恩立（1996）报道了 1 例无投射物土枪（装有黑火药约 100g）极近距离射击致人死亡。尸检显示：创口直径 2cm，创缘呈锯齿状并有 0.5cm 宽的挫伤轮，创道经胸壁、第 2、3 肋骨（致骨折）、左肺（上叶破裂）、纵隔（升主动脉、气管断裂）以及第 5 胸椎（致骨折）（如图 9-3-21 所示）。后经动物实验证实：在一定射距内，火药爆炸燃烧本身所产生的气体能量冲击完全可造成严重的损伤效应甚至死亡。

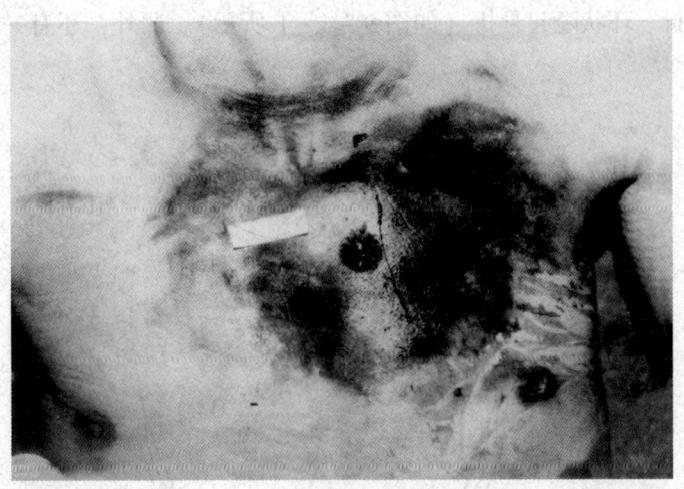

图 9-3-21　装填 100g 黑火药自制霰弹枪接触射击所致胸部射入口

（五）气枪弹损伤

气枪是指利用压缩气体发射弹丸的装置，它是依靠空气泵压缩而非火药的燃烧推动弹丸，故严格意义上说，气枪弹不属于枪弹。气枪弹有两种形态，一是轴承滚珠，二是弹丸，成分有铅、钢、黄铜、青铜等。气枪最早出现在16世纪的德国，之后奥地利曾用此武装军队抗击拿破仑。但在现代社会，气枪一般仅仅作为儿童玩具，也有人用来作为猎鸟的工具。气枪弹的类型主要有4.4mm、5.38mm和5mm三种口径。气枪的弹丸发射速度在120m/s左右，与小口径手枪相似。DiMaio等（1982）实验结果表明：4.4mm气枪弹穿透皮肤的速度须>99m/s，5.38mm口径须>74m/s，而穿透骨骼的速度则须>105m/s。所以在近距离射击时，气枪弹同样会导致人体的损伤，涉及重要生命器官时会导致死亡。美国1980年气枪销售达300万支，导致近年来每年约有3万余人受伤，其中80%为5~14岁的儿童，据5年资料的统计，共有数十人因此而死亡，其中以射穿胸壁造成心脏或大血管损伤者居多，小部分系颅脑损伤死亡。在我国，涉及气枪弹损伤的多系猎鸟误伤所致，也有死亡的个案报道。因发射机制及弹头的差异，气枪弹所致的损伤与其他枪弹相比特征不甚明显，也无射击残留物的存在，一般来说，气枪弹多仅致盲管创。X线探查或手术、解剖找到弹丸是分析鉴定气枪弹损伤的主要依据。

第四节 颅骨枪弹损伤

当因各种因素致使人体软组织丧失，无法作为识别枪弹损伤的依据时，准确识别与了解颅骨的枪弹损伤特征对推断射击方向、射击顺序以及枪弹的口径大小等均具有重要的，有时甚至是唯一的价值。

一、颅骨枪弹损伤的类型及其形成机制

颅骨枪弹损伤的主要形式是颅骨骨折。枪弹所致的颅骨骨折有三种基本类型，即洞状骨折、放射状骨折、环状隆起骨折（如图9-4-1所示）。此外，还有一种特殊类型，即锁孔状骨折。

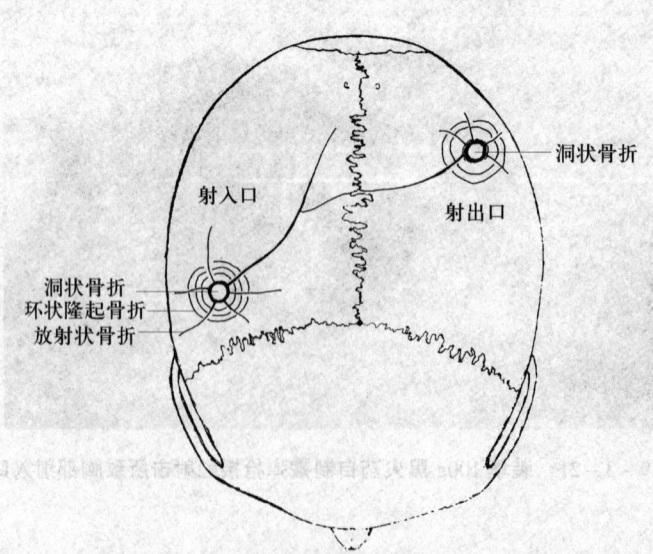

图9-4-1 颅骨枪弹损伤基本类型示意图

(一) 洞状骨折

颅骨的洞状骨折是由楔形骨块和骨裂块脱落所组成的缺损型骨折,是枪弹射入或射出颅骨所产生的损伤类型。由于枪弹形成洞状骨折时常伴有不同程度的内板或外板缺损斜面的发生,因此也有将洞状骨折称为带斜面的射入口(或射出口)。洞状骨折是弹头直接打击颅骨、释放能量的结果。如果不把弹头高速旋转、打击力点极为集中的因素考虑在内,那么弹头作用于颅骨与钝器打击颅骨在本质上没有区别。因此,颅骨骨板的抗压性强和抗拉性弱的力学特性形成了射入口处产生内板斜面以及在射出口处产生外板斜面(如图9-4-2所示)。

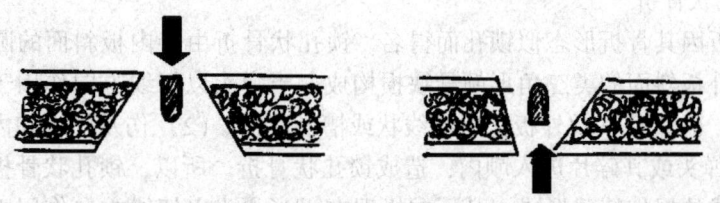

图9-4-2 弹头射入颅骨(左)与穿出颅骨(右)时骨板斜面缺损示意图

(二) 放射状骨折

放射状骨折表现为以弹头在颅骨上的接触点(即洞状骨折处)为中心的多条散射的线状骨折。放射状骨折是弹头作用颅骨所产生的环形紧箍应力释放的结果。放射状骨折与洞状骨折同步或稍后于(毫秒计)洞状骨折,其骨折线的长度与哆开程度与弹头所具有的能量大小成正比。放射状骨折线的截面观有两种形式:一是与颅骨呈垂直状。二是在板障层呈阶梯状。前者多表明与洞状骨折同时产生,后者则提示放射状骨折稍后于洞状骨折的发生(如图9-4-3所示)。

图9-4-3 颅骨放射骨折的垂直形(左)和阶梯形(右)示意图

(三) 环状隆起骨折

环状隆起骨折是由多条环形围绕洞状骨折的同心圆弧形骨折线所构成。环状隆起骨折的发生是形成放射状骨折的环形紧箍应力的释放和弹头经过颅内所产生瞬间颅内高压相结合的结果。因此,环状隆起骨折发生于放射状骨折之后并且必然有放射状骨折的存在(而放射状骨折可单独存在)。环状隆起骨折在颅骨射入口处呈向外隆起,横截面观其骨折线倾斜方向与洞状骨折内板斜面相反;在射出口处其骨折线倾斜方向则与洞状骨折的外板斜面相一致(如图9-4-4所示)。环状隆起骨折的半径随弹头能量的增大而增大。

上述三种骨折系颅骨枪弹损伤产生的基本形态学类型。由于洞状骨折是弹头直接作用的结果故也被认为是原发性或初始性骨折,而放射状骨折和环状隆起骨折因其形成机理在于弹头的间接作用为主,故又称为继发性骨折。除洞状骨折外,放射状和环状隆起骨折均好发于低速(<750m/s)的枪弹损伤时,这可能与弹头穿越颅骨时作用时间较长有关。另外,就发生时间与存在状态而言,环状隆起骨折发生在最后且须在前两种骨折形式均存在

的条件下；而洞状骨折则发生在最前，可单独或伴有放射状骨折存在。

图9-4-4 环状隆起骨折截面倾斜（1）在颅骨射入口（左）和射出口（右）的关系

（四）锁孔状骨折

锁孔状骨折因其骨折形态似锁孔而得名。锁孔状骨折由伴内板斜面的圆形或卵圆形颅骨缺损和伴有外板斜面的类三角形颅骨缺损构成。当弹头以切线方向作用于颅骨时，导致以下三种情况：(1) 只伤及外板，留有线状或槽形骨折。(2) 伤及外板和内板，但弹头未进颅腔。(3) 弹头或其碎片进入颅内，造成锁孔状骨折。所以，锁孔状骨折是弹头切线打击颅骨表面形成的损伤特殊形式。其形成机理在于当弹头以切线方向作用于颅骨时，产生垂直和平行的两种力向量，垂直的力向量产生了圆形、卵圆形的颅骨缺损，而水平的力向量导致类三角形的颅骨缺损发生。颅骨锁孔状缺损的形成过程如图9-4-5所示。锁孔状骨折由各种型号的手枪、步枪均可形成。远距离射击时多见，但也有30cm距离射击形成的

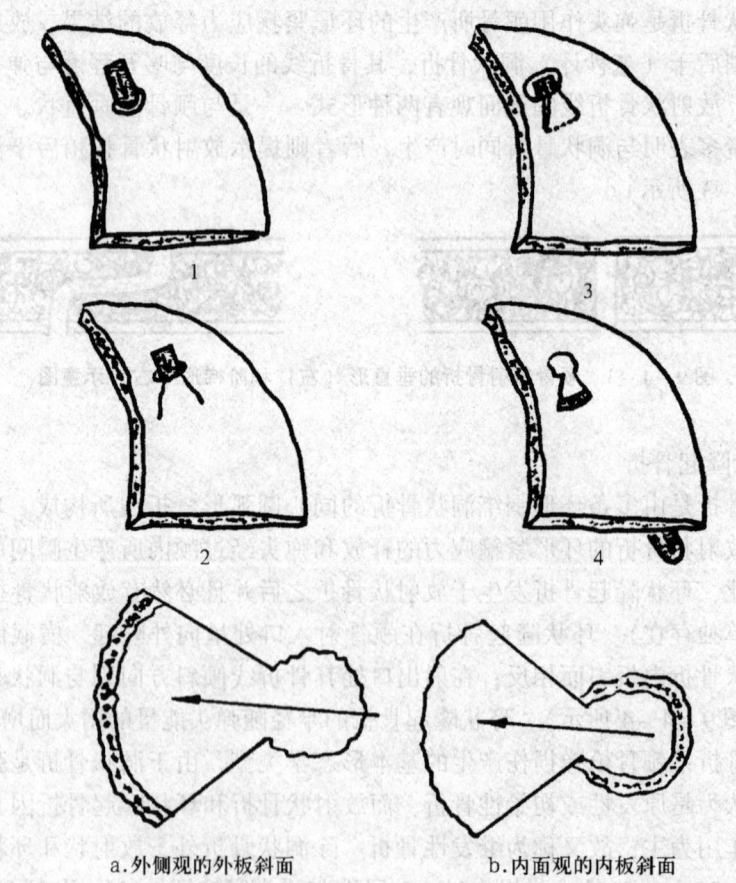

图9-4-5 颅骨锁孔状骨折形成过程（1~4）和形态学特征示意图

报道。需要指出的是，锁孔状骨折在颅骨出口处亦可形成，即弹头在颅内改变方向或其他原因导致弹头以切线或极小角度射出颅骨时。但此时应当特别注意的是，其内外板的斜面与射入口处恰好相反。

二、颅骨骨折推断射击方向

根据颅骨骨折形态推断射击方向主要从入口或出口洞状骨折的内外板斜面、放射线骨折的长短以及环状隆起骨折的半径三方面分析，其关键在于确定颅骨上的射入口和射出口。

（一）颅骨内外板的斜面

前已述及，枪弹在颅骨上的射入口——洞状骨折的形成过程中，由于颅骨骨板抗压和拉强度的差异而产生颅骨内板直径大于外板的破损斜面，同理，在射出口形成颅骨外板直径大于内板的破损斜面（如图9-4-6所示）。这种颅骨内外板斜面的特征直接指示射入口或射出口的位置，所以也作为确定射击方向的依据。但有两点需要注意：一是锁孔状骨折在射入口处既有内板斜面也有外板斜面，这是由于弹头切线射击时受力方向不同的结果。二是有时在射入口或射出口可见到骨板斜面有不同的特征，即在射入口处有外板斜面的出现或在射出口处有内板斜面的存在，据分析这是由于弹头在穿过颅骨时气体的回复、颅内高压的回冲或弹头旋转拧扭作用的结果。但无论怎样，这些反常的特征均有一种共同的特点，即无论是入口处外板斜面或出口处内板斜面均不典型且缺损面不完整，仔细与内板外板典型意义上的缺损相比差别较大，可资区别。

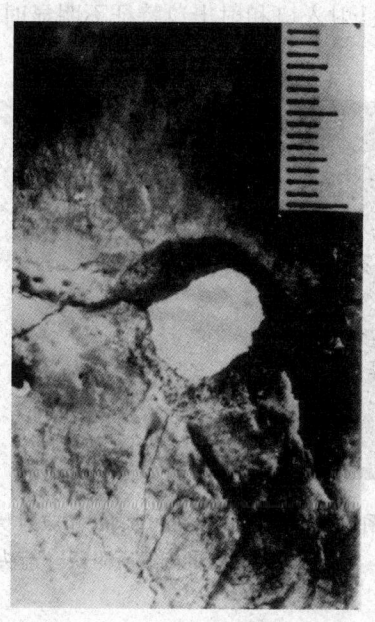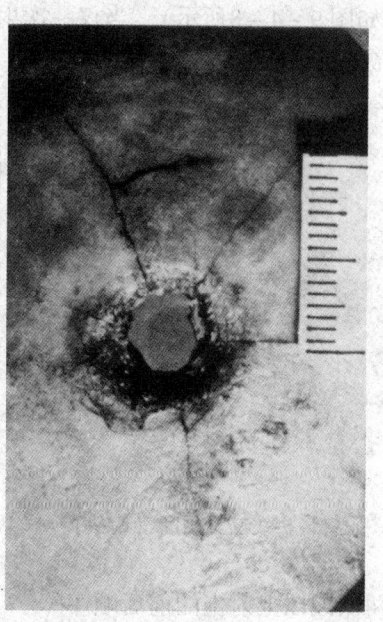

图9-4-6　颅骨枪弹射入口内板斜面（左）和射出口外板斜面（右）的形态

（二）放射状骨折线长短

由于放射状骨折线的长短直接与弹头具有的能量大小相关，而弹头在穿过颅骨时能量消耗明显（有人实验研究达30%），所以，虽然在射入口和射出口处均可出现放射状骨折，但在射入口处的骨折线一般较射出口处的骨折线要长。

(三) 环状隆起骨折的半径

基于同上相似原理，环状隆起骨折的半径与弹头所携能量成正相关，并且弹头在穿过颅骨后丧失了部分能量，所以通常环状隆起骨折的半径在入口处较出口处大。

(四) 环状隆起骨折的斜面

前已述及，从截面上看，环状隆起骨折在射入口处的斜面与洞状骨折相反，即向外倾斜，而在射出口处与洞状骨折相同。这种征象可有助于对射入或射入口的区别。但环状隆起骨折的斜面不是骨板缺损型的，只是线性倾斜，只能从横截面上才能观察到。

三、颅骨骨折推断射击顺序

当头部受两次或以上的枪弹损伤时，如果两者之间有联系，那么需要确定射击先后顺序。在利用颅骨骨折推断射击顺序时，应结合射击方向推断的原理。

(一) 骨折线的先后顺序

骨折线的先后顺序推断经典分析系德国人 Puppe (1903) 提出，后被人称为 Puppe 氏原理。这原理的核心内容是：如果 A 骨折线在延伸过程中被 B 骨折线所阻或中断，那么 A 骨折线发生在 B 骨折线之后（如图 9-4-7 所示）。这一原理被广泛应用于损伤先后的推断。涉及颅骨的枪弹损伤，尽管与其他损伤相比，枪弹所致的颅骨骨折发生要快得多，但仍有时间上的差别，据此可推定：射出口延伸的骨折线与射入口骨折线相交时，必定被射入口骨折线所阻断。有时甚至射出口外板斜面的产生也受到射入口延伸而至骨折线的影响而不完整（如图 9-4-8 所示）。当仅一次射击且射入口和射出口特征不明显时，这种阻断现象可直接被用于射击方向的推断。

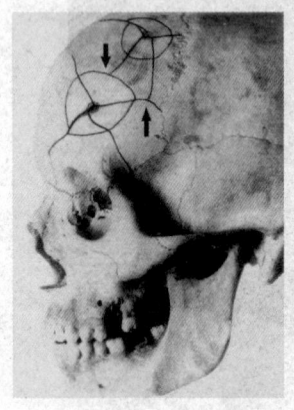

图 9-4-7 颅骨骨折线交叉阻断（箭头）

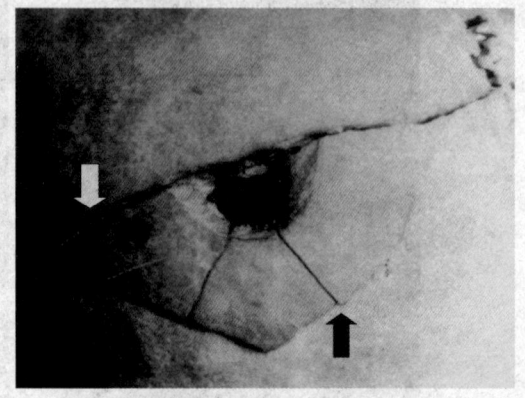

图 9-4-8 颅骨射出口洞状和放射状骨折被先期存在的骨折线所阻断（箭头）

(二) 两次或以上射击的前后顺序

在分析两次以上射击的先后顺序时，首先应根据射入、射出口的特征确定各次射击的射入、射出口以及互相的对应关系。在此基础上再观察各次射击之间的联系，如果从射入口延伸的骨折线被另一次从射入或射出口延伸的骨折线所阻断，这个射入口应属第二次射击所致。

四、颅骨骨折推断枪弹口径

颅骨骨折推断枪弹口径实际上就是根据颅骨洞状骨折缺损的大小来推断弹头直径的大

小。在体表根据皮肤软组织的缺损推断弹头的大小往往易受皮肤组织的弹性回缩等因素影响，差异较大。而骨骼密度大、弹性小，因此理论上弹头穿过颅骨后，较易留下与弹头直径相似的缺损。Ross（1995）较系统地实验研究了 5.38mm、6.4mm、7.62mm 和 8.8mm 四种不同口径的手枪弹在颅骨上留下的缺损直径变化以及弹头口径与缺损直径、颅骨厚度之间的相关性，得到以下结果：（1）弹头穿过颅骨后受颅骨结构及骨板斜面的影响，颅骨洞状缺损往往不呈正圆形，故在实际推断时以最小直径作为推断依据。（2）颅骨厚薄基本不影响颅骨缺损的大小变化与弹头口径的相关性。（3）根据颅骨缺损最小直径推断弹头口径时，可以区分小口径弹头和较大口径弹头，但无法区分小口径弹头之间的差别。（4）就判别准确率而言，5.38mm 口径弹头为 82%、7.62mm 弹头为 50%、8.8mm 弹头为 74%，反映根据颅骨洞状骨折缺损直径来推断弹头口径只是一种粗略的方法。

在实践中，还应注意以下几个方面的影响因素：（1）弹头飞行状态的变化。弹头飞行状态改变会造成弹头与颅骨接触面增加，因而会导致颅骨缺损面积也增大。（2）弹头口径的改变。当弹头因各种因素而发生自身口径改变，如跳弹等，那么颅骨缺损的大小也随着变形弹头的大小而变化。一般情况下，变形的弹头会导致颅骨缺损面积增大。（3）弹头与颅骨接触方向。当弹头与颅骨基本呈垂直线或近似垂直线接触时，颅骨缺损直径反映弹头口径最好，随着接触角度的变小，颅骨缺损面积增大。

第五节　枪弹损伤的法医学鉴定

枪弹损伤的法医学鉴定主要依赖于终末弹道学的原理，但也离不开内弹道学、中间弹道学和外弹道学。所以，枪弹损伤的法医学鉴定也是一种综合多学科知识，借鉴跨专业领域的技术与方法的实践活动。一般来说，涉及枪弹损伤的鉴定包括射击方向、射击角度、射击距离以及枪弹损伤性质四个方面。

一、射击方向的推断

射击方向包括两个方面：一是弹头击中人体的运行方向，主要涉及人体上两处枪弹创连通的起始点问题。二是弹头在人体组织表面的运行方向，涉及一处枪弹创的起始点问题。具体地说，前者主要是解决有关射入口的认定，而后者主要是解决弹头低角度或切线所致皮肤或脏器表面条状创口运行方向的判断。

（一）射入口的认定

射入口的认定主要依据创口的形态学特征和创口周围射击残留物的附着。

1. 射入口的形态学特征。在所有典型的射入口特征中，以中央皮肤缺损和擦拭轮的价值最大，而且在接触射击、近距离射击和远距离射击时均能出现，也是区别射出口的主要依据之一。对创口是撕裂哆开还是缺损的判别，目前国外有人用一种强力粘胶（氰丙烯酸酯）来粘合复原创口，得到较为直观满意的效果，即射入口经粘合后无法对合复原。

2. 射入口周围射击残留物附着。只要能排除污染等因素，射入口周围如有烟晕及较密集的火药斑纹则不难认定。如肉眼无法察觉，目前多用检测金属成分的方法来推断鉴别射入口。以色列 Ravreby（1982）研究发现，利用扫描电镜能谱分析能检出 200m 远处射击遗留在射入口处的金属成分。

(二) 皮肤和内脏器官表面射击方向的判断

当弹头以切线或低角度掠过皮肤或内脏器官表面时，往往形成射入口、射创管、射出口连在一起的条状创口，此时往往伴有皮肤组织的撕裂。根据撕裂的特点，即远离创缘的撕裂角走向与弹头飞行方向相同，不难判断弹头飞行方向；而内脏器官因弹性较差，往往撕裂角不甚明显，需结合撕裂口残根等情况判别（如图9-5-1所示）。

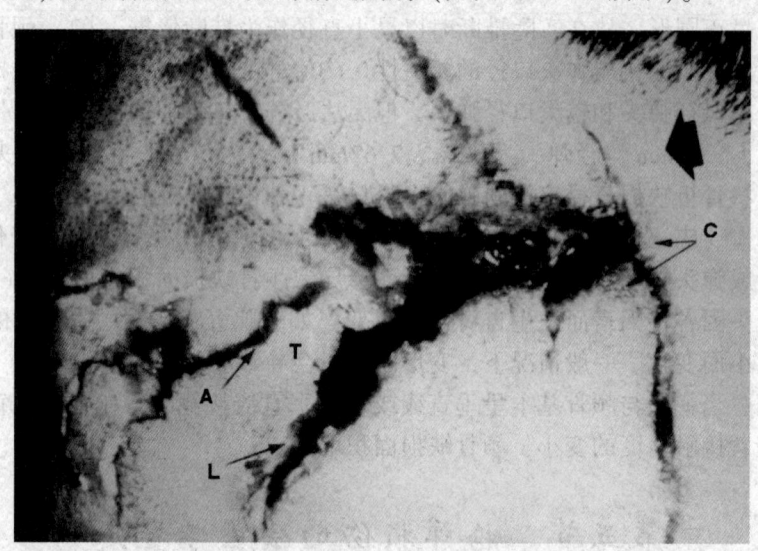

T. 皮肤撕裂残片　A. 皮肤残根缘　L. 皮肤残根撕裂缘　C. 皮肤挫伤区
图9-5-1　枪弹形成的头皮挫裂创（箭头示射击方向）

(三) 活体皮肤愈合创口的射击方向判定

在法医学实践中，有时会遇到人体受枪弹损伤后经临床治疗存活，一段时期后因案件处理需要，要求法医鉴定射击方向。鉴于活体皮肤创口愈合后许多枪弹损伤的征象如擦拭轮、烟晕、火药斑纹等均不存在，所以必须根据枪弹损伤的特点，寻找其他的相关依据。一般可从以下四个方面进行分析：

1. 愈合时间的长短。根据枪弹射击的原理，从枪管射击的弹头上粘附有因射击形成的物质如发射火药、弹头或枪管的金属成分、枪油以及弹头上的微生物等，这些成分作为异物容易污染创口，导致感染和炎症发生。所以，射入口创口的愈合所需时间较射出口更长。另外，由于射入口创口的特征是皮肤缺损，临床处理使其自行愈合；而射出口皮肤多撕裂状，临床可予清创缝合，故在两者损伤大小相似时，射入口处皮肤愈合比射出口明显缓慢。

2. 愈合创面的形态。根据临床对枪弹射入口和射出口的不同处置，结果可能导致愈合的射入口呈类圆形，而射出口呈线条形（如图9-5-2所示）。即使经较长时间和瘢痕修复，一般仍可保留形态上的差异，借此可用于射击方向的判断。

3. 骨碎片位移的检查。有时当皮肤创口条件不好或无法利用时，采用X线或CT摄片检查骨骼损伤，尤其是骨碎片位置移动的特征同样有助于推断射击方向（弹头运行方向）。弹头在体内遇骨骼多造成粉碎性骨折。因此，受弹头冲击力及飞行方向的影响，骨碎片向弹头飞行方向发生位移，形成骨碎片在骨骼出口处集聚的特点（如图9-5-3所示）。

4. 射击残留物的X线探测。射击残留物中的金属成分可有数十种，最常见的如来自发射火药的铅、钡、锑；来自弹头的铜、钢、铅；来自枪管的锰、铁、锌、硅等。这些金属成分绝大多数在弹头射入皮肤组织的同时遗留在皮下，经外科清创处理可能多数被清除，但仍会遗留部分。如果能应用灵敏度高、反差性能好的X线方法检测，可检查到金属颗粒的密度反映。

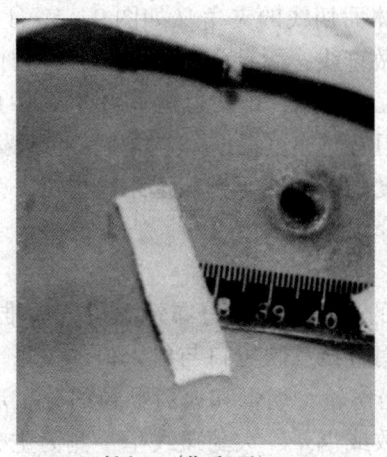
a.射入口（伤后9天）

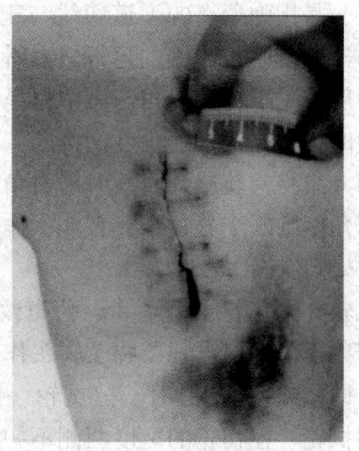
b.射出口（伤后9天）

图9-5-2　活体大腿枪弹损伤

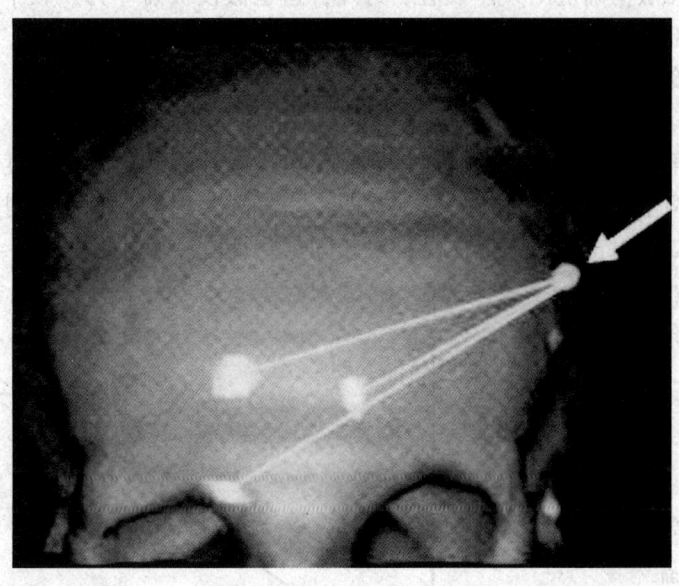

图9-5-3　弹头击碎的颅骨碎片在颅内运行示意图

在鉴定射击方向时应当特别注意的是，以上论及的射击方向只是指弹头的飞行方向，严格说起来，并不能代表枪口的方向，因为弹头在飞行过程中遇障碍物后极易改变方向（如跳弹）。所以，法医鉴定射击方向只是判别弹头在射入人体前的方向。即使在人体上射入口和射出口确定后，也不能简单地进行"两点一线"的连接，进而推导更远的枪口位置，因弹头在体内有改变方向的可能（尤其在遇多次骨骼挡阻后）。所以，射创管的检验也十分重要。

二、射击角度的推断

射击角度是指弹头击中目标瞬时速度方向与水平面的夹角或速度方向与目标法线之间夹角。在弹道学上,射击角度也称发射角度或射角。另外,与射击角度有关的另一种表示方式是命中角,是指弹着点的弹道切线与靶体面切线的夹角(如图9-5-4所示)。由于一般在推断射击角度时将弹头的运行轨迹看做直线,而且为方便起见,将靶体视为一垂直面,所以在一般情况下,发射角与命中角呈互余关系,即发射角=90°-命中角。在推断和计算射击角度时主要指对发射角度的推断,但有时亦可根据命中角度来推算发射角。

本节主要介绍弹头轨迹为直线时射击角度的判断,至于很远距离射击,弹头运行呈抛物线时其射击角度判断十分复杂,在此不作介绍。

(一)射入口形态

根据擦拭轮、挫伤轮、烟晕和火药斑纹的形态特征和分布情况可大体推断射击角度。因在较近距离射击时,射击残留物及弹头作用直接反映枪口与射入口的关系。当射击角度与人体垂直,即呈或接近90°时,擦拭轮、挫伤轮、烟晕和火药颗粒的分布形态大体较均匀一致;当擦拭轮、挫伤轮的宽度两侧不一致或烟晕、火药斑纹呈一侧为主分布时,往往提示枪口与人体成角射击,角度越大,差异越明显。在上述几种射入口特征中,以挫伤轮的特征最具稳定性且最具代表意义。需要指出的是,利用射入口形态推断射击角度只是大致反映出程度,无法精确得出具体数值。另外,这也假设被射体为一较平整面时,如果射入口位于不整的部位,特别是表面有突起的部位如额骨、肢体关节等时,射入口形态特征会因此而发生改变,有时甚至会影响到射击角度的大体判断。

(二)相似三角形三角函数计算法

利用相似三角形对应角相同的原理,通过三角函数计算得出射击角度是一种经典的方法。但它需具备两个基本条件:一是必须有两个呈直线相通的弹着点。对于人体来说是射入口和射出口。二是射击当时人体体位相对较固定。具体计算过程如图9-5-5所示:

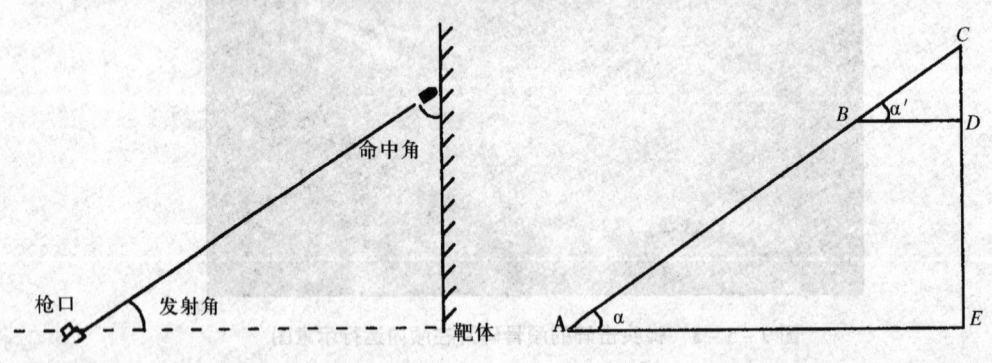

图9-5-4 射击角度推算示意图　　图9-5-5 相似三角形推算射击角度示意图

根据几何原理,△AEC 和 △BDC 相似,即 $\angle\alpha = \angle\alpha'$。因此,只要计算出 $\angle\alpha'$ 即可知射击角度 α。如假定 B 为射入口,C 为射出口,那么利用人体 B、C、D 三点的投影,即可测量出 BC、BD 或 DC 的长度,利用直角三角函数中任意一种可计算出 $\angle\alpha'$ 的数值,经查函数表得到具体的角度。例如,设 BC=50cm,BD=40cm,DC=30cm,那么:

$\sin\alpha' = DC/BC = 30/50 = 0.6$

查表（正弦表）0.6 的正弦值是 37°，即 α′ = 37°，或

cosα′ = BD/BC = 40/50 = 0.8

查表（余弦表）0.8 的余弦值是 37°，即 α′ = 37°，或

tgα′ = DC/BD = 30/40 = 0.75

查表（正切表）0.75 的正切值是 37°，即 α′ = 37°，或

ctgα′ = BD/DC = 40/30 = 1.33

查表（余切表）1.33 的余切值是 37°，即 α = 37°。

（三）射入口推断法

射入口计算法是针对盲管创，找不到两处连接的弹着点时所采用的一种近似计算方法。它是利用射入口直径在两个方向的差异用正弦函数来计算命中角度。

在理想情况下，如果弹头与人体面垂直，那么射入口将是一个圆形，其直径在各个方向上均相等且等于弹头的口径；如果两者之间成角，那么射入口呈椭圆形，在椭圆形中，其相距较短的轴为弹头的直径而相距较长的轴则反映人体与枪管间的角度（如图 9-5-6 所示）。

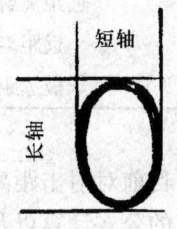

图 9-5-6　射入口长短轴示意图

根据公式：

sinθ = 短轴长度 / 长轴长度

式中：

θ 为射击角度。

由公式可知，当短轴与长轴相等时，命中角度为 90°（即 1.0 的正弦对应值是 90°），根据直角三角形边角相加等于 90°的原理，射击角度为 0°；当短轴长度等于长轴的一半时，命中角度为 30°（即 0.5 的正弦对应值是 30°），那么根据互补原理，射击角度为 60°。

这种利用射入口测量来计算命中角度进而推算出射击角度的优点在于首先不考虑弹头的运行轨迹是否呈一直线或者弹头发射后曾贯穿物体或反跳而改变了原来的方向，只反映弹头与人体相接触瞬间所呈的互相关系，所以受干扰影响因素较少。但其缺陷在于对以较小射击角度（即较大的命中角度）射击所致的射入口来说，其计算误差可能会很大，因射入口长短轴轻微的测量误差即可产生较大的射击角度误差。

三、射击距离的推断

射击距离是指弹头从枪口至靶体的飞行距离。根据弹头发射后运行的轨迹差异和枪口与靶体的相对位置差异，可将射击距离分为：(1) 水平射击距离，是指弹头从枪口至弹道上任意一点斜距离的直线投影。(2) 实际射击距离，是指弹头从枪口至靶体的直线的距离，无论是水平或是斜向的。(3) 弹头飞行距离（无论是直线的还是抛物线的）。在实际工作中，出于简化计算的需要，绝大多数涉及的射击距离是指水平射击距离，即端（持）枪人与被射者（枪口至被射人体射入口）的水平直线距离，故本节仅讨论水平射击距离。

射击距离的经典界定分接触射击、近距离射击和远距离射击。但如何具体界定这三种射击距离则有争议。有以 1m 为界分法，也有以 0.5m 为界分法。根据枪弹在不同射击距离内所产生的枪弹创效应以及实际工作的要求，国外学者倾向于更为细化的分类（如表 9-5-1 所示），这些分类各有其长其短，应在实际工作中视具体情况和条件掌握使用。

表9-5-1 射击距离的界定

名称	距离（cm）
接触射击	≤6
紧密接触射击	0
相对接触射击	0~6
近距离射击	7~60
近距离射击	7~30
中等距离射击	31~60
远距离射击	>60
远距离射击	60~有效射程
极远距离射击	>有效射程

目前对射击距离的鉴定所采用的方法主要涉及射入口的形态、射击残留物的分布、弹着点的公式计算以及实枪实弹模拟实验等几个方面。

（一）射入口形态与射击距离

根据射入口形态特征推断射击距离需要具备一定的条件。霰弹射入口的射击距离相关性较好，前已述及。这里仅对一般制式枪械所致的射入口形态与射击距离的相关性的某些特点作介绍。

1. 接触射击。当枪口在6cm以内对皮肤射击时，射入口将有两种特征可能会出现：一是枪口印痕。枪口印痕是皮肤与枪口相撞击的结果，其本质是枪口的结构造成皮肤在接触部位的皮下出血。当枪口并未直接接触皮肤发射时，枪口随射击弹头同时喷出的高压气体能将皮肤瞬间膨胀而与枪口撞击。二是射入口的撕裂，射入口的撕裂是由于枪口的射击高压气体在射入口处皮下瞬间膨胀所致皮肤组织受过度牵拉而撕裂（如图9-5-7所示）。由于发射后枪口的气体扩散很快，所以只有在接触射击时才会产生对射入口的影响。但是，射入口的撕裂多发生在后有较硬组织（如骨骼）垫衬时，膨胀的气体才能在局部对皮肤产生较强的牵拉，故在实际工作中最常见到射入口的撕裂发生在头部。在胸腹部，膨胀的气体可能会迅速扩散进入胸腹腔而被吸收，故不易发生射入口的撕裂。

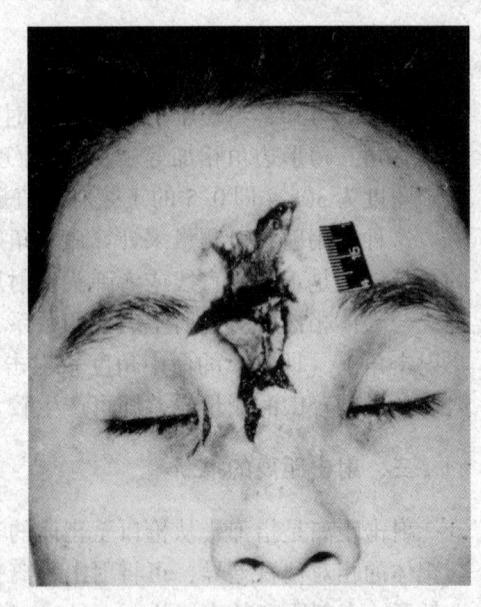

图9-5-7 前额接触射击射入口形态

2. 近、远距离射击。在有效射程内，近、远距离射击所致的射入口形态没有比较特殊的改变。有时随着射击距离的增加，擦拭轮反映得逐渐不明显。另外，由于弹头旋转力度逐渐减弱，射入口可能会增大且伴有创缘的细小撕裂（因剪切力变小）。但这些变化是非特征性的，也无法肯定地判别近、远距离。实际工作中此距离段的射击距离推断主要依靠射击残留物（如烟晕、火药斑纹）的检验和弹着点的公式计算。

3. 极远距离射击。弹头在有效射程以外作用于人体皮肤组织可产生两种后果：第一，射入口形态极不典型，尤其是皮肤组织的缺损不显著，这是由于弹头飞行的动能很小，或者呈翻滚式飞行的结果。第二，由于弹头动能很小，穿透皮肤组织已属不易，因此此时多导致盲管枪创而且创道较短，体内损伤较轻。

(二) 射击残留物与射击距离

从理论上来说，制式枪械及枪弹的品种规格是固定的，因此发射后射击残留物的分布和含量等也应一致。但是在实际工作中除了枪械及枪弹在制造过程中会留有不少差异之外，其他影响射击残留物的因素也很多，譬如同样是在室外射击，风向对烟晕和火药斑纹形成的影响有时会导致较大的失误和偏差等。所以，至今国内外未能形成根据射击残留物的分布特征准确推断射击距离的统一标准和模式。尽管如此，射击残留物仍不失为推断射击距离最好的评判指标之一。国内外对其的研究探索相对也较多，下面从烟晕、火药斑纹以及金属成分测定三个方面简要作一介绍：

1. 烟晕与射击距离。烟晕是枪口气团中汽溶胶状态，含有气化的金属氧化物、碳粒以及未分解的有机物、水分等成分。烟晕以一定的方向和一定的距离呈扩散性分布在射入口周围。在接触射击时，由于皮肤组织与枪口的接触，烟晕不明显或仅表现为射入口创缘的浸染；随着射击距离的增加，烟晕呈环状、颜色加深。射击距离为10cm左右时烟晕最为明显，之后随着射击距离的增加，烟晕逐渐面积增大但颜色变浅，形态不规则（如图9-5-8所示）。总体而言，当射击距离大于40cm后，射入口周围出现烟晕的可能性极小（表9-5-2）。

2. 火药斑纹与射击距离。火药斑纹是指枪口气团中未燃或未燃尽的火药颗粒在射入口周围擦、嵌入皮肤组织所形成的点、块状红褐色斑纹（如图9-5-9所示）。与烟晕的汽胶状截然不同，火药颗粒为固体。因此，发射后，高压气体所产生的推动力也使火药颗粒获得一定的动能。所以，火药颗粒在射入口的分布比烟晕要远得多。接触射击时，射入口表面很少有火药斑纹，此时火药颗粒大量分布在射入口的皮下组织内；当射击距离为5~25cm时，火药斑纹最显著且分布集中（密度大）；从25~60cm，火药斑纹逐渐不明显，分布也极为稀疏；60cm以后，即使可能仍有个别的火药颗粒附着，可视为消失的临界线。文献报道最远能检到火药颗粒（肉眼已基本无法鉴别）的射击距离为6m。表9-5-3和表9-5-4为国内有关的实验射击观察火药斑纹（颗粒）的结果。

表9-5-2 国产枪支烟晕分布范围实验结果

	射击距离（cm）					
	紧贴	5	10	20	30	40
52式手枪	1	3~5	4	3	无	无
54式手枪	2.5	11~12	3~8	7~13	无	无
59式手枪	2.8	11	7	10	6	无
64式手枪	0.52	9.3	7.5	11~12	89	无
56式步枪	1	10~14	13~15	9~12	10~12	7
56式冲锋枪	1	12	17~18	9~12	10~12	7

(引自金玉书，1984)

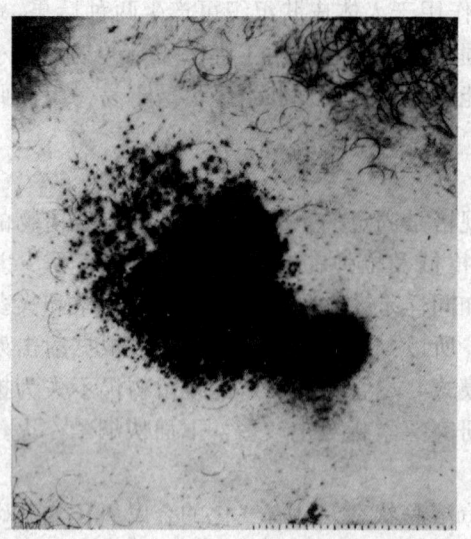

图9-5-8 射入口周围烟晕和火药斑纹

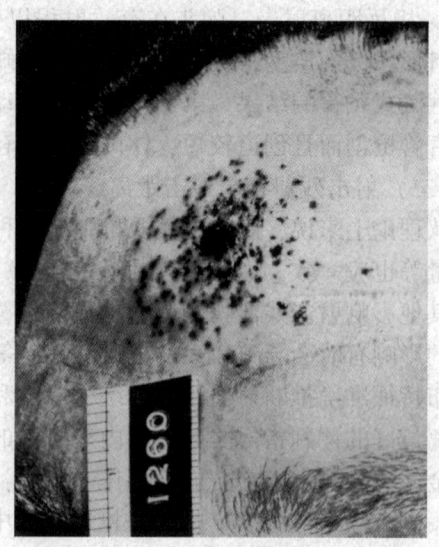

图9-5-9 射入口周围的火药斑纹

表9-5-3 模拟人体射入口火药颗粒分布与射击距离的关系（cm）

	射击距离（cm）							
	紧贴	5	10	20	30	40	50	60~70	>80
52式手枪	–	6	10~14	8~5	6~20	6~25	21~24	极少	–
54式手枪	2	5	13~5	17~18	20~22	少	极少	–	–
59式手枪	–	7	15	20	15	极少	–	–	–
64式手枪	–	5	10~11	11~12	15~18	17~21	极少	–	–
半自动步枪	–	–	4~5	8~10	10~12	13~19	19~20	极少	–
56式冲锋枪	–	4~6	6~10	8~10	10~12	13~19	19~20	极少	–

（引自金玉书，1984）

表9-5-4 皮肤射入口火药斑纹与射击距离（cm）

	射击距离（cm）								
	紧贴	5	10	15	20	30	50	70	80	>100
64式手枪	–	–	5	7	8	8	8（少）	8（少）	偶见	–
77式手枪	–	–	5	5	6	10	8（少）	7（少）	偶见	–

（引自王凤林，1995）

3. 金属成分与射击距离。射击残留物中的金属成分来自：（1）火药，主要成分是铅、锑、钡。（2）弹头、弹壳发射过程中的蚀刻物，主要成分是铜、铁、铅。（3）枪管被弹头擦蹭后的物质，主要成分是锰、铬、硅以及镍等。这些金属成分部分参与烟晕及火药斑纹的构成，部分单独存在于射入口周围。当射击距离较远而烟晕与火药斑纹不在射入口周围时，金属成分主要凭借在弹头上的粘附而出现在射入口。金属成分的测定应用于射击距离的推断价值目前主要体现在远距离射击的枪弹射入口认定及射击距离的大体判断。目前检测金属元素的方法很多，灵敏度和特异性也不错，但遗憾的是因为枪弹本身的构造、构成差异很大，因而要得出简单的金属含量与射击距离的对应关系尚不可能。

（三）其他因素与射击距离

除了射入口形态与射击残留物作为常用的推断射击距离的因素以外，其他与射击距离推断相关的可能因素包括枪油和人体组织。

1. 枪油。广义而言，枪油也属射击残留物的成分。在烟晕和擦拭轮中含有一定程度的枪油。1986年德国人Kijewski和Jaekel用7种不同口径的枪支、5种枪油在棉布上以10～300cm的射击距离进行了实验研究，并对棉布上的枪油利用气相色谱技术进行测定，结果发现：在实验射击距离内均可检出枪油，但当射击距离在80cm以后，仅首发枪弹的射入口能检出；步枪比手枪的枪油检出量要大；当射击距离在20cm以上时，发射次数与靶体含油量成反比，当射击距离在60cm时，第五发枪弹则未在靶体上留有枪油。另外，他们还发现枪油易挥发，若保存条件不好，则难以检测。目前枪油的检测并未被广泛应用于枪弹鉴定，主要的原因为：一是环境中油性物质很多，检测样本极易被污染而造成结果的可靠性差。二是枪油本身品种不少，而且实际工作中往往使用其他的替代物作为润滑、防锈的功能，因此检测时难以掌握对照品。

2. 人体血和碎组织的回溅。射击者所持的枪支、手及衣着上沾附被射击者的血液及其他人体组织（如骨碎片等）的现象称回溅，即人体组织从射入口沿与射击方向相反的途径溅出的现象。回溅产生的机理可能有三种：一是皮下热气体作用，是指枪口气体在射入口皮下的膨胀作用。二是瞬时空腔效应。三是尾溅作用，是指类似高速石子投入水面，能量的传递使液体沿投射物两侧反向冲击（如图9-5-10所示）。

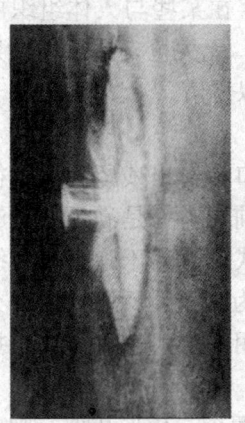
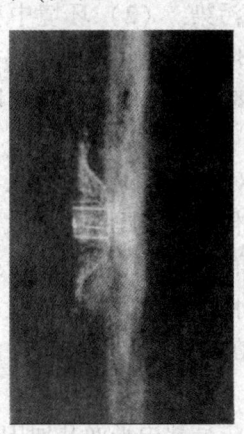
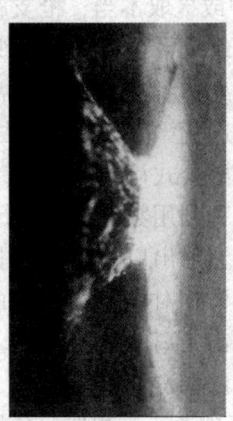

图9-5-10　弹头射入皮肤回溅现象高速摄影图

美国Stephens和Allen（1983）用9mm口径手枪接触射击吸了血液的海绵等物体，发现血液回溅可达30～50cm。Buinett（1991）用9mm手枪以不同的射击距离射击猪头，并采用扫描电镜能谱分析的方法，发现枪口上能检出骨颗粒的最远射击距离是37cm；当接触射击时可见到白色云雾状的组织成分回溅，直径可达100cm。目前已普遍认为：当接触射击或近距离（30cm以内）射击时，会产生明显的人体组织回溅现象，其回溅的距离一般在50cm以内。据此利用人体组织的回溅现象可提示：如果射击者的枪支或衣着上粘有人体组织，在排除其他原因后，可考虑射击者在射击当时处于距被射击者50cm以内的位置。人体组织回溅的常见部位有枪管口内、枪支外侧（如图9-5-11所示）、射击者以及邻近的物体。回溅现象在贯通或盲管枪弹创时均可发生，大口径的枪弹比小口径枪弹更易形成回溅，接触射击比近距离射击更易产生回溅现象且回溅距离也更远。一般来说，回溅现象多发生于头部，少见于胸腹部（因人体腔穴吸收气体的作用）。

图9-5-11　持步枪自杀者枪管准星和刺刀槽上的回溅血（箭头）

在利用射击后人体组织的回溅现象推定射击者与被射击者的相对位置，即射击距离时，应特别注意排除其他可能造成人体组织在涉嫌射击人的身上粘附的因素，包括：（1）现场保护或提取不当，枪支被污染。（2）环境中存在某些与人体组织成分相似的物质，如动物组织等，这可通过组织的种属鉴定区别。（3）无关枪支或人体在射击当时可能正处于接近被射击者的位置，这需要通过其他方式来加以澄清。

（四）射击距离的公式计算法

射击距离的公式计算法一般针对远距离射击，射入口和射出残留物等特征无法反映射击距离时。这种利用数学公式进行推算需要具备两个大前提：一是满足有足够的已知条件下，如射入口、射出口间距、命中角度等。二是这些公式仅适用于弹道呈直线或假设为直线以及被射人体相对于所处的平面水平线为直角或假设为直角。所以，这种方法实际上是弹道直线段射击距离的近似计算。在法医学实践中，常用的公式计算方法包括相似三角形法、比例作图法和三角函数法。

1. 相似三角形法。相似三角形法是利用平面几何中两个三角形相似，则对应边成比例的原理进行计算，需要具备的条件是要有射入口和射出口且高度不一。当射入口低于射出口时具体计算（如图9-5-12所示）。

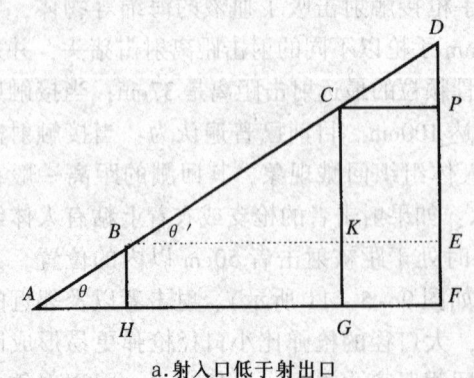

a. 射入口低于射出口　　　　b. 射入口高于射出口

图9-5-12　射击距离的相似三角形推算法

图中：

C 为射入口；

CG 为射入口高度；

D 为射出口；

DF 为射出口高度；

HB 为持枪高度；

B 为枪口；

CP 为射入口和射出口之间水平距离；

$DE = DF - BH$（射出口高 – 持枪高）；

$DP = DF - CG$（射出口高 – 射入口高）。

这样以上各两点间距离均可由检验时测量或换算后获得。单位只要一致，用 m 或 cm 均可。由于有了原先的假定，故图中三角形（用符号△表示，后同）AGC、BKC 和 CPD 均为直角相似三角形，因而其对应边应呈比例，即：

（1）当持枪高度不清时，△AGC 和△CPD 为两个相似三角形，则：

$$\frac{AG}{CP} = \frac{CG}{DP} = \frac{AC}{CD}$$

水平射击距离$(AG) = \dfrac{\text{射入口至射出口水平距离}(CP) \times \text{射入口高}(CG)}{\text{射出口高} - \text{射入口高}(DP)}$

实际射击距离$(AC) = \dfrac{\text{射入口至射出口实际距离}(CD) \times \text{射入口高}(CG)}{\text{射出口高} - \text{射入口高}(DP)}$

（2）当已知持枪高度时，△BKC 和△CPD 为两个相似三角形，则：

$$\frac{BK}{CP} = \frac{CK}{DP} = \frac{BC}{CD}$$

水平射击距离$(BK) = \dfrac{\text{射入口至射出口水平距离}(CP) \times (\text{射入口高} - \text{持枪口高})(CK)}{\text{射出口高} - \text{射入口高}(DP)}$

实际射击距离$(BC) = \dfrac{\text{射入口至射出口实际距离}(CB) \times (\text{射入口高} - \text{持枪口高})(CK)}{\text{射出口高} - \text{射入口高}(DP)}$

当射入口高于射出口时，按相同原理进行计算，但已知条件中须有枪口高度。

2. 比例作图法。比例作图法的原理是应用两点成一线的原理，在两点与水平线呈垂直状态的假设条件下，将实际现场上的直角三角形的大小成比例地搬到图纸上以求得直接测出水平和实际射击距离的方法。其基本条件需知射入和射出口的高度（如图 9 – 5 – 13 所示）。

画图步骤：（1）画水平线 AE。（2）按比例准确缩小确定射入口高度（CF）和射出口高度（DE）。（3）连接射入口点 C 和射出口点 D。（4）将 CD 的边线向水平线方向延长直至与之相交。（5）如持枪高度未知，则量取 AF 的距离即为水平射击距离；取 AC 的距离即为实际射击距离，将比例还原后，即获得近似的射击距离实际值。（6）如持枪高度已知，则在△ADE 中直接找到经比例缩小了的值 BH，而后同上量取 BG 和 BC 的长度并还原后得到更精确些的水平射击距离和实际射击距离。

根据上述作图法，还可直接在图中测量得到射击角度 θ 或 θ'（两者相同）。比较而言，比例画图法比前述的相似三角形法更为简便和实用，而且所需条件更少。

3. 三角函数法。三角函数法是应用于当仅有射入口的盲管创时推算射击距离的一种简易方法。但它需要具备两个已知条件：一是射击角度或命中角度。二是射入口的高度。具体应用如图 9-5-14 所示：

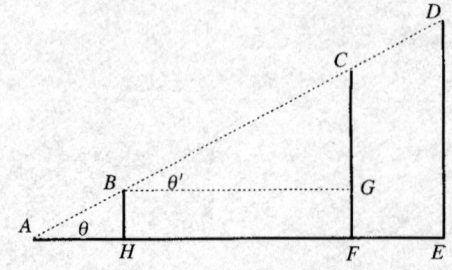
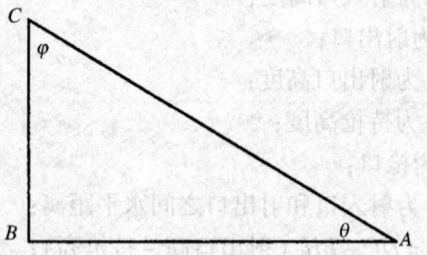

图 9-5-13　比例作图法推算射击距离　　图 9-5-14　直角三角函数法推算射击距离

图中：

BC 为射入口高度；

θ 为射击角度；

φ 为命中角度。

根据直角三角函数的方法和运算公式，当已知射击角度时：

水平射距离$(AB) = \dfrac{射入口高度(BC)}{tg\theta}$ 或已知命中角度时：

水平射击距离$(AB) = tg\varphi \times 射入口高度(BC)$

同理：

实际射击距离$(AC) = \dfrac{射入口高度(BC)}{sin\theta 或 cos\varphi}$

实际上更为简便的方法是，只要将射入口高度成比例缩小画图并准确画出已知的射击角度或命中角度，那么直接在图上测量并还原缩小的比例即可获得水平射击距离和实际射击距离的近似值。

（五）射击实验推断射击距离

射击实验推断射击距离是指利用案件中特定的枪弹或相同类型的枪弹，在相似的模拟现场环境中进行射击实验以找到最佳推断射击距离的依据。在推断射击距离时，无论是根据射入口形态特征、射击残留物的分布情况，还是根据公式进行推断，均是对射击距离的近似推算，有不同程度的误差。而某些枪击案件可能要求了解较为精确的射击距离，射击实验可能就是最好的方法。其优势在于最大可能地排除射击枪支、枪弹及环境因素等对射击距离推断的影响，从而最大可能还原接近射击当时的原始情况。

利用射击实验推断射击距离的方法有几个前提条件：一是获取了案件中所涉及的枪支和弹药。二是原始现场有模拟的可能，如已知环境状况的室内、室外、车内等。三是应明确射击实验需要寻找的相应依据，即通过什么指标来找出射击距离的推断依据，是创口的形态学改变、射击残留物的分布特征，抑或是人体组织回溅的状况等。这些前提条件越充分，与原始射击状况越相似，则射击距离的判断越准确。实验射击推断射击距离主要通过两种途径：一是大体对应估算法。二是回归方程求值法。

大体对应估算法比较简单，即根据解决案件中实际射击距离的需要，在模拟条件下观察原始与实验的结果，从而找到相对应的特点来进行推断。例如，在某一枪击案中，人体前胸部有一较为明显、射击残留物较集中的射入口,在获取案中枪弹后,在模拟条件下进行射击实验以观察射击残留物在不同射距下的分布面积。实验以 5cm 间距,进行了 5～50cm 的 10 次不同射击距离的射击,最后发现,在射击距离为 25cm 时,靶体上射击残留物的分布面积与人体上最为相似,遂推断案发当时的射击距离为 25cm 左右。这种方法实验简单、结果直接,但不利的是要求射击距离推断越精确,则射击次数也相应要增加。

回归方程求值法则是根据两组数据的对应关系,计算出互相之间的回归关系,利用已知某一变量的确定值,计算出另一变量值。如仍以射击残留物的分布面积为例,在模拟现场实验射击后假设得到以下两组对应数据(如表 9-5-5 所示):

表 9-5-5　射击距离与射击残留物分布面积关系

射击距离 (cm)	残留物分布面积 (cm²)
5	4×4
15	5×5
25	6×6
35	8×8
45	10×10

在上述两组数据中,以 Y 代表射击距离,以 X 代表残留物分布面积,那么两组数据的对应关系可用直线回归方程 $Y = a + bX$ 来表示,其中 a、b 代表方程中的系数,可用数理统计方法求得。据此,方程 $Y = a + bX$ 中只要已知 X(残留物分布面积)即可算出 Y(射击距离)。相对于大体对应估算法而言,回归方程求值法的优势在于可将射击次数减少(当然射击次数越多,相对也越精确)。

射击实验推断射击距离的方法看似比较原始,但却是至今在推断射击距离的所有方法中最直观有效的方法。因此,只要条件具备,应尽可能进行模拟射击实验。

四、枪弹损伤性质的判定

法医对枪弹损伤性质的鉴定要解决的问题主要是枪击行为是自己所为还是他人所为。由于枪弹能量大而集中,损伤致命的过程极快,因此无法采用某些类似锐器自杀的试切创、犹豫创等方式使鉴定人找到相对比较客观的依据。所以,枪弹损伤性质的鉴定是一项较为复杂的工作,依赖于鉴定人对枪弹损伤的认识,常常需要鉴定人对案情、现场以及痕迹、理化等其他专业的情况有完整的了解。作为法医,需要有射击方向、射击角度、射击距离等准确鉴定的基础。一般来说,枪弹损伤性质的鉴定需要从射击部位、射击距离、射击次数以及其他相关的因素等方面考虑。

(一) 射击部位

射击部位与性质密切相关。不难理解,在死(伤)者自己能射击到的部位如颞部等(暂且不论射击距离),那么自杀、他杀和意外均有可能;而在死(伤)者本人不能达到的部位如后背等,那么无疑自杀可以排除。

利用射击部位鉴定性质最关键的一点是射击方向,即射入口、射出口的确定。对此,特别应当注意各种因素所导致的不典型的射入口和射出口。据有关报道,某人用 8.2mm 口径手枪自杀,将手臂作为前置物,弹头穿过手臂后在前胸部形成较大而不规则的射入口,而后背部射出口却小而规则。由于手臂的阻碍,射击残留物在前胸部未明显存在,因此开始被误认为弹头从后背射入的凶杀案。另一个与射击部位及性质相关的因素是射击角度。一般来说，自杀者所采用的射击角度多垂直或略倾斜于被射部位（将枪管塞入口腔自杀除外），当射击角度大于60°或弹头命中角度小于30°时，通常非自杀所致，因弹头可能沿皮肤表面飞行而不进入体内。

（二）射击手上的射击残留物

国外目前较常规地应用尸体手上射击残留物的检验来鉴别自杀。一般来说，一方面，如果尸体手上有大量肉眼明显的射击残留物（火药斑纹）至少95%的可能系自杀（如图9-5-15所示）。另一方面，如果采用最灵敏的检测手段（如扫描电镜能谱分析）结果系阴性，那么只要能排除其他可能导致手上残留物丢失的因素，那么应考虑他人所为。笔者认为，当手上检出射击残留物但量较少时确定是否为射击手应持十分慎重的态度，因有以下多种可能会导致这一现象的出现：（1）是射击手。（2）非射击手，只因手的位置在射击残留物的分布范围内，如室内近距离枪击，尤其多次枪击时。（3）非射击手，因被射中后未即刻死亡，手捂创口粘附或死后移动污染等。笔者曾经历数起室内多次枪击他杀案件，部分案件射击手的射击残留物含量比非射击手的含量低。所以，利用射击残留物判断射击手也宜谨慎。

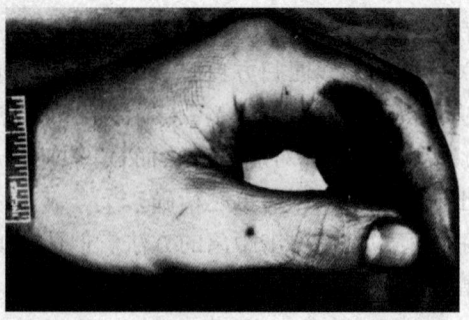

图9-5-15 射击状态（左）以及射击手上的射击残留物（右）

（三）回溅血迹

如前所述，回溅血迹是从射入口沿与射击方向相反的途径溅出所形成的血迹。利用回溅血迹分析射击性质，主要是通过射击距离而获得的。根据实验研究的结果，当接触射击或近距离射击时（通常30cm以内），会产生明显的人体组织回溅现象，在大约50cm范围内任何物体均有沾附回溅血的可能，尤其多见于射击手（图9-5-16所示）。笔者认为，回溅血迹对射击手的认定价值，要远高于射击残留物。这不仅因为回溅血更直接更直观，而且几乎可以排除其他污染的可能性，因为点状而带有一定方向性的溅落状血

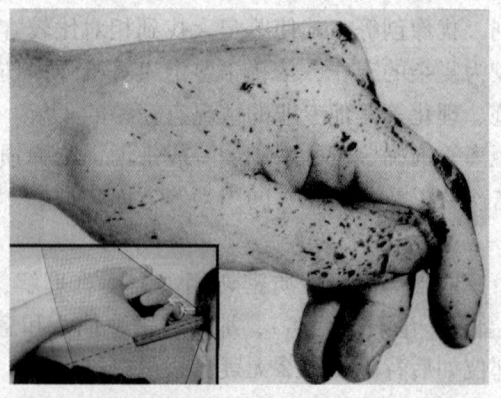

图9-5-16 射击手持枪姿势（小图）以及射击手回溅血迹的形成（大图）

迹是无法事后形成的，只是回溅血的局限性在于多只发生在头部枪伤时。

除了射击手以外，人体组织回溅的常见部位还有枪管口内、枪支外侧以及与射击者邻近的物体。根据这一特点，同样可以作为甄别涉嫌射击人的依据，即如果涉嫌射击人持有的枪支或身上沾附有被射击者的血迹，而又能排除这些血迹来自其他因素的可能，那么至少可以证明，在射击当时，涉嫌射击人或其持有的枪支所处的位置应当与死者很接近。

（四）射击距离

原则上讲，接触射击和近距离射击时无法确定性质，尽管自杀多采用接触射击。而远距离射击则显然系他人所为（他杀或意外）。应当注意的是，装有消音器的枪弹、跳弹、弹头穿过中间障碍物以及自制或经改装（如锯短枪管等）的枪支等所导致对射击距离推断的影响，最好的推断射击距离的方法是用获取的嫌疑枪支或同类枪支进行射击实验。需要指出的是，有时自杀者将枪管倒置后（长枪多见），利用脚趾或用绳套系于扳机上发射，此时的射击距离与通常概念已有明显不同，所以仅凭射击距离来认定性质也应持十分慎重的态度。

（五）致命射击次数

致命伤，特别是绝对致命伤的次数常常是分析判断损伤性质的依据之一。一般来说，如果人体上有两处以上的绝对致命伤，就首先考虑他杀的可能。对枪弹损伤也是如此。但在实践中，我们却经常遇到例外的违反常规的例子。Karger（1995）曾总结了文献中报道的25例头部枪弹损伤后行为能力仍不同程度存在的案例，其中有1例自杀者用6.35mm手枪朝右颞部射击，弹头横贯颅脑，从左颞部穿出，伤者竟继续行走达6km。另据报道，一个38岁已婚妇女用5.38mm口径霰弹枪朝自己左胸部射击3次（同时完成退壳、装弹），损伤器官涉及心、肝、胃、脾、肾。文献报道最超乎寻常的是一自杀者持手枪朝自己胸部射击达9次之多。关于受致命伤后的行为能力产生机理研究极少，但可以肯定的是与损伤的部位、伤者的心理以及个体耐受差异等因素有关。所以，致命伤次数对损伤性质的鉴定仅仅是作为一般的参考依据，而绝不是一个决定性的因素。

（六）其他有关自杀的几个征象

近年来，国外有人陆续提出用枪自杀的几个特殊的征象，尽管目前未被学术界所公认，但仍值得进一步研究和关注。

1. 犹豫性射击。犹豫性射击是指自杀者在枪击自己之前下意识持枪，先朝他处射击的行为。分析其形成原因可能与刎颈者先行试切行为的心态一样，或者是担心射击不成功，或者是仍对自杀存有疑虑。犹豫性射击可一次或多次，但其发生率根据文献报道远没有试切创多。外国也有报道某人用霰弹枪自杀，先将枪口用毛巾捂住朝天花板射击，而后撤去毛巾，枪管抵胸开枪自杀。

2. 肱骨头关节面出血。1985年，德国Schneider和Pietrzak报道4例用较大口径手枪自杀者中有3例有一侧（射击手侧）肱骨头关节面出血。有此征象者均系射击于平举枪抵颞部射击的姿态，故他们分析这种征象可能是由于举枪射击的瞬间强烈的震动导致射击上肢过度伸展所致。但遗憾的是，连他们也不敢确定这是否是一种自杀的标志，因为毕竟没有大样本的观察数据。

3. 铅笔样创口。铅笔样创口是1991年美国DiMaio和Kaplan提出的一种自杀征象,他们发现,使用长管枪支抵前额自杀者,其射入口类似铅笔样呈头部钝圆而向下逐渐变尖的皮肤烧灼擦蹭区(图9-5-17所示)。根据他们对马里兰州贝克赛县法医鉴定局4年26例的资料分析,这种特征的发生率约50%。其发生机理是:由于长枪枪管长,自杀时枪口接触头部,一只手应握持枪而另一只手要去扣扳机,这样产生的体位变化容易导致枪口的下缘与皮肤有间隙,这样发射时枪口喷出的气团会向下扩展,烧灼并延长皮肤上的创口。也有可能枪支发射后强烈震动下滑导致枪口擦蹭皮肤而产生。

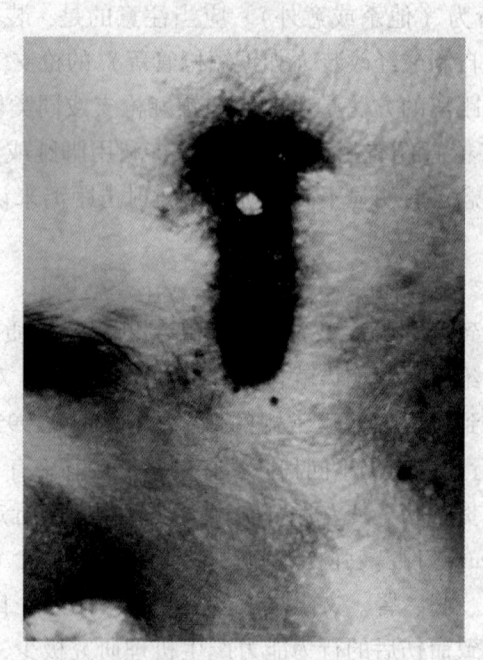

图9-5-17 前额部铅笔样射入口(引自 DiMaio 和 Kaplan, 1991)

第十章 爆炸损伤

爆炸是指一种极为迅速的物理或化学的能量释放过程。由于爆炸后最主要的特征是爆点周围的介质中出现突然的压力剧增,因此爆炸也被认作为空气中能量迅速释放产生具有有限振幅压力波的过程。

因爆炸所导致的人体损伤称爆炸损伤。战争期间,爆炸与枪弹损伤是人体损伤的主要手段;和平时期,爆炸损伤仍常遇到。在法医学实践中,爆炸损伤多见于意外,少数见于自杀或他杀。恐怖组织及其成员常利用爆炸手段来达到自己的目的,近年来,在人为因素所产生的群体伤亡中,爆炸是最主要的手段之一。据资料统计,目前全球因爆炸而死亡的人数每年已近10万,因爆炸而受伤者每年已愈40万人之多。

第一节 爆炸类型及其原理

根据爆炸的定义,任何能引起气体和能量瞬间释放的物质均属爆炸物质,从形态及原理而言,可分为以下几种类型:

(一) 粉尘

粉尘所产生的爆炸最常见于面粉加工厂、矿井内。任何易燃物质如被充分悬浮在空气中并达到一定的比例形成尘雾,那么只要有火星或火焰引发,则可发生爆炸。

(二) 气体

许多气体如丁烷、丙烷、乙炔等易与空气混合形成爆炸性混合物,只要有火、热等引发因素存在,可发生爆炸,典型如煤矿中瓦斯爆炸等。

(三) 蒸气

易挥发、易燃的有机液体如酒精、汽油、染料等蒸发后与空气组成易爆炸混合物,在引发因素(火星等)存在时发生爆炸。

(四) 炸药

炸药是能产生化学反应的特殊爆炸物质,一般由化学物质碳、氢、氧、氮四种元素构成。引发后碳、氢被极速氧化,生成CO_2、CO、水蒸气等大量气体。

(五) 机械性爆炸

凡因物理原因引起突然的能量释放称为机械性爆炸,如锅炉因水蒸气压力过高,轮胎充气太足,高电流穿透等。

(六) 核爆炸

核爆炸是指核裂变或核聚变时突然释放出巨大能量的过程,前者如原子弹,后者如氢弹。核裂变是指原子核在中子作用下在极短时间(小于1微秒)发生连锁分裂反应,释放能量的过程。核聚变则是指较轻的原子核在中子作用下聚合成较重原子核,同时释放巨大能量的过程。

上述六种是爆炸最基本的类型及物质来源,也有人将其简化分为化学性爆炸、物理性爆炸和核爆炸三大类。上述1~4类属化学性爆炸,5类属物理性爆炸。

无论何种类型的爆炸,均有以下三种主要特征:

1. 快速。快速是指爆炸过程中所需分子间反应的时间短暂性。炸药爆炸时化学反应的速度称爆速,广义上也指爆炸后气体传播的速度。一般来说,核爆炸的爆速最快,炸药其次,其他气体再次之,物理性爆炸最慢。例如,核裂变的时间不足1微秒,TNT炸药约60微秒以内,而汽油爆炸需100微秒左右。

2. 高压。爆炸后产生的高压是通过产生大量气体而实现的,因一定体积内气体越多,压力越高。据实验研究,1kg的炸药在0℃爆炸时产生600~1000L的气体,在2800℃时则产生7800L的气体。核爆炸时,在弹体内可产生几百亿个大气压,炸药爆炸时一般可产生10万个大气压。

3. 高温。爆炸时产生的高温是分子反应的结果,而高温为高压气体的形成创造了基础。高温和高压同时又构成了爆炸能量的要素。一般炸药爆炸后在其炸点可产生3000℃以上的高温,而核爆炸后则产生几千万摄氏度的高温。

需要指出的是,以上所述炸药所引起的高温高压特征多指炸药中的烈性炸药。炸药本身可分起爆药、发射药、烟火药以及烈性药四种基本类型。起爆药用于装填起爆用品如雷管的炸药和雷汞氯酸钾等;发射药用于枪弹的发射,如硝化棉、硝化甘油等;烟火药用于照明弹中的照明剂、烟幕弹中的烟幕剂以及燃烧弹中的燃烧剂,主要成分系由氧化剂、易燃剂和粘合剂混合而成;烈性药用于炮弹、航弹及其他弹类,主要由硝酸酯类、硝基化合物、硝化甘油、硝铵、液氧等构成。起爆药、发射药以及烟火药所产生的高温高压作用较烈性药低,故爆炸后引起人体损伤相对也轻。

第二节 爆炸损伤机制

爆炸损伤从机理上来说,主要由冲击波、高温以及爆炸投射物三个方面构成,其中最重要的和最有特征的是冲击波。高温类似于其他高温损伤(烧伤),爆炸投射物则类似于枪弹损伤。因此,本节主要介绍爆炸冲击波所引起的人体损伤机制。

一、冲击波

冲击波是在介质中传播的一种高速高压波,这种介质可以是气体(如空气),也可以是液体(如水),也可以是固体(如金属)。冲击波的物理特性在许多方面与声波相似,例如,具有振幅、非线性、纵向传导,有一定的压强、频谱、波长和波形,在不同的介质中传播速度由快至慢依次分别为:固体 > 液体 > 气体。

(一) 冲击波的形成

爆炸时,瞬间产生高压气体并释放高温,高热的气体迅速向周围膨胀,并将能量传给周围介质,从而使爆炸物周围形成初始冲击波,随着高温高压气体的不断膨胀,不断地将能量传给周围介质,形成爆炸产物的前端与冲击波重合的完整球体,直至爆炸产物结束膨胀。爆炸产物停止膨胀后，冲击波则单独在介质中传播，此时仍带有 75% 左右的能量，具有相当的破坏作用（如图 10 - 2 - 1 所示）。

爆炸产物的压力（P）与其膨胀半径（r）的关系为 $P = r^{-9}$，即爆炸产物的半径因膨胀增大 1 倍时，其压力下降到原来的 1/512。

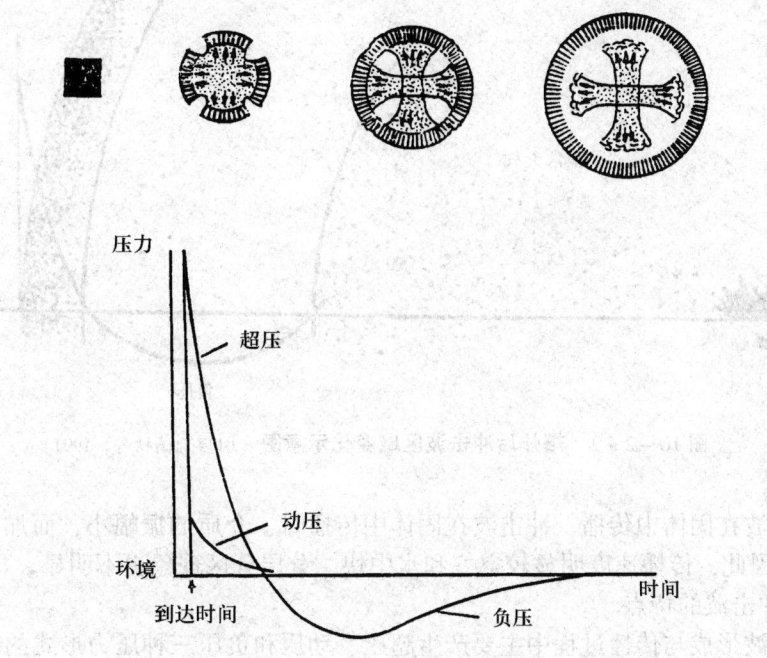

图 10 - 2 - 1　爆炸后冲击波形成（上）及其压力曲线（下）（引自刘荫秋等，1991）

（二）冲击波的传播

1. 冲击波在空气中传播。如图 10 - 2 - 2 所示，冲击波在空气中传播时其前沿为一层压力值最高而厚度小于 0.02mm 的波阵面，之后则分成压力值由大变小（至负压）的压缩区和呈负压状态的稀疏区两层，最后则是至爆点的正常气压层区。

冲击波传播的速度随爆炸后时间的延长和传播距离的增加而减小。在爆炸瞬间，冲击波传播速度可达每秒数千米，之后逐渐减小直至达声波速（344m/s）。对于一般烈性炸药，自爆心到变为声波速度的距离约为炸药半径的 50 ~ 60 倍。

2. 冲击波在水中传播。水的密度较空气大 800 倍左右，故与空气相比，冲击波在水中传播具有以下特点：

（1）传播速度快。因水中声速是空气中声速的 4 倍（1437m/s），故冲击波在水中传播的速度也相当于同样强度空气冲击波的 3 ~ 4 倍。

（2）传播距离远。由于水的密度大，冲击波传播速度快，故传播距离在同样强度时明显要远。据此得到水中爆炸的冲击波效应强于空气。例如，250g 炸药地面爆炸时，距爆心 2m 处的压力值约 103kPa，而水下爆炸时，则为 20721.5kPa，两者相差约 200 倍。

（3）无典型的压缩区和稀疏区。因水的压缩性仅为空气的万分之一。故水中冲击波无明显的压缩区和稀疏区，同理无明显的负压产生。爆炸后，水分子向四周运动，待压力降低时又回到初始的状态。

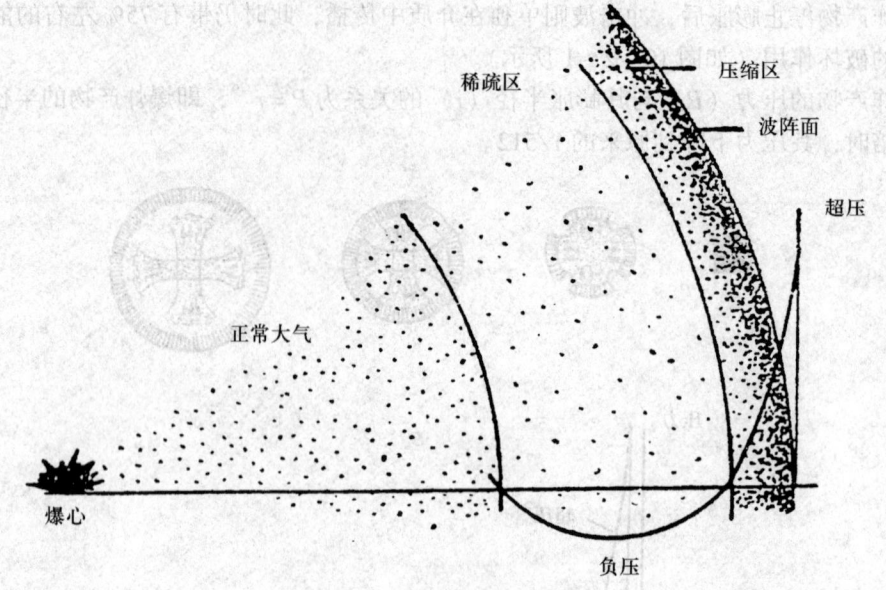

图 10-2-2　爆炸后冲击波区域变化示意图（引自刘荫秋等，1991）

3. 冲击波在固体中传播。冲击波在固体中传播时，介质的振幅小，而加速度很大，作用时间短。因此，传播速度明显较空气和水中快，分层分区现象更不明显。

（三）冲击波的特点

1. 冲击波形成与传播过程中主要产生超压、动压和负压三种压力形式的变化并引起冲击波效应。超压是指超过正常大气压的压力，在波阵面和压缩区最显著。动压是指冲击波在运行中因空气高速流动而产生的冲击力，动压有方向性，在爆心处与超压值相等，在远离爆心处则减弱。负压是空气介质稀疏引起的低于正常大气压的状态，通常在冲击波压缩区之后。超压、动压和负压在空气表现最为明显，而在水和固体中则一般仅表现为超压。

2. 冲击波除以纵向传导的方式作用外，在许多介质（如空气、水）中传导时如遇障碍物，还会产生反射现象。如图 10-2-3 所示，当冲击波前进中遇障碍物时，其波阵面的超压会发生反射，形成反射超压。反射超压的大小与超压的大小以及反射角的大小成正比。有人甚至认为，在空气中冲击波的反射超压在一定条件下比超压（也称入射超压）大 2~9 倍。冲击波在固体中传播不发生反射现象，但以曲波的形式产生两种运动：一种是使固体在瞬间发生轻微的位移加速度，引起人员接触性损伤。另一种是固体本身的弯曲、振动等运动，导致人体的移位性运动并发生损伤。

3. 冲击波的速度与强度与爆炸物的量及其距离直接相关。冲击波在介质中发生能量消耗，其强度（压力）逐渐减弱。表 10-2-1 列举了炸药（TNT）爆炸后距离、重量与强度三者之间的对应关系。

（四）冲击波致伤机理

根据冲击波的形成及其特点，冲击波致伤的物理基础主要是由超压、负压和动压构成的。

1. 超压的致伤机理。冲击波超压的致伤机理主要通过以下几种方式产生：

（1）压迫效应。超压作用于体表，一方面压迫腹壁，使腹压增加，膈肌上移，引起腔静脉血大量涌入心脏，从而使心、肺容量急剧增加。另一方面，超压也压迫胸壁，致使胸腔容积缩小，胸腔内压力急剧增大，从而导致心肺损伤。

（2）内爆效应。超压通过机体时，体内气体因容积被压缩而突然变小，使局部压力明显增大，当解除超压后，受压缩的气体又剧烈膨胀，呈放射状向周围释放能量，从而使组织内爆裂发生损伤（如图10-2-4所示）。

表10-2-1 炸药爆炸距离-重量-压力的对应关系

距离（cm）	重量（g）	压力（kN/m²）	距离（cm）	重量（g）	压力（kN/m²）
100	100	207	2000	100	2.5
	200	391		200	3.2
	500	945		500	4.4
	1000	1872		1000	5.5
	2000	3737		2000	6.9
	5000	9376		5000	9.6
	10000	18832		10000	12
200	100	40	5000	100	1.0
	200	66		200	1.3
	500	137		500	1.8
	1000	253		1000	2.2
	2000	484		2000	2.8
	5000	1176		5000	3.8
	10000	2337		10000	4.8
500	100	10	10000	100	0.52
	200	14		200	0.66
	500	21		500	0.90
	1000	31		1000	1.10
	2000	48		2000	1.40
	5000	95		5000	1.90
	10000	170		10000	2.40
1000	100	5.1			
	200	6.4			
	500	8.9			
	1000	11			
	2000	15			
	5000	23			
	10000	35			

（引自 Yallop，1980）

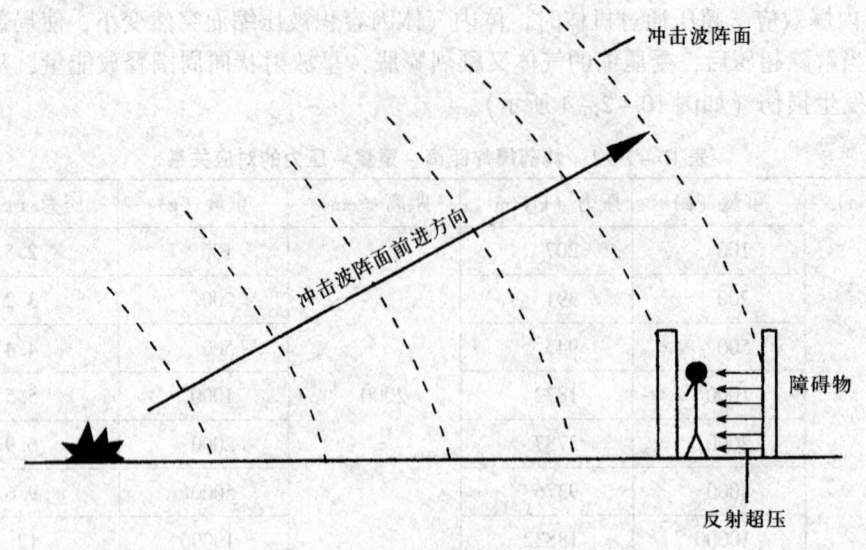

图 10-2-3 冲击波反射超压形成示意图

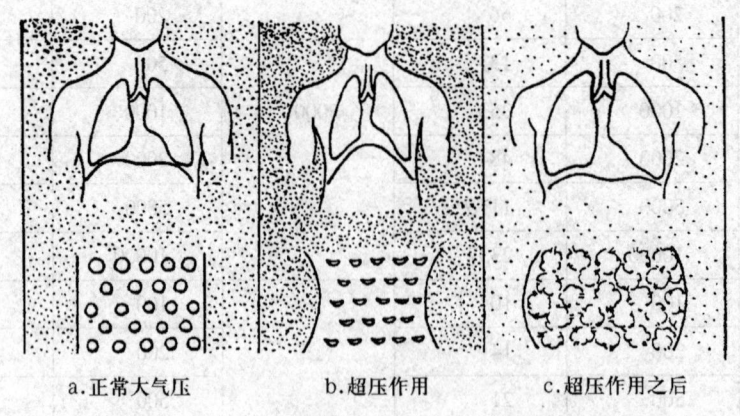

a.正常大气压　　　　b.超压作用　　　　c.超压作用之后

图 10-2-4 内爆效应示意图（引自刘荫秋等，1991）

（3）碎裂效应。超压自较密的介质向疏松介质传播时，在两者界面上会形成反射，产生拉伸波（如图 10-2-5 所示），从而导致较强致密介质表面发生损伤，如肺泡壁出血、心内膜下出血、充盈的胃肠道和膀胱粘膜出血等。

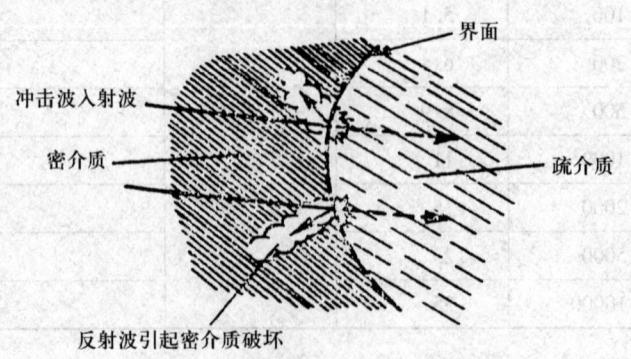

图 10-2-5 碎裂效应示意图（引自刘荫秋等，1991）

(4) 惯性效应。超压作用于不同的组织后，组织发生因惯性不同而运动速度的不同步，密度较大者运动较慢，密度较小者运动较快，从而使有密度差异的组织连接部分发生损伤，如肋骨和肋间组织，肠管和肠系膜等的断裂出血。

(5) 压力差效应。超压作用于机体后，肺内含液体的血管和含气体的肺泡压力均有上升，但血管内上升更显著，故形成较大的压力差。压力大的微血管易发生撕裂，致使血液进入肺泡；之后因血管内减压，肺泡内压力大的气体又可通过破裂的血管壁进入血管形成空气栓塞。

2. 负压的致伤机理。迄今对冲击波负压能否致伤学术界尚有争议，但多数持肯定观点。冲击波负压作用于机体后，引起含气组织内气体介质的稀疏和组织结构的扩张变动，因一般组织抗压能力强于抗拉能力，故易造成含气器官的损伤，特别是肺和胃肠道。因负压一般是在超压之后，故冲击波负压对超压的内爆效应起增强作用，损伤更为严重。张均奎等（1993）曾用动物（大鼠和兔）进行负压损伤实验研究，发现在峰值为 $-86 \sim -45$ kPa、持续 $21 \sim 2000$ 毫秒的条件下，动物均有不同程度的肺出血、水肿以及肺表面的肋骨压痕，部分动物发生死亡。该项实验证明，单纯性的冲击波负压也能造成机体损伤。

3. 动压的致伤机理。动压是爆炸后空气高速流动而产生的冲击力，这种冲击力通过撞击和抛掷作用损伤机体。(1) 撞击作用。在近距离爆炸时，动压可直接撞击机体而发生局部组织的损伤，如肢体断离等，而身体其他部位损伤却很轻微。(2) 抛掷作用。当冲击波作用于机体时，人体朝向爆心侧的体表承受超压和动压的总和，而人体背侧则相当于承受致密区的压力，由于这种压力差，产生了人体的位移和向上抛射的冲力，此时人体易受抛掷初期的加速性损伤和抛掷后期的减速性损伤。

核爆炸时，动压值可达 $9.81 \sim 98.1$ kPa，气流速度可达 $100 \sim 300$ m/s（12 级飓风仅 $40 \sim 50$ m/s），因此暴露的人体极易被抛掷而受损。

(五) 影响冲击波致伤的主要因素

1. 压力峰值。压力峰值是指冲击波压力（超压或动压）的最大值。以往多用 kg/m^2 或 kN/m^2 表示，而目前国际通用 kPa（千帕）表示。换算方式为：

$1 kPa = 0.0102 kg/m^2 = 1.1 kN/m^2$

一般情况下，压力峰值是决定损伤严重性的主要因素，尤其是暴露在空间的人员。压力峰值损伤机体通常以鼓膜、肺作为参照指标，表 10-2-2 列举了压力峰值与人体鼓膜和肺组织损伤的对应关系。

在水中，一般认为压力峰值大于 3450 kPa 时导致损伤，大于 13750 kPa 时能致人死亡。

2. 作用时间。冲击波压缩区通过某一作用点的时间称作用时间。一般来说，作用时间越长，损伤越严重。普通炸药爆炸后作用时间多为数毫秒至几十毫秒，而核爆炸时可达数百毫秒甚至十几秒。图 10-2-6 显示 70 kg 体重的人体爆炸伤后 24 小时内不同的存活率下压力峰值与作用时间的关系。

表 10-2-2 爆炸冲击波压力峰值与损伤的关系

压力峰（kPa）	人体损伤
30	个别鼓膜破裂
100	50%鼓膜破裂
200~300	少数肺损伤
500	50%肺损伤
700~800	个别死亡
900~1200	50%死亡
1400~1700	几乎100%死亡

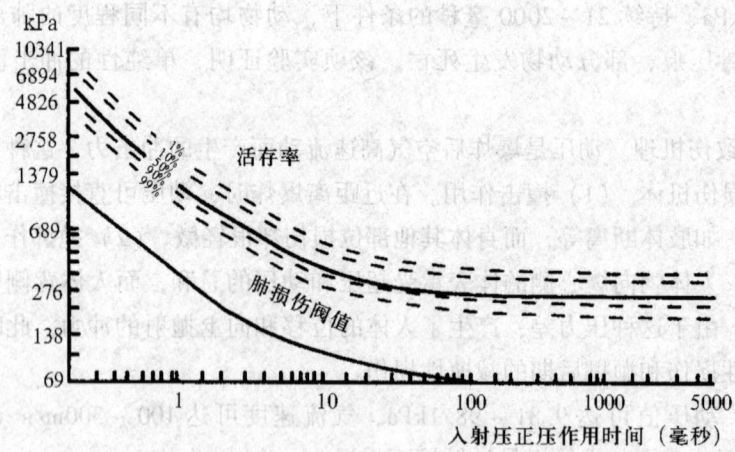

图 10-2-6 爆炸后空气压力改变及作用时间与损伤存活率之间的关系

3. 压力上升时间。某作用点受冲击波作用后达到压力峰值所需的时间称压力上升时间。一般来说，压力上升时间越短，损伤越严重。实验测量表明：核爆炸时压力上升时间为数毫秒至十几毫秒；炸药爆炸在1毫秒以内，在较密的建筑物内，压力上升时间可达100毫秒以上。

二、高温

高温是爆炸的特征之一，爆炸后高温损伤机理与其他高温损伤相似（具体见第十二章第一节），只是程度上因爆炸中心区温度高而引起的烧伤效应更严重。

三、爆炸投射物

爆炸所产生的投射物有原发和继发之分。原发性投射物是指炸药和包裹物爆炸后的产物，如炮弹弹壳等。继发性投射物是指爆炸后导致周围物体破碎飞散的物质。投射物所致的损伤机制类似于枪弹损伤或钝器损伤。

第三节 爆炸损伤的类型及特点

一、爆炸损伤的一般类型

无论何种原因的爆炸，造成人体损伤不外乎六种类型，即爆碎伤、冲击波伤、烧灼伤、投射物损伤、摔伤和挤压伤。一般将爆碎伤、冲击波伤和烧灼伤称为原发性爆炸伤，而将投射物损伤、摔伤和挤压伤称为继发性爆炸伤。但不是每次爆炸都会形成这六种类型的损伤，爆炸物能量、人体的状况、周围的环境等因素均可影响爆炸损伤类型的出现。

（一）爆碎伤

爆碎伤是指人体位于爆炸中心时所受的损伤。爆炸中心巨大的能量作用于人体产生显著的损伤作用，表现为肢体断离、内脏破碎、人体组织离溅现象。因此，爆炸伤将导致人体迅速死亡，而且常常无法完整地复原尸体（如图10-3-1所示）。

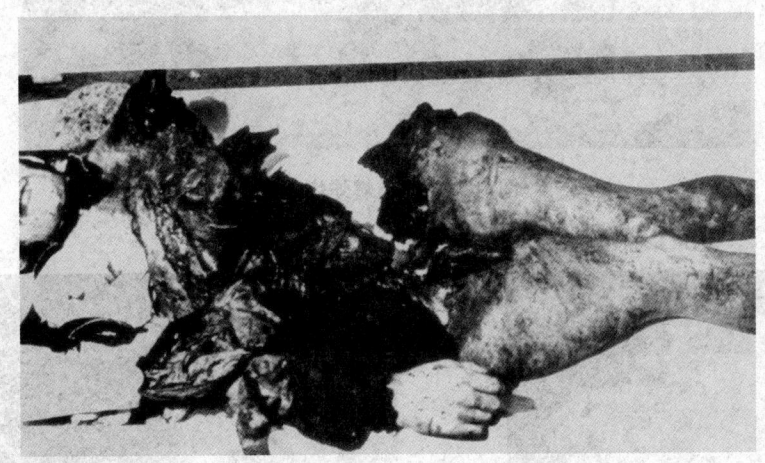

图10-3-1　人体的爆碎损伤

（二）冲击波伤

冲击波伤是指爆炸后所产生的高温高压高速气浪作用于人体所造成的损伤。其损伤的方式和机理前已述及，其损伤形态多表现为：人体体表大面积的表皮剥离，内爆效应所致的肺组织损伤，碎裂效应和惯性效应所致的胃肠道和膀胱的损伤，以及心、肝、肾、脾等实质脏器的震荡性损伤等。

（三）烧灼伤

烧灼伤是指爆炸时所产生的高温对人体所引起的损伤。表现为体表广泛性Ⅰ度、Ⅱ度烧伤，皮下组织肿胀呈蜂窝状（如图10-3-2所示）。另外，爆炸时常发生烟晕现象，使人体朝向爆心一侧的体表呈现明显的皮肤颜色改变。在实践中，这一征象常被用于分析爆炸时人体的体位与爆心的关系。

（四）投射物损伤

投射物损伤是指爆炸所形成的投射物对人体的损伤。爆炸所形成的投射物有两种：一是爆炸物装置本身的投射物（如炸弹、手榴弹等）爆炸后形成的弹片。二是爆炸时周围物体碎裂后飞溅引起的投射物（如砖石、门窗等）。投射物损伤的特征依投射物的大小、形态、投射速度等不同而有较大区别，可形成类似钝器、锐器甚至枪弹的损伤，但以钝性损伤为主，且各种损伤混杂存在（如图 10－3－3 所示）。而当投射物损伤具有方向时，常是分析炸点位置（方向）的重要依据（如图 10－3－4 所示）。

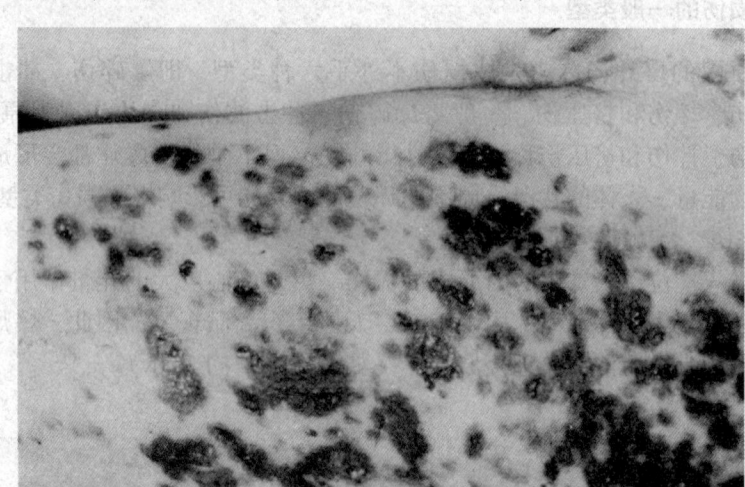

图 10－3－2　爆炸烧灼伤

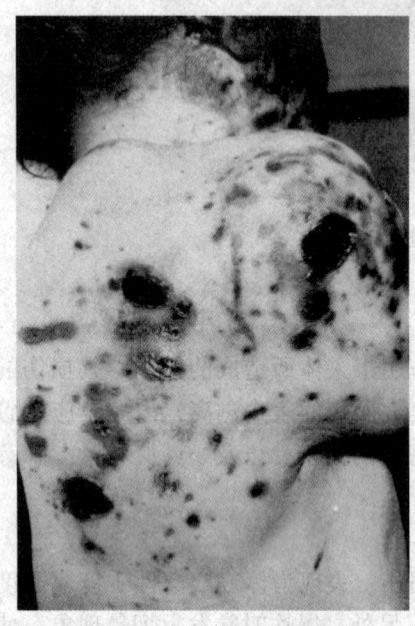

图 10－3－3　爆炸投射物伤

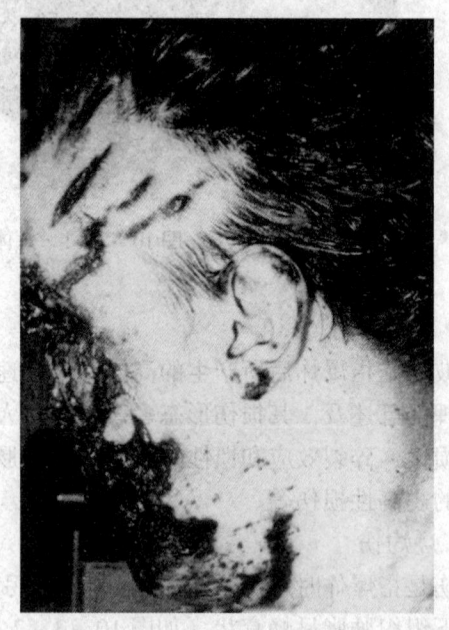

图 10－3－4　具有炸点方向性的爆炸伤（面前至后）

（五）摔伤

摔伤是指爆炸后所产生的冲击波超压和动压将人体冲击或抛射后坠落导致的损伤。摔伤的程度与特征依据爆炸能量的大小，人体体重以及现场环境的不同而有较大差异，一般情况下具有摔伤的基本特征。

（六）挤压伤

挤压伤是指爆炸后导致建筑物倒塌等使人体遭受物体较长时间的挤压所造成的损伤。一般见于能量较大的爆炸和具有物体倒塌压砸条件时，特别多见于核爆炸时。据资料统计，日本广岛、长崎原子弹爆炸后受挤压伤者占全部机械性损伤的80%以上。

二、爆炸损伤的特点

爆炸损伤具有以下特点：

（一）伤及面大

与其他类型的损伤相比，爆炸损伤具有更大的破坏性和群体性特征，其原因在于爆炸损伤有上述多种原发性和继发性损伤的方式，而且波及相当的范围，因此一般爆炸损伤涉及多人多物。

（二）伤情复杂

由于爆炸损伤机理和种类的多样性，因而导致了它的伤情复杂。在同一现场受爆炸损伤，只要爆炸能量不过大，那么人与人所受的爆炸损伤可能差异较大。这一点常被我们用于炸点的推断。爆炸损伤的复杂性还体现在同一个人身上同时可存在各种类型的损伤。

（三）外轻内重

爆炸损伤所产生的外轻内重特征是由冲击波的特点所决定的，几乎所有冲击波的致伤机制如内爆效应、碎裂效应、惯性效应等均是发生于体内，所以产生体表损伤轻微而体内损伤严重的外轻内重特点。外轻内重的爆炸伤特别多见于水中爆炸。需要指出的是，外轻内重的特点主要见于爆炸能量大而人体又非位于爆点的情况下，否则爆点巨大的能量和小型爆炸所产生短暂的冲击波将不会引起外轻内重的特征。

三、几种特殊爆炸损伤的特点

（一）水中爆炸

水中爆炸所产生的损伤主要来自冲击波的作用，因水的密度较空气大，故冲击波在水中传导较空气快。实验证实，水中冲击波致伤效应也主要发生在体腔及其含气量较多的器官，在相同的冲击波强度下，含气量较多的生物比一般生物损伤严重得多。例如，当1000吨炸药在水中爆炸时，冲击波能使1.85km以内的生物死亡，而对含气器官丰富的鳔鱼而言，其致死范围则可达7.41km。水中爆炸所致的损伤有以下特点：

1. 极少发生体表破损和骨折。由于水中爆炸出现投射物少或投射物因水的阻力而携带能量小，水中人体极少因投射物损伤导致体表破损和骨折，即使受冲击波作用人体被抛掷移位，仍与水相接触而不发生皮肤破损和骨折。在极个别情况下，例如，水中有其他硬质物体如船只等存在时，有可能使人体发生碰撞而引起体表外伤破损或骨折。

2. 含气器官损伤重，含液器官损伤轻。由于内爆效应和碎裂效应等的影响，人体含气器官如肺、胃肠道等器官极易受冲击波作用而损伤；而含液脏器如膀胱、胆囊、肾盂等因液体与组织的密度相似一般损伤较轻。有人试验将一段注满液体的肠管和一段未注满液体的肠管以同样的方式置于水中相同的爆炸强度下，结果注满液体的肠管损伤极轻，而含有气体的肠管则发生了破裂穿孔。

3. 接近水面的位置损伤轻。因水中冲击波传导至水面（水与空气介面）时，会反射回水底形成拉伸波，拉伸波的作用方面与冲击波入射方向相反，故具有减弱冲击波的作用。另外，水中爆炸时因高压而形成水泡波，这种水泡波约占爆炸能量的1/4，当水泡波到达水面时以水分子被抛向空中而消耗能量，所以人体在接近水面的位置所受的冲击波较水深处小，导致的损伤也较轻。

（二）信件炸弹

信件炸弹是近年来国际恐怖分子常用的威胁、恐吓或暗杀的手段，在我国也已出现利用信件或包裹炸弹作案的刑事案件。信件炸弹一般由起爆索、爆炸物和电能引火装置三部分组成。起爆索一般是灯泡中的钨丝，爆炸物常见是黄色油状的硝化甘油，引火装置多见由电池、晶体管、导线等构成。当信件被开启时，极细的铜丝被扯断，引发晶体管电路启动，微弱的电流通过钨丝后则引起电热和电火的产生导致爆炸。根据国外文献介绍，起爆可在0.4秒内发生，因此几乎在拆信的同时爆炸便发生。常见的信件炸弹的装置如图10-3-5所示。

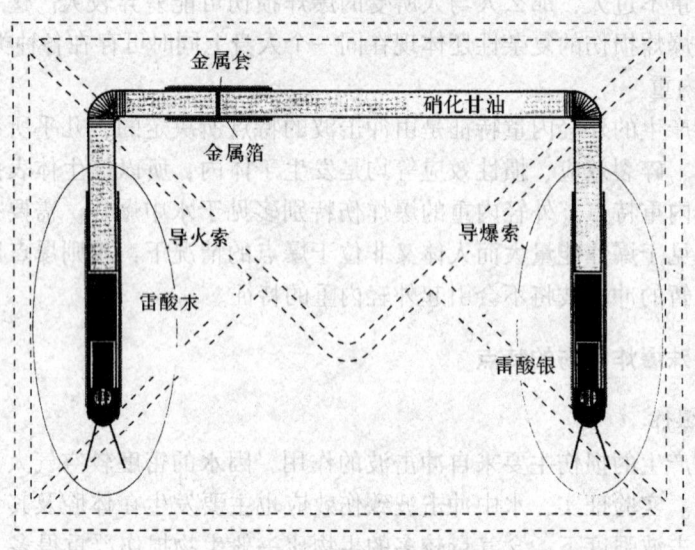

图10-3-5 信件炸弹装置示意图（引自 Missliwetz 等，1997）

由于信件炸弹需要具有隐蔽性，故一般炸药量很小仅数克，所以信件炸弹所引起的损伤通常以手为主，特别是握住信的手（非利手）损伤最严重，其中最多见的是拇指和食指的骨折（如图10-3-6所示）。有时装药量较多或人体面部接近信件时，也可造成头面部的损伤。

（三）瓦斯爆炸

瓦斯是一种天然气，俗称沼气，主要在有机物腐败过程中生成。瓦斯的主要成分是甲烷（CH_4），通常指煤井煤层中游离的混合气体，除甲烷（占60%左右）外，还有二氧化碳（占35%左右）以及少量的氢（H_2）、一氧化碳（CO）和氮（N_2）等成分，比重0.54。瓦斯无色、无味、无臭，具有易扩散、易燃烧、易爆炸的特点。当空气中瓦斯浓度大于5%，氧含量大于12%时，遇明火即发生爆炸；当瓦斯浓度小于5%时，遇明火发生燃烧。空气中瓦斯浓度在9.5%左右时爆炸能量最大。

瓦斯爆炸所致的人体损伤除一般爆炸损伤的特点外，还应特别注意两点：一是烧伤征象明显，因瓦斯易燃且一般发生瓦斯爆炸的环境较窄小（否则无法达到爆炸的浓度），所以烧伤征象十分普遍，程度以Ⅱ度多见。二是瓦斯爆炸导致死亡的机理不仅仅限于损伤，更多可能因中毒，毒物包括甲烷和一氧化碳，在实践中许多资料表明，矿井中因瓦斯爆炸死亡者的尸体血中碳氧血红蛋白（HbCO）含量半数以上者超过45%。

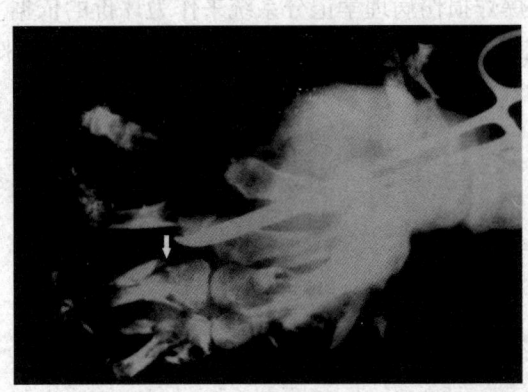
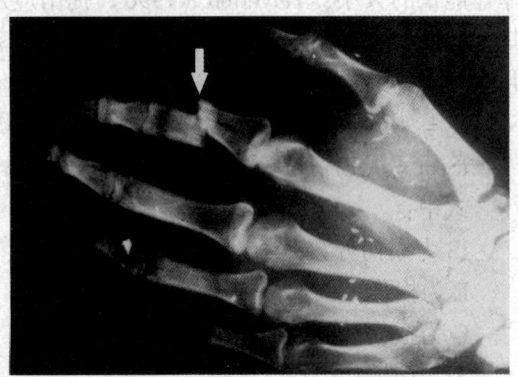

图10-3-6　信件炸弹爆炸引起的手损伤（白色箭头）

（四）液化石油气爆炸

液化石油气是石油加工工业生产的副产品，其主要成分有8种，即丙烷、正丁烷、异丁烷、丙烯、丁烯-1、顺丁烯-2、反丁烯-2和异丁烯。因液化石油气来源不同，其组成成分的含量略有不同。液化石油气具有气体密度大，液体密度小，易膨胀、易燃烧、易爆炸的特性。当可燃性的液化石油气与助燃性的氧气达到一定比例时，遇明火即发生爆炸。我们一般将爆炸混合气体中所含最少液化石油气浓度称为爆炸下限，表10-3-1列举了液化石油气各组成气体在常压下和常温（20℃）条件下与空气混合的爆炸极限。从表可知，液化石油气的爆炸极限在2%~10%之间，范围很窄，下限很低，表明液化石油气在浓度很低的情况下就具有爆炸的可能。

表10-3-1　液化石油气与空气混合的爆炸极限

	丙烷	正丁烷	异丁烷	丙烯	丁烯-1	顺丁烯-2	反丁烯-2	异丁烯
上限（%）	9.5	8.5	8.4	11.7	10.0	9.7	9.7	9.7
下限（%）	2.1	1.5	1.6	2.0	1.6	1.8	1.8	1.8

液化石油气爆炸导致的人体损伤特点与瓦斯爆炸相似，但因液化石油气气体密度大的特点，故漏泄时，沿地面扩散而非向上扩散，故某些液化石油气爆炸时，人体损伤下肢部位较上肢重。另外，液化石油气爆炸多发生于室内，声音小而沉闷，短时间内有明显的液化石油气味。与瓦斯爆炸一样，液化石油气爆炸致死者中有相当部分可因吸入有毒气体所致，所以检测死者血液中的液化石油气的成分十分重要。

第四节 爆炸损伤严重性推断

由于爆炸能量较大,涉及面广,具有较强的原发性和继发性两种损伤的威力,故爆炸常常表现为群体损伤。为了客观评价预后结果和损伤程度,提供救治先后的依据以及推断爆炸能量的大小,Yelverton(1996)提出应用爆炸损伤病理学记分系统来作为评价的依据。其基本的原理是根据人体各部位组织损伤的范围、程度、严重性损伤记分值的累计结果来判断损伤的后果。其基本公式为:

$$IS = (E + G + ST) \times (SD)$$
$$ISear = (E + G) \times (SD)$$

式中:

IS 为损伤分数;

E 为损伤范围;

G 为损伤分级;

ST 为损伤类型;

SD 为损伤深度;

ISear 为耳鼓膜损伤记分。

有关损伤范围、分级、类型、深度的记分方法如表 10-4-1、表 10-4-2、表 10-4-3 和表 10-4-4 所示,表 10-4-5 和表 10-4-6 列举了爆炸记分系统的概况及其根据记分值的累计推断的损伤严重后果。

表 10-4-1 爆炸损伤记分及其分级指标

项目	类别	损伤指标				损伤记分	
		范围(E)	程度(G)	类型(T)	深度(D)	公式	最大分值
1	体表损伤	0~6	0~5	0~3	1~4	IS	56
2	骨折	0~5	0~4	0~3	1~2	IS	24
4	烧伤	0~6	0~4	0~3	1~4	IS	52
4	咽喉	0~4	0~4	0~4	1~5	IS	60
5	气管	0~3	0~4	0~4	1~5	IS	55
6	肺腔	0~7	0~4	0~5	1~4	IS	64
7	心脏	0~4	0~4	0~4	1~4	IS	48
8	腹部空腔脏器	0~8	0~4	0~3	1~3	IS	48
9	腹部实质脏器	0~5	0~5	0~2	1~4	IS	44
10	右耳	0~6	0~4		1~4	ISear	40
11	左耳	0~6	0~4		1~4	ISear	40

表 10-4-2 损伤范围（E）记分表

项目	记分							
	1	2	3	4	5	6	7	8
1	头部	颈部	上肢	胸部	腹部	下肢		
2	颅骨	椎骨	肋骨	上肢骨	下肢骨			
3	头部	颈部	上肢	胸部	腹部	下肢		
4	咽/喉	会厌	杓状软骨	喉室				
5	前（上）	中	后（下）					
6	右肺尖	左肺尖	右中叶	左中叶	右下叶	左下叶	右叶	
7	右心房	左心房	右心室	左心室				
8	胃	小肠	升结肠	横结肠	乙状结肠	直肠	胆囊	膀胱
9	肝	脾	胰	肾上腺	肾			
10 和 11	鼓膜	锤骨	砧骨	镫骨	椭圆窗	圆形窗		

表 10-4-3 损伤程度分级（G）记分表

项目	分类	记分				
		1	2	3	4	5
1	损伤面积（cm²）	0~1	2~10	11~20	21~30	>30
2	骨折数量	1	2	3	≥4	
3	烧伤面积（%）	≤10	11~25	26~50	>50	
4	器官损伤（%）	≤10	11~30	31~60	>60	
5	器官损伤（%）	≤10	11~30	31~60	>60	
6	器官损伤（%）	≤10	11~30	31~60	>60	
7	器官损伤（%）	≤10	11~30	31~60	>60	
8	损伤面积（cm²）	0~1	2~10	11~20	21~30	>30
9	器官损伤（%）	≤10	11~30	31~60	>60	
10 和 11	鼓膜损伤	出血	小撕裂	≤50%	≥50%	

表 10-4-4 损伤类型（ST）及计分表

项目	记分				
	1	2	3	4	5
1	擦伤	挫伤	裂创		
2	不完全性	完全性	复合性		
3	轻度	中度	重度/炭化		
4	出血点 1~5	>6	出血斑	弥散	
5	出血点 1~5	>6	出血斑	弥散	
6	出血点	出血斑	血肿	弥散血肿	破裂
7	出血点	出血斑	血肿	弥散血肿	
8	浆膜或粘膜	两层	全层		
9	被膜下挫伤	被膜下出血			

表 10 – 4 – 5 损伤深度（SD）计分表

项目	记 分				
	1	2	3	4	5
1	体表	组织深部	穿透体壁	贯通	
2	闭合	开放			
3	仅及毛发	Ⅰ度	Ⅱ度	Ⅲ度	
4	单层	两层	全层	血肿	穿孔或撕裂
5	单层	两层	全层	血肿	穿孔或撕裂
6	胸膜或胸膜下	实质	散在实变	弥漫实变	
7	单层	两层	全层	破裂/穿孔	
8	粘膜浅层	粘膜溃疡	穿孔/破裂		
9	被膜层	表面撕裂	深部撕裂	实质挫碎	
10 和 11	听小骨	锤骨	听骨链	卵圆孔或圆孔	

表 10 – 4 – 6 损伤分数与损伤严重性的对应关系

损伤程度	损伤分数				
	肺	咽/喉	气管	腹空腔器官	腹实质器官
阴性	0	0	0	0	0
极轻	3~4	3~4	3~4	3~4	3~4
轻度	5~21	5~16	5~18	5~18	5~18
中度	22~36	17~22	19~28	19~28	19~28
重度	37~64	23~60	29~55	29~48	29~44

第十一章 交通工具和交通事故损伤

交通工具和交通事故损伤是指与交通工具有关的、行驶过程中发生的损伤，故本质上应当属于机械性损伤，主要包括道路交通事故损伤、铁路列车事故损伤以及飞机失事损伤。由于近年来交通事故损伤日趋增多，而且交通事故损伤往往又具有损伤形态复杂、损伤类型多样的特点，法医学检验鉴定的内容又具有一定的特殊性，因此将其列为单独的一章来讨论。

第一节 道路交通事故损伤

道路交通事故损伤主要是指发生在道路上与交通工具有关的机械性损伤。它既可以发生在交通工具内，也可以发生在交通工具外。它既见于意外，也见于自杀和他杀，但大多属意外。本节主要讨论在实践中发生最多的以小型汽车为主的道路交通事故及其损伤。

一、概述

道路交通事故（以下简称交通事故）是指车辆驾驶人、行人、乘车人以及其他在道路上进行与交通活动有关的人员，因违反有关的交通法规和规章过失造成人身伤亡或财产损失的情况。此定义中涉及以下几个基本概念：

1. 道路。道路是指公路、城市街道、胡同（里巷）以及公共广场、公共停车场等供车辆、行人通行之处，近年来我国新出台的道路交通法规还将厂区、院校、庭院内的道路也列入道路交通事故处理的范畴。

2. 车辆。车辆包括机动车（如汽车、电车、摩托车、拖拉机、轮式专用机械车等）、非机动车（如自行车、三轮车、人力车、畜力车、残废人专用车）。车辆是交通事故发生的必要和前提条件，故人们常将交通事故简称车祸。

3. 事故的发生是因违反交通法规或规章而过失所引起，本质上属意外。故意的行为（如自杀、凶杀）和因自然环境因素如地震、台风、泥石流等造成的人员伤亡或事故不属于此范畴。

从1886年第一台汽车在德国诞生起，工业革命和现代化的生产技术使汽车制造业迅速发展。一方面极大地提高了运输效率，促进了经济发展，满足了人们需要，另一方面也造成了巨大的负面效应。抛开环境污染等因素暂且不提，仅仅交通事故所涉及的人身伤亡和直接经济损失都达到了令人始料不及的程度。据权威资料统计，目前全世界每年有超过70万人死于交通事故，相当于平均每1秒就有人死于车轮下。而交通事故受伤的人数一般是死亡人数的5倍以上。在青壮年时期的死亡原因分类比较中，交通事故居首位。如果用潜在寿命损失年数（YPLL）来评价各种死亡原因所引起的人群寿命损失，则在所有年龄阶段中，交通事故均高于其他疾病等原因。全世界每年因交通事故所致的直接经济损失达数千亿美元之巨。所以，目前不少人将交通事故列为世界"第一公害"。国际上已专门成立了两大专业组织：汽车医学发展协会（AAAM）和国际意外事故和交通医学学会（IAATM），并且形成了一门新的学科——汽车医学，目的在于研究交通事故的流行病学及其规律，探讨改善交通安全和提高交通事故损伤的救治水平。

我国机动车总数占全世界的1.6%左右，但每年因交通事故死亡的人数占全世界交通事故死亡的人数的11%左右，名列各国之首。尽管按百万人死亡率指标衡量我国还低于其他国家，但按国际公认的反映人-车-路系统状态和交通管理水平的最佳指标——千车死亡率来衡量，我国则明显高于多数国家（如表11-1-1所示）。因此，交通事故在我国也成为日益突出的社会问题。

表11-1-1　全球因交通事故死亡人数

国家	每千人拥有机动车数	每千辆车死亡人数	每百万居民死亡人数	每年死亡人数	（年份）
美国	763	0.21	159	41798	（1995）
日本	647	0.13	85	10649	（1994）
法国	568	0.26	148	8533	（1994）
英国	415	0.16	65	3650	（1994）
西班牙	361	0.34	121	5615	（1994）
挪威	510	0.13	65	283	（1994）
以色列	251	0.39	99	539	（1994）
泰国	219	1.17	257	15176	（1994）
沙特	167	1.44	241	4077	（1994）
巴西	89	1.89	169	25000	（1991）
印度	25	2.75	67	59300	（1993）
摩洛哥	43	2.99	129	3359	（1993）
中国	27	2.20	60	71494	（1995）

（引自王正国，1998）

交通事故发生后常涉及人身伤亡，所以需要法医的检验鉴定，况且其中少数貌似交通事故而实际上是利用交通工具自杀、他杀，或者他杀后伪装交通事故，则更需要法医通过检验加以甄别。涉及交通事故人身伤亡的法医学鉴定常需解决死因、损伤机制、损伤方式（事故发生时人车的状态）等问题。

二、交通事故损伤机理

在交通事故涉及人体损伤中，绝大多数由汽车所致。作为主要交通运输工具，汽车所引起的人体损伤机理十分复杂，主要原因在于汽车和人均处于运动之中，整个损伤过程十分迅速。另外，影响人体损伤的因素很多，如车速、撞击位置、车内车外人体的状况、路面等。所以，分析交通事故损伤应综合多方面因素考虑分析。

（一）损伤过程和方式

典型的交通事故导致人体损伤产生于车辆在运动（行驶）中与运动或静止的人体（车外）或引起人体（车内）与之相碰撞之后。简言之，车辆与车外人体碰撞后引起人体损伤的典型经过为撞击、摔跌、拖擦和碾轧（如图11-1-1所示），整个过程约1.1~1.3秒。

需要指出的是,一次交通事故并非使所有的车外人员经过这四个损伤过程,如人体受拖擦而无摔跌、摔跌的人体可不受碾轧等。根据实际案例观察,人体上出现上述四种方式损伤的发生率分别是:撞击伤92%、摔跌伤74%、拖擦伤35%、碾轧伤25%。由此可见,撞击和摔跌是人体交通事故损伤的主要方式。

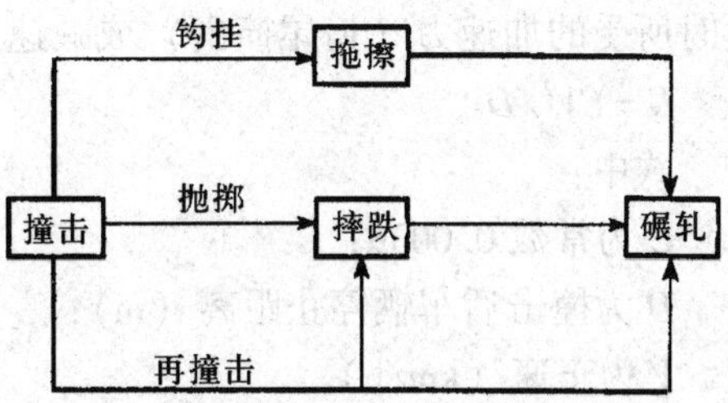

图11-1-1 车外人员损伤过程示意图

车内人体的损伤过程相对比较简单,典型的过程可如图11-1-2所示。当车辆出现事故制动后,车内静止的人体因惯性向前,后又因反弹向后与车内周围物体发生撞击,撞击后的人体最后可摔跌在车内或车外。人体在车内的损伤过程较车外更快,共约0.01秒。需要指出的是,如果人体在车内系上了保险带,那么不仅可防止人体移位碰撞摔跌,更重要的是可将整个受力作用的时间过程延长10倍,达0.13秒,因此可减轻损伤的程度。

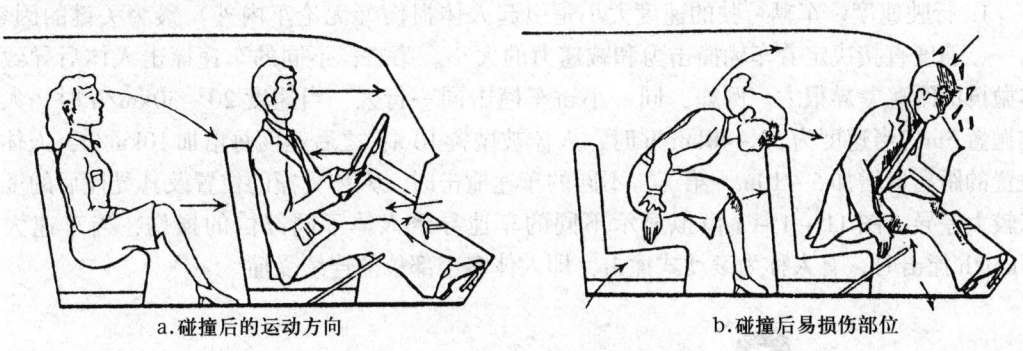

a. 碰撞后的运动方向　　b. 碰撞后易损伤部位

图11-1-2 车内人员损伤示意图

(二) 损伤动力学

按照动力学原理,运动的车辆撞击人体后以撞击力作用于人体导致损伤后果,其撞击力的计算方式可借助下述公式分析:

$$PS = 1/2 \times MV^2$$

$$P = MV^2/2S$$

式中:

P 为作用力 (kg);

S 为作用距离 (m),一般以车辆凹陷深度计;

M 为车辆质量 (kg);

V 为车速 (m/s)。

假设车辆重800kg,车速在50km/h (13.9m/s) 时发生撞击事故,使车辆凹陷50cm,那么车辆的撞击力为:

$$P = 800 \times 13.9^2 / 2 \times 0.5 = 154568 \text{ (kg)}$$

由于车辆撞击人体,一般很难引起车辆的凹陷,也就是公式中$2S$值极小,因此撞击力更大。

在车内,因人体非车辆直接撞击所致,一般用重力或称G力的大小表示人体在车内发生时所受的加速力（追尾撞击）或减速力（迎面或侧面撞击）。G力的计算公式可表示为：

$G = CV^2/D$

式中：

C 为常数 0.0039；

D 为撞击后车辆停止距离（m）；

V 为车速（km/h）。

假设车辆以80km/h速度相撞击，穿透25cm墙壁同时使车前部凹陷50cm。那么：

$G = 0.0039 \times 80^2 / (0.25 + 0.50) = 33（G 力）$

此时如人体被完全固定于车内（实际上不可能），那么人体受到重力（减速力）也是33G；如果人体未固定，那么人体软组织撞击车内物体后变形距离决定G力的大小。人体各部位的耐受G力的差异较大，如额骨可耐受80G、上颌骨40G、颈椎30~40G、胸椎60G、腰椎45G。

（三）影响损伤的因素

1. 行驶速度。车辆行驶的速度大小是引起人体损伤（无论车内外）最为关键的因素。第一，速度直接决定着车辆撞击力和减速力的大小。第二，不同的车速撞击人体后导致人体抛掷的距离差异很大。例如，同一小轿车撞击同一行人，当速度20~30km/h时，人体被抛置5m；当速度为30~40km/h时，人体被抛置10m；之后速度每增加10km/h，人体被抛置的距离也增加5~10m。第三，不同的车速撞击时，人体受撞的位置及其受撞后的姿态有较大差异。图11-1-3模拟显示不同的车速导致人体不同部位的损伤，当车速大于65km/h撞击时，有人称为滚动式撞击，即人体多个部位的连续受撞。

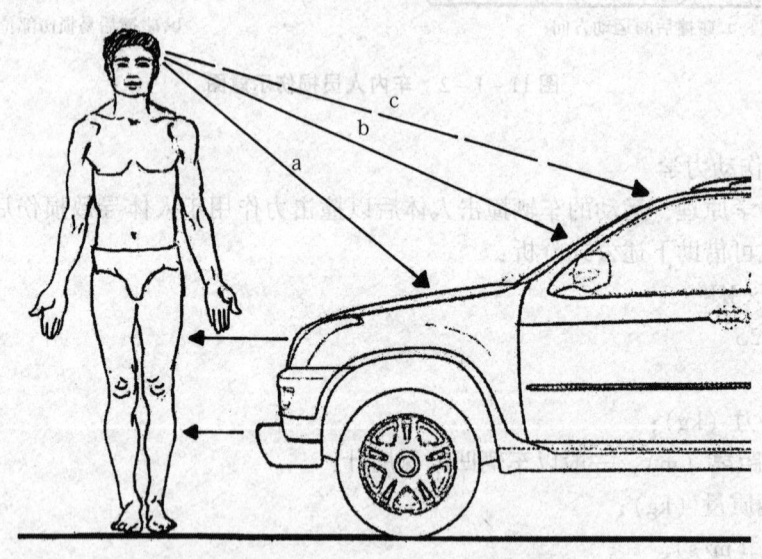

a.<40km/h b.40~70km/h c.>70km/h

图11-1-3 不同车速所形成的人体接触部位示意图（引自 Ropohl，1990）

有人将不同的车速撞击人体后引起人体姿态改变过程概括为5种运动轨迹（如图11-1-4所示）：（1）前抛，是指车速小于15km/h时，人体仅按撞击方向被抛出摔跌。(2)重叠，是指车速约30km/h时，引起人体躯干弯曲与车发动机罩相接触。(3)挡板拱,是指车速以40km/h左右撞击时,人体与挡泥板前侧角相撞,当车停止时,人体与挡泥板相重叠;当车继续行驶时,人体将上移与前窗相撞击。(4)筋斗,是指车速60~70km/h时,人体受撞击后可腾空飞跃,多见于儿童。(5)车顶拱,是指当车以70km/h或以上速度撞击人体后引起人体从车顶翻滚而过的姿态。

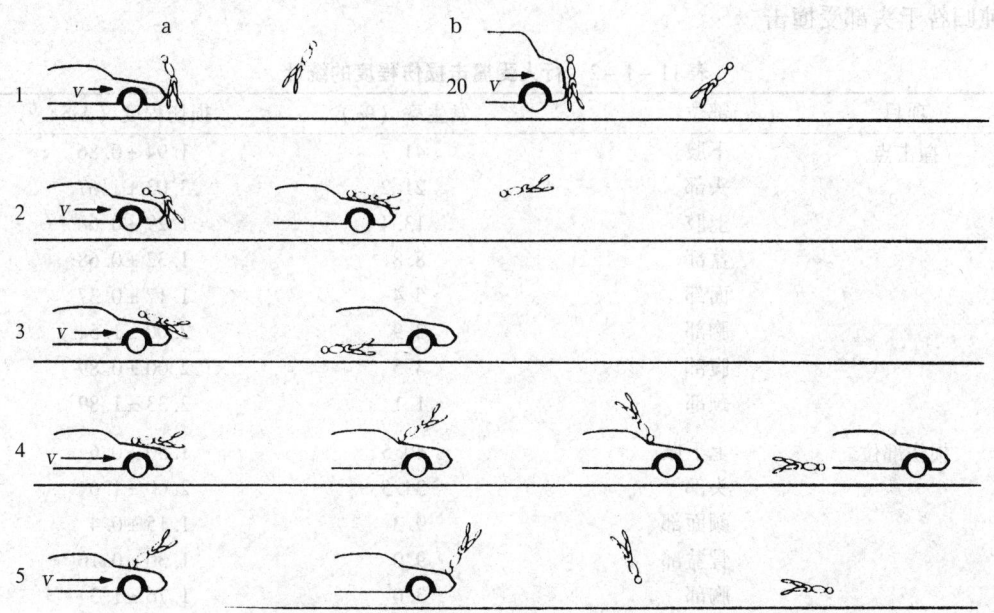

1 (a). $V<15km/h$　1 (b). $20km/h$　2. $V=30km/h$　3. $V=40km/h$　4. $V=50km/h$　5. $V=60km/h$

图11-1-4　不同车速撞击人体后人体运动方式示意图 (引自Shkrum等,1994)

2. 保险带。是否使用保险带装置是车内人员损伤的重要影响因素。据资料报道,系保险带后可减少20%~25%的死亡和严重损伤发生率。目前生产的轿车内一般采用三点式保险带,主要作用有:(1)保护头部以避免撞击。(2)防止人体被抛掷。(3)延长减速时间和限制变形距离。

根据公式计算,当车以40km/h相撞时,如系了保险带,则产生9.4G的减速力(因时间为0.12秒),而如未系保险带,则将产生94G的减速力(因时间为0.01秒)。需要指出的是,保险带装置对前后位的撞击所起的保护作用明显大于侧位撞击,有人认为保险带对侧位撞击无保护作用,甚至更易受损伤。

3. 气囊。气囊是安装在方向盘中的尼龙纤维织成的囊状物,当车辆保险杠上的感受器接受车辆纵向加速度等于或者大于20km/h碰撞时,气囊装置自动将尼龙纤维囊状物弹出并在0.05秒以内向囊内充盈50~60L的氮气,此时等于在人体头面部前面设置了一道软性的"屏障",避免了头面部与前面物体的直接碰撞。另外,气囊本身所具有的可陷性,也可使头部冲击减速的时间延长,从而减小了冲击力。目前不少车型已经在前排两个座位(不仅仅是驾驶人)前均装有气囊的装置。需要提出的是,气囊一般仅在车前碰撞时发挥作用,而在被侧面撞击和被追尾撞击等情况下,气囊不会打开。

4. 部位。交通事故中人体的损伤特点及其损伤严重性受撞击部位的影响,这里的部位指车辆与人体两个方面。一方面,车辆上不同的部位撞击人体可产生不同的损伤,以小轿车为例,其发动机罩撞击将造成骨盆损伤,而减震器或挡泥板撞击主要引起膝盖或胫腓骨的损伤。另一方面,人体不同部位受撞击将直接影响损伤程度。Iwadate 等(1992)分析了118 例行人与平均车速 30km/h 的车辆相撞后其撞击特点,损伤部位与损伤程度的关系(如表 11 -1 -2 所示),发现下肢和头部是撞击最多、损伤发生率最高的部位。当然由于人体受撞击后仍处于运动状态,可因摔跌而形成继发性损伤,因此头部损伤及其严重程度不能单纯归咎于头部受撞击。

表 11 -1 -2 行人受撞击损伤程度的统计

项目	部位	发生率(%)	损伤程度(AIS)
撞击点	下肢	41.7	1.94 ± 0.86
	头部	21.2	3.03 ± 1.67
	上肢	13.4	1.29 ± 0.68
	盆部	8.8	1.32 ± 0.68
	面部	5.4	1.17 ± 0.37
	胸部	3.9	2.00 ± 1.54
	腹部	3.5	2.00 ± 0.89
	颈部	1.1	2.33 ± 1.89
损伤部位	上下肢	40.5	1.50 ± 0.6
	头部	34.5	2.60 ± 1.6
	颜面部	9.3	1.15 ± 0.4
	骨盆部	9.0	1.30 ± 0.16
	胸部	3.0	1.76 ± 1.3
	腹部	2.1	1.80 ± 0.9
	颈部	1.6	2.40 ± 1.8

(引自 Iwadate 等,1992)

三、交通事故损伤的类型与特征

(一)一般损伤

按交通事故发生后人 – 车的运动过程,可分为以下四种基本类型的损伤:

1. 撞击损伤。撞击损伤是指车辆在行驶过程中与行人或骑车人碰撞,或者乘车人员与车内物体碰撞所导致的损伤。易与车外人员相碰撞的车体部位有前保险杠、车灯、反射镜、挡泥板、散热罩以及车体侧面较突出的部位等。撞击损伤的形态学特征依撞击速度、撞击物表面的形态以及人体受撞击部位等的不同而表现为表皮剥脱、皮下出血、软组织挫裂、内脏破裂、骨折等形式(如图 11 -1 -5 所示)。人体损伤形态有时能反映撞击物的形态特征,如散热器可形成人体软组织栅栏状挫伤、车前灯可形成皮肤局部椭圆形挫伤等。当运动的车辆以较快速度撞击人体下肢时,人体可被车前端"抛起"而引起臀腰部与引擎盖、头部与前风挡玻璃的二次撞击导致躯干和头部撞击伤。有时,较大面积的物体撞击人体软组织丰满(如大腿)处,体表损伤不严重甚至不明确,而深部组织却因挫伤形成充满血液和碎组织的囊状损伤。

2. 摔跌伤。摔跌伤主要是指人体被行驶的车辆撞击后摔跌在路面所形成的损伤。由于除了自身的重量外,机动车还赋予人体强大的冲击力,因此引起的摔跌损伤一般比人体在静止状态下的摔跌损伤更为严重。摔跌造成的损伤以颅脑为主,其特征表现为减速性、外轻内重、颅骨整体变形以及脑组织的对冲击性挫伤(需要指出的是,以此可与车辆直接撞击人体所致的颅脑损伤相区别）。另外，人体受撞击后摔跌时因人体仍有的惯性而身体滚动，易形成体表多部位的擦挫伤。

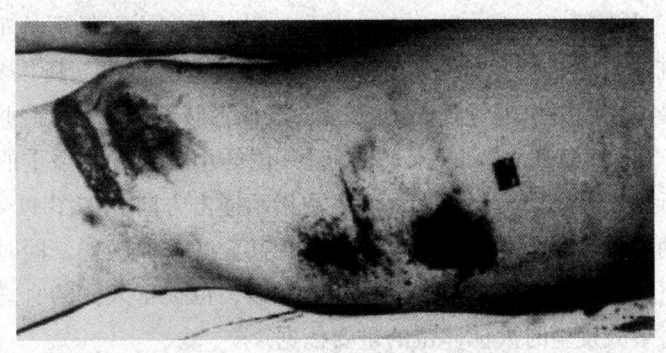

图 11 – 1 – 5　车撞击下肢形成的损伤

3. 拖擦伤。拖擦伤是指人体被车辆撞击或摔跌后未彻底与车分离，而被车体上某一部分钩挂住，随车辆的运行身体与地面摩擦所形成的损伤。这种损伤既可因人体与路面接触所引起，也可因人体与车体某一部分反复接触所致。形态学上表现为面积大、方向性好的特点（如图 11 – 1 – 6 所示）。如果人体有多部位同时受拖擦，那么各部位拖擦伤的方向仍是一致的。拖擦损伤的性质受时间的长短、擦蹭物性状以及人体有无衣着保护等因素的影响而各不相同，轻则表皮剥脱，重则皮肤缺损甚至骨质碎裂。

4. 碾轧伤。碾轧伤是指车辆从人体上驶过所引起的损伤。碾轧伤的损伤机理：一是车体重量的压迫挤压人体，导致人体内脏、骨骼的损伤。二是车轮在碾过人体时，轮胎上凹凸不平的花纹与人体皮肤组织接触所留下的轮胎印痕。由于车辆重达数百公斤，故其压迫人体常易引起人体内脏（特别是实质性脏器）破裂和骨折。轮胎印痕本质上为表皮剥脱和皮下出血。这种印痕易出现在人体较平坦软组织丰满的部位如臀、腰、大腿等，有时也可出现于头面部（如图 11 – 1 – 7 所示）。体表如有较厚的衣着则可不出现轮胎印痕或印痕不明显。

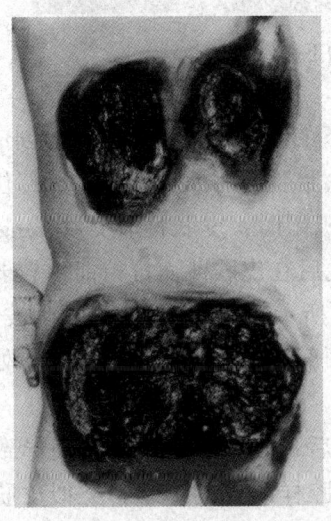

图 11 – 1 – 6　车祸所致的人体
背侧大面积拖擦伤

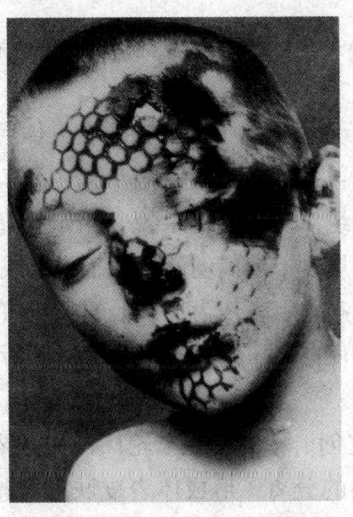

图 11 – 1 – 7　车轮在头面部
碾轧形成的胎印

(二) 特殊损伤

特殊损伤是指交通事故损伤中比较具有指向价值，或者是车辆所特有结构形成的损伤。

1. 下肢骨折。当车辆正面撞击行人时，首先接触的是突出而低下的车前部，车前部的某些装置如保险杠、发动机罩、减震器等高度通常在 75cm 以下，所以易引起下肢骨折。由于保险杠位于最前端的突出部位且低于 50cm，所以下肢骨折中又以胫腓骨的骨折最为典型。一般认为当车速大于 30km/h 时，人体持重一侧的小腿将发生严重的撞击伤，表现为胫腓骨的楔形骨折，楔形底面为作用点，而楔顶指示撞击方向（如图 11-1-8 所示）。车速更快时，因发动机罩和减震器的撞击可引起股骨甚至骨盆的损伤，同时也可导致双下肢同时发生损伤。下肢楔形骨折在指示撞击方向的同时，也提示人体的直立位置状态，所以是法医在鉴别交通事故发生时人体体位的重要依据。

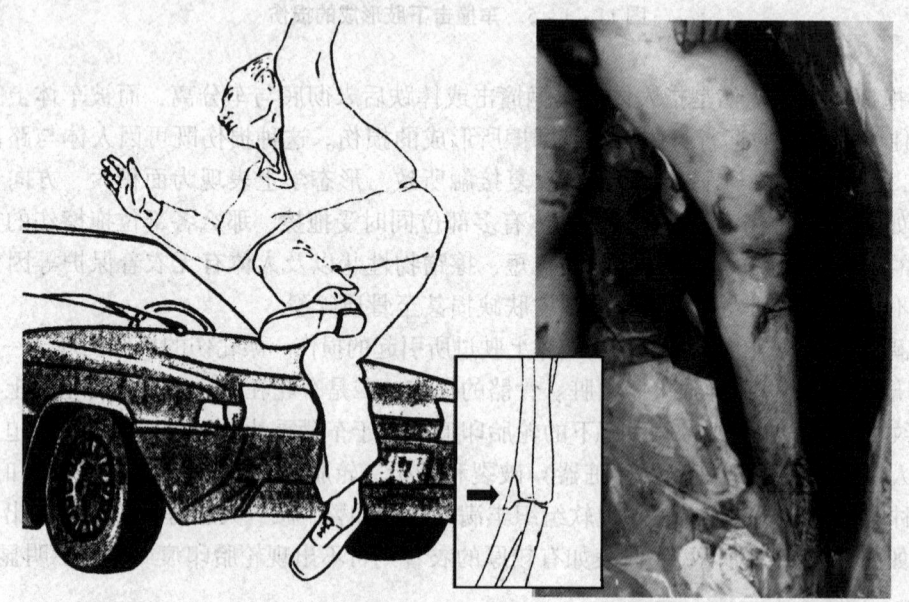

图 11-1-8　车前保险杠撞击所致的下肢骨折

2. 伸展创。伸展创是车轮碾轧人体后在邻近部位留下的细小、浅表、平行的创口。其形成机理是：运动的车轮碾轧人体时，车轮旋转作用和轮胎胎面的抓着力使受压部位边缘邻近的皮肤组织受极大的牵拉，当牵拉超过皮肤的抗拉极限时，皮肤将沿皮纹 Langers 线裂开形成伸展创。伸展创最多见于腹部或大腿根部受碾轧后在皮肤薄而抗拉能力较弱的腹股沟部，形态学上表现为细条形的裂创（如图 11-1-9 所示），而在尸体上常为波浪形，系因绷紧的皮肤在压力解除后弹性回缩所致。另外，在颈部、腋下等皮肤组织菲薄处也可发生伸展创。

3. 剥皮创。剥皮创是车轮广泛而强烈压迫人体组织后瞬间解除压力，从而导致皮下组织和肌层的分离，形成体表皮肤尚完整，而皮下呈囊腔样改变的形态，类似皮肤全层完整地从肌肉上剥离下来一般。剥皮创常见于软组织和肌肉丰富的下肢（如图 11-1-10 所示）。

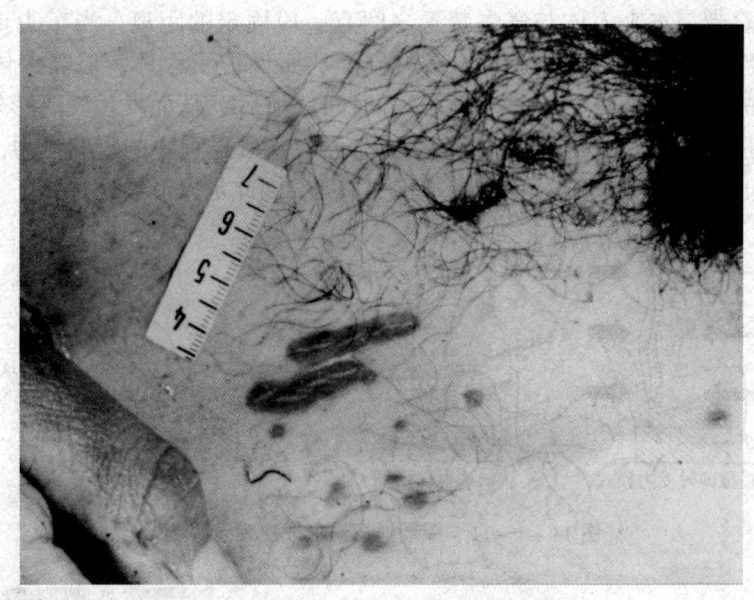

图 11 – 1 – 9　车轮碾轧所致的右侧腹股沟伸展创

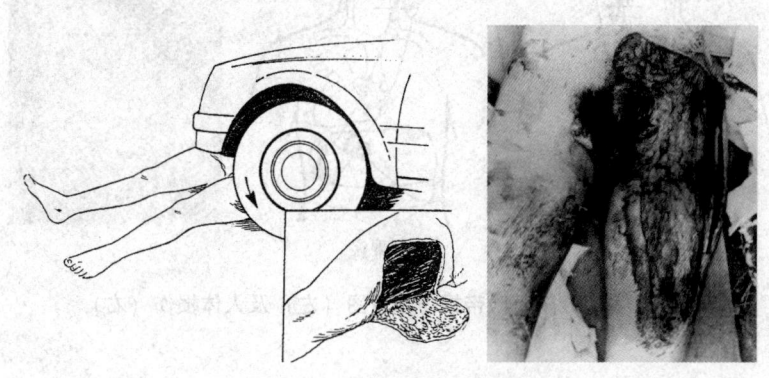

图 11 – 1 – 10　车轮碾轧引起的剥皮创

4. 挥鞭样损伤。挥鞭样损伤是指人体因躯干或头部突然而过度地屈曲或伸展，引起颈部椎体旁肌肉强烈收缩而发生的非连续性线状出血，似鞭节样而成名（如图 11 – 1 – 11 所示）。挥鞭样损伤常见于第 3～第 6 颈椎，可伴有颈椎的脱位或骨折。挥鞭样损伤是交通事故中车内人员较多见的损伤类型。

5. 保险带损伤。保险带是固定车内人员的束带装置，有腰带式、单个斜跨式肩带、腰带加斜跨式肩带以及腰带加双肩带式等多种形成。目前通行采用腰带加斜跨式肩带，也称三点式。保险带对避免车内人员移动性撞击损伤起重要作用。但有时因撞击力十分巨大，或者事故后车辆发生翻滚等，束缚胸腹的保险带猛然挤榨人体，可形成相应部位条索状的、斜行跨越胸腹和环绕腹周的挫伤（如图 11 – 1 – 12 所示）。在法医学实践中，保险带损伤常被用于鉴别车内人体在事故发生当时的位置。

6. 气囊的损伤。气囊作为车内一种自动保护装置，使人们可避免向前撞击物体而损伤。但在一定条件下，气囊对车内人体又有损伤作用。气囊损伤的主要原因在于受保护的人员没有系保险带，本来人体与气囊装置之间有一段固定的距离，当车头正面碰撞发生时，人体因惯性向前移动，气囊在此之前打开，从而保护了人体。但当人体没系保险带时，人体前移的速度明显加快，使得气囊打开时间"滞后"从而发生气囊膨开与人体发生接触从而造成损伤。气囊形成损伤的机理主要是充气膨胀过程中的瞬间压力，根据实验测定最高可达20kN，而人体胸部的耐受性却仅3.3kN，因此足以形成伤害。

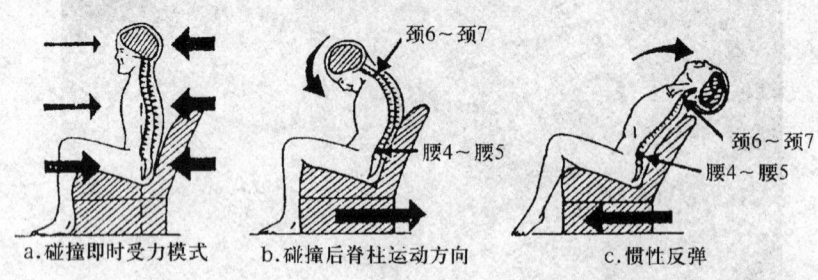

图11-1-11 挥鞭样损伤形成机理示意图

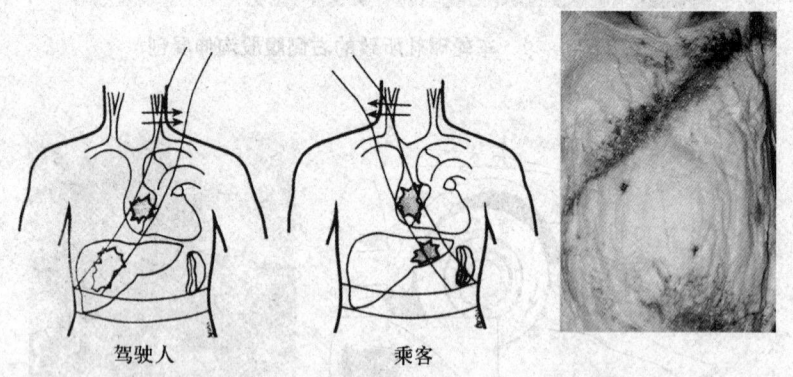

图11-1-12 保险带损伤示意图（左）及人体损伤（右）

根据文献报道，气囊对未系保险带位置的人员的损伤率可达48%，几乎包括了皮肤挫伤、撕裂、骨折等所有的损伤类型，比较典型的损伤是颈椎的脱位或骨折（如图11-1-13所示）。由于气囊位置的固定，因此人体损伤的部位与人体的坐高直接相关，一般来说，成人主要是面部和胸部的损伤，儿童主要是头部和颈部的损伤，而婴儿则主要是头部的损伤。

 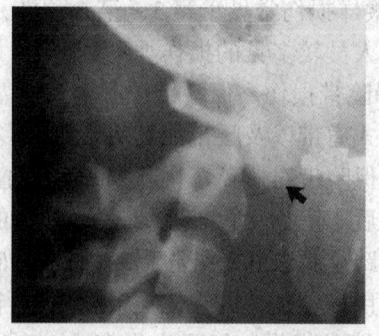

图11-1-13 驾驶人因气囊损伤导致的颈1和颈2脱位（引自Shkrum等，2002）

四、交通事故鉴定中的有关问题

（一）驾驶人的推断

在某些交通事故中，为准确区别责任人以及进行事故处理，需要认定在事故发生当时谁是驾驶人的问题。当车内（或车上）有乘客，而车在事故时又发生翻滚等人体有明显的移位时，仅仅凭人体事故后所处的位置是无法作出判断的。认定驾驶人的方法有很多，包括目击者的调查、车上血痕、毛发的检验、人体上车内异物的检验等，应综合利用所有检验结果来作出认定。这里仅讨论如何从人体损伤的特点来推断驾驶人。

1. 汽车驾驶人的推断。当交通事故发生时，汽车内的所有人员主要通过与车内物体相撞击这一途径而发生损伤，但是由于人体在车内处于不同的位置，而这些位置上车内物体的性状又有差别，所以可导致车内不同位置上的人体具有不同的损伤特征。车内驾驶人的推断正是基于此而作出的。车内驾驶坐周围明显有别于其他位置的设备物件有方向盘、踏脚板、仪表盘、手动操作杆等，因此车内驾驶人人体上可能留下以下较有特征性的损伤：

（1）方向盘损伤，驾驶人胸部和上肢与其相撞而引起，表现为胸部和上肢圆弧形表皮剥脱和皮下出血（如图 11-1-14 所示），多伴有肋骨和胸骨的骨折。

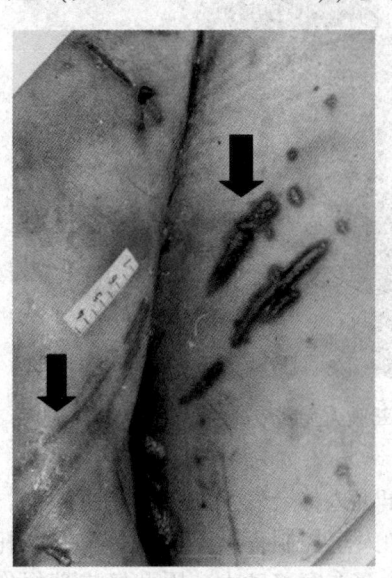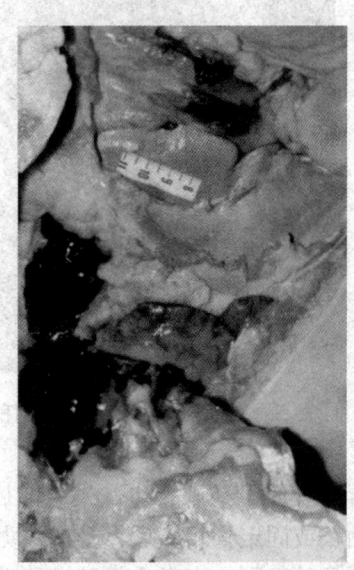

图 11-1-14 车祸发生后驾驶人右胸及右臂的方向盘损伤（左）及其胸壁内软组织出血（右）

（2）踏脚板损伤，系驾驶人脚猛踩刹车板而引起，通常表现为踝关节、跖骨损伤以及足趾的骨折。

（3）仪表盘损伤，系驾驶人膝盖前冲与仪表盘相接触，形成膝部或大腿部的挫伤或挫裂创，有时可伴有传导性的股骨骨折。

（4）上肢损伤，因驾驶人在事故发生当时猛然转动方向盘或与之相撞击引起。可表现为肩关节脱位、上肢皮肤弧形挫伤以及腕骨骨折等。

（5）如果驾驶人系了保险带，那么可能减轻上述损伤程度但可能留有保险带的损伤。驾驶人胸腹部保险带条行挫伤与前排乘客性质相似，但方向不一。左舵式车内驾驶人保险带的损伤是由左肩（高）至右腹（低），而前排乘客相反。

2. 摩托车驾驶人的推断。摩托车驾驶人的推断基本原理部分与车内驾驶人的推断相似，即根据车上物体分布位置及驾驶人与乘员所处的位置不同而产生某些较特征性的损伤。但因摩托车的总体结构与汽车结构有较大差异，如摩托车是敞开式而汽车是相对封闭式、汽车内人体可由保险带固定而摩托车上人员无固定装束等。因此，交通事故后人体所处的状态及运动方式有明显区别，如摩托车事故后人体与车多数相分离而汽车事故后人体多数仍可在车内，所以摩托车驾乘人员的损伤特性又有某些新特点，归纳起来有以下几点：

(1) 摩托车车上物体的损伤。摩托车车上物体的撞击伤主要见于驾驶人，包括车把所致的前胸和上肢的损伤、反视镜所致的上肢损伤、油箱所致的两大腿内侧的损伤（如图11-1-15所示）等，这些损伤主要表现为软组织挫伤，严重者可有挫裂创和骨折的发生。尤其具有特征性的是驾驶人大腿内侧的皮肤挫伤，有时甚至可清晰反映出油箱上凸起的字符。这是由于事故发生时，摩托车驾驶人本能双腿夹住车体以避免人车分离的结果。

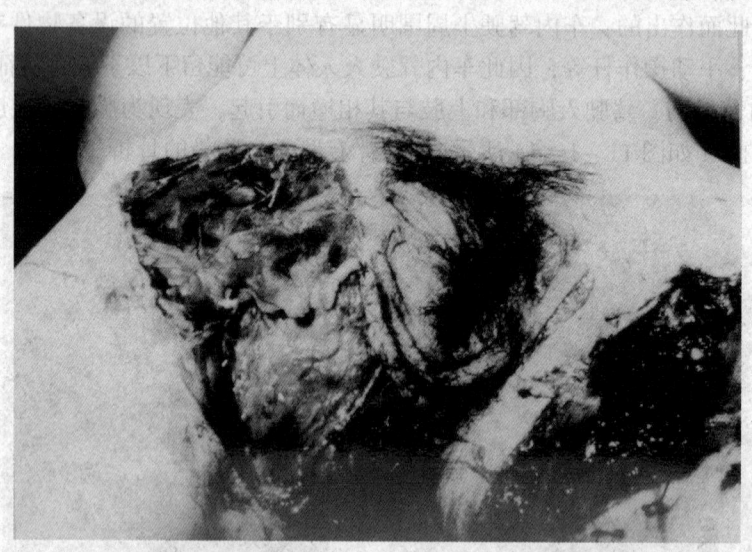

图11-1-15　摩托车驾驶人大腿根部的损伤

(2) 因摩托车呈开放式，事故发生前后车上人体会发生较大的位置移动，特别当摩托车与其他机动车或固定物相撞后，受惯性力和人车控制程度不同的影响，摩托车驾乘人员的运动有较明显的区别，表现为驾驶人移动小而乘客移动大，因此撞击性损伤多见于摩托车驾驶人，而摔跌性损伤多见于摩托车乘员。根据这个特点，在实际工作中，我们常利用事故现场人车分离的距离来判断，即驾驶人多与车的距离较近。

(3) 摩托车事故中不同的运动方式或撞击方式也将造成不同的损伤特点。例如，运动的摩托车撞击静止的物体时，驾驶人胸部及上肢损伤显著；当运动的摩托车迎面与其他机动车相撞时，驾驶人颅面部损伤严重；当运动的摩托车受侧向机动车相撞时，乘员的背部和侧面部损伤比驾驶人更明显。

综上所述，驾驶人许多损伤具有较强的特征，可用于鉴别，应当注意的是，并不是所有的特征性损伤都只是驾驶人所具备的，也并不是每次事故都出现这些特征性损伤。例如，胸部损伤同样也可出现在乘客身上，而上肢损伤并非在每个驾驶人身上都出现。故在实践中应具体分析、综合判断。侯树勋和章亚东（1997）统计分析了306例交通中受损伤的特点（如表11-1-3所示）。

表11-1-3　306例交通事故中不同人员骨折分布

	机动车驾驶人	汽车前排乘员	汽车后排乘员	摩托车乘员	非机动车乘员	行人
颅面部	13	3	4	16	16	12
胸肋部	10	0	2	3	1	3
肱骨	0	0	5	1	6	4
尺骨	1	0	2	3	13	9
桡骨	1	1	8	3	8	9
颈椎	3	1	4	1	0	0
骨盆	2	0	2	1	10	24
股骨	11	4	5	13	25	29
胫腓骨	3	0	2	11	36	51
足骨	8	0	2	5	5	9

（二）行人状态的判断

行人状态是指车祸发生当时车外行人（包括非机动车上的人）的生活状况，主要涉及行人的姿势，受撞击的方向以及是否骑自行车等问题。行人状态是交通事故重建中需要法医关注和解决的重点问题之一。

1. 体位姿势。行人的姿势是指人与车接触瞬间的体位状况。在实践中，通常遇到的关键问题是人体处于站立还是坐卧姿势。一般情况下，将人体胫骨的弯曲损伤（如汽车保险杠损伤）和人体高位的撞击性损伤视为判断人体直立状态的主要依据。但由于保险杠典型损伤的发生率并不高，而撞击性损伤有时不太容易识别或者与另外的损伤容易相混淆，故近些年人们逐渐将目光转向别的损伤指标。波兰Lublin医学院法医研究所Teresinski和他的同事们（2002）对371例死于车祸已知体位的尸体进行了比较详细的解剖观察，发现颈椎、膝关节、踝关节和髋关节的损伤均具有一定的识别人体体位的价值，其中膝关节深部关节面的挫伤出血最具指向站立的价值，它在小型车事故中出现率可高达77%（如图7-7-16、图7-7-17所示），而且基本不受其他因素的影响。另外，髋关节的外向性脱位是一个卧位碾轧的比较特异的指标（如表11-1-4所示）。

2. 受力方向。车祸发生时人体损伤受力方向，无论对于车的状况还是车外人体的状况，都具有重要的重建价值。一般来说，人体上任何带有方向性的损伤都可以作为推断受力方向的依据，但遗憾的是，皮肤软组织上的损伤可以在多种条件下形成，如倒地等，难以作为受力方向推断的指标。骨折相对比较稳定，但一般的长骨骨折也需要排除其他条件下（如摔跌）形成的可能。因此，利用损伤推断受力方向应当具备的前提条件是，损伤与车的撞击或者碾轧直接相关。

近年来，国内外的学者研究了人体骨盆损伤与受力方向的相关性，认为骨盆作为人体上比较稳定的结构，通常不易受到轻微的损伤而出现明显的改变。研究结果表明，骨盆骨折的形态特点有助于暴力方向的推断。在车外行人的骨盆损伤中，最常见的暴力为前后、侧方（压缩）以及垂直（剪切）三种方式（如图11-1-18所示）。

（1）前后压缩型的发生率约29%，撞击和碾轧均可形成。形态学上表现为耻骨联合分离和/或耻、坐骨支垂直型（骨折线与人体长轴平行）分离骨折，严重时导致骶棘韧带和

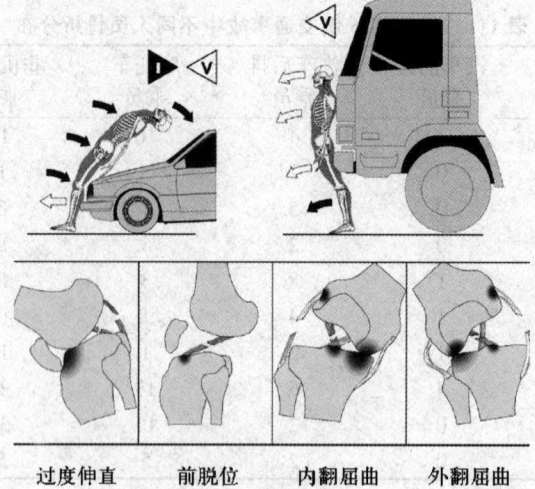

过度伸直　前脱位　内翻屈曲　外翻屈曲

图 11-1-16　膝关节损伤机理示意图（引自 Teresinski 等，2002）

表 11-1-4　人体损伤识别车祸时人体体位的价值

体表解剖结构	直立时发生率（%）		躺卧时发生率（%）
	所有车辆	小轿车	
直立撞击的征象			
典型的保险杠软组织伤	87	95	25
膝关节所有损伤	85	93	11
膝关节浅层损伤	67	81	11
膝关节深层损伤	65	77	0
下肢骨骨干骨折	59	67	15
颈椎损伤	51	54	20
踝关节损伤	40	45	5
胸锁乳突肌损伤	21	24	5
下肢三角韧带损伤	20	16	5
单侧骶髂关节损伤	16	19	4
仅有下肢弯曲性骨折	13	16	4
髋臼骨折/股骨大转子损伤	8	10	15
躺卧碾轧的征象			
肢体分离或其他碾轧特征	12	12	78
双侧骶髂关节损伤	0.7	1	12
髋关节外脱位	0	0	4

（引自 Teresinski 等，2002）

骶髂前韧带断裂，骨盆单侧或双侧呈现出典型的开书样损伤。

（2）侧方压缩型的发生率约54%，主要见于撞击时。分前侧方和后侧方两种形式：前侧方是指侧方暴力直接作用于骨盆前部，或先作用于股骨大粗隆，经传导，造成骨盆环合并髋臼的骨折；后侧方则是指暴力直接作用于骨盆后部突出部位，如髂嵴等，产生耻骨多种形式的骨折，骶骨或骶髂关节受压缩。

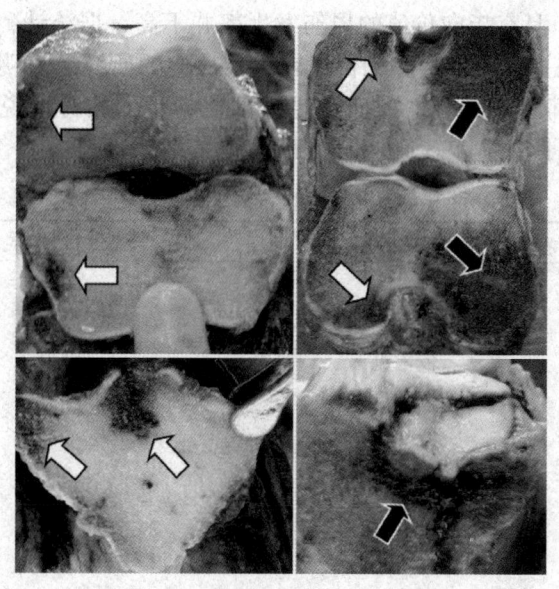

图 11-1-17 膝关节损伤形态示意图（引自 Teresinski 等，2002）

（3）垂直剪切型的发生率约17%，多发生于骨盆的直接受撞击和沿着人体长轴的机动车辆碾轧骨盆。剪切暴力垂直于骨盆冠状面。形态学上主要表现为耻骨联合分离；耻、坐骨支垂直骨折；后部韧带复合体断裂；骶髂关节部位垂直骨折。骨盆前、后部均可发生明显移位。

3. 活动状态。我国是自行车的王国。我国的道路交通事故里，大约有1/3涉及人员伤亡的事故与自行车有关。因此，在实践中经常涉及死伤的人员状况的又一个问题是：在车祸发生的当时，死者是推车还是骑车。

谢润红（2002）报道了65例自行车事故死亡的尸体检验资料，显示与推自行车死亡者相比，骑自行车者具有抛落距离远、摔跌伤重、会阴部、大腿内侧以及踝关节内侧易出现挫伤的特点。张弢等（2003）通过对512例骑车和446例推车者的损伤资料对比分析，发现如果只有撞击，而没有碾轧等情况，阴囊和会阴部位的损伤最具指向骑车状态的价值，其次是大腿内侧、膝关节内侧、踝关节内侧损伤。其基本原理在于人体内侧在骑车时与自行车部件关系密切，受撞击时

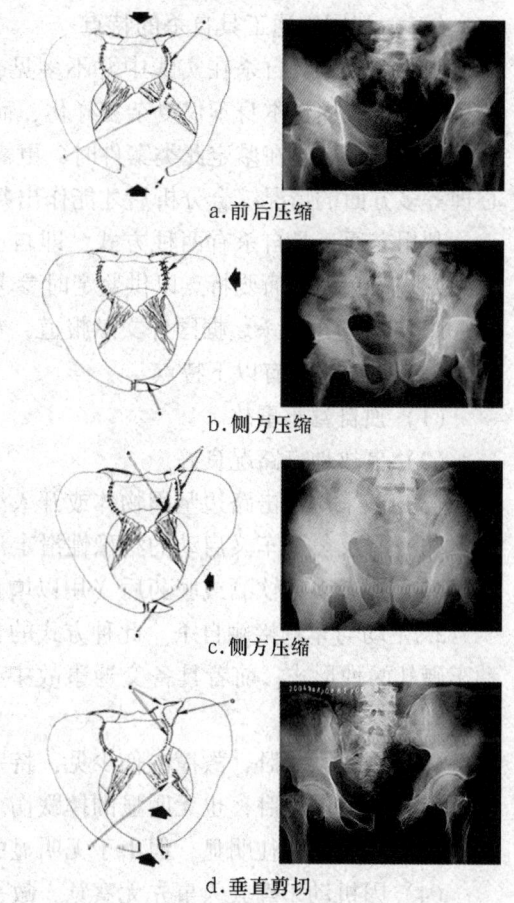

a. 前后压缩

b. 侧方压缩

c. 侧方压缩

d. 垂直剪切

图 11-1-18 车外行人骨盆受力方向与骨折形态

容易接触损伤。但是，具有指向价值的损伤发生率并不高，据统计，阴囊和会阴部损伤的发生率仅约8%，只是一旦发生，鉴别价值较大。他们的研究还表明，推车者缺乏比较特征性的人体损伤，但其鞋底的摩擦损伤和足跟部位的损伤相对来说，具有一定的鉴别价值，表11-1-5归纳了两种状态下鉴别的要点。

表11-1-5 骑和推自行车人体损伤特点区别

	骑自行车	推自行车
阴囊损伤	可有	无
会阴部位损伤	可有	无
大腿内侧损伤	较常见	极少
膝关节内侧损伤	较常见	少见
踝关节内侧损伤	较常见	少见
胫腓骨低位骨折	可有	少见
自行车鞍座变形	可有	少见
鞋底的摩擦	少见	较常见
足跟损伤	少见	可有

（三）利用交通工具自杀的特点

利用交通工具自杀在实践中并不多见，尤其涉及法医学鉴定的国内极少。其原因为：一是交通事故损伤本身不仅复杂多样化，而且涉及人车相互接触，本身不具有自己行为的针对指向性。二是在鉴定此类案件时，更需要对案情、路状、车辆状况、驾驶或自杀人的心理等多方面的情况综合分析后才能作出判断。

利用交通工具自杀有两种方式，即自己驾驶造成事故和故意撞击运动着的车辆自杀。两种方式各有以下简要特点以供鉴定时参考：

1. 自己驾车自杀。据国外文献报道，在单独驾车并单方事故死亡者中约有10%~15%属自杀，归纳起来有以下特点：

（1）独自驾车事故。

（2）事故地点路况良好。

（3）多采用撞击路边坚固物体或开入河中等方式。

（4）有反复刹车又启动的犹豫性滑走痕迹或突然加大油门的动作。

（5）死者多系饮酒或服药后（用以增强自杀的决心）。

2. 主动与车辆接触自杀。此种方式的自杀有主动撞击运行着的机动车和主动卧伏受机动车碾轧两种形式，前者具备交通事故中行人所有的损伤特征，故单从尸体上难以确认。后者则有以下特点：

（1）因主动伏卧，故撞击伤少见，特别是下肢的撞击伤常无。

（2）因主动伏卧，也无明显的摔跌伤。

（3）碾轧伤往往明显，但由于无明显的挣扎和俯卧姿多见，故胎印出现较少。

（4）因机动车驾驶人事先无察觉，故一般无刹车的痕迹。

（四）他杀后伪装交通事故

他杀后伪装交通事故在法医学实践中并不少见，法医学鉴定往往是侦破此类案件的关键。他杀后尸体又受机动车碾轧的损伤特点及其尸体特征有以下几个方面：
1. 尸体上撞击伤，摔跌伤、拖擦伤等缺乏或不明显。
2. 尸体上有不符合交通事故的损伤，如刺伤、明确的抵抗伤等。
3. 尸体上有死后伤。
4. 尸体姿势不自然或奇特，如双手或双下肢被绑或不自然弯曲。
5. 有非损伤性的死因或附加手段，如中毒、窒息、电击等。

第二节　铁路列车事故损伤

一、列车事故发生的特点

铁路列车事故损伤（以下简称列车事故）是指发生在铁路沿线上与列车有关的事故造成的损伤。列车是重要的交通工具之一，我国每天运行一万多列货车，一千多对客车，与汽车相比，列车在运行上既有均在陆地上运行的相似点，又有列车只行驶在固定的轨道的不同点。作为陆地交通工具，列车具有质量大、速度快、制动距离长（800m左右）的行驶特点，虽然按照常用列车事故率（每百万公里列车发生撞车和脱轨事故数）和伤亡率（每千万公里旅客伤亡人数）来衡量，列车较汽车均低，但是，重伤或死亡人数的比例却比汽车高。据我国资料报道，道路交通事故中死亡人数占全部伤亡人数的20%左右，而列车事故中死亡人数可达65%左右，有时重伤者较轻伤者多达5倍，有时甚至形成列车事故中死亡人数＞重伤人数＞轻伤人数的状况。另外，由于列车载人多，一旦发生事故，其影响力之大和涉及面之广是汽车事故所不能比拟的。例如，1998年6月德国慕尼黑－汉堡的高速列车发生翻车事故，死亡人数达100余人，有100余人受伤，引起了全世界的震惊和关注。

二、列车事故损伤的原因

列车事故及其造成人体伤亡的原因，既有自然因素（如塌方、水淹、泥石流等）导致路段的毁损、客观因素（如机械故障等）导致机车失控，也有人为因素，而且人为因素所占比例最高。在人为因素中，既有铁路员工的责任，也有行人（或乘客）的责任。

（一）列车事故损伤的原因

根据美国国家运输安全委员会的统计，因铁路员工疏忽所引起的列车事故有十大原因，按其严重性分别排列如下：
1. 忽视停车信号。
2. 列车在区间超速。
3. 扳道岔失误。
4. 忽视限制（减速等）信号。
5. 手制动失灵。
6. 守车无人。
7. 列车或机车在车站和车场超速。
8. 信号指示错误。
9. 列车无命令行车。

10. 道岔脏污或监视轨道疏忽。

（二）列车事故车外人体伤亡的原因

根据肖发民、王树斌（1998）的报道，经对涉及车外人体伤亡的11670例资料分析表明，由于行人或乘客原因造成伤亡的主要见于以下几种情况（按发生百分比排列）：

1. 在铁路沿线行走或横过路轨（53%）。
2. 穿越站台（21%）。
3. 扒车、钻车、跳车（6.8%）。
4. 车辆抢越道口（6.8%）。
5. 行人抢越道口（6.1%）。
6. 聋、哑、瞎、残疾和精神病患者（4.4%）。
7. 自杀或他杀（0.3%）。
8. 其他情况（1.6%）。

三、列车事故损伤的特点

列车事故损伤绝大多数为机械性损伤，少数有烧伤等。在因事故而死亡者中，也有极少数人死于非机械性损伤的原因，如中毒、溺死等。与汽车事故损伤一样，列车事故损伤也分成列车内损伤和列车外损伤。

（一）列车内损伤

列车内损伤主要发生于两种情况：一是列车突然刹车减速。二是列车脱轨后翻滚、碰撞。常见的损伤机理及特点有以下几个方面：

1. 撞击伤。撞击伤是指人体在列车内因惯性运动而与人体周围物体相撞所造成的损伤，其起因来自列车的突然刹车减速或翻滚。此时，列车内的座椅、铺位、门窗等均成为人体的撞击物，造成减速损伤（运动的人体与相对静止的固体相接触）。同时，因惯性运动的不同步，或者人体位置的差异，易产生除直接撞击以外的损伤，如头颈过度的屈曲或伸展造成椎体的损伤。

2. 摔跌伤。摔跌伤是指列车内人体在撞击固体物体后因反弹作用，易使人体因摔跌再次造成的损伤。有时甚至通过破碎的门窗将人体甩出列车外而造成坠落伤。摔跌损伤的特点及其严重性与人体所处状态和人体周围物体的状况等因素密切相关。

3. 挤压伤。挤压伤是指列车事故后因车厢结构的扭曲变形以及车厢内行李的移位导致人体被挤压而损伤。这种挤压伤也可发生于车厢内人群的相互挤压。

4. 砸击伤。砸击伤是指列车事故后因脱轨、翻滚等引起车厢剧烈运动和变形，致使车内活动性物品（如行李、构件等）移位砸击人体，形成钝性或锐性的损伤。

综上所述，列车事故后车内人员所受的损伤来自多个方面，损伤特征也因此表现为多发性和复合性。此类损伤外轻内重，死亡或重伤者中以颅脑损伤最多见。

（二）列车外损伤

列车外损伤也称路外损伤，是指列车在运行和调节作业中撞轧车外人体或与其他车辆相撞，致使相关人员损伤。列车外人员的损伤比车内发生率高，情况也复杂，在实践中常有借助列车自杀、他杀或他杀后伪装自杀的情况，需要法医进行检验鉴定。列车外损伤主要有撞击伤、碾轧伤和摔跌伤三种。

1. 撞击伤。撞击伤占所有列车外损伤的44%，是最多见的损伤。由于列车质量大、速度快,故撞击后易造成严重的损伤。撞击伤的位置和形态与人体被撞时的体位及所撞击的车体部位有关,一般以人体表突出部位和头部居多。损伤特征以挫裂创和骨折为主。应当注意的是,人体下肢胫腓骨的楔形骨折常强烈提示人体直立位时受机车的排障器(蒸汽机车高30cm,内燃机车高38cm)撞击所致(如图11-2-1所示)。张天增(1990)统计下肢小腿离断性骨折的发生率在四肢离断损伤中占41.4%,另有约33%的人体与列车接触后在撞击部位会留有列车机械油污等黑色污物,这可为分析撞击性损伤及其接触点提供重要依据。

2. 碾轧伤。碾轧损伤是指人体在列车车轮与路轨之间所受的损伤,约占列车外损伤的26%。根据人体被碾轧时活动情况的不同,可将碾轧损伤分为动态人体碾轧伤和静止人体碾轧伤。

动态人体碾轧伤是指人体在抢过路轨、扒车、跳车、钻车等时在路轨上受车碾的损伤,以下肢最为多见。根据受伤时体位不同形成以下几种特点的损伤:(1)单纯肢体横形离断,此类损伤多系人在钻车时列车低速启动所致。肢体与路轨相垂直,被碾轧部位皮肤软组织常缺损15~20cm,创面整齐。(2)斜行肢体离断,损伤时肢体呈斜行置于路轨,夹角小而受碾范围较大,组织缺损可达30~70cm,常伴有拖擦伤,故创面不平整。(3)多发肢体离断,损伤时肢体常屈曲或人体多部位受碾轧,因此在同一肢体表现为多处碾轧损伤或多肢体的碾轧伤。此种损伤创面广泛而无法辨认,皮肤与软组织大面积撕脱和挫灭。

静态人体碾轧损伤是指人体在受碾前已卧于路轨而无活动所受的损伤,多见于卧轨自杀。此种碾轧伤最显著的形态特征是创口对位良好、创缘整齐。据实际案例观察,卧轨自杀者多采用俯卧、以上身位于道心的姿势,从而使躯干部受碾轧,多数导致肢体断离。典型的创口分上下两创缘,上创缘由车轮作用,有一约10cm的挫伤带;下创缘由路轨作用,形成约8cm的挫伤带(如图11-2-2所示)。在非完全性断离者中,多数为上创缘皮肤连接而下创缘断离。在实践中常根据碾轧所致的肢体分离的特点作为人体静态碾轧的依据,从而作为认定自杀的主要依据之一。当然,运动的列车碾轧静态的人体后也会带动人体移位,所以除了碾轧伤外也可有其他类型的损伤,如拖擦伤、挫压伤甚至骨折,有时在腹股沟可见到伸展创。

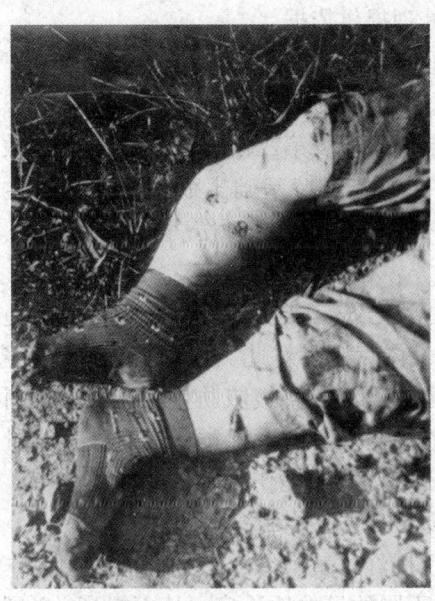
图11-2-1 火车排障器撞击路人下肢形成的损伤

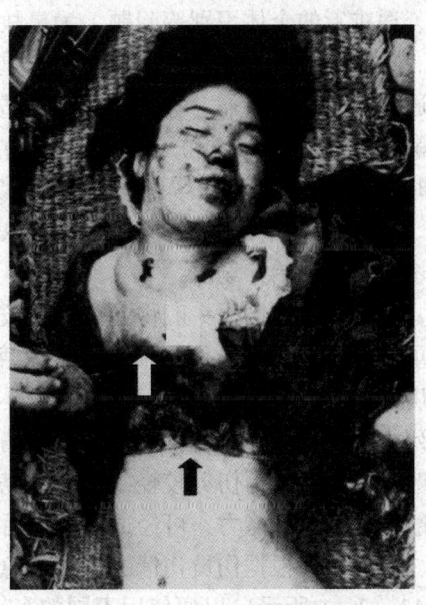
图11-2-2 火车碾轧形成的损伤

3. 摔跌伤。摔跌伤在列车外损伤中约占16%。与列车有关的摔跌伤有以下两种形式：

（1）列车撞击人体后导致人体摔跌。此类损伤常见到的死亡现场不在铁轨旁而是在路基边。人体受撞击后失去重心而摔跌于地面，其严重性与列车撞击力量的大小（速度）、人体摔跌部位以及地面情况相关。一般在撞击瞬间，人体多来不及作出防御反应，故往往造成头部损伤。因铁路路基有很多小块石，所以头皮破裂、颅骨凹陷或粉碎性骨折十分常见，这与一般人体在较平整地面摔跌引起外轻内重的特点明显不同。

（2）人体从运动的列车上跳下所致的摔跌伤。与一般坠落损伤的特点不同，人体从运动着的列车跳下时带有极大的惯性，故在跳下造成摔跌的同时，人体在地面易发生与列车同向的翻滚，所以导致衣着撕裂、磕碰损伤以及体表的多发性方向性明显的擦伤（如图11-2-3所示）。有时可见到在原有挫裂创处形成与列车运动方向相反、创缘一侧伴有明显的挫伤带而另一侧挫伤带缺如的皮瓣创。

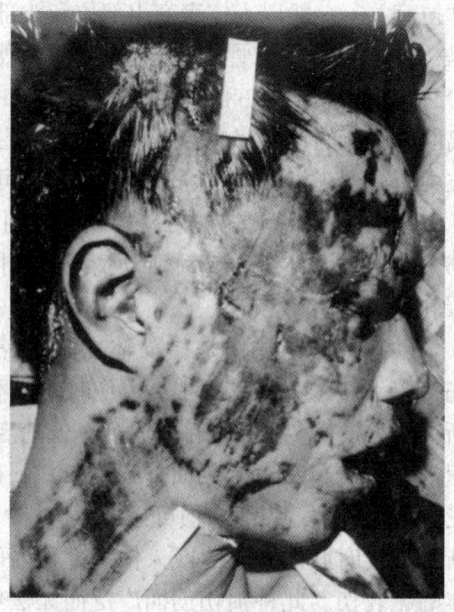

图11-2-3 乘客从火车上跳下形成的头面部擦伤

四、列车事故的处理原则

无论何种原因的列车事故导致人身伤亡的发生，尤其死亡发生时，常需法医的介入。涉及个别人体死亡，法医学处理的原则与道路交通事故相似，主要解决死亡原因及死亡方式。而针对列车脱轨、相撞等重大事故和群体性死伤，法医主要解决事故的人为因素调查、遇难者的个体识别等问题，为事故善后处理提供依据。

从灾难医学角度而言，铁路列车重大事故一旦发生，首要的任务是现场救护。现场救护通常分为三个阶段：第一阶段，事故发生后数分钟内，因此事故发生地与外界尚处于"隔绝"状态，所以救护以车内或现场人员自救为主。第二阶段，事故发生后数分钟至数小时内，此期部分救护人员已进入现场，主要实施维持基础生命和重点救护生命垂危人员。第三阶段，大规模的救护人员进入现场，开始有组织地对伤病员实施救护，并将重伤员送往专门的治疗场所。

按照国际惯例，一般将受伤人员按伤情程度分成三类：一类为伤情危重，危及心、脑等重要生命器官或严重的损伤，如Ⅲ度烧伤、休克等。对此类伤员应先在现场急救处理，待病情稍有稳定即送往专门医院。二类为伤情较重但未直接威胁生命，在一定时间内不足以死亡的人员，如单纯骨折、Ⅱ度烧伤、一般挤压伤等，对此类伤员宜经适当处理后送往一般医院。三类为伤势较轻，如Ⅰ度烧伤、皮肤软组织挫伤、轻度颅脑损伤等，此类伤员一般自身有行为能力，可经适当处理后离开现场或去医院观察24小时。

国际上还根据伤员伤情的轻重缓急，分别用红、黄、绿、黑、白五种颜色作标记（如表11-2-1所示）以便使用不同的车辆送往不同的目的地治疗，从而提高救治效果。

表 11-2-1　根据不同颜色区别伤情程度表

颜色	伤情类型	车辆	紧迫程度
红	有生命危险	有高级生命支持能力救护车	立即
黄	伤重但稳定	有基本生命支持能力救护车	次重要
绿	需一般治疗	有担架的车	可稍迟
黑	死亡	冷藏车或运输车	可稍迟
白	非伤害撤离	非紧急车辆	无

第三节　飞机失事损伤

一、概述

1903 年，人类历史上第一架动力飞机问世。1908 年，美国的 Wright 兄弟在一次飞行表演时因一侧螺旋装置出现故障导致飞机坠地，机上一人死亡。这是世界上首例有关飞机失事的记载。我国的首例飞机失事发生于 1912 年，当时有名的飞机设计制造和飞行家冯如驾驶他在美国制造的双翼飞机在广州作表演时，因操纵失误导致飞机失控坠毁，冯如也因受重伤而死亡。所以，飞机失事可以说是与飞机问世一起出现的。

与机动车、列车等交通工具相比，飞机失事具有两大特点：

（一）死亡率高

据有关资料的统计结果，在各种交通工具中，因飞机失事死亡的人数绝对值小，但飞机失事的死亡率却是最高的。平均道路交通事故死亡率 10%～20%，列车事故死亡率为 50%～60%，而飞机事故死亡率超过 80%。1989 年，世界民用飞机失事 48 起，其中一半以上死亡率为 100%。另外，单就一次事故而言，道路交通事故死亡人数罕见超过 100 人，列车事故死亡人数也绝少超过 200 人，而 1985 年日航 123 次航班在日本失事坠毁，死亡人数高达 520 人。

（二）失事原因复杂

飞机失事发生在转瞬之间，其原因却涉及方方面面，如人为破坏、操作失误、天气恶劣、机械故障等，几乎一个小小的闪失也会酿成巨大的灾难，甚至连语言也会成为飞机失事的因素。1990 年 1 月 25 日，哥伦比亚航空公司一架客机在美国华盛顿肯尼迪机场降落时，因飞机驾驶人与机场交通管制员语言沟通的问题，使得这架 73 人乘坐的客机未能在燃油耗尽后 5 分钟内安全着陆而坠毁。

综上所述，不难看到飞机失事的严重性和复杂性，以及随之产生的巨大的政治、经济、社会、家庭诸方面影响。法医介入飞机失事处理，重点要解决死亡原因、个体识别的问题，同时也为事故原因调查及飞机的安全性能评价提供依据。

二、飞机失事的原因

飞机失事，也称飞行事故或空难，是指目的在于飞行的任何人员，从登机到全体人员下机止这段时间内出现：（1）任何人在飞机内或飞机上因与飞机或其附属部件直接接触而导致死亡或严重损伤。（2）飞机受到实质性破坏的情况。在飞行中，飞机上人员伤亡而飞机没有损伤或飞机上人员安全而造成其他人员伤亡的，则不属飞行事故。

（一）飞行事故的分类

飞行事故的分类，世界各国并不相同，我国根据飞机失事所造成的机上勤务组人员的伤亡及飞机的损伤程度，将飞行事故分为三个等级。一、二等飞行事故又称为严重飞行事故。

1. 一等事故。一等事故是指机毁人亡；或机上勤务组人员中有一人以上因飞行事故死亡，而无论飞机损坏程度；机上勤务组人员中有一人以上受伤，在5昼夜内死亡的，或飞机起飞后失踪，也属一等事故。

2. 二等事故。二等事故是指飞机报废；或飞机严重损伤，其修复费用超过同型飞机价格的60%；或修复费未达60%，但飞机已不能达到规定性能标准；或飞机迫降在水中、山区、沼泽或森林中，机上无人遇难，但飞机无法运出的。

3. 三等事故。三等事故是指飞机受损后能够修复，其费用不超过同型飞机价格的60%，且各项指标能达到规定的性能标准。

（二）飞机失事原因的总体评估

飞机的正常运行是人－机－环境三者共同作用的结果。所以，从总体而言，飞机失事或飞行事故的原因包括人（机组人员、维护人员、地勤人员以及乘员）、飞机以及环境（机内环境和机外环境）三大方面的诸多因素。一次飞机失事往往是多种危险因素同时作用的结果，但只能把它归类于最重要的。

早年因科学技术的限制，飞机的性能落后，只要结构上或操纵系统中哪怕一颗螺栓丢失也可能导致失事。因此，以往的飞机失事原因多见于飞机本身或环境因素。而随着科技的发展及人类的进步，现代飞机多能承受不同类型的机械故障或环境因素的影响，以波音747为例，它具有双发动机、三重惯性导航系统和自动驾驶仪、四个着陆主轮轴架等。因此，当今的飞机失事原因，据国内外资料分析，自然因素（包括气候、某些无法预计的机械事故等）占三分之一弱，而人为因素（包括驾驶、设计、空管、地勤等）占三分之二强。

飞机的正常运行包括起飞、航行、着陆三个阶段。飞机失事的发生时间，据资料统计，民用航空以飞机着陆阶段为多，而军用航空则以航行阶段为主。其原因据分析与飞机的性能和在不同阶段对人驾驶飞机的要求不同有关。回顾我国近二十年民航飞机失事的情况，约80%以上发生在机场附近，即发生在起飞或着陆阶段。

（三）飞机失事人为因素分析

飞机失事的人为因素主要包括飞机的操纵人员、飞机的维护人员、指挥飞机运行的地面人员以及其他包括乘客在内的有关人员。在所有相关人员中，以飞机操纵人员因素居高。据国际民航一份调查材料统计124次一等事故，人的因素占87%，其中具体分类为：机组人员62%、设计原因15%、人为破坏6.5%、气象预报失误4.5%。由此可见，操纵飞机的机组人员是所有飞机失事原因中最重要的因素。

从医学角度而言，影响飞机操纵人员从而导致飞机失事的因素有以下几个方面：

1. 环境因素。环境因素是指飞机内的特殊环境突然的改变，引起飞机操纵者的能力下降或丧失。例如，机舱密封条件的改变引起的缺氧、减压、低温等，机舱内废气、燃料蒸气、致冻剂等有害气体污染所引起的中毒等。

2. 疾病因素。飞机操纵人员患有疾病时，将影响其飞行能力和耐力，疾病的突然发作常直接引起操纵行为失控。较常见的疾病为神经衰弱、头痛、癫痫、心血管硬化、急性消化道溃疡、自发性气胸等。

3. 生理因素。生理因素是指由于飞行环境的特殊性，使飞机操纵人员生理发生一定改变从而影响控制飞行的能力。此类因素主要包括疲劳、低血糖、平衡机能不良、年龄偏大、较长时间的不间断飞行、反应能力下降等。

4. 药物因素。许多药物可引起飞机操纵人员的工作能力下降从而导致失事的发生。据调查，酒精、毒品、镇痛剂、抗组织胺、抗恶心剂、血管收缩剂、安眠类以及交感神经兴奋剂等均会对飞机操纵者产生不良影响。

三、飞机失事损伤机制

飞机失事过程中人体所受的损伤主要包括机械性损伤、烧伤、气压损伤以及低温损伤四个方面。前两方面发生在飞行的任何阶段，而后两方面则主要发生在飞机飞行中。

（一）机械性损伤

飞机失事时的机械性损伤主要包括机械外力作用所致的损伤、高坠损伤与弹射损伤以及爆炸损伤三种形式。

1. 机械外力作用所致损伤来自飞机突然减速或加速时所产生的损伤和飞机内物体移位所造成的打击损伤。飞机失事中以飞机撞击后所产生的巨大减速力造成人体损伤最为多见，其损伤机制可分为三种：（1）直接损伤，是指人体与机内物体直接碰撞造成，如头部撞击前面的座椅或侧方的舱壁等。（2）间接损伤，是指直接撞击点以外的人体部位的损伤，如头部受撞后引起颈椎损伤、膝盖撞击后引起股骨头损伤等。（3）惯性损伤，是指飞机受撞的瞬间，人体以飞行速度惯性运动所造成的损伤，如人体长骨（以下肢为主）与被固定的躯干相分离；心脏在人体受撞静止时仍依惯性向前运动，形成与胸壁的碰撞性损伤或因扭转而发生动脉破裂等。

2. 高坠损伤是指飞机在空中破裂解体后，人体脱离飞机造成的损伤。弹射损伤指飞机操纵人员在紧急情况下通过弹射装置脱离飞机时所形成的损伤，主要见于军用飞机。损伤包括弹射后人体旋转形成面部损伤、弹射时姿势不正确引起的脊柱骨折以及着陆不当所引起的下肢骨骨折等。

3. 爆炸损伤主要发生于飞机飞行过程中人为破坏所致的炸药爆炸和飞机失事后撞击物体所引起的物理性爆炸。其爆炸损伤的机制可见有关的专门章节，应当注意的是，飞机失事后撞击物体（如地面）所引起的物理性爆炸常发生在人体受机械外力（尤其是减速力）之后，所以较少作为死因而单独存在。

（二）烧伤

烧伤是飞机失事时碰撞摩擦爆炸和燃料起火的结果，几乎每次飞机失事都伴有不同程度的燃烧。烧伤的特征可见有关专门的章节。需要指出的是，飞机失事中单纯因烧伤死亡的也可能较少，除机械性损伤外，飞机燃烧后飞机内壁某些材料所产生的大量氮氧化物甚至氰化物可致人体吸入性窒息或中毒而死亡。

（三）低压和低温所致的损伤

低压和低温所致的损伤的机制可见有关的专门章节。飞机失事时因飞机舱内环境的突然改变或原有的人工环境被破坏而变成自然环境，人体受缺氧、减压、低温等影响而损伤。表11-3-1中列举了不同高度时大气压和温度的改变值。低压和低温损伤发生在飞机在一定高度飞行时，而一旦机内环境发生剧变，飞机也极少能在原有高度维持飞行，所以低温和低压的损伤一般也不会构成飞机失事后人体死亡的单独原因。

表11-3-1 空气压力、高度和温度的关系

高度（m）	温度（℃）	空气压力 mmHg	空气压力 大气压
0	15.0	760.0	1.00
500	11.8	716.0	0.94
1000	8.5	673.8	0.89
1500	5.3	634.0	0.83
2000	2.0	596.0	0.78
2500	-1.2	560.0	0.74
3000	-4.5	525.8	0.69
3500	-7.8	493.0	0.65
4000	-11.0	462.0	0.61
4500	-14.3	432.6	0.57
5000	-17.5	404.8	0.53
5500	-20.7	378.6	0.50
6000	-24.0	353.6	0.47
6500	-27.3	330.0	0.43
7000	-30.5	307.8	0.41
7500	-33.7	286.8	0.38
8000	-37.0	266.6	0.35
8500	-40.0	247.8	0.33
9000	-43.5	230.0	0.30
9500	-46.8	213.6	0.28
10000	-50.0	197.8	0.26
10500	-53.3	183.0	0.24
11000	-56.5	169.2	0.22
11500	-56.5	156.5	0.21
12000	-56.5	144.6	0.19
12500	-56.5	133.6	0.18
13000	-56.5	123.4	0.16
13500	-56.5	114.2	0.15
14000	-56.5	105.4	0.14
14500	-56.5	97.4	0.13
15000	-56.5	90.0	0.12

（引自 Wagner, 1984）

四、飞机失事损伤特征

飞机失事造成的人体损伤对机内人员而言，几乎是100%存在，其中机械性损伤作为单独死因的，也超过80%。因此，飞机失事对人体的危害性主要体现在损伤方面。根据

Lie 和 Baker（1997）统计美国 1980 年至 1990 年 2544 例空难死亡者分析，各种损伤总计占 76%，（其中，多发性损伤占 42%、头部损伤占 22%、内脏损伤占 12%），烧伤占 3.6%，溺死占 2.9%，其他占 17.5%。飞机失事所引起的损伤一般有以下特征：

（一）头部损伤多而严重

根据许多资料统计，飞机失事引起头部损伤死亡的发生率为 60%~80%。1990 年广州白云机场发生空难死亡的 128 人中，82.4% 死于颅脑损伤。作为单独部位或单一损伤而言，因头部损伤死亡的始终占主要地位。头部损伤的常见性多与飞机巨大的冲击速度以及人体移动等因素有关。

（二）损伤广泛分布

由于飞机失事常发生在飞机运动状态中，人也因此处于惯性运动状态，机舱的空间又给人体运动创造了条件。因此，飞机失事中人体的损伤极少是单一孤立的，常常表现为广泛分布、复合存在；剪切伤、碰撞伤、爆炸伤、烧伤等常可出现在同一具尸体上。统计资料表明，致命性的复合性损伤发生率在 70% 以上。其中颅骨和下肢骨骨折，脑、肝、脾的破裂性损伤居多，平均每人受伤 3 处以上。

（三）损伤类型复杂

飞机失事所致的损伤类型及其严重程度取决于许多因素，如飞机状态、飞行速度、碰撞角度、机舱内结构、护防设施及其人员位置姿势等，其中失事原因、飞行速度和飞行状态最为关键。以飞机撞击地面为例（如图 11-3-1 所示）：在高速飞行中（800km/h 左右）坠地，人体发生广泛的头部、肢体、躯干损伤；如俯冲坠地，人体因物理性爆炸粉碎为许多碎块；飞机螺旋坠地时，人体受离心力作用撞击机内物体，冲击力由臀部传至头部，可导致头面部、外阴部、骨盆的破裂；飞机翻滚坠落或滑行中翻滚，可引起严重的颅骨骨折和变形，全身呈挫碎性损伤；飞机迫降坠落，可致头、四肢、脊椎骨折以及内脏破裂等（如图 11-3-2 所示）。

图 11-3-1　飞机失事现场

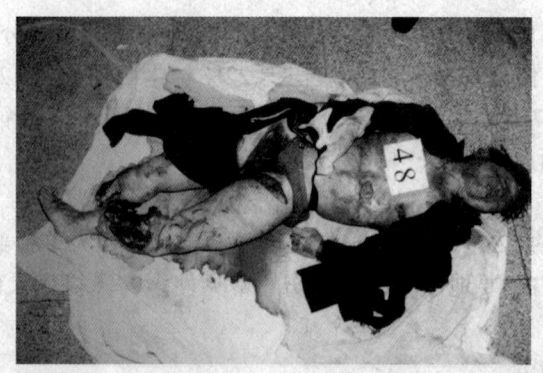
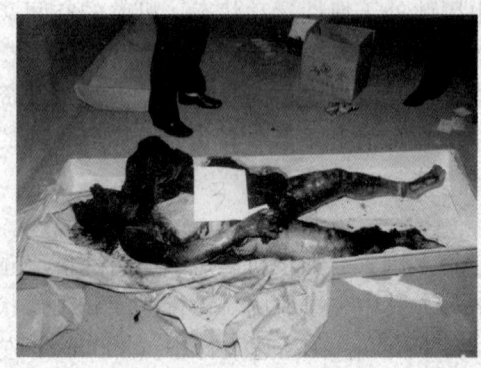

图 11-3-2 飞机失事导致的人体损伤

五、损伤分析与飞机失事重建

根据飞机失事人体损伤的特点，并结合现场情况分析，常有助于飞机失事经过的重建，甚至有助于失事原因的判断。例如，飞机残骸中有许多尸体在靠近紧急出口处烧伤，提示紧急出口舱门故障；尸体上有不同于撞击等形成的损伤（如枪弹创、锐器创等），提示人为破坏飞机的可能；受爆炸伤的尸体距飞机残骸过远（1km以上），提示飞机空中爆炸的可能等。

（一）驾驶人的损伤特点

驾驶人的损伤具有一定的特殊性，对驾驶人损伤特征的分析有助于推断在飞机失事当时是否仍在控制飞机。例如，大拇指根部的后脱位或移位性骨折提示手握控制杆或手柄（如图11-3-3所示）；胫腓骨的前向性粉碎性骨折反映撞击时足仍抵触在踏板或控制板上；前臂与腕骨的压缩性或移位性骨折提示驾驶人前臂与仪表盘抵触；机舱底部钢板的变形可使抵触于此的跖跗骨骨折等。但由于飞机失事形成的损伤十分广泛而复杂，此类损伤也非驾驶人所特有，所以判断还应结合其他条件。

（二）乘客位置、损伤与失事经过

根据乘客尸体检验的特点，结合民航部门提供的座位图以及其他相关的信息，法医有时可借以分析判断飞机失事发生过程中乘客的状态和失事过程重建，甚至有助于失事原因和性质的调查。在此，笔者想通过亲身参与处置的两起空难实例，来反映和说明法医借助于尸体损伤特点为飞机失事原因调查发挥的重要作用。

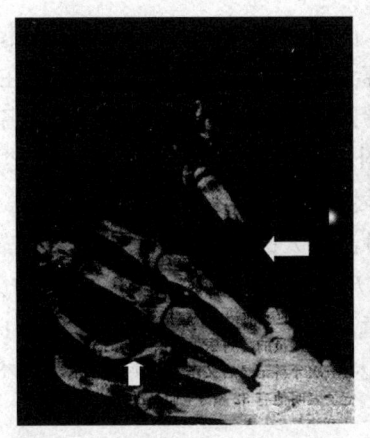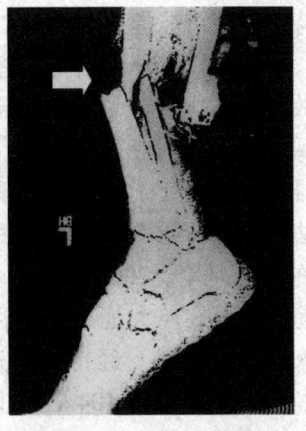

图 11-3-3 空难发生时驾驶人手（左）和足（右）的骨折

1. 广州空难的过程重建。1990 年 10 月 2 日，中国民航 B-2510 航班（波音 737）客机在由厦门至广州途中被劫持后，在广州白云机场迫降。因劫机人干扰，飞机偏离跑道冲向停机坪，在与停在停机坪上的一架波音 707 飞机（无人乘坐）相撞后又冲向已载满乘客正待起飞的 B-2812 航班（波音 757）。被劫客机驾驶人竭力重新升起飞机，但飞机的起落架仍与之相撞，之后被劫客机坠毁于机场草地上。经检验，两架客机上共有 128 人遇难，其中 B-2510 航班客机死亡 82 人（载员 102 人），B-2812 航班客机死亡 46 人（载员 128 人）。

经法医尸体检验，在 B-2510 航班客机上死亡的 82 人中，65.8% 死于烧伤和化学性吸入，17.1% 死于机械性损伤，17.1% 死于损伤合并烧伤吸入；在 B-2812 航班客机上死亡的 46 人中，97.8% 死于机械性损伤，2.2% 死于合并损伤与烧伤吸入。经过个体识别，全部尸体得以辨认，结合从有关部门获得的乘客名单及座位表，尽管不能排除某些死者生前在飞机内走动或临时调换座位的可能性，但由于航班上乘客较多，故分析总体上在飞机失事当时乘客绝大多数应当坐在机场预定提供的座位上（如图 11-3-4 所示）。综合所有的资料分析，得到以下几点判断：

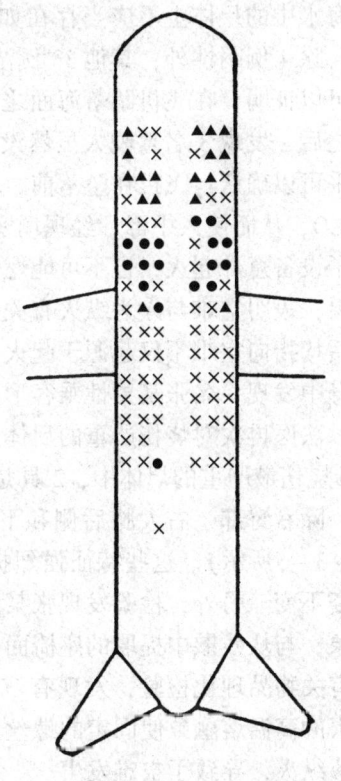

▲颅脑损伤 ×烧伤中毒 ●存活人员

图 11-3-4 广州空难 B-2510 航班乘客位置分布和死因示意图

（1）B-2812 航班上死亡者几乎都位于 16~25 排且绝大多数死于颅脑损伤，表明被撞击部位应位于飞机的中部，而且很可能位置偏高。

（2）B-2812 航班上死亡者中，坐于左侧的乘客较右侧不仅颅脑损伤严重（有首体分离），而且伴有上下肢和躯干复合伤的也更多，由此分析飞机的受撞部位应在左侧。

（3）B-2510 航班（被劫客机）上的遇难者绝大多数位于 3~18 排，其中死于颅脑损伤的大多位于 3~6 排，生还者大多位于 7~10 排，而死于烧伤和化学性吸入者多位于

11~18排。这一特殊现象可能提示：①前二次客机间相撞时人体可能并未受直接撞击力的影响而明显受损，否则难以解释中后排乘客无明显机械性损伤；②飞机在坠毁前仍有一定的减速冲击力，故致使前排乘客受力的传导而受损伤；③飞机中部有多名幸存者表明客机在坠毁前或坠地瞬间此处解体，乘客被抛出而得救；④客机坠地后因结构变形阻塞了后部，从而导致后排的乘客多死于烧伤与化学性吸入。

事实证实，法医的分析与事故调查及目击证人的陈述基本吻合。

2. 大连空难的性质判定。2002年5月7日21时40分许，北方航空公司CJ6136航班由北京飞往大连途中坠落在离大连机场不远的海面上。客机上共有人员112人（乘客103人，机组人员9人）全部遇难。经持续长达1个月的打捞，共捞起尸体86具，尸体碎块129块。经DNA检验识别，最终104名机上人员得到确认。

尸体检验发现，绝大多数遇难者除了空难常见的复合性损伤之外，超过1/3的尸体上有Ⅱ度或以上的烧伤。这一现象引起了检验人员的警觉，如果不是坠落前起火，那么坠落于海水中的尸体上不应当存在如此众多的烧伤。在对37例尸体心血HbCO浓度检验后发现，除4例阴性外，其他33例浓度HbCO均在20%以上，其中20例达40%以上。由此似乎可以证明，在飞机坠落海面之前，机上至少部分乘客已经存在CO中毒的迹象。身份识别之后，发现3名驾驶人虽然没有明显烧伤迹象，但血中HbCO浓度平均超过了41%。这似乎可以确认，飞机在坠落前，舱内已经起火，同时密闭的机舱容易燃烧不全而产生大量的CO，从而使人中毒。经现场实验证实，飞机上所有的材料均系耐火阻燃，即便因机械或电子设备意外起火，也不可能燃烧起来。故尸体上的烧伤和血液中HbCO浓度升高的两个迹象，表明空难与人为纵火有关。很快，民航部门解读了打捞起来的黑匣子和检验飞机残骸后均指向空难不仅起源于起火，而且起火的部位在后舱。另外，民航部门从乘客的登机信息中发现一名张某男性乘客形迹可疑。

法医再次对烧伤严重的尸体进行了复检，结合遇难者身份识别后乘客座位分布，发现3具烧伤最严重的尸体中，2具是后舱乘务员，另一具就是张某的尸体。复检张某的尸体表明，除右臀部、右大腿后侧和下腹部外，其余尸体体表部分均有不同程度的烧伤（如图11-3-5所示）。这些特征强烈提示，张某不仅位于火场中，而且很可能人体保持一定的坐姿不变。另外，检验发现张某的右侧足背有点状的烧灼损伤，反映有助燃剂爆燃飞溅的迹象，与从残骸中提取的座椅面的损伤相似（如图11-3-6所示）。经对张某的气管和残骸有关物品理化检验，发现有汽油和汽油燃烧后的成分。经对残骸中后排座椅检验发现，因火的高温熔融致使固定的螺丝弯折断裂。至此，初步可以判断，张某使用汽油在自己的座位纵火，导致了空难发生。

最后综合所有获得的信息，判断整个空难的过程很可能是：张某携带汽油登机坐在后排，临近降落时刻，张某突然点燃了泼洒的汽油，后舱乘务员见状前去救火。由于高温和烟雾熏呛，舱内乘客纷纷离座逃往前舱，飞机由于重量匹配失去平衡向下坠落，最后撞击海面而解体，导致包括张某在内的机上人员全部遇难。

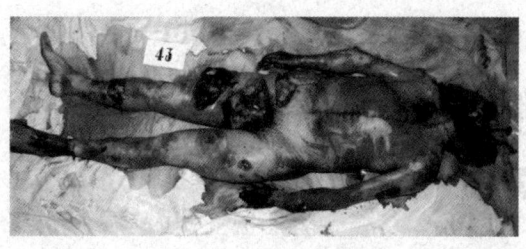
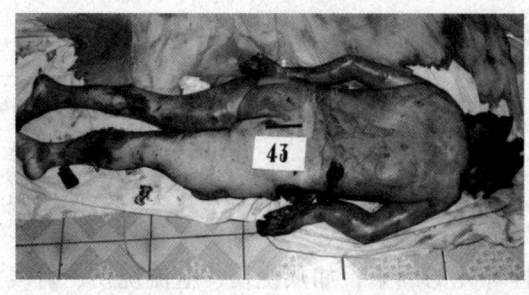
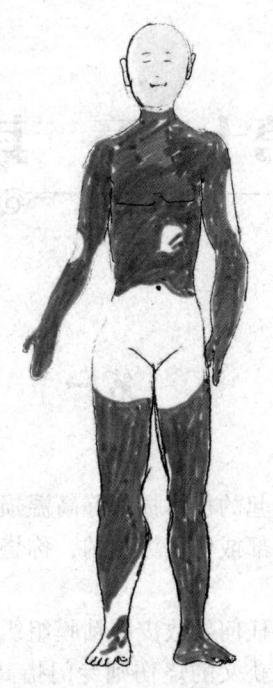
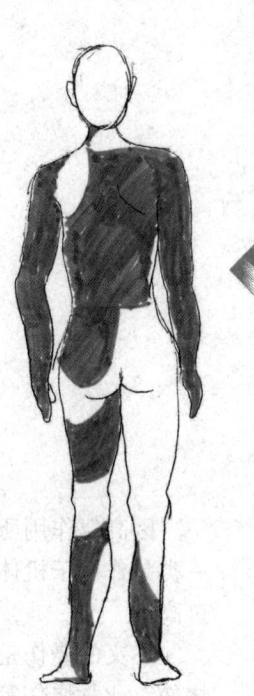

图 11-3-5 张某尸体烧伤及分布示意图

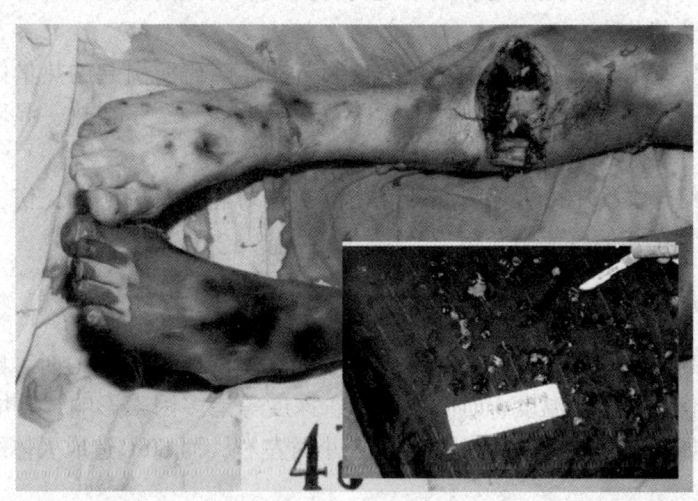

图 11-3-6 张某右足背的烧灼伤（大图）和座垫上的烧灼伤（右下小图）

第十二章 其他类型的损伤

第一节 高温损伤

因高温作用所引起的机体损伤称高温损伤。高温的种类很多，一般可分成两大类：第一类是作用于机体局部或体表为主的，称烧伤。第二类是作用于机体全身为主的，称体温过高。

广义的烧伤是指任何导致皮肤粘膜组织变性坏死的因素，如热烧伤、电流烧伤、射线烧伤、化学烧伤等。狭义的烧伤则专门指高温物体引起机体局部组织或体表为主的损伤，即热烧伤。即使是热烧伤，也因不同的热形式有不同的名称，如由火焰等引起的称为烧伤，由高温液体（如开水、热油等）等引起的称为烫伤，由高温固体（如烟头、烧红的铁板等）引起的称为烙伤。

体温过高主要是指在高温环境中，机体热调节功能障碍所引起的热量体内积蓄。常见的有两种类型：一是因日光长时间照射人体所致的日射病。二是在热、湿环境中所引起的热射病。

本节重点介绍热烧伤中由火焰引起的烧伤以及热射病。有关电流烧伤、放射烧伤以及化学烧伤等内容将在其他章节中介绍。

一、烧伤的局部改变

哺乳类动物耐受温度作用的范围是 20℃ ~44℃，当温度大于 44℃ 时，则造成组织的损伤。局部组织烧伤的程度受温度、时间、面积、深度等诸多因素影响，其中最重要的是温度和接触时间，如 44℃ 造成人体组织损伤需 5 小时左右，而 60℃ 造成人体组织损伤仅仅需 3 秒。

（一）烧伤的深度和形态

按照热作用损伤组织的深度和程度，法医学上将烧伤的程度分为四度五种，而临床上则分三度四种（如图 12-1-1 所示）：

1. Ⅰ度烧伤。Ⅰ度烧伤是指热作用仅涉及表皮层的损伤。形态学表现为局部红肿，也称红斑形成，基底层完好，真皮乳头层小血管扩张充血，有疼痛和烧灼感，一般 3~5 天好转痊愈而不留瘢痕。

2. 浅Ⅱ度烧伤。浅Ⅱ度烧伤是指热作用伤及真皮浅层，一部分生发层完好。形态学表现为水疱形成，因渗出多，水疱饱满，水疱周围组织肿胀发红。水疱液中含有多种血液成分，如红细胞、白细胞、纤维蛋白、电介质等。如无感染，一般 2 周左右可痊愈而不留瘢痕，但短期内可有色素沉着。

3. 深Ⅱ度烧伤。深Ⅱ度烧伤是指热作用伤及真皮深层，一部分皮肤附件可完好。与浅Ⅱ度相比，深Ⅱ度烧伤的水疱较小而扁薄，液体量少。但水疱周围组织红肿更明显。水疱破裂后创面呈浅红或红白相间。如无感染，3周后可痊愈。因伤及真皮基底层，可留有皮肤瘢痕，但一般不影响皮肤的功能。

4. Ⅲ度烧伤。Ⅲ度烧伤是指热作用伤及皮肤全层，甚至深达肌肉、骨骼。形态学表现为组织凝固性坏死，创面无水疱、形成色灰或黄的焦痂，触之如皮革。坏死组织周围可见红肿。镜下可见小血栓形成。皮肤温度低，感觉消失。Ⅲ度烧伤愈合过程较长，形成的瘢痕组织基本丧失了皮肤功能，且常造成局部组织因瘢痕挛缩引起畸形。

5. Ⅳ度烧伤。Ⅳ度烧伤发生于热作用较长时间损伤组织所致，活体上一般不易形成。Ⅳ度烧伤深度与Ⅲ度相似，但形态学则表现为组织水分丢失，蛋白凝固变脆，皮肤组织发黑似炭木，故称为炭化。

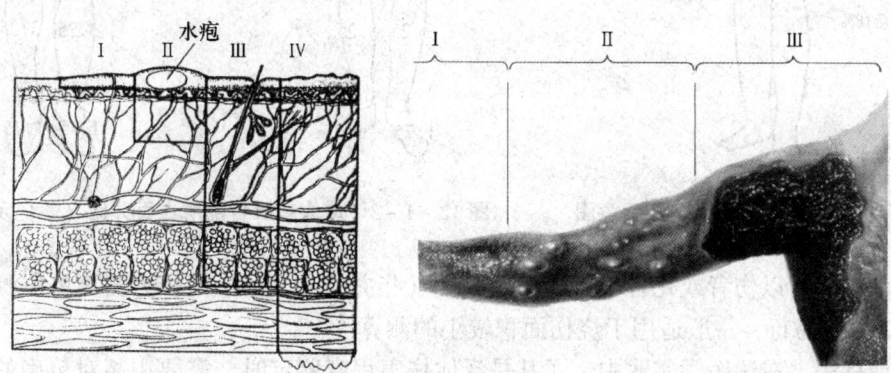

图12-1-1　烧伤四度分级（左）和三度分级（右）示意图

（二）烧伤的面积及测算

烧伤面积一般以烧伤区占体表面积的百分数（%）表示，其测算方法较多，目前常用的有以下几种：

1. 九分法。九分法是指将人体各部位划定为若干个9%（如图12-1-2所示）。我国有人在此基础上将各部位更为细化，使之测算精确性更高（如图12-1-3所示）。但这两种方法仅适用于成年人。

2. 表格法。表12-1-1列举了以九分法为基础，兼顾儿童头部大、下肢小的特点，所表示的人体各部位烧伤面积测算值。

表12-1-1　九分法成人和儿童面积测算值

部位	占成人体表（%）	占儿童体表（%）
头颈	9×1	9+［12-年龄（岁）］
双上肢	9×2	9×2
躯干	9×3	9×3
双下肢	9×5+1	9×5+1-（12-年龄）

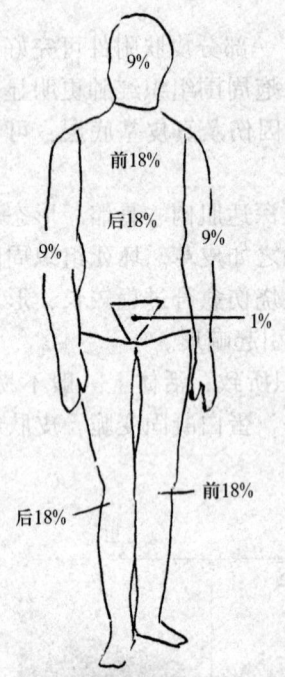 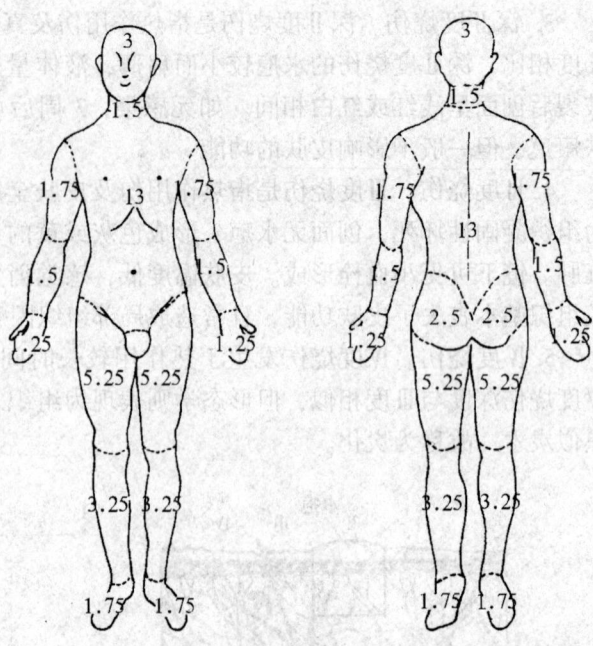

图 12-1-2 体表面积九分法示意图　　图 12-1-3 成人体表各部所占百分比（%）示意图

3. 手掌法。以伤者或死者本人的一个手掌（指并拢）占 1% 面积为测算单位测量的一种方法，简便易行，一般适用于烧伤面积较小的测算。

4. 计算法。在法医学实践中，尤其是活体伤害程度鉴定时，需要用相对精确的方法来测算才能准确划分伤情。计算法方法也很多，但总体上有两类：一是直接在人体上用尺测量烧伤面积。二是用事先画好尺度的方格纸在人体上划出烧伤范围，然后剪下未烧伤部分的方格纸，余部分直接可从方格数来得到烧伤面积。通过这两种方法得到总面积之后，再根据人体体表面积的计算值换算为占体表面积的 %。

人体体表面积计算方法有：

（1）公式法：

体表面积（m^2）= 体重（kg）× 0.035 + 0.1（m^2）或

体表面积（m^2）=［7 × 年龄（岁）+ 35）/100］

（2）表格法：根据 Rossi（1969）提出的体重与体表面积和年龄之间的关系（如表 12-1-2 所示）。

表 12-1-2 年龄与体重、体表面积的对应关系

年龄	体重（kg）	体表面积（m^2）
新生儿	3.5	0.25
2 岁	12	0.5
5 岁	18	0.75
9 岁	28~30	1.0
成人	70 左右	1.75

（三）烧伤的严重程度分类

临床上常将烧伤根据面积和深度的差异分成轻、中、重和特重四种类型。

1. 轻度烧伤是指Ⅱ度烧伤面积≤9%。
2. 中度烧伤是指Ⅱ度烧伤面积达10%~29%，或Ⅲ度烧伤面积<10%。
3. 重度烧伤是指烧伤总面积达30%~49%，或Ⅲ度烧伤面积10%~19%，或烧伤面积虽不足但已发生严重的并发症如休克，或严重的复合伤如呼吸道烧伤。
4. 特重烧伤是指烧伤总面积≥50%，或Ⅲ度烧伤≥20%，或已有致命性的严重并发症。

二、烧伤的全身反应

一般来说，烧伤面积小而浅表的仅仅表现为烧伤局部的组织反应。当烧伤达中度以上程度时，则将引起以下几个方面的全身反应：

（一）体液丢失和血容量减少

伤后第2~3天，因毛细血管通透性增高，血浆成分丢失并进入组织间隙和水疱内。组织损伤后炎症介质如组织胺、5-羟色胺、补体、缓激肽、前列腺素、白三烯等的释出使血管渗出加重。另外，烧伤区因皮肤功能的丧失而使水分蒸发加快，从而加重了脱水。体液的丢失和血容量的下降如果得不到有效的控制，则将发生休克。

（二）免疫功能低下

由于渗出，烧伤者易出现低蛋白血症、氧自由基增多以及某些炎症介质（如肿瘤坏死因子等）的作用而引起免疫机能降低。另外，烧伤时较大面积的创面及渗出的血浆均为病菌的入侵繁殖创造了条件。因此，轻者导致继发感染，严重者将进展成为败血症甚至脓毒血症。

（三）能量代谢障碍

严重烧伤者由于蛋白质的丢失和伤后代谢能量消耗明显增加及分解加速，易发生能量不足和负氮平衡，进而影响机体的抵抗力和水电解质紊乱。

（四）重要脏器的损害

烧伤引起的血容量、免疫机能以及能量代谢等方面的改变对人体重要脏器均有不同程度的损害。例如，休克所致的肾功能衰竭，感染所致的肺脓肿，心肌抑制因子对心脏的功能影响等。另外，作为机体广泛性损伤的后果，烧伤后极易发生应激性反应，产生胃和十二指肠出血、糜烂、溃疡的发生。据文献报道，因严重烧伤又经临床救治存活多日者，最后多死于多系统器官衰竭。

三、生前烧伤尸体主要征象

在法医学实践中，最常遇到的烧死发生在火场中，如房屋建筑物中的火灾以及汽车、飞机事故后起火等。由于火场中的尸体常因炭化而使尸体体表的许多征象被破坏，而且多数火场中尸体的征象本身并不表明是死后还是生前形成，如尸体的拳斗姿势、体表毛发烧焦甚至水疱等。所以，判断生前烧伤是法医工作者面对火场中尸体的首要任务。从理论上来说，任何能证明起火后人体尚有生命功能的征象是生前烧伤的依据。在实践中最重要也最多见的生前烧死征象主要包括以下三个方面：

(一) 皮肤烧伤的局部征象

皮肤局部严重烧伤边缘组织的红肿是生前烧伤的特征。虽然火场中尸体多严重炭化，但就全身体表而言，常常有某些部位保留一定程度的完好，如仰卧时的背部、系皮带的腰部等，在这些部位形成Ⅰ度或Ⅱ度烧伤，水疱可以死后形成，但水疱周围皮肤组织的红肿却是血管受热扩张充血和渗出的生前反应。所以从这意义上来说，Ⅰ度烧伤比Ⅱ度以上的烧伤更有价值（如图12-1-4、图12-1-5所示）。

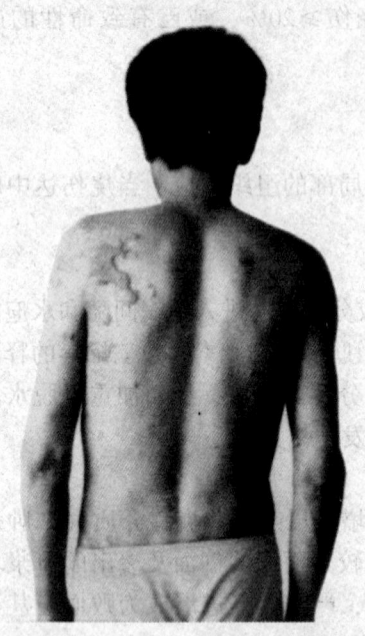 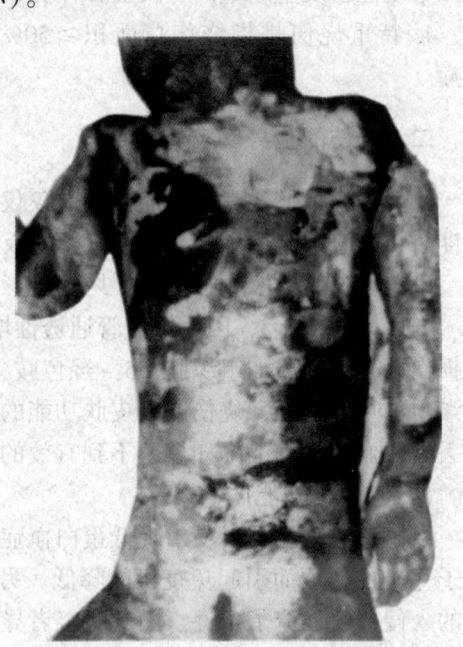

图12-1-4　Ⅱ度烧伤-水疱形成　　　　图12-1-5　Ⅲ度烧伤-焦化

(二) 呼吸道热作用综合征

呼吸道热作用综合征是指火场中如果人体具有呼吸功能，那么人体可因吸入外界火场的物质和热空气而导致呼吸道受损。据此征象可作为生前烧死的判断依据。呼吸道热作用综合征主要表现在以下两个方面：

1. 呼吸道内的烟灰和炭末。火场上通常有物质燃烧所产生的烟灰和炭末，一旦人体呼吸则易被吸入而沉积于呼吸道内。根据人体存活时间的长短和呼吸功能的强弱，烟灰和炭末留置的位置可有不同。一般来说，口鼻甚至咽部烟灰炭末附着的判断价值不大，至少应谨慎，因死后飞扬的烟灰和炭末仍可进入呼吸道浅部。气管及以下呼吸道内异物价值较大（如图12-1-6所示）。需要指出的是，有两种情况可能导致烧死尸体呼吸道内没有烟灰和炭末：一是人体在火场中死亡很快，如极高浓度的毒性气体存在等。二是火场不生产大量的烟灰炭末，如纯粹用汽油等助燃剂烧死，或水泥结构的火场等。

2. 呼吸器官的热刺激反应。火场中人体吸入的热气体、火焰、烟雾或刺激性气体会引起呼吸道及呼吸器官的热烧伤反应，形态学上表现为：（1）咽喉水肿。（2）气管支气管粘膜充血、出血和坏死，严重者产生易剥离的白喉样假膜。（3）肺水肿和出血。显微镜下可见：呼吸道粘膜上皮细胞凝固性坏死；粘膜腺体分泌增强；粘膜层血管扩张，红细胞成团聚集；肺泡间隔水肿，肺泡腔内含凝固状蛋白性液体以及脱落的肺泡上皮细胞。

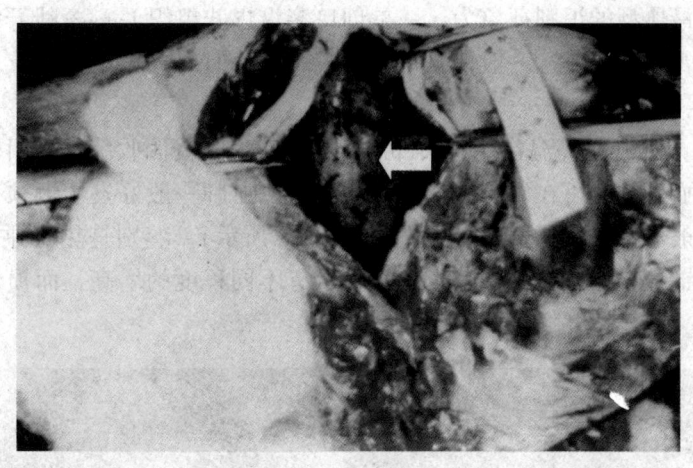

图 12-1-6 烧死尸体气管内烟灰炭末沉着

(三) 血中碳氧血红蛋白浓度明显增高

一般有限空间的火场中氧气很快被消耗而氧化不足，易产生大量 CO 从而引起生前烧死者血中碳氧血红蛋白（HbCO）增高。正常人体血中 HbCO 含量为 0.1%～0.5%，吸烟人最高可达 5%～10%。

据 Rogde 和 Olving（1996）对 286 例确定烧死的资料统计，尸体中血液 HbCO 含量分布情况为：10% 的死者含 0%～14%；10% 的死者含 15%～29%；10% 的死者含 30%～44%；70% 的死者含大于 45%。据此可以认为，火场中烧死者 90% 左右血中 HbCO 浓度有不同程度的增高，而 70% 左右明显增高。根据 Rogde 和 Olving 的资料，血中 HbCO 浓度的增高与年龄、性别、火焰种类、有无使用助燃剂以及生前有无疾病等无明显的关系。

四、烧死鉴定中的有关问题

(一) 死因及死亡方式

人体在火场中死亡的原因可有以下几类：(1) CO 中毒。(2) 呼吸道热烧伤。(3) 创伤性休克。(4) 机械性损伤。(5) 其他有毒气体中毒。特别应当注意的是，某些火场中的尸体是因疾病发作意外起火死亡，死因可能是某一严重的器质性疾病如脑溢血和心肌梗死等。据 Rogde 和 Olving（1996）报道，CO 中毒约占 75%，可见 CO 中毒作为烧死的死因具有十分重要的意义。另外，利用 HbCO 含量的检测，可判断火场中的人体是否还有生活能力，从而有助于死后焚尸的鉴别。所以人体血液 HbCO 含量的检测应作为火场中尸体检验的常规。

烧死绝大多数属于意外（90% 左右），其次是自杀，单独用烧死方式的他杀主要见于儿童、老年人以及病人。使用助燃剂是自杀和他杀中常见的方式。

(二) 因高温引起的损伤假象

在火场中常可发现尸体上有各种损伤征象，鉴别其形成方式和时间有助于分析烧死的死因和死亡方式。以下重点论述因火场高温引起尸体上某些损伤假象。

1. 热创。热创是因高温（火烧）作用于人体体表组织、引起体表组织发生凝固收缩后开裂的结果。其最典型的识别征象为：一是创口多沿皮肤组织 Langer 线开裂。二是创周无组织红斑或水疱等生活反应。一般情况下热创较表浅，但当热作用时间较长时则可贯通体腔（如图12-1-7所示）。

2. 热血肿。热血肿是高温作用于头部后，脑组织发生凝固收缩，牵引硬脑膜与颅骨剥离的过程中撕裂血管，故可在硬脑膜外形成血肿。热血肿一般好发于颞顶交界部位，面积较大而薄层。一般不伴有颅骨损伤（如图 12-1-8 所示）。鉴别是热血肿而不是损伤性的硬膜外血肿的关键性依据是血肿内 HbCO 的含量有不同程度的增高，而损伤性硬脑膜外血肿则多阴性。

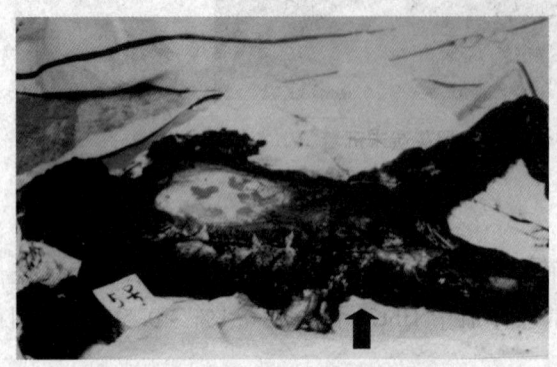

图12-1-7 焚烧引起的尸体腹部"热创"（箭头）及其肠管脱出

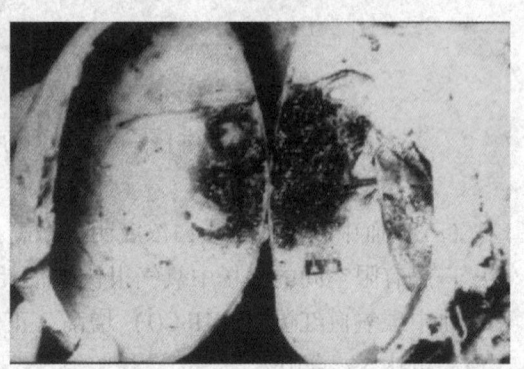

图12-1-8 焚烧尸体引起的硬脑膜外热血肿

3. 颅骨骨折。死后受高温作用有时颅盖骨可发生骨折，主要是因颅内热气体的极度膨胀所致，这种骨折易见于颞骨，骨片呈放射状向外膨出；也可见于额鳞及冠状缝等骨缝处，表现为骨缝的开裂。Bohhert 等（1997）曾在焚烧炉（温度 600℃~820℃）中实验观察尸体颅骨的损伤情况，发现在焚烧 25 分钟内，颅盖缝分离，骨板可见骨折；在 30~45 分钟时，颅盖骨可呈粉碎性骨折；在 45~60 分钟时，颅盖骨已焚毁可直接暴露颅底。但颅底骨无一发生骨折。据此可认为，因高温而导致的颅骨骨折多见于颅盖骨，即高温（火）直接作用之处和颅骨菲薄处；而颅底骨因受到颅盖、脑组织、颈部软组织以及面颅骨的保护，在相当一段时间内不会发生高温性骨折。因此，头部未完全炭化时如检见有颅底骨折，应考虑系机械性损伤所致。

(三) 烧伤与烫伤的区别

烧伤与烫伤的区别从形成机理上看，前者由火焰所致，后者由高温液体所致。与烧伤相比，烫伤有以下几个不同于烧伤的特点：(1) 烫伤边界清楚，有时可见液体形成滴落或飞溅的形态，表明皮肤只在高温液体接触处才发生损伤。(2) 烫伤虽可达Ⅲ度，但不形成焦痂现象，一般多表现为皮肤组织的红肿和水疱。(3) 烫伤不形成皮肤组织的炭化，也不会使毛发烤焦脱落。黄永成（1998）曾报道 1 例跳入沸水锅中自杀，尸检见全身Ⅱ度~Ⅲ度烫伤，面积达 70%；多处表现为表皮脱落和散在水疱；指（趾）甲脱落；而某些部位的皮肤呈灰白色皮革样变；水疱破溃处组织明显充血、水肿。

(四) 烧死炭化尸体的程度分级

为使火灾现场中尸体炭化毁损程度有一共同的描述标准，从而有利于非专业人员在群体遇难事件（如空难、爆炸等）中更好地识别与处理尸体，Crow 和 Glassman（1996）提出一个尸体炭化毁损程度分级标准，称为 Crow 和 Glassman 分级（CGS）。CGS 共分五级，其特点如下（如图 12-1-9 所示）：

一级：体表组织以水疱和局部焦痂为主，头面部毛发烤焦，尸体能予辨认。

二级：尸体总体仍可辨认。体表炭化程度不一，严重者手、脚、外生殖器等缺失。

三级：肢体严重毁损缺失，头面部严重炭化毁损已无法辨认但仍与躯体相连。

四级：颅骨炭化碎裂且与躯体分离，炭化的肢体部分仍可成形。

五级：人体软组织极少或已毁损消失，骨骼成碎块而不完整。

五、特殊物质的烧伤

如前所述，引起广义上的烧伤物质很多，这里主要讨论金属燃烧剂烧伤和凝固汽油烧伤。

（一）金属燃烧剂烧伤

金属燃烧剂烧伤是指镁、铝等纯金属在燃烧时所产生极高温度（大于 2000℃）导致的人体损伤，主要见于战争或军工厂发生的意外。金属燃烧剂在燃烧后除产生高温外，还与水等物质反应产生更大的损伤作用。在人体组织中，多造成局部难以治愈的溃疡，易导致感染败血症的后果。另外，镁、铝等金属在燃烧过程中如果被人体吸收还可造成中毒。

（二）凝固汽油烧伤

凝固汽油是在汽油内加入萘酸和棕榈组成的胶凝剂而制成的一种稳定而有强烈吸附性的燃料，在军事上被用于凝固汽油弹的制造。凝固汽油弹爆炸时可产生 800℃～1300℃的高温。凝固汽油因其强烈的吸附性，故粘于皮肤上不易去除，从而使燃烧时间延长、损伤加重。另外，凝固汽油在燃烧时又释放出含大量 CO 的浓烟雾，易使人体迅速中毒。

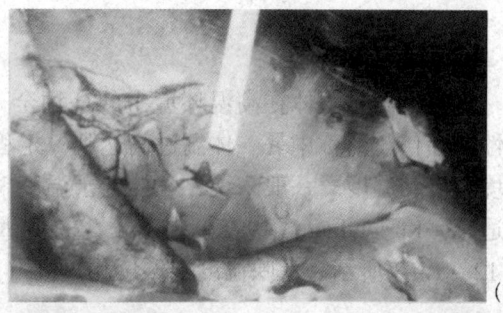
(1)

(2)

(3)

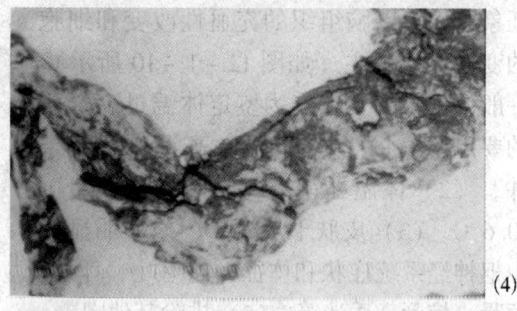
(4)

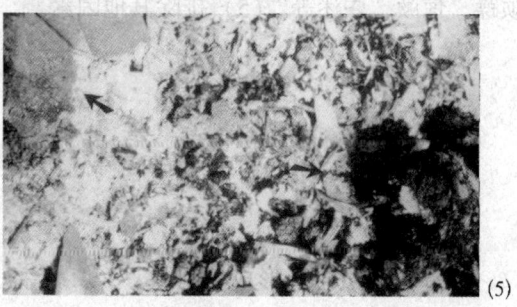
(5)

图 12-1-9　烧死尸体烧毁严重性分级

（引自 Crow 和 Glassman，1996）

六、体温过高

体温过高是人体在高温环境中的一种全身性热损伤，俗称中暑。体温过高达到一定程度会导致死亡。导致体温过高的外部条件是环境温度和湿度。一般来说，人体处于温度32℃以上、湿度80%以上的环境中会有明显的不适感。Kortelainen（1991）报道了228例因体温过高死亡，其高温环境的方式等因素如表12-1-3所示。反映温度与湿度均过高（如桑拿浴）时易引起体温过高。

表12-1-3　228例体温过高死亡情况

高温方式	例数	环境温度（℃）	持续时间（分钟）
桑拿浴	221	40～120	>15
工厂车间	2	>78	<60
锻炼	3	夏季	<60
室外劳作	1	夏季	不清
热水浴	1	热水	<60

除了温度和湿度，第三个影响人体发生体温过高甚至死亡的主要因素是人体自身的健康状态。Kortelainen报道的228例中，有较明显器质性疾病者占60%以上，另外，醉酒状态与体温过高的发生及导致死亡也有较明显的关系。因此，在实践中因体温过高导致死亡的，多数可能属于疾病猝死，而高温只是一种诱发因素。

体温过高导致死亡的机理是体内热平衡障碍所引起的中枢神经系统和循环系统功能紊乱，表现为意识障碍和循环衰竭。但在组织器官形态学上多无特异性的病变征象，一般以脑组织的充血性改变和细胞的变性坏死为主（如图12-1-10所示）。一般依据以下几点作为鉴定体温过高致死的要点：（1）具备高温（高湿）环境条件。（2）体温在相当时间内高达并超过40.6℃。（3）皮肤干热无汗。（4）明显的中枢神经系统症状和体征，如呕吐、耳鸣、烦躁、惊厥、昏迷等。（5）排除其他因素。

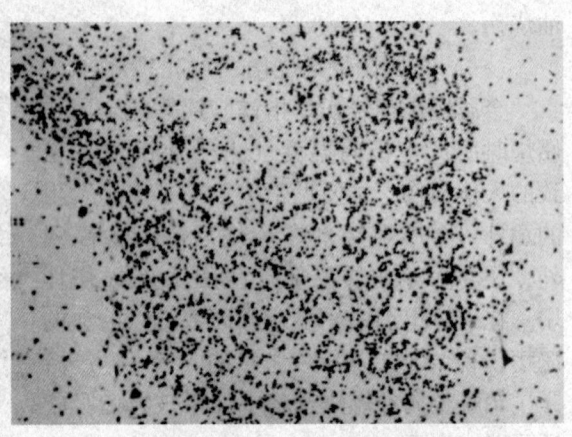

图12-1-10　热射病小脑组织切片镜下观 - 缺乏浦金氏细胞（引自 Tedeschi, 1977）

第二节　低温损伤

一、基本概念及形成机制

低温损伤是指环境温度较低对人体所产生的损伤。根据实验研究的结果，人体生理上最佳的环境温度为25℃±2℃。一般认为低于20℃时，人体将有明显的寒冷感觉。按照受

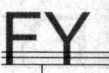

累范围的不同，可将低温损伤分为全身性体温过低和局部冻伤（也称冷伤）两大类型：

（一）全身性低温过低

全身性体温过低是指人体中心体温（指心脏温度）降至低于35℃的状况。多系较长时间暴露于温度较低的环境中而机体代偿功能障碍（如酒精或药物中毒、器质性疾病以及麻醉状态等）的结果。在法医学实践中常遇到的冻死即属于全身性体温过低的严重后果。

（二）局部冻伤

局部冻伤是指人体局部组织因温度较低的环境而导致一系列的病理改变。与全身性体温过低不同，局部冻伤有明显的组织形态学改变，一般不易直接导致死亡。当然，全身性体温过低和局部冻伤可以合并存在。

因形成机制的不同，局部冻伤可分为冻结性冻伤和非冻结性冻伤两大类型。

1. 冻结性冻伤。冻结性冻伤是指人体组织短时间暴露于极低温度（-40℃以下）或较长时间暴露于冰点（0℃）以下的低温而引起的组织发生冻结的损伤。例如，在1000m以上的高空、在野外遭遇暴风雪、陷入冰雪中或接触致冷剂（液氮、固体二氧化碳等）所引起的损伤。

2. 非冻结性冻伤。非冻结性冻伤是由冰点以上，10℃以下的低温所引起的局部组织损伤，常伴有潮湿的参与。这种冻伤有三种常见类型：（1）战壕足，是指长时间站立于0℃～10℃的壕沟内所引起的下肢冻伤，战时多见。（2）溃浸足，是指足部长时间浸泡于冰点以上冷水中所引起的损伤，多见于施工、水田劳作或海员等。（3）冻疮，是指人体局部组织在10℃以下寒冷环境中加上潮湿所引起的损伤，多见于冬春季的南方高湿度地区，易在手、耳、脸等不易保暖部位发生。

临床上常按冻伤的严重性将局部冻伤分成四个等级，即较轻的一度、二度冻伤和较重的三度、四度冻伤。

一度冻伤：损伤伤及表皮层，外观红肿或红斑出现，有热、痒及疼痛感，一般5～10天后表皮干燥愈合，不留瘢痕。

二度冻伤：损伤达真皮层。局部红肿极显著，并有含血清样液体的水疱形成，如无感染亦可愈合，所需时间11～20天。

三度冻伤：损伤达皮肤全层及皮下浅层组织，并发生血性水疱及坏死，创面由苍白色变为黑褐色，感觉消失。修复需30天后并易留有瘢痕。

四度冻伤：损伤深及肌肉及骨骼，多由三度冻伤并发感染所致的湿性坏疽，周围组织有明显的炎症反应，治愈后易留有局部功能障碍或致残。

二、低温损伤的影响因素

影响低温损伤的因素很多，总体上可将其分成环境因素和机体因素二类。

（一）环境因素

1. 风速。气流能加强热的对流，加快散热的速度，所以冷上加风，明显增强了冻伤的作用。本来不至于引起冻伤的低温，由于风速增大而导致冻伤。有人研究将各种气温由于风速造成的冷却，换算成相同等的冷却温度。例如，3.3℃的气温加上16km/h的风速相当于-17.7℃加上1.6km/h风速的环境；-12℃气温加上33km/h的风速相当于-31℃的环境。

2. 潮湿。潮湿可使空气热传导增加，因而加快体表的散热，潮湿空气中的水分子更易使皮肤组织发生冻伤。冻疮常见于我国南方而罕见于北方地区，潮湿起了关键作用。同样，水是良好的导热体，即使气温在10℃左右，如果较长时间浸泡于水中，将导致严重的冻伤。表12-2-1列举了人体在不同温度的水中的最长存活时间。有人提出，同样的温度在陆地上人体存活时间至少延长6倍以上。

表12-2-1　水温与人在水中最长存活时间的关系

水温（℃）	最长存活时间（小时）
0.0	0.2
2.5	0.5
5.0	1.0
10	2.7
15	6.3
20	16.5

（引自陈国良，1992）

（二）机体因素

1. 衣着。人类一般御寒的方式是添加衣着，衣着使人体产生的热量被挡阻于衣着内使之不易很快散发丢失。自然衣着越多越厚，热量的散发越少，从而起保暖作用。另外，衣着的得当与否也很重要。例如，某中学冬季搞野外活动，规定学生只能戴白线手套，结果许多学生的手被严重冻伤，而少数偷偷在白线手套内加尼龙手套的学生却无一人被冻伤。

2. 血循环状况。据前苏联在第二次世界大战期间的资料表明，约有39.6%的战壕足系鞋太窄或绑腿所致。充足而通畅的血液循环是局部组织不易冻伤的保证。实验研究表明，冻伤几乎都从血流迟缓、血管收缩以及血栓形成开始。

3. 醉酒。据许多案例报道，醉酒对冻死起重要作用，一般认为饮酒后皮肤血管扩张，从而使体表血流增加，皮肤散热增强，使人产生热感而易发生冻伤。也有人认为，饮酒后大脑皮层受抑制，对寒冷反应迟钝。无论是何种原因，醉酒后使人失去对寒冷的防护从而导致冻伤乃至冻死却是共同的特点和机理。

4. 活动。当人体活动能力下降或失去（如醉酒、熟睡等）时，骨骼肌产热明显下降，但此时机体散热相应反而增加。另外，不活动的肢体血循环较差，血液分布少，所以在寒冷环境中易发生冻伤。

5. 营养。饥饿或营养不良者无法维持足够的热量代谢，产热能力下降，同时对冷的应激能力也下降，因此造成御寒的能力下降而易冻伤。另外，情绪的变化也易影响冻伤的形成。情绪恶劣、过度紧张或过度疲劳使机体消耗增加而御寒能力下降。

综上所述，低温虽然是冻伤乃至冻死的必要条件，但绝非唯一的条件。在实践中发生的许多案例，特别是冰点以上，尤其10℃左右环境中冻死的案例中，低温往往与其他影响因素共同作用才会发生。

三、冻死的病理生理

冻死是全身性体温过低的后果。除极个别情况外，一般体温过低至死亡有一个渐进的发展过程，机体的体温调节系统、中枢神经系统以及心血管系统等均在此过程中有各种改变，了解并研究这些改变的特点，对认识冻死以及治疗体温过低均有重要意义。

（一）人体体温调节系统及机能

人体体温调节系统由皮肤感觉器、神经纤维、脊髓及其纤维束、丘脑网状结构以及丘脑体温调节中枢的接收系统和经体温调节中枢与全身神经、内分泌和心血管发生联系的调节系统构成，其调节过程如图12-2-1所示。体温调节反应在某些情况下可发生障碍，如酒精药物对中枢的抑制、缺氧使神经反射功能受阻等。人体除通过体温调节中枢及其神经内分泌系统来调节体温外，还能通过局部组织的热交换方式进行调节。人体的热交换分三层，即浅层（包括皮肤和皮下组织）、中层（肌层）和深层（体腔）。各层之间正常情况下保持一定的温度差，一般浅层为34℃~34.5℃，中层为35℃~35.5℃，深层为36℃~37℃。当环境温度低下时，浅层温度很快下降，形成更大的温度差，致使中层甚至深层向浅层进行热传导，同时自身通过血管舒缩和肌肉收缩增加产热以维持平衡。

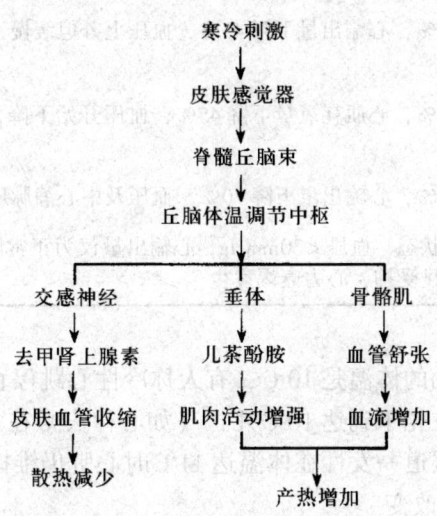

图12-2-1　人体体温调节过程示意图

（二）神经系统的低温效应

动物实验研究结果表明，体温过低所引起的神经系统效应主要有两大征象：一是脑血流的减少和耗氧量的下降。二是神经传导速度变慢。体温每下降1℃，脑的耗氧量下降6.7%，当体温30℃时，脑血管直径将缩小1/3。所以，低温对神经系统的损伤本质上是缺氧的结果，当体温从35.5℃下降至23.5℃时，周围神经传导速度从49.6m/s降至25.9m/s，神经传导速度的迟缓反过来又直接影响人体自身的调节反应。不同体温状态下人体神经系统效应如表12-2-2所示。

表12-2-2　不同体温下人体神经系统症状与体征

体温（℃）	症状与体征
34~33	感觉减弱，腱反射亢进
32	思维意识模糊，反射迟钝，痛觉消失
30	冷麻痹腱反射抑制，脑电压明显下降
28	主动脉和颈动脉压力感受器抑制
27	无应答反应，反射极度抑制
26	瞳孔反射消失
21	化学感受器受抑制
<20	周围神经麻痹

(三) 心血管系统的低温效应

当体温下降时，心血管系统的反应表现为心率减慢，心肌耗氧量减少，收缩力增强，心输出量下降，血压先升高后下降，外周阻力增加，中心静脉压先增高后下降等。表12-2-3列举了体温下降时心血管系统的主要表现。

表12-2-3 不同体温时心血管的功能改变

体温（℃）	症状与体征
34～32	心率下降17%，心肌耗氧量下降30%，血压上升，中心静脉压上升，心输出量下降25%，P-QRS波延长
30	心率下降23%，心输出量下降45%，血压上升但缓慢，P-QRS波弹中出现波，可发生房颤
28	心率下降42%，心肌耗氧量下降45%，血压开始下降，心输出量下降45%，中心静脉压下降
25	心率下降65%，心输出量下降70%，血压及中心静脉压明显下降，可出现心室颤动
20	心脏无收缩状态，血压<30mmHg，心输出量仅为正常的10%～15%。血管压力与化学感受器明显受抑，心力衰竭发生

达到心脏直接停止跳动的体温是10℃，有人称冷性心跳停止。在实践中，因体温下降引起机体的异常改变而往往先于到达10℃死亡（如心律失常在28℃时即可发生），但个体间有较大的差异。据文献报道一女性在体温达11℃时心脏仍维持每分钟4次的心率。

(四) 其他系统的主要改变

体温下降引起呼吸系统的改变主要表现在呼吸率和每分钟通气量和潮气量均成比例下降，体温下降到30℃～28℃时，呼吸困难发生；下降到20℃～16℃时，呼吸停止。

低温对消化系统的影响主要表现为各脏器血流减少，代谢、分泌功能下降（如肝糖原储存少，糖利用下降，胰腺分泌减少等）以及正常功能紊乱，如体温降至34℃时胃肠蠕动减弱，降至30℃时完全停止。

肾脏因其自身调节系统较完善，体温下降至30℃时才出现较为明显的改变。例如，因低温造成肾血流减少进而导致胃小球滤过率下降，但30℃时仍可保持正常的75%，降至28℃时仍可保持正常的70%。

在人体物质代谢方面，低温引起摄氧和耗氧的减少，CO_2产生减少，糖代谢下降导致血糖升高，水和K^+潴留而Na^+丢失，易导致呼吸性酸中毒等。

四、冻死鉴定的有关问题

(一) 低温致死的温度界限

根据动物实验研究及因低温死亡人体的测量数据，一般认为人体死亡的低温界限为25℃，即体温下降至25℃时，几乎100%导致死亡。人体的半数致死温度（LT_{50}）为27℃。而体温在34℃时，大约30%～37%的人发生死亡。低温死亡多数因心跳和呼吸障碍所致。然而在实践中或在某些条件下并不完全符合上述规律，例如，在控制条件下将人体温维持在28℃～25℃ 3天，仍能够复苏存活。甚至有文献报道一名意外暴露于寒冷环境中的妇女体温降至18℃经救治复苏。

与体温致死界限相对有规律性不同，环境温度的致死温度界限差异要大得多，需要特别指出的是，冻死并不一定指环境温度0℃以下才会发生，国内曾报道在南方15℃环境中冻死的案例。因受年龄、健康状况、湿度、风速等多种因素的影响，所以不能单纯根据温度来判断会不会发生冻死。

（二）冻死与 Wischnevsky 氏斑

Wischnevsky 氏斑是 1895 年由病理学家 Wischnevsky 发现并提出的。他在冻死的人体及动物胃肠道中检验到粘膜出血出现率达91%，认为这是冻死的特有征象。从此，Wischnevsky氏斑一直作为法医学鉴定冻死的主要依据之一。

Wischnevsky 氏斑主要指胃肠道粘膜片状或密集型的斑点状出血，以胃底部最多见（如图12-2-2所示）。但近20年，人们发现在冻死者中不仅有出血斑点，也有胃肠道粘膜的糜烂和溃疡。认为Wischnevsky氏斑应包括出血、糜烂和溃疡等多种病理改变，故称Wischnevsky氏灶更为恰当。

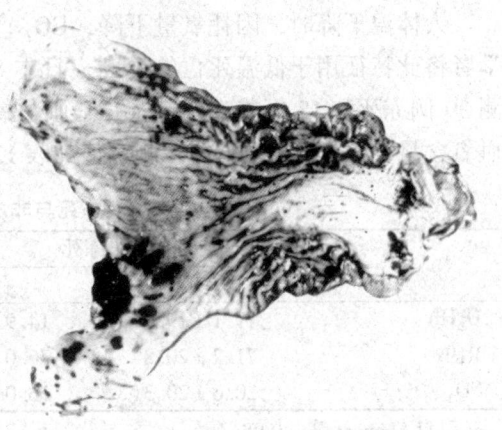

图12-2-2　冻死者胃粘膜上的出血斑点

根据国内外许多资料报道，Wischnevsky 氏斑在冻死人体中的发生率为85%左右，以累及食管、胃和十二指肠为主，其中胃最多见。大体形态学特点主要包括（如图12-2-3所示）：（1）胃肠粘膜表面细小出血。（2）粘膜糜烂性出血。（3）胃肠肌层溃疡及出血。显微镜下主要的病理改变是：（1）毛细血管内皮细胞肿胀。（2）红血球渗出。（3）粘膜上皮变性坏死。（4）进展性溃疡。

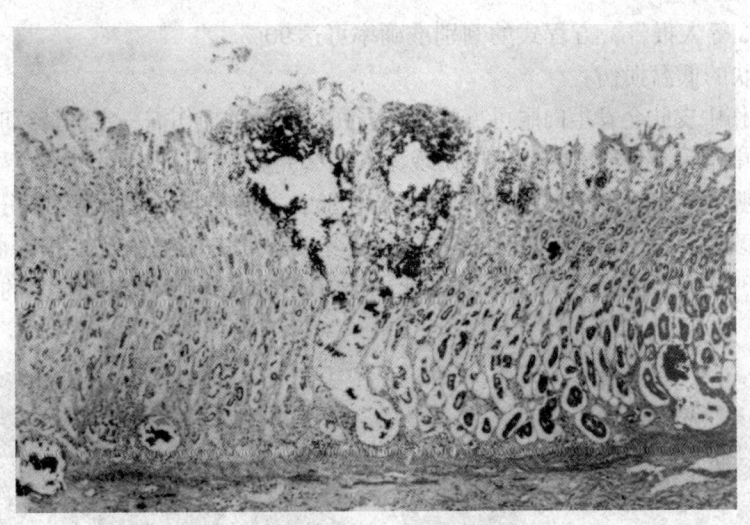

图12-2-3　冻死者胃粘膜改变镜下观

Takada 等（1991）报道17例冻死，发现形成 Wischnevsky 氏斑的程度与冻死的环境温度有关，温度越高，病灶越重。据此认为 Wischnevsky 氏斑的发生实际是人体对寒冷的一种应激性的反应。温度低，人体冻死快，应激反应未完全出现，故而损伤程度轻。支持应激说的另一依据是：在相似的环境温度中，年轻者较之老年人更严重。至于冷应激反应何以形成出血溃疡等病变，则有植物神经功能紊乱、肥大细胞释放炎性介质、粘膜微循环缺血等多种解释。

（三）冻死与心血氧含量

人体温下降时，因耗氧量下降，CO_2产生下降，故血液中保持着较高的氧含量，有的学者将此特征用于低温死亡的诊断。日本Shimizu等（1998）用一氧化碳-血氧定量计检测39例冻死和18例非冻死者左右心血中氧合血红蛋白（O_2Hb）、血红蛋白率（RHb）和血氧含量（SO_2）三项指标，测定值如表12-2-4所示。

表12-2-4 冻死与非冻死心血测定值比较（M±SD）

	非冻死		冻死	
	左心	右心	左心	右心
O_2Hb	19.1±19.5	14.9±19.2	73.3±19.8	33.9±19.9
RHb	71.2±20.8	76.0±20.6	23.7±20.6	62.6±20.6
SO_2	20.6±20.3	16.0±19.3	75.7±20.7	35.3±20.7

（引自Shimizu等，1998）

检测结果表明，O_2Hb、RHb和SO_2三项指标在冻死者心血中均不同于非冻死者，其中左心血中O_2Hb和SO_2均大于右心血80%，有较好的诊断价值。Shimizu等人还根据测量数据得出了SO_2的判别回归方程式：

$$SO_2 = -0.175X_1 + 0.068X_2 + 6.662$$

式中：

X_1为左心血含量；

X_2为右心血含量。

据Shimizu等人报告，方程式的判别准确率可达90%。

（四）皮肤的低温损伤

冻结性冻伤中皮肤会发生肉眼可见的四级损伤，但此种损伤需一定的持续时间才能显现，故法医学实践中常看不到冷冻的局部损伤现象。那么究竟在因冻伤而死亡的尸体皮肤组织有无冻伤的改变呢？Schoning（1992）用动物进行实验，发现在-75℃低温下5分钟，皮肤即可表现三种病理改变：表皮水肿、角质细胞空泡样变以及真皮毛细血管扩张淤血（如图12-2-4所示）。但是，这种病变是否有助于冻死或生前冻伤的诊断尚有待于更多的研究。

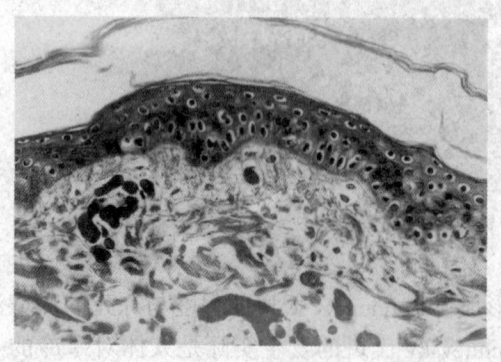 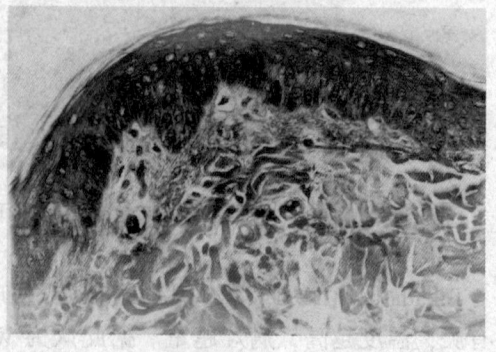

图12-2-4 冻伤皮肤（左）和正常皮肤（右）镜下观（引自Imajo，1992）

（五）冻死与反常脱衣现象

反常脱衣是指在寒冷环境中，人在冻死过程中解开或脱下衣着的行为。这种有悖于添衣御寒常理的现象常使人对冻死的性质产生疑虑，难以理解系死者自己所为。据文献报道，反常脱衣在冻死案例中出现率为20%～30%，以环境温度低于0℃和下雪天多见，与死者是否处于酒醉状态无直接关系。

反常脱衣行为有各种形式，表现各异。例如，解开纽扣、脱去鞋袜、撕起衣裤、半裸甚至全裸，尤其是女性冻死者所呈现的暴露性器官的现象更易使人疑为性侵害案件。被脱下的衣着放置也无规律，有整齐堆放在一旁的，也有凌乱散布在周围的，甚至也有衣着与尸体相距较远且与其行走呈相反方向的。

反常脱衣行为产生的机理迄今尚未明了，比较集中的观点有调节障碍说和幻觉说。调节障碍说认为，在寒冷环境中，人体通过皮肤血管收缩、体温层的温度移动以及反射性体温调节中枢的全身反应等使人产热增加而散热减少达到御寒。但当寒冷继续存在，较长时间刺激后，血管运动中枢及体温调节中枢产生抑制而调节发生障碍，引起肌肉血管因麻痹而扩张，扩张的血管使皮肤体表充盈带体内较高温度的血液，从而使人一方面对寒冷刺激麻木，另一方面使人体产生热感，两者共同导致了反常脱衣的行为。幻觉说认为人体受寒冷刺激后机体肾上腺素分泌增加，而肾上腺素的氧化产物肾上腺素红和肾上腺孕激素浓度较高时易使人产生燥热的幻觉，也有人称为寒冷痴呆，因此导致冻死者的反常脱衣行为。实际上，这两种解释有其共同的一点，即中枢系统的体温调节发生障碍使机体对寒冷的刺激失去反应而产生反常脱衣的行为。

第三节　电流损伤

电流是导体内带电粒子在电场力作用下有规则移动的结果。电流按其来源可分为自然电流（如雷电）和人工电流（如照明电）。按电流的性质可分为交流电和直流电两种，前者是指电流强度随时间变化而变化，后者与时间变化无关。人体与电流接触（无论直接或间接）所引起的损伤称电流损伤，也称电击伤。因电流损伤而死亡称电击死。

随着现代社会电力的广泛应用，电流损伤或死亡日益增多。据统计，全世界每年因电损伤而致残的发生率约0.2～1.7/百万人，美国每年死于电流损伤的约1500人，而电流损伤人数一般为死亡人数的10倍以上。在法医学实践中，电流损伤死亡也经常遇到，最多的见于意外，少数为自杀和他杀。

一、电流损伤的机制

电流损伤的前提是电流通过人体形成闭合回路。无论是何种性质的电流，其运行具有方向性和循环性，如交流电电流从火线到零线，直流电电流从负极到正极。因此，人体触及电导体后只有当成为电流回路中的一部分时才会导致电流从人体经过产生损伤效应。例如，人体只接触交流电的零线，或接触交流电的火线而与其他物体绝缘，或者人体只接触直流电的一极等不会导致电流损伤，也就是说，此时电流并未经过人体。电流经过人体所引起的损伤机制主要是电流作用和热作用。

(一) 电流作用

电流作用导致人体损伤的机理目前并未完全明了，分析可能与以下四种原因有关：

1. 电流使人体主要生物电发生器官心脏和脑产生的生物电发生短路等干扰，致心脑功能障碍。
2. 电流经过人体时使电能转变为机械能，从而引起人体组织机械性损伤。
3. 电流使组织细胞内的离子平衡失常，发生电泳、电解、电渗现象，从而使细胞极化或使组织发生成分分解，影响组织器官的功能。
4. 电流通过组织时，局部电场作用可导致脂质双层结构损伤，引起细胞膜破裂和细胞溶解。

(二) 热作用

电流损伤的热作用，即电烧伤，则是电能转变为热能而引起的。电流在其传导受阻的组织产生热力，使组织凝固、焦化或炭化，这时组织的导电性得到极大的提高，有利于电流的传导。根据焦耳定律，电流产生的热能公式为：

$$P = I^2 RT$$

式中：

P 为功率或热（W）；

I 为电流强度（A）；

R 为电阻（Ω）；

T 为接触时间（秒）。

公式反映热能与电流强度、电阻大小以及接触时间长短成正比关系。据实验研究，引起皮肤Ⅰ度烧伤，在50℃至少需20秒，或者说至少需26卡路里。这样，在已知热能的情况下，能否引起组织的烧伤可计算预测。除了人体组织直接接触所致的电流热作用外，高压电所产生的电弧和超高压的闪电（雷击）因其产生高温（大于4000℃），即使人体并不与之直接接触，仍可造成烧伤。

(三) 影响电流损伤的因素

1. 电流强度。电流强度是指单位时间内通过导体任一横截面的电量，用符号 I 表示，单位用安培（A）表示。根据欧姆定律，电流（I）与电压（U）成正比，与电阻（R）成反比，作公式表示为

$$I = U/R$$

电流强度直接影响电流损伤的程度，一般认为，当电流强度达到0.1A（即100mA）时，死亡在数秒内发生。表12-3-1列举了不同交流电强度对人体损伤的表现。

表12-3-1 不同电流强度对人体损伤的表现

电流强度（mA，50~60Hz）	人体表现
0.6~1.5	手指发麻
2~3	手指剧烈发麻伴痛感
5~7	手肌痉挛，痛感强
8~10	手难以摆脱电流
20~25	剧烈疼痛，呼吸困难
50~88	呼吸麻痹，心室纤颤
90~100	呼吸麻痹持续3秒以上心脏停搏

2. 电流性质。电流性质是指电流强度随时间的改变而变化与否的状态。一般来说，在电压相同时，人体对交流电的敏感程度明显高于直流电。例如，电流强度为50mA时，交流电可导致死亡，而直流电却不会。其原因主要与交流电的频率与细胞内离子运动周期以及心脑电生理放电节律相似，从而干扰破坏组织细胞的正常活动以及心脑器官的正常功能。所以，频率为50～150Hz的交流电对人体生命活动影响最大。

3. 电压强度。电压是指电路中电荷从一点移到另一点之间的电压差，表示驱动电流的能力，用符号U表示，单位用伏特（V）表示。根据欧姆定律，在电阻不变时，电流强度与电压强度成正比。所以电压越大，电流也越大。人们一般将1000V以下的称为低电压，1000V以上的称为高电压。也有人将电压分成四个等级：65V以下的为低电压，66～1000V为中等电压，1000～100000V为高电压，大于10kV的为超高电压。

研究和实际案例表明：150V以下的电压对人体相对比较安全（直接作用于心脏除外），1000V以上的电压引起的人体损伤（电休克等）也较易救治，而这两者之间的电压损伤，常常更易致命。另外，在不同电压下的电流性质也有不同的损伤特点：当电压为500V时，交流电与直流电的损伤大体相似；当电压500V以上时，直流电的损伤比交流电强；当电压500V以下时，交流电的损伤性较直流电强。

4. 电阻。电阻是指电路中元件阻止电流的能力，是电路元件中产生有向电流I所需电位差U的一种度量，用R表示，其单位用欧姆（Ω）表示。根据欧姆定律，在电压不同时，电阻与电流强度成正比关系，所以，电阻对电流损伤的影响很大。对人体而言，电流作用于人体所遇到的阻抗应当包括皮肤入口（R_1）、体内器官（R_2）以及皮肤出口（R_3）三个部分，用公式表示为：

$$I = U/(R_1 + R_2 + R_3)$$

人体虽为电流导体，但各种组织的电阻率不相同，即使是同一种组织，其不同的状态（如干燥、潮湿等）下电阻也不相同。在同等条件下，人体组织的电阻率从高至低依次为：骨骼、脂肪、肌腱、皮肤、肌肉、血液、神经组织。表12-3-2中列举了文献报道的人体各组织电阻的近似值。人体皮肤组织的电阻值差异也很大，从组织学而言，角化层电阻最大，透明层其次，真皮层再次，皮下组织最小。从各部位而言，脚掌最大，大腿内侧最小，与角化层的厚度有关。应当注意的是，当皮肤因烧伤而凝固性坏死后，其电阻值增加；而当皮肤炭化后，其电阻值又明显降低。

表12-3-2 人体组织电阻近似值

组织名称	电阻近似值（Ω）
皮肤（平均）	500～400000
脚掌	400000
大腿内侧	500～1000
干燥皮肤	8000～400000
潮湿皮肤	500～5000
水中皮肤	150
粘膜	1200～2000
骨骼	900000
脑	2000
肌肉	1500
肝脏	900
血液	185

5. 电流通过机体的途径。前已述及，电流的产生需要有一闭合回路。因此，电流通过人体的方式一般有两种（如图 12-3-1 所示）：一种是由电源的一极通过机体直接到另一极，称为双极性接触，如人双手握直流电的正负极或交流电的火、零线。另一种是电流一极通过人体，另一极与地面构成回路，称为单极性接触。一般双极性接触致命性大，因电流易流经心肺等重要器官；而单极接触则视人体与地面接触时导电性而异，如地面干燥；穿有绝缘性好的鞋等则电流通过小而危险性小。

电流在体内通过的第一原则是以最短的距离通过，第二原则是沿阻力最小的途径通过。在实践中，约80%以上的电击是由人体的一个肢体进入，而另一个肢体穿出，如手为入口，足为出口。由于电击死亡的以心脏受损为主，故评判电流在人体内途径时，常以电流通过心脏与否作为危险程度的判定。表 12-3-3 列举了人体双极性接触时不同途径所具有的心脏电流系数（以左手到双脚作为基数 1.0），从表中可以看出，由胸部到左手的方式时心脏受到的

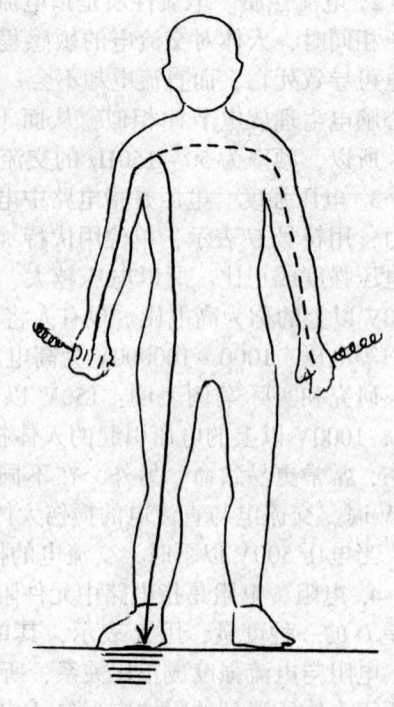

→单极性接触　┄┄双极性接触

图 12-3-1　电流通过人体方式示意图

电流最大。需要指出的是，电流在两极之间的途径，并非呈单纯直线形式，而是呈扇形通过。因此，两极间距很近的电流接触，如带电插头、电警棍放电等方式，在人体其他部位可不导致电击死，但在胸部尤其是左胸部仍可因电流作用于心脏，或在头部，电流作用于脑组织而导致死亡。

表 12-3-3　不同电流途径的心脏电流系数

电流路径	心脏电流系数
左手到左脚、右脚或双脚	1.0
双手到双脚	1.0
左手到右手	0.4
右手到左脚、右脚或双脚	0.8
背部到右手	0.3
背部到左手	0.7
胸部到右手	1.3
胸部到左手	1.5
臀部到左手、右手或双手	0.7

（引自刘文魁等，1995）

6. 电流作用的时间。总的来说，电流作用时间与损伤程度成正比。电流作用时间越长，通过的电流量越大，损伤也越严重。例如，高压电流作用时间小于 0.5 秒，可不导致死亡，而如果大 1 秒，即可致命。从局部来看，人体皮肤是不良导体，电流作用于人体皮肤受皮肤电阻的阻抗，经一段时间后电流击穿皮肤，电流量增大，而电流热作用使皮肤和

皮下组织发生凝固性坏死，对电流又起到阻抗作用，最后一旦皮肤和皮下组织发展为炭化，则又提高了导电性，所以，电流作用导致人体死亡有一定的时间段，一般低电压（小于100V）导致人体死亡需数秒至数分钟。表12-3-4以电流引起心室纤维性颤动为例，显示不同的电流强度需不同的时间。

表12-3-4　心室纤维性颤动所需时间和电流强度

电流强度（mA）	时间（秒）
70~300	5
200~700	1
300~1300	0.3
500~2500	0.1
1800~8000	0.01

二、电击死的死亡机理

电击死是电流损伤的直接结果。除去某些电流损伤后并发脑损害、肾功能衰竭、继发性休克、脂肪栓塞等情况以及电击后摔坠与溺水等间接原因之外，电击死最主要的死亡机理有以下两个方面四种情况：

（一）心功能障碍

1. 心室纤维性颤动。多发生于低电压、电流强度为0.1~0.2A、频率为15~60Hz的交流电，系电流直接作用于心脏导致心电紊乱的结果。

2. 心脏停搏。心脏停搏多发生于高压电（>1000V）和高电流（>2A），与电流性质无关。其原因系电流作用于心血管中枢及迷走神经，或作用于冠状动脉所致。

（二）呼吸功能障碍

1. 中枢性。中枢性呼吸功能障碍发生于电流作用于中枢神经，特别是延髓呼吸中枢引起呼吸麻痹、缺氧，从而导致死亡。

2. 周围性。周围性呼吸功能障碍发生于电流作用于呼吸肌或肺脏，引起呼吸运动麻痹或气体交换障碍，从而导致缺氧死亡，多发生于低电压和低电流（0.02~0.12A）作用时。

三、皮肤电流损伤的特征

皮肤电流损伤的特征本质上是电流或含电导体在皮肤上所留下的电烧伤的形态学特征。以低电压交流电为例，最主要的有以下三种类型：

（一）电流斑

电流斑是电流在皮肤上的出入口位置所形成的损伤，其形成机理是皮肤的高电阻作用使电流在穿透皮肤通过人体时产生高温作用所致。典型的电流斑外观呈口小底大、中央凹陷、边缘隆起的火山口样圆形或椭圆形皮肤损伤，直径多0.6~1.0cm；凹陷中心为黑色炭化区，周围呈灰白色的凝固性坏死（如图12-3-2所示）。人体出口处的电流斑总体上与入口处相似，有时损伤更严重。其机理在入口处电流呈热融解性的损伤，而在出口处电流一般呈热爆裂（电流击穿）性的损伤（如图12-3-3所示）。

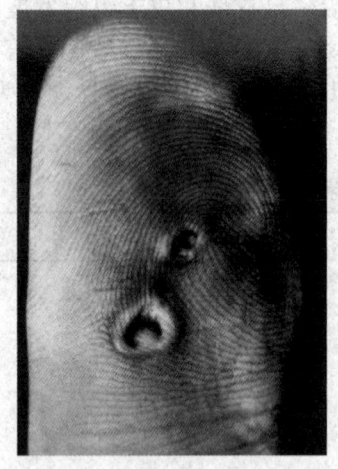 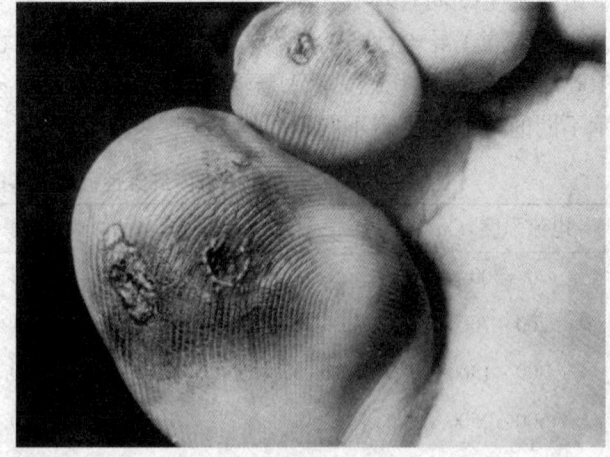

图 12-3-2　手指上的电流斑（入口）　　图 12-3-3　脚趾上的电流斑（出口）

光学显微镜下，电流斑中央凹陷区表皮各层融合变薄，周围角质层增厚，表皮与真皮间可见裂隙，表皮角质层分层，可见蜂窝状空泡样改变；基底细胞层和棘状细胞层呈栅栏状或旋涡状排列，细胞核沿电流方向扭曲变长呈虚线状或纺锤形；皮下组织或皮肤附属器官如汗腺、毛囊等以凝固性坏死或肿胀变性为主要改变（如图 12-3-4 所示）。扫描电镜下，可见到创口底部和壁上散在的直径为 30～100μm 小孔穴，表皮乳头状组织缺损以及缺损区内有散在的细胞碎屑和电子密度较大的颗粒（如图 12-3-5 所示）。需要指出的是，对上述电流斑光镜下的改变是否为电流斑所特有一直有争议。持反对意见者认为，电流斑光镜下的改变并非每次都全部出现，而且与其他损伤如热烧伤有相近之处。但多数人认为，电流引起的热损伤毕竟与其他条件的热损伤有区别，形态学上只要征象明显应当能予以区别认定。

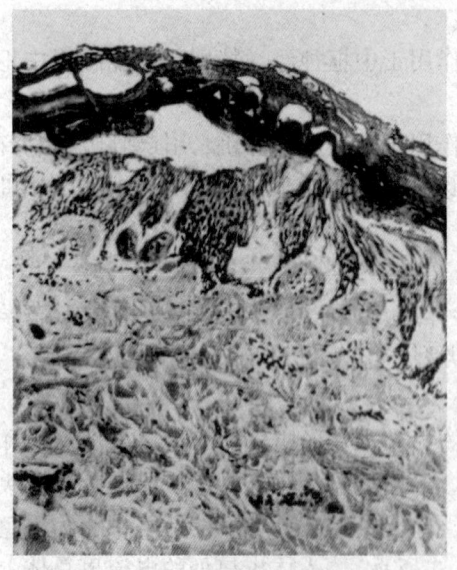 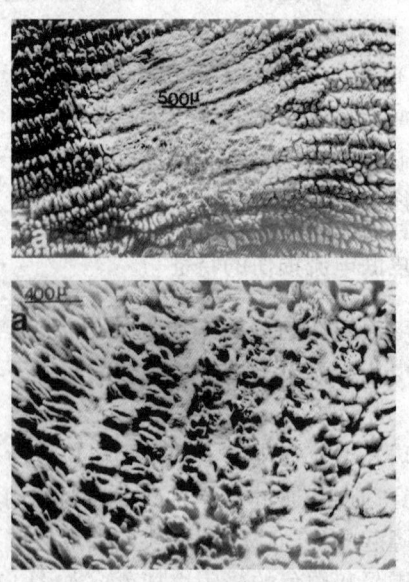

图 12-3-4　典型电流斑镜下观　　图 12-3-5　人手指皮肤电烧伤（上）和热烧伤（下）扫描电镜镜下观（引自 Torre 等，1986）

（二）皮肤金属化

皮肤金属化又称皮肤电镀现象。是电极金属在高温下熔化或气化后，金属微粒沉积于受损皮肤表面或深部皮下组织的现象。不同的电极金属可产生皮肤不同的颜色改变。例如，铜导体沉积后呈淡绿色或黄褐色皮肤改变，铁导体沉积后呈灰褐色皮肤改变，而铝导体沉积后呈灰白色皮肤改变。皮肤金属化现象出现与否与电流作用时间及其强度密切相关，实验研究表明：产生金属化的电击时间至少应在10秒以上，高电压低电流、持续的电火花出现是两个产生皮肤金属化的最重要因素。无论交流电或直流电均可引起皮肤金属化现象。交流电电击后，在电流的入口和出口处均可出现金属化现象。而在直流电电击时，金属附着物只存在于阴（负）极接触部位。

皮肤金属化征象一般肉眼难以观察认定，需要通过金属成分的理化检查来识别，在确定电流斑的同时，也可得知金属的种类。

（三）皮肤电击纹

电击后在人体皮肤表面所形成的树枝状或蜘蛛网状的红色条纹称电击纹（如图12-3-6所示）。电击纹仅见于高压电，尤其是夏季的雷电损伤致死的尸体上。高压电引起电击纹的机理有两种学说，一种认为是电击时皮下血管麻痹充血扩张的结果，另一种认为是皮肤浅度烧伤，是高压电或闪电放电时的"泼溅"结果。根据美国Welti（1996）报道，41例雷击死者中有1/3出现电击纹，皮肤无烧伤征象，镜下见皮下脂肪层出血，因此认为电击纹是皮下血管损伤的结果，称为分枝状红斑。应当注意的是，电击纹极易在12小时后消失。

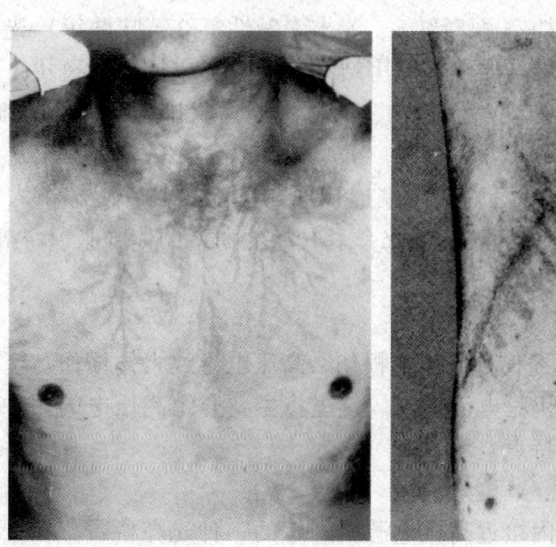

图12-3-6 雷击后胸部（左）和大腿（右）出现的血管树枝状改变

四、心脏电流损伤

心脏对电流的刺激极为敏感，各种类型的电流，包括闪电和电刺激治疗，均可影响心脏功能。据国内外资料统计，临床上电击伤者的心脏异常的发生率为30%~50%；而在死亡者中，根据电流损伤的机理，心功能障碍作为死亡机理的占大多数。

电流损伤心脏的机理目前尚未完全阐明，根据临床观察、动物实验的研究结果，可能与以下三种因素有关：(1) 电流通过心脏时产生的热能直接引起弥漫性心肌损伤。(2) 电流引起心肌强烈的痉挛收缩，从而引起冠状动脉痉挛，心肌缺血。(3) 电流引起冠状动脉炎症改变，进而引起心肌供血不足。

（一）心电图改变

根据临床资料报道，电击后患者心电图改变以发生率高低为序依次为：ST-T 异常、窦性心率失常、早搏、传导阻滞以及心房纤维性颤动。约 92% 的患者在伤后 48 小时内心电图恢复正常，约 98% 患者在伤后 72 小时内心电图恢复正常。动物实验研究也证实电击后心电图最为明显的改变是 S-T 段降低和 T 波高耸，而在致死性的电击中，则表现为心室纤维性颤动。

（二）血清酶的改变

据杨建民等（1998）报道，电击损伤患者血清肌酸激酶（CK）及其同功酶（CK-Mb）活性明显增高。电损伤 4 小时，升高尚缓慢，之后便显著；伤后 72 小时，CK 和 CK-MB 开始下降，至伤后 15 天，血清 CK 和 CK-MB 活性恢复至正常。血清 CK 和 CK-MB 电击后的改变提示心肌损害的结果。

（三）心脏病理组织学改变

根据电击死尸体检验及其动物实验研究的结果，电击引起心脏损伤的病理组织学改变主要有以下几个方面：

1. HE 染色光镜观察：心肌水肿，间质出血，多发性灶性坏死；部分小冠状动脉内皮细胞隆起，管腔狭窄；房室结细胞核空泡样变，胞浆深伊红染色。

2. 特殊染色（包括固绿 FCF、丽春红 S、苏木素碱性复红苦味酸等）光镜观察：心肌灶性坏死、横纹消失、肌原纤维均质状；窦房结纤维增生形成透明状斑块，房室结细胞扭曲变形；冠状动脉平滑肌细胞核变长、扭曲，局部呈栅栏状排列；神经节细胞间隙增大，空泡样变。

3. 透射电镜观察：心肌纤维之间的端端连接面-闰盘撕裂，裂隙扩大，心肌纤维移位；心肌纤维 I 带消失或扩大，肌节变形，Z 线移位；心肌溶酶体肿胀、嵴溶解消失。

五、高压电（雷电）损伤

电压超过 1000V 所造成的损伤称高压电损伤。高压电导致人体损伤乃至死亡的基本特征与低压电相似，其基本原理仍是电流损伤。这里将主要介绍高压电的两种特殊形式——电弧与雷电所引起人体损伤的特点。

（一）电弧损伤

电弧是当人体在一定距离内接近高压电源所产生的一种光亮桥带。在干燥空气中，每 10kV 产生电弧的距离为 2~3cm。25kV 的高压电缆，其峰值可达 40kV，故认为导致 25kV 高压电缆产生电弧的距离约 10cm。电弧形成时的瞬时温度可高达 3500℃~4000℃，因此电弧损伤的主要特征是烧伤。

电弧烧伤与一般火焰烧伤基本相似，但损伤面积较大，而更重要的是以深部烧伤为主。电烧伤有时在皮肤表面损伤并不严重，因其电流的作用，引起血管神经的进行性损伤，故往往发生范围广泛并进行性加重的皮下组织的凝固性坏死。休克与感染是电弧损伤主要并发症。

(二) 雷电损伤

雷是一种自然放电现象,其放电时产生 10^9V 的直流电压,数万安培的电流,30000℃的高温以及数个大气压的冲击波,持续时间为 10^{-6} 秒至 1 秒之间。因此,雷电的损伤既有电流作用、高温作用,也有空气膨胀导致的冲击波作用。雷电损伤有以下基本特征:

1. 人体脏器的直接损伤。因雷击巨大能量的直接作用,可引起心、脑脏器的损伤,表现为心壁破裂、心肌挫伤、头皮下血肿、颅骨骨折、蛛网膜下腔出血以及脑挫伤,尽管这种损伤发生率仅10%左右,但常会引起损伤性质的争议。

2. 鼓膜破裂。因气浪作用及气压的改变,鼓膜易发生张力性破裂,有文献报道可达80%以上的发生率。

3. 雷击纹。与前述电击纹相同。雷击纹是皮肤分枝状红斑,多见于颈胸部,少数也可发生于腹部或大腿。雷击纹在尸体上一般仅存留12小时左右。

4. 雷电烧伤。雷电所引起的烧伤一般面积小于16%,程度为Ⅱ度以下,与一般电流尤其是高压电流烧伤不同。另外,较有特征性的是尸体及衣着上的金属物品可被融化,毛发部分受热而呈焦状。

5. 衣着破碎。由于雷电的高压高温及其机械作用,人体衣着常表现为与皮肤损伤极不相称的破坏。例如,被撕成小碎片,或被剥离于人体之外,衣帽鞋袜上可见电流入、出孔洞状破损(如图 12 - 3 - 7 所示)。

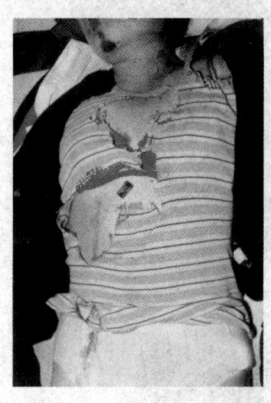
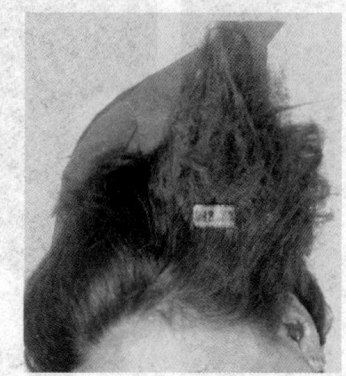
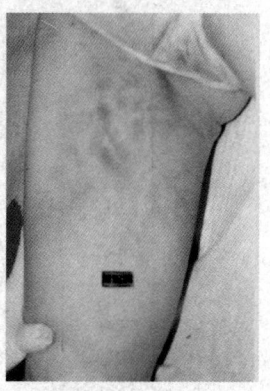

图 12 - 3 - 7　雷击形成的人体衣着(左)、头发(中)损伤以及大腿雷击纹(右)(引自张志刚,2006)

六、电警棍(电击枪)电流损伤

电警棍是在警棍的一端安装有金属触击点的警用电击器械,在欧美国家警察则装备电击枪以代替电警棍。我国目前生产常用4种型号的电警棍,其基本构造及原理相似。电警棍使用时以输出高电压、低电流的脉冲电,刺激机体的神经、肌肉,发生痉挛、疼痛、麻木等感觉从而产生电紧张效应,以利于警方抓捕犯罪嫌疑人、震慑犯罪、制止骚乱等,在国外甚至民间也可购置用于自身防卫。虽然电警棍(或其电击枪,下同)能输出最高达数十万伏的电压,但其电流却小于 30mA,而且仅在放电的瞬间(<0.2 秒)产生作用,之后因衰减而明显减小,因此电警棍的设计是非致命性的。但是,使用不当或滥用电警棍却可发生严重后果。

（一）电警棍电流所致的皮肤损伤

根据动物实验研究及尸体检验，电警棍和电击枪在放电时产生电火花及电流可产生皮肤烧灼征象，其严重程度与持续时间成正比。形态学上表现为与电极面积相似，两极相隔距离相对应，成对出现等特征（如图12-3-8、图12-3-9所示）。最严重时皮肤出现焦化和凝固性坏死。显微镜下见细胞极化现象较轻，而且仅局限于表层或皮肤浅层。汗腺、皮脂腺细胞极化不明显，也无旋涡状排列、凝固性坏死的征象。这显然是因电流小的结果。

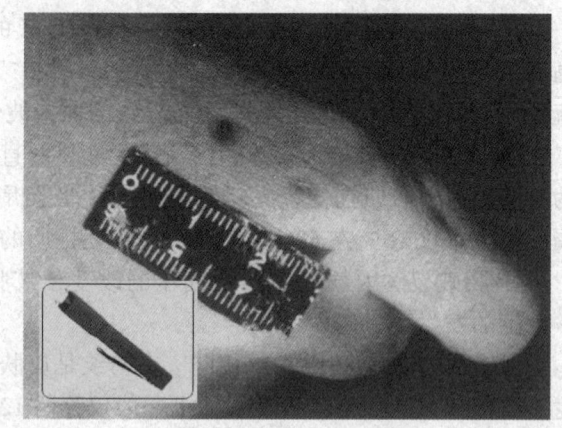

图12-3-8 电警棍放电后两电极形成的手背皮肤电烧伤

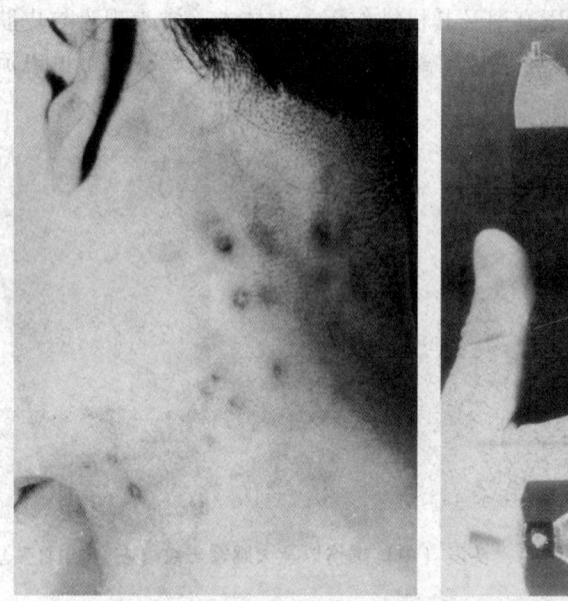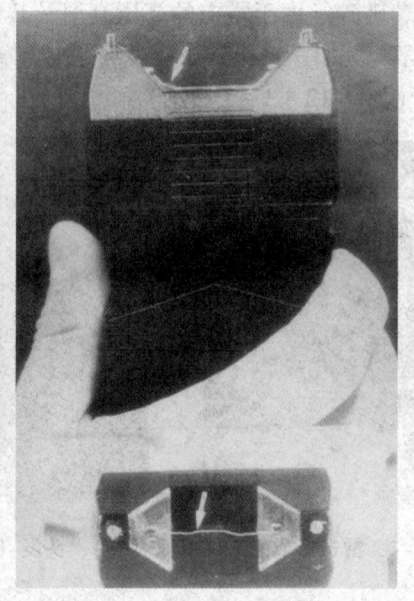

图12-3-9 电击枪形成的颈项部皮肤损伤（引自 Ikeda，1992）

（二）电警棍电流所致的内脏损伤

根据张能等（1993）报道，用国产725型电警棍反复刺激家犬，发现的征象为：血压明显下降，心搏出量进行性减少、心电图异常（ST段降低、频发早搏等）；呼吸频率增快、呼吸暂停或不规则状；动脉血 CO_2 分压进行性降低。电击死亡的动物解剖发现心脏外膜下出血，心腔扩大、心肌细胞肿胀；肺淤血水肿；脑脊髓硬膜及蛛网膜下灶性出血；双侧肾上腺皮质出血；胃、食道粘膜充血、水肿伴点状出血。提示持续性长时间地电警棍电击，可引起中枢神经系统和重要器官的功能和实质性损伤。据徐元善（1992）报道1例电警棍反复触及致人死亡尸检情况，体表多处散在分布0.1~0.3cm大小的褐色皮肤损伤，急性肺水肿及灶性出血，心肌灶性出血，蛛网膜下腔灶性出血，硬脊膜下出血等，与动物实验的结果基本吻合。日本 IKeda 等（1992）报道 1 例利用电击枪谋杀的案例，犯罪嫌疑人将被害人扼昏后使用电击枪反复电击颈胸部达 30 余次直至死亡。

综上所述，尽管电警棍（枪）电流微弱且两极集中，放电途径局限，但由于电流的扇形流向，在人体重要器官部位如颈、胸、头等反复电击后，仍可致使人体重要器官的损伤引起死亡。

七、电流损伤的法医学鉴定

（一）电流损伤的实验室检测手段

在实践中，电流损伤的鉴定主要依据皮肤电流斑的识别。有关电流斑的特征前已述及。有时当电流斑不甚明显或需进一步认定时，常需借助于实验室技术，据文献报道，主要有以下几种：

1. 钙盐沉积染色法。人们发现当电流作用后，电击部位皮下组织胶原纤维中发生明显的钙盐沉积，利用茜红素 S 染色法可显示胶原纤维中钙盐积聚于坏死区周围，且能较长时间内保留（如图 12 – 3 – 10 所示）。但此种方法多用于电击后存活 2 天以上者。另外，钙盐沉积最多发生于直流电的负极处，交流电击处和直流电阳极处则不明显，而其他原因如热、烫甚至皮下注射钙盐均不会发生。

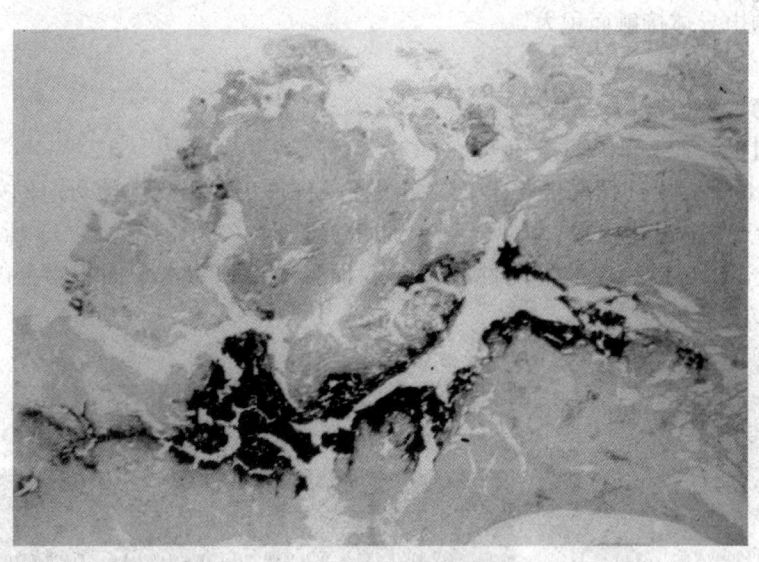

图 12 – 3 – 10　金属元素皮下沉着的组织化学特染镜下观（茜红素 S 染色）

2. 化学显色法。实验发现，利用 5% 的 2 – 亚硝基 – 1 – 萘酚/丙酮液以喷雾方式在电击处，会出现颜色反应：由铁电极形成的呈蓝绿色；铜电极形成的呈棕红色；铝电极形成的不显色；无电极伤的呈试剂黄色。显色反应的强弱与电击时间密切相关，电击时间在 5 秒以上者效果良好。采用此方法的注意点是应排除人体皮肤上原有或污染的少量金属元素的可能性。

3. 原子吸收光谱法。将电击皮肤酸性溶液消化后，用原子吸收光谱仪检测金属含量（铜、铁、铝等），只要有对照样本的存在，那么电击处皮肤或皮下组织的金属高含量有助于电击的诊断。根据动物实验，电击处的金属含量随电击时间的延长而显著增加，如电击时间 5 秒，电击处铜、铁、铝含量分别是对照处的 3.5、4.2、5.8 倍。此种方法不仅可检测具体的电极金属成分，而且对无明显电流斑的检验也有价值，但是此种方法缺点是电击组织样本将被破坏。

4. 扫描电镜/能谱仪法。利用扫描电镜+能谱仪（SEM/EDX）的方法检测金属元素是近来国内外最多采用的手段。此种方法不仅灵敏度比前种方法高，而且特异性强，也能不破坏组织而观察电击部位的形态学改变。有人研究利用 SEM/EDX 鉴别电击，金属烫伤以及热烧伤三种方式下皮肤组织的成分，发现在电击皮肤的表层和深层均有较高含量的金属，而烫伤则仅在皮肤的表层留有少量金属成分，热烧伤则无金属成分。

（二）电击不出现电流斑的原因

前已述及，电击后形成电流斑的本质是电能转化热能所引起的电烧伤，而且需要有一定的时间。据研究，典型的电流斑形成需 90℃、37 秒；即使是非典型的Ⅰ度电烧伤也需要 50℃、20 秒。另外，还取决于电流的密度和导体的性质（与离子含量有关），所以，任何不符合上述条件的情况均有可能有电流损伤但不出现电流斑。

在实践中，以下情况一般不易出现典型的电流斑：

1. 潮湿的皮肤接触电源。
2. 水中电流损伤。
3. 皮肤与电导体接触面积大。
4. 皮肤上有油污。
5. 皮肤与电源体密切接触。
6. 电压过低，如 <110V 时。

应当指出的是，上述情况也并非绝对，某些条件下仍会出现电流斑。例如，人在通电的水中有时会产生片状电流斑，尤其当水中带有杂质时（如图 12-3-11 所示）。国外报道浴缸水中电击出现电流斑的可能性约 15%，而且可出现与水平面相吻合的线状电流斑（如图 12-3-12 所示）。

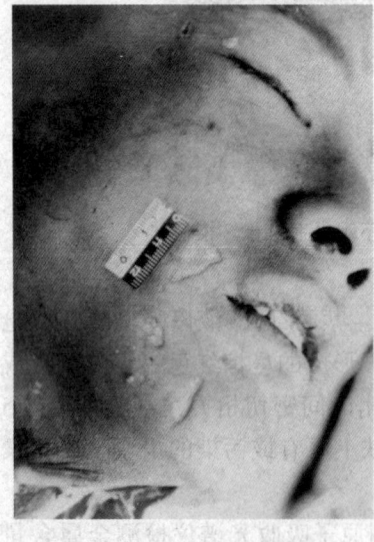
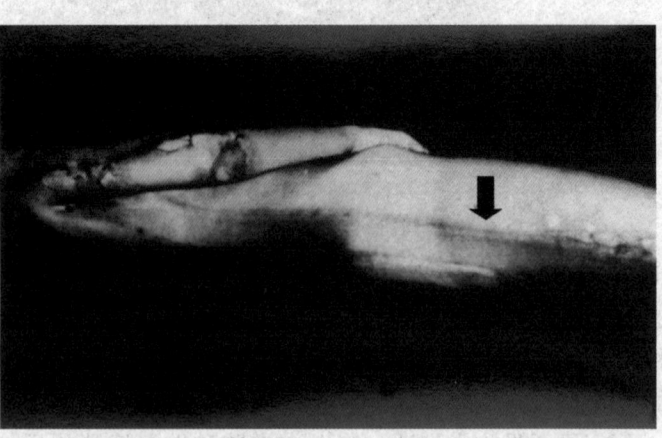

图 12-3-11　水中形成的片状电流斑（引自沙征凯，1998）　　图 12-3-12　水中电流作用形成的水平线状电击损伤

第四节 辐射损伤

从辐射源（体）中心以波动或大量微观粒子向四周空间或媒质中发射、传播的过程称辐射，由辐射所产生的损伤则为辐射损伤。根据微观粒子能量大小和对生物体的作用性质，可将辐射分为电离辐射和非电离辐射。电离辐射包括α、β、γ、X射线及中子流，可使生物体组织产生电离效应；非电离辐射分为紫外光、可见光、红外线、射频、微波、激光等，其能量一般小于12电子伏特（eV），不会导致组织离解。一般来说，电离辐射可导致机体的器质性损伤，而非电离辐射则以功能性影响为主。

在法医学实践中，辐射损伤多见于意外。国外曾有利用内照射凶杀的案例报道，笔者曾遇到国内利用放射源（铱-192）实施人体伤害的案例。随着科学技术的发展，辐射现象及辐射源被越来越多地应用，如激光、光子武器的研制等，此类案件将有增多的可能，所以了解辐射损伤的特征不无重要。

本节重点介绍电离辐射损伤。

一、电离辐射及其损伤机理

能引起生物体电离的辐射称电离辐射。电离辐射有两种形式，即外照射和内照射。辐射源位于人体外部，以贯穿辐射方式照射人体称外照射。以放射性物质通过空气、水、食物或注射或由创口等途径进入人体，在体内发生辐射，称内照射。

（一）电离辐射物质的种类

电离辐射的微量粒子多由放射性核素衰变和各种核反应装置所产生。与人体辐射损伤有关的微量粒子主要有以下几种：

1. X和γ射线。X和γ射线由强光子流组成，波长1~100Å，波长愈短，对物质的穿透力愈强。X和γ射线通过与生物体的原子和分子作用，转移其能量并产生电子，从而使生物体组织发生电离。

2. β射线。β射线是由质量很小的负电电子流构成，由于电子在运行中易被偏转，故穿透组织深度较小，但同时因其运行末端电离密度最大，所以主要的电离作用易发生在组织深部。

3. α射线。α射线是由氢核组成的粒子流，其粒子由两个质子和两个中子组成。α射线在生物组织中穿透力差（<1mm），故体外照射危害小，但带有α粒子的放射性核素进入体内后仍会产生较强的电离作用。

4. 中子。中子不带电荷，通过组织时不干扰带电的物质，只在与原子核直接碰撞时发生作用。中子能量转递给质子后产生反冲质子并使之产生高密度的电离作用。

5. π^-介子。π^-介子是中子作用于介子后的产物，属质量较电子大的亚原子粒子，其穿入组织后被碳、氧、氢原子核捕获传递能量，释放α粒子、中子和质子，从而产生高密度的电离作用。

表12-4-1和表12-4-2列举了几种主要电离辐射的特征和常用辐射量。

表 12-4-1 几种主要电离辐射的特征

种类	质量	电荷	特征	来源
α	4	+2	氦核（^4_2He）	主要由重原子核的放射性衰变
-β	0.00055	-1	负电子（e^-）	放射性衰变和电子回旋加速器
+β	0.00055	+1	正电子（e^+）	放射性衰变和电子对加速器形成
质子（p）	1	+1	氢核（^1_1H）	加速器
π^-介子	0.15	-1	带负电的粒子，质量为电子的273倍（π^-）	加速器
重核	大小不等	不等	任何被剥去一个或多个电子并被加速的原子即成电离粒子，如氘核和碳原子等	反应堆、回旋加速器
中子（n）	1	0	中性（^1_0n）	放射性衰变
γ射线	0	0	电磁辐射	X光机以及由轨道
X射线	0	0	电磁辐射	电子重排列产生

表 12-4-2 常用辐射量及其单位

表征对象		辐射量	定义	SI单位 表示式	SI单位 专名	暂时专用单位	单位换算
放射源的强弱		活度 A	$A = \dfrac{dN}{dt}$	S^{-1}	贝可（勒尔）Bq	Ci（居里）	$1Ci = 3.7 \times 10^{10} Bq$
辐射场强弱	各种粒子通用	粒子注量 φ	$\varphi = \dfrac{dN}{da}$	m^{-2}		cm^{-2}（每厘米²）	
	X,γ射线专用	照射量 X	$X = \dfrac{dQ}{dm}$	$C \cdot kg^{-1}$		R（伦琴）	$1R = 258 \times 10^{-4} C \cdot kg^{-1}$
辐射被吸收的能量		吸收剂量 D	$D = \dfrac{d\varepsilon}{dm}$	$J \cdot kg^{-1}$	戈（瑞）Gy	Rad（拉德）	$1rad = 10^{-2} Gy$
辐射对人体危害作用（防护专用）		剂量当量 H	$H = D \cdot Q \cdot N$	$J \cdot kg^{-1}$	希（沃特）Sv	rem（雷姆）	$1rem = 10^{-2} Sv$

（二）辐射损伤的机理

辐射引起的人体损伤效应是非常复杂的过程。但其最根本的机制是对分子的电离和激发。电离和激发是指辐射能量将分子电离成不稳定的离子和电子，电子又碰撞激发其他分子中的电子产生次级电离的反复过程。在电离和激发过程中产生组织分子结构改变的同时，又产生许多活性物质（如自由基等），再次引起大分子的损伤。

（三）电离与激发作用

辐射的电离与激发对大分子的作用可根据其方式不同分为直接和间接两种。

1. 直接作用。直接作用是指电离辐射在生物体中直接作用于具有生物活性的分子，如核酸、蛋白质、酶等，使之发生结构破坏（如 DNA 断裂、解聚），进而影响其功能和代谢（如酶活性消失等）。实验表明，直接作用主要发生在干燥状态或含水量极少的物质中。

2. 间接作用。间接作用是指电离辐射通过水的原发辐射产物，如 H°、OH°等，对生物机体大分子产生破坏作用。因机体含水达70%以上且细胞内水分更多,故间接作用对生物大分子破坏更为常见和重要。间接作用通过四种效应进行:(1) 稀释效应。因一定剂量的电离辐射只能产生固定数量的辐射产物,而固定数量的辐射产物只能使一定数量的分子失活,所以间接作用的最大相对效应发生在最稀释的溶液中。(2) 氧效应。实验证实,受辐射的组织、细胞或溶液,其损伤效应随周围介质中氧浓度的增加而增加,此称为氧效应。其原理是氧与水的电离产物——自由基互相作用后产生更为有害的产物,如过氧化氢、氢氧自由基等。(3) 防护效应。因自由基非常活跃,与物质作用无专一性,故当溶液中加入其他物质后,就减少了自由基对溶质分子的作用,从而起到保护作用。如在酶的溶液中加入其他蛋白质,可使酶的失活率减低。(4) 温度效应。降低温度或处于冰冻状态的溶液可使辐射损伤减轻,因在低温中,自由基的扩散受阻。虽然在实验条件下可区别辐射电离的直接作用和间接作用,但在生物体内这两种作用常同时存在,相辅相成。

(四) 电离辐射的整体效应

电离辐射对人体的损伤的基础是电离和激发,但要产生对机体的整体效应,则是一个更为复杂的过程。从生物体吸收辐射能量到生物效应发生乃至机体损伤甚至死亡,要经历许多性质各异的变化,其中包括分子、细胞、组织、器官以及整个机体不同层次之间的变化。图12-4-1概括地归纳了辐射对机体损伤效应的发生、发展及其与时间的关系。

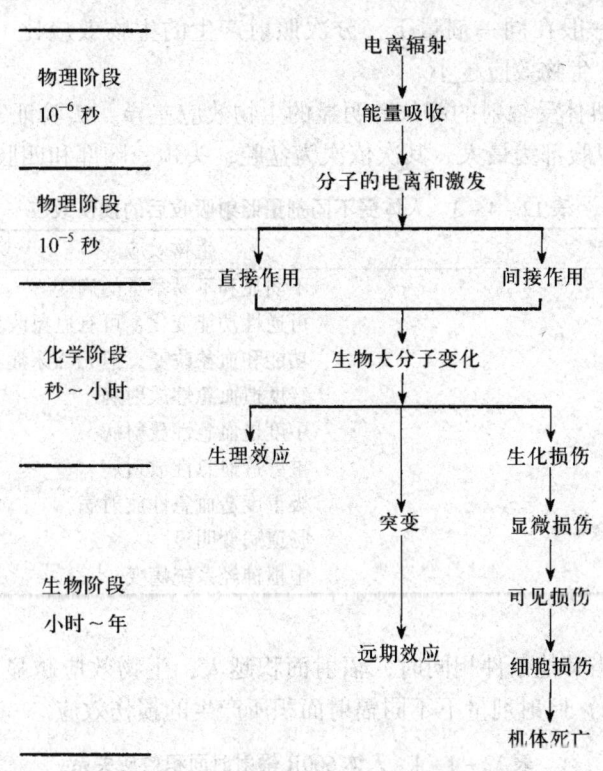

图12-4-1 电离辐射损伤效应机理示意图

二、影响辐射损伤的主要因素

(一) 辐射有关的因素

1. 辐射种类。不同种类的辐射产生的生物效应不同,一般来说,电离密度和穿透能力是两个主要指标,但两者正好成反比,即电离密度大的穿透能力弱。例如,X 和 γ 射线、快中子、高能重粒子能穿透深层组织,但仅在局限的范围内产生效应;而 α 和 β 射线相对穿透力小但电离强,所以外照射时对人体损伤轻。

2. 吸收剂量。吸收剂量与生物学效应之间总体成正比关系,但并不是直线,而是 S 形,即在某一剂量段中较小的剂量即可达到较明显的效应(如图 12-4-2 所示)。根据事故性损伤和动物的实验资料,表 12-4-3 列举了人体损伤的效应剂量关系。

3. 剂量率。剂量率是指单位时间内机体所接受的照射剂量,以拉德/天(rad/d)、拉德/小时(rad/h)、拉德/分(rad/min)、拉德/秒(rad/s)表示,一般剂量率越大,生物效应越大,损伤越严重。小于 0.5~5rad/d 的剂量率长期照射也不会发生急性病变(但可导致慢性放射病),一般产生急性放射病的剂量率为 5~10rad/min。

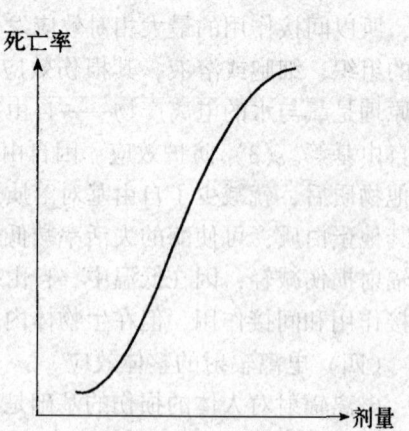

图 12-4-2 电离辐射引起的死亡曲线

4. 照射次数。一般在同一剂量下,分次照射产生的生物效应比一次照射小。次数越多,间隔时间越长,生物效应越小。

5. 辐射部位。机体受辐射的部位有明显的生物效应差异。实验证实,当剂量和剂量率相同时,辐射效应以腹部为最大,其次依次为盆腔、头颈、胸部和四肢。

表 12-4-3 人体受不同剂量照射吸收后的损伤效应

剂量(rad)	生物效应
0~25	不明显和不易察觉的病变
25~50	可逆性功能变化,可有血象改变
50~100	功能和血象改变,但无临床症状
100~200	轻度造血急性放射病
200~350	中度造血急性放射病
350~550	重度造血急性放射病
550~800	极重度造血急性放射病
>1000	肠道病变明显
>10000	中枢神经系统病变

6. 辐射面积。当其他条件相同时,辐射面积越大,生物效应越显著。表 12-4-4 列举了在 600 伦琴(R)照射剂量下不同辐射面积所产生的损伤效应。

表 12-4-4 人体 600R 辐射时面积效应关系

面积	损伤效应
小于 10cm^2	皮肤暂时发红
小于 100cm^2	可逆的头痛、恶心
全身 1/3	急性放射病
全身 1/2	致死性损伤

(二) 与机体有关的因素

辐射效应与机体有关的因素主要是组织细胞的放射敏感性,是指当一切辐射条件完全相同时,机体或其组织结构对辐射作用的反应强弱或速度快慢。

1. 种系的放射敏感性。一般生物种系演化程度越高,机体组织结构越复杂,其放射敏感性也越高。表 12-4-5 列举了不同种类生物的辐射半数致死量(LD_{50})值。

表 12-4-5 不同种类生物辐射半数致死量

生物种类	LD_{50}(rem)
豚鼠	250
狗、山羊	340
人体	400
猴	600
小鼠	640
大鼠	700
蛙	700
鸡	715
龟	1500
大肠杆菌	5600
变形虫	100000
芽孢、病毒	2000000

2. 个体的放射敏感性。哺乳动物的放射敏感性随个体发育过程而减低。对人而言,在妊娠 9~45 天敏感性最高,因为此期的细胞更新极为活跃。以后依次为幼年、老年、成年。

3. 组织器官的放射敏感性。据研究,人体组织器官对放射损伤的敏感性有以下规律和特点:

(1) 高度敏感,包括淋巴组织、胸腺、骨髓、胃肠上皮、性腺及其胚胎组织。

(2) 中度敏感,包括角膜等感觉器官、血管淋巴管的内皮细胞、皮肤上皮细胞、唾液腺以及肾、肝、肺组织的上皮细胞。

(3) 轻度敏感,包括中枢神经系统、内分泌腺、心脏等。

(4) 不敏感,包括肌肉组织、骨与软骨组织及结缔组织等。

4. 亚细胞和分子的放射敏感性。实验研究结果表明:细胞核较细胞浆敏感 100 倍以上,细胞内分子水平的敏感性依次为 DNA、mRNA、rRNA、tRNA、蛋白质。

三、急性辐射损伤

人体短时间内大剂量受电离辐射会导致急性辐射损伤。一次 >100R 的外照射或短时间内 >100rad 的内照射均可引起急性损伤。一般外照射主要由 X 射线、γ 射线和中子流引起,而内照射则主要由 α 粒子引起。

(一) 皮肤损伤

皮肤的急性损伤是由辐射对皮肤的直接作用所致。通常发生于生产、使用、操作有关机械或接受放射治疗的病人,或者与核爆炸、核泄漏后污染有关。不同的辐射剂量和种类会引起皮肤不同程度的损伤(如表 12-4-6 所示)。根据辐射剂量不同,皮肤损伤可分成四个等级,其特征及其发展过程如表12-4-7所示。

表12-4-6 引起人体皮肤不同程度损伤的照射量

射线种类	能量	照射量(伦)	损伤程度
β射线		400~500	脱毛
β射线	磷-32平均能量0.5兆电子伏	635物理伦琴当量	红斑或干性脱屑
β射线	同上	1180物理伦琴当量	表皮坏死或溃疡
X射线	200kV	400	脱毛
X射线	同上	700	永久性脱毛
X射线	200kV (0.5mm铜+2mm铝)	700~800	红斑
γ射线	—	700	脱毛

表12-4-7 急性皮肤放射损伤的照射量与分度、分期简表

射线种类	照射量(伦)			
软X线	300	500	750	1000
硬X线	500	700	1000	1500
γ射线	700	1000	1500	2000
β射线(拉德)	400~500	600~700	1000	1500
分度	轻度	中度	重度	极重度
初期	照后2天内皮肤轻度发红、瘙痒,持续2~4天	照后2天内皮肤发红、水肿、瘙痒或灼痛,持续2~4天	较Ⅱ度加重	照射部红肿显著、剧痛、瘙痒、烧灼感和麻木感
假愈期(周)	2~4	2~3	1~2	<1或无
基本反应期	毛囊角化性丘疹、毛发全部或部分脱落、轻度灼热或瘙痒,持续2~3周	初为淡红色斑、后变深红色、毛发脱落、皮肤干燥、烧灼样或针刺样痛、瘙痒,持续2~3周	红斑加深明显水肿、毛发脱落,形成水疱,破后出现创面、烧灼疼痛,伴有全身中毒症状,持续1~3个月或更长	水疱破裂形成溃疡,可深达肌肉、骨骼,常合并感染,疼痛剧烈,有全身中毒症状
恢复期	皮肤脱屑、轻度色素沉着、3周后毛发再生	红斑区干性脱皮色素沉着	新生上皮薄,弹性差、干燥脱屑、皮肤色素沉着或脱失、微血管扩张留有瘢痕	溃疡边缘可有新生上皮,大溃疡长期不愈,形成瘢痕,易再破溃,遗留功能障碍

(二)造血系统损伤

辐射引起造血器官(骨髓)的损伤也称急性造血型放射病。发生于当照射剂量100~800R时,按照射剂量大小及病情严重程度,可分轻、中、度、极重四度(如表12-4-8所示)。另外,造血型放射病的病程具有明显的阶段性,有初期、假愈期、极期和恢复期四期,图12-4-3显示中度急性造血型放射病的临床分期表现。

表 12-4-8 造血型急性放射病分度

分度	照射量(R)	主要症状				
		造血障碍	出血	感染	胃肠紊乱	神经系统障碍
轻度	100～200	+	-	-	-	-
中度	200～400	+ +	+ ～ + +	+	+	-
重度	400～600	+ + +	+ + ～ + + +	+ + +	+ +	+
极重度	>600	+ + +	+ + +	+ + +	+ + +	+

－表示无症状；+ ～ + + + 表示症状轻重程度

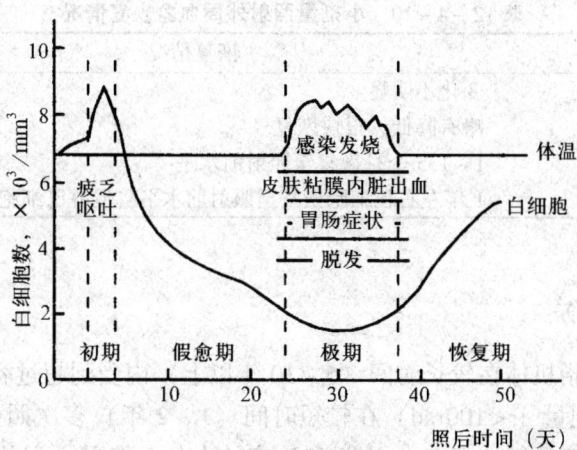

图 12-4-3 中度急性造血型放射病临床征象示意图

（三）肠道损伤

当照射剂量超过 1000R 时，肠道隐窝上皮便丧失更新及增殖能力，肠绒毛呈裸露状态，创面由肠腔内容物直接接触，易产生全身性的中毒感染，严重时发生败血症。临床表示为高热、腹泻、电解质紊乱。因照射剂量的原因，肠道损伤往往同时伴有造血系统的损害。严重者一般在 10～14 天内死亡。

（四）中枢神经系统损伤

当照射剂量超过 5000R 时，除骨髓、肠道发生损伤外，往往引起中枢神经系统的广泛损伤，病理组织学表现为神经细胞变性坏死，胶质细胞增生，脑组织广泛的出血、水肿。临床上以四肢抽搐、血压下降、眼球震颤、体温降低以及昏迷为主。死亡往往发生在照射后 2 天内。

四、小剂量辐射损伤

一次或分次受 <100rad 辐射所产生的人体损伤效应称小剂量照射损伤。与大剂量辐射相比，小剂量辐射所产生的效应与剂量关系不明显，效应出现时间也较晚。小剂量辐射早期（60 天内）可出现如头晕、乏力、失眠、恶心、呕吐等症状，主要是外周血象改变（如表 12-4-9、表 12-4-10 所示）改变和染色体畸变。晚期（数月至数年）则表现为慢性损伤。

表 12-4-9 小剂量照射外周血象变化

剂量（rad）	外周血象的变化情况
<10	无变化
10~20	白细胞数变化不明显，部分人淋巴细胞可能有暂时性的下降
25	白细胞数及淋巴细胞较正常略减少，但白细胞计数不低于5000/mm³
50	白细胞数变化不稳定，可先升后降或短期内上升
100	白细胞数早期下降，淋巴细胞更明显，最低值相当于照前50%

表 12-4-10 小剂量照射外周血象恢复情况

剂量（rad）	恢复情况
10~20	变化不明显
25	略有降低，很快恢复
50	1~1.5个月恢复至照射前水平
100	1年左右粒细胞恢复至照射前水平，但淋巴细胞仍略低

五、慢性辐射损伤

慢性辐射损伤是指机体在较长时间（5~10年以上）内受到超过容许剂量（累积150~200rad以上），或小剂量（<100rad）在较短时间（1~2年）多次照射后所产生的全身性损伤。慢性辐射损伤多见于从事X线诊断和治疗的人员；接受γ射线治疗、探伤的人员；使用放射性核素、放射性发光涂料作业的人员；使用中子流等职业人员；核爆炸、核污染的受害人。慢性辐射损伤临床无特别明显突出的症状，血象的改变是较稳定的体征之一。临床上将白细胞数在较长时间内增多（>11000/mm³）或减少（<4000/mm³），血小板轻度减少（8~10万/mm³）、骨髓增生轻度活跃或降低者作为轻度处理，而将血红蛋白、白细胞、血小板数有两项异常减少、骨髓增生障碍、有出血倾向以及早衰、生育障碍者作为中度处理。

慢性辐射损伤所产生的晚期后果，或者受辐射6个月以后产生的远期效应主要有以下几个方面：

（一）致癌与促癌作用

与辐射有关并和辐射剂量呈线性关系的癌症有：白血病、甲状腺癌、乳腺癌和肺癌。人体组织对辐射致癌的敏感性也不尽相同，输尿管、膀胱、尿道、前列腺、肾脏等尚未发现有与辐射有关的癌变。

（二）白内障

眼的晶体对射线较敏感，很小剂量便可使其上皮细胞核受损，部分细胞可发生坏死，部分细胞则异常分化以及异常纤维形成，从而扰乱晶体的均质性使之混浊，发生白内障。

（三）寿命缩短

动物实验结果表明，每100R的辐射量可缩短寿命5%。医院的统计调查结果显示，当防护条件较差时，放射科医师比其他医师减寿2~4年。

（四）对胚胎及胎儿影响

处于活跃增殖分裂阶段的胚胎及胎儿对辐射极为敏感，在受精卵期（受精后2周左右）辐射易使受精卵死亡；在器官形成期（2~7周），辐射易致胚胎畸形；而在胎儿期

(8周后)，辐射易使胎儿发育不全。

（五）生殖系统损害

性腺生殖细胞对辐射敏感性较高，根据资料统计，100～200rad辐射会导致精子暂时性缺乏；400～800rad将导致永久性不孕。辐射对卵巢的损害则更严重。

（六）遗传效应

辐射使细胞染色体发生断裂、畸变，基因脱失、增加或移位等，从而导致基因突变和染色体畸变，造成改变性别、先天性畸形、流产以及后代染色体异常等效应。

六、非电离辐射损伤

不发生电离作用的辐射称非电离辐射。与前述的电离辐射不同，非电离辐射所造成的人体损伤不如电离辐射严重，所以这里仅扼要介绍非电离辐射的种类及损伤特点。

（一）紫外线

除日光中含紫外线外，在金属焊接、加热物体＞2000℃时均可产生紫外线。波长280～320nm的紫外线易引起眼角膜炎、结膜炎以及照射部位的皮肤灼烧，长期接触长波紫外线（320～400nm）可导致晶体混浊甚至皮肤癌等。

（二）可见光

照度不足易引起眼疲劳，光线太强可引起眩光。例如，目视太阳可导致视网膜损伤。

（三）红外线

红外线可致照射部位热效应。慢性长期照射可导致白内障。

（四）射频

发射频率在300MHz以下的称高频电磁场，300MHz以上的称微波，统称射频。长期而较大强度的电磁场辐射人体，可引起可逆性的神经衰弱综合征。大强度的微波长期辐射头眼部，有导致晶状体混浊甚至白内障的可能。

（五）激光

激光是窄光谱、高亮度、方向性好的相干光。激光主要引起眼损伤，在功率很大时也可能会灼伤皮肤甚至内脏。不同种类的激光可能会导致某些不同的损伤，例如，单脉冲和二氧化碳激光可灼伤角膜；红外线谱的激光可使晶状体混浊；氩离子激光可使眼球玻璃体损害；正视可见光谱的激光则主要损伤视网膜。需要指出的是，国际上目前研制的短波谱、大功率的激光已属电离辐射的范畴。

（六）超声波

低频超声波可通过空气和直接传播的方式作用于人体，当功率达7～8W/cm²时，可引起周围神经和末梢血管的伤害；频率很高的超声波不易在空气中传播，一般不损伤人体。目前工业上的宽频谱超声波则可使长期接触者出现头痛、眩晕、失眠以及耳前庭功能异常等征象。

第五节　腐蚀性损伤

腐蚀性损伤也称化学性烧伤，是指某种化学物质直接刺激、腐蚀皮肤，或其化学反应热引起的人体损伤。腐蚀性损伤是化工生产、储运过程中较为常见的职业性损伤。在法医学实践中，腐蚀性损伤涉及凶杀与自杀的相对较少，但在人身故意伤害的案件中却时有发生。另外，因工作中发生的意外随之涉及工伤、民事赔偿事件则更为多见。所以，了解掌握腐蚀性损伤的特点具有重要的实践意义。

一、腐蚀性损伤的特点

虽然腐蚀性损伤常称为化学烧伤，而且部分腐蚀性损伤也正是通过化学反应热的作用损伤人体，但与一般烧伤相比，腐蚀性损伤有其自身的特点：

1. 腐蚀性损伤是某种化学物体所引起，这种物体可以是固体（如黄磷），也可以是液体（如酸、碱），甚至也可以是气体（如碱性蒸气）。
2. 引起腐蚀性损伤的化学物质直接对人体皮肤、粘膜起作用产生局部组织损伤；而经粘膜吸收后又能导致机体全身的中毒性损害。
3. 腐蚀性损伤是呈进行性的逐渐加重，在该化学物质被清除或被中和之前，损伤不会中断，而大量流动水的冲洗，至今仍是最有效的防止损伤持续发展的方法。
4. 尽管某些腐蚀性损伤可直接导致死亡，如呼吸道吸入性损伤引起呼吸障碍等。但多数腐蚀性损伤的死亡原因是化学物质吸收后引起的人体中毒及其并发症。

二、常见腐蚀性化学物质

（一）酸性物质
1. 无机酸类：硫酸、硝酸、盐酸、氯磺酸、氢氟酸、溴、氢溴酸等。
2. 有机酸类：甲酸（蚁酸）、乙酸（醋酸）、丙酸、氯乙酸、乙二酸（草酸）等。
3. 醋酐类：醋酐（乙酸酐）、丁酸酐、顺乙烯酸酐等。

（二）碱性物质
1. 无机碱类：氢氧化钾（钠）、氢氧化铵（氯水）、氧化钙（生石灰）等。
2. 有机胺类：甲胺、乙胺、丙胺、丁胺等。

（三）金属、类金属化合物
黄磷、三氯化磷、三氯氧磷、三氯化锑、三氯化铝、铬酸、重铬酸盐、二氧化硒、二氯氧化硒、烷基铝等。

（四）含氧有机化合物
1. 酚类：苯酚、甲酚等。
2. 醛类：甲醛、乙醛、丙烯醛、丁烯醛等。
3. 环氧化合物：环氧乙烷、环氧氯丙烷等。
4. 酯类：硫酸二甲酯、氯甲酸甲酯等。

（五）其他类
1. 酰胺类：二甲基甲酰胺。
2. 汽油。
3. 沥青。

三、常见腐蚀性物质及损伤特征

（一）强酸损伤
1. 损伤机理。强酸与皮肤、粘膜接触后，可吸收组织内水分，迅速致使蛋白质凝固和细胞坏死。结果导致皮肤形成焦痂，消化道形成溃疡穿孔，若经血液吸收，则引起全身性酸中毒，严重者可因呼吸循环衰竭而死亡。强酸的蒸气与烟雾对呼吸道粘膜有强烈的刺激作用，可导致喉头水肿、气管和支气管炎症及肺水肿。

2. 皮肤损伤特点。强酸与皮肤（粘膜）接触后使蛋白质发生凝固，形成一层薄膜，故一般损伤多类似Ⅱ度烧伤，但如浓度较高或接触时间较长的，也可引起类似Ⅲ度烧伤。推断损伤深度的方法一般根据痂皮的柔软性程度，浅度烧伤者痂皮软，深度的则较硬且呈斑纹状皮革样化。

强酸烧伤后24小时内，可根据损伤创面痂皮的颜色推断酸的类型。例如，硫酸引起青黑或棕黑，盐酸引起淡白或黄褐色，硝酸引起黄色或黄褐色。但24小时后创面痂皮因脱水干燥而均呈黑褐色。另外，色泽的变化与损伤的深浅有关，一般潮红色最浅，灰黄色次之，而棕黄或黑褐色而有斑纹的往往提示较深。由于腐蚀性强，故强酸形成的瘢痕都较明显，而且极不规则，多数形成瘢痕疙瘩（如图12-5-1所示）。

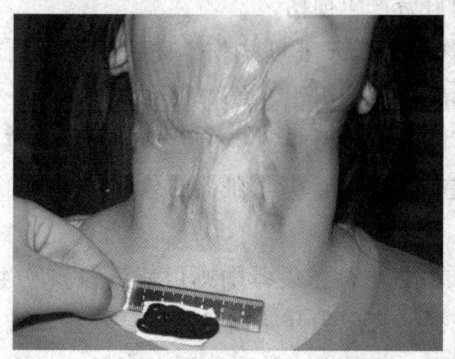
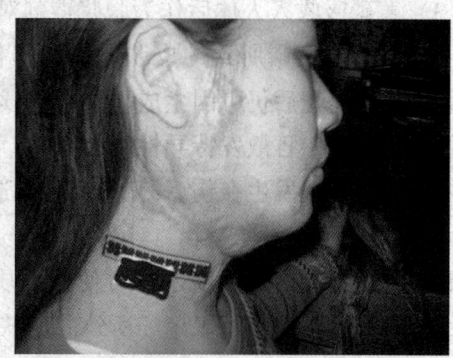

图12-5-1 硫酸泼洒形成的颈部瘢痕（引自苏甫，2007）

（二）氢氟酸损伤

1. 损伤机理。氢氟酸系氟化氢的水溶液，无色、无臭、弱酸性。但氢氟酸除吸收组织水分外，还具有溶解脂肪和脱钙作用。故具有很强的渗透力和腐蚀性，易造成深部组织及骨骼的损伤。

2. 损伤特点。氢氟酸损伤具有潜伏期后发作、疼痛剧烈和腐蚀性损伤持续性加重的特点。潜伏期一般为3~8小时，之后出现红斑、水疱，水疱液呈暗红或果酱色，进一步发展成凝固性坏死，坏死区呈灰白或白色大理石状，周围有红晕。数日后创口形成难以愈合的溃疡，深达骨质并造成骨质疏松等。

（三）乙二酸损伤

乙二酸又称草酸，为无色单斜棱形结晶，溶于酒精、乙醚和水。乙二酸腐蚀性较弱，皮肤损伤一般类似Ⅱ度烧伤，呈灰白色，有水疱。但乙二酸对全身损伤作用意义更大。乙二酸经皮肤吸收后与体内钙结合，易引起低钙血症。另外，乙二酸钙结晶可沉积于肾小管，导致肾小管病变，严重者可引起肾功能衰竭。

（四）强碱损伤

1. 损伤机理。钠、钾、钙、镁的氢氧化物均为强碱，其致伤机理包括：（1）碱离子具有吸水作用，可致细胞脱水坏死。（2）碱离子可与组织蛋白结合，生成碱-蛋白质复合物，这种复合物又是可溶性的，游离的碱还可再次作用于周围组织蛋白，从而使损伤不断加深加大。（3）皂化脂肪组织，同时产生热量，进一步加重损伤。所以，碱损伤时，多呈进行性加重，易形成经久不愈的溃疡。

2. 损伤特点。碱损伤使皮肤组织发生溶解性坏死，并使皮下脂肪皂化，故创面呈粘滑或皂状的焦痂，周围组织因损伤轻而浅可呈红色。焦痂或坏死组织脱落后则形成深部潜行性溃疡，且易继发感染。碱性的蒸气对眼和呼吸道有较强的腐蚀性，特别是强碱既亲脂又亲水，极易致眼损伤后失明。

（五）黄磷损伤

1. 损伤机理。黄磷也称白磷，为蜡状半透明固体，易溶于二硫化碳、油类。黄磷燃点低，暴露于空气中可自发燃烧产生1000℃高温，同时释放五氧化二磷（P_2O_5）烟雾。黄磷的损伤作用有：（1）与皮肤接触燃烧所致的高温。（2）P_2O_5的脱水作用致组织细胞变性坏死。（3）黄磷吸收入人体后作为胞浆毒剂对肝肾产生损伤。

2. 损伤特点。黄磷所致的皮肤软组织损伤一般重于Ⅱ度烧伤，皮肤呈黄褐色或蓝褐色，当燃烧作用停止后仍可因生成磷酸而继续腐蚀周围组织。黄磷所致的创口较干燥，与正常组织分界清楚，且散发特异性的大蒜味，创口常残留能发蓝绿色荧光的磷颗粒。黄磷的全身中毒症状一般发生在伤后第2~3天，造成心、肝、肾等脏器的急性病变。

（六）苯酚损伤

苯酚又称石炭酸。低浓度苯酚可使蛋白质变性，高浓度苯酚则可使蛋白质发生沉淀，对各种细胞有直接损害作用。苯酚所致的皮肤损伤表现为开始白色起皱、软化，进而成棕红、褐色、棕黑色的痂皮，类似深Ⅱ度烧伤改变。苯酚经皮肤吸收后对中枢神经系统及肾脏有较强的毒性损伤。

（七）硫酸二甲酯损伤

硫酸二甲酯为无色、有葱头味的油状液体。皮肤接触后，硫酸二甲酯被分解成甲醇和硫酸，产生较强的腐蚀损伤作用。硫酸二甲酯接触后有若干小时的潜伏期，之后出现沾染部位红肿和疼痛，再经3~4小时形成黄色透亮的水疱并融合成片，一般属Ⅱ度烧伤范围。硫酸二甲酯有一定挥发性，故可造成吸入性损伤和眼损伤。

（八）铬酸损伤

1. 损伤机理。铬酸及其铬酸盐（如铬酸钠、重铬酸钾）中六价（Cr^{6+}）和三价（Cr^{3+}）铬离子可与蛋白质结合并使之变性。Cr^{6+}还可通过细胞膜引起细胞损伤。铬酸盐的腐蚀性极强，1~2g即可引起深达骨骼的损伤，而且铬离子吸收入血后与血红蛋白结合使组织细胞缺氧，并由肾吸收后造成肾小管的损伤。

2. 损伤特点。铬酸及其化合物沾染皮肤后呈黄色创面，易形成深达肌肉和骨骼的溃疡，溃疡多呈圆形，外口小，内腔大，边缘略高于皮肤表面，形如鸡眼。铬的粉尘或蒸气吸收可引起粘膜充血、水肿，进而出现圆形灰白色溃疡斑点，严重时可造成鼻中隔穿孔等。

（九）氯化钡损伤

氯化钡为可溶性固体，熔点为600℃。液态氯化钡沾染皮肤或经呼吸道吸入，可引起皮肤和肺组织损伤。但固体氯化钡并不损伤完整皮肤。氯化钡最大的损害作用在于吸收入血后对心脏和中枢神经系统的毒性作用以及钡盐对横纹肌和平滑肌强烈而持久的刺激作用，引起肌肉的不规则收缩，出现支气管痉挛、呼吸困难、血压下降、语言和肢体活动困难等症状和体征，最终导致肌肉麻痹。

（十）氯乙酸烧伤

氯乙酸为无色晶体，易溶于水和有机溶剂，具有较强的腐蚀作用，皮肤接触后出现水疱，疼痛剧烈。吸收入血后与磷酸丙糖脱氢酶反应，对心、脑、肝、肾等重要脏器产生毒性作用。

（十一）溴损伤

溴为棕红色发烟液体，具有独特的窒息感臭味，对皮肤、粘膜有强烈的刺激性和腐蚀性。皮肤损伤一般类似Ⅱ度烧伤，形成的痂皮呈棕红色，有水疱，但渗出较少。因溴易挥发，故常合并眼损伤及吸入性粘膜损伤。

（十二）三氯化磷损伤

三氯化磷为无色液体，易挥发，具有盐酸样刺激味，外观呈黄色而混浊。皮肤接触后发白，继之出现水疱，一般类似Ⅱ～Ⅲ度烧伤。在三氧化磷中如混有黄磷则易合并磷中毒。

（十三）汽油浸泡损伤

汽油为无色或淡黄色、易挥发、略有臭味的液体，主要成分包括石蜡、烯烃、萘和芳香族化合物。因汽油有溶解脂肪的特性，故在汽油浸泡后，使皮肤组织细胞膜磷脂遭破坏而引起细胞坏死，表现为皮肤脱脂、表皮松懈易脱落、基底部暗红、肿胀明显等。汽油中的烃类经吸收后出现头晕、头痛、视物模糊、复视、易激动、步态不稳甚至抽搐、昏迷等神经系统症状。

（十四）沥青损伤

引起人体损伤的沥青主要是煤焦油沥青，也称柏油。与石油沥青和天然沥青相比，煤焦油沥青中挥发性物质多、毒性大。人体接触液态沥青发生烧伤类似于烫伤，因液态热沥青接触皮肤后粘住不易除去，故常形成深度损伤。表现为表皮脱落，基底苍白，与正常皮肤分界清楚。因沥青中有挥发性毒性物如吡啶、苯酚、萘、蒽、咔唑、哚吲等，故均可造成吸入性粘膜损伤，也可造成全身中毒现象。

（十五）无水甲胺损伤

无水甲胺是农药和皮革制造加工业的重要化工原料，沸点低，常温下呈白色液体状。无水甲胺与皮肤接触后使皮肤脱水并产生蛋白质液化性坏死，开始呈白色，后逐渐转黑色，多类似Ⅱ度以上的烧伤。当无水甲胺被大量吸入时，易引起呼吸道烧伤和坏死性支气管炎、支气管肺炎，严重者可致死亡。

第六节　动物损伤

动物损伤在法医学实践中并不罕见，随着人们生活水平的提高和豢养宠物的增多，动物损伤也越来越多。过去法医界多关注尸体上的动物损伤，而今动物损伤活体的现象也常需要法医检验鉴定。美国全年被动物咬伤者达一二百万，每年因动物损伤死亡的达150余人。估计全世界每年有数万人死于动物损伤。因此，了解动物损伤的特点，无疑具有十分重要的现实意义。

一、动物损伤的机制

几乎所有的动物都通过切咬或蜇刺方式损伤人体，但自然界主动向人类进攻侵害的动物不多，多数动物致伤人体是在受激怒之后，动物通过切咬或蜇刺在人体上主要形成以下三种损伤机制：

（一）机械性损伤

许多动物凭借利齿、脊刺和尖爪以及发达的颌运动引起人体软组织和内部器官的机械性损伤。轻则留下咬痕，重则形成软组织撕脱、撕裂、缺损，更严重的可伤及骨骼、内脏器官，导致出血、休克乃至死亡。此类损伤多见于食肉动物如虎、豹、犬、熊等。

（二）感染

许多动物是致病原体的寄生体，如狂犬病、鼠疫、兔热病、黄热病、黑热病、破伤风等，一旦被动物蜇咬，这些病原体就会通过动物的口腔、唾液、爪甲垢造成人体的感染。另外，即使不带有病原体，动物损伤后创口内的人体异物（如动物毛、唾液、衣服、泥土等）以及创口中的损伤坏死组织同样容易引起继发性感染。此类损伤多见于家畜或小动物。

（三）中毒

许多动物体内含有毒物质，在蜇咬人体的同时释放毒素，侵害人体。虽然多数中毒只是产生局部的红肿、水疱等症状，但可使受毒素侵蚀的局部发生继发性感染。有少数毒素可通过血液循环作用于全身，严重时可导致人体死亡。此类中毒作用多见于爬行类动物如蛇等或节肢动物类，如蜘蛛、蝎子、蜈蚣、黄蜂等。

二、常见动物的损伤特点

（一）兽畜类动物损伤

兽畜类动物包括家畜（如犬、猫、猪等）和野生哺乳动物（如虎、豹、熊、狼等）。兽畜类动物凭借其利齿、尖爪和强有力的下颌切咬致伤，其发达的颈肌和四肢肌肉易导致在切咬时不松口，同时借助利爪和四肢活动抓扯组织形成严重的撕裂创。

1. 犬咬伤。犬咬伤是动物损伤中最常见的种类，文献报道占70%~93%。由于受家庭的宠爱，美国每年约有数百万人不同程度地受犬咬伤（Bux McDowell，1992）。犬的牙齿粗壮而发达，尤其是上下颌尖牙明显突出，在皮肤上易留下特征性的咬痕（如图12-6-1、图12-6-2所示）。犬牙的咬合力可达$75kg/cm^2$，足以穿透薄金属。在实践中，因犬咬伤死亡的多见于婴儿和老年人，多因损伤大血管而引起失血死亡。

2. 虎咬伤。虎咬伤相对比犬咬伤少见，有时见于动物园内。与犬相似，虎也凭借其利齿和强有力的咬合致伤人体，造成严重的穿透性损伤和撕裂伤。其咬合之大、牙齿之锐利常可穿透人体的颅骨和椎骨，头和颈部是虎损伤的主要部位。同属猫科的狮、豹、猫和虎具有相似的损伤特点（如图12-6-3、图12-6-4所示）。

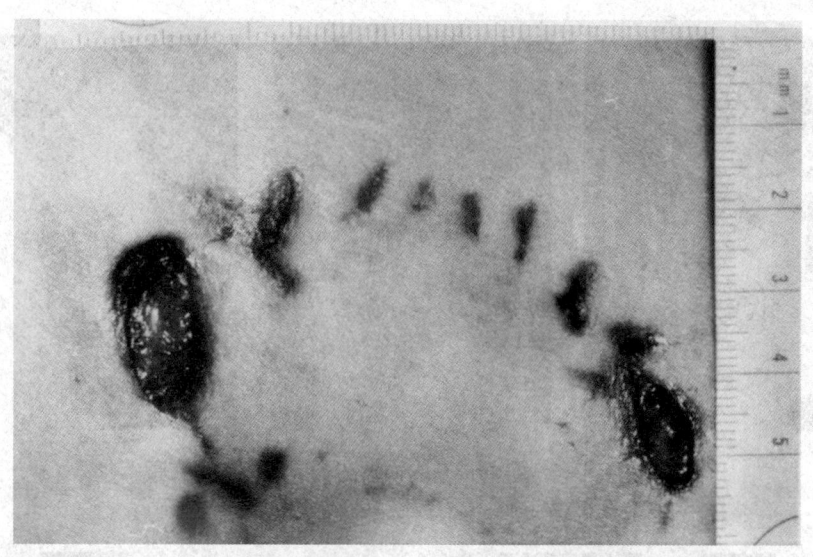

图 12-6-1 生前犬咬伤（上）和犬牙形态特征（中、下）（引自 Bux, 1992）

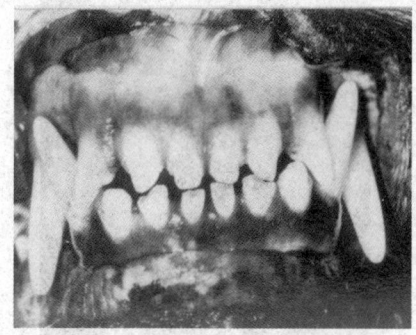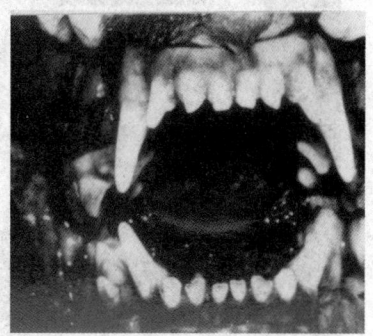

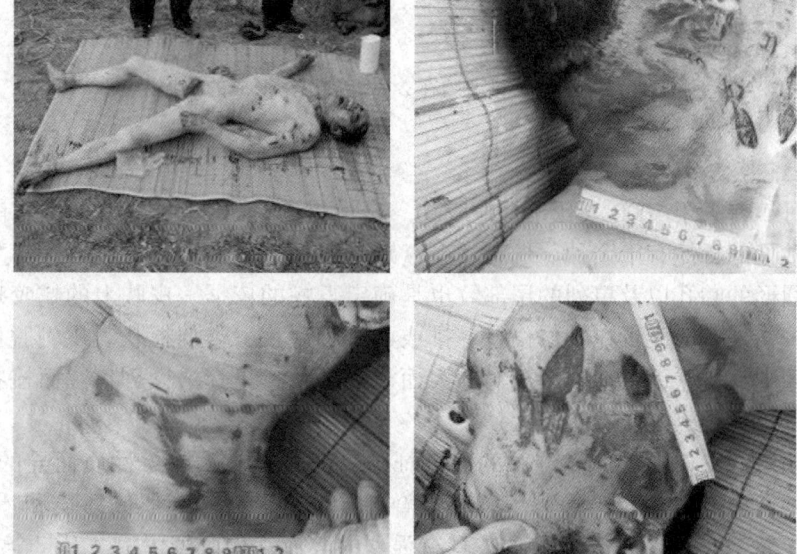

图 12-6-2 狼狗形成的人体损伤

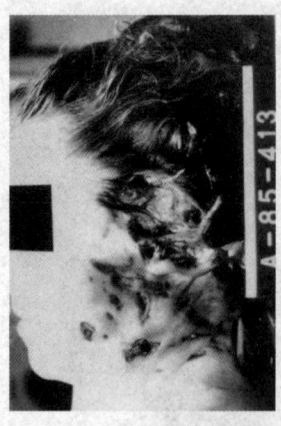 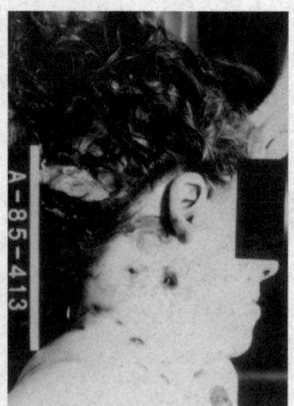 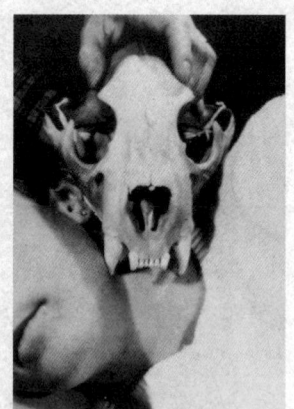

图 12-6-3　美洲虎在人面颊和颈项部形成的咬痕

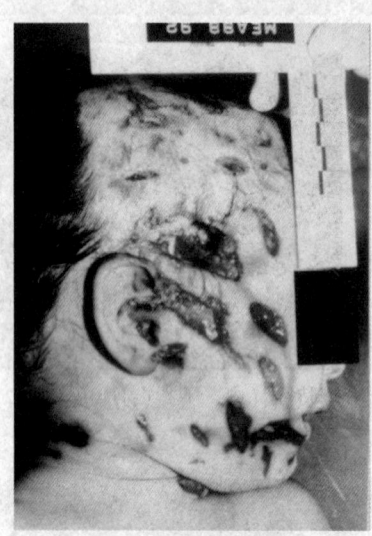 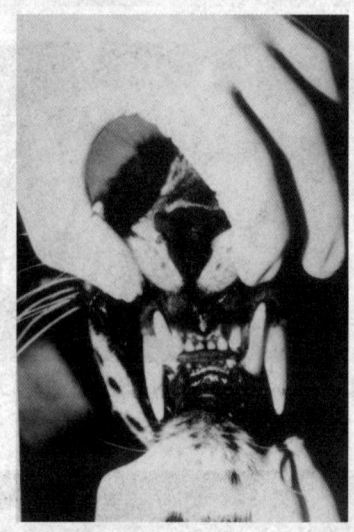

图 12-6-4　花斑豹在 2 岁女孩面颊形成的咬痕

(二) 毒蛇咬伤

全世界每年有大于 5000 人死于毒蛇咬伤。全世界约有 2700 余种蛇，其中有毒蛇约 50 种。在我国常见的毒蛇有十余种。形态学上鉴别是否毒蛇主要根据上颌有无毒牙，另外三角形头、椭圆形的瞳孔以及单列的尾部纹也是确定毒蛇的依据。皮肤上的蛇咬痕也可以判断是否毒蛇咬伤。一般无毒蛇咬伤仅有一排或两排细牙痕，类似梳状表皮剥脱；而有毒蛇因其一对毒牙则在皮肤上留有两个成对的大而深的牙痕，呈穿透性创口，而梳状表皮剥脱则可不明显（如图 12-6-5 所示）。

毒蛇咬伤后，不仅有牙痕和红肿的局部征象，而且具有因蛇毒性质而异的全身症状。蛇毒共分三种：(1) 神经毒，作用于延髓和脊神经节细胞。引起肌肉瘫痪和呼吸肌麻痹，金环蛇、海蛇属于此类。(2) 血液毒。具有强烈的溶血、抗血凝作用，引起全身出血、血压下降、休克等，蝰蛇、竹叶青、尖吻蝮、龟壳花蛇属于此类。(3) 混合毒，兼有上述两种，毒性更强，属于此类的有蝮蛇、眼镜蛇、眼睛王蛇等。

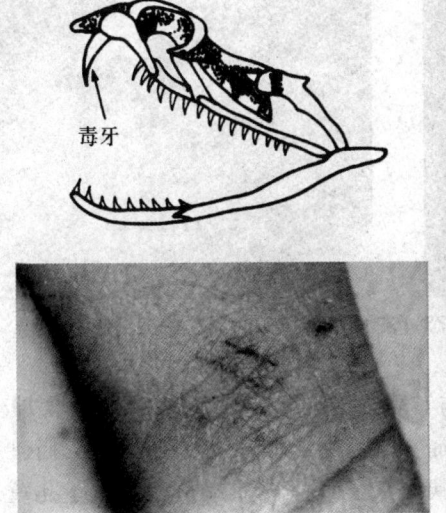
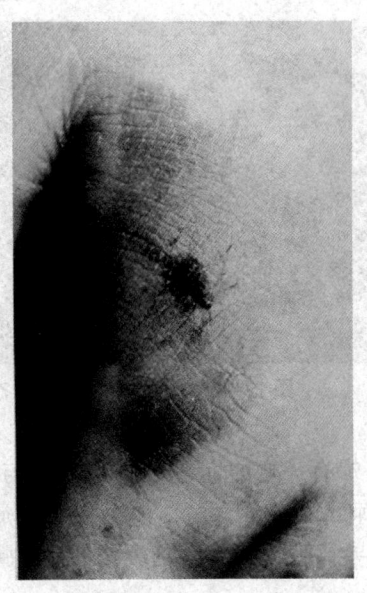

图 12 - 6 - 5　毒蛇的毒牙（左上）以及在人肢体上的咬痕（左下、右）

（三）节肢动物类蜇伤

节肢动物是动物中种类最多的无脊椎动物，全世界共有 80 余万种，但目前人类能予识别的仅约其中的十分之一。节肢动物虽仅少数具有毒爪（钳）或毒刺致人损伤，但受有毒节肢动物类蜇刺中毒死亡的人数较其他动物损伤致死的多。据 Langley（1994）报道，美国北卡罗里州 18 年间因动物损伤死亡的人中，节肢动物占 46% 左右。节肢动物的致伤工具包括牙、钳、爪、尾刺等，因此为简便统一称为蜇刺伤。节肢动物致人死亡的是其毒汁的作用，毒汁的成分极为复杂，多数的中毒成分及中毒机理目前尚未完全明了。以下介绍几种常见的节肢动物蜇伤。

1. 蜘蛛。全世界共有蜘蛛约 3 万余种，其中约 50 种蜇人，而真正导致生命危险的有两类：一是提琴背蜘蛛。二是黑寡妇蜘蛛。这两类蜘蛛长 1 ~ 6cm，腿细长，三对眼，喜夜间活动，其蜇咬方式为蜘蛛吸刺状的嘴含两个针钳，刺入人体后放出毒汁。

提琴背蜘蛛毒汁成分不详，蜇后 2 ~ 8 小时内，出现局部红斑、水肿，进而有出血性水疱，最后呈中央蓝黑、边缘亮泽的红斑，如果持续发展则会导致溃疡。个别严重者可出现发热、寒战、溶血、血管栓塞以及弥漫性血管内凝血等征象。

黑寡妇蜘蛛毒汁中含神经毒素，除引起局部的刺针样水疱外，以全身症状和体征更为明显，表现为淋巴结疼痛、大肌群痉挛、胸腹肌强直、恶心呕吐、大汗淋漓等，蜇后 30 分钟内可出现症状，并在 3 小时内达高峰，如持续 12 ~ 18 小时，可引起虚脱和休克死亡。

2. 膜翅目昆虫。包括蜜蜂、螳螂、马蜂、黄蜂及蚁类等（如图 12 - 6 - 6 所示）。蜂的致伤物系尾刺，中间空隙含有毒汁，蜇人的仅限于雌蜂。蜂蜇后一般表现为局部形成中央白点，四周红色环晕（如蜂刺留在创口内则中央呈黑点）严重时形成化脓性炎症。除个别人对蜂毒汁过敏而出现荨麻疹、过敏性休克、急性肾功能衰竭外，一般无严重的全身反应。蚁类一般不蜇人，某些毒蚁如红蚁、黑蚁等用其尖锐的下颌刺入皮肤并释放含哌啶类毒素，产生局部疼痛和小脓疱，并易使某些过敏体质者发生低血压、体表风疹块、呼吸困难等过敏性全身反应。

 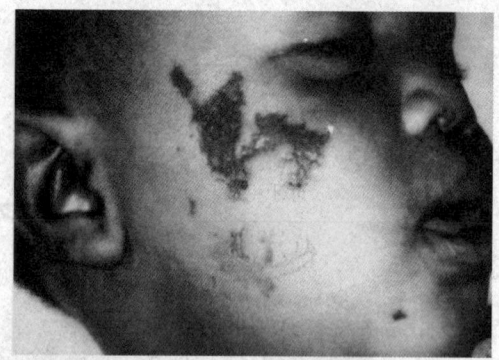

图 12-6-6 螳螂头部的形态（左）及其在人面部的蜇伤（右）

3. 蝎。蝎有一弯曲而锐利的尾针，与其毒腺相连，刺入皮肤后释放含神经毒素的汁液。轻者在刺入处出现大片红肿并伴有剧痛，重者可出现发热、寒战、头痛、头晕甚至抽搐，更甚者导致胸腹脏器出血、肺水肿或胰腺炎。致命性的蝎蜇多发生于儿童，因呼吸循环衰竭死亡。

4. 蚤。蚤体积小，无翅，长 2~6mm，以吸取动物和人血为生。蚤叮咬后表现为局部瘙痒为特征的迟发性过敏性反应。开始为多发性出血性丘疹，12~24 小时内发展成水疱性丘疹、风疹斑或球形斑，持续数周，如继发感染可发生溃疡。蚤最常见寄生于猫、狗，是疾病的传播者，如犬绦虫、鼠疫、鼠伤寒等。

（四）水中动物咬伤

水中有许多动物能致伤人体，无论是鱼类，还是软体动物和肠腔动物。水中动物的致伤方式除切咬外，还有蜇、刺甚至体外施放毒汁。水中最常见的致伤人体的动物有鲨鱼、鳄鱼、梭子鱼、海蛇等。

1. 鲨鱼。鲨鱼有 300 余种，大小不一，最大的可长达 17m，最小的仅 54cm。鲨鱼喜在黄昏或夜间出没于近海捕食，常主动向海水中的人体攻击。鲨鱼具有敏锐的味觉和嗅觉，对光和声音也十分敏感，但色彩感较差。鲨鱼口大，口中有数排排列并不规则的利齿。鲨鱼月牙形的下颌及其肌肉十分发达，因而切咬能力极强，易造成人体皮肤组织的大面积撕裂或撕脱，或导致人体四肢的部分撕脱断离（如图 12-6-7 所示）。梭子鱼的特点与鲨鱼相似，但稍温和些。

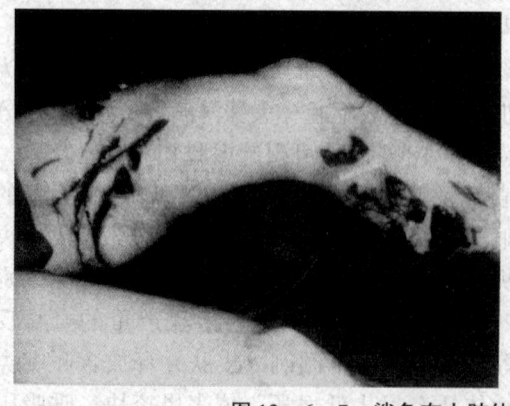 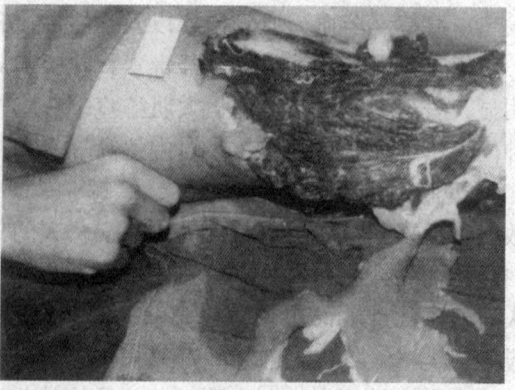

图 12-6-7 鲨鱼在人肢体上的咬伤（引自 Byard 等，2000）

第十二章 其他类型的损伤

2. 鳄鱼。鳄鱼栖于湖泊、江河和海边，种类也不少。鳄鱼较少主动袭击人类，除非被激怒或受惊吓。鳄鱼具有坚硬的颅骨及其强有力的长颚，口中有一排锥形利齿，咬切力量极大，鳄鱼咬伤的创口很大，常造成肢体离断或软组织大片撕裂。

3. 其他海洋动物。海洋中除鲨、鳄和蛇外，常可造成人体损伤的鱼类及生物还有蝎鱼、鲭鱼、鲇鱼、鲈鱼、海蜇、海胆、海星以及章鱼等，它们对人体的损伤主要是通过咬、刺后注入毒汁，主要的中毒症状和体征如表 12-6-1 所示。

表 12-6-1　海洋鱼类生物损伤后人体中毒症状体征发生情况

	蝎鱼	鲭鱼	鲇鱼	鲈鱼	海蜇	海胆	海星	章鱼
疼痛	+	+	+	+	+	+	+	+
发热	+	+	+	+	-	+	-	+
红斑	+	-	+	+	+	+	-	+
水肿	+	+	+	+	-	+	-	+
水疱	+	-	-	+	-	-	-	-
坏死	+	-	+	-	-	-	-	-
蜂窝炎	+	-	-	-	-	-	-	-
结节	+	-	+	-	-	-	+	-
风疹	-	-	-	-	+	-	-	+
皮疹	-	-	-	-	-	-	-	-
出血	-	-	-	-	-	+	+	-
头痛	+	+	-	+	-	+	-	-
肌肉痉挛	-	-	+	-	+	+	-	+
感觉异常	+	-	+	-	+	+	+	+
麻痹	+	-	-	-	+	+	-	+
呼吸障碍	+	+	+	+	+	+	-	+
低血压	+	+	+	+	-	+	-	-
出汗	+	+	-	-	+	-	-	-
晕厥	+	+	+	+	-	+	-	-
死亡	-	-	-	-	-	+	-	+

（引自 Brown 和 Shepherd，1992）

三、尸体上的动物损伤

在法医学实践中，常可遇到人死后动物在尸体上形成的损伤。对这类损伤的准确识别与推断，有助于甄别某些尸体现象，进行准确的死亡鉴定。尸体上的动物损伤有几个共同的特征：(1) 损伤部位多位于人体暴露位置。(2) 创口边缘多留有动物损伤的特点，如啃啮、抓痕等。(3) 损伤缺乏明显的生活反应，出血少或无出血。能形成尸体损伤的动物种类很多，以下扼要介绍常见的动物种类。

1. 犬损伤。犬在尸体上的损伤主要包括牙咬及爪抓两种类型。损伤部位常见于尸体暴露而柔软的部位如嘴、鼻、耳及颈部。其创口呈瓣状，边缘锯齿状，易留有明显程度不等的牙痕，常伴有局部创缘的撕裂现象，有时可见创周组织犬爪抓的痕迹（如图 12-6-8、图 12-6-9 所示）。检验时在创周或尸体旁应注意检查遗留的犬毛。

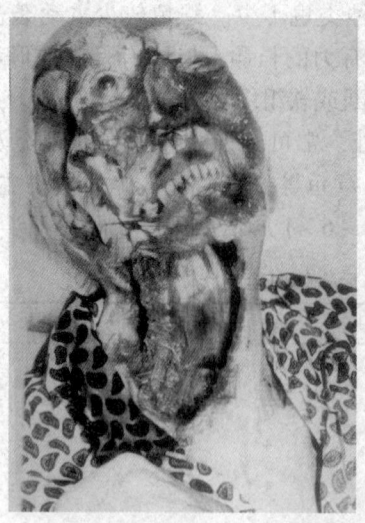
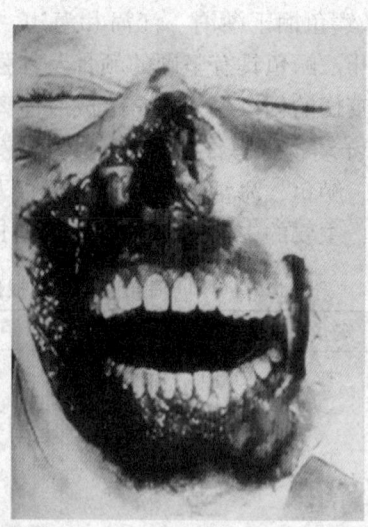

图12-6-8 死后面部口唇犬咬伤（引自 Rossi 等，1994）

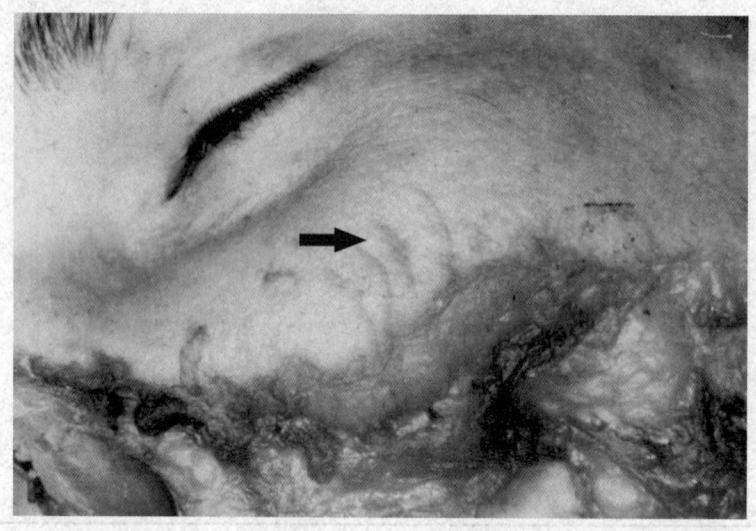

图12-6-9 死后面颊部犬咬伤，创缘可见犬爪抓挠的条形擦伤（引自 Rothschild，1997）

2. 鸟类损伤。鸟类在尸体上形成的损伤主要是其尖嘴啄食所致，表现为大小形态不等的刺创样或洞状软组织缺损（如图12-6-10所示），常伴有鸟爪抓搔在体表留下的划伤，创缘粗糙，创壁不整，创角可伴有撕裂。常见的鸟类有鹰、猫头鹰、乌鸦、海鸥等。

3. 鼠类损伤。尸体上最易受鼠类损伤的部位是面部突出部位（如鼻、耳等）和肢端（如手指等），鼠类损伤以啃啮方式为主，形成的创浅表而界限清楚，边缘粗看尚光滑，但仔细观察可见锯齿状。另外，鼠咬时也常伴有鼠爪抓挠，故在创口周边皮肤上留下条状损伤（如图12-6-11、图12-6-12所示）。有时鼠类也啃啮骨骼形成损伤，一般见于骨质疏松或较薄的骨骼如眼眶等处，形成管形或槽形的从外到内的斜坡（如图12-6-13所示）。鼠毛和鼠粪常可在尸体上或尸体旁检见。

4. 水生动物损伤。水生动物如鱼、蟹、软体动物、贝壳类等均可损伤水中尸体。一般首先发生在尸体头面部，尤其是耳、唇、眼、鼻等突出部位。水生动物损伤所形成的创口一般多为圆洞状的缺损，仔细观察创缘有时可见到小锯齿形特征。因尸体浸泡于水中，软组织不易干结，故最快2周尸体软组织即可被水生动物"食用"干净，仅剩骨骼。大型鱼类如鲨鱼等可离断尸体，甚至连骨带肉吞下。

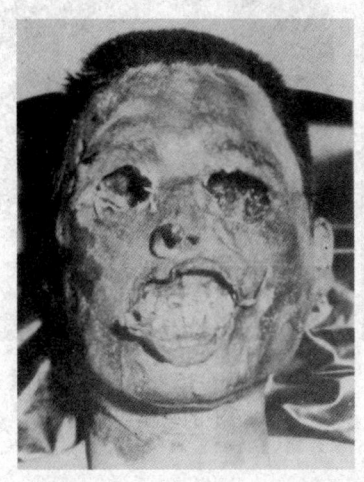
图12-6-10　鸟类在尸体面部的啄伤

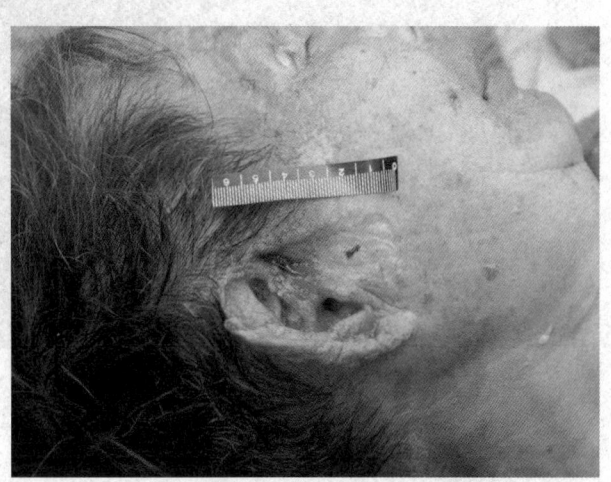
图12-6-11　尸体两耳鼠咬伤（引自 Patel，1994）

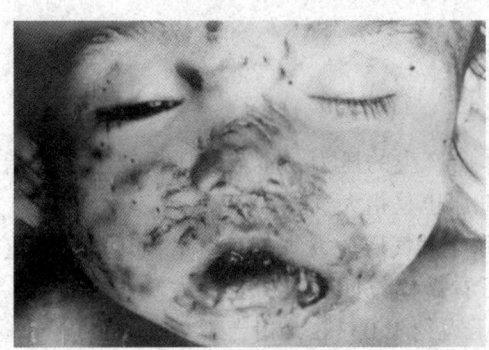
图12-6-12　尸体面部鼠咬伤

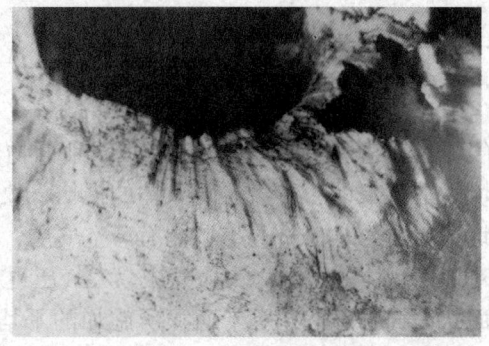
图12-6-13　骨骼上的鼠啮啃痕迹

5. 蚁类损伤。蚁类多在尸体颈部、下腹部、肢体屈侧等柔软部位咬噬软组织，尤其在原有存在索沟、扼痕等皮肤损伤时，有时甚至沿衬衣领在颈部形成一圈损伤。蚁类损伤多呈圆形、枝叶形的皮肤缺损，创缘卷，易皮革样化。有时也可见到呈条状排列（如图12-6-14所示）。有时蚁类可在尸体深部组织内聚集。

6. 蝇蛆损伤。由于蝇类的嗅觉极为灵敏，尤其是尸体散发的尸臭使蝇类最快可在死后几十秒内到达尸体上。除非环境十分封闭，否则蝇类可到达任何地方。所以，法医实践中，尸体上的动物损伤以蝇类最为多见。蝇类损伤尸体是由蛆来完成。成蝇在尸体上产卵后1天左右，卵即孵化成蛆，蛆能分泌吐出含蛋白溶解酶类的液体将尸体软组织消蚀液化供其吞噬，形成污秽灰白色的蜂窝状创口（如图12-6-15所示）。由于成蝇喜欢在尸体孔穴处（如鼻、口、外耳道、肛门、阴道等）和尸体体表创口处产卵，而且蛆喜食营养丰富的皮下组织和内脏器官，故有时尸体表面没有明显的蝇蛆损伤的痕迹，而皮下组织或内脏器官则已被食用破坏殆尽。

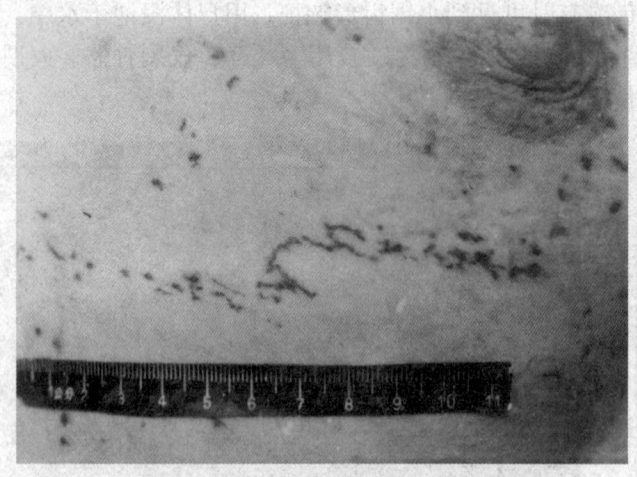

图 12-6-14　蚂蚁在尸体上形成的条形咬噬损伤

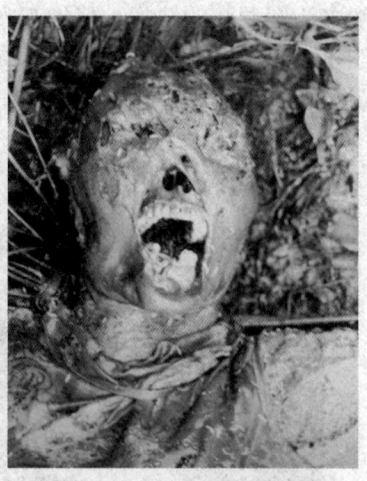

图 12-6-15　蝇蛆噬食尸体留下的软组织缺损

第七节　气压损伤

一、气压和气体

(一) 气压的基本概念

气压是指空气受地心引力的作用对地面物体所产生的压力。本节气压损伤主要是指外界环境（非人工的）的气压对人体的损伤，故气压也是指大气压。

地球周围约 600km 高空以内有一空气层，称为大气层。大气具有重量，其本身的重量造成对地面物体的压力称为大气压。大气压也可看做单位面积上所受的大气柱的重力，在海平面，大气对每平方厘米面积所施加的平均压力约 1.033kg，相当于 760mmHg 的重量。因此，国际上把这位于海平面、温度为 0°C 时，纬度 45 度，水银气柱内的水银高度为 760mm 时的大气压力定为一个标准大气压。

气压的物理单位与压强相同，为 kg/cm^2，但在医学上常用毫米汞柱（mmHg）或千帕斯卡（kPa）表示，而气象学上用毫巴（mb）表示，上述各单位之间的换算为：

1 个大气压 = 760mmHg = 101.33kPa = 1013.25mb = $1.033kg/cm^2$

从生理学意义讲，凡超过正常 1 个大气压范围的，称高压；低于正常 1 个大气压的，称低压。由于大气压取决于空气的重量，而空气的重量又取决于空气的密度，所以在地球表面，气体密度随高度增加而由稠变稀，大气压也由大变小。

(二) 气压的类型

根据人体在自然界所处的位置状态，可受到以下几种气压的影响：

1. 大气压力。如上所述，大气压是地球表面大气层中空气的重量对物体的压力。一般将海平面作为大气层的底部，低于海平面的大气压力将超过 1 个大气压，而高于海平面的大气压力将小于 1 个大气压。在海平面以上，1000m 高度以下，每升高 10m，大气压力降低 1mmHg（133Pa）。

2. 静水压力。静水压力是指人体在水面以下不同深处所受水柱的重量。静水压力的计算公式为：

$P = 0.1h \times d$

式中：

P 为静水压，用 kgf/cm^2 表示；

h 为水深，用 m 表示；

d 为水的比重；

0.1 为换算系数。

由公式可知，静水压力的大小取决于水柱的高度（水深）和水的比重。当水的比重不变时，水愈深，静水压越大；当水的深度不变时，水的比重越大，静水压越大。一般在淡水中每下潜 10.3m（或在海水中每下潜 10m），即增加 1 个大气压的静水压。

3. 绝对压。绝对压是指单位面积上实际承受的总压强。在水中，总压强应包括水面上的大气压和水中的静水压。例如，人在海中潜至水下 30m 深处，此时人体受到的绝对压应是 1 个大气压的空气压加上 3 个大气压的静水压，即共 4 个大气压；反之，人在海拔 5000m 的高山湖中潜水 30m，因湖面的大气压此时仅为正常大气压的一半，故绝对压为 0.5 + 3 = 3.5 个大气压。

4. 附加压。附加压是指单位面积上所承受的非大气压的那部分压强，即潜水时的附加压等于静水压。附加压和绝对压的关系实际上是由空气大气压来调节的，即：

附加压 = 绝对压 − 空气大气压

绝对压 = 附加压 + 空气大气压

因医学上用于测量压力的仪表如压力表、血压计等，都以大气压力为基值（即当被测压强的绝对压为 1 个大气压时，压力表上的指针将指向零位），所以，压力表上指示的数值都是附加压数值，故有人将附加压也称为表压。

（三）气体及其特性

1. 气体的特性。在物理学上，气体的特性可归纳为压缩性和扩散性。

气体的压缩性表现为气体既无一定的形状，又无固定的体积，在受到一定的压力后，体积会缩小，如将一定量的气体分子挤入较小的容器内。气体被压缩后的结果使气压的压力增高。

气体的扩散性是气体分子混合的过程。表现为：（1）如果将两种不同质量的气体放在一个容器，那么在一定时间后两种气体将完全混合。（2）如果用渗透膜将两种不同质量的气体分开，那么在一定时间后，气体分子将从分压高的一侧向分压低的一侧扩散，直至两侧分压相等。

2. 气体的定律。气体受三种主要因素的影响，即湿度、压强和体积。与气压改变直接相关的气体定律有：

（1）波义耳 – 马略特定律：温度不变时，一定质量的气体体积与它的压强成反比，或者说，温度不变时，一定质量气体的压强和体积的乘积，是一个恒量。此定律表明：气体的体积越小，其压强越大。

（2）查理定律：当体积不变时，一定量的气体的温度（t）每升高 1℃时，其压强的增加等于它在 0℃时压强的 1/273。用公式表示：

$P_t = P_0 (1 + t/273)$

式中：

P_t 为温度升至 $t℃$ 时气体的压强；

P_0 表示在 $0℃$ 时气体的压强。

（3）给-吕萨克定律：气体的压强不变时，温度每升高 $1℃$，一定质量气体的体积就增加其 $0℃$ 时体积的 $1/273$，用公式表示：

$$V_t = V_0(1 + t/273)$$

式中：

V_t 为温度升至 $t℃$ 时气体的体积；

V_0 表示在 $0℃$ 时气体的体积。

（4）道尔顿定律：混合气体中每一种气体都会产生一个压强，这个压强是混合气体总压强的一部分，并且和这种气体单独在同一容器中产生的压强相等。道尔顿定律又称气体分压定律，表示混合气体的总压强为各气体的分压强之和，而且与各气体所占体积的百分比成正比。例如，常压下空气中氧气的体积占 21%，那么氧气的压强为：1 个大气压 × 21% = 0.21 个大气压。

3. 液体中的气体。

（1）气体的溶解。只要一种气体与一种液体相接触，一部分气体分子就会进入液体，即气体溶解于液体。当气体溶解后，气体分子存在于液体分子的间隔之中而不再呈游离的气体状。

（2）气体的溶解系数。在一定温度和 1 个大气压下的一种气体能够溶解于 1ml 某种液体中的毫升数，称为溶解系数。不同的气体在不同的液体中的溶解系数相差很大，表 12-7-1 列举了部分气体在水和油性液体中的溶解系数。

表 12-7-1 部分气体的溶解系数

气体名称	密度（℃，1 个大气压）	水中溶解系数（37℃）	油中溶解系数（37℃）
氢气	0.09	0.016	0.045
氦气	0.18	0.0085	0.015
氮气	1.26	0.013	0.067
氧气	1.43	0.024	0.120
氩气	1.79	0.026	0.140
二氧化氮	1.97	0.560	0.876
氪气	3.73	0.043	0.430
氙气	5.88	0.085	1.700
氡气	9.78	0.150	19.00

（3）影响气体溶解的因素。影响气体溶解的因素除了各种气体和液体本身特性以外主要有温度和压力二种。一般来说，温度越高，气体溶解系数越小，如 $0℃$ 时，氧在水中的溶解系数为 0.49，而在 $37℃$ 和 $40℃$ 时，则分别为 0.024 和 0.023。根据亨利定律，在一定温度下，气体在液体中的溶解量与这种气体的分压成正比。即气体的分压越大，溶解量也越大。另外，气体溶解于液体后形成的分压与液体外气体的分压之间的差距越大，则溶解的量越多，速度越快。

（4）气体溶解的饱和和逸出。在高压条件下，呼吸混合气（如空气、氮氧混合气等）

中的各种气体按各自的分压，成比例地溶解在人体体液中，如时间足够长，一般约8~24小时，将会达到饱和状态。只要压力不变，已溶解在体内的气体就保持原溶解状态，但如果外界压力一旦下降，溶解在体内的气体就将相应地逸出变成气体并释出体外。

二、气压损伤机理

人体保持正常的生活功能是处于正常的大气压下，一旦大气压发生改变，人体机能也将发生改变，当大气压的改变超过人体的代偿机能时，损伤就会发生。

(一) 高压的损伤机理

1. 人体的不均受压。在常温下，人体每平方厘米承受1kg的大气压，一个成年人体表面积按1.6m^2计的话，那么人体表面所承受的压力总和将达到16000kg，而在水深100m处，则将达到176000kg。人体之所以能承受如此巨大的压力，是因为人体是均匀受压，来自各方面的压力相等而相互抵消。另外，由于人体组织构成70%是水，而水是不可被压缩的。然而一旦机体受到不均匀压力，如机体的含气腔室（如肺、鼓室、副鼻窦）不能或来不及通过相应的方式与外界压力取得平衡，或使用潜水装置调压不当，使机体不同组织出现受压不均时，则可引起组织充血、水肿、变形等损伤。实验发现，只要压差达到47mmHg（相当于1/6大气压），人体组织即可发生损害。这种人体受不均匀压力的情况最常见于潜水过程中的下潜（加压）、上浮（减压）以及潜水装置的故障或使用不当时。

2. 惰性气体的麻醉作用。在常压条件下，惰性气体对人体的生理没有影响，但当在高压环境中，惰性气体的分压也相应增高时，惰性气体则会特异性地作用于神经系统，产生高级神经活动和神经、肌肉协调等方面的障碍。以氮为例，当气压超过400kPa（氮分压超过320kPa）时，人体会产生类似酒醉的氮麻醉。

惰性气体的麻醉作用产生于它们的脂水溶比。脂水溶比是指一种物质在脂和水中溶解系数之比。物质的脂水溶比越大，越易进入富含脂质的神经细胞，从而影响神经系统的功能。如表12-7-2所示，氩、氪、氙等气体的脂水溶比相当大（和氮相比），故其麻醉作用也更大。

表12-7-2 **惰性气体的脂/水溶比及其麻醉性（37℃）**

气体	脂中溶解系数	水中溶解系数	脂水溶比	相对麻醉性*
氦 (He)	0.015	0.0087	1.7	4.26
氖 (Ne)	0.019	0.0096	2.1	3.58
氢 (H_2)	0.036	0.0162	2.1	1.83
氮 (N_2)	0.067	0.0127	5.2	1.00
氩 (Ar)	0.140	0.0293	5.3	0.43
氪 (Kr)	0.430	0.0510	9.6	0.14
氙 (Xe)	1.700	0.0970	20	0.04

*相对麻醉性是指氮的麻醉性/惰性气体的麻醉性；数值大于1者表示麻醉性比氮小

(二) 低压的损伤机理

1. 低压性缺氧。根据道尔顿定律，在混合气体中每一种气体的压力，不仅与它单独占有同一空间时所产生的压力相等，而且其比例是固定不变的。所以，在低压环境（如空气稀薄或海拔高处）中，大气压因空气稀薄而下降，其中氧的构成比也相应下降而使氧分压下降（如表12-7-3所示）。大气压分压减低时，机体吸入氧分压下降，肺泡内气体氧分压也下降，导致动脉血氧分压及动脉血氧也下降，产生低压血症。由此所产生的机体缺氧称低氧性缺氧。低压性缺氧最常见于生活在高原环境，另外在航空航天的特殊环境中也会发生。

表 12 - 7 - 3　海拔高度与大气压及氧分压的关系

海拔高度（m）	大气压（mmHg）	氧分压（mmHg）
0	760	159
1000	674	141
2000	596	125
3000	526	110
4000	462	97
5000	405	85
6000	354	74
7000	308	65
8000	264	56
9000	230	48
10000	198	41

（引自刘文魁等，1995）

2. 气泡栓塞。在常压下，人体组织维持血气平衡依从亨利定律，即通过肺泡与静脉血、组织与动脉血保持气体与组织间的压力平衡。当环境气压低时，肺不能吸收外界的气体，从而使组织内气体分压大于血液中气体分压，产生组织内气体根据压力差梯度向血液内移动从而导致栓塞的发生。另外，如果人体在高压环境中突然转入常压环境（如潜水后上浮），或者人体在常压环境突然转入低压环境（如升入高空），如果没有人体压力环境的保护措施，那么由于体内组织血液中较高的气体分压会向环境较低的气压中转移，造成气体的逸出导致栓塞的发生。人体中最易导致此类气体栓塞的气体是氮、氧和 CO_2。

（三）影响气压损伤的因素

影响人体气压损伤的因素有两个方面，即外部环境和人体自身条件。

1. 人体抵抗气压变化的能力。总体而言，人体对高压的抵抗能力强于对低压的抵抗。一般环境气压增加 2~3 倍对人体影响不大，而减小气压的 50%，则可发生严重缺氧。另外，人体对气压的改变有较强的适应能力。例如，未经适应性训练者，登高 1500m 即会感到呼吸困难，而对登山运动员来说，则可能毫无感觉。

2. 气压改变的速度。气压改变的速度是影响气压损伤的关键因素之一。无论是高压或低压，改变速度越快，对人体的损伤越大。前已述及，气体（泡）栓塞的原因即是由于气压的突然下降所致。

3. 气压改变持续时间。气压改变持续时间越长，人体越可能进行机体的适应性代偿以避免损害的发展或加重。例如，在低气压环境中，开始会发生头痛、眩晕等症状，而时间较久后，机体通过红细胞增殖等代偿反应而逐渐适应。

三、气压损伤的主要类型

（一）气压伤综合征

气压伤综合征是指气压的改变所引起的人体及人体含气器官损伤的一组病变，由于气压伤综合征多发生于人体潜水过程中，故也有人将其称为潜水病。气压伤综合征主要有以下四种病变。

1. 肺气压伤。肺气压伤是指肺内压过高或过低，使肺组织和肺血管损伤的疾病。肺内压过高一般见于潜水上升减压时屏气、潜水上升速度过快以及潜水装置呼吸装内压骤然升高。肺内压过低则多见于潜水者从空气的呼吸袋剧烈吸气所致。肺内压的过高或过低都将引起肺组织和肺血管的过度受牵拉而撕裂，导致气胸、间质性肺气肿以及空气栓塞等发生（如图12-7-1所示）。肺气压伤起病急，主要临床表现为：肺出血、咯血、胸痛、咳嗽、呼吸困难、紫绀等。

2. 耳气压伤。耳气压伤是气压改变造成耳部内外压力差异所引起的病变。按发生的位置可将耳气压伤分为三种类型：（1）中耳气压伤，中耳气压伤也称气压损伤性中耳炎。是由于下潜时外界气压不断升高，中耳鼓室内咽鼓管调节障碍而产生鼓室内负压。其临床表现与鼓室外内外压差有关，当压差小于60mmHg时，有耳阻塞感；当压差60~80mmHg时，出现耳痛；压差80~100mmHg时，听力障碍；当压差达100~500mmHg时，鼓膜呈线性破裂，多见于紧张部下方。（2）内耳气压伤，指下潜（加压）时，中耳咽鼓管调节障碍所引起的鼓室内外压强失去平衡，鼓膜内陷，最后导致前庭或耳蜗的损伤。内耳气压伤的主要症状和体征有：耳鸣、听力下降、完全耳聋、眩晕、恶心呕吐等。查中耳可见圆窗膜或环状韧带破裂，外淋巴液流入鼓室。（3）外耳气压伤，指潜水时使用堵塞外耳道的装置（如耳塞等）后，因外耳道口与外界的压强差异，导致外耳道皮下肿胀、出血、破裂等，又名翻耳症。

3. 窦气压伤。窦气压伤是指鼻窦腔内外压强不平衡所导致的病变，好发于鼻窦原有病变时。如下潜时，外界气压大于窦内压，因通气不畅致使窦腔内负压，进而造成鼻窦内粘膜血管扩张、破裂、出血。除鼻窦外，额窦、上颌窦也是常受累的器官。

4. 挤压伤。挤压伤是指潜水过程中因人体受压不均匀导致压力过低部位所受的损伤。因挤压部位不同可分为两种：（1）全身挤压伤，见于使用通气装置或潜水装置障碍等，引起潜水服内气压低于外界水压，从而使人体除头盔及领盘处能抵抗水压外的其余部位受压，致使血液、淋巴液等挤向头颈部导致面部充血、出血（如图12-7-2所示）。如外界压力足够大时可致呼吸困难而死亡。（2）面部挤压伤，指潜水时着轻型潜水装置（眼鼻面罩等），因下潜速度过快而又未能及时向罩内加压以平衡罩内外压强，引起罩外压强大于罩内，使被罩住的颜面部分向外凸起，产生组织充血、肿胀、出血等，严重时眼球明显凸出。

（二）减压病

减压病是指人体因外界压力下降太快太猛而引起机体组织内原已溶解的气体游离出来形成气泡，导致一系列的病变发生。减压病多见于潜水作业，高压（沉箱、隧道）作业后急速上浮时和人体急速升空而缺乏加压装置时。以前曾有很多名称描述本病，如潜水病、沉箱病、潜函病、高气压病等，目前多依其发病机理而称为减压病。

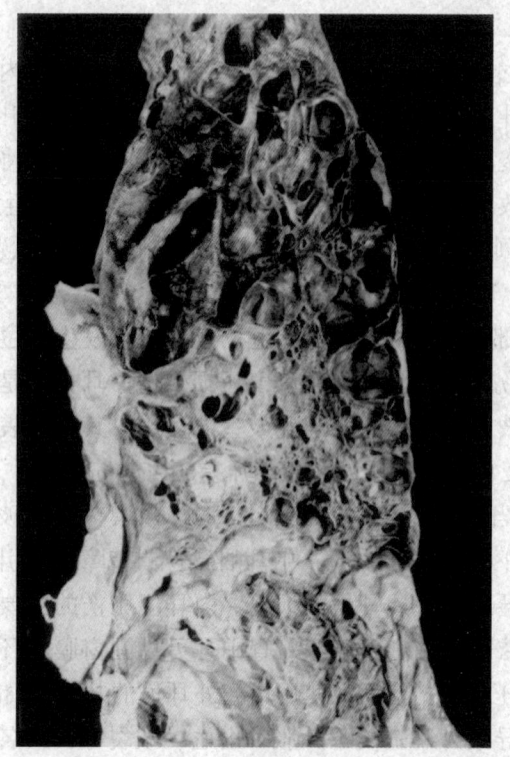
图12-7-1 气压损伤引起的肺空洞

图12-7-2 潜水软管断裂挤压损伤形成示意图

前已述及，在常压下机体组织体液中可被大气的各种气体成分溶解并达到饱和。在潜水时因呼吸高压气体，故溶解的气体量相应增加，当突然减压时，体内高分压的气体依照道尔顿定律必然会逸出以达到压强平衡，而气体成分中氧和二氧化碳能被机体所利用或调节故逸出较少，唯有惰性气体氮等在气体中不仅占比例较大，且无法被机体所利用或调节，所以易形成气泡而产生病理作用。因快速减压而产生的气泡分布于血管内外，血管外的气泡可通过机械作用挤压组织产生损伤；而血管内的气泡则通过栓塞作用造成组织的缺血缺氧，产生更为严重的后果。

减压病的主要症状和体征有：皮肤瘙痒、烧灼感、粘膜出血、肌肉关节疼痛、肢体呈弯曲体位（屈肢症）、胸骨后疼痛、肺水肿、头晕、耳鸣、听力下降，严重时可产生意识障碍、心肺功能障碍等。

（三）氮麻醉

氮麻醉也称惰性气体麻醉，是指在高压环境中，因过多地氮溶解进入机体而导致的损伤反应。目前研究表明，高分压氮溶解后主要在中枢神经系统使触突传递机能障碍和对脑干上行觉醒系统产生抑制作用，从而使皮层的兴奋得不到支持而出现整个皮层的抑制。氮麻醉见于潜水或高压作业时（如表12-7-4所示）。

（四）氧中毒

氧中毒，是指机体吸入高分压氧达到一定程度时所引起的一系列生理功能紊乱或病变。正常气压中氧分压占159mmHg（20kPa），当在潜水或高压作业时人体吸入200kPa纯氧后即可发生急性中毒，数分钟后导致中枢神经系统症状甚至死亡。目前已知高压氧的毒性有：(1) 对大脑葡萄糖氧化代谢有明显毒性。(2) 高压氧下氧自由基有强烈的氧化作用。(3) 对神经递质的酶合成反应有抑制作用。(4) 反射性地加强迷走神经作用。(5) 抑制机体的氧化代谢和利用氧的能力。由此可见，氧中毒所引起的机体毒性反应主要表现为神经系统的症状和体征。表12-7-5列举了纯氧潜水各种深度的安全时限。

表12-7-4 潜水深度、氮分压及其与氮麻醉的症状与体征之间的关系表

深度	氮分压（大气压）	症状和体征
30m左右	3.2左右	头轻松，有些欣快。增加自信。精细动作效率低，精确分辨困难
50m左右	4.8左右	愉快，多话或有些眩晕，动作不准确。基本保持自身的感觉或有嘴唇发麻感
70m左右	6.4左右	笑失去控制，集中注意的能力减弱，较少或不注意自身安全。记忆力及工作能力明显降低，简单的思维作业造成差错。对信号刺激的反应迟缓。有外周性麻木感或刺感
80m左右	7.2左右	明显的运动协调障碍，定向能力和自制能力紊乱。已不能执行工作任务
90m左右	8左右	抑郁、幻觉、恐惧。意识模糊，失去有效的神经-肌肉活动
100m以下	8.8以上	麻醉性昏睡（在此之前或有短暂的强烈兴奋），神志丧失（或接近神志丧失），这时又将增添氧中毒

表12-7-5 纯氧潜水时各种深度的安全时限

水深（m）	时限（分钟）
3	240
5	150
7	110
8	75
10	45
12	25
13	10

(五) 高原病

高原病，又称高山病。是发生于高海拔地区（3000m以上）低氧环境的一种特发性病变。高原病的病因除低氧外，低温、低湿、太阳辐射等因素也是致病因子，具有如将病人转移到低海拔环境时病情会好转的特点。高原病的发病机制主要是：(1) 低压环境使氧在血浆中的溶解度降低，从而使组织缺氧。(2) 低压环境使肺泡中氧分压下降，从而使溶入血的氧减少。(3) 低压环境使血液中输送氧的红细胞减少。按发病急缓，可将高原病分为急性和慢性两类。

1. 急性高原病。根据发病的病理生理过程又分为：(1) 急性高原反应：在短时间内到达海拔3000m以上地区，约有30%的人主诉头痛、头晕、心悸、气短；重者食欲减退、恶心、腹胀、胸闷、失眠、疲乏、紫绀、面部浮肿等。上述反应一般在24小时内发生，症状基本消失约需4~6天。(2) 高原肺水肿：多数在海拔4000m以上地区发病，个别在海拔2500m时就出现症状。早期表现与高原反应类同，后出现干咳、血性泡沫痰、呼吸极度困

难、紫绀、胸痛、烦躁不安。两肺 X 线检查可见中、下部密度较淡，云絮状边缘不清的阴影。(3) 高原脑水肿：多发生在未经习服的高原登山者，病势急，发病率低但病死率高。除有急性高原反应症状外，因缺氧而发生一系列神经精神症状，如剧烈头痛、兴奋、谵妄、呼吸困难，紫绀，嗜睡后转入昏迷。

2. 慢性高原病。大多发生在近期移居高原地区者，也有发生在移居达 20 年以上甚至世居山民，由于某种原因失去了对氧的适应能力，而发生肺泡通气不足的一系列病理生理改变。根据临床表现，可分为慢性高原反应、高原心脏病、高原红细胞增多病、高原高血压症、高原低血压症五种类型。也可呈现混合型改变。常见的临床症状有进行性活动能力下降和疲乏无力加重，头痛、眩晕、兴奋、失眠、多梦、记忆思维能力减弱，心悸、呼吸困难、食欲减退和肢体发麻等。也可出现脱发、牙龈萎缩、性欲减退等。小儿患者易哭闹、拒食、咳嗽、呼吸急促、多汗、呕吐、稀便及腹胀等。紫绀和杵状指为最常见的体征。X 线检查有不同程度的心脏增大，以右心为主。

（六）航空病

航空病是指人体在非密闭条件下从常压突然处于低压（或高压）状态所引起的病变。过去专指乘坐非密闭座舱飞机升高时，现在则多出现于飞机中的增压设施故障后。应当注意的是，航空病不仅仅发生于飞机上升时，也发生于飞机由空中降落时，只要符合压力保护装置故障而环境气压突然改变的条件，均可导致航空病的发生。

航空病没有十分特异的临床表现，一般飞机升高时的航空病属于缺氧性病变，而飞机下降时的航空病类似于气压性损伤。比较典型的是耳的损伤性改变。当飞机上升时，因中耳内压力大于外界压力，使鼓膜凸出；而当飞机下降时，因中耳内压力小于外界压力，使鼓膜凹进；当中耳内外压力差达 100mmHg 以上时，鼓膜会发生破裂。所以这种因气压改变所引起的中耳病变又称为航空性中耳炎。

四、气压损伤的鉴定

气压损伤及其死亡涉及法医学鉴定很少见。气压损伤死亡多属意外或因职业劳动过程中防护不当所致。最有可能涉及死因鉴定或受怀疑的与气压损伤有关的死亡多发生于潜水，尤其是非职业潜水时。根据英国一份资料统计，1987 年英国约有 60 万人次潜水，发生 162 次严重事故，其中导致 8 人死亡，115 人受伤，其中空气栓塞 6 例、减压病 69 例、低温症 4 例、氮麻醉 4 例以及中耳损伤 4 例。尸检发现，潜水过程中死亡者多数死因是溺水而非气压损伤。

因潜水死亡涉及法医学鉴定时，应掌握以下几个操作要点：
1. 应聘请潜水专家参与，特别是需要对潜水装置进行检查时。
2. 如有条件，尸检最好在减压环境中进行，以免常压下尸体中的气体游离消散。
3. 尸检前先进行 X 线摄片，包括胸、腹、四肢大关节，以确认有无游离气体的存在。
4. 注意检查头、颈、上胸部皮肤肿胀情况，特别注意有无皮肤捻发音的存在。
5. 优先开颅取脑并夹住脑主要供血动脉，置于水中观察有无气泡的产生。
6. 尽可能设法从体内收集游离气体，如胸外、心外穿刺等。
7. 两耳鼓膜检查应列入常规。
8. 组织学检查特别应注意气体栓塞和脂肪栓塞的改变。

主要参考文献

1. 陈世贤. 高等院校法学教材. 法医学. 法律出版社. 1997
2. 程天民. 创伤战伤病理学. 解放军出版社, 1992
3. 第三军医大学海医系潜水生理教研室. 实用潜水医学. 人民卫生出版社, 1980
4. 段里仁. 交通事故概论. 中国人民公安大学出版社, 2003
5. 葛宝丰. 创伤外科学. 甘肃人民出版社, 1985
6. 顾汉卿, 徐国风. 生物医学教材学. 天津科技翻译出版公司, 1993
7. 国际航空运输协会. 国际航空运输协会医学分册. 任纯泽等译. 北京航空航天大学出版社, 1991
8. 何国李. 自伤伪装他伤两例. 广东刑侦技术, 1992（6）：85~86
9. 胡纪湘. 高等医药院校教材. 医用物理学. 人民卫生出版社, 1997
10. 华积德. 灾难医学. 上海科技教育出版社, 1994
11. 黄亦明, 宋一同. 软组织损伤学. 人民卫生出版社, 1990
12. 金惠铭. 病理生理学. 人民卫生出版社, 1997
13. 计迎春, 杨金开. 用多种致伤物自伤伪称他伤一例. 湖南法医通讯, 1993（6）：100~101
14. 姜有生等. 浅谈造作伤. 中国刑警学院学报, 1994（4）：47~48
15. ［美］本尼迪克, 维拉斯. 物理学：结合医学和生物学解说性实例. 邝华俊等译. 人民教育出版社, 1980
16. 黎鳌等. 现代战伤外科学. 人民军医出版社, 1998
17. 李楚杰. 冷伤. 人民卫生出版社, 1980
18. 李志刚等. 航空医学. 人民军医出版社, 1992
19. 刘义魁, 蔡荣泰. 物理因素职业卫生. 科学出版社, 1995
20. 刘振田. 应用生物力学. 东南大学出版社, 1992
21. 卢亮, 秦芝九. 临床神经病理学（上册）. 上海科技出版社, 1987
22. 孟宪辉. 终端弹道学及其在现场侦查上之应用. 刑事科学, 2002（54）：69~83
23. 闵建雄等. 法医弹道学——枪弹损伤的法医学鉴定. 警官教育出版社, 1998
24. 闵建雄. 命案现场重建概论. 中国人民公安大学出版社, 2006
25. 裘法祖. 高等医药院校教材. 外科学. 人民卫生出版社, 1995
26. 曲锦域等. 实用运动医学. 科学技术出版社, 1996
27. 史玉泉. 实用神经病学. 上海科学技术出版社, 1994
28. 世界卫生组织. 国际疾病分类（1975年修订本）（第一卷），北京世界卫生组织分

类合作中心译. 人民卫生出版社, 1984

29. 陶祖莱. 生物力学导论. 天津科技翻译出版公司, 2000

30. 隋帮森. 脑血管疾病——MR、CT、DSA 与临床. 人民卫生出版社, 1991

31. 王放明. 枪案物证分析新技术. 长春出版社, 2004

32. 王以进, 王介麟. 骨科生物学. 人民卫生出版社, 1989

33. 王亦璁等. 骨与关节损伤. 人民卫生出版社, 1990

34. 谢润红. 自行车交通事故损伤特征的法医学分析. 中国法医学杂志, 2002（17）（增刊）: 32~33

35. 许洪国, 何彪. 道路交通事故分析与再现（修订本）. 警官教育出版社, 2000

36. 许卫平. 现场血迹勘查与分析. 宁波出版社, 2002

37. 徐英含. 最新法医病理学. 世界图书出版公司, 1996

38. 杨桂通. 医学生物力学. 科学出版社, 1994

39. 姚青松主编. 颅脑损伤彩色图谱. 广东科技出版社, 2005

40. 运动生物力学教材. 运动生物力学. 高等教育出版社, 1990

41. 张弢等. 自行车道路交通事故损伤特征研究与应用. 中国法医学杂志, 2003（18）: 21~22

42. 赵云风. 口腔生物力学. 北京医科大学中国协和医科大学联合出版社, 1996

43. 郑秀瑷等. 运动生物力学进展. 国防工业出版社, 1998

44. 郑秀媛等. 现代运动生物力学. 国防工业出版社, 2002

45. 周申. 高等医药院校教材. 人民卫生出版社, 1995

46. 周学智. 理化物证检验学·中国刑事科学技术大全, 中国人民公安大学出版社, 2002

47. Alfonsi A, et al. Shooting distance estimation for shots fired by a shotgun loaded with buckshot cartridges. Forensic Sci In 1984; 25: 83~91.

48. American Association for Automotive Medicine: The Abbreviated Injury Scale (AIS) – 1990 revision. Illinois: Das Plaines, 1990.

49. Avis SP. Suicidal gunshot wound. Forensic Sci In 1994; 67: 41~47.

50. Baik SO, et al. A case of external beveling with an entrance gunshot wound to the skull made by a small caliber rifle bullet. Am J Forensic Med Pathol 1991; 12: 334~336.

51. Bajanowski T, et al. Detaction of foreigon particles in traumatized skin. Internl J Legal Med 1991; 104: 161~164.

52. Bajanowski T, et al. Detection of foreign particles in traumatized skin. Internl J Legal Med 1991; 104: 161~166.

53. Beijer R. Experiences with zincon, a useful reagent for the determination of firing range with respect to leadfree ammunition. J Forensic Sci 1994; 39: 981~987.

54. Berg SO. The forensic ballistics laboratory. In edited by Tedeschi CG, et al. Forensic Medicine. Vol. I Mechanical trauma. Philadelphia: WB Sunders Company, 1979, 527~569.

55. Bevel T and Gardner RM. Bloodstain pattern analysis in a case of suicide with a compound bow and arrow. Am J Foren Med Pathol 2004; 25: 80~82.

56. Bhoopat T. A case of internal beveling with an exit gunshot wound to the skull. Forensic

Sci In 1995; 71: 97~101.

57. Bond ST, et al. Air-Powered guns: Too much firepower to be a toy. J Trauma 1996; 41: 674~678.

58. Bonte W, et al. Probleme bei der Beurteilung von Stromtodesfaellen in der Badewanne. Z Rechtsmed 1986; 97: 7~19.

59. Bonte W. Self-mutilation and private accident insurance. J Forensic Sci 1983; 28 (1): 70~82.

60. Boyer DA. Experimental evaluation of the distribution of the pellets in shotgun pellet patterns. Forensic Sci In 1989; 42: 51~59.

61. Bux RC and McDowell JD. Death due to attack from chow dog. Am J Forensic Med Pathol 1992; 13 (4): 305~308.

62. Calder IM and Boustred D. Experiments using high pressure fluid jets on human tissues. Forensic Sci Intern 1984 ; 26: 123~129.

63. Cameron JM. The Diago murder in retrospect. Medicolegal Society 1984; 2: 164~179.

64. Careless CM and Acland PR. The resistance of human skin to compressive cutting. Med Sci Law 1982; 22: 99~106.

65. Carter DR and Spengler DM. Mechanical properties and composition of cortical bone. Clin Orthopaed Relat Res 1978; 135: 192~217.

66. Chadha PV. Hand Book of Forensic Medicine and Toxicology. New Delhi: Jaypee Brothers Medical Publishes, 1984.

67. Ciallella C, et al. Wounds inflicted by survival-knives. Forensic Sci Int 2002; 126: 82~87.

68. Cohen JE. Communicating bone cyst of the posterior fossa after craniocerebral erosion (growing fracture of the skull): case report. J Trauma 1998; 44 (5): 928~929.

69. Cooper GJ, et al. The biomechanical response of the thorax to nonpenetrating impact with particular reference to cardiac injuries. J Trauma 1982; 22 (12): 994~1008.

70. Costello PA and Lawton ME. Do stab-cuts reflect the weapon which made them? J Forensic Sci Society 1990; 30: 89~95.

71. Demes B. Biomechanics of the primate skull base. Springer-Verlag, 1985.

72. Dodd KT, et al. Cardiopulmonary effects of high impulse noise exposure. 1997; 43 (4): 656~667.

73. Duis HJ. The fat embolism syndrome. Injury 1997; 28 (2): 77~85.

74. Eckert WG. Injury from increased atmospheric pressure. Edit by Knight B. Forensic Pathology. London: Edward Arnold, 1991.

75. Endris R. Forensische Katastrophenmedizin. Heidelberg: Kriminalistik Verlag, 1982.

76. Ermenc B and Prijon T. Suicide, accident? The omportance of the scene investigation. Forensic Sci Int 2005; 147S: S21~S24.

77. Evans FG. Mechanical properties of bone. Chales C Thomas, 1973.

78. Fahy T, et al. Werewolves, vampires and cannibals. Med Sci Law 1988; 28 (2): 145~149.

79. Fenton TW, et al. Symmetrical fracturing of the skull from midline contact gunshot wounds: Reconstruction of individual death histories from skeletonized human remains. J Forensic Sci 2005; 50: 1~12.

80. Flindt R. Biologie in Zahlen. 3. Durchgesehene und erweitere Auflage. Stuttgart: Gustauv Fischer Verlag, 1988.

81. Froede RC, et al. Handbook of Forensic Pathology. Second edition. Illinois: College of American Pathologists. , 2003.

82. Fujiwara S, et al. An analysis of intracranial pressure change caused by an impact to the head - An experimental study with a physical model of the head and neck. Jpn J Legal Med 1987; 41: 263~269.

83. Fujiwara S, et al. Intracranial pressure induced by "blow" and "fall" - an experimental study with a physical model of the head and nick. . Jpn J Legal Med 1986; 40 (3): 323~334.

84. Fujiwara S, et al. Recent advances in the study on the mechanism of brain injury. Jpn J Legal Med 1993; 47 (5): 387~397.

85. Fulda G, et al. Blunt traumatic rupture of the heart and pericardium: a ten - year experience (1979 - 1989). J Trauma 1991; 31 (2): 167~173.

86. Gennarelli TA and Thibault LE. Biomechanics of acute subdural hematoma. J Trauma 1982; 22: 680~686.

87. Gilliland MGF and Folberg R. Shaken babies - some have no impact injuries. J Forensic Sci 1996; 41 (1): 114~116.

88. Goodson ME. Electrical deaths with water immersion. Am J Foren Med Path 1993; 14: 330~333.

89. Grandel J. Traumatologie der Zweiradunfaelle - experimentelle Simulation. Biomechanik - Rekonstruktion. Schmidt - Roemhild, Luebeck, 1994.

90. Haglund WD. Contribution of rodents to postmortem artifacts of bone and soft tissue. J Forensic Sci 1992; 37 (6): 1459~1465.

91. Hartshorne NJ, et al. Fatal head injuries in ground - level falls. Am J Forensic Med Pathol 1997; 18: 258~264.

92. Hawley DA, et al. Tumbling abrasions. injuries from ricocheting bullets. Am J Foren Med Pathol 1987; 8: 229~232.

93. Herrmann NP and Bennett JL. The differentiation of traumatic and heat - related fractures in burned bone. J Forensic Sci 1999; 44: 461~469.

94. Hiss J and Kahana T. Confusing exit gunshot wound - "two for the price of one". Int J Legal Med 2002; 116: 47~49.

95. Horisberger T and Krompecher T. Forensic diaphanoscopy: how to investigate invisible subcutaneous hematomas on living subjects. Internl J Legal Med 1997; 110: 73~80.

96. Horowitz R, et al. Injury patterns in motor vehicle fatalities. J Foren Sci 1987; 32: 167~172.

97. Howanitz EP, et al. Combined blunt traumatic rupture of the heart and aorta: two case reports and review of the literature. J Trauma 1990; 30 (4): 506~508.

98. Imajo T and Kazee AM. Diffuse axonal injury by simple fall. Am J Forensic Med Pathol 1992; 13 (2): 169~172.

99. Irwin RJ, et al. Cardiopulmonary physiology of primary blast injury. 1997; 43 (4): 650~655.

100. Janda DH, et al. Blunt chest impacts: assessing the relative risk of fatal cardiac injury from various baseballs. J Trauma 1998; 44 (2): 298~303.

101. Karger B, et al. Unusual self-inflicted injuries simulating a criminal offence. Internl J Legal Med 1997; 110: 267~272.

102. Karger B, et al. Backspatter on the firearm and hand in experimental close-range gunshots to the head. Am J Forensic Med Pathol 2002; 23: 211~213.

103. Karger B, et al. Was the pedestrian hit in an erect position before being run over? Forensic Sci Int 2001; 119: 217~220.

104. Karlsmark T, et al. Electrically-induced collagen calcification in pig Skin. A histopathologic and histochemical study. Forensic Sci Int 1988; 39: 163~174.

105. Kato K, et al. Blunt traumatic rupture of the heart: an experience in Tokyo. J Trauma 1994; 34 (6): 859~864.

106. Kleiber M, Stiller D and Wiegand P. Assessment of shooting distance on the basis of bloodstain analysis and histological examinations. Forensic Sci Int 2001; 119: 260~262.

107. Knaus WK, et al. APACHII: A severity of disease classification system. Crit Care Med 1985; 13: 818~825.

108. Kornblum RN and Reddy SK. Effects of the Taser in fatalities involving police confrontation. J Forensic Sci 1991; 36: 434~448.

109. Kubo S, et al. An autopsy case of traumatic subdural hematoma from arteio-venous malformation with diffuse axonal injury. Jpn J Lrgal Med 1995; 49 (1): 37~43.

110. Kuijpers AHVM, et al. The influence of different boundary conditions on the response of the head to the impact: A two-dimensinal finite element study. J Neurotrauma 1995; 12 (4): 715~724.

111. Langley RL. Fatal animal attacks in north Carolina over an 18-year period. Am J Forensic Med Pathol 1994 15 (2): 160~167.

112. Lau Veng-Kin and Viano DC. Influence of impact velocity and chest compression on experimental pulmonary injury severity in rabbits. J Trauma 1981; 21: 1022~1028.

113. Lenehan GP. Emotional impact of trauma. Nursing Clinics of North America 1986; 21: 729~739.

114. Levy V and Rao VJ. Survival time in gunshot and stab wound victims. Am J Forensic Med Pathol 1988; 9: 215~217.

115. Lindenberg R. Anoxia does not produce brain damage. Jpn J Legal Med 1982; 36: 38~57.

116. Liu B, et al. Experimental studies on the hemodynamic changes after thoracic impact injury. J Trauma 1996; 40 (3): 568~570.

117. March J, et al. Three-dimensional computer visualization of forensic pathology data. Am

J Forensic Med Pathol 2004; 25: 60~70.

118. Marchetti D, et al. Reconstruction of the angle of shot by using computed radiography of the head. Am J Foren Med Pathol 2003; 24: 155~159.

119. Martin RB and Ishida J. The relative effects of collagen fiber orientation, porosity, density, and mineralization on the bone strength. J Biomechanics 1989; 22: 419~426.

120. Martin RB. Determinations of the mechanical properties of bones. J Biomechanics 1991; 24: 79~88.

121. Mattox KL, et al. Trauma. Fourth Edition. Appleton and Lange, 2000.

122. McDowell CP. Suicide disguised as murder: A dimension of munchausen syndrome. J Forensic Sci 1987; 32 (1): 254~261.

123. McHugh AA, et al. Biomechanical alterations in normal skin and hypertrophic scar after thermal injury. J Burn Care Rehabilitation 1997; 18: 104~108.

124. McIntosh AS, et al. Head and neck injury resulting from low velocity direct impact. 37th Stapp Car Conference Proceedings. Society of Automotive Engineers. 1993.

125. Meaney DF, et al. Biomechanical analysis of experimental diffuse axonal injury. J Neurotrauma 1995; 12 (4): 689~694.

126. Mellen PF, et al. Electrocution: a review of 155 cases with emphasis on human factors. J Forensic Sci 1992; 37: 1016~1022.

127. Mitchell EK, et al. Electrocution by street lighting. J Foren Sci 1984; 29: 836~842.

128. Morrison AL, et al. Acceleration-deceleration injuries to the brain in blunt force trauma. Am J Forensic Med Pathol 1998; 19 (2): 109~112.

129. Mosekilde L and Mosekilde Leif. Sex differences in age-related changes in vertebral body size, density and biomechanical competence in normal individuals. Bone 1990; 11: 67~73.

130. Mukoyama H, et al. Forensic Science Progress. Vol. 1 Berlin: Springer-verlag, 1986.

131. Nakanishi K. A basic study on ring fractures of the base of the skull-experiments with stress coat and strain gauge. Jpn J Legal Med 1980; 34: 520~535.

132. Newman JA. Head injury criteria in automotive crash tasting. 1980.

133. Nikolic S, et al. Amount of postmortem bleeding. An experimental autopsy study. Am J Forensic Med Pathol 2004; 25: 20~22.

134. Nikolic S, et al. Analysis of neck injuries in hanging. Am J Forensic Med Pathol 2003; 24: 179~182.

135. Nolte KB, et al. Biosafety considerations for autopsy. Am J Forensic Med Pathol 2002; 23: 107~122.

136. Nunno NDi, et al. Self-Strangulation. An uncommon but not unprecedented suicide method. Am J Forensic Med Pathol 2002; 23: 260~263.

137. O'Callaghan PT, Jones MD, James DS, Leadbeatter S, Evans SL and Nokes LDM. A biomechanical reconstruction of a wound caused by a glass shard-a case report. Forensic Sci Int 2001; 117: 221~231.

138. Oehmichen M, et al. Gunshot injuries to the head and brain caused by low-velocity

handguns and rifles. A review. Forensic Sci Int 2004; 146: 111~120.

139. Oehmichen M and Lagodka T. Time-dependent RNA synthesis in different skin layers after wounding experimental investigations in vital and postmortem biopsies. Intern J Legal Med 1991; 104: 153~159.

140. Oehmichen M, et al. Axonal injury - a diagnostic tool in forensic neuripathology? A review. Forensic Sci Int 1998; 95: 67~83.

141. Oehmichen M, et al. Brain macrophages in human cortical contusions as indicator of survival period. Forensic Sci Int 1986; 30: 281~301.

142. Oliver WR, et al. Estimation of body exposure to explosion. Am J Forensic Med Pathol 2002; 23: 252~256.

143. Ormstad K, et al. Patterns in sharp force fatalities - A comprehensive forensic medical study. J Forensic Sci 1986; 31: 529~542.

144. Patel F. Artefact in forensic medicine: postmortem rodent activity. J Forensic Sci 1994; 39 (1): 257~260.

145. Perper JA and Menges DJ. The skin as a repository and masker of evidence. Am J Forensic Med Pathol 1990; 11: 56~62.

146. Plattner T, et al. Gunshot residue patterns on skin in angled contact and near contact gunshot wound. Forensic Sci Int 2003; 138: 68~74.

147. Pollak S and Rothschild MA. Gunshot injuries as a topic of medicolegal research in the german-speaking countries from the beginning of the 20th century up to the present time. Forensic Sci Int 2004; 144: 201~210.

148. Pope EJ and Smith OC. Identification of traumatic injury in burned cranial bone: An experimental approach. J Forensic Sci 2004; 49: 431~440.

149. Rajs J, et al. A statistical model examining repetitive criminal behavior in acts of violence. Am J Forensic Med Pathol 1987; 8: 103~106.

150. Rao VJ. Patterned injury and its evidentiary value. J Forensic Sci 1986; 31: 768~772.

151. Razack N, et al. Bilateral craniotomies for blunt head trauma. J Trauma 1997; 43 (5): 840~843.

152. Rochels R. Holographische Deformationsanalyse des Canalis opticus bei stumpfem Schaedeltrauma. Fortschritte der Ophthalmologie 1990; 8: 182~185.

153. Rognum TO and Thoresen SO. Survival time and acting capability after fatal injury by sharp weapons. Forensic Sci Int 1986; 31: 181~187.

154. Root I. Head injuries from short distance falls. Am J Forensic Med Path 1992; 13: 85~87.

155. Ropohl D. Die rechtsmedizinische Rekonstruktion von Verkehrsunfaellen. Stuttgart: DAT Deutsche Automobil Treuhond. 1990.

156. Rossi ML, et al. Postmortem injuries by indoor pets. Am J Forensic Med Pathol 1994; 15 (2): 105~109.

157. Rothschild MA and Schneider V. On the temporal onset of postmortem animal scavenging

"Motivation" of the animal. Forensic Sci Int 1997; 89: 57~64.

158. Saks MJ, et al. Context effects in forensic science: A review and application of the science to crime laboratory practice in the United States. Science and Justice 2003; 43: 77~90.

159. Santavirta S and Arajarvi E. Ruptures of the heart in seatbelt wearers. J Trauma 1992; 32 (3): 275~279.

160. Sato Y, et al. Air bag injuries – a literature review in consideration of demands in forensic autopsies. Forensic Sci Int 2002; 128: 162~167.

161. Scalea T, et al. An analysis of 161 falls from a height: the "jumper syndrome". J Trauma 1986; 26: 706~712.

162. Schwerd G. Rechtsmedizin. Koeln: Deutscher Aerzte-Verlag, 1992.

163. Sellier K und Kneubuehl B. Wundballistik und ihre ballistischen Grundlagen. Berlin Heidelberg: Springer-Verlag, 1992.

164. Shennawy IE, et al. Minute trauma involving the surface of the lung: case report using a new technique for examination. J Forensic Sci Society 1985; 25: 179~180.

165. Shimizu K, et al. Use of a CO-oximeter for forensic diagnosis of hypothermia. Jpn J Legal Med 1998; 52: 196~201.

166. Shkrum MJ, et al. Driver and front seat passenger fatalities associated with air bag deployment. Part 2: a review of injury patterns and investigative issues. J forensic Sci 2002; 47: 1035~1040.

167. Simson LR. Aircraft death investigation. A comprehensive review. In edt. By Curran WJ et al. Modern Psychiatry and Forensic Science. Philadelphia: FA Cavis Campany. 1980.

168. Slavin RE and Brozotta AP. The seromuscular tear and other intestinal lesions in the seatbelt syndrome: a clinical and pathologic study of 29 cases. Am J Forensic Med Pathol 2002; 23: 214~222.

169. Spitz WU. Medicolegal investigation of death. third edition. Springfield: Charles C Thomas Publisher. 1993.

170. Stephens BG and Allen TB. Back spatter of blood from gunshot wounds – observations and experimental simulation. J Forensic Sci 1983; 28: 437~439.

171. Thali MJ, et al. Forensic radiology with cross-section modalities: Spiral CT evaluation of a knife wound to the aorta. J Forensic Sci 2002; 47: 1041~1045.

172. Thali MJ, et al. New horizons in forensic radiology. Am J Forensic Med Pathol 2003; 24: 22~27.

173. Thali MJ, et al. Virtopsy, a new imaging horizon in forensic pathology: Virtual autopsy by postmortem mutislice computer tomography (MSCT) and magnetic resonance imaging (MRI) – a feasibility study. J Forensic Sci 2003; 48: 386~403.

174. Tedeschi CG, et al. Forensic Medicine. Volume 1. Mechanical Trauma. Philadelphia: W. B. Saunders Company, 1977.

175. Temes RT, et al. Head, face, and neck trauma from large animal injury in New Mexico. J Trauma 1997; 43 (3): 492~495.

176. Teresinski G and Madro R. Ankle joint injuries as a reconstructive parameter in car-

to – pedestrian accidents. Foren Sci Int 2001; 118: 65~73.

177. Teresinski G and Madro R. Evidential value of injuries useful for reconstruction of the pedestrian – vehicle location at the moment of collision. Forensic Sci Int 2002; 128: 127~135.

178. Tomita M, et al. A case of accidental electrocution – identification of metallization on the electric marks with an energy dispersive x – ray microanalyzer. Jpn J Legal Med 1984; 38: 59~63.

179. Torre T, et al. Dermal surface morphology in wound healing. An experimental scanning electron microscopy study. Am J Forensic Med Pathol 1986; 7 (4): 337~343.

180. Tough SC and Butt JC. A review of fatal bear maulings in Alberta, Canada. Am J Forensic Med Pathol 1993; 14 (1): 22~27.

181. Trombka JI, et al. Crime scene investigations using portable, non – destructive space exploration technology. Forensic Sci Int 2002; 129: 1~9.

182. Ubelaker DH and Adams BJ. Differentiation of perimortem and postmortem trauma using taphonomic indicators. J Forensic Sci 1995; 40: 509~512.

183. Ueyama M, et al. Biomechanical analysis of the pulmonary trauma by localized force – thoracic force – deflection in pigs. Jpn J Legal Med 1989; 43 (2): 148~154.

184. Ueyama M, et al. Biomechanical analysis of the pulmonary trauma by localized blunt force – Thoracic force – deflection in pigs. Jpn J Legal Med 1989; 43: 148~154.

185. Van Krik DJ. Vehicular accident investigation and reconstruction. Florida: CRC Press LLC, 2001.

186. Vanezis P and West IE. Testative injuries in self stabbing. Forensic Med Int 1983; 21: 65~70.

187. Viano D, et al. Injury biomechanics research: an essential element in the prevention of trauma. J Biomech 1989; 22 (3): 403~417.

188. Viano DC and Stalnaker RL. Mechanisms of femoral fracture. J Biomechanics 1980; 13: 701~715.

189. Watkins BM, et al. Delayed presentation of pericardial ruptures with lunation of the heart following blunt trauma: a case report. J Trauma 1995; 35: 368~369.

190. Weber W. Zur biomechanischen Fragilitaet des Saeuglingsschaedels. Z Rechtsmed 1985; 94: 93~101.

191. Wijngaarden MH, et al. Blunt cardiac injury: a 10 year institutional review. Injury 1997; 28 (1): 51~55.

192. Willinger R, et al. Modal and temporal analysis of head mathematical models. J Neurotrauma 1995; 12 (4): 743~754.

193. Wright RK and Davis JH. The investigation of electrical deaths: a report of 220 fatalities. J Forensic Sci 1980; 25: 514~521.

194. Yallop HJ and Kind SS. Explosion Investigation. Edinburgh: The Forensic Science Society and Scottish Academic Press Limited, 1980.

195. Yanagida Y, et al. Differences in the intracranial pressure caused by a "blow" and/or a "fall" – an experimental study by using physical models of the head and neck. . Forensic Sci Int

1989; 41: 135~145.

196. Yen K, et al. Blood-spatter patterns hands clues for the forensic reconstruction of the sequence of events. Am J Forensic Pathol 2003; 24: 132~140.

197. Zhang Peng and Cai Shikui. Study on electrocution death by low-voltage. Forensic Sci Internl 1995; 76: 115~119.

附录一

部分专业词汇中英对照

（按章节顺序排列）

损伤　injury
创伤外科学　traumatic surgery
急救医学　emergency medicine，EM
伤残　disability
潜在寿命损伤年数　years of potential life lost，YPLL
剪切速度仪　shear velocity device
透视显微镜　diaphanoscopy
图像增强技术　image enhancement techniques
反差增强技术　contrast enhancement techniques
三维可视化技术　three-dimensional scientific visualization techniques
虚拟解剖　virtual autopsy，virtopsy
人体模型　anthropometic manikin
法医病理学　forensic pathology
法医临床学　forensic clinical medicine
力学　mechanics
材料力学　material mechanics
损伤力学　injury mechanics
生物力学　biomechanics
运动生物力学　sport biomechanics
力　force
合力　resultant force
分力　component force
外力　external force
内力　internal force
万有引力　gravitation
电磁力　electromagnetic force
强核力　strong nuclear force
弱核力　weak nuclear force
重力　gravity
弹性力　elastic force
摩擦力　friction force
向心力和离心力　centripetal and centrifugal force
力的定律　law of force
惯性定律　law of inertia
加速度定律　law of acceleration
作用与反作用定律　law of action and reaction
万有引力定律　law of gravitation
变形　deformation
强度　strength
应力　stress
应变　strain
弹性模量　elastic modulus，E
杨氏模量　Young modulus
泊松比　Passion ratio
组合变形　combine deformation
拉伸变形　tensile deformation
压缩变形　compression deformation
剪切变形　shear deformation
弯曲变形　bending deformation
扭曲变形　torsion deformation
运动　motion
质点　mass point
质量　mass
重心　center of gravity
位移　displacement
时刻　constant
时间　time
速度　velocity
速率　rate of speed
质点运动　mass point motion
直线运动　linear motion
匀速直线运动　uniform speed linear motion
变速直线运动　variable speed linear motion
匀变速直线运动　uniform variable linear motion
匀加速度直线运动　uniformly accelerated linear motion
匀减速直线运动　uniformly retarded linear motion
曲线运动　curvilinear motion
斜抛物体运动　oblique parabolic motion
圆周运动　circular motion
刚体运动　rigid body motion
平动　translation
转动　rotating motion
平面运动　planar motion
能　energy
能量　amount energy
机械能　mechanical energy
动能　kinetic energy，E_K
势能　potential energy
位能　energy of position

重力势能　gravitate potential energy, Eg
弹性势能　elastic potential energy, Ee
热能　thermal energy
电能　electric energy
生物能　bioenergy
能的转化　energy transformation
能的守恒　energy conservation
动量　momentum
冲量　impulse
冲力　impulsive force
动量定理　theorem of momentum
脆性损伤　brittle damage
韧性损伤　tough damage
蠕变损伤　creep damage
疲劳损伤　fatigue damage
反应　response
出血　hemorrhage
衄血　epistaxis
咯血　hemoptysis
呕血　hematemesis
血尿　hematuria
脑溢血　cerebral hemorrhage
充血　hyperemia
淤血　congestion
凝血　coagulation
血栓形成　thrombosis
炎症　inflammation
变质　alteration
渗出　exudation
漏出　transude
炎症介质　inflammatory mediator
增生　proliferation
坏死　necrosis
凝固性坏死　coagulation necrosis
干酪样坏死　caseous necrosis
脂肪坏死　fat necrosis
液化性坏死　liquefaction necrosis
坏疽　gangrene
修复　repair
再生　regeneration
创口愈合　wound healing
再植　replantation
移植　transplantation
瘢痕　scar
一期愈合　healing by first intention

二期愈合　healing by second intention
应激反应　stress response
全身适应综合征　general adaptation syndrome, GAS
急性期反应蛋白　acute prase reactive protein, AP
热休克蛋白　heat shock protein, HSP
失血性休克　hemorrhagic shock
烧伤性休克　burn shock
感染性休克　infectious shock
创伤性休克　traumatic shock
过敏性休克　anaphylactic shock
心源性休克　cardiogenic shock
神经源性休克　neurogenic shock
低血容量性休克　hypovolemic shock
微循环　microcirculation
低血压状态　hypotensive state
应激性溃疡　stress ulcer
成人呼吸窘迫综合征　adult respiratory distress syndrome, ARDS
栓塞　embolism
栓子　embolus
血栓栓塞　thromboembolism
脂肪栓塞　fat embolism
脂肪栓塞综合征　fat embolism syndrome, FES
羊水栓塞　amniotic fluid embolism
气体栓塞　gas embolism
急性肾功能衰竭　acute renal failure, ARF
挤压综合征　crush syndrome
多系统器官衰竭　multiple system organ failure, MSOF
全身炎症性反应综合征　systemic inflammatory response syndrome, SIRS
脏器功能障碍　organdysfunction
脏器功能衰竭　organ failure
皮肤　skin
表皮　epidermis
真皮　dermis
皮下组织　hypodermis
皮肤附件　epidermal appendage
肌肉组织　muscular tissue
平滑肌　smooth muscle
骨骼肌　skeletal muscle
心肌　cardiac muscle
肌腱　tendon
韧带　ligament
致密结缔组织　dense connective tissue

粘弹性	viscoelasticity
各向异性	anisotropy
非均质性	nonhomogeneity
表皮剥脱	abrasion
擦痕	brush abrasion
撞痕	impact abrasion
压擦痕	friction abrasion
抓痕	scratches abrasion
挫伤	bruise
皮内出血	intradermal bruise
皮下出血	subdermal bruise
"轨线"状损伤	trainline bruise
创	wound
创口	opening of wound
创缘	margin of wound
创角	angle of wound
创壁	wall of wound
创腔	wound cavity
钝器创	blunt wound
挫裂创	laceration
撕裂创	tearing wound
捅创	punching wound
伸展创	stretch mark-like superficial tear in the skin
锐器创	sharp wound
枪弹创	gunshot wound
皮下组织挫碎	subcutaneous crushing
肌肉挫伤	muscular contusion
筋膜间隔区综合征	compartment syndrome
肌肉拉伤	muscular tension injury
瘢痕	scar
脏器瘢痕	scar from viscera
皮肤瘢痕	scar from skin
疾病性瘢痕	disease-related scar
医源性瘢痕	iatrogenic scar
创伤性瘢痕	traumatic scar
增生瘢痕	hypertrophic scar
瘢痕疙瘩	keloid
萎缩瘢痕	atrophic scar
凹陷瘢痕	depressed scar
蹼状瘢痕	webbed scar
桥状瘢痕	bridge scar
赘状瘢痕	pedunculated scar
挛缩瘢痕	contractural scar
骨	bone
骨骼	skeleton
骨密质	compact bone
骨松质	spongy bone
骨小梁	trabeculae
骨骺	epiphyses
骨外膜	periosteum
骨内膜	endosteum
骨髓	bone marrow
关节软骨	articular cartilage
透明软骨	hyaline cartilage
弹力软骨	elastic cartilage
纤维软骨	fibrous cartilage
佛克曼氏管	Volkmannt's canal
哈佛氏管	Haversian's canal
骨单位	osteon
骨细胞	osteocyte
疲劳	fatigue
疲劳性骨折	fatigue fracture
皮质骨	cortical bone
松质骨	cancellous bone
孔隙率	porosity
矿化	mineralization
密度	density
骨小梁结构	trabecular architecture
胶原纤维定向排列	collegen fiber orientation
骨折	fracture
青枝状骨折	greenstick fracture
弯曲变形	tension deformation
压缩变形	compression deformation
剪切变形	shear deformation
扭转变形	rotation deformation
移位	displacement
锁骨骨折	fracture of the clavicle
肩胛骨骨折	fracture of the scapula
肱骨骨折	fracture of the humerus
桡、尺骨干双骨折	fracture of ulnoradial shaft
尺骨骨折	fracture of the ulna
桡骨骨折	fracture of the radius
骨盆骨折	fracture of the pelvis
股骨骨折	fracture of the femur
髌骨骨折	fracture of the patella
胫骨髁骨折	tibia malleolus fracture
胫腓骨干骨折	fracture of the tibia and fibula
胫腓骨下端骨折	fracture of tibiofibula distal epiphysis
关节	joint

关节脱位　dislocation of the joint
关节半脱位　subluxation of the joint
肩关节脱位　dislocation of the shoulder joint
肘关节脱位　dislocation of the elbow
腕关节脱位　dislocation of the carpal joint
髋关节脱位　dislocation of the hip joint
膝关节脱位　dislocation of the knee joint
踝关节脱位　dislocation of the ankle joint
脊柱　columna vertebralis
椎骨　vertebrae
椎间盘　disci intervertebrales
韧带　ligamenta
颈椎　vertebrae cervicales
胸椎　vertebrae thoracales
腰椎　vertebrae lumbales
骶骨　os. sacrum
尾骨　os. coccygis
脊髓　medulla spinalis
韧带损伤　ligament injury
椎间盘突出症　disc herniation
脊髓震荡　spinal cord concussion
脊髓挫伤　contusion of the spinal cord
脊髓横断　transection of the spinal cord
胸部损伤　chest injury
连枷胸　flail chest
气胸　penumothorax
闭合性气胸　closed penumothorax
开放性气胸　open penumothorax
张力性气胸　tension penumothorax
血气胸　hemopneumothorax
肺损伤　lung injury
挤压效应　crushing effect
惯性效应　inertia effect
内爆效应　blast effcet
心脏损伤　cardiac injury
穿透性心脏损伤　penetrating cardiac injury
钝性心脏损伤　blunt cardiac injury
心脏震荡　carodiac concussion
心脏挫伤　cardiac contusion
心肌挫伤　myocardial contusion
外伤性心肌梗死　traumatic myocardial infarction
心脏破裂　cardiac rupture
创伤性窒息　traumatic asphyxia
腹部损伤　abdominal injury
脾脏　spleen
肝脏　liver
胰腺　pancreas
胃　stomach
小肠　small intestines
十二指肠　duodenum
空肠　jejunum
回肠　ileum
大肠　large intestines
结肠　colon
直肠　rectum
盲肠　blind intestine
升结肠　ascending colon
横结肠　transverse colon
降结肠　desending colon
乙状结肠　sigmoid colon
肾脏　kidney
腹膜后血肿　retroperitoneal hematoma
颅脑损伤　cranio-cerebral injury
头部损伤　head injury
头皮　scalp
颅骨　skull
骨外板　external compact
板障　diploe
骨内板　internal compact
颅骨局部变形　skull local deformation
颅骨整体变形　skull total deformation
骨质擦痕　scratch on the skull
颅缝分离　separation of cranial sutures
线状骨折　linear fracture
塌陷骨折　depressed fracture
孔状骨折　hole fracture
粉碎性骨折　comminuted fracture
颅内出血　intracranial hemorrhage
颅内血肿　intracranial hematoma
硬脑膜外出血　epidural hemorrhage
对冲性硬脑膜外血肿　contrecoup epidural hematoma
硬脑膜下出血　subdural hemorrhage
硬脑膜内出血　intradural hemorrhage
蛛网膜下腔出血　subarachnoid hemorrhage，SAH
损伤性蛛网膜下腔出血　traumatic subarachnoid hemorrhage
自发性蛛网膜下腔出血　spontaneous subarachnoid hemorrhage
脑内出血　intracerebral hemorrhage
脑内血肿　intracerebral hematoma

高血压性脑出血 hypertensive intracerebral hemorrhage
迟发性外伤性脑出血 delayed traumatic cerebral hemorrhage
大脑 cerebrum
间脑 diencephalon
小脑 cerebellum
脑干 brainstem
延髓 medulla oblongata
脑桥 pons
中脑 mesencephalon
脑震荡 brain concussion
弥漫性轴索损伤 diffuse axonal injury, DAI
轴索肿胀 axonal swelling
轴缩球 axonal retraction ball
小胶质细胞簇 microglial cluster
白质变性 degeneration of white matter
脑挫伤 cerebral contusion
冲击伤 impact lesion
对冲伤 contrecoup lesion
表浅性脑挫伤 superficial cerebral contusion
楔形脑挫伤 cone-shaped cerebral contusion
弥漫性脑挫伤 diffuse cerebral contusion
冲击性脑挫伤 coup contusion
对冲性脑挫伤 contrecoup contusion
中间型脑挫伤 intermediary coup contusion
滑动性脑挫伤 gliding contusion
脑疝性脑挫伤 herniation contusion
骨折性脑挫伤 fracture contusion
脑挫裂伤 cerebral contusion and laceration
格拉斯哥昏迷分级 Glasgow coma scale, GCS
日本昏迷分级 Japan coma scale, JCS
格拉斯哥-里吉昏迷分级 Glasgow-Liege coma scale, GLCS
脑干反射 brainstem reflex
伽德严重性指标 Gadd severity index, GSI
头部损伤标准 head injury criterion, HIC
简明创伤定级标准 Abbreviated injury scale, AIS
创伤严重度评分 injury severity score, ISS
国际疾病分类法 international classification of disease, ICD
创伤严重特征评估法 A Severity Characterization of Trauma, ASCOT
急性生理和慢性健康评价 acute physiology and chronic health evaluation, APACHE

损伤严重计分 trauma and injury severity score, TRISS
脏器损伤分级 organ injury scaling
损伤评估与预后 injury assessment and outcome
自伤 self-inflicted injury
自虐 self-inflicted damage
自残 selfmutilation
自杀性自伤 suicidal self-inflicted injury
造作伤 artificial injury
犯罪性自伤 criminal selfinflicted injury
欺骗性自伤 fraudulent selfinflicted injury
病理性自伤 pathological selfinflicted injury
神经过敏性皮肤损伤 neurotic skin destruction
寄生虫病幻想 delusion of parasitosis
人为性皮炎 artificial dermatitis
强迫冲动症 obsessive-compulsive disorder
咬甲癖 onychophagia
拔毛癖 trichotillomania
嗜热癖 therophilia
象征性自伤 symbolic self-inflicted injury
文身 tattooing
截肢 amputation
阴茎皮下植入球 self-implanted subcutaneous penile balls
犹豫创 hesitation mark
致命伤 fatal injury
绝对致命伤 absolute fatal injury
条件致命伤 conditional fatal injury
行为能力 acting capability
生理活动性 physical activity
本能反应 instinctive reaction
自发性 automatism
反应性 reflex
死因 cause of death
主要死因 main cause of death
直接死因 direct cause of death
辅助死因 contributory cause of death
合并死因 united cause of death
死亡的诱因 inducing cause of death
赔偿医学 compensation medicine
事故参与度 involvement of accident
生前伤 antemortem injury
死后伤 postmortem injury
酯酶 esterase
三磷酸腺苷酶 adenosine triphosphatase, ATP

乳酸脱氢酶 lactdchydrogenase, LDH
琥珀酸脱氢酶 succinct dehydrogenase, SDH
细胞色素 C 氧化还原酶 cytochrome C oxidoreductase, NADH
白蛋白 albumin
纤维蛋白 fibrin
纤维连接蛋白 fibronectin, Fn
C 反应蛋白 C-reactive protein, CRP
颗粒膜蛋白 140 granular membrane protein 140, GMP140
选择蛋白 selectin
炎症介质 inflammatory mediator
组织胺 histamine, HA
5-羟色胺 5-hydroxytrpamin, 5HT
激肽类 kinins, Ks
前列腺素 prostaglandin, PG
白三烯 B4 leukotrienes B4, LTB4
细胞因子 cytokine
肿瘤坏死因子 tumor necrosis factor, TNF
损伤经过时间 dating of injury
胶质纤维酸性蛋白 glial fibrillary acidic protein, GFAP
酸性磷酸酶 acid phosphatase, ACP
荧光显微分光光度计 microfluorimetric method
高压液相色谱 high pressure liquid chromatography, HPLC
急性细胞反应 acute granulcyte reaction
髓过氧化酶活性 myeloperoxidase activity
骨出血 osteorrhagia
蚀化现象 eroded phenomena
钝器损伤 blunt force injury
钝器 blunt weapon
棍棒 rod
镶边状挫伤带 margination contusion taenia
斧锤 axe and hammer
砖石 brick and stone
月晕状皮下出血 lunar-haloid bruise
坠落损伤 injury due to fall from height
高坠 fall from height
摔跌 fall down
坠落起跳角度 angle of jump
站立起跳 standing jump
助跑起跳 running jump
徒手损伤 unarmed injury
手指损伤 injury by finger

指甲 fingernail
指尖 fingertip
指腹 finger pulp
扼 strangle
抠 dig
掐 pinch
捏 knead
拧 twist
拳 fist
拳击损伤 injury by fist punching
足踢损伤 injury by kicking
踢 kick
踹 spurn
踩 stamp
咬伤 biting injury
牙齿 teeth
咬痕 bite mark
咬合作用 biting action
挺舌作用 tongue thrusting action
吸吮作用 sucking action
立体显微镜 stereoscopic microscope
摄影测量学 photogrammetry
立体扫描电镜 stereoscan electronic microscope
计算机轴向横断图像 computerized axial tomography
反(衍)射显微镜 reflecting microscope
数码图像技术 digital imaging technique
电光谱 power spectrum
锐器损伤 sharp instrument injury
锐器 sharp object
锐器创 sharp wound
刺器损伤 stab instrument injury
单面刃 one cut edge
双面刃 two cut edge
三面刃 three cut edge
过肩式 overarm
低手式 underarm
刺创管 stab channel
玻璃 glass
切割损伤 incised and cut injury
切创 incised wound
抵抗伤 defence wound
主动性抵抗伤 active defence wound
被动性抵抗伤 passive defence wound
砍伤 chop instrument

砍创	chop wound, shash wound
剪刀	scissors
剪创	scissoring wound
夹剪创	clip wound
剪断创	clip cut wound
刺剪创	stab clip wound
枪弹损伤	gunshot injury
枪管	barrel
枪机	bolt
枪机匣	feed mechanism
弹仓	magazine
扳机	trigger
自动枪	automatic pistol
转膛枪	revolver
气动枪	air rifle
滑膛枪	musket
霰弹枪	shotgun
膛线	rifling
来复线	rifles
缠度	twist
枪弹	cartridge
弹头	bullet
圆鼻形弹头	round-nosed bullet
扁平鼻形弹头	flat-nosed bullet
弹壳	case
发射药	powder
底火	priming
瞬时空腔效应	temporary cavitation effect
射入口	entrance wound
擦拭轮	abrasion collar
挫伤轮	contusion collar
射击残留物	shot residue
火药斑纹	powder tattooing
枪口印痕	muzzle imprint
射创管	bullet wound track
射出口	exit wound
贯通枪弹创	perforating bullet wound
盲管枪弹创	blind tract bullet wound
回旋枪弹创	circumferential bullet wound
屈折枪弹创	deflected bullet wound
擦过创弹创	grazing bullet wound
反跳枪弹创	ricochet bullet wound
非典型射入口	atypical entrance
假性火药斑纹	pseudo-powder tattooing
假性烟晕	pseudo-soot
喉缩	choke
霰弹	shotgun ammunition
大号霰弹	buckshot
鸟弹	birdshot
尘弹	dustshot
弹杯	shotcup
中间障碍物	intermediate target
前置物	foreshoring
跳弹	ricochet bullet
射入角	angle of incidence
反跳角	angle of ricochet
消音器	silencer
消音武器	silenced firearms
橡胶弹	rubber bullet
防暴弹	anticrime cartridge
射钉枪	nail gun
螺栓枪	studgun
水泥钉枪	masonry gun
钢笔枪	pen gun
空包弹	blank ammunition
气枪	air-powered gun
带斜面的射入口	beveled entrance wound
带斜面的射出口	beveled exit wound
内板斜面射入口	internally beveled entrance wound
外板斜面射出口	externally beveled exit wound
环状隆起骨折	concentric heaving fracture
锁孔状骨折	keyhole fracture
射击方向	direction of fire
射击角度	angle of fire
发射角度	barrel-to-target angle
命中角	projectile entry angle
射击距离	range of fire
接触射击	contact fire
近距离射击	close range fire
远距离射击	distant fire
爆炸	explosion
爆炸损伤	explosion injury
爆点	explosion centre
炸药	explosives
化学性爆炸	chemical explosion
物理性爆炸	physical explosion
机械性爆炸	mechanical explosion
核爆炸	nuclear explosion
核裂变	nuclear fission
核聚变	nuclear fusion

爆速	detonation velocity
起爆药	detonating powder
发射药	deflagrating powder
烟火药	flaming powder
冲击波	blast wave
超压	over pressure
动压	dynamic pressure
负压	negative pressure
信件炸弹	letter bombs
起爆索	detonating fuse
爆炸物	explosive
电能引火装置	electronics and source
硝化甘油	nitroglycerine
交通事故损伤	traffic accident injury
道路交通事故	road traffic accidence
撞击力	impact force
G 力	gravidities force
保险带	seat belt
侧位撞击	side collision
撞击伤	Impact injury
摔跌伤	injuries sustained by falling
拖擦伤	injury sustained by dragging
碾轧伤	injury due to run over by a car
楔形骨折	wedge fracture
伸展创	small parallel injury
剥皮创	decollement wound
挥鞭样损伤	whiplash injury
飞机失事	airplane accident
飞行事故	aviation accident
高温损伤	heat injury
烧伤	burn injury
体温过高	hyperthermia
烫伤	scalding
烙伤	brand
日射病	sun stroke
热射病	heat stroke
红斑	erythema
水疱	blistering
焦痂	eschar
炭化	carbonization
热创	heat wound
热血肿	heat hematoma
低温损伤	hypothermic injury
全身性体温过低	systemic hypothermia
局部冻伤	local cold injury
冻结性冻伤	freezing cold injury
非冻结性冻伤	non-freezing cold injury
战壕足	trench foot
溃浸足	immersion foot
冻疮	chilblain
冷性心跳停止	cold arrest
反常脱衣	paradoxical undressing
电流	current
自然电流	natural current
人工电流	artifical current
交流电	alternating current
直流电	direct current
电流损伤	current injury
电击伤	electrical injury
电击死	electrocution
电流斑	electronic mark
皮肤金属化	electric metallization of skin
电击纹	ceraunographic mark
分枝状红斑	erythematous arborization
电弧	electronic arc
高压电损伤	high voltage electrical injury
雷	thunder
电警棍	electronic police baton
电击枪	taser gun
辐射	radiation
电离辐射	ionizing radiation
非电离辐射	nonionizing radiation
外照射	external radiation
内照射	internal radiation
光子流	photon streams
电子流	electron streams
反冲质子	recoil proton
电离和激发	ionization and excitation
放射敏感性	radiosensitivity
腐蚀性损伤	corrosive injury
化学性烧伤	chemical burn
动物损伤	animal injury
犬咬伤	dog bite
虎咬伤	tiger bite
毒蛇咬伤	venomous snakebite
节肢动物	arthropod
蜘蛛	spider
蜜蜂	bee
马蜂	wasp
黄蜂	hornet

蚁类　ant
蝎　scorpion
蚤　flea
出血性丘疹　hemorrhagic papules
水疱性丘疹　indurated papules
风疹斑　urticarial plaques
鲨鱼　shark
梭子鱼　barracuda
鳄鱼　crocodile
蝎鱼　scorpion fish
鲇鱼　catfish
鲈鱼　weever fish
海蜇　jelly fish
海胆　sea urchins
海星　starfish
章鱼　octopus
大气压　atmospheric pressure
绝对压　absolute pressure
附加压　accessory pressure

表压　gauge pressure
低氧性缺氧　hypobaric hypoxia
气压伤综合征　syndrome of barotrauma
潜水病　submarine sickness
肺气压伤　pulmonary barotrauma
耳气压伤　barotalgia
中耳气压伤　barotrauman media ear
内耳气压伤　barotrauman of inner ear
外耳气压伤　barotrauma of external ear
翻耳症　reverse ear
鼻窦气压伤　barosinusitis
减压病　decompression sickness
氮麻醉　nitrogen narcosis
惰性气体麻醉　inert gas narcosis
氧中毒　oxygen toxicity
高原病　high altitude disease
高山病　mountain sickness
航空病　air sickness
航空性中耳炎　arotitis media

附录二

枪械的口径单位换算

美国系名称	实口径（in.）	实口径（mm）	欧洲大陆名称
.22 Rim Fire	.221~.218	5.38~5.33	5.6mm
6mm U.S.N.	.236	6.0	6mm
.25 ACP	.244	6.2	6.35mm Browning
.250/3000	.250	6.35	
.25 Remington	.250	6.35	
6.5mm Mannlicher	.256	6.5	6.5mm Mannlicher
.270 Winchester	.270	6.86	
7mm	.276	7.0	7mm Mauser
.30 WCF, .30 Rem.	.300	7.62	
.30 U.S. Army	.300	7.62	
.30 U.S. Govt	.300	7.62	
.303 Savage	.300	7.62	
.32 W.C.F.	.300	7.62	
.30 Mauser Pistol	.3005	7.63	7.63mm Mauser Pistol
.30 Luger	.3001	7.65	7.65 Parabellum
.303 British	.303	7.70	7.7mm
.32 A.C.P	.3045	7.73	7.65mm Browning
.32 Colt and SW	.3045	7.73	
8mm Mauser	.312	7.92	7.92 或 7.9mm
.32 Rem.	.315	8.0	
.38 Colt and sw	.3465	8.8	
.380 ACP	.3475	8.83	9mm short
.38 ACP	.3475	8.83	
9mm Luger	.3475	8.83	9mm Parabellum
.38 sw. spl.	.3485	8.85	
.357 Magnum	.3475	8.85	
.380 W.C.F.	.3945	10.02	
.41 Colt	.3945	10.02	
.44 sw. spl.	.4185	10.62	
.45 A.C.P.	.443	11.25	11.25mm Pistol
.455 Eley	.444	11.27	
.455 Weble & Scott	.4505	11.44	

（引自刘莉，1993）

附录三

常见国产枪支性能结构诸元表

枪械种类	名称	口径(mm)	初速(m/s)	有效射程(m)	枪口动能(kgm)	实际射速(r/min)	全枪长(mm)	枪管长(mm)	膛线旋向	弹匣容量(r)	射击方式	使用枪弹
手枪	54式7.62	7.62	420~440	50	49	30	196	116	4/右	8	单发/自动	51式7.62手枪弹
	64式7.62	7.62	300~320	50	23.5	30	155	86	4/右	7	单发/自动	64式7.62手枪弹
	64式7.62微声	7.62	230~250	30	14.1	—	226	86	4/右	9	单发/自动	67式7.62微声手枪弹
	77式7.62	7.62	300~320	30	23.5	30	148	86	4/右	7	单发/自动	64式7.62手枪弹
	80式7.62	7.62	470	50~100	62.9	—	302	140	4/右	10~20	单连发/自动	51式7.62手枪弹
	59式9	9.00	290~315	50	30.9	30	161	93	4/右	8	单发/自动	59式9手枪弹
冲锋枪	50式7.62	7.62	500	200	71.2	连105 单40	840	270	4/右	35	单连/自动	51式7.62手枪弹
	54式7.62	7.62	490	200	68.4	100	811	250	4/右	35	单连/自动	51式7.62手枪弹
	56式7.62	7.62	710	300~400	203	连100 单40	1100	415	4/右	30	单、连/自动	56式7.62步枪弹
	56-1式7.62	7.62	710	300~400	203	连100 单40	878	415	4/右	30	单、连/自动	56式7.62步枪弹
	56-2式7.62	7.62	710	300~400	203	连100 单40	874	415	4/右	30	单、连/自动	56式7.62步枪弹
	64式7.62	7.62	290~305	200	34.4	连60 单30	850	245	4/右	20 30	单、连/自动	64式7.62微声冲
	79式7.62	7.62	515	150	74	连100 单40	740	250	4/右	20	单、连/自动	51式7.62手枪弹
	82式9	9.00	325	200	32.9	连100 单40	591	150	4/右	15 25	单、连/自动	59式9手枪弹
步枪	85式7.62	7.62	820	400	329	—	682 1325	200 520	4/右 4/右	30 5	单连/自动	51式7.62步枪弹
	56式7.62半自动	7.62	735	400	218	10~20 35~40	1332	520	4/右	10	单连/自动	53式7.62步枪弹
	63式7.62自动	7.62	735	400	209	点60 单40	1342	440	4/右	20	单连/自动	56式7.62步枪弹
	81式7.62步枪	7.62	720	400		连115 单45	955	440	4/右	30	单连/自动	56式7.62步枪弹
	仿美M2 7.62卡宾	7.62	589	274	126	连120 单40	904	457	4/右	15	单连/自动	仿美M2 7.62卡宾枪弹
	仿美M14 7.62自动	7.62	835	460	356	连120 单40	1110	559	4/右	20	单连/自动	NATO 7.62MS9弹
	CA5.56自动	5.56	990	400	176	连120 单40	987	505	6/右	20	单连/自动	仿美M193 5.56弹
	79式7.62半自动组击	7.62	830	800	366	40	1368	620	4/右	10	单/自动	53式7.62钢心弹
	81-1式7.62步枪	7.62	720	400	209	连115 单45	955	440	4/右	30	单连/自动	56式7.62步枪弹

(续表)

枪械种类	名称	口径(mm)	初速(m/s)	有效射程(m)	枪口动能(kgm)	实际射速(r/min)	全枪长(mm)	枪管长(mm)	膛线/旋向	弹匣容量(r)	射击方式	使用枪弹
运动枪	庆华 SS01 速射手枪	5.56	210~240	-	7.6	-	282	167	6/右	6	单/非自	5.6mm 运动短弹
	庆华 MS01 速射手枪	5.56	210~240	-	7.6	-	420	290	6/右	单发手填	单/非自	5.6mm 运动步枪弹
	西湖牌1型慢射手枪	5.56	210~240	-	7.6	-	420	290	6/右	单发手填	单/非自	5.6mm 运动步枪弹
	庆华 PS 手枪	5.56	170~190	-	7.6	-	271	180	6/右	10	单/自动	5.6mm 运动步枪弹
	庆华 ZS01 转轮手枪	7.62	294	-	-	-	330	152	6/右	6	单/自动	7.62 转轮手枪弹
	庆华 BS01 标准手枪	5.56	300~340	-	11.5	-	269	152	6/右	6	单/非自	5.6mm 运动步枪弹
	峨嵋牌 EM751 自选步枪	5.6	330~340	-	15.3	-	1338	750	6/右	-	单/非自	5.6mm 比赛长弹
	峨嵋牌 EM752 标准步枪	5.6	335~355	-	15.3	-	1332	690	6/右	-	-	5.6mm 比赛长弹
	峨嵋牌 EM 猎枪	5.6	228~335	-	16.7	-	987	550	6/右	-	单/非自	5.6mm 高速长弹
	健卫（JW-9）5.6 运动步枪	5.6	228~335	-	13.6	-	1064	580	6/右	5	单/非自	5.6mm 运动枪弹
	健卫（JW10）5.6 运动步枪	5.6	-	-	13.6	-	1024	520	6/右	15	单/自动	5.6mm 运动枪弹
气枪	快鹿牌气枪	4.5	-	-	-	-	1038		12/右	-	-	4.5mm 铅质气枪弹

附录四

常见国产枪弹结构诸元表

	51式手枪弹	64式手枪弹	59式手枪弹	64式微冲弹	56式步枪弹	53式步枪弹	小口径步手枪弹
全弹长(mm)	34.65	24.70	24.74	36.80	56.00	75.75~77	24.8~25.6
全弹重(g)	9.94~10.72	7.25~7.65	9.58~10.13	12.~13.03	15.9~16.9	21.5~23.5	3.40~3.51
弹头直径(mm)	7.80~7.85	7.80~7.85	9.22~9.27	7.80~7.85	7.78~7.92	7.78~7.92	5.7~5.8
弹头重(g)	5.5	4.8	6.1	7.75	7.8~8.1	9.5~9.8	2.5~2.6
弹壳长(mm)	24.45~24.7	16.75~17	17.76~18.1	24.45~24.7	38.4~38.8	53.2~53.6	15.4~15.7
底缘直径(mm)	9.8~9.95	8.39~8.51	9.83~9.95	9.8~9.95	11.2~11.3	12.3~12.4	6.8~6.9
药室容积(cm^3)	0.87~0.93	0.41	0.56	0.35	1.86	3.62	0.24
装药量(g)	0.6	0.2	0.25	0.23	1.6	3~3.3	0.09~0.1
填密度(g/cm^3)	0.56~0.66	0.5	0.45	0.67	0.86	0.83~0.88	0.5
拨弹力(kg)	15~70	20~50	20~80	15~70	35~100	35~100	6~25
弹头形状	钝	钝	钝	尖	尖	尖	钝
弹壳形状	瓶	柱	柱	瓶	瓶	瓶	柱
底槽	有	有	有	有	有	无	无
底缘	无	无	无	无	无	有	有
火药品号	多-4.5	双粒-17	多-125	双球22-85	2/1樟	3/2樟	多-125
弹头构成	复铜钢+铅心	复铜钢+铅	复铜钢+铅心	复铜钢+铅心	复铜钢+钢心	复铜钢+铅心	铅或铅锑合金

(引自李德仲等,1995)